普通高等教育“十一五”国家级规划教材

2011年度普通高等教育精品教材

iCourse·教材

国家级精品资源共享课程教材

U0836506

高等学校物流管理与工程专业系列教材

LOGISTICS

物流学

（第三版）

主　编　汝宜红　田　源

主　审　李　振

编写人员（以姓氏拼音为序）

兰洪杰　李伊松　林正章　汝宜红

田　源　王国华　徐　东　徐　杰

张菊亮　赵　艳　郑　凯　朱　煜

章　竞

高等教育出版社·北京

内容简介

本书为普通高等教育“十一五”国家级规划教材，2011 年度普通高等教育精品教材，国家级精品资源共享课程教材。

本书在第二版的基础上力求完善和创新。全书增加了新时代我国建设“物流强国”战略目标的思考。全书主要阐述了物流的基本概念、发展历程、理论与方法、功能要素、物流市场与政策、国际物流、军事物流、循环物流以及几个最新的典型案例。

第三版增加的内容绝大部分来源于本书作者和物流专家学者的近期成果，既体现了本书坚持创新的基本理念，又体现了高校物流教育教学改革提倡的研究性特色。为便于教学，本书增加了更多的拓展性资料，设计了二维码链接“即测即评”和“拓展阅读”等免费资源，也设置了收费的“授课视频”资源。

本书可作为物流类专业本科生教学用书，亦可作为物流管理与工程专业研究生、MBA 物流管理方向、物流科学研究人员以及企业中高层人员的参考用书。

图书在版编目（CIP）数据

物流学 / 汝宜红，田源主编. --3 版. --北京：高等教育出版社，2019.9（2023.7 重印）

ISBN 978-7-04-052412-3

Ⅰ. ①物… Ⅱ. ①汝… ②田… Ⅲ. ①物流−高等学校−教材 Ⅳ. ①F252

中国版本图书馆 CIP 数据核字（2019）第 168601 号

策划编辑 曾飞华　责任编辑 曾飞华　特约编辑 何 欣　封面设计 李小璐
版式设计 于 婕　插图绘制 于 博　责任校对 高 歌　责任印制 朱 琦

出版发行	高等教育出版社	网　址	http://www.hep.edu.cn
社　址	北京市西城区德外大街 4 号		http://www.hep.com.cn
邮政编码	100120	网上订购	http://www.hepmall.com.cn
印　刷	北京七色印务有限公司		http://www.hepmall.com
开　本	787 mm×1092 mm 1/16		http://www.hepmall.cn
印　张	25.5	版　次	2009 年 4 月第 1 版
字　数	630 千字		2019年 9月第 3 版
购书热线	010-58581118	印　次	2023 年 7 月第 4 次印刷
咨询电话	400-810-0598	定　价	53.00 元

本书如有缺页、倒页、脱页等质量问题，请到所购图书销售部门联系调换

物 料 号 52412-00

第三版前言

近几年,我国物流行业呈现突飞猛进的发展趋势。我国已成为全球最大的物流市场,物流水平迅速提升,国家政策持续引导物流业发展,物流法规不断完善,高质量发展、降本增效、技术创新等理念正在迅速转化为实践。物流实践呈现出了爆发式的突飞猛进态势。但同时,基础的物流理论仍然是坚实的基础。依托现实背景,本书在第二版基础上主要进行了如下修订:

(1) 对书中部分概念、理论等进行了更新,修订了部分思考题。

(2) 各章均根据当前物流行业理念与技术的发展进行了内容更新,突出了"智能+"引导的新技术推动下的智慧物流发展,介绍了电子商务物流、城市配送等领域的新发展,强调了当前"互联网+"、服务创新、共享理念、平台理念、"一带一路"、全球化、绿色发展等背景对物流理论与实践的影响,并增加了相应案例。军事物流更新、补充了最新研究成果,包括军地物流深度融合理论、军事物流活性理论等。

(3) 通过二维码链接为本书增加了丰富的数字资源,包括免费的在线"即测即评"和"拓展阅读"资源,也包括收费的"授课视频"资源。

本书继续体现立足基础、坚持创新的基本理念,进一步体现了高校物流教育教学改革提倡的研究性特色。一方面反映最新研究与实践成果,另一方面坚持以基础理论为主的思想不动摇。

具体作者分工为:第一章第一节由赵艳编写,第二节、第五节由徐杰编写,第三节由王国华编写,第四节由田源编写;第二章第一节由田源编写,第二节、第三节由汝宜红编写;第三章第一节由汝宜红编写,第二节、第四节由田源编写,第三节由林正章编写,第五节由张菊亮编写;第四章由田源编写;第五章第一节由赵艳编写,第二节、第三节由兰洪杰编写,第四节由李伊松编写;第六章由林正章编写;第七章由徐东编写;第八章由汝宜红、朱煜编写;第九章为综合案例,其中案例 1 由章竟改编,案例 2、案例 4 由郑凯编写,案例 3 由陈然提供原始资料,田源改编。各章小故事由田源统一编写。

由于物流学的理论和方法仍在发展之中,本书中许多内容仍有待不断充实与发展,加之作者水平有限,不足之处,恳请广大读者批评指正。

编　者
2019 年 4 月于苹果园

第二版前言

1996年至今,《物流学》教材一直作为北京交通大学“物流学”课程的主要教学用书。18年来,根据不同时期的物流发展状况与教学需要,针对不同类型的教学对象,《物流学》教材不断修改与完善。2004年,本书被指定为国家级精品课程“物流学”的主要教学用书,2005年被评为北京高等教育精品教材,2007年,本书被评为教育部“普通高等教育‘十一五’国家级规划教材”,2011年,本书被教育部评为“普通高等教育精品教材”。2013年,本书被指定为国家级精品资源共享课“物流学”的教学用书(参见爱课程网站,http://www.icourses.cn)。

根据国家级精品资源共享课“物流学”课程的教学需求,兼顾线上课程学习与实体教材阅读,本书在第二版修订时的章节内容安排,既与国家级精品资源共享课“物流学”基本对应,但也强调各有侧重,以期有效发挥各类教学资源特长,促进自主学习、知识互补与能力提升。具体而言,第二版进行了如下修订:

(1) 对于书中涉及的概念、术语等进行了更新,修订了部分思考题。

(2) 对于原第五章(物流市场)、第六章(物流政策)进行了合并修改,考虑到我国物流业的飞速发展所伴随的政策快速更新,本版不再涉及具体的政策问题,仅在第五章第四节予以综述。

(3) 考虑到经济全球化对于物流业发展的深远影响,增加了一章“国际物流”的内容。

(4) 各章末尾均增加了更多的拓展性资料,以“经典资料”或“案例”的形式体现,并对最后一章“综合案例”进行了全面更新。

(5) 增加了对应国家级精品资源共享课“物流学”相关资源的链接与二维码,读者可以通过扫描书中内置的二维码,迅速、便捷地移动阅读相关的教学资源。

本次修订增加的内容绝大部分来源于本书作者和物流专家学者的近期成果,既体现了本书坚持创新的基本理念,又体现了高校物流教育教学改革提倡的研究性特色。具体作者分工为:第一章第一节由赵艳编写,第二节、第五节由徐杰编写,第三节由王国华编写,第四节由田源编写;第二章由汝宜红编写;第三章第一节、第二节、第四节由田源编写,第三节由林正章编写,第五节由张菊亮编写;第四章由田源编写;第五章第一节由赵艳编写,第二节、第三节由兰洪杰编写,第四节由李伊松编写;第六章由林正章编写;第七章由徐东编写;第八章由汝宜红、朱煜编写;第九章为综合案例,其中案例1、案例3由郑凯编写,案例2由陈然提供原始资料,田源改编。各章小故事由田源统一编写。各章经典资料、案例等使用了徐寿波院士、汝宜红、林正章、田源、郑凯、吕金鑫、李庆喜、朱煜等的研究成果或者原始资料。北京交通大学汝宜红教授、田源副教授担任主编并负责全书统稿完成。

本书在编写过程中,得到了我国著名物流教育家李振教授的悉心指导,书中使用了徐寿波院士在物流方面的研究成果。在此对各位前辈表示衷心感谢。

由于物流学的理论和方法仍在发展之中,本书中许多内容仍有待不断充实与发展,加之作者水平有限,不足之处,恳请广大读者批评指正。

编　者

2014 年 5 月于红果园

第一版前言

北京交通大学物流管理专业源于1946年国内首家设立的为铁路供应物流培养管理人才的材料管理本科专业,1984年更名为物资管理工程专业,2001年更名为物流管理专业。历经60余年的建设与发展,本专业建成了我国培养物流管理人才的第一个硕士点(1979年设立,为物资管理工程,1984年更名为物资流通工程)和第一个博士点(1996年设立,为物资流通工程,1997年并入管理科学与工程一级学科),是我国首家具有本、硕、博完整的物流管理人才培养体系的物流管理专业。我校的《物流学》教材自1996年出版,历经三代物流管理专业教师努力,日趋完善。新版《物流学》被教育部列为"普通高等教育'十一五'国家级教材规划"项目,现已在海峡两岸物流学者的共同参与下编撰完成。

本书在借鉴和吸收国内外物流学基本理论和最新研究成果的基础上,结合我国物流业发展与高等教育物流管理专业本科生教育教学的实际编著而成。本书在编撰过程中,首先参考了北京市高等教育精品教材《物流学》系统地论述基本理论和方法的模式;其次,在创作思想、编著内容、文章结构等方面有了进一步创新及调整,比如首次编入了我国物流发展历史、物流研究方法、缉毒物流等内容。此外,本书还吸收了许多独创性的研究成果。例如,循环物流章节的内容来源于国家自然科学基金资助项目《城市建筑固体废物发生机理及产业结构优化模型研究》(70173015)的成果;物流政策章节的内容来源于 Korea Maritime Institute 委托的《中国物流政策的特征和推进战略以及事实点导出》的项目成果;综合案例的部分章节内容来源于芬兰 Lappeenranta 理工大学委托的 Proposal of Solutions for a Finnish 3PL in China 的研究成果。因此,本书既可作为高等教育本科物流管理专业方向教学用书,亦可用作物流管理与工程专业硕士与博士研究生、MBA 物流管理方向、物流科学研究人员、企业中高层管理人员的参考用书。

本书作者群体由北京交通大学、解放军后勤指挥学院、北京科技大学、首都经贸大学及台湾成功大学的物流专业教师组成。其中,第一章第一节由赵艳编写,第二节、第五节由徐杰编写,第三节由王国华编写,第四节由田源编写;第二章由汝宜红编写;第三章第一节、第二节、第四节由田源编写,第三节由林正章编写,第五节由张菊亮编写;第四章由田源编写;第五章第一节、第二节由赵艳编写,第三节、第四节由兰洪杰编写;第六章第一节由李伊松编写,第二节由汝宜红编写;第三节由郑凯编写,第四节由朱煜编写;第七章由徐东编写;第八章由汝宜红编写;第九章为综合案例,其中案例1由熊书贵编写,案例2由郑凯编写,案例3由田源编写。本章小故事由田源统一编写。北京交通大学汝宜红教授担任主编,田源副教授担任副主编。全书由汝宜红教授和田源副教授共同统稿完成。

本书在编写过程中,得到了我国著名物流教育家李振教授的悉心指导。马耀文、钱进、田亚静、范文姬、王瑞江、罗平、祝丽、孙明辉、朱宏意、董宇、艾新、杨静、吴念蔚、袁加林等在资料收集、文字整理方面给予了大力帮助,在此一并表示衷心感谢。

由于物流学的理论与方法仍在发展之中,本书中许多内容有待不断充实与发展,加之作者水平有限,不足之处,欢迎广大专家和读者批评指正。

编　者

2008 年 8 月

目　录

第一章 基本概念

物流活动伴随着人类的发展走过了几千年的历程,直到 20 世纪初,人们才将长期以来积累的物流观念进行了总结和升华,提出了物流的概念。作为一门新兴的学科,物流概念的内涵在不断地丰富,外延在不断地延伸。本章从各个主要国家的物流定义发展入手,对物流的概念、物流服务、物流成本以及物流的分类和作用进行了阐述。

第一节 物流的概念

社会分工使生产与消费紧密相关的自给自足的自然经济发展到生产与消费相分离的商品经济,同时产生了连接生产与消费的流通功能。分工是商品交换、商品流通和商品市场产生和进化的根本原因,而分工的升级和细化也是流通功能专业化的重要因素,促使流通中的主要职能商流和物流进一步分离。

物流与物流管理在经济活动的实践中不是截然分开的,而是紧密结合在一起的。这是因为效率和效益不是从相互分离的物流活动中产生的,而是从对物流的管理,即对物流活动采用技术的、系统的方法整合各个环节、调整物流流向、控制库存等一系列管理活动中产生的,因此必须对物流实施管理而且是系统化的管理才能产生相应的效益和效率。这一点从物流概念的演变中可以非常明确地反映出来。实际上,物流概念的变化过程也是物流管理理念的发展过程,二者形影相随。也就是说,对物流概念的说明往往包含在物流管理的内容当中,在定义物流管理的同时定义物流,或者说是从管理的角度定义物流。特别是对物流经济活动认识最早的美国,其对物流与物流管理二者是同时定义的,同一概念中包括双重含义。

授课视频 1-1:国外的物流概念①

① 本授课视频为收费资源,可扫描此二维码按提示付费 1 元收看,也可扫描本书封底二维码打包(优惠)购买全书授课视频资源。

一、美国不同时期的物流定义

现代物流起源于美国，所以首先介绍美国物流定义的演变过程。美国对物流经济活动的认识，最初产生于 1901 年。当时，约翰·F. 格鲁威尔（John F. Crowell）在美国政府报告《农产品流通产业委员会报告》中第一次论述了对农产品流通产生影响的各种因素和费用，其中包括物流因素。对物流的研究可追溯到 20 世纪 20 年代。1915 年，阿奇·萧在《市场流通中的若干问题》（*Some Problems in a Market Distribution*）一书中提出“物流是与创造需求不同的一个问题”，并提到“物资经过时间和空间的转移，会产生附加价值”。这里，物资的时间和空间的转移后来被称为实物流通，是指商品销售过程中的物流。20 世纪 30 年代，在一部关于市场营销的基础教科书《市场营销的原则》中，开始涉及与物资运输、物资储存等业务相关的名词“physical supply”，即实物供应。该书将市场营销定义为：“影响产品所有权转移和产品实物流通的活动。”很显然，这里的实物流通与现代意义上物流的含义是相同的。1935 年，美国销售协会最早对物流的定义是：“物流（physical distribution）是包含于销售之中的物质资料和服务从生产地到消费地流动过程中伴随的种种活动。”[①]可见，物流一开始出现是与商品流通和市场密切相关的。此时，人们从有利于商品销售的愿望出发，探讨如何进行“物资的配给”和怎样加强对“物资分布过程”的管理。

第二次世界大战期间，美国根据军事上的需要，对军火的运输、补给、存储等进行全面管理，并将运筹学用于军需管理，率先采用了“logistics management”一词。战后，“后勤管理”的概念被引入商品流通领域，并赋予新的含义“商业后勤”（business logistics）。这时的后勤与较早期的物流并无本质的区别。也就是说，在 20 世纪 70 年代以前，对物流的认识和研究主要是指与商品销售有关的物流，即流通过程中的商品实体运动，通常采用的是 physical distribution（简称 PD）。到了 20 世纪 70 年代，美国的经济学界和实业界认识到改进物流能够带来巨大的经济效益。管理学大师彼得·德鲁克把物流的潜力比喻为“经济领域的黑暗大陆”，“是一片未被开垦的处女地”。物流的范围从流通过程扩大到从原材料购买开始一直到产品送达顾客手中的物品流动的全过程。这一全过程的计划、执行和控制称为“后勤管理工程”或“整体化的物流管理”，即把所有的物流功能作为一个统一的系统从整体上进行管理，它打破了以往按部门分别管理的传统管理体制的界限，形成了一个系统的物流管理新理念。从此物流进入了现代综合管理阶段。综合物流管理阶段的管理内容从企业内部扩展到企业外部，涉及供应商、分销商和顾客。企业的外部关系不是简单的“供应商—制造商—顾客”上下游关系，而是各方相互交叉组成的复杂的网络关系，综合物流管理要求企业应用先进的管理理念和现代化的物流技术。

1963 年美国物流（PD）管理协会成立，从管理的角度定义物流，实际上是定义了物流管理。根据美国物流管理协会的定义，物流管理是为了计划、执行和控制原材料、在制品库存及制成品从起源地到消费地的有效率的两种或多种活动的集成。这些活动包括顾客服务、需求预测、运输、库存控制、物料搬运、订货处理、零件及服务支持、工厂及仓库选址、采购、包装、退货处理、废弃物回收等。经过 20 多年的实践，物流向一体化方向发展，美国物流管理协会于 1985 年更名，将 PD 更换为 logistics，并对 logistics 进行了重新定义：物流是对货物、服务及相关信息从起源地到

---

① 国际商业技术编辑部. 有关物流概念的一些资料. 国际商业技术，1998(4).

消费地的有效率、有效益的流动和储存进行计划、协调和控制,以满足顾客要求的过程。① 1998年该协会对前述定义进行了修订,新的定义认为物流是"供应链程序的一部分,它是为满足客户需要对商品、服务及相关信息从源头到消费点的高效(高效率、高效益)流动及储存进行的计划、实施与控制的过程"。这一定义在总结前述的基础上对物流做了全面而深刻的概括。2000年,该协会又一次对物流定义进行了更新,新定义的全文是:"物流是供应链程序之一部分,它是为满足客户需要对商品、服务及相关信息在源头与消费点之间的高效(高效率、高效益)、正向及反向流动与储存进行的计划、实施与控制的过程。"与1998年的版本相比,这一定义首次引入了反向物流的概念。由于市场竞争的加剧、消费者地位的日益上升、全球环保意识的兴起与环保法规的建立、健全,电子商务模式下退货率的显著提高以及企业减少浪费挖掘新利润源泉的驱动,越来越多的企业开始关注商品从消费者向生产者的反向流动。美国物流管理协会对物流的这一最新定义及时反映了这种实践中的新趋势。

在物流实践中,市场经济的快速发展、欧美和日本等国家运输管制放松、信息技术日新月异、质量理念不断创新、合作伙伴和战略联盟等的新型市场组织形式的发展推动了物流的发展,使物流管理发展到供应链管理的新阶段。② 在这一阶段,物流管理理念由单个企业物流一体化和综合化发展到不同企业间的物流整合,使现代综合物流管理上升到供应链管理的新高度。正如美国密歇根州立大学唐纳德和戴维教授的专著《物流管理——供应链过程的一体化》一书所论述的,供应链关系是物流作业中最复杂和最缺乏了解的领域,在实践中,物流服务联盟趋于把精力集中在取得供应链竞争能力或使服务供应商的效率更高方面。③

以上从美国物流产生和发展的过程来说明物流及物流管理的定义。

二、physical distribution、supply chain logistics 与 logistics 的比较

物流概念最初来自 physical distribution,以后又出现了 logistics。这两个概念都翻译成"物流"。再后来又有了 supply chain logistics,即供应链物流。一些人对于它们之间的关系并非十分清楚,因而影响了对于物流的理解。这三个概念之间的关系,涉及物流系统整合范围不断扩大的问题。

"distribution"一词由来已久,直译是分销、分配之意。market distribution 是市场分销,而 physical distribution 是与市场分销对应和相关的实物分配,即实物流通。1935年,美国销售协会最早对物流的定义是:"物流(physical distribution)是包含于销售之中的物质资料和服务从生产地到消费地流动过程中伴随的种种活动。"第二次世界大战以后,与军事后勤紧密相连的 logistics management 概念被引入企业界和商品流通领域,逐步替代了 physical distribution 一词。physical distribution 在20世纪50年代之前用于商品流通领域,指的是商品流通过程中的实物流通。20世纪60年代至70年代是物流发展的重要阶段,世界上第一本介绍物流管理的教科书《物流管理》于1961年出版,标志着物流理论体系开始形成,物流的范围不再限于商品流通,而是扩大到生产和消费等有关领域。在此期间,全美实物分配管理协会(National Council of Physical Distribution Management,NCPDM)于1963年成立,首次从管理的角度对实物分配或者称为物流管理(physical distribution management)进行了定义。

① 何明珂.物流系统论.北京:高等教育出版社,2004.

② 唐纳德·J.鲍尔索克斯,戴维·J.克劳斯.物流管理——供应链过程的一体化.北京:机械工业出版社,1999:81.

③ 唐纳德·J.鲍尔索克斯,戴维·J.克劳斯.物流管理——供应链过程的一体化.北京:机械工业出版社,1999:7.

20 世纪 80 年代物流范围拓展后，logistics 逐渐取代了原有的 physical distribution 应用于与物流相关的所有经济领域，物流管理进入综合管理阶段，即对生产、销售、消费以及废气回收等社会再生产的全过程中所发生的物流活动进行全面管理。1985 年，NCPDM 更名为美国物流管理协会（The Council of Logistics Management，CLM）。CLM 对物流和物流管理的定义为：物流是对原料、在制品、制成品及相关信息从供应地到消费地的有效率、有效益的流动和储存进行计划、执行和控制，以满足顾客要求的过程。该过程包括进向、去向、内部和外部的移动以及以环境保护为目的的物料回收。

美国物流管理协会在 1991 年将 1985 年定义中的“原料、在制品、制成品”改为“产品、服务”。

1998 年，CLM 对物流的定义加上了“logistics 是供应链的一部分，其专注于物品、服务及相关信息从起始点到消费地的有效流通及储存的计划、执行与控管（即管理），以达成顾客的要求”。供应链成为物流管理的最新理念。

美国物流定义的变化见表 1-1。

表 1-1 美国物流定义的变化

	physical distribution	logistics
概念最先出现的时间	1915 年阿奇·萧出版的著作《市场流通中的若干问题》	1905 年美国少校琼西·贝克（Major Chauncey B. Baker）提出并解释了“物流”，一般认为该概念在第二次世界大战期间才得以广泛使用
最先使用的领域	流通领域	军事领域
目前使用的领域	流通领域	整个供应链（包含生产、流通、消费、军事等各个领域）
概念的外延	包含在 logistics 中	包含 physical distribution
概念的内涵	物流管理是为了计划、执行和控制原材料、在制品库存及制成品从起源地到消费地的有效率的流动而进行的两种或多种活动的集成。这些活动可能包括但不仅限于：顾客服务、需求预测、交通、库存控制、物料搬运、订货处理、零件及服务支持、工厂及仓库选址、采购、包装、退货处理、废弃物回收、运输、仓储管理	物流是对货物、服务及相关信息从起源地到消费地的有效率、有效益的流动和储存进行计划、执行和控制，以满足顾客要求的过程。该过程包括进向、去向、内部和外部的移动以及以环境保护为目的的物料回收
美国物流管理协会使用的名词	1963 年成立 National Council of Physical Distribution Management（NCPDM） 从 1963 年成立到 1985 年上半年使用 physical distribution	1985 年更名为 The Council of Logistics Management（CLM） 1985 年下半年以后用 logistics 取代 physical distribution
美国供应链管理专业协会使用的名词	美国物流管理协会 2005 年 1 月 1 日正式更名为美国供应链管理专业协会，开始 supply chain management 与 Logistics 并用	

随着物流概念和物流管理理念的发展变化，logistics 和 physical distribution 不仅使用的领域不同，概念的内涵不同，所指的物流范围也有很大区别，如图 1-1 所示。logistics 是指实物流通的

全过程，包括生产领域、流通领域和消费领域的物资流动，是物质资料从供应地经过生产和销售到最终消费的整个过程的一切物流活动，这是广义上的物流。从狭义上来讲，物流是指商品销售过程中的物流活动，是指商品被生产出来以后，经过销售进入最终消费的物流活动。

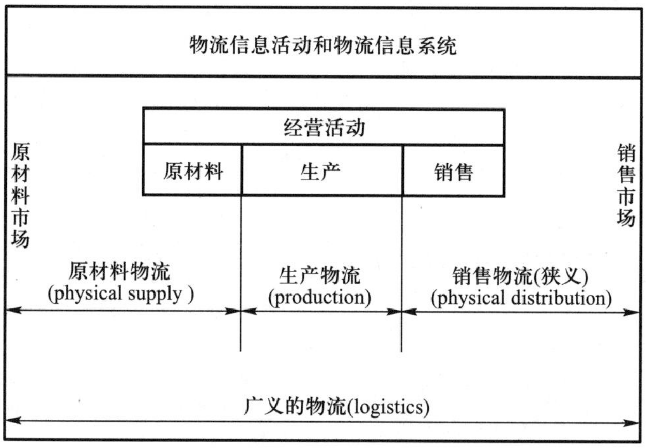

图 1-1　广义物流与狭义物流的区别

20 世纪末，供应链（supply chain，SC）、供应链管理（supply chain management，SCM）及其相关理论在中国物流界得到广泛传播。目前，国际上对于供应链的理解基本上有三种观点：① 供应链概念是物流概念的扩展；② 物流与供应链是一回事；③ 相关企业业务、资源的集成和一体化。供应链管理实际上应该包括供应链组织内部各功能部门之间的集成和在供应链上下游组织之间的集成，集成的内容包括商流、物流、信息流等，集成的对象有资源、组织、业务、流程等，因而供应链的概念比物流的概念更加宽泛。

尽管 logistics 实现了企业内部物流的一体化，但由于没有跳出本企业的范围，没有同相关联的上下游企业结成合作伙伴关系，没有共享信息资源，因而会导致需求放大等，从而使物流效率低下、物流成本无法得到真正控制现象的发生。因此，需要跨越个别企业的边界，将物流整合的范围扩展到供应链上的上下游企业。这样，建立在供应链管理理念基础之上的商品供应系统，较之 logistics 系统整合的范围更加广泛，有助于上下游企业的 logistics 系统无缝对接。因此，logistics 不断向 supply chain logistics 转变。2005 年，美国物流管理协会正式更名为“供应链管理协会（CSCMP）”，其对物流、物流管理的定义不断更新。2007 年，该协会做出了如下解释：“物流管理是供应链管理的一部分，以满足客户需求为目的，对货物、服务和相关信息在产出地和消费地之间的有效、高效的正向和反向流动与存储进行计划、执行和控制。”①

三、美国不同组织对物流的定义

从对物流的认识来看，不同国家和地区、不同行业和组织对物流的解释不尽相同。美国有管理派、工程派、军事派、企业派四大派别，各派别分别从管理、技术、军事和经营的角度对物流进行

① 2007 年美国供应链管理协会对物流的定义为本书作者根据其网站英文定义自行翻译。

定义,见表 1-2。

表 1-2 美国不同组织对物流及物流管理的定义

	角度	年份	给出定义的组织	定义
美国	管理派	2007	美国供应链管理专业协会(CSCMP)	物流管理是供应链管理的一部分,以满足客户需求为目的,对货物、服务和相关信息在产出地和消费地之间的有效、高效的正向和反向流动与存储进行计划、执行和控制
		2002	美国物流管理协会(CLM)	物流是供应链运作的一部分,是以满足客户要求为目的,对货物、服务和相关信息在产出地和消费地之间实现高效且经济的正向和反向的流动和储存所进行的计划、执行和控制的过程
	工程派	1974	美国物流工程师学会(Society of Logistics Engineers,SOLE)	物流是与需求、设计、资源供给和维护有关,以支持目标、计划及运作的科学、管理、工程及技术活动的艺术
	军事派	1981	美国空军(U. S. Air Force)	物流是计划、执行、军队的调动与维护的科学,它涉及与军事物资、人员、装备和服务相关的活动
	企业派	1997	美国 EXEL 物流公司	物流是与计划和执行供应链中商品及物料的搬运、储存及运输相关的所有活动,包括废弃物品及旧品的回收复用

在表 1-2 中,除美国空军的物流定义中涉及“人员”以外,其余定义都是以“物”作为物流的对象,这是因为军事需要的特殊性所致。除军需外,其他经济领域中人是主动因素,不包含在物流系统之内。

四、其他国家和地区对物流的定义

20 世纪 50 年代中期,日本在经济恢复时期十分重视西方技术。1956 年,日本生产性技术本部向美国派出了“流通技术考察团”,对美国的工厂运输状况,包括搬运设备、搬运方法、库存物资的堆垛方式、与厂内运输有关的工厂总体布置以及搬运技术的概况等进行考察,回国后向有关部门进行了详细的介绍。这一举动,对日本的搬运机械化和组织现代化的发展起到了极大的推动作用。日本于 20 世纪 60 年代正式引进了物流这一概念,将其解释为“物的流通”“实物流通”的简称。日本非常重视物流的研究与实践,20 世纪 70 年代后便开始走在世界物流的前列。在日本,不同学者对物流有不同的定义,不同行业、不同企业对物流的定义也有所不同,最有代表性的是 1981 年日本日通综合研究所给出的物流定义:物流是将货物由供应者向需求者的物理性位移,是创造时间价值和场所价值的经济活动,包括包装、搬运、保管、库存管理、流通加工、运输、配送等活动领域。

日本学者们的物流定义见表 1-3。

表 1-3　日本学者们的物流定义

来源	内容
林周二（原东大教授）著《现代物的流通》	物流是指克服时间和空间间隔，联结供给主体和需求主体包括废弃和还原在内的一切资料的物理性位移的经济活动。具体地说，有运输、保管、包装、搬运等物资流通活动及与之相关的信息活动
阿保荣司（原早稻田大学教授）著《新版物流基础》	物流是指克服时间和空间间隔，联结供给主体和需求主体，创造部分形质效用的包括废弃和还原在内的一切有形或无形资材的物理性位移的经济活动。具体地说，有运输、保管、包装、搬运、流通加工等物资流通活动及与之有关的信息活动
统计审议会回复咨询报告的定义	物流是指有关“物”的流通的经济活动，包括物资流通和信息流通
菊池康也著《物流管理》	物流是指为消除商品从生产者到消费者之间的场所间隔和时间间隔的物理性经济活动。具体地说，包括运输、保管、搬运、包装、流通加工、信息活动等
汤浅和夫著《物流浅论》	物流是一个包含“整体观点”的概念，是指产品从工厂生产出来到送达顾客手中这一过程
西泽修（早稻田大学教授）的定义	物流是指“包装、输送、保管、装卸工作，主要是以有形物资为中心，所以称之为物资流通。在物资流通中加进情报流通，即为物流
日通综合研究所《物流手册》	物流是将货物由供应者向需求者的物理性位移，是创造时间价值和场所价值的经济活动，包括包装、搬运、保管、库存管理、流通加工、运输、配送等活动领域

欧洲物流的特点在于将物流管理作为一项与生产并重的企业基本职能。欧洲企业认为，是物流管理使原材料和产成品以正确的时间被分发至合适的地点，从而增加了产品的价值，甚至一改物流为市场营销的传统观点，把市场营销也并入物流管理的职能范围之内，这足以说明物流所受到的重视程度。欧洲物流业之所以快速发展，是与科技进步，尤其是 IT 的发展及相关产业的合并联盟分不开的。目前，基于互联网和电子商务的电子物流正在欧洲兴起，以满足客户越来越苛刻的物流需求。物流服务全程化正成为趋势，处于最高层次的那些能够提供广泛的增值服务的超大型第三方物流服务商，他们能为制造厂家的产品提供优化配置服务，促进其产品在欧洲范围内不同市场的销售业务快速发展，包括对销售到不同语言国家的产品提供条形码、包装和产品安装服务。

欧洲物流协会和加拿大物流管理协会受美国物流管理协会的影响较大，都是从管理角度对物流进行定义的，见表 1-4。

表 1-4　欧洲物流协会和加拿大物流管理协会的物流定义

国家或地区	年份	给出定义的组织	定义
欧洲	1994	欧洲物流协会（European Logistics Association，ELA）	物流是在一个系统内对人员/商品的运输、安排及与此相关的支持活动的计划、执行与控制，以达到特定的目的

续表

国家或地区	年份	给出定义的组织	定义
加拿大	1985	加拿大物流管理协会（Canadian Association of Logistics Management，CALM）	物流是对原材料、在制品库存、产成品及相关信息从起源地到消费地的有效率、成本有效益的流动和储存进行计划、执行和控制，以满足顾客要求的过程。该过程包括进向、去向和内部流动

物流理念的内涵和外延随着物流实践和企业经营管理理念的发展而发展，不同时期对物流的定义各不相同。目前，全球对物流的定义以美国物流管理协会的定义最为完整和简要，为世界理论和实业界普遍接受和引用。

五、中国的物流定义

授课视频 1-2：我国的物流概念

物流的概念从两个渠道传入我国：一是欧美等国的市场营销；二是日本的物流。在我国，因引进物流的渠道不同，也存在不同的理解，如果以学派划分的话，至少可分为流通、生产和军事学派，每一领域都有相应的科研院所和实际部门。其中流通领域的物流由于历史上体制的原因又可以分为物资流通系统和商品流通系统两个小的分支。物资流通系统偏重于物流科学及其应用，于改革开放初期最早将物流概念引到国内，因开展物流研究早、参与国际学术交流频繁、推广物流研究成果取得一定效果而对中国物流的发展有重大影响；[1]商品流通系统则是从市场营销的角度将物流看作商品的实体配送。生产领域的物料流和物料搬运，是面向生产企业将原材料转变成产成品的制造过程，生产学派以国内的钢铁、机械、汽车制造等制造业大型企业的生产物流管理为研究对象，侧重于物料流程的优化和再造。军事学派研究军事物流。因军事物流对军队物资和后勤保障有特殊且非常重要的作用，故稍晚于商品流通系统的物流出现在理论研究的视野内。

除上述物流学派外，随着物流学术研究的深入和不断的实践探索，逐步形成了以交通运输为代表的物流领域。交通领域的物流理论研究有强烈的行业特点，运输企业在实践中发展迅速。由于交通运输是计划经济成分最重的部门，因此，尽管公路、水运率先改革，市场化程度比较高，但铁道部一直以来被称为体制改革中最后的堡垒，政企合一的局面直至 2013 年才被打破。根据 2013 年“两会”提出的《国务院机构改革和职能转变方案》，实行铁路政企分开，将铁道部拟定铁路发展规划和政策的行政职责划入交通运输部；组建国家铁路局，由交通运输部管理；组建中国铁路总公司，不再保留铁道部。随着社会主义市场经济的发展，交通运输部门的改革正在加快，包括铁路、公路、水运、民航货运在内的所有与物流有关的部门，都在顺应市场要求向物流服务转型，特别是在货运市场占有较大比重的铁路运输的市场化改革，推动铁路货运从计划全面走向市场，必将推动中国物流走进新时代。

物流概念引入我国 20 多年后，中国物流与采购联合会和国家技术监督局数易其稿的中华人民共和国国家标准《物流术语》于 2001 年正式实施。2006 年又进行了修订，修订版于 2007 年 5

① 郭振宇．中国物流现状及改善建议，物流技术与应用，2001(1)．

月1日开始实施。其对物流给出了如下定义:物流是指物品从供应地向接收地的实体流动过程。根据实际需要,将运输、储存、装卸、搬运、包装、流通加工、配送、信息处理等基本功能实施有机结合。

这个定义既参考了美国、日本的物流和物流管理的定义,又充分考虑了我国物流发展的现实。从中可以看出,物流是一个物的实体的流动过程,在流通过程中创造价值,满足顾客及社会性需求。也就是说,物流的本质是服务。

我国台湾地区于1993年10月成立物流业者联谊会,1995年1月转型成立“台湾物流协会”(Taiwan Association of Logistics Management)。该协会于1996年给出的物流定义是:物流是一种物的实体流通活动的行为,在流通过程中,透过管理程序有效结合运输、仓储、包装、流通加工、资讯等相关物流机能性活动,以创造价值、满足顾客及社会性需求。台湾地区物流界在20世纪80年代开始使用物流这一名词后,把物流的运输、储存、装卸、包装、流通加工以及信息等机能组成一个整体,从整体和系统的角度进行研究,使各个环节之间连成一体,形成有机联系,称之为物流一体化或物流系统化,在物流经营上称为物流多功能服务。在台湾地区,把所有这些活动统称为“整合”,即物流就是一种整合物的流通活动的行为,把物流的各项机能从起点到终点串起来,整合成为完整的物流系统,也就是物流一体化。

从物流的产生过程来看,运输、储存、包装、装卸、配送、流通加工功能等由彼此独立到相互统一成物流概念,其间经历了漫长的社会和经济发展过程。在简单的商品生产阶段,物流同商流是同时进行的,即“一手交钱,一手交货”,物流的各个功能几乎由商品生产者完全承担。随着商品生产和商品经济的发展以及生产、交通运输、仓储保管技术的进步,物流逐步从商流中分离出来。因此,物流的产生是社会分工进一步细化和更加专业化的结果,是商品经济高度发达以至于发展到市场经济的产物。到了现代市场经济阶段,市场高度发展,商品流通速度大大加快,尤其是在消费需求引导生产的新时代,为了更好地满足消费者的需求,能够以最小的费用和最短的时间将物质资料从供应者送达需求者手中,原来看起来关系并不紧密的各个实物流通环节出现了一体化的趋势,从而统一为物流。

物流的产生是社会经济进步的结果,物流的发展同样随着社会经济的发展而不断深化。它的内涵非常丰富,外延也极其广阔。物流所涉及的范围涵盖社会经济的方方面面,可以说物流是无所不在、无所不有的。不同行业、不同企业、不同学者对物流的解释不一样,从不同的角度、处于不同的历史时期对物流的认识也难以一致,这使物流的概念很难用准确的文字和语言表述清楚。特别是人类社会跨入21世纪和面临知识经济挑战之时,流行的物流概念将来可能会得到全面更新,那么对物流的认识同样会更新。比如,随着电子商务和网络经济的兴起,出现了定制物流、虚拟物流等新的物流概念,其中,定制物流是根据用户的特定要求而为其专门设计的物流服务方式;虚拟物流是以计算机网络技术进行物流运作与管理,实现企业间物流资源共享和优化配置的物流方式。随着环境保护的呼声越来越高,又出现了绿色物流的概念,即在物流过程中抑制物流对环境造成危害的同时,实现对物流环境的净化,使物流资源得到最充分的利用。随着技术的发展,又出现了智能物流、智慧物流的概念。

但是无论高新技术和知识经济给物流技术和物流管理带来多么巨大的变化,物流为用户提供服务的本质特征是不会改变的。也就是说,物流与为用户提供服务的旅游、金融等性质相同,能满足社会经济、生活中不同消费者的需求,因而具有使用价值,同时物流本身又具有服务所创造的价值，物流所创造的服务产品在任何社会经济条件下都是不可或缺的。这样，未来的物流或许变为其他完全不同的概念和解释，但是目前物流所具有的本质特征——服务将永久保存下去。

总之，物流是一个发展的或者说是动态的概念，它将随着社会经济的不断进步向更高层次扩展，但无论怎样扩展都将永远围绕全方位服务于用户这一核心功能。

第二节 物流服务

企业的任何业务，其产生和发展的基础都是向顾客提供服务并尽力满足其需要。在当前市场竞争激烈的时代，很多企业都提供了在价格、特性和质量方面雷同的产品，这时候，物流服务的差异性将为企业提供超越竞争对手的竞争优势。面对日益激烈的国内、国际市场竞争和消费者价值取向的多元化，企业管理者已经发现加强物流管理、改进物流服务是创造持久的竞争优势的有效手段。

从顾客的角度看，物流服务是供应链过程管理的产物，物流服务水平是衡量物流系统为顾客创造的时间和地点效用能力的尺度。物流服务水平决定了企业能否留住现有的顾客及吸引新顾客。当今的每一个行业，从汽车到服装，消费者都有很大的选择余地。物流服务水平直接影响着企业的市场份额和物流总成本，并最终影响其赢利能力。

一、物流服务的含义与特点

（一）物流服务的含义

物流服务的定义是随企业而变化的，不同的企业对物流服务这一概念往往有不同的理解。例如，供应商和它的顾客对物流服务的理解就有很大的不同。一般来说，物流服务可以理解为是衡量物流系统为某种商品或服务创造时间效用和空间效用的尺度，这包括从接收顾客订单开始到商品送到顾客手中为止而发生的所有服务活动。

对大多数企业来说，物流服务可以用一种或几种方式来定义：

（1）一项管理活动或职能，如订货处理等。

（2）特定参数的实际业务绩效，如在 24 小时内实现 98% 的订单送货率。

（3）企业整体经营理念或经营哲学的一部分，而非简单的活动或绩效评价尺度。

注意，如果企业把物流服务作为一种经营理念和哲学，它就应该有一个物流服务职能部门。

物流服务的一种定义是：物流服务是发生在买方、卖方的一个过程，这个过程使交易中的产品或服务实现增值。这种发生在交易过程中的增值，对单次交易来说是短期的，当各方形成较为稳定的合同关系时，增值则是长期持久的。同时，这种增值意味着通过交易，各方都得到了价值的增加。因而，从过程管理的观点看，物流服务是通过节省成本费用为供应链提供重要的附加价值的过程。

成功的市场营销要求不断争取到顾客并留住他们，从而实现企业长期盈利和获得投资回报的目标。然而，许多企业仅仅注重赢得新顾客，片面地通过产品、价格、促销等要素来创造需求，忽视了市场组合中的地点要素以及与之相联系的物流服务。物流服务对市场需求有重要的影响，它决定着企业能否留住顾客。企业以盈利为目标，但在获得盈利之前，企业必须确定服务策略和计划方案以满足顾客的需要，并且以节省费用的方式来实现，这就是物流服务。

（二）物流服务的特点

物流服务与其他社会经济活动相比有许多的不同之处，这些不同给物流企业的经营带来了重要的影响。具体地讲，物流服务的主要特点有以下几个方面。

1. 从属性

客户的物流需求不是凭空产生的，而是以商流的发生为基础，伴随着商流而产生的。针对这样的需求提供的物流服务，显然具有从属性。

2. 无形性

服务与有形商品最本质的区别在于它具有无形性。顾客选择服务产品的主要依据在于服务提供者的声誉。因此，物流服务企业应该非常重视企业的声誉，视声誉为生命，绝不能为了短期和暂时的利益而丢掉企业赖以生存的声誉和信用。

3. 即时性和非存储性

物流服务生产的不是有形产品，而是一种伴随销售和消费同时发生的即时服务，这就决定了它的特性：即时性和非存储性。通常，有形的商品需要经过生产、存储、销售才能完成交换过程，而物流业务本身决定了它的生产就是销售，期间不需要存储环节进行调整。

4. 移动性和分散性

物流服务的客户对象分布广泛，而且大多数是不固定的，所以具有移动性和分散性特征。由此往往产生局部的供需不平衡，给经营管理者带来一定的经营管理难度。

5. 需求波动性

由于物流服务的移动性和分散性，所以其需求的方式和数量都是多变的，有较强的波动性，易于造成供需失衡。该特点往往成为导致物流企业劳动率低、成本高的重要原因。

6. 可替代性

一般企业都可能具有自营运输、自家保管等自营物流的能力，这种自营物流的普遍性，使物流企业从量和质上调整物流服务的供给能力变得困难。也就是说，物流服务从供给能力方面来看，可替代性强，这也是物流企业在经营上具有一定困难的原因之一。

7. 不稳定性

服务的不稳定是区别于有形产品的基本特征之一，是影响服务质量和顾客满意度的重要因素。物流服务的不稳定性是在服务传递的过程中发生的。物流管理者不可能消除这种属性，只能在顾客和服务提供者之间寻求一定的平衡。

二、物流服务的本质

物流服务的本质是满足顾客的需求，使顾客满意。它主要包括：

（1）有顾客需要的商品（保证有货）。

（2）可以在顾客需要的时间内送达（保证送到）。

（3）达到顾客要求的质量（保证质量）。

顾客满意是指顾客通过对一个产品（或服务）的可感知的效果（或结果），与他的期望值相比较之后,所形成的愉悦或失望的感觉状态。从构成市场营销的四要素(4P)来看,顾客的满意程度是顾客对企业提供的产品或服务是否满意的全方位的评价。

物流服务的质量直接影响着顾客满意的程度。赢得新顾客代价高昂,而留住老顾客至关重要,否则就容易犯“狗熊掰棒子——抓一个丢一个”的错误。物流服务的目标之一是“第一次就做好”,以避免顾客抱怨。研究显示,每当有一个顾客对所购买的产品和服务发生抱怨,就会有十九个潜在顾客投向其他厂商。当然,顾客的抱怨是难以杜绝的,但这也有助于企业发现潜在的问题,通过有针对性的改善和提高,减少未来的抱怨。对顾客抱怨处理得当,还可以提高顾客的忠诚度。因此,服务的质量是实现高水平服务的关键,进而有助于获得高度的顾客满意。

从企业整体的角度看,物流服务可视为市场战略的一个基本组成部分。市场营销通常描述为四个要素(4P)的组合,其中地点要素最直接地代表了物品的分销运送。影响物流服务的因素有以下几个:

(1) 缺货水平。即对企业产品可供性的衡量尺度。对每一次缺货情况要根据具体产品和顾客做完备记录,以便发现潜在的问题。当缺货发生时,企业要为顾客提供合适的替代产品,或尽可能地从其他地方调运,或向顾客承诺一旦有货立即安排运送,目的在于尽可能保持顾客的忠诚度,留住顾客。

(2) 订货信息。向顾客快速准确地提供所购商品的库存信息、预计的运送日期。对顾客的购买需求,企业有时难以一次完全满足,这种订单需通过延期订货、分批运送来完成。延期订货发生的次数及相应的订货周期是评估物流系统运作优劣的重要指标。延期订货处理不当则容易造成失销。对此,企业要给予高度重视。

(3) 信息的准确性。顾客不仅希望快速获得广泛的数据信息,同时也要求这些关于订货和库存的信息是准确无误的。企业对不准确的数据应当注明并尽快更正,对经常发生的信息失真要特别关注并努力改进。

(4) 订货周期的稳定性。订货周期是从顾客下订单到收货为止所跨越的时间。订货周期包括下订单,订单汇总与处理,货物拣选、包装与配送。顾客往往更加关心订货周期的稳定性而非绝对的天数。当然,随着对时间竞争的日益关注,企业亦越发重视缩短整个订货周期。

(5) 特殊货运。有些订单的送货不能通过常规的运送体系来进行,而要借助特殊的货运方式。例如,有的货物需快速运送或需要特殊的运送条件。企业提供特殊货运的成本要高于正常运送方式,但失去顾客的代价可能更加高昂。

(6) 交叉多点运输。企业为避免失销,有时需要从多个生产点或配送中心向顾客运送货物,这也是应对延期订货的策略之一。

(7) 订货的便利性。指顾客下订单的便利程度。顾客总是喜欢同便利和友好的卖方打交道。如果单据格式不正规、用语含糊不清或在电话中等待过久,顾客都有可能产生不满,从而影响顾客与企业的关系。对于这方面可能存在的问题,企业可以通过与顾客的直接交谈来获悉,予以详细记录并改进。

(8) 替代产品。顾客所订购的某种产品暂时缺货时,不同规格的同种产品或者其他品牌的类似产品可能也能够满足顾客的需要,这种情况在现实中时有发生。如果一种产品当前可供率为70%,该企业还生产一种替代产品,其当前可供率也为70%,则该产品的供应率就可提升至91%;类似地,如果存在两种可被顾客广泛接受的替代产品,其可供率可达97%。可见,为顾客提供可接受的替代产品可以大大提升企业的服务水平。企业在制定产品替代策略时要广泛征求顾客的意见,并及时将有关的政策和信息通知顾客。在有必要向顾客提供替代产品时,应征询顾客的意见并取得其认可。

三、物流服务对于赢得竞争优势的重要性

物流服务是企业物流系统的产出。换句话说,从顾客角度看到的是企业提供的物流服务而不是抽象的物流管理。物流服务是市场营销与物流管理两大职能的临界面,支撑市场营销组合中的地点要素。更重要的是,良好的物流服务有助于发展和保持顾客的忠诚与持久的满意,物流服务的诸要素在顾客心目中的重要程度甚至高过产品价格、质量及其他有关的要素。

对于市场营销四要素而言,产品和价格较容易被竞争对手模仿,促销的努力也可能被竞争者赶上,提供令顾客满意的服务或处理顾客抱怨的高明手法则是企业区别于竞争对手、吸引顾客的重要途径。在短期内,企业物流服务不容易被对手模仿。根据专家的估计,企业 65% 的销售来自老顾客,而发展一个新顾客的费用平均是保留一个老顾客所需费用的 6 倍;从财务角度分析,用于物流服务的投资回报率要大大高于投资于促销和其他发展新顾客的活动。

为什么物流服务如此重要呢?

第一,关于物流服务,以前没有应用市场概念。1973 年石油危机以后,在销售政策上物流开始占据重要位置,作为销售战略的一环,在企业经营上,物流服务成为必须解决的战略性课题。

第二,物流服务水平不同,物流的形式必将随之发生变化,物流服务水平是构筑物流系统的前提条件。企业要确定恰当的物流服务水平,为达到该水平而建立的物流服务系统必须在整个公司内统一思想取得共识。

第三,物流在降低成本方面起着重要的作用,而降低物流成本必须在一定服务水平的前提下考虑。从这个意义上来说,物流服务水平是降低物流成本的依据。

第四,物流服务起着连接生产厂家、批发商和零售商的纽带作用。

尽管物流服务非常重要,但世界各国看法不一。如日本就与欧美各国不同,认为物流服务就是奉献。最近由于物流环境发生了变化,关于物流服务的观念也在发生着变化,对于物流服务来说,市场机制和价格机制也在发挥作用。所谓市场机制和价格机制发挥作用,在某种意义上是指物流服务的价值由供求关系决定,是物流成本的内涵之一。特别是现在普遍要求对例外运输、紧急运输等非常规运输的成本负担实现标准化。物主、流通业者、物流业者和消费者必须对此认真加以考虑。日本通产省公布的《物流成本计算实用手册》(通商产业调查会,1992 年)列出了不同运输条件下的不同成本计算方法,明确了不同行业的标准运输成本和非常规运输成本,用以推动成本负担的标准化。

四、物流服务中的相应对策

企业要确立某种物流服务水平,保持竞争优势,就必须注意及时发现问题并实施以下相应的对策:

(1) 如果只是把物流服务水平看作是一种销售竞争手段而不做出清晰的规定,那么批发商和零售商的要求必将升级,以致企业无法应对。现在,批发商或零售商或是由于销售情况不稳

定，或是由于没有存放货物的地方，或是为了避免商品过时，都在极力减少库存。如果他们无节制地要求多批次、小批量配送，或进行多批次的库存补充，那么物流工作量将大大增加，物流成本必然提高。为防止这种服务水平的升级，必须建立新的物流服务机制，进行物流服务决策。

（2）许多企业仍在用同样的物流服务对待不同的顾客或不同的商品。企业应把服务当作是有限的经营资源，在决定资源分配时，要调查顾客的需求，根据对公司销售贡献的大小将顾客分成不同层次，按顾客的不同层次决定不同的服务和不同的服务水平。

（3）物流部门应定期对物流服务进行评估。检查销售部门或顾客有没有索赔，有没有误配、晚配、事故、破损等，通过征求顾客意见等办法了解服务水平是否已经达到标准，成本的合理化达到何种程度，是否有更合理的办法等。

（4）物流服务水平由于市场形势、竞争对手情况、商品特性和季节等的不同，时时刻刻都有变化。物流部门应有掌握这种变化的情报系统。在美国，物流服务包括在对顾客的服务之中，负责这方面工作的部门和系统十分完备。日本现在也已具备条件建立提高物流服务质量、向顾客提供满意的物流服务的管理机构和负责体制。

（5）销售部门往往认为，为了扩大销售应该无限制地接受顾客对于物流的要求。这是物流系统无法承受的，应该形成一种从盈亏的角度考虑是否合算的范围。

（6）物流服务水平在不断变化。作为物流服务来说，今后提供新信息的服务将日益重要。过去主要是提供交货日期、库存、再进货、到货日期、脱销等情况和运输中的商品信息与追踪信息，今后为适应特约商店、零售商店简化业务手续的需要，提供传票样式的统一商品接收总计表等信息服务将更为重要。

（7）现在的物流服务要放在社会系统的大范围内来处理。企业需要认真考虑环保、节能、节约资源乃至废弃物回收等问题。目前已经到了企业要认真进行废弃物回收服务，而不能再将旧电视机和使用过的瓶罐等废弃物作为普通废弃物交给政府来处理的时候了。为减少交通混乱、道路拥挤等交通公害，厂家冲破互相竞争的壁垒，推进共同配送的日子也即将到来。

（8）物流服务将作为社会系统的一环受到人们的评判。那么，物流服务要素及水平应当怎样确定呢？物流服务是顾客服务的要素，是与顾客进行交易的条件之一。如何确定物流服务水平，在销售战略上具有重要意义。因此，物流服务水平的确定应属于企业的重要决策。

五、物流服务的内容

物流是实现销售过程的最终环节，但由于采用不同形式，使一部分特殊服务变得格外重要。因此，企业在设计物流服务内容时应反映这一特点。概括起来，物流服务内容可以分为以下两个方面：

（一）传统物流服务

1. 运输服务

无论是自营物流还是由第三方提供物流服务，都必须将消费者的订货送到消费者指定的地点。第三方一般自己拥有或掌握有一定规模的运输工具。具有竞争优势的第三方物流经营者的物流设施不仅仅在一个点上，而是一个覆盖全国或一个大的区域的网络。因此，第三方物流服务提供商首先要能为客户设计最合适的物流系统，选择满足客户需要的运输方式，然后具体组织网络内部的运输作业，在规定的时间内将客户的商品运抵目的地，除了在交货点交货需要客户配合外，整个运输过程包括最后的市内配送都应由第三方物流经营者完成，以尽可能地方便客户。

2. 储存服务

物流中心的主要设施之一就是仓库及附属设备。需要注意的是，物流服务提供商的目的不是要在物流中心的仓库中储存商品，而是要通过仓储保证物流服务业务的开展，同时尽可能降低库存占压的资金，减少储存成本。因此，提供社会化物流服务的公共型物流中心需要配备高效率的分拣、传送、储存、拣选设备，目的是在不降低供货服务水平的前提下，尽量减少实物库存水平。

3. 装卸搬运服务

这是为了加快商品的流通速度必须具备的功能。企业一般都会具备一定的装卸搬运能力，物流服务提供商应该提供更加专业化的装载、卸载、提升、运送、码垛等装卸搬运机械，以提高装卸搬运作业效率，降低订货周期(order cycle time，OCT)，减少作业对商品造成的破损。

4. 包装服务

物流的包装作业目的不是要改变商品的销售包装，而在于通过对销售包装进行组合、拼配、加固，形成适于物流和配送的组合包装单元。

5. 流通加工服务

它的主要目的是方便生产或销售。专业化的物流中心常常与固定的制造商或分销商进行长期合作，为制造商或分销商完成一定的加工作业，比如贴标签、制作并粘贴条形码等。

6. 物流信息处理服务

由于现代物流系统的运作已经离不开计算机，因此将各个物流环节、各种物流作业的信息进行实时采集、分析、传递，并向货主提供各种作业明细信息及咨询信息是相当重要的。

（二） 增值性物流服务

以上是普通商务活动中典型的物流服务内容，但除了传统的物流服务外，现代物流还需要增值性的物流服务(value-added logistics services)。

增值性的物流服务包括以下几层含义和内容。

1. 增加便利性的服务

一切能够简化手续、简化操作的服务都是增值性服务。在提供物流服务时，推行一条龙门到门服务、提供完备的操作或作业提示、免培训、免维护、省力化设计或安装、代办业务、一张面孔接待客户、24 小时营业、自动订货、传递信息和转账(利用 EOS、EDI、EFT)、物流全过程追踪等都是对企业有用的增值性服务。

2. 加快反应速度的服务

快速反应(quick response)已经成为物流发展的动力之一。传统观点和做法是将加快反应速度变成单纯对快速运输的一种要求，但在需求方对速度的要求越来越高的情况下，它也变成了一种约束，因此必须想其他的办法来提高速度。所以第二种办法，也是具有重大推广价值的增值性物流服务方案，应该是优化配送中心、物流中心网络，重新设计流通渠道，以此来减少物流环节、简化物流过程，提高物流系统的快速反应能力。

3. 降低成本的服务

物流业发展前期，物流成本会居高不下，企业一开始就应该寻找能够降低物流成本的物流方案。企业可以考虑的方案包括：采取物流共同化计划，同时，如果具有一定的规模，就可以通过采用比较适用但投资比较少的物流技术和设施设备，或推行物流管理技术，如运筹学中的管理技术、单品管理技术、条形码技术和信息技术等，提高物流的效率和效益，降低物流成本。

4. 延伸服务

延伸服务指向上可以延伸到市场调查与需求预测、采购及订单处理；向下可以延伸到配送、物流系统设计咨询、物流方案的选择与规划、库存控制决策建议、货款回收与结算、教育与培训、物流系统设计与规划方案的制作等。关于结算功能，物流的结算不仅仅是物流费用的结算，在从事代理、配送的情况下，物流服务商还要替货主向收货人结算货款等。关于需求预测功能，物流服务商应该负责根据物流中心商品进货、出货信息来预测未来一段时间内的商品进出库量，进而预测市场对商品的需求，从而指导订货。关于物流系统设计咨询功能，第三方物流服务商要充当企业的物流专家，因而必须为电子商务经营者设计物流系统，代替它选择和评价运输商、仓储商及其他物流服务供应商。国内有些专业物流公司正在进行这项尝试。关于物流教育与培训功能，物流系统的运作需要企业的支持与理解，通过向企业提供培训服务，可以培养他们与物流中心经营管理者的认同感，可以提高企业的物流管理水平，可以将物流中心经营管理者的要求传达给客户，也便于确立物流作业标准。

以上这些延伸服务最具有增值性，但也是最难提供的服务，能否提供此类增值服务现在已成为衡量一个物流企业是否真正具有竞争力的标准。而在提高物流服务水平的同时，物流成本的高低是一个重要的考虑因素。

（三）“互联网+”背景下的物流服务创新

物流服务创新的核心在于应用供应链一体化的管理理念和新一代信息技术，进行服务创新，即运用新的物流服务理念，基于先进的信息技术和物流技术，创新物流服务流程和管理模式，为顾客提供一揽子的物流服务解决方案，为顾客创造价值。物流服务的创新由多个要素相互组合作用催生物流服务内容、流程、形式等要素的不断创新。区别于一般的产品创新和技术创新，物流服务创新具有以下主要特征。

1. 物流服务创新具有更高价值

产品创新或技术创新强调的是有形的实物创新，其创新的内容都是真实存在的实物产品。但对于物流服务创新而言，强调的是非实物，其形式和过程的创新都具有更高的价值。

2. 物流服务创新具有较强的顾客导向性

物流服务提供的产品就是物流服务，物流的本质是满足顾客的需求。在物流服务的整个过程中，顾客都是参与者，物流服务的特征决定了物流服务创新必须以顾客需求为导向，物流服务创新是一种满足顾客需求的顾客导向性行为。

3. 物流服务创新内容具有多样性

物流服务创新不仅技术创新、产品创新，还包括过程创新、需求创新、制度创新、管理创新、定制化创新和金融服务创新等多种形式和内容。

4. 物流服务创新过程具有渐进性

物流服务创新不同于技术创新或产品创新，其创新的范围更广，物流业个性化的需求使物流服务创新中无论创新范围大小还是服务受众多少都具有可信性，同样，这些受众小的创新很可能促进更多受众与更大程度的物流服务创新的产生，所以物流服务创新中渐进性的特征更加明显。

第三节　物流成本

前面已经提到,现代物流是现代企业调节生产和促进经济持续、快速、协调发展的推进器。物流成为继大量生产、扩大销售之后的第三利润源泉,主要是通过降低物流成本来实现的。

按照人们对物流成本的认识和管理角度不同,物流成本分为宏观(社会)物流成本、中观(行业)物流成本和微观(企业)物流成本三个层次。宏观物流成本不能用微观物流成本数据简单相加而得,需要有独立的构成与核算体系,而中观物流成本的计算依赖于微观物流成本构成与核算体系的健全。

对企业而言,物流成本是企业物流管理的重要内容和手段,也是物流经济效益的量化指标,它能直观地体现出物流的经济效益。从分析物流成本入手,改善企业物流,具有重要的经济意义。当企业销售额为 1 000 万元时,物流成本占销售额 10% 的话,只要降低 10% 的物流成本,就可增加 10 万元的利润。假如一个企业的销售利润率是 2% ,则创造 10 万元的利润需要增加 500 万元的销售额,即降低 10% 的物流成本所起的作用,相当于销售额增加 50% 。但增加 500 万元销售额很难做到,而降低 10% 的物流成本却相对容易。

一、物流成本的概念

在我国 2006 年发布实施的国家标准《企业物流成本构成与计算》(GB/T 20523—2006)中,将物流成本定义为物流活动中所消耗的物化劳动和活劳动的货币表现。即产品在包装、运输、储存、装卸搬运、流通加工、物流信息、物流管理等过程中所耗费的人力、物力和财力的总和以及与存货有关的资金占用成本、物品损耗成本、保险和税收成本。其中,与存货有关的资金占用成本包括负债融资所发生的利息支出即显性成本和占用自有资金所产生的机会成本即隐性成本两部分。

这里物流成本包括两部分内容:一是物流功能成本,体现的是物流运作过程中所发生的各项成本支出;二是存货相关成本,包含的是产品被锁闭在物流环节,从而导致事实上被企业所占用的资金以及存货在物流活动中所发生的风险损失和为防止损失所支付的投保费用。

物流成本就是用金额评价物流活动的实际情况。物流成本不是面向企业经营结果,而是面向客户服务过程。这是物流成本与企业其他成本在性质上的最大区别。

二、物流成本的分类及构成

物流成本从各个不同角度可以有多种分类及构成形式,本书物流成本的分类及构成按照国家标准《企业物流成本构成与计算》(GB/T 20523—2006)展开。

（一）物流成本分类

企业物流成本可以分为成本项目类别、成本范围类别和成本支付形态类别。

1. 成本项目类别物流成本

成本项目类别物流成本指以物流成本项目作为物流成本计算对象，具体包括物流功能成本和存货相关成本。其中，物流功能成本指在包装、运输、仓储、装卸搬运、流通加工、物流信息和物流管理过程中所发生的物流成本；存货相关成本指企业在物流活动过程中所发生的与存货有关的资金占用成本、物品损耗成本、保险和税收成本，如表 1–5 所示。

表 1–5 企业物流成本项目构成表

<table>
<tr><th colspan="3">成本项目</th><th>内容说明</th></tr>
<tr><td rowspan="7">物流功能成本</td><td rowspan="5">物流运作成本</td><td>运输成本</td><td>一定时期内，企业为完成货物运输业务而发生的全部费用，包括从事货物运输业务的人员费用、车辆（包括其他运输工具）的燃料费、折旧费、维修保养费、租赁费、养路费、过路费、年检费、事故损失费、相关税金等</td></tr>
<tr><td>仓储成本</td><td>一定时期内，企业为完成货物储存业务而发生的全部费用，包括仓储业务人员费用，仓储设施的折旧费、维修保养费、水电费、燃料与动力消耗等</td></tr>
<tr><td>包装成本</td><td>一定时期内，企业为完成货物包装业务而发生的全部费用，包括包装业务人员费用，包装材料消耗，包装设施折旧费、维修保养费，包装技术设计、实施费用以及包装标记的设计、印刷等辅助费用</td></tr>
<tr><td>装卸搬运成本</td><td>一定时期内，企业为完成装卸搬运业务而发生的全部费用，包括装卸搬运业务人员费用，装卸搬运设施折旧费、维修保养费、燃料与动力消耗等</td></tr>
<tr><td>流通加工成本</td><td>一定时期内，企业为完成货物流通加工业务而发生的全部费用，包括流通加工业务人员费用，流通加工材料消耗，加工设施折旧费、维修保养费，燃料与动力消耗费等</td></tr>
<tr><td colspan="2">物流信息成本</td><td>一定时期内，企业为采集、传输、处理物流信息而发生的全部费用，指与订货处理、储存管理、客户服务有关的费用，具体包括物流信息人员费用，软硬件折旧费、维护保养费、通信费等</td></tr>
<tr><td colspan="2">物流管理成本</td><td>一定时期内，企业物流管理部门及物流作业现场所发生的管理费用，具体包括管理人员费用，差旅费、办公费、会议费等</td></tr>
<tr><td rowspan="3">存货相关成本</td><td colspan="2">资金占用成本</td><td>一定时期内，企业在物流活动过程中负债融资所发生的利息支出（显性成本）和占用内部资金所发生的机会成本（隐性成本）</td></tr>
<tr><td colspan="2">物品损耗成本</td><td>一定时期内，企业在物流活动过程中所发生的物品跌价、损耗、毁损、盘亏等损失</td></tr>
<tr><td colspan="2">保险和税收成本</td><td>一定时期内，企业支付的与存货相关的财产保险费以及因购进和销售物品应缴纳的税金支出</td></tr>
</table>

2. 成本范围类别物流成本

成本范围类别物流成本指以物流活动的范围作为物流成本计算对象，具体包括供应物流、企业内物流、销售物流、回收物流和废弃物物流等不同阶段所发生的各项成本支出，如表 1–6 所示。

表 1-6 企业物流成本范围构成表

成本范围	内容说明
供应物流成本	指经过采购活动，将企业所需原材料（生产资料）从供给者的仓库运回企业仓库为止的物流过程中所发生的物流费用
企业内物流成本	指从原材料进入企业仓库开始，经过出库、制造形成产品以及产品进入成品库，直到产品从成品库出库为止的物流过程中所发生的物流费用
销售物流成本	指为了进行销售，产品从成品仓库运动开始，经过流通环节的加工制造，直到运输至中间商的仓库或消费者手中的物流活动过程中所发生的物流费用
回收物流成本	指退货、返修物品和周转使用的包装容器等从需方返回供方的物流活动过程中所发生的物流费用
废弃物物流成本	指将经济活动中失去原有使用价值的物品根据实际需要进行收集、分类、加工、包装、搬运、储存等，并分送到专门处理场所的物流活动过程中所发生的物流费用

3. 成本支付形态类别物流成本

成本支付形态类别物流成本指以物流成本的支付形态作为物流成本计算对象，具体包括委托物流成本和企业内部物流成本。其中，企业内部物流成本的支付形态具体包括材料费、人工费、维护费、一般经费和特别经费，如表 1-7所示。

表 1-7 企业物流成本支付形态构成表

<table>
<tr><th colspan="2">成本支付形态</th><th>内容说明</th></tr>
<tr><td rowspan="5">企业内部物流成本</td><td>材料费</td><td>资材费、工具费、器具费等</td></tr>
<tr><td>人工费</td><td>工资、福利、奖金、津贴、补贴、住房公积金等</td></tr>
<tr><td>维护费</td><td>土地、建筑物及各类物流设施设备的折旧费、维护维修费、租赁费、保险费、税金、燃料与动力消耗费等</td></tr>
<tr><td>一般经费</td><td>办公费、差旅费、会议费、通信费、水电费、煤气费等</td></tr>
<tr><td>特别经费</td><td>存货资金占用费、物品损耗费、存货保险费和税费</td></tr>
<tr><td colspan="2">委托物流成本</td><td>企业向外部物流机构所支付的各项费用</td></tr>
</table>

（二）物流成本构成

本书在探讨企业物流成本构成内容时，抽象企业类型的差异，以国家标准《企业物流成本构成与计算》（GB/T 20523—2006）中物流成本项目构成为主线展开，兼顾物流范围和物流成本支付形态的内容。从这个角度而言，企业物流成本包括运输成本、仓储成本、包装成本、装卸搬运成本、流通加工成本、物流信息成本、物流管理成本等物流功能成本和与存货有关的流动资金占用成本、存货风险成本以及存货保险成本，不同成本由不同的支付形态构成，存在于不同的物流范围阶段。下面分别介绍各成本项目的构成内容。

1. 运输成本

运输成本是指一定时期内，企业为完成货物运输业务而发生的全部费用，包括支付外部运输费和自有车辆运输费。运输成本具体包括人工费、维护费和一般经费三部分内容。

(1) 人工费。主要指从事运输业务的人员的费用。具体包括运输业务人员工资、福利、奖金、津贴、补贴、住房公积金、职工劳动保护费、人员保险费、按规定提取的福利费、职工教育培训费和其他一切用于运输业务人员的费用等。

(2) 维护费。主要是指与运输工具及其运营有关的费用。具体包括车辆(包括其他运输工具)的燃料费、折旧费、维修保养费、保险费、租赁费、养路费、过路过桥费、年检费等。

(3) 一般经费。在企业运输业务的过程中,除了人工费和维护费之外的其他与运输工具或运输业务有关的费用,如事故损失费等。

就物流范围而言,运输成本存在于企业供应物流、企业内物流、销售物流、回收物流和废弃物物流全过程。

2. 仓储成本

仓储成本是指一定时期内,企业为完成货物储存业务而发生的全部费用,包括支付外部仓储费和使用自有仓库仓储费。仓储成本具体包括人工费、维护费和一般经费三部分内容。

(1) 人工费。主要指从事仓储业务的人员的费用。具体包括仓储业务人员工资、福利、奖金、津贴、补贴、住房公积金、职工劳动保护费、人员保险费、按规定提取的福利费、职工教育培训费和其他一切用于仓储业务人员的费用等。

(2) 维护费。主要是指与仓库及保管货物相关的费用。具体包括仓储设施的折旧费、设施设备维修保养费、水电费、燃料与动力消耗费等。

(3) 一般经费。指在企业仓储业务中,除了人工费和维护费之外的其他与仓库或仓储业务有关的费用,如仓库业务人员办公费、差旅费等。

目前,许多教材中,仓储成本的含义较为广泛,通常包括仓储持有成本、订货或生产准备成本、缺货成本和在途库存持有成本等,其中资金占用成本、存货风险成本和存货保险成本等均包括在上述内容中。本书中的仓储成本是指狭义的仓储成本,仅指为完成货物储存业务而发生的全部费用。因此,就物流范围而言,仓储成本通常发生于企业内物流阶段。

3. 包装成本

包装成本是指一定时期内,企业为完成货物包装业务而发生的全部费用,包括运输包装费和集装、分装包装费,具体包括材料费、人工费、维护费和一般经费四部分内容。

(1) 材料费。主要指包装业务所耗用的材料费。企业的包装材料除少数自制外,大部分是通过采购取得的。根据财政部《企业会计准则》和《工业企业会计制度》的规定,外购材料成本包括买价和购买材料的运杂费、运输途中的合理损耗、入库前的挑选整理费用以及购入材料负担的不能抵扣的税收等。

(2) 人工费。主要指从事包装业务的人员的费用。具体包括包装业务人员工资、福利、奖金、津贴、补贴、住房公积金、职工劳动保护费、人员保险费、按规定提取的福利费、职工教育培训费和其他一切用于包装业务人员的费用等。

(3) 维护费。主要指与包装机械有关的费用。包装过程中使用包装机械,可以极大地提高包装水平和劳动效率。包装机械有关费用主要包括设备折旧费、维修费、能源消耗费和低值易耗品摊销等。

(4) 一般经费。在包装过程中,除了人工费、材料费和与包装机械有关的费用外,还会发生一些诸如包装技术费用和辅助费用等的其他杂费，这部分费用通常列入一般经费。例如为了发挥包装的功能，达到最佳的包装效果，需要实施缓冲、防潮、防霉技术所发生的设计和实施费用，以及包装标记标志的设计费、印刷费、辅助材料费等。

传统上，实施包装作业的单位一般为生产制造企业，但随着物流活动过程中“流通加工”这一物流功能存在的客观性和必要性得到越来越多的认可，包装作业的实施单位也由生产制造企业扩展到包括流通企业和物流企业在内的所有类型企业和流通企业。无论何种包装都需要耗用一定的人力、物力、财力，对于大多数商品，只有经过包装才能进入流通，也有部分商品是进入流通后实施初次或再次包装。在本书中，对于进入流通加工环节实施包装作业所发生的成本列为流通加工成本，不列为包装成本。但就包装业务而言，其可能存在于企业的采购、生产和销售阶段，因此，就物流范围而言，包装成本存在于供应物流、企业内部物流和销售物流阶段。

4. 装卸搬运成本

装卸搬运成本指一定时期内，企业为完成货物装卸搬运业务而发生的全部费用，具体包括人工费、维护费和一般经费三部分内容。

（1）人工费。主要指从事装卸搬运业务的人员的费用。具体包括装卸搬运业务人员的工资、福利、奖金、津贴、补贴、住房公积金、职工劳动保护费、人员保险费、按规定提取的福利费、职工教育培训费和其他一切用于装卸搬运业务人员的费用等。

（2）维护费。在装卸搬运过程中需要使用一些起重搬运设备和输送设备等，维护费是指这些装卸搬运设备的折旧费、维修费以及能源消耗费等。

（3）一般经费。指在物品装卸搬运过程中，除了上述人工费和设备维护费外，发生的其他与装卸搬运业务有关的费用，如分拣费、整理费等。

就装卸搬运业务发生的场所而言，包括车间装卸搬运、站台装卸搬运和仓库装卸搬运等，因此，装卸搬运成本存在于供应物流、企业内物流、销售物流、回收物流和废弃物物流整个物流活动的全程。

5. 流通加工成本

流通加工是现代物流系统的重要组成部分。一般来说，生产是通过改变物质形式和性质进而创造商品价值和使用价值的一种活动，而流通是保持商品原有形式和性质以完成所有权转移和空间位移的一种活动。流通加工能够促进销售，维护商品质量，提高物流效率，同时对物流活动具有增值作用。

流通加工成本是指一定时期内，企业为完成货物流通加工业务而发生的全部费用，包括支付外部流通加工费和自有设备流通加工费，具体包括人工费、材料费、维护费和一般经费四部分内容。

（1）人工费。主要指从事流通加工业务的人员的费用。具体包括流通加工业务人员的工资、福利、奖金、津贴、补贴、住房公积金、职工劳动保护费、人员保险费、按规定提取的福利费、职工教育培训费和其他一切用于流通加工业务人员的费用等。

（2）材料费。主要指流通加工过程中所耗用的辅助材料、包装材料等材料费。材料成本的计算方式同包装作业中材料成本的计算。

（3）维护费。流通加工过程中需要使用一定的设备，例如电锯、剪板机等，维护费指与这些流通加工设备有关的折旧费、摊销费、维修保养费以及电力、燃料、油料等能源消耗费。

（4）一般经费。一般经费指在流通加工过程中，除了上述人工费、材料费和维护费之外，所发生的与流通加工有关的其他费用支出，例如流通加工作业应分摊的车间经费以及其他管理费用支出。

流通加工的对象是进入流通领域的商品，具有商品的属性。从这一意义上说，流通加工成本仅存在于销售物流阶段。

6. 配送成本

《物流术语》（GB/T 18354—2006）对配送的概念进行了界定："在经济合理区域范围内，根据客户要求，对物品进行拣选、加工、包装、分割、组配等作业，并按时送达指定地点的物流活动。"

配送是物流系统中一种特殊的、综合的活动形式。从物流角度来说，配送几乎包含了所有的物流功能要素，是物流的一个缩影或在较小范围内物流全部活动的体现。一般的配送集运输、仓储、包装和装卸搬运于一身，特殊的配送还包括流通加工。

正因为配送是一个"小物流"的概念，集若干物流功能于一身，所以配送成本包括在配送物流范围内的运输、仓储、包装、装卸搬运和流通加工成本中，具体的费用支付形态包括人工费、材料费、维护费和一般经费。就物流范围而言，配送成本存在于供应、企业内物流和销售物流阶段。

本书中，配送成本不作为物流功能成本的构成内容，而将与配送成本有关的费用支出在其他物流功能成本中进行分配。

上面介绍的运输成本、仓储成本、包装成本、装卸搬运成本、流通加工成本是物流功能成本的重要构成内容，也称为物流运作成本。对于各项物流运作成本，通常包括企业本身发生的费用支出和委托外单位进行运作支付的费用支出。上面介绍的各项物流运作成本构成内容，一般指企业本身发生的物流成本支出。当企业将物流业务外包时，通常不分费用细目对外支付费用，但即便如此，对于受托物流业务的企业而言，其物流运作成本的构成也基本包括上述内容。

7. 物流管理成本

物流管理成本指一定时期内，企业为完成物流管理活动所发生的全部费用，包括物流管理部门及物流作业现场所发生的管理费用，具体包括人工费、维护费和一般经费三部分内容。

（1）人工费。主要指从事物流管理工作的人员的费用。具体包括物流管理人员的工资、福利、奖金、津贴、补贴、住房公积金、职工劳动保护费、人员保险费、按规定提取的福利费、职工教育培训费和其他一切用于物流管理人员的费用等。

（2）维护费。指物流管理人员在物流管理过程中，会使用有关软件系统和硬件设施进行管理，这些软硬件系统及设施的折旧费、摊销费、修理费等，即为物流管理成本的维护费。

（3）一般经费。指物流管理活动中，除了人工费、维护费外的其他费用支出。如物流管理部门、物流作业现场及专门的物流管理人员应分摊的办公费、会议费、水电费、差旅费等，还包括国际贸易中发生的报关费、检验费、理货费等。

物流管理活动贯穿于企业物流活动全程，因此，就物流范围而言，物流管理成本存在于供应物流、企业内物流、销售物流、回收物流和废弃物物流全程。

8. 物流信息成本

物流信息成本指一定时期内，企业为完成物流信息的采集、传输、处理等活动所发生的全部费用，具体包括人工费、维护费和一般经费三部分内容。

（1）人工费。主要指从事物流信息管理工作的人员的费用。具体包括物流信息人员的工资、福利、奖金、津贴、补贴、住房公积金、职工劳动保护费、人员保险费、按规定提取的福利费、职工教育培训费和其他一切用于物流信息管理人员的费用等。

（2）维护费。在物流信息管理过程中，开发物流信息软件系统，投入信息硬件设施，已经成为物流信息管理的重要手段和必备条件。物流信息成本的维护费主要是指与物流信息软硬件系统及设备有关的费用，物流信息系统开发摊销费、信息设施折旧费以及物流信息软硬件系统维护费等。

（3）一般经费。在物流信息活动过程中，除了人工费和与物流信息软硬件系统有关的维护费外，所发生的其他与物流信息有关的费用，例如在采购、生产、销售过程中发生的通信费、咨询费等。

无论哪种类型的企业，物流信息活动都贯穿于物流活动全程，在企业运营过程中，有物流就有相关的信息客观存在。因此，就物流范围而言，物流信息成本存在于供应物流、企业内物流、销售物流、回收物流和废弃物物流全程。将物流信息与其他信息区别开来，将物流信息费用从其他费用中分离出来都是极其困难的，但同时也是极为必要和重要的。

一般来说，物流管理成本和物流信息成本与运输、仓储、包装、装卸搬运、流通加工成本等物流运作成本共同构成了物流功能成本。纵观物流活动的全程，上述物流功能成本基本涵盖了物流系统运作的全部费用。尽管物流成本不包括物本身的价值，但因物的存在和流动而发生的基于物本身价值之外的费用支出，应包括在物流成本的范畴内。因此，本书中物流成本除了包括上述物流功能成本外，还包括与存货有关的流动资金占用成本、存货风险成本和存货保险成本。

9. 流动资金占用成本

流动资金占用成本是指一定时期内，企业在物流活动过程中因持有存货占用流动资金所发生的成本，包括存货占用银行贷款所支付的利息（显性成本）和存货占用自有资金所发生的机会成本（隐性成本）。

隐性成本是指企业没有实际发生、会计核算中没有反映但在物流管理和决策过程中应予考虑的机会成本。目前，理论界探讨的隐性物流成本包括库存积压降价处理、库存呆滞产品、回程空载、产品损耗、退货、缺货损失等。但从可操作性和适用性的要求出发，基于以下三个方面的考虑，本书仅将流动资金占用成本纳入隐性物流成本的范畴：其一，企业在加速存货周转速度、减少资金占用、从而提高利润率方面有巨大的潜力可挖；其二，国外有关统计资料表明，存货资金占用成本在整个物流成本中占有相当比重；其三，统计存货相关数值简便易行。

就物流范围而言，因流动资金占用的成本主要是指产品被锁闭在物流环节，从而导致事实上被企业所占用的资金成本，因此流动资金占用成本主要存在于供应物流、企业内物流和销售物流阶段。

10. 存货风险成本

存货风险成本指一定时期内，企业在物流活动过程中所发生的物品损耗、毁损、盘亏以及跌价损失等。广义上说，无论会计核算体系是否反映，只要存货发生了风险损失，都应计入存货风险成本。本书从可操作性和重要性的角度考虑，仅将显性成本即会计核算体系中反映的存货损失成本计入存货风险成本，对于会计核算体系中没有反映的贬值、过时损失等，不包括在存货风险成本中。

就物流范围而言，存货风险损失在运输、仓储、装卸搬运等环节都可能发生，因此，存货风险成本存在于供应物流、企业内物流和销售物流阶段。

11. 存货保险成本

近年来,为分担风险,很多企业开始对货物采取投保缴纳保险费的方式来减少风险损失。保险费支出的高低与产品价值和类型以及产品丢失或损坏的风险程度等因素相关。

存货保险成本指一定时期内,企业在物流活动过程中,为预防和减少因物品丢失、损毁而造成的损失,向社会保险部门支付的物品财产的保险费用。

就物流范围而言,保险费用主要发生于物品的购进和销售过程中;就存货实物形态而言,既包括在途存货,也包括库存存货。因此,存货保险成本存在于供应物流、企业内物流和销售物流阶段。

三、物流成本的特征

(一) 物流成本冰山理论

"物流冰山说"是日本早稻田大学西泽修教授提出来的。他潜心研究物流成本时发现,现行的财务会计制度和会计核算方法都不可能掌握物流费用的实际情况,因而人们对物流费用的了解一片空白,甚至有很大的虚假性,他把这种情况比喻为"物流冰山"。

西泽修指出,损益表中的"销售费和一般管理费"栏中记载的"外付运费"和"外付保管费"的现金金额,不过是冰山之一角。冰山的特点是大部分沉在水面以下,是看不到的黑色区域,而看到的只不过是它的一部分。物流便是一座"冰山",其中沉在水面以下的是看不到的黑色区域,而看到的不过是物流成本的一部分,人们过去之所以轻视物流,正是因为只看见了"冰山"的一角,而没有看见"冰山"全貌的缘故。

事实证明,物流领域的方方面面相对而言还是不清楚的,"冰山"的水下部分正是物流尚待开发的领域,也正是物流的潜力所在。在企业财务会计中,向企业外部支付的物流成本能体现出来,而企业内消耗的物流成本费一般是不能体现出来的。如果把决算表中记载的物流成本只认为是企业外部支付的部分,把它误解为"冰山"全貌,企业就会面临险境。只有对物流成本进行全面计算,才能够解释清楚混在有关费用中的物流部分成本。

(二) 物流成本效益背反理论

效益背反理论的"效益背反"又称为"二律背反",这一术语表明了两个相互排斥而又被认为是同样正确的命题之间的矛盾。效益背反是物流领域中很经常、很普遍的现象,是物流领域中内部矛盾的反映和表现。效益背反指的是物流的若干功能要素之间存在着损益的矛盾,即某一功能要素的优化和利益发生的同时,必然存在另一个或几个功能要素的利益损失,反之亦然。效益背反是物流领域中很经常、很普遍的现象,是这一领域中内部矛盾的反映和表现。物流系统的效益背反包括物流成本与服务水平的效益背反和物流各功能活动之间的效益背反。

1. 物流成本与服务水平的效益背反

物流成本与服务水平的效益背反表明高水平的物流服务是由高水平的物流成本做保证的。在没有较大的技术进步情况下,物流企业很难做到既提高了物流服务水平,同时也降低了物流成本。一般来讲,提高物流服务,物流成本即上升,两者之间存在着效益背反的规律。而且,物流服务水平与物流成本之间并非呈现线性关系。

2. 物流活动的效益背反

现代物流是由运输、包装、仓储、装卸及配送等物流活动组成的集合。在构成物流系统的各个环节(即活动)之间存在着效益背反状态,要想较多地达到某个方面的目的,必然会使另一方面的目的受到一定的损失,也就是一方成本降低而另一方成本增大,这便是物流活动的效益背反。物流系统是以成本为核心,按最低成本的要求,使整个物流系统化。它强调的是调整各要素之间的矛盾,强调要素之间有机地结合起来。这要求必须从总成本的角度出发,以系统的角度看问题,追求整个物流系统总成本的最低。企业物流管理肩负着"降低企业物流成本"和"提高服务水平"两大任务,这是一对相互矛盾的对立关系。整个物流合理化,需要用总成本评价,这反映出企业物流成本管理的效益背反特征及企业物流对整体概念的重要性。美国学者用"物流森林"的结构概念来表述物流的整体观念,指出物流是一种结构,对物流不能只见功能要素而不见结构,即不能"只见树木,不见森林",物流的总体效果是森林的效果。这可以归纳成一句话:"物流是一片森林而非一棵棵树木。"对这种总体观念的描述还有许多的提法,诸如物流系统观念、多维结构观念、物流一体化观念、综合物流观念、后勤学和物流的供应链管理等,都是这种思想的另一种提法或同一思想的延伸和发展。

(三) 物流成本削减的乘法效应

乘法效应是指用很少的成本(包括精神和物质的),换取更多的效益。物流成本削减的乘法效应可以用一个例子来表述:假定销售 100 亿元, 其中物流成本占比 10% ;假设利润率为 2% ,那么物流成本如果下降 10% 即下降 1 亿元,假设其他数据不变,利润就上升到了 3 亿元,即 3% 的利润率,相当于利润率上涨了 50%! 这就是说,降低 10% 的物流成本所起的作用,相当于销售额增加 50% 即 50 亿元的作用。因此可以说,物流成本的下降会产生极大的效益。这个理论类似于物理学的杠杆原理,物流成本的下降通过一定的支点,可以使销售额获得成倍的增长。

四、进行物流成本控制的意义

成本控制是成本管理的核心环节,它通常根据成本预测、成本决算和成本预算所提供的实际数据,对生产经营过程中所发生的各种资源的耗费与相应降低成本措施的执行进行指导、监督、调节和干预,以保证目标成本和成本预算任务的实现。物流成本控制是指运用成本会计的方法,预定成本限额,将实际物流成本与限额做比较,纠正不利的差异,提高经济效益。进行物流成本控制的意义如下:

(一) 为社会节省大量的物质财富

物流费用的降低,意味着在实物流动过程中劳动耗费的减少。在这种情况下,生产领域中的劳动就可以相应增加。在物流过程中必然伴随着一定量的物质损耗,加强物流管理就可以不断地降低这些损耗。这不但节约了物流费用,而且为社会节约了大量的物质财富。

(二) 有利于调整物资价格

物流费用是商品价格的组成部分之一,物流费用的高低,对商品的价格具有重大影响。降低物流费用,意味着降低它在物资价格中的比重,从而使物资价格下降,减轻消费者的负担。

(三) 有利于改进企业的物流管理,提高物流管理水平

企业物流管理水平的高低,将直接影响物流费用水平。要达到降低物流费用水平,对每个企业来说就意味着不断提高服务质量,不断改进物流管理。因此,降低物流费用是企业提高物流管理服务质量的刺激因素。

总之，降低物流成本同企业的经营、经济效益有着十分重要的关系。从宏观角度上看，降低物流费用对发展国民经济、提高人民生活水平都具有重要意义。

第四节 物流的分类

对于物流的分类，国内各种书籍上几乎都有提及。国内最早提出物流分类的是吴润涛和崔介何[①]，前者提出按物流活动范围和业务性质分，可分为生产物流、销售物流、供应物流、回收物流和废弃物物流五种；后者提出按物流所处的范围分，可分为企业物流（含生产企业物流和流通企业物流）、国民经济物流和国际物流三种。王莉提出按地域分类，有区域物流、城镇物流和国际物流三种。[②] 张绪昌、丁俊发、李振提出按业务活动范围分，有宏观物流（社会物流）和微观物流（企业物流）两种，又提出按物流组织主体分，有第一方物流、第二方物流和第三方物流三种。[③]

上述种种分类都有一定的科学道理和实践意义。但是，各种分类之间缺乏有规律的联系，缺乏全面性和系统性，几乎所有分类都从管理角度考虑，缺乏从学术角度研究物流分类，其中最大的不足是没有从物流最基本的属性出发来考虑物流的分类。因此，对物流究竟应该根据什么原则分类、各种分类之间有什么样的内在联系等问题进行专门研究很有必要，到目前为止这类问题在国内外很少被研究。我们认为，徐寿波院士提出的分类方法综合性、系统性最强。因此，这里引用他的研究成果。[④]

授课视频 1-3：物流的分类

一、物流分类的原则

（1）要有目的性。分类是为了思路清晰，便于研究物流问题。

（2）要研究物流属性。根据物流属性不同进行分类。

（3）要反映各种分类之间的内在联系。

二、物流的属性

（一）物流的固有基本属性

物流最基本的固有属性只有一个，这就是物流本身的性质。通过研究分析，人们认为：物流本身的性质是由物的性质决定的，有什么样的物，就有什么样的流，固体的物和液体的物的性质

---

① 徐寿波，李京文．物流学及其应用．北京：经济科学出版社，1987：28．

② 王莉．物流学导论．北京：中国铁道出版社，1997：151－191．

③ 张绪昌，丁俊发．流通经济学．北京：人民出版社，1995：263－272．
李振．物流学．北京：中国铁道出版社，1996：5－6．
丁俊发．中国物流．北京：中国物资出版社，2002：502－503．

④ 徐寿波．关于物流的科学分类问题．北京交通大学学报：社会科学版，2002（3）．

不同，钢铁和水泥性质不同，化工原料和日用商品性质不同，食品和家具性质不同……物流本身的性质也就不同。由于物的性质不同，运输方式的要求也不同，有的需要铁路运输，有的需要公路运输，有的则需要航空运输；由于物的性质不同，包装的要求也不同，有的需要包装，有的不需要包装，有的需要精包装，有的不需要精包装；由于物的性质不同，物流加工的要求也不同，有的需要物流加工，有的不需要物流加工；由于物的性质不同，储存的要求也不同，有的需要储存，有的不能储存，有的需要低温储存，有的不需要低温储存。总之，物的性质决定物流的性质，能流和信息流之所以与一般物流不同，也是由于它们的物质性质不同造成的。所以物流的根本特性是物的性质。为此，研究设计物流要以物为基础，要以研究了解物的性质为基础。

（二）物流的固有一般属性

1. 物流的活动性质属性

物流活动的性质是由物流所起的作用决定的，相同物的物流，由于它所起的作用不同，物流活动性质也就不同，比如相同的煤炭物流，有的是煤矿企业的生产物流，有的是煤炭商业部门的销售物流，有的是企业的煤炭供应（采购）物流，所以说物流活动的性质是一般属性，不是基本属性。

2. 物流的实体（企业、单位、家庭）属性

在市场经济条件下，企业是主体，所以物流的主体也是企业。每个企业的特征不同，有的是大企业，有的是中小企业，有的是国有企业，有的是民营企业，有的是跨国公司企业，有的是合资企业，有的是冶金企业，有的是家用电器企业，有的是计算机企业，有的是日用品企业，有的是农产品企业，相同的物流不同的企业就有不同的物流。物流是具体的，企业也是具体的，比如戴尔企业物流、海尔企业物流、北京新发地农产品批发市场物流等，每种物流都有自己很明显的企业属性。此外，非企业的单位和家庭也有自己的物流，与企业物流不同。

3. 物流的部门（产业和行业）属性

每个企业都有自己的部门、产业和行业归属，或农业部门，或工业部门，或建筑部门，或服务部门（含商业部门），或生活部门；或第一产业，或第二产业，或第三产业；或冶金行业，或化工行业，或建材行业，或煤炭行业等。不同的企业属不同的行业、产业和部门，不同的行业、产业和部门有不同的特征，因此有不同的物流。比如，农业物流由于受季节性生产影响与工业物流不同；生活部门物流与产业部门物流不同。

4. 物流的地域（及其层次性）属性

每个实体（企业、单位、家庭）都有自己的地域属性，因此物流也有地域属性，并且地域还有层次性，因此物流也有层次性。从世界范围考察，最高的层次是国际层次（包括五大洲，各大区域），其次是国家，再次是每个国家的各个地区（包括省、市、郡、州、县、乡镇和社区）。不同的层次由于经济、社会、自然环境的不同，所以物流也不尽相同。由于不同的地域有自己的地域特性，所以，不同地域有不同的物流。比如，中东地区盛产石油，石油物流就是该地域很主要的物流；澳大利亚的煤炭和铁矿石出口物流很有名；中国的农产品和轻工业产品物流是主要的出口物流，石油物流越来越成为中国主要的进口物流。又比如，我国东北地区的石油物流、大豆物流，河南地区的粮食物流，新疆地区的石油物流、石材物流、棉花物流，山西地区的煤炭和焦炭物流，上海、广东、江浙沿海地区的日用商品物流等，反映每个地区的物流都有自己的特性。

研究认为，如果按照以上五个固有属性进行物流分类，在各种分类之间就存在着内在的有规

律的联系，如图 1-2 所示。

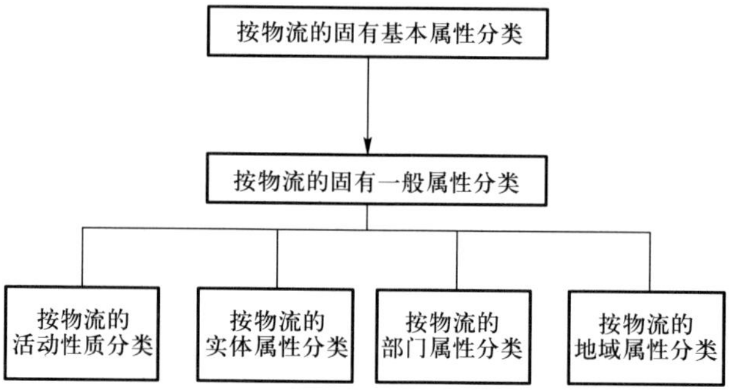

图 1-2 物流按固有属性分类表

（三） 物流的非固有属性

应该指出，以上属性是固有的，它不随管理属性体制、组织形式因素而改变。因此，除了按固有属性分类以外，还可以按非固有属性如管理属性进行分类，如分为第一方物流、第二方物流和第三方物流三种。

三、物流的分类方法

（一） 按物流的固有属性分类

1. 按物流的基本属性分类

按此法可分为自然资源物流、能源物流、原料物流、材料物流、机械产品物流、日用工业品物流、日用农产品物流、医药物品物流、文化物品物流、特殊物品（如军用物资）物流、废旧物品物流和垃圾物流十二大类。每一大类还可再分若干种类，最后可以细分到每一种物资物流，如矿石物流、沙土物流、煤炭物流、石油物流、天然气物流、烧碱物流、纯碱物流、硫酸物流、硝酸物流、化肥物流、农药物流、钢材物流、铝材物流、木材物流、水泥物流、玻璃物流、汽车物流、机械装备物流、汽车零部件物流、家具物流、家用电器物流、服装物流、日用品物流、烟酒物流、食品物流、粮食物流、蔬菜物流、水果物流、药品物流、信件物流、书籍报刊物流、音像制品物流、废旧物品物流、垃圾物流等许多种。

应该指出，我们在这里没有采用生产资料和消费资料，初级产品、中间产品和最终产品，基本建设物资和生产用物资等分类，这是因为它们不反映物流的固有属性，比如性质完全相同的物资有的作为生产资料，有的作为消费资料。

2. 按物流的活动性质分类

按此法可分为生产物流、供应物流、销售物流、回收物流（含退货物流）、废弃物物流和生活物流六种。

3. 按物流的实体（企业、单位、家庭）属性分类

从企业实体来说，可分为中小企业物流、大企业物流、跨国公司物流、民营企业物流、国有企业物流、合资企业物流、家用电器企业物流、计算机企业物流、日用品企业物流、食品企业物流、煤炭企业物流、钢铁企业物流、机械装备企业物流……最后可以细分为每个具体企业的物流，如××企业物流等无数种。此外，还有非企业的单位物流、家庭物流等。

4. 按物流的部门(产业或行业)属性分类

按部门分,可分为农业物流、工业物流、建筑业物流、服务业物流(含商业物流、军事物流)和生活物流五种;按产业分,可分为一产物流、二产物流和三产物流三种;按行业分,可分为各个行业的物流,如冶金行业物流、化工行业物流、建材行业物流、煤炭行业物流等。

5. 按物流的地域属性分类

按此法可分为国际物流、国家物流、区外物流、地区物流(含省市物流、县乡物流、社区物流)等。

(二) 按物流的非固有属性分类

1. 按物流的管理属性分类

按此法物流可分为第一方物流、第二方物流和第三方物流三种。①

2. 按物流的其他属性分类

绿色物流等是按物流的其他属性分类的。②

根据以上分类,徐寿波院士绘制了国际、国家、区外、地区、部门、企业和家庭综合物流图,见图 1-3。相关内容参见第三章第四节。

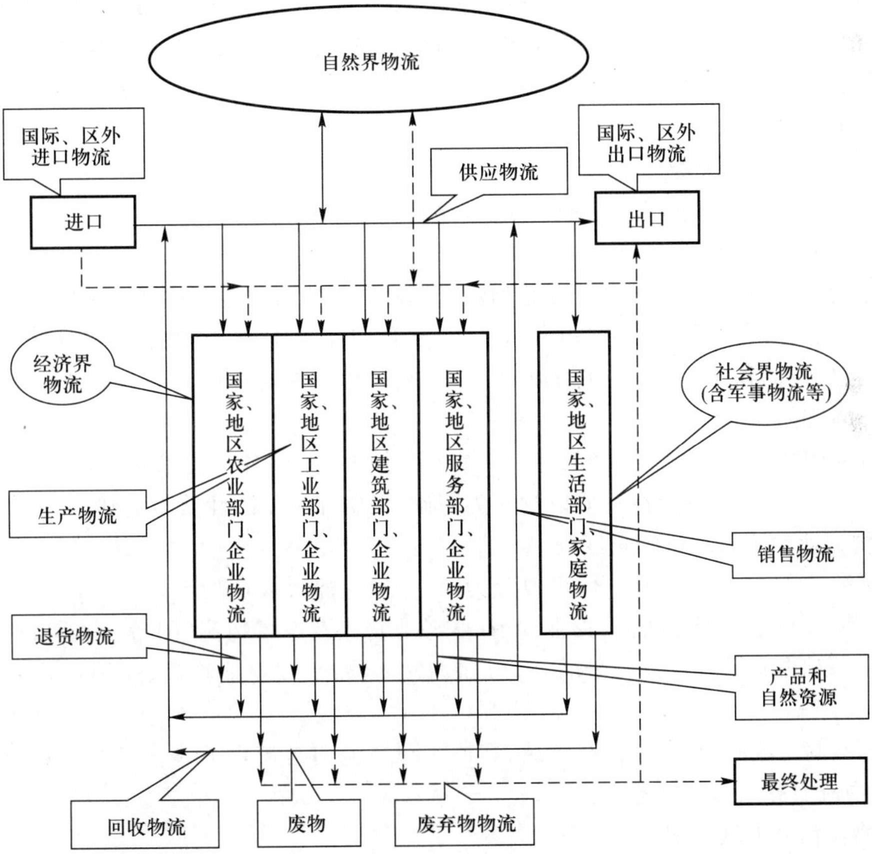

图 1-3　综合物流图

① 参见本书第五章。

② 中国物流与采购联合会. 中国物流发展报告(2001). 北京:中国物资出版社,2002:177.

总之,物流的科学分类问题是物流理论中的基础问题,其重要性不容忽视,值得继续探讨。

四、宏观物流与微观物流

除了上述分类方法,很多情况下会根据物流的需求、在社会再生产过程中的地位与作用等不同角度,将物流分为宏观物流与微观物流,然后再进行更细致的分类。

(一) 宏观物流与微观物流的含义

宏观物流是指社会再生产总体的物流活动,其主要特点是综观性和全局性。宏观物流主要研究的内容包括物流总体构成、物流与经济发展的相互关系等。宏观物流还可以从空间范畴来理解:在大空间范畴内发生的物流活动带有宏观性。宏观物流也指物流全体、物流总体,而不是某个构成环节。具体来讲,国民经济各经济活动和经济领域之间、区域之间以及国家之间的物流活动属于宏观物流。典型的宏观物流包括社会物流、国民经济物流、国际物流、部门物流、行业物流等。

微观物流是指消费者、生产者所从事的具体的物流活动,其主要特点是具体性和局部性。微观物流的研究内容贴近企业经营管理的实际,包括生产物流、供应物流、销售物流、回收物流及废弃物物流等。在小空间范畴发生的物流活动,往往带有微观性,属于微观物流。针对某种具体产品的物流活动也是微观物流。

(二) 宏观物流的分类

典型的宏观物流可以从以下几个角度进行分类。

1. 从物品的角度分

从物品的角度分,可以分为自然资源物流、能源物流、原料物流、材料物流、机电产品物流、日用工业品物流、日用农产品物流、医药产品物流、文化产品物流、废旧物品物流、垃圾物流和其他物流(包括特殊产品物流、军用物资物流)十二大类。每一大类还可再分为若干种类,最后细分到每一种具体物品物流。

物品自身的特点决定物流活动的特点,物流活动中采用的各种技术和管理手段要适合物品自身的特点。因此,研究物流活动要以物品为基础,以研究物品的性质为基础。

2. 从物流活动所属产业的角度分

从物流活动所属产业的角度分,可以分为第一产业物流(农业物流)、第二产业物流(工业物流和建筑业物流)、第三产业物流(商业物流、服务业物流及军事物流等)等。也可以根据各产业中的具体业态对物流活动做进一步的划分,如钢铁业物流、建材业物流、连锁业物流、餐饮业物流等。

隶属于不同产业的物流活动,在物品、载体、流量、流向与流程上有各自的特点,相互之间差异很大,对物流服务的需求也各不相同。

3. 从物流活动地域范围的角度分

从物流活动地域范围的角度分,可以分为国际物流(不同国家之间的物流)和国内物流。国内物流又可以分为区域物流和城乡物流。前者可以细分为行政区域物流和经济区域物流;后者可以细分为城镇物流和乡村物流。

由于地域范围具有层次性,因此按照地域范围划分的物流活动也具有层次性,不同层次的物流活动也各自具有不同的特点。因此,研究不同层次的物流活动,应该有不同的研究侧重点。

(三)微观物流的分类

典型的微观物流可以从以下几个角度进行分类。

1. 从物流作业执行者的角度分

按此角度物流可以分为企业自营物流和第三方物流(也有人分为第一方物流、第二方物流和第三方物流)。第三方物流是指由供方和需方以外的物流企业提供物流服务的业务模式。随着社会经济的发展和社会分工的不断深化,第三方物流得到了巨大发展,日益成为重要的物流模式。

2. 从物流活动发生主体的角度分

按此角度物流可以分为工业企业物流、商业企业物流(包括批发企业物流、零售企业物流等)、非营利组织物流(包括医院、社会团体、学校、军事等单位物流)及废品回收企业物流等。

3. 从物流活动在企业中的地位角度分

按此角度物流可以分为供应物流、生产物流、销售物流、回收物流和废弃物物流。

(1)供应物流是指为生产企业提供原材料、零部件或其他物品时,物品在提供者与需求者之间的实体流动。

(2)生产物流是指生产过程中,原材料、在制品、半成品、产成品等在企业内部的实体流动。

(3)销售物流是指生产企业、流通企业出售商品时,物品在供方和需方之间的实体流动。

(4)回收物流是指不合格物品的返修、退货以及周转使用的包装容器从需方返回到供方所形成的物品实体流动。

(5)废弃物物流是指将经济活动中失去原有使用价值的物品,根据实际需要进行收集、分类、加工、包装、搬运、储存等,并分送到专门处理场所时所形成的物品实体流动。

4. 从物流的特殊性角度分

按此角度物流可以分为一般物流和特殊物流。

(1)一般物流,是指带有普遍性、通用性和共同性的物流活动,或者说没有特殊性要求的物流活动。

(2)特殊物流,是指危险品、易燃、易爆、易腐蚀、剧毒、易变质物品物流,对速度、条件有特殊要求的物流,如文件、贵重物品、动植物运输等。

第五节 物流的作用

一、物流的价值

物流作为一种社会经济活动,对社会生产和生活活动的效用主要表现为创造时间价值和创造空间价值两个方面。当然,随着流通加工、包装等功能在物流活动中所占比重的不断提高,物流创造的形质价值也日益受到重视。

（一）物流创造时间价值

“物”从供给者到需要者之间本来就存在有一段时间差，由于改变这一时间差所创造的价值，称为“时间价值”。时间价值通过物流获得的形式有以下几种：

1. 缩短时间

缩短物流时间，可获得多方面的好处，如减少物流损失、降低物流消耗、加速物的周转、节约资金等。马克思从资本角度早就指出过，流通时间越等于零或近于零，资本的职能越优越，资本的生产效率就越高，它的自行增殖就越大。这里，马克思所讲的流通时间完全可以理解为物流时间，因为物流周期的结束是资本周转的前提条件。这个时间越短，资本周转越快，表现出资本的较高增殖速度。从全社会物流的总体来看，加快物流速度、缩短物流时间是物流必须遵循的一条经济规律。

2. 弥补时间差

经济社会中，需要和供给普遍存在着时间差。例如粮食集中产出，但是人们对粮食的需求是一年365天，天天都有，因而供给和需求之间出现时间差。类似情况不胜枚举。

供给与需求之间存在时间差，可以说这是一种普遍的客观存在，正是有了这个时间差，商品才能取得自身最高价值，才能获得十分理想的效益，才能起到“平丰歉”的作用。但是商品本身是不会自动弥合这个时间差的，如果没有有效的方法，集中生产出的粮食除了当时的少量消耗外，就会损坏掉、腐烂掉，而在非产出时间，人们就会找不到粮食吃。物流便是以科学的、系统的方法弥补，有时是改变这种时间差，以实现其时间价值。

3. 延长时间差

物流总体和不少具体物流遵循“加快物流速度，缩短物流时间”这一规律，以尽量缩小时间间隔来创造价值。但是这一规律主要是针对物流总体而言。在某些具体物流中也存在人为地、能动地延长物流时间来创造价值的。例如，秋季集中产出的粮食、棉花等农作物，通过物流的储存、储备活动有意识延长物流的时间，以均衡人们的需求；配合待机销售的囤积性营销活动的物流也是通过有意识地延长物流时间、有意识增加时间差来创造价值。

（二）物流创造空间价值

“物”从供给者到需求者之间有一段空间差，供给者和需求者之间往往处于不同的场所，由于改变“物”的不同场所存在位置所创造的价值，称为“场所价值”，也称“空间价值”。

物流创造场所价值是由现代社会产业结构、社会分工所决定的，主要原因是供给和需求之间的空间差，商品在不同地理位置有不同的价值，通过物流将商品由低价值区转到高价值区，便可获得价值差，即场所价值。场所价值有以下几种具体形式。

1. 从集中生产场所流入分散需求场所创造价值

现代化大生产的特点之一往往是通过集中的、大规模的生产以提高生产效率，降低成本。在一个小范围集中生产的产品可以覆盖大面积的需求地区，有时甚至可以覆盖一个国家乃至若干国家。通过物流将产品从集中生产的低价值区转移到分散于各处的高价值区有时可以获得很高的利益。物流的场所价值也依此决定。

2. 从分散生产场所流入集中需求场所创造价值

和上面一种情况相反的情况在现代社会中也不少见。例如，粮食是在土地上分散生产出来的，而一个大城市的需求却相对大而集中；一家大型汽车厂的零配件生产也分布得非常广，但却集中在一家大厂中装配,这也形成了分散生产和集中需求。物流便依此取得了场所价值。

3. 在低价值地生产流入高价值地需求创造场所价值

现代社会中供应与需求的空间差比比皆是,十分普遍,除了因大生产决定之外,有不少是自然地理和社会发展因素决定的。例如,农村生产粮食、蔬菜而异地于城市消费,南方生产荔枝而异地于各地消费,北方生产高粱而异地于各地消费等。现代人每日消费的物品几乎都是相距一定距离甚至十分遥远的地方生产的。这么复杂的供给与需求的空间差都是靠物流来弥合的,物流也从中取得了利益。

在经济全球化的浪潮中,国际分工和全球供应链构筑的过程中,一个基本选择是在成本最低的地区进行生产,通过有效的物流系统和全球供应链,在价值最高的地区销售,信息技术和现代物流技术为此创造了条件,使物流得以创造价值,得以增值。

(三) 物流创造形质价值

在流通领域内,通过流通加工、包装等特殊生产形式,使处于流通加工过程中的物品增加的价值,就是物流创造的形质价值。例如,根据消费者的要求对钢板进行切裁、生鲜食品或大米的包装、家具的组装等,改变了物品的形质状态,从而产生增值。

需要指出的是,物流创造的形质价值是有限的。它不能取代正常的生产加工,只能作为生产过程在流通领域的一种完善和补充。但是通过流通加工、包装等活动可以使物流的增值功能得到充分的体现。

二、物流对国民经济的作用

(一) 物流是国民经济的基础之一

我国在经济发展过程中经常提到的交通运输基础作用、先行作用和瓶颈问题,就是指的物流或者物流的主要部分。讲物流是国民经济的基础,是从物流对国民经济的“动脉”作用这一点而言。物流通过不断输送各种物质产品,使生产者不断获得原材料、燃料以保证生产过程的正常,又不断将产品运送给不同需要者,以使这些需要者生产、生活得以正常进行,这些互相依赖的存在是靠物流来维系的,国民经济因此才得以成为一个有内在联系的整体。

说物流是“动脉”而不是“器官”是因为:假如人体一个器官坏了,也许还可能生存下去,而动脉停止运送血液,人体就必然死亡。当然,从物流是国民经济基础这一点讲,“动脉”作用不仅是生与死的问题,还有促进国民经济发展的问题。

说物流是国民经济的基础,也是从物流对某种经济体制和实现这一经济体制的资源配置的作用这一点而言的。经济体制的核心问题是资源配置,资源配置不仅要解决生产关系问题,还必须解决资源的实际运达问题。有时候,并不是某种体制不成功,而是物流不能保证资源配置的最终实现,这在我国尤为突出。物流还以本身的宏观效益支持国民经济的运行,改善国民经济的运行方式和结构,促使其优化。

(二) 特定条件下,物流是国民经济的支柱

物流对国民经济起支柱作用或者物流与其他生产活动共同起支柱作用的国家,已有一定数量。这些国家处于特定的地理位置或特定的产业结构条件下,物流在国民经济和地区经济中能够发挥带动和支持整个国民经济的作用,能够成为国家或地区财政收入的主要来源,能造成主要就业领域,能成为科技进步的主要发源地和现代科技的应用领域。例如,欧洲的荷兰、亚洲的新加坡和中国香港特别行政区、美洲的巴拿马等;特别是日本以流通立国,物流的支柱作用显而易见。

(三) 物流现代化可以改善我国的经济运行,实现质量的提升

我国经济虽然取得了持续、快速、健康发展,但是经济运行质量不高,粗放式的问题还很严重,尤其作为支撑国民经济运行的物流平台问题更为突出。各种物流方式分立、物流基础设施不足、物流技术落后等问题如果能够得到全面的、系统的改善,就可以使我国国民经济的运行水平得到一个很大的提高。

(四) 一个新的物流产业可以有效改善我国产业结构

由于我国国土面积大,经济发展和物流关系就显得更为密切,物流产业对我国而言,相对重要得多。物流产业过去没有受到我国经济界应有的重视,发展迟缓,这个问题如果仍然得不到解决,对于我国未来的经济发展是极为不利的,尤其是现代通信技术和计算机技术支持电子商务普遍运行之后,一个落后的物流的制约会有强烈的表现。因此,只有重视建立新的物流产业,才可以使我国国民经济出现合理的、协调的发展局面。

三、物流对企业的作用

(一) 物流是企业生产的前提保证,是实现商品流通的物质基础

从企业这一微观角度来看,物流对企业的作用有:① 物流为企业创造经营的外部环境。一个企业的正常运转,必须有这样一个外部条件:一方面要保证按企业生产计划和生产节奏提供和运达原材料、燃料、零部件;另一方面,要将产品和制成品不断运离企业,这个最基本的外部环境正是要依靠物流及有关的其他活动创造和提供保证的。② 物流是企业生产运行的保证。企业生产过程的连续性和衔接性,靠生产工艺中不断的物流活动,有时候生产过程本身便和物流活动结合在一起,物流的支持保证作用是不可缺的。③ 物流是发展企业的重要支撑力量。企业的发展靠质量、产品和效益,物流作为全面质量管理的一环,是接近用户阶段的质量保证手段。更重要的是,根据"第三个利润源"的理论,物流通过降低成本,间接增加企业利润,通过改进物流直接取得效益,这些都会有效地促进企业的发展。

物流既是保证物质资料不间断地流入生产企业的条件,又是生产企业生产的产品不间断地流向国民经济各部门的保证。商品流通是商流和物流的有机结合,没有物流就无法完成商品的流通过程。物流能力的大小,包括运输、装卸搬运、包装、存储等能力的大小,都直接决定着商品流通的规模和速度,也影响着流通的深度和广度。要达到"货畅其流",物流就是其坚实的基础。

(二) 物流的降低成本作用

物流合理化有大幅度降低企业经营成本的作用,对改善我国经济运行的环境、降低和解决企业的困难有重要作用。我国当前许多企业面临困难的重要原因之一是成本过高。发展物流产业,能够有效降低社会流通成本,从而降低企业供应及销售的成本,起到改善企业外部环境的作用;企业生产过程的物流合理化,又能够降低生产成本,这对于解决我国企业当前的困难无疑是非常有利的。

(三) 物流的利润价值

物流活动的合理化,可以通过降低生产的经营成本间接提高利润,这只是物流利润价值的一

个表现。对于专门从事物流经营活动的企业而言，通过有效的经营可以为生产企业创造“第三个利润源”。也就是说，通过物流企业的有效服务可以为生产企业创造利润。

许多物流企业在为用户服务的同时，还可以起到自己“利润中心”的作用，可以成为企业和国民经济新的利润生长点。国民经济中过去把许多物流活动当作公益活动来办，投入没有回报，组织不合理、服务水平低、技术落后，这些领域采用现代物流的组织、管理和技术之后，可以成为国民经济新的利润源；企业中许多物流活动，例如连锁配送、流通加工等，都可以直接成为企业利润新的来源。

（四）物流的服务价值

物流可以提供良好的服务，这种服务有利于参与市场竞争，有利于树立企业和品牌的形象，有利于和服务对象结成长期的、稳定的、战略性合作伙伴，这对企业长远的、战略性的发展有非常重要的意义。物流的服务价值，实际上就是促进企业战略发展的价值。

（五）物流是实现商品价值和使用价值的条件

任何产品从生产出来到最终消费，都必须经过一段时间和距离，都要经过运输、保管、包装、装卸、搬运等环节。无论是生产资料商品，还是生活资料商品，在进入生产性消费和生活消费之前，其价值和使用价值始终是潜在的。为了能把这种潜在的价值变为现实价值，物品必须借助于其实物运动即物流来得以实现。在这个过程中，产品可能会淋雨受潮、水浸、生锈、破损、丢失等，物流的使命就是防止这些现象的发生，保证产品从生产者到消费者转移过程中的质量和数量，顺利实现商品价值和使用价值的转移。

（六）物流信息是企业经营决策的重要依据

近年来，物流信息在整个经济信息系统中占有越来越重要的地位，许多生产企业和流通企业都建立了设备先进的物流信息中心，以便及时掌握企业内部和外部的物流信息，作为企业生产经营决策的重要依据。当代的物流企业能够借助于计算机迅速及时的信息传递和分析，通过配送中心的高效率作业与及时配送，将信息快速反馈给供应商和生产企业，从而形成一个高效率的商品流通网络，为企业管理决策提供重要依据。

小　故　事

希腊物流界认为“物流”一词源于希腊

希腊物流界提出，“物流”一词源于希腊，是从希腊语转来的。他们的专家认为 logistics 是个希腊语词汇，从古希腊语 logistike（计算）、logistes（计算人员），到拉丁语 logista，再到法语 logistique，再发展到英语的 logistics。事实上，它是现存的 10.8 万个仍在国际上使用的希腊单词中，唯一被现代希腊的会计师所使用的一个“计算”意义的词汇。事情是这样的：

历史上，人们是从历史之父——希罗多德所著的史诗《历史》一书中，首次找到了“logistica”这个希腊语词汇（logistica 是希腊语 logistic 的复数形式）。换句话说，此书距现在已有 2 500 多年了。书中，希罗多德所描写的是波斯（现在的伊朗）的国王 Xerxes（Darius 的儿子，Cyrus 的孙子）在公元前 485 年—公元前 480 年间，是如何入侵希腊的。同时，书中鲜活地再现了公元前 490

年,他的父亲 Darius 在 Marathon 战役中大败的场面。Xerxes 通过推算成立了一个约 100 万人组成的部队入侵希腊。为了描述 Xerxes 的这个推算,希罗多德创造了 logistica 这个词,Xerxes 的随从们将所有能够想到的事情都进行了推算并且记了下来,可就是没有一个波斯人将他们入侵希腊的计划和实施情况记录下来。在希波战争结束后,希罗多德将这个战役的前因后果写进了《历史》一书中。希罗多德写道,军事上的后勤保障工作很复杂,因此波斯王在入侵希腊之前(即公元前 485 年之前)便命令他的参谋们着手准备。这种后勤准备工作做了三年,之后,波斯才在 Sardis(土耳其的一个古城)组建了军队。作者在书中这样写道:"每天晚上的后勤供给是一个极其困难的任务和工作。"Xerxes 在入侵希腊的途中和与希腊的作战中,对食物供给的数量和总数都做出了必要的计算(或者说是估算)。鉴于他在希波战争中为波斯所做的努力,使得他成了一个著名的后勤学家(事实上,他被认为是军事后勤学之父)。Xerxes 在希腊北部城市的港口建造了仓库存放军需用品。这样,不论他的部队是打了败仗还是打了胜仗,都可以给士兵们提供物资保障。希罗多德并不是由于偶然的原因才创造了"logistica"(logistics)这个词。他深受其他两个希腊单词的启发:logic(英语解释为感觉或是真实的)和 logistical(英语解释为可以计算的或估计的)。希罗多德详尽描写了 Xerxes 对其供应链的计划和实施情况所进行的准确估计。

告别了那个古老的时代,人们并没有使用 logistica 这个词汇,直到拉丁人用"lofidticus"(这个词是在希罗多德的 logistica 的基础上创造出来的)这个词来形容那些聪明的昆虫。这些聪明的昆虫通过一个有效的体系采集、运送、储藏食物,并将食物放置在巢室里(蜂巢里),就像蜜蜂可以将蜂蜜储存在正六边形的蜂巢里一样。2 500 年之后,即 20 世纪 50 年代末,自从 logistics 这个词被美国军方使用之后,北约的其他联盟国家也开始使用。20 世纪 70 年代,这个词汇被运用在商业上。与此同时,世界上的很多大学也将物流学作为一个独立而又复合性的学科。

经典资料

商品物流新理论①

一、任何物流都是相应的物在相应的系统、网络和链中的流动——物流、物流系统、物流网络和物流链

大物流 MF 包括自然物流、社会物流和经济物流三大类。作者研究认为,任何物流都是相应的物在相应的系统、网络和链中的流动。比如,自然物流是自然界存在的物在自然系统、自然网络和自然链中的流动;社会物流是自然界、社会界存在的物和经济商品的物在社会系统、社会网络和社会链中的流动;经济物流是六大类基本生产生活要素商品在经济系统、经济网络和经济链中的流动。表 1-8 列出了自然界、社会界、经济界的物流、系统、网络和链的新概念。

① 徐寿波. 商品物流理论研究. 管理世界,2009(7).

表 1-8 自然界、社会界、经济界的物流、系统、网络和链的新概念

自然界	自然物流	自然系统	自然网络	自然链
	自然物质的流动	自然系统是指由自然界各部分组成的有机联系的整体	自然网络是指由自然成员组成的有机联系的复杂自然系统	自然链是指自然系统或自然网络中各个自然成员以生态形式结合成的共同体
社会界	社会物流	社会系统	社会网络	社会链
	自然界、社会界存在的物和经济商品的物的流动	社会系统是指由社会成员组成的有机联系的整体	社会网络是指由社会成员组成的有机联系的复杂社会系统	社会链是指社会系统或社会网络中各个社会成员以法律或契约形式结合成的利益共同体
经济界	经济物流	经济系统	经济网络	经济链
	是六大类基本生产生活要素商品的流动，包括商品实物、资金货币及其信息的流动	是由六大类基本生产生活要素商品投入方、生产方、流通方和消费方四方组成的有机联系的经济体	是由六大类基本生产生活要素商品众多投入方、生产方、流通方和消费方四方组成的网状的复杂经济系统	是指经济系统或经济网络中六大类基本生产生活要素商品投入方、生产方、流通方和消费方以一定形式结合成的利益共同体

二、经济物流、经济系统、经济网络和经济链

从表 1-8 可以看到：(1) 经济系统是由六大类基本生产生活要素商品的投入方、生产方、流通方和消费方（徐寿波，2008a）组成的有机联系的经济体。投入系统、生产系统、流通系统和消费系统是经济系统的子系统。(2) 经济网络是由六大类基本生产生活要素商品的投入方、生产方、流通方和消费方四方组成的网状的复杂经济系统。投入网络、生产网络、流通网络和消费网络是经济网络的子网络。(3) 经济链是指经济系统或经济网络中六大类基本生产生活要素商品的投入方、生产方、流通方和消费方以一定形式结合成的利益共同体。

经济链根据驱动力的不同，可分为以下 3 类。

第一类是以厂商生产供应驱动力为主、以商品生产供应为导向的经济链，叫作“供应经济”链，简称供应链。“供应经济”是指企业生产供应受严重制约的经济。中国在计划经济体制时期，由于经济发展落后，商品生产供应严重不足，甚至凭票限量供应，“供应经济”占主导地位。因此，供应链是其主要模式，供应链这种模式适用于商品短缺的卖方市场。

第二类是以客户消费需求驱动力为主、以满足用户需求为导向的经济链，叫作“需求经济”链，简称需求链。“需求经济”是指客户需要什么就生产供应什么，不受生产制约的经济。西方经济发达国家，商品丰富，商品充分满足用户需求，“需求经济”占主导地位，因此，需求链是其主要模式。需求链这种模式适用于商品丰富的买方市场。中国改革开放以来的市场经济体制时期，由商品严重短缺的卖方市场逐渐转变为商品比较丰富的买方市场，需求链越来越发展。

第三类是以厂商和客户共同驱动力为主的经济链叫作“供需经济”链，简称供需链。“供需经济”是指市场的商品供应和需求相对平衡和互相协调的经济。在“供需经济”占主导地位的情况下，经济链的供应导向和需求导向特征都不明显，供需平衡是主要状况。因此，供需链是其主要模式。但是，由于商品的种类很多，新产品不断产生，总会出现个别商品生产供不应

求和个别商品生产供过于求的状况，因此，在实际生活中极少量的供应链和需求链是客观存在的。

根据上述分析，作者认为，“供需经济”是经济发展的正常情况，“供应经济”和“需求经济”是经济发展两个极端的特殊情况。供需链是包含供应链和需求链在内的综合经济链，比较适合各种商品供求情况的市场。因此，在正常情况下，经济链的供需应该是大致平衡的，只有在商品供需严重不平衡的情况下，才会出现以供应方为主导或以需求方为主导的商业局面。

从国内外文献看，研究供应链的居多，而且研究商品实物的供应链多，研究商品其他的供应链很少，研究供需链就更少。作者研究认为，商品实物供应链只是市场经济条件下商品经济链的一种。按照上述商品性质理论，商品经济链可以划分为商品实物链、商品价值链和商品信息链3种。再按照商品供求理论，商品实物链还可以划分为实物供应链、实物需求链和实物供需链3种；商品价值链就是商品资金链，可以划分为资金供应链、资金需求链和资金供需链3种；商品信息链也可以划分为信息供应链、信息需求链和信息供需链3种。

根据技术经济学生产要素六元理论和生活要素六元理论，六大类基本生产生活要素是人力（劳动力）、资产力（固定资产、流动资产）、物力（原材料、能源）、自然力（土地、水、矿藏）、运力和时力，在商品经济条件下它们都是商品，也是人类物质财富。因此，经济界所有商品和物质财富可以划分为人力、资产力、物力、自然力、运力和时力六大类。表1-9是经济界基本生产生活要素商品流、商品系统、商品网络和商品链的六大分类表。

表1-9 经济界基本生产生活要素商品流、商品系统、商品网络和商品链的六大分类表

	基本生产生活要素商品流		基本生产生活要素商品系统		基本生产生活要素商品网络		基本生产生活要素商品链	
1	人力流	人力资源流	人力系统	人力资源系统	人力网络	人力资源网络	人力供需链	人力资源供需链
2	资产力流	资产资源流	资产力系统	资产资源系统	资产力网络	资产资源网络	资产力供需链	资产资源供需链
3	物力流（注）	物质资源流	物力系统	物质资源系统	物力网络	物质资源网络	物力供需链	物质资源供需链
4	自然力流	自然资源流	自然力系统	自然资源系统	自然力网络	自然资源网络	自然力供需链	自然资源供需链
5	运力流	运力资源流	运力系统	运力资源系统	运力网络	运力资源网络	运力供需链	运力资源供需链
6	时力流	时间资源流	时力系统	时间资源系统	时力网络	时间资源网络	时力供需链	时间资源供需链

注：这里，物力和物质资源，只指消耗性物质资源，如能源、原材料。

根据商品运动规律(徐寿波,2008),任何经济系统、经济网络和经济链都由投入方、生产方、流通方和消费方四方组成。表 1-10 是经济系统、经济网络和经济链的四方组成表。

表 1-10 经济系统、经济网络和经济链的四方组成

1. 基本生产生活要素商品投入方	人力资源投入方	2. 基本生产生活要素商品生产方	劳动力提供方
	资产资源投入方		资产资源生产方
	物质资源投入方		物质资源生产方
	自然资源投入方		自然资源生产方
	运力资源投入方		运力资源生产方
	时间资源投入方		时间资源提供方
3. 基本生产生活要素商品流通方	人力资源流通方	4. 基本生产生活要素商品消费方	劳动力消费方
	资产资源流通方		资产资源消费方
	物质资源流通方		物质资源消费方
	自然资源流通方		自然资源消费方
	运力资源流通方		运力资源消费方
	时间资源流通方		时间资源消费方

根据上述商品性质理论,任何商品都有实物、资金和信息 3 种形态。商品三流是指商品实物流、资金流和信息流 3 种物流;商品三系统是指商品实物系统、资金系统和信息系统 3 种物流系统;商品三网络是指商品实物网络、资金网络和信息网络 3 种物流网络;商品三链是指商品实物链、资金链和信息链 3 种物流链。表 1-11 是商品三流、三系统、三网络和三链表。

表 1-11 商品三流、三系统、三网络和三链

No.	商品物流	商品物流系统	商品物流网络	商品物流链			
1	商品实物流	商品实物系统	商品实物网络	商品实物链	实物供应链	实物需求链	实物供需链
2	商品资金流	商品资金系统	商品资金网络	商品资金链	资金供应链	资金需求链	资金供需链
3	商品信息流	商品信息系统	商品信息网络	商品信息链	信息供应链	信息需求链	信息供需链

下面分别讨论商品实物流、商品资金流、商品信息流(徐寿波,2008a)和商品三流之间的关系。

1. 商品实物流理论

根据技术经济学生产要素层次理论，作者研究认为，整个社会经济是由各种各样生产要素组成的。按照在社会经济中所起作用范围大小和层次高低不同，生产要素可以划分为四个层次（见图 1–4）。从图 1–4 中可以看到，最高层次是产业生产要素层次；第二层次是行业生产要素层次；第三层次是企业（单元）生产要素层次；第四层次是基本生产要素层次。

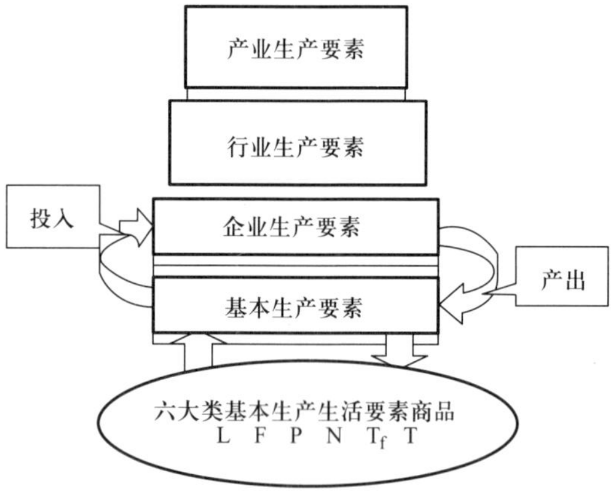

图 1–4 生产要素四层次模型

表 1–12 是生产要素层次理论示例表。表中列出的第一产业农业、林业、牧业和渔业，第二产业煤炭、电力、钢铁和信息业，第三产业通信服务业、教育服务业、文化服务业和管理服务业，代表了三大产业部门不同生产行业、不同生产单元的不同基本生产要素情况。

表 1–12 生产要素层次理论示例

部门生产要素		第一产业			
行业生产要素		农业	林业	牧业	渔业
单元生产要素		农业生产企业	林业生产企业	牧业生产企业	渔业生产企业
基本生产要素投入	人力	农业劳动人员	林业劳动人员	牧业劳动人员	渔业劳动人员
	资产力	农田、劳动工具、设施等	林场、劳动工具、设施等	畜牧场、种畜、工具、设施等	渔船、捕捉工具、设施等
	物力	种子、肥料、农药、水、电力等	种苗、肥料、农药、水、电力等	幼畜、饲料、水、能源等	鱼苗、饲料、水、电力等
	自然力	土地、天然农业资源、光、热等	林地、天然林业资源、光、水等	草地、天然草资源、光、热等	水域、天然渔业资源等
	运力	农业生产有关物流（包括人流）	林业生产有关物流（包括人流）	牧业生产有关物流（包括人流）	渔业生产有关物流（包括人流）
	时力	农业生产时间	林业生产时间	牧业生产时间	渔业生产时间
产出		农产品	林产品	牧产品	渔产品

续表

部门生产要素		第二产业			
行业生产要素		煤炭生产行业	电力生产行业	钢铁生产行业	信息生产行业
单元生产要素		煤炭生产企业	电力生产企业	钢铁生产企业	信息生产企业
基本生产要素投入	人力	煤炭生产、技术和管理人员	电力生产、技术和管理人员	钢铁生产、技术和管理人员	信息生产、技术和管理人员
	资产力	采煤设备、各种设施等	电厂设备、各种设施等	钢铁厂设备、各种设施等	信息生产线、设备、设施等
	物力	炸药、坑木、钢铁、电力等	燃料、动力等	铁矿石、焦煤、动力煤、电力	信息材料、元器件、电力等
	自然力	煤炭资源、土地、阳光、空气等	建筑占地、水、阳光、空气等	建筑占地、水、阳光、空气等	建筑占地、水、阳光、空气等
	运力	煤炭生产有关物流（包括人流）	电力生产有关物流（包括人流）	钢铁生产有关物流（包括人流）	信息生产有关物流（包括人流）
	时力	煤炭生产时间	电力生产时间	钢铁生产时间	信息生产时间
产出		煤炭产品	电力产品	钢铁产品	信息产品
部门生产要素		第三产业（服务业）			
行业生产要素		通信服务行业	教育服务行业	文化服务行业	管理服务行业
单元生产要素		通信服务企业	教育服务单位	文化服务单位	管理服务单位
基本生产要素投入	人力	通信服务、技术人员	教师等	演员及其相关人员	管理人员
	资产力	邮电局、通信设备、设施等	教室、教学设备、信息产品等	演出场地、道具、服装等	办公室、办公设备等
	物力	易耗材料、电力能源等	粉笔、照明采暖通风用能源等	灯光照明采暖通风用能源等	办公易耗材料、能源等
	自然力	建筑占地、阳光、空气等	建筑占地、阳光、空气等	建筑占地、阳光、空气等	建筑占地、阳光、空气等
	运力	通信服务有关物流（包括人流）	教育服务有关物流（包括人流）	文化服务有关物流（包括人流）	管理服务有关物流（包括人流）
	时力	通信服务时间	上课时间	演出时间	管理工作时间
产出		通信服务产品	教育服务产品	文化服务产品	管理服务产品

注：人力 labor，资产力 financial，物力 physical，自然力 natural，运力 transport 和时力 time。由于人力、资产力、物力、自然力、运力和时力都是物质，英文名词都是 material，为了物力的英文名词与 material 有所区别，所以这里采用 physical，不采用 material，physical 取自实物配送 physical distribution（P. D）的 physical。

根据技术经济学生产生活要素六元理论，人类社会在任何时期的任何生产生活行为都必须同时具备 6 个基本生产生活要素，缺一不可。从图 1–4 还可以看到，6 个基本生产生活要素既是投入也是产出，有投入就有产出，而无论生产单元的产出是什么，都属于6个基本生产生活要素范畴。当然，投入和产出是不同的，投入必须有6个基本生产生活要素，缺一不行，产出则可以只是其中某个基本生产生活要素（见表1–12）。

根据马克思政治经济学理论，社会经济系统是由“生产”“流通”“消费”三个不同环节组成的。作者研究认为，按照生产生活要素六元理论，“投入”是与“生产”一样重要的一个环节，有时甚至比“生产”环节更重要。这个环节包括科学研究试验、设计、施工、建设、资金筹措、设备采购等很多组成部分，它是“生产”环节的基础，也是整个社会经济系统的基础。为此，有必要把“投入”从生产环节中分离出来，成为独立的一个环节，这样，整个社会经济系统就由“投入—生产—流通—消费”四个环节组成（见图1–5）。从图1–5中可以看到，六大类基本生产生活要素商品的投入、生产、流通和消费构成了整个社会的经济行为。需要指出的是，六大类基本生产生活要素商品的投入主要来自本国生产，利用本国储备，同时利用国外投入；六大类基本生产生活要素商品的生产包括一、二、三产业的生产；六大类基本生产生活要素商品的流通，包括一、二、三产业生产产品的交易流通；六大类基本生产生活要素商品的消费，包括中间消费和最终消费两大部分，最终消费包含本国积累、增加储备和向国外输出等。从整个社会经济发展历史看，“六大类基本生产生活要素商品”的“投入—生产—流通—消费”和“再投入—再生产—再流通—再消费—再投入……”不断循环再循环，就是社会经济不断发展的过程，是商品不断运动的过程。随着商品不断运动，社会经济就不断发展，人均物质财富不断增加，这就是社会经济发展过程中的商品运动规律。应该指出，由于商品是指六大类基本生产生活要素，显然，商品运动规律就包括商品的实物、资金和信息三种形态在内的整个运动规律。

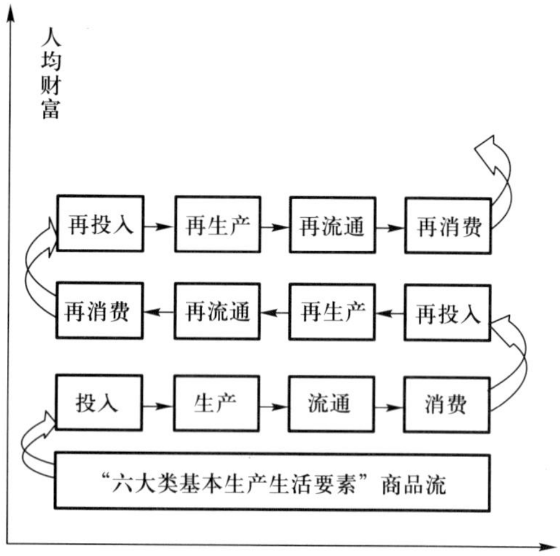

图1–5　社会经济发展过程中的商品运动规律

2. 商品资金流理论

商品有交换价值，交换价值反映为价格，价格都是以资金量计算，资金的实物是货币以及各种金融证券，但是，随着电子信息技术的飞快发展，电子物质的货币——电子货币诞生了。因此，货币（包括电子货币）以及各种金融证券的流动就是资金流。

企业为了生产必须有资金，用于购买六大类基本生产要素。这个资金可以是企业自有的，也可以是从银行借贷来的。通常，生产资金有两种用途，一是作为固定资产，用于购置土地、建设厂房和购买机器设备；二是作为流动资产，用于支付工资、购买能源原材料等消耗物品。

家庭个人为了生活也必须有资金，用于购买六大类基本生活要素。资金除了生产和消费两种用途以外，还可用于积累、储备、借贷和救济等。应该指出，资金作为资本是投入—生产—流通—消费整个经济活动中最重要的用途，能够使人类社会经济不断得到发展。

根据马克思的资本流动理论，一个企业的资金通过购买—生产—销售三个阶段进行不断反复的运动，不断增值。资金按功能划分有货币资金、生产资金和商品资金3种，如图1–6所示。

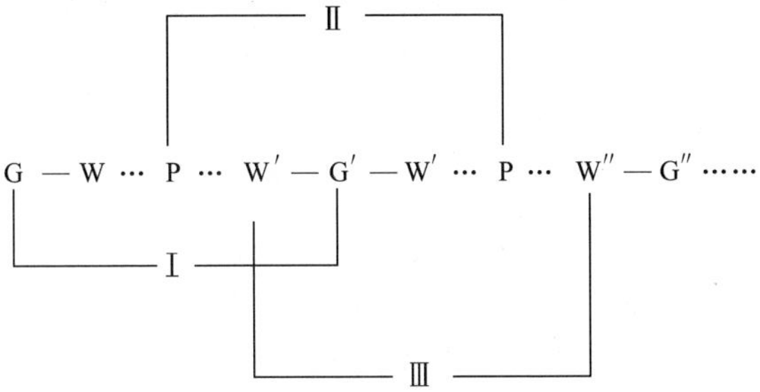

图 1-6　资金的流动

注：图中：G——资金；W——商品；P——生产过程；
G′——新的资金；W′——新的商品；Ⅰ——货币资金的循环；
Ⅱ——生产资金的循环；Ⅲ——商品资金的循环。

马克思在《资本论》中指出，资本的循环过程是通过 3 个阶段进行的。根据第一卷的叙述，这些阶段形成如下的序列：第一阶段：资本家以购买者的资格出现于商品市场和劳动市场，他的货币转化成商品，也就是通过 G—W 这个流通行为。第二阶段：资本家用购进的商品从事生产的消费。他以资本主义商品生产者的资格进行活动；他的资本通过生产过程，结果是一种商品，它的价值，比各种生产要素的价值更大。第三阶段：资本家以售卖者的资格回到市场；他的商品被转化为货币，也就是通过 W—G 这个流通行为。所以，货币资本循环的公式是：G—W…P…W′—G′，这其中，那几个点表示流通过程的中断。W′和 G′则表示已经由剩余价值增大的 W 和 G。

从图 1-6 中可见，货币资本循环公式是Ⅰ：G—W…P…W′—G′。从图 1-9 中还可以看到，生产资本循环公式是Ⅱ：P…W′—G′—W′…P；商品资本循环公式是Ⅲ：W′—G′—W′…P…W″。

综上所述，商品资金流与商品实物流是一起运动的，随着商品实物流的不断发展，商品资金流也不断发展；同样，随着商品资金流的不断发展，商品实物流也不断发展。

但是，如果由于金融资本市场的发展，资金流完全脱离商品实物流，完全脱离社会经济生产生活要素商品实体而任意流动，就违反了商品物流客观规律，违背了商品物流理论，这是很危险的，严重时就会出现金融危机，影响商品实物流运动，影响商品经济实体。当今发生严重的世界金融危机的事实证明，商品运动中商品实物流是基础，商品资金流必须与商品实物流配合协调，必须符合上述社会经济发展过程中整个商品的运动规律（见图 1-5）。

3. 商品信息流理论

（1）商品信息概念。

关于信息的概念和定义不下百种。控制论的创始人诺伯特·维纳（N. Wiener）指出，“信息就是信息，既不是物质也不是能量”。中国学者钟义信在《信息科学原理》（1996）中从不同层次详细研究了信息的定义，提出本体论层次的信息定义为“事物运动的状态和（状态变化的）方式”；认识论层次的信息定义为“主体所感知的事物运动状态及其变化方式”。

作者研究认为，信息是指“客观事物性质及其运动状态和方式的反映，或者说是客观事物内在和外在性质发展变化的反映”。这个定义基本与上述认识论层次的信息定义相似，“反映”代表了“主体所感知的”意思，所不同的是除了反映“事物运动状态及其变化方式”以外，还反映“客观事物性质”。但是这个定义与上述本体论层次的信息定义不同，作者认为“信息”与“事物运动状态和方式本身”不能等同,信息只是后者的反映而已。事物是指客观存在的一切物体和现象。现象与物体不同,现象不是物体本身,但来源于物体,是物体发生的事。举例来说,商品是物体,与商品有关的事是现象,商业领域的事物就包括商品和与商品有关的事。

在经济界,最重要的是经济信息。在市场经济条件下,商品是社会经济的细胞,商品关系渗透到社会生活的各个领域,不仅一切劳动产品都表现为商品,人的劳动力也成为商品,商品关系形成社会的生产关系。由此可见,商品信息是经济信息的核心。

综上所述,商品信息是指“经济界商品事物性质及其运动状态和方式的反映”。商品信息既包括一切商品物质实体的信息,也包括一切与商品有关的商业活动现象的信息。需要指出,目前流行的“信息是物质属性”的说法在理论上是不完整的,因为信息不仅反映物(物质实体)的属性,也反映事(客观现象)的属性,因此,比较科学的说法应该是“信息是物质实体和客观现象的共同属性”。对于商业来说,信息既是商品物质实体(物)的属性,也是源于商品的商业活动(事)的属性。所以,信息是商品物质实体和商业活动现象的共同属性。

马克思在《资本论》(1963)中从研究商品的实体性和价值性两个属性入手,着重研究了商品价值和资本的运动规律,取得了巨大的成就,为人类社会经济的发展做出了伟大贡献。作者认为,在现今的信息时代,从研究商品的信息属性入手,全面研究包括商品实体、商品资本和商品信息运动规律在内的整个商品运动规律,具有特别重要的科学价值和实践意义,与马克思时代相比,现在已经具备了研究的客观条件,并且十分迫切。

(2) 商品信源物质和商品信息载体物质。

作者认为,从信息科学的角度看,世界上所有物质实体可分为两类:一类是反映物质自身性质及其运动状态和方式的物质实体,叫作信源。信源物质商品有六大类:即人力、资产力、物力、自然力、运力和时力六大生产生活要素商品。另一类是反映除信源本身以外其他物质的性质及其运动状态和方式的物质实体,叫作信息载体。需要指出的是,信息载体物质具有两重性,它既是信息载体物质,同时也是信源物质。比如,信息载体物质电视机专门接收其他事物的信息,而电视机自身性能好坏也有信息反映,所以它同时也是信源物质。信息载体物质商品有三种类型:第一种是发送和接收信息的物质实体,如所有的生产者、服务者、消费者、邮电局、电视台、广播台、卫星、计算机、收发报机、传真机、电话机、电视机、收音机、照相机等;第二种是传递信息的物质实体,如人力输送、铁路、公路、水路、航空、电话线路、有线电视线路、光纤线路、光波、声波、无线电波、互联网等;第三种是储存信息的物质实体,如人脑、计算机硬盘、软盘、光盘、书信、资料、报刊、书籍、图片、相片、电影胶片、录像带、唱片、录音带等。

(3) 商品信息形式有六种类型。

人们普遍公认信息有五种形式,即人体五官直接感觉到的五种形式:一是眼睛感受到的“视觉信息”,如实物、文字、数字、颜色、图像、代码、密码、暗号、符号、手势、旗语等;二是耳朵感受到的“听觉信息”,如语言、声音等;三是鼻子感受到的“嗅觉信息”,如气味等;四是口舌感受到的“味觉信息”,如酸、甜、苦、辣、咸等;五是身体感受到的“触觉信息”,如皮肤、毛发等与物体接触时所产生的信息,冷、热、硬、软等。除以上人体五官可直接感觉到的信息外,有学者提出第六感觉,指眼、耳、鼻、舌、身五官所具有的视、听、嗅、味、触五种感觉以外的敏锐感觉。

马克思在《资本论》(1963)中指出,“对于商品体的具体性,它是没有感觉的。但是,商品所有者会用他自己五种及以上的感官来补足这种缺乏”。这就是说,商品的性质是可以依靠人的五种及以上的感官直接感觉到的，即商品信息。作者研究认为，人体感觉器官除平常所说的五官之外，还有第六器官——脑子，第六器官脑子的感觉，就是第六感觉，可叫作“意觉”。脑子的“意觉信息”，如精神（spirit）、情绪（mood）、灵感（inspiration）、思想（idea）、记忆（memory）、理解（understand）、梦幻（dream）等，都是人体存在的信息，脑子的“意觉信息”是最重要的信息，既包括人的直接感觉信息，也包括人的间接感觉信息，既包括人的感性认识，也包括人的理性认识，脑子“意觉信息”对于人类经济社会的发展非常重要（见表 1-13）。

表 1-13　信息六种类型

序号	信息类型	感觉器官
1	视觉信息	眼睛
2	听觉信息	耳朵
3	嗅觉信息	鼻子
4	味觉信息	口舌
5	触觉信息	身体
6	意觉信息	脑子

综上所述，信息（包含商品信息）形式共有六种类型：视觉信息、听觉信息、嗅觉信息、味觉信息、触觉信息和意觉信息。由于商品信息的形式多种多样，它们所表达的信息内容也就十分丰富。人类依靠人体六个感觉器官，从感性和理性两个方面的信息活动来认识和改造经济界商品物流客观事物，为人类造福，推动社会经济不断向前发展，这是一个不以人们的意志为转移的客观规律。商品信息运动尽管不是第一位的，但却是整个商品运动中非常重要的组成部分（参见图 1-5）。

4. 商品三流矛盾统一理论

商品物流的三种不同形态有着矛盾统一的关系：(1) 商品物流三种不同形态存在统一的关系。表现在两个方面：第一，无论在商品的投入、生产、流通和消费活动中都同时存在实物、资金和信息三种不同形态。商品物流三种不同形态相互联系、相互依赖，在任何时候都不能缺少其中某个形态，缺少其中某个形态，商品物流就不存在。第二，在商品物流发展中三种形态有着相互促进共同发展的关系。商品实物流的发展必然带动商品资金流的发展，商品资金流的发展必然带动商品实物流的发展；同样，商品信息流的发展会促进商品实物流和资金流的共同发展。(2) 商品物流三种不同形态之间也存在互相矛盾和发展变化的关系。如果商品实物流较快发展，而商品资金流发展跟不上，就会妨碍商品实物流的发展；如果商品资金流过分发展，而商品实物流发展跟不上，就会阻碍商品资金流的发展，甚至产生金融危机；如果商品信息流发展落后，就会使商品实物流和商品资金流的发展都受到很大影响。由此可见，正确处理好商品物流三种不同形态的矛盾统一关系是搞好商品物流的重要任务。举例来说，商品市场中资金流过多，实物流过少，就会出现商品价格上涨，影响商品消费者的积极性。相反，如果商品实物流多，商品资金流过少，就会出现商品价格下跌，影响商品生产者的积极性。我国欠发达地区由于商品物流发展落后，严重影响经济的发展。三流的矛盾关系不是固定不变的，如果处理得好，矛盾关系就可以转化为协调关系，如果处理不好，矛盾关系越来越严重，就会产生地区性或世界性经济金融危机，并且越来越严重。以上可以叫作“商品三流矛盾统一理论”。

本章小结

物流学的研究基础是明确的物流概念。作为本书的开篇，本章从物流在流通中的地位谈起，分析了美国、日本、英国、中国等不同国家对于物流概念与定义的认识及发展历程，认为物流的概念将随着人类社会经济的发展而不断进步。在此基础上，本章分别从宏观与微观两个角度解释了物流服务和物流成本的概念，并说明了物流的分类以及物流的作用。

关键名词

物流定义　物流概念　物流服务　物流成本　物流分类　物流作用

思考题

1. 请分析在国外物流概念的形成和发展历程中，出现了哪些物流概念？其基本要点是什么？
2. 请比较各国和地区对于物流的不同定义，分析其不同的特点与背景。
3. 举例说明在不同的领域物流的作用如何体现。
4. 根据你的认识，说说如何对物流进行合理的分类。
5. 详细分析影响物流服务水平的因素，举出实例进行验证。
6. 请阐述物流成本的主要观点。

即测即评

请扫描二维码进行在线测试。

拓展阅读

拓展资料 1－1：案例：中国粮食问题的物流瓶颈

拓展资料 1－2：中国物流成本为什么高

拓展资料 1－3：GB/T 18354—2006 物流术语

第二章 发展历程

虽然我国在20世纪70年代末期才开始从国外引进物流的概念，但从广义上讲，物流作为一种社会经济活动，早在“物流”这个名词出现之前就已经存在了，其发展过程可以概括为“物流随人类社会产生而产生，随商品经济的发展而发展”。在我国古代，物流业的分支运输业和仓储业一直随着商品经济的发展而蓬勃发展着。

第一节 物流的发展历程

一、物流的产生与发展

物流这个词汇已经存在几千年了。自从有人类社会以来，就有物流存在。这是社会发展必不可少的一个生存条件，它是不以人的意志和自然现象为转移的客观规律。在奴隶社会和母系氏族社会中，有原始的、低级的原始物流。随着社会的发展，物流的内容和形式也发生着根本的变化。各个社会有其相对应的物流形式，物流的作用及其产生的后果也不尽相同；但是随着社会的进步，物流在社会进步和经济发展中的作用越来越大，内涵越来越深，层次越来越高，人们对物流的期望值也越来越强烈。可以这样说，物流是推动人类社会和经济繁荣的一种不可缺少的强劲推动力。

授课视频2-1：我国物流发展总体状况分析方法

到了近现代，社会的生产力较以前各社会的生产力更为发达，所生产的物质财富增多，物流的载体——各种交通运输工具如汽车、火车、轮船、飞机的相继问世，又大大促进了物流行业在新的形势下的急剧发展。1915年，现代物流概念终于在美国出现，这是物流发展史上新的篇章。随着以电子技术为特征的信息技术的问世，将新技术革命推向一个新的高潮，而物流行业又随着信息技术、网络技术和新技术革命的进展而展现其本身的巨大作用，展现其在历史进程中的辉煌。

由于大多数有关物流学及物流管理的著作对物流的发展历程都进行了大量的论述，因此，有关物流发展历程的内容，读者可以参考相关著作，本书不再赘述。本书是从狭义的角度讨论物流的发展历程,即讨论"物流"这个名词产生之后的物流的发展历程。本书按照时间顺序,在对社会发展、经济发展、物流发展及物流学科发展的特点进行比较分析的基础上,将物流的发展大体分为三个阶段:① 第一阶段:20 世纪初至 50 年代;② 第二阶段:20 世纪 60 年代至 90 年代;③ 第三阶段:20 世纪 90 年代至今。各阶段的主要特点见表 2-1。

表 2-1 物流的发展过程

	社会发展特点	经济发展特点	物流发展特点	物流学科发展特点
第一阶段 20 世纪初至 50 年代	工业化时期,大多数欧美国家陆续进入工业化社会	制造业发展迅速,社会分工不断细化	物流发展规模小,渠道不畅,成本高,其作用未受到应有的重视	从经济学角度建立了物流学科(PD) 第二次世界大战时期,从技术角度确立了物流学科的地位
第二阶段 20 世纪 60 年代至 90 年代	世界各国大都采用了"大量生产—大量销售—大量消费—大量废弃"的社会发展模式	制造业的大规模化与零售业的大规模化并举	物流产业逐步形成和壮大,多品种、少批量的配送成为这一阶段主要的物流形式	各国对物流的认识开始由 PD 转向 Logistics,第三方物流理论的出现确立了物流产业
第三阶段 20 世纪 90 年代至今	网络化时代到来	经济全球化、区域经济一体化,知识经济初露端倪	发展到供应链管理阶段	支撑物流学科发展的物流经济学科、物流管理学科、物流技术学科初步形成理论体系,综合性的物流学科正在发展

从表 2-1 可以看出,物流及物流学科的产生是社会经济发展到一定时期的产物。各个阶段物流的发展特点是与同期社会经济发展的特点相适应的。因此,政府或者企业在进行物流规划、管理及制定物流政策时,绝不能脱离当时社会经济发展的实际;在物流科学研究中,也应该注意分析社会经济发展对物流发展的影响及物流在社会经济发展中的作用。

二、世界物流的发展趋势①

世界 GDP 总量、世界贸易总量的不断增长,是全球物流需求不断增长的直接动力。现代物流借助现代科技特别是计算机网络技术的力量,对社会现有的物流资源进行整合,实现物品从生产地到消费地的快速、准确和低成本的转移,获取物流资源在时间和空间上的最优配置。随着经济全球化的深度推进,以及互联网信息技术的广泛运用,全球物流业的发展经历了深刻的变革并获得越来越多的关注,现在中国物流业市场规模位居全球第一,美国位列其次,预计未来几年,全

① 相关案例请访问:爱课程网→资源共享课→物流学/汝宜红→第三章第 1 讲→教学案例。

球物流业仍将快速发展。随着供应链理念的发展，物流也从基础服务的提供逐渐转变为供应链方案的整合与优化，在利用较少资源的情况下，为客户创造更大的价值。自2007年以来，世界银行的国际贸易部门每两年编写一期全球物流绩效指数（英文简称LPI）报告，报告的核心是物流绩效指数排名，由海关、基础设施、国际货运、物流竞争力、货物追踪、物流及时性六个关键指数构成，这个指标体系代表了全球各经济体的国际贸易便利化水平，也客观反映了各经济体的物流效率。纵观各期报告排名，人均GDP较好的发达国家，其物流绩效也相应较高，而人均GDP水平较低的国家，其物流效率也相对低下。2018年7月发布的报告显示，经济发达国家和地区的全球物流绩效表现持续居于领先地位，德国连续三次位居全球物流绩效指数（LPI）排名第一。

随着经济全球化的发展，科学技术尤其是信息技术、通信技术将更快地应用于物流领域，企业的跨国经营必将导致社会经济向"本土化生产、全球采购、全球消费"的趋势发展，国际物流规模也逐步增大。由此可以推断，未来世界物流的发展将出现如下新的发展趋势。

（一）新技术推动智慧物流发展

近年来，技术与物流融合的智慧物流加快起步。智慧物流是以物流互联网和物流大数据为依托，通过协同共享创新模式和人工智能先进技术，重塑产业分工，再造产业结构，是转变产业发展方式的新生态。智慧物流现在还没有标准定义，一般理解为将互联网与新一代信息技术、现代物流装备技术与现代管理应用于物流业中，实现物流的自动化、可视化、可控化、智能化、信息化、网络化的创新形态。

首先，智慧物流的核心是"协同共享"。近年来，"互联网+"物流的互联网平台打破了传统企业边界，深化了企业分工协作，实现了存量资源的社会化转变和闲置资源的最大化利用，是智慧物流的典型代表。第二，物联网在物流领域开始广泛应用。随着移动互联网的快速发展，物流连接呈现快速增长态势，大量物流设施通过传感器接入互联网，以信息互联、设施互联带动物流互联，"物流在线化"成为可能，这是智慧物流的前提条件。第三，物流在线化产生大量业务数据，使得物流大数据从理念变为现实，数据驱动的商业模式推动产业智能化变革，将大幅度提高生产效率。通过对物流大数据的处理与分析，挖掘对企业运营管理有价值的信息，科学合理地进行管理决策，是物流企业的普遍需求。"业务数据化"正成为智慧物流的重要基础。例如，基于大数据分析，将物品尽可能分布式"推"到离客户尽可能近的位置，"前置仓"模式目前应用越来越广泛。第四，物流在线化和业务数据化为云计算提供了可能。智慧物流的核心是依托物流云平台，为客户企业提供安全稳定的物流基础信息服务和标准统一的应用组件服务，强化客户与企业间的数据连接，高效地整合、管理和调度数据资源，推动物流行业向智慧化、生态化转变。第五，人工智能快速起步，为物流技术创新提供了新的空间，帮助实现智能配置物流资源、优化物流环节、减少资源浪费，这将大幅提升物流运作效率。特别是利用人工智能技术在无人驾驶、无人仓储、无人配送、物流机器人等前沿领域的应用，一批领先企业已经开始开展试验和商业应用。

未来一段时期，新一轮科技革命和产业变革将形成势头，随着物流与技术深度融合，智慧物流将迎来发展机遇期，呈现一些新的趋势。预计未来5～10年，物联网、云计算、大数据、区块链等新一代技术将进入成熟期，全面连接的物流互联网将加快形成，"万物互联"呈指数级增长，连接将会升级。此外，数据也会升级，预计物流数字化程度将显著提升，打破行业信息不对称和信息孤岛现象，物流"全程透明"更加普遍。预计众包、众筹、共享等的分工协作方式也将得到广泛应用，平台经济打破传统的分工体系，重构企业业务流程和经营模式，"平台整合"重构发展动力。体验将会升级，预计未来分布式的物流互联网将更加接近消费者，全面替代集中化运作方式，依托开放共享的物流服务网络，满足每个客户个性化的服务需求，客户体验升级，“体验经济”将创造智慧物流新价值。随着人工智能技术的快速迭代，预计未来 3 ~5 年，无人机、无人仓、无人车将更加普遍，“智能革命”将改变物流格局。

（二） 电子商务物流的发展

随着互联网与电子商务技术的快速发展，电子商务交易已成为企业和个人日常生活的重要部分，其中对于物流发展产生较大影响的是网络零售。图 2-1 显示了 2016—2021 年全球网络零售交易额及预测。全球网络零售交易额占全球零售总额的比重呈现逐步增长态势。

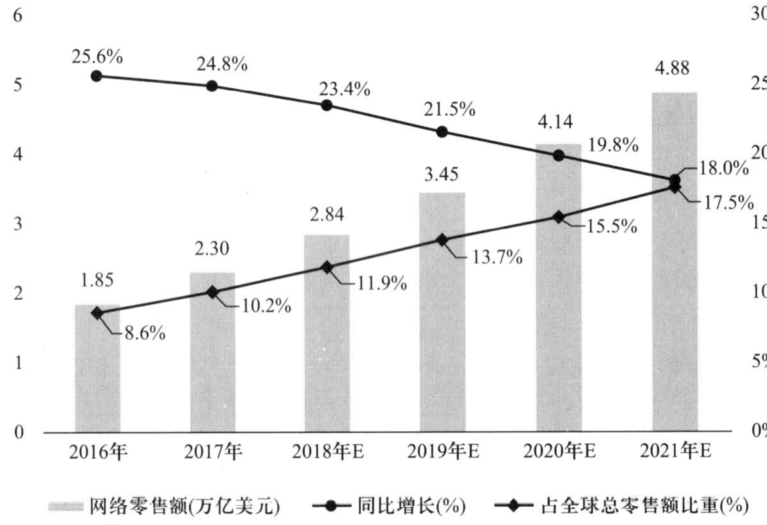

图 2-1 2016—2021 年全球网络零售交易额及预测（单位：亿美元）

资料来源：CIECC 前瞻产业研究院整理。

中国也是如此，中国电子商务持续快速发展，呈现出融合化、全球化、数字化及智能化的融合发展态势。中国稳居全球规模最大、最具活力的电子商务市场地位，其中，中国网络零售市场起步晚于美国，但发展较快，2013 年中国网络零售以 1.9 万亿元的总规模超过美国，并持续保持高增长，图 2-2 显示了 2012—2018 年中国网络零售市场交易规模。近两年，以无人门店、社区超市、生鲜超市等为代表的线下零售迅速成为重要的零售新业态。在市场需求不断转变、科技创新突破的背景下，零售业线上线下进一步融合交叉，电子商务物流市场规模也在迅速扩大、水平在迅速提高。

电子商务尤其是网络零售的发展促进了企业销售范围的扩大、企业和商业销售方式及最终消费者购买方式的转变，全球化物流、国际物流的发展将会加速。网络零售也使得高效率的送货上门服务需求越来越高，促使配送方式与技术不断创新，现代化物流技术手段在电子商务物流中得到更为迅速的应用，追求一流服务、柔性化服务的特色将越来越突出，末端配送模式将不断创新。物流的信息化、自动化、网络化、智能化和柔性化等特色愈加明显，物流设施和商品包装的标准化、物流的社会化和共同化等特点也呈现出不断深化的态势。在未来发展中，预计电商物流服务将更加多功能化，充分体现资金流、信息流和物流一次性完成的“三流合一”特点。

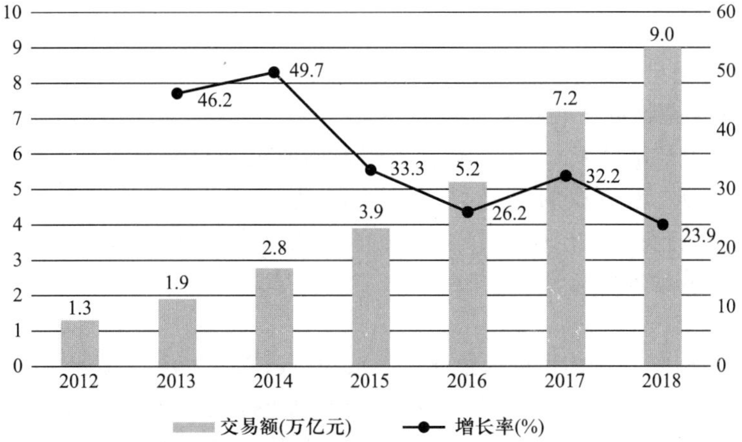

图 2-2 2012—2018 年中国网络零售市场交易规模

资料来源:根据网络公开数据整理。

(三) 物流企业的集约化与协同化发展

21 世纪是物流全球化的时代,企业之间的竞争将十分激烈。要满足全球化或区域化的物流服务,企业规模必须扩大以形成规模效益。物流企业规模化发展主要表现在两个方面:

一是物流园区的建设。物流园区是多种物流设施和不同类型的物流企业在空间上集中布局的场所,是具有一定规模和综合服务功能的物流集结点。物流园区的建设,将有利于实现物流企业的专业化和规模化,发挥企业的整体优势和互补优势。

二是物流企业的兼并与合作。随着国际贸易的发展,世界上的大型物流企业早已跨越国境,展开并购,大力拓展全球物流市场,以争取更大的市场份额。美国的物流并购开始于 20 世纪 90 年代,美国物流行业巨头的发展史实际上就是一部并购史,正是这些企业在扩张网络、业务综合等方面需求旺盛。例如,美国快递巨头在国内业务积累了充分经验并具备一定规模后,并购成为他们在迅速扩张中的主要战略,这其中,有的并购主要是为了拓展网络覆盖面,例如 FedEx 收购吉尔科和飞虎;有的是为了提高集中度,如 UPS 收购 Challenge Air 和 TNT。借助大规模的并购,联邦快递等巨头实现了将业务延伸到世界的各个角落,并购成为他们进入发展中国家市场的主要利器。20 世纪 90 年代中后期,快递巨头逐渐将业务扩展到了美国以外的地区,国际业务的占比也越来越高。同时,数据显示,2000 年至今,UPS 和 FedEx 营收增长中的一半以上来自于并购。这些看起来似乎混乱无序的并购,其实是两个维度的竞争:一个是在欧美核心市场,另一个是在新兴市场。在欧美核心市场,合并过程与其说是大型并购,不如说是各公司间业务单位的选择性交换,其目的在于增强核心竞争力并清理、组合公司的资产,这些活动使行业合并呈线性增长。而在新兴市场,并购的核心是进入市场或为争取更大的市场份额。并购的另一个新特点是国有企业并购民营企业。例如,美国国营邮政公司并购了德国大型民营物流企业 PARCE;法国邮政收购了德国民营企业敦克豪斯公司。德国、英国和法国的邮政公司为争夺欧洲物流市场,竞相收购民营大型物流运输企业。新组成的物流联合企业、跨国公司将充分发挥互联网的优势,及时准确地掌握全球的物流动态信息,调动自己在世界各地的物流网点,构筑起本公司全球化的物流网络，节省时间和费用，将空载率压缩到最低限度，战胜竞争对手，为货主提供优质服务。而最近两年，业内人士称中国物流业进入了物流整合的黄金十年，像极了美国物流行业的20世纪90年代，物流业的兼并重组已经呈现愈演愈烈的趋势。

（四）绿色物流是物流发展的又一趋势

物流虽然促进了经济的发展，但是物流发展的同时也会给环境带来不利的影响，如运输工具的噪声、污染物排放、对交通的阻塞等。为此，21世纪对世界物流发展提出了新的要求，即绿色物流。绿色物流包括两方面：一是对物流的环境污染进行控制，即在物流系统和物流活动的规划与决策中尽量采用对环境污染小的方案；二是建立对工业和生活废弃物处理的物流系统。

在欧美发达经济体，物流体系的绿色化已经成为普遍趋势。依托先进的理念和科技水平，发达经济体在绿色物流体系建设方面做出了深入的探索，基本建立了将有效利用资源和维护环境放在首位，涵盖商品从生产到废弃全过程的信息流与物质流循环化的绿色物流系统。不仅如此，各国正将绿色物流的发展普及，作为物流行业国际竞争的重要内容。美国是世界上最早发展物流业的国家之一，也是对绿色物流最为关注的国家之一。美国政府在物流高度发达的经济社会环境下，不断通过政府宏观政策的引导，确立以现代物流发展带动社会经济发展的战略目标，其环境管理政策重视资源消耗最小化、废弃物减量化的理念，以期在实现环境目标时尽可能产生协同效应。为此，很多美国企业逐步建立了逆向物流管理体系，针对自身产品建立了退货、维修和废气回收的全链条保障体系，不仅践行了企业的社会责任，还提升了企业的综合竞争力。欧洲是践行绿色物流理念最早的地区之一，20世纪80年代就开始探索减少无序物流对环境的影响。欧洲货代组织（FFE）高度重视绿色物流的发展，对运输、装卸、管理过程分别制定了详尽的绿色化标准，强化对绿色物流的引导和规划作用，鼓励企业梳理绿色物流的理念，加大对绿色物流新技术的研究和应用，积极开发和试验绿色包装材料等，不断充实绿色物流的内容与技术储备。在日本，除了企业积极推行绿色物流外，政府在推动物流绿色化的进程中发挥着强有力的推动作用。日本政府直接负责绿色物流的运行和管理，十分重视相关法规的制定和实施，《综合物流施策大纲》将绿色物流作为整个经济的重要基础加以考虑，提出要构筑具有国际竞争力的物流市场，创建能够减轻环境负荷的物流体系和循环型社会，并通过明确绿色物流的定量化发展目标、推动物流运输模式转换、建立全面完整的逆向物流体系以及通过各种合作形式强化绿色物流的实施等具体措施来推动绿色物流发展。为提高物流效率，日本政府设立了“绿色物流合作会议”，通过发送补助金、制定二氧化碳排放量计算方法等手段，促进货主、物流企业统一认识、协调合作。另外，为推动绿色物流合作，日本制定了引导城市内物流效率化运作的城市内物流整体规划，通过促进物流网点设施的综合化及流通业务的效率化，降低环境负荷。

除了政府在推动绿色物流方面所做的努力，一些国际上知名的企业在推动绿色物流理念发展上也做了许多积极的探索，并起到了较好的示范作用，如零售巨头沃尔玛和包装业领导者利乐。

在我国，绿色物流尚处于发展初期，在理念、技术与设施等方面，都存在一定的差距。近年来随着物流业市场规模的扩大，快递包装过度、仓储保管不当、物流车尾气排放超标等问题突出，国家开始重视对物流产业的绿色化改造。例如，对于网络零售造成的包装物污染问题，2017年，国家邮政局发布《快递业发展“十三五”规划》，旨在推进快递服务体系向高效、安全、绿色节能的方向发展，减量化、绿色化、可循环成为快递包装新趋势。企业和平台也纷纷开始布局，利用大数据、物联网、新材料、新能源等技术对物流产业的仓储、包装、运输和末端回收等各环节进行改造升级，推进绿色物流，电子面单、切箱算法、智能箱型推荐等已经成为绿色物流的基础技术。

三、我国的物流发展

授课视频 2-2：我国物流发展问题与展望

当前，我国已经是全球物流大国，已经连续多年成为全球最大的物流市场，社会物流总费用、社会物流总额、货运量、快递业务量、物流业从业人员等均数额巨大。中国物流企业 50 强主营业务收入已经超过了 8 000 亿元，物流市场的集中度进一步提升，骨干物流企业不断加大物流技术的投入和应用，物流科技正在成为行业、企业做大、做强、做优的重要手段。近年来，我国社会物流成本进入快速回落期，但是与美国等发达国家相比，我国物流降本增效仍有较大空间。分析目前物流成本快速下降的原因，目前主要是由于经济结构调整。历史数据表明，服务业占 GDP 的比重每上升 1 个百分点，物流费用与 GDP 的比率就会下降 0.3～0.4 个百分点。随着经济结构调整到位，降低物流成本仍然要靠提高物流行业自身运行效率。在这方面，通过利用科技和信息化手段，降低物流成本，提高运行效率，提升发展质量，将成为推进供给侧结构性改革，促进物流行业转型升级的重要突破口。当前，我国生产和消费物流结构趋于优化。工业制造业物流仍然是物流需求的主要来源。生产企业从产业链上游释放物流需求，推动物流企业适应生产方式变革，开发供应链物流专有技术，深化两业联动融合，成为物流企业核心竞争优势之一。消费物流成为物流需求的重要推动力，由于消费物流直接面对消费者，更加关注物流时效和服务体验，个性化、定制化、多样化特征明显，对加大物流科技投入和如何将科技转化为生产力提出了更高要求。

前文已经提到了智慧物流将成为未来的发展趋势，其中的一个重要方向是共享物流。物流是共享经济的重要领域，共享物流是指通过共享物流资源，实现物流资源优化配置，从而提高物流系统效率，降低物流成本，推动物流系统变革的物流模式。这里的物流资源主要包括物流信息资源、技术与产品资源、搬运设备资源、仓储设施资源、货物运输资源、终端配送资源、物流人力资源以及跨界的相关资源等，既包括个人物流资源，也包括企业物流资源和机构物流资源。物流业天然具有共享因子，物流资源共享现象也早已存在，例如共同配送。目前互联网+、物联网、大数据、云计算等信息技术变革激活了共享物流创新，是共享物流发展的重点物流领域，体现出了巨大的发展潜力，物流资源的共享、物流众包模式、物流基础设施的共享（如云仓）、物流技术与装备资源的共享等模式层出不穷。这个领域已经出现了一些领先企业，如城市配送行业的云鸟科技和干线物流共享平台运满满等，都是基于互联网、大数据的共享物流行业不同的模式创新。

除了内部创新、发展，近几年，随着“一带一路”倡议的稳步推进，跨境电商的快速发展，中国重点物流企业也开始走向全球，在海外拓展，建立仓储物流基地，打造面向全球的现代物流网络体系，以全球化的视野，将供应链系统延伸至整个世界范围。例如，目前顺丰集团已经在新加坡、韩国、马来西亚、美国等十余个国家建立了营业网点，至少开通了 14 条国际航线。据其发布的

2018 年中报显示，截至 2018 年上半年，集团国际标快/国际特惠业务已涉及全球 53 个国家，国际小包业务则覆盖了全球 225 个国家及地区，并且公司还在美国、德国、爱沙尼亚等建立了海外仓。2018 年 10 月，顺丰又与 DHL 达成战略合作协议，将以 55 亿元整合 DHL 在中国大陆、香港及澳门的供应链管理业务、管理团队和相关科技技术。菜鸟网络目前搭建的全球航空运输网络已连接航线达 106 条，日均飞行航班 225 班，可飞达全球 40 多个国家和地区；菜鸟跨境网络已经遍布全球，服务覆盖 224 个国家和地区，初步搭建起了一张真正具有全球配送能力的跨境物流骨干网。京东物流则瞄准供应链服务全球化网络，计划搭建以中国制造通向全球，全球商品进入中国的双通网络，并通过建设海外仓等方式，缩短货品距离，实现 48 小时中国与全球相通。目前，京东物流国际供应链已在五大洲设立 110 多个海外仓，原产地覆盖达到 100%。通过海外仓进行供应链前置，能够避免增加商品不必要的物流成本，在原产地即开启商品的溯源追踪，也为打击假货和用户的购物安全提供了保障。目前，走向国际的物流企业已经超越简单的仓运配服务，随着服务链条变长，需要物流与供应链全流程的优化整合设计能力，需要考虑与本土化企业的生态联动，需要建立当地的落地配网络，需要形成双向对流的物流通道。我国物流业全球化的道路还很长，任重而道远，预计随着中国产品走出去和国外产品买进来，中国物流企业走向国际的步伐必将进一步加快。

虽然我国物流一直在迅速发展，物流服务的时效性和物流基础设施质量是中国物流绩效提升的核心优势，但是与发达国家的物流服务相比，差距依然很大。中国物流绩效关键指标与发达经济体之间还仍有较大差距。2018 年世界银行公布的中国的物流绩效指数综合得分为 3.61 分，全球排名为第 26 位。从分项得分情况来看，中国单项得分较高的两项是预定交货时间内送达收货人的频率以及贸易和运输基础设施的质量；单项得分最低的是海关和边境管理清关的效率。2007—2016 年，中国物流绩效指数总体保持增长态势，主要得益于近年来国内交通和物流基础设施建设的带动。但 2016—2018 年，中国物流绩效指数得分下降，从单项得分情况来看，除物流基础设施建设得分持平以外，其他五项关键评价指标全线小幅退缩，基础设施建设的持续发力未能给物流运输服务的整体提升带来持续增长的动力。从近几年的中国物流绩效指数的评分情况来看，交通物流基础设施强劲的发展势头为物流绩效指数提升做出了重大贡献，但中国物流绩效指数排名从 2010 年起整体上还处在徘徊阶段，交通和物流基础设施的大量投入还未能完全转化到物流运输服务质量提升上来，从物流大国走向物流强国还有一些问题亟待解决。我国物流业从总体规模上已经是全球物流大国，但是我们也要清醒地认识到，我国还不是全球物流强国，主要体现在运行质量和效率不高、服务供给能力不强、基础设施联通不足、政策环境不够完善等问题依然存在，特别是物流创新能力不足，技术投入和应用水平不够，传统的以规模要素驱动的发展方式难以为继，创新驱动的发展方式尚未建立，与人民日益增长的美好生活对物流服务的需要还有较大差距。

比较而言，我国与西方发达国家的物流发展路径是大不相同的。在西方发达国家，推动物流发展管理水平不断升级的主要因素有两个：一是科学技术特别是计算机技术的迅速发展；二是社会经济发展不断对物流管理提出新的挑战。因此，社会需求和计算机技术推动了西方现代物流管理不断向前发展，呈现出渐进性、自发性、技术性和成熟性等特点。而在我国，是经济体制的变迁和改革开放的不断深化促使物流活动不断变革。我国的物流发展更多地呈现出外因性、突变性和多层次性等特点。目前，我国既有以体力劳动为主的手工物流活动大量存在，又不乏机械化、自动化的现代物流；我国经济发展极不平衡，东、中、西部之间差距明显，相应的物流发展也呈现出地区不平衡性。西方现代物流从“后勤服务”“实物配送”起源，发展到当今的供应链管理阶段，本身就是市场经济发展的产物。而我国一直以来实行的是计划经济体制，到了 20 世纪 90 年代，市场经济才有了较充分的发展。可以说，国外物流发展主要依据的是技术路径，而国内物流发展主要依据的是经济体制变迁路径。因此，前者的发展过程更多地表现为自然规律，而后者必将遇到更多的困难和挑战。国外物流的发展经验表明，现代物流的发展趋势表现为集约化、信息化、网络化、智慧化、绿色化等。我国物流的发展应从物流企业的内外部环境和市场物流需求出发，通过集约化、规范化经营，吸收并引进国外先进的物流技术与管理方法，着重改组改造传统的运输企业与物资企业，重建物流网络体系，在加快新技术应用的同时以提高物流效率为主要目标。

此外，各国在发展物流的过程中，都采用了适合本国国情的发展模式，以物流业的规模结构优化调整作为本国物流发展的战略。我国在吸收国外经验时，要重点学习其观念、原则，融合国外现成物流管理经验，同时要结合我国仓储、运输等领域企业实际情况，根据自身的需求特点，实现与促进物流本土化。

中国特色社会主义建设进入了新时代，党的十九大确定了全面建设社会主义现代化强国的新目标，物流业作为支撑国民经济发展的基础性、战略性、先导性产业，是社会主义现代化强国的必备条件。我们要充分认识新时代对物流业发展提出的新要求，把建设“物流强国”作为战略目标，把高质量发展作为实现路径。党的十九大报告提出，创新是引领发展的第一动力，是建设现代化经济体系的战略支撑，并提出加快建设创新型国家的战略任务。技术创新是创新驱动的核心内容，大力推进物流领域技术创新和应用，发展智慧物流生态体系，是加快动力变革的重要抓手，是促进我国从“物流大国”向“物流强国”迈进的必然选择。

第二节　我国物流发展历史——运输

在古代，由于陆路运输本身存在一定的缺陷与局限性，所以人们也在不断地寻找其他好的运输方式。中华民族的祖先们很早就发现并且利用水道运输。因水道运输具有经济而省力的特点，故而备受历代王朝的重视，加上广大人民群众一代接一代的努力，逐步发展了水道交通运输。

一、内河运输

内河运输与海上运输同属于水道运输业。中国有大小天然河流 5 800 条，总长 40 多万公里，现已辟为航道的里程 10 万多公里，其中 7 万多公里可通航机动船只，几乎是英、法、德内河航道总长的 3 倍；另有可通航的大小湖泊 900 多个（不包括台湾地区）。这些河流、湖泊水量一般都非常充沛，大多终年不冻。主要通航河流大部分分布在经济发达、人口稠密的地区，且都由西向东流入大海,即利于实现河海联运。

（一） 大运河

谈及我国的内河运输发展历史,就不得不谈大运河。作为世界上开掘时间最早、里程最长的人工运河,大运河促进了中国南北方的经济繁荣,使沿着运河的各个城市不再是一个封闭的城市,而是一个开放、沿着运河方向辐射的城市。明、清达到鼎盛的漕运就得益于大运河的开通。漕运的鼎盛,不仅满足了当时统治阶级的物资以及权力的需要,同时也为大运河周边的城市带来了前所未有的繁荣富足。

大运河北起北京,南讫杭州,亦称京杭大运河,稍早称为漕河,曾为南北漕运的大动脉。它流经北京、天津、河北、山东、江苏、浙江六省市,跨纬度 10°(北纬 30° ~ 北纬 40°),连贯海河、黄河、淮河、长江和钱塘江五大流域,全长 1 794 公里,相当于苏伊士运河的 10 倍多、巴拿马运河的 22 倍,是世界上最长的人工河流,也是最古老的运河之一。它和万里长城并称为中国古代的两项伟大工程,闻名于全世界。

春秋战国时期,鉴于水道交通受相对封闭的自然水系的制约,人们开始设法开凿运河,沟通本来不太连贯的水道,使舟楫得以直接往还。自此以后,历代皇朝都开挖运河,发展水运。但直至隋朝以前,这些运河的规模都不大,且时兴时废,没有形成一个水运的系统。因此这个阶段的运河称为早期的运河。早期运河开挖的原因主要有两个:一是出于战争的需要,大规模地向前线运送军队和给养;二是出于京城运输的需要,从距离京城较远的地区向京城运输粮食和大宗物资。

到了西汉时期,社会比较安定,国力强盛,为大规模开挖运河提供了良好的社会条件。西汉都城地理位置偏于西部,每年要从关东地区调运大批量的粮食,于是“漕运”作为一种新的运输手段登上了历史的舞台,在当时整个社会经济中占据重要的地位。漕运除利用自然水系以外,更要靠运河将其连成一个水路运输网。

公元 581 年,隋朝立国。589 年,隋灭陈,结束了长期分裂的局面,全国重新归于统一。北方经济虽然发展得比较快,但两京和边防军所需粮食仍然要靠江淮地区供应。由于陆路运输的局限性,无法满足北方的这一需要,因此开通运河、利用水路运输成为当时社会经济发展的客观需要。从政治上看,为了加强对东北和江南地区的控制,隋政府也需要开通一条南北向的大运河。

大运河开凿简史见表 2-2。

表 2-2 大运河开凿简史

公元前 486 年	吴王夫差为称霸中原,在扬州修建了沟通长江和淮河的“邗沟”,成为中国大运河最早的一段
公元 587 年	在邗沟的基础上,隋文帝杨坚在扬州开山阳渎,对邗沟裁弯取直,开展漕运
公元 608 年	隋炀帝杨广开凿永济渠,南引沁水入黄河,北通涿郡(今北京西南郊)
公元 610 年	隋炀帝重开江南运河,自镇江直达杭州,共 400 多公里。至此,以洛阳为中心、以北京为起点和杭州为终点的全长 1 794 公里的南北大运河正式形成

续表

公元 1289 年	会通河开凿成功，从东平县安山到临清的御河，共长 125 公里，此段是大运河地势最高的一段
公元 1293 年	从通州到北京积水潭的通惠河全部竣工，全长 80 多公里。这样，杭州的漕船就可以直接行驶到北京城内，京杭运河全线贯通
1855 年（清咸丰五年）	黄河在兰考的铜瓦厢决口，致使京杭运河南北断流
1901 年（清光绪二十七年）	漕运完全废止，大运河的辉煌逐渐消失
1950 年	中华人民共和国成立以后，陆续维修江南运河
2006 年	部分全国政协委员联名提议，京杭大运河申报世界文化遗产，引起全国关注

注：此表根据《新民晚报》（2006-11-09）改编。

（二）漕运

运河开凿以后，就出现了漕运，这在物资流通方面沟通了南方和北方，维护了王朝的统治，促进了南北物资交流，促进了南北各民族的了解、融合与团结，促进了沿河城市的形成。

漕运是指中国历代封建王朝解送粮食至京师或其他地方的运输。它起源于秦始皇攻匈奴时，百姓“万里从军，千里输粮”。漕粮之制起于两汉，经唐宋明清延续下来，辛亥革命后统征货币，废除漕粮之制。

漕运不仅是封建国家实施南粮北运、解决朝廷官兵的粮食供给和国库存储的财政措施，同时也反映了作为国家政府行为的特征。而京杭大运河在漕粮运输中起到了决定性的作用。没有运河的漕运，封建政府的统治是不可想象的。比如在元末，由于东南地区大规模的农民起义爆发导致粮运断绝，京城因饥饿、疫病死亡 20 余万人，从这里可以看到京城对漕运的依赖性。

到了唐朝，因为隋朝已经将以洛阳为中心的运河网构筑了起来，唐代统治者已不可能有再大的作为。唐代的主要工程就是对运河进行疏浚、整理、补缀、扩充而已。但是唐朝的漕运却是我国漕运史上辉煌灿烂的一页。唐代因隋之旧，其政治中心在长安和洛阳，而经济中心却在江淮地区。因此，通济渠、江南河是唐朝的一条大动脉，影响了唐朝的兴衰。尤其是安史之乱以后，永济渠为北方藩镇所盘踞，和唐政权断了联系，而这一条大动脉的通济渠、江南河愈来愈受到唐统治者的重视。一般来说，这个系统的运河畅通，唐朝政权就稳固起来；运河受阻，皇朝即岌岌可危，后来东南运输中断，统一局面便瓦解。

当时由于陆路运输的缺陷，水路运输尤其是内河运输成为各个朝代统治者统治天下的一个重要工具。在唐朝之后的几个朝代里都先后对大运河进行了相应的修复、扩充，运河两岸的城市以及经济物流中心也相应地建立起来。

明代迁都北京以后，对大运河的依赖甚殷：南北粮食的运输，几乎全靠漕运，永乐九年漕运为 240 万石，永乐十三年（1415 年）清江浦开通，粮食在淮安不必过坝，漕运更见便利，于是停止海运。到了永乐十五年（1417 年），漕运增加为 509 万石，超过元代海运和漕运的总量。

明朝初期的漕运量见表 2-3。

表 2-3 明朝初期的漕运量

永乐十九年(1421 年)	3 543 194 石
宣德元年(1426 年)	2 399 997 石
正统元年(1436 年)	4 500 000 石
正统六年(1441 年)	4 200 000 石
正统十一年(1446 年)	4 300 000 石
景泰二年(1451 年)	4 235 000 石
景泰七年(1456 年)	4 437 000 石
天顺五年(1461 年)	4 350 000 石
成化二年(1466 年)	3 350 000 石
成化七年(1471 年)	3 350 000 石
成化十二年(1476 年)	3 700 000 石
成化十七年(1481 年)	3 700 000 石
成化二十二年(1486 年)	3 700 000 石
弘治四年(1491 年)	4 000 000 石

从弘治元年(1488 年)到正德十六年(1521 年),大运河每年规定运粮 400 万石。从表 2-3 可见,从明代正式定都北京的 1421 年起到正德末年的一百年之间,大运河每年所运之粮皆为三四百万石左右,直到嘉靖以后才逐渐减少。这就充分说明了大运河对于明代经济的重要性。

漕运随着大运河运行的几百年里,运河两岸的码头以及相应的仓储设施也获得了长足的发展。大运河在中国陆路运输发展还不完善的时候填补了长距离大批量物资运输的空白,大运河的兴衰也反映了一个朝代发展的兴衰。

(三) 自然水系

中国的水路运输除了人工开凿连接的大运河外,自然水系航道运输在全世界也是排在前列的。其中,以长江水系最为出色,它沟通了自西向东的城市的经济发展。

长江是中国的“黄金水道”,其干流通航里程达 7 万公里。干流自四川宜宾至入海口,全长 2 800余公里,可全年通航,是中国全年昼夜通航最长的深水干线内河航道;沿线主要港口有重庆、宜昌、沙市、城陵矶、武汉、黄石、九江、安庆、芜湖、马鞍山、南京、镇江、张家港、南通、上海等。其中,长江口至武汉航道可通 5 000 吨级的船舶;汉口至重庆间航道可通 3 000 吨级江轮,在枯水期千吨轮船可上溯至重庆;宜宾至重庆间航道可通航千吨以下轮船。干流、支流、湖泊与人工运河相互贯通连接,组成了中国最大的水运网。1949 年以后,重点整治了重庆到宜宾的险滩,改善了航道设施,大大提高了川江的通航能力。长江干、支流通航同成昆、京广、川黔、焦枝等铁路干线相交,还通过运河和局部地段的水路联运,与淮河、珠江及浙闽水系相连。据交通部长江航务管理局发布的消息:“十五 ”期间,长江货运实现了三大突破:2003 年、2004 年、2005 年分别突破 3 亿吨、4 亿吨和 6 亿吨大关。长江干线主要港口货物吞吐量年均递增速度 23.2%,比“九五”期间增加 18.1 个百分点。长江航运进入了前所未有的快速发展时期,长江黄金水道发挥了巨大效益。“十五”期间,长江干线水运有充足的货源,船舶流量增大,港口生产繁忙;船舶向大型化、标准化、专业化方向发展;港口向机械化、规模化和物流化方向前进。长江干线运输生产的主要指标——货物吞吐量、外贸吞吐量、集装箱吞吐量均呈现出大幅增长的良好态势。“十一五”期间,交通部将与中央有关部委及沿江各省市一道,全力实施航道治理工程、港口建设工程、船型标准化工程、三峡过坝运输扩能工程、水运保障工程、干支联动工程共六项工程,更加有力地推动沿江经济的全面协调发展。

二、海运

海运主要航线与重要海港有沿海和远洋航线及 8 个港口。中国沿海海上运输习惯以温州为界,划分为北方沿海和南方沿海两个航区。远洋航线方面,目前中国已经开辟了 90 余个亚、非、欧、美、大洋洲 150 多个国家和地区的 600 多个港口的远洋航线。

(一) 江苏太仓

江苏太仓地区海运是我国海运史上一颗璀璨的明珠。太仓地处长江入海口的南岸,由长江泥沙冲积而成。太仓东临长江,面向大海,地处泽国,早在春秋战国时期,舟楫已近广泛使用,水师已经装备了适应各种不同用途的船舶。三国孙吴“乘船授渊”,开拓了海上交通。唐杜甫叹咏的“云帆转辽海,粳稻来东吴”,便“属太仓以循海道”。因此,可以说太仓地区的造船业、航海业是自古有之。至元代,随着古三江中的东江、吴淞江淤塞,穿境而过的娄江“不浚自深”,太仓刘家港变成为苏南地区唯一的天然良港,而此时的元代统治者出于物品供应和经济发展的需要,开发海运和拓展海上贸易,太仓由此从一滨海小镇迅速成为我国东南沿海的第一大港,号称“天下第一码头”“六国码头”。从此,在漫长的五个世纪中,太仓港虽然经海盗倭寇的侵扰、战乱和自然造化的变迁,但还是谱写下了太仓历史长卷中最光辉绚丽的篇章。

元代,我国的航海业已经发展到了一个很高的水平,江南的对外贸易大港因地理环境的变化,已逐步完成了从唐代盛极一时的扬州港,宋代的上海青龙港、江湾港、上海港,以及江阴的黄田港的演变,而迁移至长江口的太仓刘家港。在元代不过百年的历史中,刘家港的兴起和走向发达,为太仓带来了社会和经济的全面繁荣,同时也为郑和的远航做了良好的铺陈。

元代于 1263 年在大都(今北京)建立了帝国,但连绵不断的战争使中国北方经济遭受了非常严重的破坏,以致朝廷及京城的一切供需“无不仰给于江南”,每年需要大量的粮食和生活必需品运往大都,而江南丰富的物产却因大运河山东段的淤塞,运往大都“转输艰,靡费重”。元政府迫切需要一条便捷的运输通道。此时,曾从海上密运南宋图籍于元,受到招抚的海盗朱清、张瑄,又献上从太仓循海道运输漕粮至沽(今天津)之策于元统治者,获得采纳。

元政府确定太仓为漕运码头后,大力发展太仓地区设施的建设。在发展国内海运的同时,元政府又热诚欢迎外国商人来华贸易,曾多次同各国番商召谕海外诸国“诸王、权豪、僧人”只要依例抽解,不借特权隐匿物资,均可“下番博易”。为了鼓励更多人出海贸易,还推行“官本船”政策给予扶持,即由政府出船、出本钱给舶商出海从事贸易。在政府的鼓励和海外贸易“赢利甚巨”的推动下,元代海运贸易红极一时。海运和外贸使太仓由元初居民鲜少的海滨集镇迅速发展为“甲于东南”的“万家之邑”。

明朝前期,国力强盛,对外采取友好睦邻政策,于永乐三年(1405 年)起先后七次派遣郑和下西洋,开展大规模的海上贸易活动。太仓港成为郑和航海运动的基地。直到永乐十三年(1415

年)会通河完工,大运河全线通航,明政府下令罢海运,历时132年的太仓海运才告结束。

(二) 福建泉州

泉州港也是中国海运史上的一颗光彩夺目的明星。

早在周秦时期,居住在泉州地域的闽越族先民们就擅长造舟航海,他们以舟为车,以楫为马,水行而山处。西晋时期泉州已有舟船连接海外并装载少量的交易物品。这就成为最早期的物流活动。

进入唐代以后,泉州港逐渐兴起。唐武德年间,泉州已经成为海上丝绸之路的起点之一,海路所通的国家和地区东北至高丽、日本,南达南海诸国,西抵印度半岛。五代初王氏治泉,招怀离散、保境安民、鼓励生产,继续发展海外贸易。之后留从效积极开拓海外交通贸易,当时从泉州港运往阿拉伯、东非等地的贸易是陶瓷、铜铁等手工品,运回的是象牙、犀角、玳瑁、明珠、乳香、樟脑等物。留从效在泉州建立罗城,开拓大道,建造货栈,以招徕海上蛮夷商贾使相关的手工业如陶瓷业、冶炼业、纺织业、造船业等得到了很大的发展。这又进一步为海外贸易提供了充足的资源。这一时期泉州的物流活动达到了前所未有的火热状态。

宋代的泉州,对外贸易相当频繁,对外贸易的过程就不可避免地要涉及物流活动。宋代有三条航海路线:东北线为泉州—明州—高丽—日本;东南线为泉州—澎湖—麻逸—渤泥;西南线为泉州—西沙—占城,其中一路至渤泥,另一路自占城抵三佛齐,越过马六甲海峡,经细兰—印度故临—波斯湾沿阿拉伯海西行至亚丁湾和东非的弼琶罗、层拔等57个国家和地区。

宋元时期,泉州港成为当时的东方第一大港,与埃及的亚历山大港并驾齐驱,曾呈现出“市井十洲人”“涨海声中万国商”的繁荣景象。据史料记载,当年马可·波罗就是经“海上丝绸之路”来中国的;回国时,也是经此路由福建泉州上船回到家乡威尼斯的。1974年泉州湾后渚港出土的南宋古船,反映了宋代泉州湾对外贸易的繁荣。这艘南宋末年的帆船,载重量约200吨,船上遗物很多,除了有香料木、胡椒以及其他的贵重物品外,还有木牌、木签、贝壳和桃、李、橄榄、荔枝等果核,以及唐宋钢铁钱、宋代陶瓷器等。伴随着频繁的海上贸易,物流活动也异常火热,海上运输趋于成熟。

(三) 天津

回顾中国的海运史,天津港一直是我国对外交流、贸易往来的天然良港。天津港地处渤海之滨,居首都门户,铁路、公路、河道通达腹地,当水路要冲。天津之名始于明永乐,但早在盛唐,在城乡物资集散和军事转输中,军粮城之港口地位即载诸史籍。至于远溯魏武北征乌桓,天津之为重要港口,史志亦不乏记载。

在唐代海运中,军粮城的地位像一条连接海河水系、渤海沿岸与蓟运河航道的纽带,成为转运军粮、运送兵员的中转站。《天津卫志》称军粮城为“元海运囤粮之所”。据《辽河县志》记载:“军粮城在县西一百四十里,刘仁恭将军多筑”,“白沙岭在军粮城庄北十里许,横岭一段广数倾,相传五代时刘仁恭将军屯营至此”。刘仁恭唐末任卢龙节度使,镇守海口镇(今宁河区芦台)。由此可见,唐代的军粮城不但是一个沿海城镇,而且是停泊漕船、屯储军粮之所。唐王朝为了抵御契丹和奚族的侵略,在北部一带重镇分设节度使,率兵驻守。幽燕地区的范阳节度使,同时监管海运漕粮。《旧唐书·地理志》载:“范阳节度使,理幽州,管兵九万一千四百人,马六千五百匹,衣赐八十万匹段,军粮五十万石。”这说明,作为海港的军粮城当时的仓储能力已经非常可观。

北宋建立以后,统一了中国大部分的地区,在华北有契丹族为主的辽政权与北宋对峙。以海河流域的白沟(也称界河,大体上相当于今大清河及海河一线)为界,界河以南属北宋,界河以北属辽。宋辽对峙,时战时和,到北宋景德元年(1004 年)以后,双方维持了约一百余年的和平局面,宋辽在界河一线进行贸易,贸易形式大体可分为三种:

(1) 朝廷往来聘使。这是北宋和辽定期定量进行的贸易交换。

(2) 官方设立榷场。北宋在易、雄、霸、沧州等地方各设官方榷场;辽也在界河以北设立了榷场,各设官员监督、管理互市贸易,征税。

(3) 私人交易。这是在榷场以外进行的,多为逃避税收或买卖榷场禁售的货物。

宋辽贸易的货类繁多,北宋向辽出售的有茶叶、药材、犀角、象牙、苏木、麻布、丝织品、陶瓷、漆器、燃料、香料等。每年榷场的贸易额总价值约二十万贯。军粮城和泥沽海口在北宋和辽对峙时期,虽然失去了转运的作用,但仍不失为界河沿线港口贸易的水运通道。

到了元代,直沽港航道、码头和仓储设施发展,为直沽手工业、商业以及盐业的发展创造了便利的运输条件。元代渤海西岸共有盐场 22 个,直沽附近有三岔口、丰财两大盐场,年产盐达四十万引(每引 200 公斤)。直沽的优质盐通过港口水运销往临清、通州、大都一带。直沽已由金代的军事据点发展成为具有商业、农业、漕运发达的兵民的海防驻戍之地。延佑三年(1316 年)正式置“海津镇”,成为大都最重要的水陆门户和京畿要地,是天津向近代城市跨出的最初的一步。

明清两代天津的漕运继续发展。永乐九年(1411 年),疏浚会通河,深一丈三尺,宽二丈二尺,通航能力提高十余倍,对天津港漕粮转运的发展起到了重要的作用。永乐十年(1412 年),自淮安城西管家湖至淮河鸭陈口,新挖河道二十余里,湖水入淮,避免了坝陆之劳。至此,自江淮到天津的运河航道大畅,天津港的转输量大增。永乐十三年(1415 年),经天津输运至北京的粮食达“六百四十六万九百九十石”。

漕运的发展和天津港转输之畅对保证北京的粮食、物资的供应创造了良好条件。由于运河畅通,天津港成为漕粮转运最繁忙的港口,漕粮转运连岁充溢,入京师的粮食无处可存。宣德六年(1431 年),通州增置粮仓。宣德七年(1432 年)北京再增粮仓,天津港的转运量创最高数额,达“六百七十四万二千八百五十四石”。

正统十三年(1448 年),黄河决口,一年后瓦剌族入侵,英宗被俘。在种种不利的条件下,天津港运输到达京师的粮食始终不下四百万石。

成化年间,北京连年灾荒,岁饥大疫,民多道死。为保证京城粮食供应,明朝制定漕粮长运法,并规定漕运量为四百万石。天津港的年转运量保持在三百三十万至四百万石之间,数额变化甚小。

清朝王公大臣以及驻扎北京一带的八旗军队,每年所需漕粮有增无减,漕运为各代皇帝所重视。康熙帝把漕运视为“富国强兵”之大事。在实行海禁情况下,天津的河漕运量每年保持明代四百余万石的数额。康熙二十三年(1684 年)海禁放宽,允许船只出海,辽东粮食开始由民间输入天津贩卖。

乾隆四年(1739 年),河北、山东、河南大灾,辽东农业丰收,天津沿海船户从东北贩运粮食。东沽大船主乔岱拥有海船十余艘,半年间往返五六次,得利银万两。天津港成为粮商集散、贩卖粮食之地。

道光五年(1825 年),清政府创行官督商运新法,于上海设立海运总局,天津置收兑局。当年,天津港共接卸苏州、松江、常州、镇江四府和太仓一州的商运漕粮一百六十万石,平底沙船一千五百六十二艘。清政府对官督商运责任明确,运费、杂费粮食所耗等方面注意照顾船商的利益。1825 年以后,江南地区到天津的商船络绎不绝。

三、海上丝绸之路

(一) 概述

海上丝绸之路是古代中国与外国交通贸易和文化交往的海上通道。

根据起点的不同,海上丝绸之路分为东海丝绸之路和南海丝绸之路。

东海起航线最晚始自周武王灭纣建立周王朝(公元前 1112 年)时。周武王封箕子到朝鲜。箕子从山东半岛的渤海湾海港出发,到达朝鲜,教其民田蚕织作。中国的养蚕、缫丝、织绸技术由此通过黄海传到了朝鲜。

南海丝绸之路以南海为中心,起点主要是广州。它形成于秦汉时期,发展于三国隋朝时期,繁荣于唐宋时期,转变于明清时期,是已知的最为古老的海上航线。从 3 世纪 30 年代起,广州已取代徐闻、合浦而成为海上丝绸之路的主港。唐宋时期,广州成为中国的第一大港、世界著名的东方港市。由广州经南海、印度洋到达波斯湾各国的航线,是当时世界上最长的远洋航线。元代时,广州的中国第一大港的位置被泉州替代,广州成为中国第二大港,依然为海上丝绸之路的重要起点。明初、清初海禁,广州长时间处于“一口通商”的局面。自古以来,以广州为起点的海上丝绸之路已经有多条航线。1784 年,美国“中国皇后”号访粤,标志着美国直达广州的航线的开通。

海上丝绸之路开辟后,在隋唐以前,它只是陆上丝绸之路的一种补充形式。但到隋唐时期,由于西域战火不断,陆上丝绸之路被战争所阻断,代之而兴的便是海上丝绸之路。到唐宋代,伴随着我国造船、航海技术的发展,我国通往东南亚、马六甲海峡、印度洋、红海及至非洲大陆的航路纷纷开通与延伸,海上丝绸之路终于替代了陆上丝绸之路,成为我国对外交往的主要通道。

当时通过海上丝绸之路往外输出的商品主要有丝绸、瓷器、茶叶和铜铁器四大宗,往国内运的主要是香料、花草及一些供宫廷赏玩的奇珍异宝,于是海上丝绸之路又有“海上陶瓷之路”“海上香料之路”之称。明初郑和下西洋时,海上丝绸之路发展到巅峰。明清两代,由于实施海禁政策,我国的航海业开始衰败,这条曾为东西方交往做出巨大贡献的海上丝绸之路也逐渐消亡了。

(二) 发展历史

1. 先秦和南越国时期:为海上丝绸之路的形成奠定了基础

先秦和南越国时期岭南地区海上交往为海上丝绸之路的形成奠定了基础。早在距今 6 000年左右,岭南先民已经利用独木舟在近海活动。距今 3 000 ~ 5 000年期间,东江北岸近百公里的惠阳平原,已经形成以陶瓷为纽带的贸易交往圈,并通过水路将其影响扩大到沿海和海外岛屿。通过对海船和出土陶器以及有肩有段石器、铜鼓和铜钺的分布区域的研究得知,先秦时期的岭南先民已经穿梭于南中国海乃至南太平洋沿岸及其岛屿,其文化间接影响到印度洋沿岸及其岛屿。根据出土遗物以及结合古文献的研究表明,南越国已能制造25 ~ 30吨的木楼船,并与海外有了相当的交往。南越国的输出品主要是漆器、丝织品、陶器和青铜器,输入品正如古文献所列举的是“珠玑、犀(牛)、玳瑁、果、布之凑”。其主要的贸易港口有番禺(今广州)和徐闻(今徐闻)。

2. 西汉中晚期和东汉：海上丝绸之路的形成和发展

《汉书·地理志》记载："自日南障塞、徐闻、合浦船行……有译长，属黄门，与应募者俱入海市明珠、璧琉璃、奇石异物，赍黄金杂缯而往……"这说明"海上丝绸之路"兴起于汉武帝灭南越国之后。东汉（特别是后期）航船已使用风帆；大秦（罗马帝国）已第一次由海路到达广州进行贸易；中国带有官方性质的商人也到达了罗马。这标志着横贯亚、非、欧三大洲的、真正意义的海上丝绸之路的形成。

随着汉代种桑养蚕和纺织业的发展，丝织品成为这一时期的主要输出品。乳香（薰炉）和家内奴仆（托灯俑）乃以往输入品中所未见。

由于两汉版图扩张到今东南亚的部分地区，政府加强了海上丝绸之路沿海港市的管理，例如在今徐闻"置左右侯官，在县南七里，积货物于此，备其所求，与交易"；也出现了一些比较重要的商业城市，例如番禺、徐闻、合浦（今合浦附近）、龙编（今越南河内）、广信（今梧州）、布山（今贵港）和桂林（今桂林）等。

特别值得注意的是，岭南与内地的水路和陆路交通也由此显得重要起来而得到了修治。

3. 魏晋南北朝时期的海上丝绸之路

孙吴政权黄武五年（226 年）置广州（郡治今广州市），加强了南方海上贸易。有史料可稽，东晋时期广州成为海上丝绸之路的起点。对外贸易涉及 15 个国家和地区，不仅包括东南亚诸国，而且西到印度和欧洲的大秦。经营方式一是中国政府派使团出访，二是外国政府遣使来中国朝贡。丝绸是主要的输出品。输入品有珍珠、香料、象牙、犀角、玳瑁、珊瑚、翡翠、孔雀、金银宝器、犀象、吉贝（棉布）、斑布、金刚石、琉璃、珠玑、槟榔、兜鍪等。广州海上丝绸之路的发展，使得对外贸易收入成为南朝各政权的财政依赖。

（三）海上丝绸之路的作用

海上丝绸之路主要有东海起航线和南海起航线两条主线路。东海起航线始自周王朝建立之初，武王派遣箕子到朝鲜传授田蚕织作技术。箕子于是从山东半岛的渤海湾海港出发，走水路抵达朝鲜。这样，中国的养蚕、缫丝、织绸技术通过黄海最先传到了朝鲜。秦始皇（公元前 221 年）兵吞六国时，齐、燕、赵等国人民为逃避苦役而携带蚕种和随身养蚕技术不断泛海赴朝，更加速了丝织业在朝鲜的传播。

中日两国之间一衣带水，通过朝鲜半岛或经由日本海环流水路，交往十分方便。日本自古以来就有关于蚕业的传说。传说秦始皇为求长生不老丹，曾派徐福率领童男、童女、船员、百工数千人东渡日本，传播养蚕技术，日本人民后尊祀徐福为"蚕神"。也有记载说，公元前 3 世纪，江浙一带的吴地有兄弟二人，东渡黄海至日本，传授蚕织和缝制吴服的技艺。其后，内地人士或经由朝鲜或从山东出发，三三两两地到日本定居，交往十分密切，并促进了日本蚕业的发展。

据日本古史记载，西汉哀帝年间（公元前 6 年），中国的罗织物和罗织技术已传到日本。公元 3 世纪，中国丝织提花技术和刻版印花技术传入日本。隋代，中国的镂空版印花技术再次传到了日本。隋唐时期，日本使节和僧侣往来中国频繁，他们在浙江台州获得青色绫，带回日本作样板，仿制彩色锦、绫、夹缬等。日本至今仍沿用中国唐代的名称，如绞缬、腊缬、罗、绸、绫、羽等。

唐代，江浙出产的丝绸直接从海上运往日本，丝织品已开始由礼物转为正式的商品。奈良是当时日本的首都，可以说是东海丝绸之路的终点，正仓院则是贮藏官府文物的场所。今日的正仓院已成了日本保存中国唐代丝织品的宝库，其中的很多丝织品即使在中国也很难见到，诸如彩色印花锦缎、狮子唐草奏乐纹锦、莲花大纹锦、狩猎纹锦、鹿唐草纹锦、莲花纹锦等，还有不少中国工匠当时在日本制作的、兼具唐代风格与日本民族特色的丝织品。

宋代也有很多的中国丝绸被运往日本。

元代，政府在宁波、泉州、广州、上海、澉浦、温州、杭州设置市舶司，多口岸向日本出口龙缎、苏杭五色缎、花宣缎、杂色绢、丹山锦、水绫丝布等。明代则是日本大量进口中国丝绸的时期，这一时期，日本从中国输入的生丝、绢、缎、金锦等不计其数。

清初(1644 年)，曾采取海禁政策，后由于国内外的强烈反对而陆续开放。此时，日本仍继续大量进口中国生丝。1633—1672 年，日本每年进口的中国丝仍在 20 万斤以上，这是由于日本人民用丝绸十分普遍，而当时的日本国战乱连连、蚕业衰退，国内生产的生丝数量锐减、品质不良。此时还有山东、陕西、安徽、浙江等地的商人直接从事海上贸易活动，远航至日本等国，以中国的绸绫等换取椒、檀、铜、藤等货物。乾隆二十五年(1760 年)，中国政府为了换取日本出产的铜，允许中日官方往来，进行丝绸贸易。此后，中国的丝绸更源源不断地被运往日本。

日本在大量进口中国丝绸的同时，积极引进中国的桑种、蚕种和纺织技术，并于 1868 年前后确立了振兴蚕丝业的基本国策，积极学习欧洲的蚕丝实验科学，订立奖励专利政策，兴办科教机构，蚕丝业从此欣欣向荣。1909 年，日本出口的生丝已达到 8 372 吨，超过了中国(7 480 吨)，位居世界首位，其后并一直处于领先地位。中国直到 1977 年产丝量才重新超过了日本。

四、陆路运输

相传黄帝在四方征战中，披荆斩棘，拓宽道路，发明了舟车。之后的虞舜时代，社会分工越来越明显，促使交换地域扩大和交换量增加，相应地促进了舟车和运输的发展。夏分九州后，形成了经常性的贡物运输。夏朝和后来的商朝的迁都比较频繁，行程远、规模大，反映出具有相应的交通运输能力。商朝通过朝拜、纳贡、互相往来，发展了商都殷和四面八方的道路运输。手工业在商朝的发展迅速，规模很大，为商品的生产和交换提供了条件。安阳殷墟和郑州商城遗址中，有很多房基、窖穴、水井和农业生产作坊，说明商代城市已有相当规模。商朝遗址中还发现有许多海贝、朱砂等，这些必然来自沿海地区，反映了当时通过道路运输的传播范围较广。交通运输发展的原因：一是征战；二是夏禹治水；三是贡赋；四是迁都；五是商品交换。交通运输的出现是一定历史条件下的产物。

在古代，随着商业的不断发展，要求有极便利的交通，交通的进步是商业发展的重要前提条件。在西周，周王室几个集团国就非常重视交通。史称“周道如砥，其直如矢”。(《诗·小雅·大东》周朝的道路分为五等，“经”可容马，“畛”可容大车，“涂”可容乘车一轨，“道”可容乘车二轨，“炉”可容乘车三轨。春秋时期，各诸侯国连年兼并征战，而当时主要用战车作战，动辄几百辆甚至几千辆战车会战。要顺利、快速完成运输大量的战车以及粮草物资，就要求有宽敞平坦的道路。另外，各国为了解决政治、经济、军事的争端，经常朝聘会盟，为了张扬盟主的权威和显示各国的国威，那时往往仪仗车马浩浩荡荡，这也必然要求有宽阔的道路。由于各方面需求，所以当时路政是很受重视的。齐国等国的路政很发达，很多干路都有修筑的国道，沿途还建有驿馆传舍、路室、候馆以满足运送物资人员和来往官员旅客的需要。由此可以看出春秋时代的路上运输已经达到了比较高的水平。“十里有庐,三十里有宿,五十里有市”成为一种制度。如果道路不修,过往宾客无人送迎,官员不修治道路,池泽无堤堰,沙川无桥梁,城市没有候馆供旅客食宿,则被认为是庶政废弛,是亡国之兆。

春秋时期,开始有驿传制度,每三十里设传舍,官府备有交通工具。传送公文或紧急事务,可凭符节乘传急驰或在传舍休息。驿传制度的建立,成为便利交通、传递政令消息的重要保障。如:齐景公游少海,传骑从中来谒曰:“婴疾甚且死,恐公后之。”景公遽起,传骑又至,景公曰:“趋驾烦且之乘,使子韩枢御之。”由此可知,驿传制度在社会中已成为一种重要的交通制度。郑国商人弦高遇到偷袭郑国的秦国军队后,也是由传车首先报告君主的。

齐国作为政治经济大国,驿传制度是相当完备的。《管子》说:“三十里置遽(邮驿)焉,有司职之,从诸侯欲通,吏从行者,令一人负以车。若宿之,令人养其马,食其委。客与有司别契,至过八契。”齐国的驿传制度是三十里置邮驿储备物资供给来往宾客,设立专门官员主持其事,凡跟随诸侯从行到齐国者,邮驿官派一人负责运载其行装。在驿站寄宿者,官员派人为其养马,供给其饮食。有司查验其符契,经过前后八次检查,可以允许进国都。驿传制度这种优待宾客的办法,方便了来往宾客,“天下之商贾,归齐若流水”。

在中原魏、赵、齐等国之间,有个地方称“午道”,郑玄说是“一纵一横为午”。该地是一条四通八达的十字路,成为东西南北各国的战略要道。《史记》中所记的策士们不止一次地提到这条“午道”:“今秦发三将军:其一军塞午道,告齐使兴师渡清河。”

战国时期,由于土地私有制,商业也活跃了起来。楚怀王六年,怀王颁发给封地在今湖北鄂城的鄂君启水陆两路运输货物的免税通行证,包括车节和舟节,史称“鄂君启节”,允许在一年内,可以持节在范围广阔的水运和陆路上经商,通过关卡免税,在路上官方招待使者的地方还可以供应饮食。路线规定从鄂城(今湖北鄂州市)出发,经过阳丘(今方城南)、缯关(今方城)、象乐(泌阳北)、繁阳(今新蔡北)、高丘(今安徽临泉市)、下蔡(今安徽凤台)、居巢(今安徽寿春),最后转回到楚都(今湖北江陵),这是当时规模最大的长途贩运。这对现代的路线物流有一定的启发意义。

提到中国古代的陆路运输,便不能不提到丝绸之路。下面对丝绸之路进行简单介绍。

丝绸之路(the Silk Road,the Silk Route),亦称丝路。是指西汉(公元前 202 年—公元前 138 年)时,由张骞出使西域开辟的以长安(今西安)为起点,经甘肃、新疆,到中亚、西亚,并联结地中海各国的陆上通道(这条道路也被称为“西北丝绸之路”,以区别日后另外两条冠以“丝绸之路”名称的交通路线)。因为由这条路西运的货物中以丝绸制品的影响最大,故得此名。其基本走向定于两汉时期,包括南道、中道、北道三条路线。丝绸之路是历史上横贯欧亚大陆的贸易交通线,在历史上促进了欧亚非各国和中国的友好往来。中国是丝绸的故乡,在经由这条路线进行的贸易中,中国输出的商品以丝绸最具代表性。19 世纪下半期,德国地理学家费迪南·冯·李希霍芬(Ferdinand von Richthofen)就将这条陆上交通路线称为“丝绸之路”,此后中外史学家都赞成此说,沿用至今。张骞通西域后,正式开通了这条从中国通往欧、非大陆的陆路通道。广义的丝绸之路指从上古开始陆续形成的,遍及欧亚大陆甚至包括北非和东非在内的长途商业贸易和文化交流线路的总称。除了上述的路线之外,还包括在南北朝时期形成、在明末发挥巨大作用的海上丝绸之路和与西北丝绸之路同时出现、在元末取代西北丝绸之路成为路上交流通道的南方丝绸之路等。虽然丝绸之路是沿线各国共同促进经贸发展的产物,但很多人认为,是中国的张骞两次通西域开辟了中外交流的新纪元,并成功将东西方之间最后的珠帘掀开。从此,这条路线被作为“国道”踩了出来,各国使者、商人沿着张骞开通的道路,来往络绎不绝;上至王公贵族,下至乞丐狱犯,都在这条路上留下了自己的足迹。这条东西通路,将中原、西域与阿拉伯、波斯湾紧密联系在一起。经过几个世纪的不断努力,丝绸之路向西伸展到了地中海。广义上,丝路的东段已经到达了韩国、日本,西段至法国、荷兰,通过海路还可达意大利、埃及,成为亚洲和欧洲、非洲各国经济文化交流的友谊之路。

五、“一带一路”倡议

时光荏苒,2000 多年前的“丝绸之路”虽然已经成为历史,但是,千百年来,“和平合作、开放包容、互学互鉴、互利共赢”的丝绸之路精神薪火相传,推进了人类文明进步,是促进沿线各国繁荣发展的重要纽带,是东西方交流合作的象征,是世界各国共有的历史文化遗产。进入 21 世纪,在以和平、发展、合作、共赢为主题的新时代,面对复苏乏力的全球经济形势,纷繁复杂的国际和地区局面,传承和弘扬丝绸之路精神更显重要和珍贵。2013 年 9 月和 10 月,中国国家主席习近平在出访中亚和东南亚国家期间,先后提出共建“丝绸之路经济带”和“21 世纪海上丝绸之路”(简称“一带一路”)的重大倡议,得到国际社会高度关注。中国国务院总理李克强参加 2013 年中国-东盟博览会时强调,铺就面向东盟的海上丝绸之路,打造带动腹地发展的战略支点。加快“一带一路”建设,有利于促进沿线各国经济繁荣与区域经济合作,加强不同文明交流互鉴,促进世界和平发展,是一项造福世界各国人民的伟大事业。2015 年 3 月 28 日,国家发展改革委、外交部、商务部联合发布了《推动共建丝绸之路经济带和 21 世纪海上丝绸之路的愿景与行动》。

“一带一路”贯穿亚欧非大陆,一头是活跃的东亚经济圈,一头是发达的欧洲经济圈,中间广大腹地国家经济发展潜力巨大。丝绸之路经济带重点畅通中国经中亚、俄罗斯至欧洲(波罗的海);中国经中亚、西亚至波斯湾、地中海;中国至东南亚、南亚、印度洋。21 世纪海上丝绸之路重点方向是从中国沿海港口过南海到印度洋,延伸至欧洲;从中国沿海港口过南海到南太平洋。

根据“一带一路”走向,陆上依托国际大通道,以沿线中心城市为支撑,以重点经贸产业园区为合作平台,共同打造新亚欧大陆桥、中蒙俄、中国—中亚—西亚、中国—中南半岛等国际经济合作走廊;海上以重点港口为节点,共同建设通畅安全高效的运输大通道。中巴、孟中印缅两个经济走廊与推进“一带一路”建设关联紧密,要进一步推动合作,取得更大进展。

古老的丝绸之路,通过运输连接了经济;而在新时代,新的“一带一路”,也必然会通过新的运输体系,将世界重新连接,促进安全高效的陆海空通道网络基本形成,互联互通达到新水平。“一带一路”是促进共同发展、实现共同繁荣的合作共赢之路,是增进理解信任、加强全方位交流的和平友谊之路。写下了《丝绸之路:一部全新的世界史》一书的英国历史学家彼得·弗兰科潘说:“丝绸之路曾经塑造了过去的世界,甚至塑造了当今的世界,也将塑造未来的世界。”作为和平、繁荣、开放、创新、文明之路，“一带一路”必将会行稳致远，惠及天下。

第三节　我国物流发展历史——仓储及其他

一、中国古代仓储的发展

“国家大本，食足为先”。粮食储备问题关系国计民生，历史上各朝各代无不把它摆在治国安邦的重要位置。当前，我国正在积极推进粮食流通体制改革，考析古代粮食仓储制度，可以起到“以史为鉴”的作用。

（一）历代王朝高度重视建仓储粮

在古代，仓储被视为“天下之大命”，历朝历代都十分重视。

1. 积极兴建仓储设施

我国粮食储备的历史十分悠远。夏朝，仓储制度正式成为国家的一项重要财政制度。自周代开始的历代王朝不仅重视中央仓储的建设，也注重在地方兴仓储粮，仓储制度渐趋成熟，仓储规模不断扩大。例如汉代，汉高祖七年（公元前 200 年）开始营建新都长安，首批重点建设工程就包括了太仓。除太仓外，中央直接管理的粮仓还有位于甘泉的甘泉仓、华县的华仓、左缴附近的细柳仓和嘉仓等。此外，郡、县两级另有常设之仓，各诸侯国、军队特别是戍边军队也建立了粮仓；而汉宣帝时耿寿昌倡立的常平仓制度，更成为后世封建王朝沿用的主要仓储制度。

2. 千方百计筹粮

《魏书·李彪传》写道：“国无三年之储，谓国非其国。”而在农业生产力较为落后的情况下，国库要保持三年之储实非易事。因此，历代封建王朝都千方百计地筹措粮源，除狠抓皇粮国赋入库外，还积极拓展其他筹粮入库渠道。例如宋代，不同类型的仓廪有不同的粮食来源。正仓亦称官仓，其粮食来源主要是皇粮国赋；各州、县的义仓，主要是从官收的春秋二税中每石另收一斗储仓；常平仓的储谷主要由每年夏秋两季以略高于市价收购，其本钱由国家财政统筹拨付；广惠仓的仓米来源是官府对无人耕种的绝户田募人耕种所收的租谷；社仓主要靠官府提供谷本，收“息米”，同时也通过劝捐和劝借的方式面向富民筹措谷本。

（二）历史上粮食仓储的职能与作用

在农业是“决定性的生产部门”的中国封建社会，粮食仓储除了供应皇室及贵族的粮食消费、维系国家机器运转以外，还有以下几个方面的重要职能与作用。

1. 平抑粮价，调控市场

这是古代仓储制度的一项基本而重要的功能。从周代开始，历代王朝十分重视发挥仓储的这项职能作用。尤其是从汉代设置常平仓制度以来，调控更成为仓储的主要职能。每当青黄不接、灾荒或战乱引起市场谷价上涨时，政府以常平仓所存之谷平价粜卖于市，以不致“谷贵伤民”;当谷物丰收市场谷价下跌时,政府又动用库帑平价收购,以不致“谷贱伤农”,从而对市场起到稳定、调节作用。

2. 赈灾备荒,安民固本

我国是个灾荒多发国家,因此,历代统治者十分重视“荒政”,而他们采取的最主要的救荒之策就是设仓积谷,适时救济灾民,安定社会。自隋代起,在已有的官仓之外,又创设了一种民间自置粮仓,专门供当地备荒赈恤之用,这就是由长孙平倡议而设立的义仓。义仓由各州军民共同设置;出粟方式为“劝课”,具有自愿性质;所出粟麦品种“随其所得”,没有固定要求;仓窖造于当地村社,委托社司管理;所储仓谷用于饥荒赈给;出粟标准平均每户一石以下,按“贫富差等”法交纳。义仓制度是封建仓储赈灾救荒的重要手段之一。

3. 供养军队,备战应战

“兵马未动,粮草先行”。粮食储备是古代战争最重要的物质保障。例如,西汉一朝,几与战争相始终。作为后勤保障的重要方面,粮仓和武库一起为西汉军队提供了雄厚的物质基础,使西汉王朝拥有进行战争和维持统治的强大后盾。

(三) 历史上加强仓储管理的基本做法

仓储是保证封建国家粮食安全的关键手段,也是易生腐败之地。历代封建王朝仓储制度中均存在较多问题,主要表现为:仓吏腐败,亏空严重;储备不足,调控乏力。为解决这些问题,封建王朝十分重视加强仓储管理,其主要做法有四种:

1. 对粮食储备实行专管,由中央财政直接控制

一般来说,中央财政最高行政长官是全国仓储的最高主管,其下另设专门的“仓官”负责仓储事宜。如明代,户部掌管全国钱粮,各省由布政司分理,无论京库钱粮支用还是地方存留与上解,均须遵循户部的细则定例,并接受户部的审核。

2. 对不同类型的仓储采取不同的管理形式

常平仓等官仓主要由各级政府机构管理;而义仓、社仓、预备仓等民间仓储,则在官府的指导下,主要由民间自行管理。

3. 制定较严密的管理条规和制度

例如,秦代有专门的仓律,规定严格;西汉设有专门的会计簿册,详细记录仓储谷物数量、品种、出入、经手人、核验等,上级官吏经常检查所属仓谷。宋代以后,有关仓储的规章更多、更细、更严。

4. 注意加大监督检查的力度

清雍正严查钱粮亏空就是一例。据载,在雍正元年至三年(1723—1725 年)期间,雍正连续发出有关清查钱粮亏空的上谕三十余道,并派朝廷官员协助清查地方钱粮亏空。在清查过程中,他下谕:即便涉及高官与贵族,也绝不宽贷。对被参贪赃的官员,一是抄家,二是罢官,严重者处以极刑。

二、物流工具的发展

(一) 运输工具

1. 陆路运输工具

人类利用工具进行交通的历史非常悠久,其年代甚至可以追溯到石器时代。人类在迁徙过

程中，使用木棒的一端缚重物，由一人背负；或将重物放在中间，由两人抬行。人类早期发明的另一个运输工具是橇，并由此制造了车。人们为了跨越水域，还发明了独木舟。

上古时代的运输，全靠手提、头顶、肩扛、背负、撬引完成。后来，又以马、牛来驮运。随着农业、畜牧业和手工业生产的发展，产品的增多，交换的发生，产生了对运输工具的需求，人们逐步创造出滚木、轮和轴。最后，出现了车这种陆地运输工具。原始的车轮没有轮辐，这种车轮在汉、唐时代著作中称为"辁"。《左传》记载，曾做过夏王朝"车正"（车辆总管）的奚仲最善于造车。汉代陆贾的《新语》中还记载奚仲"扰曲为轮，因直为辕"，创造了有辐的车轮。由辁发展到轮，使车辆的行走部件发生了一次大变革，为殷代造车奠定了基础。

黄帝时已有车，故谓之"轩辕"。轩，就是古代一种前顶较高而有帐幕的车子，供大夫以上乘坐。夏朝交通工具的种类很多，如"陆行乘车，水行乘船，泥行乘橇"。商、周的车系由车辕、车舆和轮、轭等部分构成，部件的名目有几十种之多。现已发现的商、周时期车马坑都是车、马同坑，说明这些车是用马拉的。秦汉的各种车辆，大多为两轮车，其制造按用途而异，有的适用于载人，有的适用于载货，有的利于速行，有的轻便舒适，还有灵活使用的独轮车和稳定性强、载重量大的四轮车等。1980 年底，中国考古工作者在陕西省临潼县秦始皇陵西侧 20 米的地方，挖掘出前后两组大型彩绘铜车马，大小相当于真车真马的 1/2，再现了秦代宫廷车马雍容华贵的造型。出土文物中，一号车是"立车"，上有雨伞形的车篷，乘车人可以站在车厢内向外望；二号车系驷马安车，是仿照秦始皇生前历次巡游的乘舆复制而成。铜车马的发现，确证了秦代在车辆构造上的变化和技术成就。其车厢进深增长，舆广增宽，车辕长度增加，表现了古代制车工匠的智慧和技巧，是古代科学成就和制车技术的结晶。北京大葆台西汉燕王墓出土的陪葬车马与辽宁辽阳市出土的汉墓方车壁画，都说明汉代单辕车逐渐减少而双辕车逐渐增多，有的车在车轮周围挂上铁瓦，在车轴两端轴头上镶有铁件，并用植物油润滑，以减轻车轮滚动时与车轴的摩擦阻力。四川渠县蒲家湾一座汉代石阙上发现有独轮车的石刻图像，证明在西汉末东汉初独轮车的使用较为普遍。汉魏时期盛行独轮车，独轮车在当时是一种既经济而用得最广的交通工具。直至今天，我国某些农村中仍有使用这种车子的。汉代，四川民间出现了"鸡公车"，系用硬木制造，长 4 尺，车架安设在独轮两侧，由一人掌扶两个车把推行，有时也可前拉后推，载人载物均可。到了三国时期，诸葛亮六出祁山时在陕西县黄河镇发明了称为"木牛流马"的交通工具，它比"鸡公车"进了一大步，可以爬坡上坎。"鸡公车"的第二次变革是在宋代，变一人推动为前后两人把架、两旁两人扶拐，前用驴拉，称"串车"。第三次变革是在明代，在"串车"的基础上加拱形席作顶，用来拉客，称为"双缱独轮车"。第四次变革是在清代，增加了风帆，巧妙地利用风力。"鸡公车"后来跨江越淮，传到中原大地。

隋、唐以后直至清末，运输工具的种类，以动力区分，有畜力车、人力车；从结构形式上分，有轿车、大车、小车、独轮车、西式马车（城市采用的四轮马车）、洋车、排子车等。

以上材料说明，在我国古代，交通工具的运输主要是以道路运输和各种车为主，并且随着时间的变化和朝代的改变以及人民生活方式的变化，车的种类和功能也在不停地发生变化。但是在农业社会中，毕竟以农业为主，所以车以农用为主并且以牛马为主要动力。在漫长的封建社会，各种为帝王量身制作的车也层出不穷，并且用了大量的新技术以保证车的舒适与实用。中国当时的技术在世界上也是先进的，但是由于各种因素的限制，没有在车的动力方面加以改进，也没有大众化，从而限制其发展。

2. 水路运输工具

人类使用船舶作为运输工具的历史，几乎和人类文明史一样悠久。从远古的独木舟发展到现代的运输船舶，大体经历了四个时代：舟筏时代、帆船时代、蒸汽机船时代和柴油机船时代。在中国古代，经历了其中的前两个时代。

（1）舟筏时代。人类以舟筏作为运输、狩猎和捕鱼的工具，至少起源于石器时代。1956 年在浙江出土的古代木桨，据鉴定是四千年前新石器时代的遗物。这说明舟筏的历史，可以追溯到史前时代。

① 独木舟。原始人类将巨大的树干用火烧或用石斧加工成中空的独木舟，是最古老的水上运输工具。它的踪迹遍及全世界，至今在南美洲和南太平洋群岛的居民，仍使用独木舟作为生产和交通工具。

② 筏。远古人类就知道将树干、竹竿、芦苇等捆扎成筏，或用兽皮做成皮筏，在水上漂行。筏较独木舟吃水浅，航行平稳，而且取材方便，制造简易。在中国东南部山区溪流中，迄今使用竹筏作为交通工具者仍然相当普遍。

③ 木板船。进入青铜器时代以后，人类对木材的加工能力提高了，于是将原木加工成木板来造船。木板船可以造得比独木舟大，性能比筏好。早期的木板船，板和板之间、船板和框架构件之间是用纤维绳或皮条绑缚起来的，后来用铜钉或铁钉连接。板和板之间则用麻布、油灰捻缝，使其水密。

④ 桨、篙和橹。舟筏时代的船舶靠人力来推进和操纵，所用的工具为桨、篙和橹。桨不受水域深度和广度的限制，在地中海区域应用极为广泛。古罗马的划桨船，一船桨数多至数十根甚至百余根。篙可以直接触及水底和河岸，使用轻便，主要用于浅水航道。橹是比桨先进的划船工具，效率高而不占水面，兼具推进和操纵航向的功能，在中国内河广泛使用。

（2）帆船时代。中国帆船也有两千多年的历史。据《史记·秦始皇本纪》记载，秦王朝曾派徐福携带童男童女及工匠等数千人，乘船出海。三国时代东吴太守万震所著《南洲异物志》中，就有关于访问今日的柬埔寨、越南等地所乘大船的记述。唐代与日本文化交往频繁。中国当时的帆船已能驶侧向逆风，有较好的耐波性。唐贞观年间，从今温州至日本仅需 6 天；以后能以 3 天时间从中国镇海驶抵日本。宋代造船和航海事业均有显著进步。当时所造海船能载 500 ~ 600 人，并已使用指南针罗盘，航程远及波斯湾和东非沿海地区。1974 年在福建省泉州湾出土了一艘宋代海船残骸，船体瘦削，具有良好的速航性能和耐波性，船内有 12 道水密隔壁，船侧外壳板由三层杉木板组成，结构坚固，船全长约 35 米，载重量 200 吨以上。明朝初年，郑和曾率领庞大的船队于公元 1405—1433 年间七次远航，遍历东南亚、印度洋各地，远达非洲东海岸。据记载，郑和所乘“宝船”长 44 丈①，宽 18 丈，有 12 帆，是当时世界上首屈一指的优秀帆船。

中国帆船的构造和欧洲帆船不同。欧洲帆船两端尖而上翘，中国帆船则两端用木板横向封闭而形成平底的长方形盒子；舵位于尾部中心线上，尾部造成楼形高台，以防止上浪；船内有多道水密隔壁，结构坚固。中国帆船的帆是横向用竹竿加强的“硬篷”。这种平衡纵帆，操作灵便，能承受各个方向的风力。15 世纪时，中国帆船无论在尺度和性能上都处于领先地位。16 世纪以

① 1 丈 = 3.33 米。

后，欧洲帆船才逐渐超过中国帆船。

（二）存储工具

1972 年在河北省邯郸发现了磁山文化遗址，并于 1976 年至今对其进行了考古挖掘。据 C-14 测定，遗址年代距今 7 500 ~ 8 000 年之间，这是我国新石器时代遗迹的首次发现，它把仰韶考古年代上溯一千多年，填补了新石器时代的一段空白。遗址中文化层厚 1 ~ 6 米，有窖藏粮食灰迹和炭化植物果核，有猪、狗、鸡等家禽家畜的残骸，有石器、陶器及鱼漂等渔猎工具，石器具有典型意义的是加工粮食的磨盘和磨棒。遗址中挖掘出的粮食窖穴较多，共 38 个，呈长方形，有的深达 5 米多，底部有粮食炭化遗迹。据统计，这些窖穴可储存粮食十万余斤。这表明我国粮食仓储已经有了很长的历史，并且在 7 500 年以前就达到了较大的规模。从这里我们也可以了解到物流中的仓储从那么久远的古代就与人们的生活密切相关。

到了汉朝汉宣帝时期，常平仓的设立从制度上肯定了粮食仓储在劝农和救灾中的作用。下面是《资治通鉴》中的一段史料记载："大司农中丞耿寿昌奏言：'岁数丰穰，谷贱，农人少利。故事：岁漕关东谷四百万斛以给京师，用卒六万人。宜籴三辅、弘农、河东、上党、太原郡谷，足供京师，可以省关东漕卒过半。'上从其计。寿昌又曰：'令边郡皆筑仓，以谷贱增其贾而籴，以利农，谷贵时减贾而粜，名曰'常平仓'。民便之。'"这就是最早的常平仓。"民便之"是《资治通鉴》对常平仓这种制度的总评价。而耿寿昌在提出建立常平仓的建议时，讲了利农、救灾、省漕运之费的种种好处，讲了怎样利用这种制度使谷价保持相对的稳定，这就概括地点出了常平仓制度可以被封建王朝用来调节经济、缓和阶级矛盾的实质。司马光本人就是把常平仓看作可使国家获利、可以积谷备荒，是国家救灾的最有效的措施之一。常平仓的推行，使得各地建立了大量的粮仓并制定了相应的措施，大大增强了国家的粮食储备，使广大人民受益匪浅。

从古代的各种仓储活动中我们可以看出，在那时人们就已经认识到了仓储这一物流活动的重要作用。在社会中，需要和供给之前经常出现时间差，就像粮食是集中产出，但人们是天天都有需求，如果没有有效的方法弥补，那么集中生产出的粮食一旦腐烂，在非产出时间，人们就会没有粮食吃。物流活动就是以科学系统的方法弥补或者是改变这种时间差，实现"时间价值"，并保证社会的需求。

仓储不仅能够解决产品的时间差问题，而且能够解决地域差问题。由于物资产出的地域的广泛性以及不均匀性，导致一些产品在一些地方产出较多，而在别的地方产出较少，这就是物资分布的地域性。实现物资从一个地点向另一个地方的转移可以由各种运输方式来实现，但是物资在一个地方的收集和目的地的分散过程都需要一个暂存工具，这种工具就是仓库。可以说，物资的储备仓库很大程度上见证了商品经济的发展。就算是到了现在，供应链上仍然离不开仓库，供应链通路上依然存在仓库。

储存在国家标准《物流术语》(GB/T 18354—2006)中被解释为：保护、管理、贮藏物品。现代物流管理中强调的是逐渐向"零库存"靠近，即仓库的存储量达到最小，从而降低成本。但对粮食而言，则历来有"多建仓，广积粮"之说。

据《元史·百官志》载，仅大都(北京)城就有 22 个仓库，即万斯北仓、万斯南仓、千斯仓、永平仓、永济仓、维亿仓、既盈仓、大有仓、屡丰仓、积贮仓、丰穰仓、广济仓、广衍仓、大积仓、既积仓、盈衍仓、相因仓、顺济仓、通济仓、广贮仓、丰润仓、丰实仓。元代，通州(今北京通州)有 13 个仓库，即有年仓、富有仓、广储仓、盈止仓、乐岁仓、丰庆仓、延丰仓、足食仓、富储仓、富衍仓、及衍仓，另据《元史·地理志》载，通州还有丰备仓和通济仓，这是元延祐六年(1319 年)增加的。诸如这些史实资料都记载了中国古代仓库随着经济的发展逐渐增加，这种趋势是与当时经济的发展相关联的。当时的商业的模式主要是物资在地区间的流通，主要是物资的地区性引起的这种物资的流动，而仓储能够很好地解决物资地区差异的问题。如江苏的太仓就是以江南粮食作物的富足为基础形成的。

三、古代的第三方物流企业

古代虽然没有明确地提出“第三方物流企业”这个概念，但是，政府和民间自发的一些运输都具有第三方物流的性质，常见的有漕帮、驼队、盐帮等。最为典型的还是下面要介绍的镖局。

镖局作为我国早期的保险业、物流业，它随着明清商业贸易的发展而发展，其职能以为工商贸易客户运送现银为大宗。保镖之人拿着接受镖物的清单，再带上官府开的通行证，就可以上路走镖了。

镖局者，既非殷实商家，又无须充裕的资本，只是几位武术家组织而成，并雇用把式数十人，保护运输车辆。其组织发达至只有一本账，只管收代运之款项，至于银子成色、分量皆不问。交款时，委托方只是将银两包好，外边再用布或麻布封固、缝好，也不用火漆打印，只在外面书写银两若干，寄某处，交某号查收，下注“某号寄”等字样。外加附信一封，一并交镖局带到即可。

镖局从狭义上说就是为一些商家、个人提供有安全保障运输的专门机构。在中国历史上，与镖局性质差不多的可以说是驿站了。最早的驿站可以追溯到隋唐年间。当时的驿站只是为朝廷押送一些来往的信件，其局限性在于它仅仅限于朝廷之内，而不对民间开放。所以民间商业往来需要一个安全保障机构，于是镖局就应运而生了。镖局到了清朝时期达到了鼎盛。新中国成立后，陆路、航空、水运的安全性加强了，镖局才逐渐衰落。

四、古代区域物流的发展

我国古代区域物流已经有了相当程度的发展，从官营的粮仓，到半官半民的盐帮、漕帮，再到纯私营的镖局、驼队等。限于篇幅，我们这里仅就古代区域物流发展的另一个典型——徽商进行介绍。

徽商是我国十大商帮之一，从实力上来看可以与山西商帮相抗衡，是安徽历史上物流活动的主要体现。傅依凌先生解释：所谓徽商，盖指以新安江流域为中心的安徽徽州府的商人，主要包括徽州地区的歙县、祁门、休宁、绩溪、黟县五县以及与之相邻的江西婺源。多数学者认为，徽商始于南宋，发展于元末明初，形成于明代中叶，盛于嘉靖年间，清代乾隆达到顶峰，至嘉庆、道光年间日趋衰败，前后达六百余年，称雄三百年，在中国商业史上占有重要地位。

作为中国商界中的一支劲旅，徽商曾活跃于大江南北、黄河两岸以及日本、东南亚各国和葡萄牙。一代代的徽州人靠贩运盐、茶、山货，经营文房四宝，走出了一条日后教科书上才有的贸易路线：东进苏、杭、锡、常，抢滩芜湖商道，掌控长、淮水运口，南达湘、蜀、云、贵、川，往来京、晋、冀、鲁、豫间，远涉西北、东三省，西进赣、湘，沿东南达闽、粤两省，直至扬帆东渡与日本交易。

徽州地处长江中下游，其东北达于金陵、扬州等商业、盐业极为发达的城市。其西与瓷都景德镇接壤，闽赣各地的茶叶、木材及瓷器取给都很便利。其东接苏、杭、太湖流域，那里的棉纺织业、丝绸业极为发达。江南一带的粮食、棉花、铁矿可通过长江水路销往全国各地。徽州商人充分考虑和利用了优裕的地理位置，在江南各地的大小城市或商或贾，经营范围广及丝绸、棉花、染料、棉布、粮食、木材、食盐、铁器等多方面，而以"盐、茶、木、质铺四者为大宗"。

粮业是徽商最早涉足的行业，远在盐业和典当业之前。徽州的地貌不利于产粮，人口和耕地的矛盾由来已久，要解决吃饭问题，必须从外地贩粮入徽，粮业由此产生。徽商贩粮大致可分为两个阶段：第一阶段为外粮贩入；第二阶段为外进外销。由于缺粮，徽州时常闹饥荒，即使是丰年，也是"仰食江楚，十居六七"，因此粮价在当地是很高的。这样贩粮就有利可图。而且，官方也确实需要商人贩粮以解决粮食短缺的问题。就在这样的情况下，徽商遍布四周各地，源源不断地将粮食运入徽州。到了明朝中叶，徽州的贩粮业进入了第二个阶段。当时产业出现了分工，经济作物的生产和粮食生产脱离开来，"湖广地区"成为当时我国产粮大户，俗称"湖广熟，天下足"；而当时的江浙地区，侧重于桑蚕的养殖，粮食主要是靠外地运入，西粮东运就成为当时的经济现象。徽商在这支运粮队伍中异常活跃。他们一方面继续把粮食运回徽州销售，另一方面更多地参与沿江粮食贸易，从四川、湖广、江西等沿江区域采购大米运到江浙一带销售。徽州的粮商信誉很好，获得了很多地方官员的信任。每逢灾年，地方官员常常委托徽商到外地采购粮食。除了专业的粮商，有的从事其他行业的徽商还兼营粮业。从事盐业、典当业、木业等行业的徽商由于经营出色，形成了徽商的垄断局面。而在粮业，徽商则起到了举足轻重的作用：一是因为他们从业早，行情较其他商人熟；二是资金足，徽州粮商或原本就是盐商或典当商，资金雄厚，一次可购买数万斤、数十万斤粮食，规模效益明显。

到了明代中后期，徽商又利用其资金优势和网点优势，相继进入了茶叶行业、盐业的经营。徽商的足迹遍布大江南北，带动了安徽历史物流的发展，此时的徽商的事业达到了鼎盛期，"无徽不成商"开始叫遍天下，并为安徽以后的物流发展奠定了基础，开通了安徽和外界的通商渠道。

小　故　事

孔子当过仓库保管员

《史记》之《孔子世家》记载：孔子贫且贱。及长，尝为季氏史，料量平。这里面的"季氏史"，有的书中也记作"委吏"，即"主委积仓库之吏"，用通俗的话来讲，就是仓库保管员。

其实，仓储可能是发展历史最长的功能要素之一了。人类社会自从有剩余产品以来，就产生了储存。原始社会末期，当某个人或者某个部落获得的食物自给有余时，就把多余的产品储藏起来，同时，也就产生了专门储存产品的场所和条件，于是"窑穴"就出现了。在西安半坡村的仰韶遗址，已经发现了许多储存食物和用具的窑穴，这是目前我国发现的最早的仓库雏形。另外，我们在古籍中常常看到"仓廪""窦窖""邸阁"这样的词语。所谓"仓廪"，"仓"是指专门藏谷的场所，"廪"是指专门藏米的场所。所谓"窦窖"，是指储藏物品的地下室，椭圆形的叫作"窦"，方形的叫作"窖"。所谓"邸阁"，是用来存放粮食的地方。古代把存放兵器的地方叫作"库"。后人把"仓"和"库"结合使用，把储存和保管物品的建筑物和场所统称为"仓库"。

经典资料

物流与经济发展的关系①

经济界物流是当代经济社会最重要的物流。要研究经济界物流就要研究物流与经济发展之间的关系。根据技术经济学“生产要素六元理论”和“生产要素层次理论”,物流既指基本生产要素六元中的“运力”,也指“单元生产要素”物流企业和“行业生产要素”物流行业。笔者研究认为,在经济界物流中,物流常常被看作基本生产要素投入——“运力”。因此,本文着重对以下两种客观存在的物流与经济发展之间的关系进行研究:第一种是物流投入量和经济产出量之间的关系,第二种是物流投入量增长速度与经济产出量增长速度之间的关系。

一、物流投入量和经济产出量之间的关系

物流投入量也就是物流消费量,经济产出量包括实物产出量和价值产出量。两者关系根据技术经济学“经济效果指标原理”,可以用物流经济效率(或称物流经济效果系数)和物流投入系数(或称物流消费系数)两个指标表示。

(一)物流经济效率(或称物流经济效果系数)η_{mf}

η_{mf}是反映单位物流投入能保障经济产出数量的指标。保障经济产出数量越多,物流经济效率越高。计算公式如下:

$$\eta_{mf}=\frac{E_C}{M_F} \tag{1}$$

式中,E_C 为经济产出总量,M_F 为物流投入总量。

(二)物流投入系数(或称物流消费系数)m_f

m_f反映的是单位经济产出需要投入的物流数量,数量越多,物流投入系数或物流消费系数越高,物流经济效率越低。计算公式如下:

$$m_f=\frac{1}{\eta_{mf}}=\frac{M_F}{E_C} \tag{2}$$

根据物流五要素 MFORT 理论,上述两个计算公式中,物流投入总量(物流消费总量)M_F,是指国家、地区、部门、行业、企业、单位、家庭在一定时间内所消费的物流数量,经济产出总量 E_C 是指国家、地区、部门和企业在一定时间内所完成的产量、产值、纯收入(利税)、国民收入(净产值)、国内生产总值(增加值)数量。物流投入系数(物流消费系数)m_f和物流经济效率(物流经济效果系数)η_{mf}两者呈互为倒数的关系,是反映物流和经济发展关系两个最核心的指标。

依照经济产出的不同,物流经济效率有五种,即物流的产品效率、物流的产值效率、物流的纯收入效率、物流的国民收入效率、物流的国内生产总值(增加值)效率;相应地,物流投入系数也有五种,即产品的物流投入系数、产值的物流投入系数、纯收入的物流投入系数、国民收入的物流投入系数、国内生产总值(增加值)的物流投入系数。对于宏观经济而言,物流的国内生产总值

① 田源,徐寿波.物流与经济发展关系研究.北京交通大学学报:社会科学版,2008(2).

（增加值）效率和国内生产总值（增加值）的物流投入系数最为有用。比如，在已知国内生产总值（增加值）发展的情况下，利用物流经济效率和物流投入系数发展规律就可以合理地预测将来物流投入量，这种预测比通常简单推算物流投入量要科学合理。

（三）物流经济效率 η_{mf} 和物流投入系数 m_f 的发展变化规律

从整个社会生产发展的历史来看，在工业革命以前，人类的生产基本上依靠人的体力，再加上一部分畜力和自然力（风、水），社会创造的财富有限，物流投入量也有限。自从发现煤炭和发明蒸汽动力以后，引起了工业革命，增加了大量的动力，等于增加了大量的人力进行生产，于是社会财富就以空前未有的速度增加，相应地，物流投入量也大大增加，例如蒸汽火车运输代替人力运输，速度提高10倍，利用一吨煤炭所担负的运输量就相当于10 000多个强劳力一天的运输量。同样道理，从19世纪以来，在经济发展的不同阶段，都离不开物流强有力的支撑，物流与经济之间的关系非常密切。

从数量上看，物流投入总量 M_F 和经济产出总量 E_C 之间有一个客观的比例关系，也就是有一个一定的物流投入系数或物流经济效率。这两个指标在不同的经济社会发展历史时期及不同国家和地区，有着很大的差别。但是对于全世界每个国家乃至一国之内的各个地区来说，发展变化规律都是相同的：一般都要经历低物流投入系数→物流投入系数上升→物流投入系数下降→物流投入系数稳定发展的变化过程。物流经济效率的变化规律正好与之相反，呈现高物流经济效率→物流经济效率降低→物流经济效率提高→物流经济效率稳定发展的变化过程。

在工业化以前，以传统的农业经济为主，用于交换的商品很少，这种自给自足的经济造成物流投入量非常低，因此每单位经济产出所投入的物流数量很少，物流投入系数很低，物流经济效率高，这是第一时期。但在工业化过程中，产业结构逐渐发生变化，国际贸易发达，社会财富有大部分需要依靠大规模流通来实现，因此，物流投入量增加迅速，其速度甚至超过经济发展速度，造成每单位经济产出物流投入量增加，物流投入系数上升，物流经济效率降低，这是第二时期。其后，工业比重达到一定数量，第三产业得到大力发展，并由于科学技术的进步、管理改善以及知识经济发展等因素，物流投入系数不再无止境地上升，而逐渐下降，物流经济效率不断提高，这是第三时期。最后，物流投入系数和物流经济效率将在一个比较合适的水平上稳定发展，至于稳定在一个什么水平上，取决于各国、各地区的产业结构、地理条件、科技发展、管理水平等因素，不尽相同，这是第四时期。图2-3表示了这种变化过程。从总体看，世界上工业发达国家，现正处在第三、四时期的过渡之中，而我国尚处在第三时期的开始。

二、物流投入量增长速度和经济产出量经济增长速度之间的关系

（一）物流投入弹性系数 β

根据技术经济学“经济效果指标原理”，可以用物流投入弹性系数 β 来动态反映物流与经济增长速度两者之比的动态关系。计算公式如下：

$$\beta=\frac{\alpha_{MF}}{\alpha_{EC}} \tag{3}$$

式中，β 为物流投入弹性系数，α_{MF} 为物流投入量增长速度，α_{EC} 为经济产出量增长速度。

这个系数是一个动态指标，如果一定时间内物流投入量增长速度大于经济产出量增长速度，

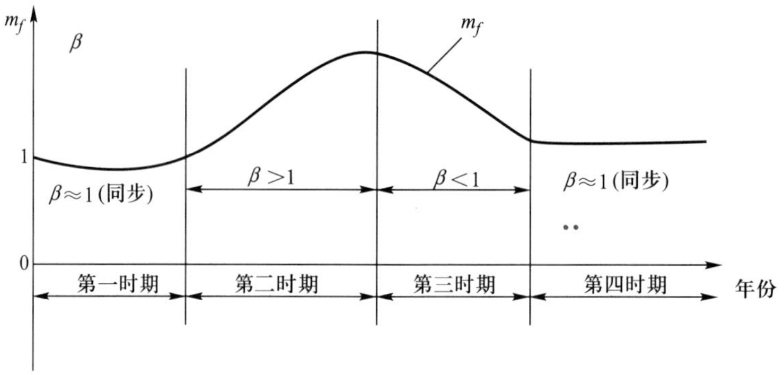

图 2-3　物流投入系数 m_f和物流投入弹性系数 β 的变化规律

即物流投入弹性系数 $\beta>1$,表示物流发展超前于经济发展;若 $\beta=1$,表示物流发展与经济发展同步;若 $\beta<1$,表示物流发展滞后于经济发展。由于经济发展指标的不同,所以它们也有五种不同的计算方法:即按产品增长、产值增长、纯收入增长、国民收入增长和国内生产总值(增加值)增长计算的五种方法。采用不同的计算方法,计算结果不同,分别适用于不同情况。物流投入弹性系数在实践中用途较广。如要降低物流投入系数,提高物流经济效率,应该使物流投入弹性系数 β 值小于 1,甚至小于 0。

(二)物流投入弹性系数 β 的发展变化规律

研究发现,物流投入弹性系数 β 的发展变化是有规律的。根据物流投入系数 m_f的发展变化规律可以看到(参见图 2-4),在工业化过程中,由第一时期向第二时期发展过程中,物流投入系数上升,因此物流投入增长速度超前于经济增长速度,β 值大于 1;而随着科学技术的进步、管理的改善和产业结构的变化,物流投入系数下降,这时 β 值小于 1,在某些特殊情况下经济是正增长,物流投入量是负增长,β 值小于 0,使物流投入系数下降速度加快。当物流投入系数达到一定水平之后,物流投入系数稳定,β 值接近于 1。由此可见,物流投入弹性系数与物流投入系数的关系十分密切。随着物流投入系数的变化,物流投入弹性系数也随之变化,随着物流投入系数趋于稳定,β 值也稳定下来(接近于 1)。如表 2-4 所示,β 值反映物流投入量增长与经济增长之间的关系。

表 2-4　β 值反映物流投入量增长与经济增长之间的关系

$\beta\geqslant1$	$1>\beta>0$	$\beta\leqslant0$
物流投入量增长速度大于或等于经济增长速度	物流投入量增长速度小于经济增长速度	物流投入量呈现零增长或负增长,经济正增长

β 值这个系数实际上有多种情况,有时经济是零增长或负增长,而物流投入量是正增长;有时物流投入量是零增长或负增长,经济是正增长;也有经济和物流投入量都是零增长或负增长的状况。总共有 13 种不同的表现,如表 2-5 所示。

表 2-5　物流投入弹性系数表示方法

编号	情况	表示方法	对物流投入系数的影响
1	−/+	$\beta=(-\alpha_{mf})/(+\alpha_{EC})$	下降
2	0/+	$\beta=0/(+\alpha_{EC})$	下降
3	−/0	$\beta=(-\alpha_{mf})/0$	下降
4	+/+	$\beta<1$	下降
5	−/−	$\beta>1^{-}$	下降
6	+/+	$\beta=1$	不变
7	0/0	$\beta=0/0$	不变
8	−/−	$\beta=1^{-}$	不变
9	−/−	$\beta<1^{-}$	上升
10	+/+	$\beta>1$	上升
11	0/−	$\beta=0/(-\alpha_{EC})$	上升
12	+/0	$\beta=(+\alpha_{mf})/0$	上升
13	+/−	$\beta=(+\alpha_{mf})/(-\alpha_{EC})$	上升

除了经济和物流都是正增长3种状况以外，其他状况的β值均不宜用普通数学方法计算和表示。例如，物流投入量和经济产出量都是负增长，按常规数学方法计算负负得正，β值同它们都是正增长时完全一样，这显然不符合β值的原来含义，因此笔者在β值右上角加一负号，以示区别，这个负号表示同正增长是相反方向，不是增长，而是下降。又如+/0，−/0，0/0三种情况，β值如用$+\infty$和$-\infty$表示也不合适，因为物流投入量增长不可能为无穷大；还有0/+，0/−两种状况，β值也不能都用0表示，因为它们的比值含义是不同的；再如，−/+，+/−状况，β值用负值表示也不合适。因此，β值最好用基本计算公式[式(3)]如实表示。在表2-5中列出了13种状况β值的表示方法，以及它们对物流投入系数产生的影响。从表2-5和图2中可以看到，在13种状况中，有5种是使物流投入系数下降的，有5种是使物流投入系数上升的；有3种是使物流投入系数保持不变的。由此可见，物流投入弹性系数β可用来为提高、降低和稳定物流投入系数服务。当要提高物流投入系数时，采用$\beta>1$，$\beta<1^{-}$，以及0/−，+/0，+/−等情况；要降低物流投入系数时，采用$\beta<1$，$\beta>1^{-}$，$\beta=-/+,0/+,-/0$的状况；要维持物流投入系数不变时，则采用$\beta=1$，$\beta=1^{-}$，$\beta=0/0$。

物流投入弹性系数β和物流投入系数m_f、物流投入量总降低率$\alpha_{物降总}$、物流投入量年降低率$\alpha_{物降年}$与经济增长率α_{EC}之间的关系可用公式表示如下：

$$\beta=\left[(1+\alpha_{EC})\sqrt[t]{\frac{m_{ft}}{m_{f0}}}-1\right]\frac{1}{\alpha_{EC}} \tag{4}$$

$$\beta=[(1+\alpha_{EC})(1-\alpha_{物降年})-1]\frac{1}{\alpha_{EC}} \tag{5}$$

$$\beta=[(1+\alpha_{EC})\sqrt[t]{(1-\alpha_{物降总})}-1]\frac{1}{\alpha_{EC}} \tag{6}$$

其中：

物流投入量总降低率 $\alpha_{物降总}=\left(1-\frac{m_{ft}}{m_{f0}}\right)\times100\%$；

物流投入量年降低率 $\alpha_{物降年}=\left(1-\sqrt[t]{\frac{m_{ft}}{m_{f0}}}\right)\times100\%$

可以把上述这些关系式用数量进行计算，得出结果，利用这些结果，就可以在已知 α_{EC} 的条件下，根据物流投入量下降的要求，如果已知物流投入系数 $\frac{m_{ft}}{m_{f0}}$ 的比值，就可求得所需要的 β 数值；或者根据物流投入量年降低率 $\alpha_{物降年}$ 和物流投入量总降低率 $\alpha_{物降总}$ 的数值，求得所需要的 β 值。

利用得到的 β 数值，也可预测物流投入量需求。但应以物流投入系数预测方法为基础，脱离开物流投入系数单纯用 β 值来预测物流投入量需求是难免要失误的。

从上面的分析可以看出，物流经济效率 η_{mf}、物流投入系数 m_f 和物流投入弹性系数 β 三个指标之间具有一定的数学关系以及发展变化规律。

三、结论

综上所述，可以得出如下结论：研究经济界物流就必定要研究物流与经济发展之间的关系。物流与经济发展之间的关系十分密切。物流经济效率（或叫物流经济效果系数）与物流投入系数（或叫物流消费系数）和物流投入弹性系数是其重要衡量指标。研究证明上述三个指标之间有着严格的数学关系，并进行了实证分析，揭示了物流经济效率、物流投入系数和物流投入弹性系数的发展变化规律。

本章小结

本章从广义的角度介绍了我国物流的发展历程。首先，阐述了世界物流发展历程和趋势，讨论了世界物流发展对我国的启示。然后，从古代运输业、仓储业以及古代物流工具、区域物流、第三方物流业等方面，以翔实的史实介绍了我国古代物流的发展。

关键名词

物流产生　物流历史　内河运输　海运　古代仓储　物流　工具发展

思考题

1. 查找我国历年来的社会物流总费用额、社会物流总费用占 GDP 的比例、社会物流总额、货运量、快递业务量、物流业从业人员等数据，对我国物流业发展状况进行简要总结。
2. 查找更多资料，对于现阶段物流发展的特点与趋势进行进一步的了解，选取其中一个方面撰写一份调研报告。
3. 简述丝绸之路及海上丝绸之路在我国古代物流发展中的历史地位及作用。
4. 试分析“一带一路”倡议与物流业的关系，阐述物流在“一带一路”中能够起到哪些作用？
5. 试论述古代仓储的特点，并且思考古代仓储管理对现代仓储管理的启示。
6. 我国古代的物流工具都有哪些？主要作用是什么？
7. 除了本文所述的例子外，你是否知道其他有关我国古代区域物流发展的例子？
8. 利用你身边的资源，搜索物流与古代名人相关的例子。

即测即评

请扫描二维码进行在线测试。

拓展阅读

拓展资料2-1:案例:暗潮涌动的新战场——物流

拓展资料2-2:案例:趣说古代镖局与现代快递公司

第三章 理论与方法

物流活动从人类社会产生就已存在，具有久远的历史。随着商品经济的发展，物流活动的形式由简单到复杂，范围由小到大，技术水平由低到高。在物流活动实践不断发展的基础上，必然形成研究物流的学问。物流的学问增添和积累到一定程度，就形成了相对完整和独立的物流学。所谓物流学，就是以物流活动的全过程为对象，研究物品实体流动的概念、理论、规律、技术和方法的学科。

第一节 物流学科理论体系

一、建立物流学科理论体系的意义

（一）物流产业发展急需物流理论指导

物流产业正在快速发展，并且很有可能成为21世纪中国的支柱产业之一。但是，目前在中国的产业目录中没有“物流业”这个产业，国家预算及税务规划、国家产业投资、建设与发展规划的编制、政府机构的设置及部门和行业管理权限的划分、产业发展政策的制定、产业法制建设等都与物流产业无关；企业进行工商注册登记时也不能有这项经营业务，投资者不能以物流公司的名义经营业务，具有巨大需求的物流服务是不受保护的业务；国家统计局的官方统计口径也不把物流作为一个产业对待，从国家到地方再到企业，找不到关于物流的完整资料。

物流理论体系的建立和物流理论研究的滞后已经严重影响了中国物流业的发展。目前，物流科学的理论体系没有真正建立起来，“物流”这个概念的内涵及外延还没有真正研究清楚，物流的本质特征也还没有被全面地揭示出来，在实践中遇到的许多问题也找不到理论答案，中国乃至世界上都缺少物流理论。这就出现了用传统的运输理论或储运理论来解释物流理论的现象，进而直接导致了人们对物流的认识的偏差。如果不从理论上正本清源，对中国物流产业的发展是不利的。因此，物流实践的发展强烈地要求物流理论的发展，必须迅速建立和发展物流理论体系，否则，就会影响中国的物流产业乃至整个国民经济的发展。

（二）物流理论发展到一定程度就会形成理论体系

物流的发展并不是简单地引入几个新概念（如物流中心、配送中心）、采用几种新技术（如条形码、GPS）、推广几个新模式（如第三方物流）的问题，伴随新的物流概念、技术、模式的引进，必然产生许多传统学科不能解释的问题，甚至带来传统学科之间在理论上的矛盾与冲突，这就必然涉及物流与现有的许多学科（比如与交通运输、经济学等）的关系。通过对这些关系的进一步研究可以发现，物流理论必须构筑在这些已有学科的基础之上，并且物流理论的建立首先需要将传统学科集成起来，以集成后的传统学科为依托，以崭新的物流概念、理论、技术、模式的应用为出发点，形成新的物流学科。物流是一门交叉学科，现代的物流服务需求不能通过单纯的运输或仓储等作业来满足，必须通过物流的方式来解决。物流的核心就是集成，物流就是追求更大、更高层次的系统范围的最优，这种集成需要新的理论指导，也产生了新的理论，集成将理论的外延进行了扩展，进而形成物流学科理论的核心。这种从理论研究出发产生的建立物流学科的需求是物流研究的必然结果，也正好符合科学发展的规律。

（三）现代科学技术发展需要物流理论体系的建立

通过研究哲学史、自然科学史、社会科学史等，可以发现任何科学都是为了解决认识事物的问题，对事物认识清楚了，就有相应的处理各种问题的方法。20 世纪以来，科学技术有了飞速的发展，人们广泛采用分析和演绎的方法，对自然、社会的认识越来越深入，学科划分越来越精细。这一方面增加了人们对某一学科领域的认识，使人们的认识水平越来越高；但是另一方面，每门学科研究的领域却越来越窄，以至于出现了明显的学科壁垒。比如大学专业划分过细导致培养出来的人才知识面狭窄，单独处理复杂问题的能力减弱。

按照认识论的发展规律，在应用分析和演绎方法获得了对事物比较深刻的认识的基础上，接着应该采用综合和归纳的方法进一步认识事物的本质，并且得出超越这一事物本身、具有普遍意义的判断和结论，使人的认识得到升华，使人的认识领域得到放大。因此，根据现代社会对学科发展的要求，许多在近现代发展起来的学科应该进行综合。综合的目的是还原学科之间的本来联系，消除因为学科划分而对学科理论知识的连贯性、系统性造成的负面影响，综合的结果是形成新的交叉性、综合性学科。

物流学科涉及的交通运输、包装、装卸搬运、流通加工、信息等相关领域，在企业和政府的具体实践上和在理论研究、学校教育上是相对独立的。近些年，这些相关领域在业务上的相关性和它们与物流的相关性得到了越来越多的专业人士的认可，我国也已在各方面越来越体现了物流学科的系统性、综合性。比如，从产业角度分析，铁路、公路、民航、水运等各种运输方式的宏观管理部门应该在一个总的共同目标下工作，这个目标就是提高国家的综合运输能力和效率，为国民经济提供更加舒适、便捷、快速、经济、安全的运输服务。改革开放之前，中国交通运输领域内部按照运输方式划分政府管理部门，导致各部门之间的恶性竞争，铁路、公路、民航互相降价争夺客源和货源，各种运输方式之间缺乏衔接的平台，导致运输领域一些不必要的成本增加，结果货主运输成本增加，但运输企业的收入不一定增加。改革开放 40 年来，交通运输管理体制始终朝着政企分开、综合交通一体化的方向推进，党的十八大以来，国务院撤销了铁道部，成立国家铁路局并由交通运输部管理，至此，交通运输部除了下设公路局，水运局之外还负责管理国家铁路局、中国民用航空局、国家邮政局等，负责统筹铁路、公路、水路、民航以及邮政行业发展，基本形成了交通“大部制”管理体制，综合运输体系初步形成。

仅仅将不同的运输方式集成起来还是不够,因为从现代物流的角度来看,将商品从供应链的一端转移到另一端的过程的效率和成本,除了与运输有关以外,还与储存、包装、装卸搬运、信息处理等管理活动有关。储存管理活动的理论涉及综合运输管理理论、运筹学中的库存控制理论、流通经济理论、市场营销理论等。包装管理活动的理论涉及综合运输管理理论、包装工程理论、市场营销理论等。更为重要的是,以上这些管理活动必须进行综合规划、设计和管理才能取得整个供应链运作的最优效果。与物流相关的理论发展的历史表明,一个学科的成熟将引发这个学科与相关学科的集成,这是人类认识发展的必然结果。对于在一定层次和高度已经认识清楚的事物,人们将从更高的层次上来认识,这就需要站在更高的层次对下面层次的更多事物进行集成,寻求更大范围内的目标优化。物流学科的发展也是这样的。以前,人们认识的重点是物流所包含的这些学科,当对它们有比较深入的了解后,人们认识到,这些学科必须进行集成才能达到更大规模的优化,而这个更大规模的范围就是物流学科的范围。

二、物流学的理论体系框架

组成物流学科的要素很多,国内外过去几十年的深入研究实际上已经涉及了所有要素。但是,为什么还是没有形成物流学科体系呢?其中最主要的原因是:目前的研究不少是唯物流而物流,从物流到物流,缺少对物流学科体系的全面研究。因此,物流给人的感觉是概念性的和支离破碎的,加上与物流相随的还有一大堆新名词,这就更使人弄不懂,让人感到物流"有点玄",这是需要引起注意的问题。为了深入探讨物流学科体系的建立问题,本书提出了一套物流学科体系模型和理论体系,如图 3-1 所示。

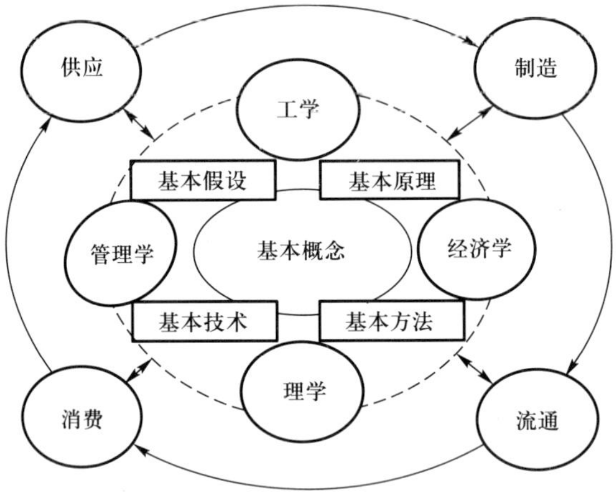

图 3-1 物流学科体系框架

图 3-1 中所表示的物流学科体系框架分为四个层次。

第一层:物流学科体系的核心。物流学科体系的核心是物流系统的基本概念,这是由一组最关键的核心概念组成的。这些概念可能还需要经过很长一段时间才能完善,但是它们是存在的,比如物流、配送、物流中心、配送中心等。要理解物流,必须借助于这些概念,物流学科体系的所有其他组成部分都是通过这些概念来表现并且由此而展开的。这些概念是人类在逐步归纳和综合几千年的社会实践的基础上抽象出来的。当这些概念足够稳定,其内涵和外延能够被准确地表达的时候，说明以这些概念体系为基础演绎出一个学科的时机已经成熟。这一层是物流学科体系的基本内核。

第二层：物流学科体系的四大支柱，即物流学科体系的基本假设、基本原理、基本技术和基本方法。这四大支柱与物流学科体系的核心概念一起演绎出物流学科体系的基本框架。物流的核心概念和这四大支柱组成了物流学科体系的主要理论，这一层次是物流学科体系的基本内涵。

第三层：物流学科体系的理论基础。物流学科的建立，本身依赖于其他已经成熟的学科作为自己的理论基础，物流理论就是在这些理论的基础上发展起来的，这也是物流与其他相关学科联系的具体反映。不过，与物流相联系的学科很多，它们本身分成不同的层次，与物流学科构成最紧密联系的理论主要有四类：理学、工学、经济学与管理学。理学提供了物流学科最根本的思维方法和逻辑；工学提供实现物流系统优化的技术与工具；经济学提供物流系统资源配置的基本理论，物流系统的资源配置服从经济学的假设、原理和规律；管理学提供物流系统具体运作的基本假设、原理和规律。这些理论对物流学科体系的建立来说是最为重要的，因而是物流学科体系的理论基础。除了这些理论以外，物流学科体系还以其他一些学科理论为支撑，但其他理论同这些基础理论相比，与物流学科理论体系的距离要远一些，因此作为第四个层次。

第四层：物流学科体系的相关学科。现代物流的运作和管理都依赖于现代化的技术手段和条件，研究这些技术或手段的学科就成为物流学科体系的相关学科，比如电子、电气及信息类学科对现代物流的作用越来越显著，这些学科对其他许多学科都起类似的作用，因此作为物流学科的相关学科来处理。

以上四个层次形成的物流学科体系框架与供应、制造、流通和消费四大环节具有紧密的联系，因为物流活动发生在供应、制造、流通和消费所有环节，所以，物流学科的研究对象就是供应、制造、流通和消费活动中的物流问题。

三、物流学的研究内容

（一）作为新兴学科物流研究的一些基本问题

物流学科是新兴学科，需要研究的问题包括学科的研究对象、研究内容，学科性质，研究目的、研究方法、基本假设、基本概念、基本原理，理论体系、基本技术以及物流学科与其他相关学科的联系等，旨在提出建立物流学科体系这一建议，并就其中比较关键的问题发表看法。关于建立物流学科体系的其他问题还需要进行深入探讨。

授课视频 3-1：物流学研究的内容

（二）围绕对物流的认识而研究的问题

实际上，对物流的认识还很肤浅，物流理论发展得非常快，以至于涉及物流的新概念层出不穷。一个概念的内涵和外延还没有弄清，就出现一个据说要代替它的新概念，以至于大家对每一个概念都莫衷一是。这说明我们还需要加深对物流的认识。在物流学科建设的初期，亟须对下列问题进行研究：物流的概念，物流在国民经济中的作用，物流的宏观管理，物流对生产、流通和消费的影响，物流的本质特征，物流与传统储运的区别，物流包括的行业，物流产业的发展前景，物流的结构与功能分析，物流中心或者配送中心的规划、设计与管理等。

（三）围绕物流要素而研究的问题

从物品的角度来看，需要研究的问题有：不同商品的物流特性，不同商品的保管、养护技术与方法，商品的检验与鉴定技术，商品的识别技术，商品的物理、化学、生物特性对于运输、储存、装卸、包装、流通加工、物流信息处理的影响和要求，商品的品种结构与企业经营的关系等。从载体的角度来看，需要研究的内容主要有：载体的数量与结构优化和载体的最优化配置、载体网络布局与优化等。从流向的角度来看，主要研究内容包括：物流的流向规律、物流流向的组织与优化，物流流向的控制技术等。从流量的角度看，主要研究如何在物流过程中，以尽可能少的流量，尤其是尽可能少的中间库存（在库库存和在途库存）满足末端消费者的需求，因此要研究零库存技术、JIT 技术以及其他与库存控制有关的技术。在流程方面，要配合生产资源的配置、销售网络的布局来研究如何使物流流程最短，尤其是在给定的物流网络情况下如何使物流路径最短。从物流各要素的协调来看，主要研究内容包括：物流各要素的关系、物流要素的集成与协调技术等。

（四）围绕建立物流系统而研究的问题

物流集成是现代物流与传统储运的本质区别。要将储存、运输等物流系统所包含的各个具体功能集成起来不是一件容易的事，物流学科要研究物流系统界定的原则与标准，物流系统的功能、资源、组织、运作等的集成规律，比如集成的条件、模式、技术及具体措施等。当物流系统能够很好地集成之后，还要对物流系统与商流系统、制造系统、客户服务系统等进行集成，越是能够在更大的范围内进行集成，意义就越大，这项研究对物流学科体系的建立具有战略意义。

四、物流学的学科性质

根据物流学的研究内容，可以看出物流学属于经济学、管理学、工学和理学等互相交叉的新兴学科。

（一）经济学属性

物流学科研究大量的物流资源配置优化、物流市场的供给与需求、政府对物流的管理、物流的发展与增长等问题，而解决这些问题靠的是经济学理论在物流中的具体应用。物流涉及许多经济类专业，比如经济学、国际经济与贸易等。

（二）管理学属性

物流活动是由物流组织来完成的，而“管理是一切组织的根本”，企业的物流系统规划与设计、物流业务的具体运作、物流过程的控制、物流效益的考核与评估等都是管理，需要管理学理论的指导。物流与许多管理学类专业有关，如工程管理、工业工程、信息管理、工商管理、市场营销、会计学、财务管理等。

（三）工学属性

现代物流是一个技术含量很高的产业。国外大型配送中心一般都是高度自动化的物流设施，建设前需要大量的工程技术人员进行分析和设计，建成后需要工程技术人员进行维护和管理。物流系统分析、设计和管理都涉及大量的工程和技术，因此物流学涉及工学类的许多专业，比如机械、建筑、电子、信息、材料、交通运输等。

（四）理学属性

物流的流体是商品，各种商品的物理、化学、生物特征不完全相同。照顾好顾客就要照顾好将要配送给顾客的商品，商品的检验、养护、鉴定、流通加工等作业环节都需要诸如数学、物理、化学等学科知识的指导。

物流学科还与其他许多学科有关，比如哲学、法学等。但就物流学科整体而言，它是具有以上四种属性的新型交叉学科，而且，不能轻率地说物流学科主要是属于哪一种属性。因为既然是交叉性学科，必然具有多学科属性，而不同的学科属性是从不同的侧面来分析的，当我们说以哪个属性为主的时候，那一定是确定了一个讨论问题的侧重点。比如，从宏观管理的角度来讲，物流学科的主要属性应该是经济学属性；从企业管理层面上来讲，主要属性应该是管理学属性；从运作层面来讲应该是工学属性。显然，侧重点一变，物流学科的属性就变了，不能在没有前提条件的情况下说物流学科主要属于哪个学科，而应该将物流学科的属性与研究的着重点联系起来讨论，这样才能体现物流学科的多学科、交叉性、边缘性、综合性的特点。

五、物流学的研究目的

物流学的研究要达到以下目的。

（一）促进物流学科的发展

同其他学科的发展一样，物流学科从提出到基本建立学科体系，再到学科的完善，要经过很长的历程。目前物流学的研究才刚刚起步，大量的问题还没有研究清楚，因此，需要更多的人进行深入的研究。物流学科需要大力发展，尤其在学科发展的初期，物流研究是最为重要的。

（二）促进物流学科的人才培养，提高物流从业人员的综合素质

研究成果传播的最佳办法就是培养人才，从古至今都是如此。物流学科的发展必然要以人才培养作为手段。物流学科的人才培养在中国已经开始，但是规模很小，中国的高级物流管理人才在 21 世纪的上半叶将会十分稀缺。因此，建立物流学科，大力培养物流专业人才，使物流研究与物流人才培养互相促进，是中国经济发展的客观需要。

（三）促进物流产业的发展和竞争力的提高

具体而言，物流学科研究对物流产业可以起到如下作用：提高物流系统的服务水平；降低物流系统的服务成本；充分利用物流系统的资源；实现企业、社会的长远发展目标；促进物流产业宏观管理水平的提高，进而促进物流产业的竞争力的提高，为中国国民经济的快速发展提供良好的物流支持。

物流学的研究方法依研究的内容而定，集经济学、管理学、工学、理学的研究方法之大成。这些内容具体将在后面的章节中进行阐述。

第二节　物流学的主要观点

我国知名物流专家王之泰教授对物流学的主要理论观点进行了比较全面的阐述，本节在介绍物流学的主要观点时，参照了王之泰教授的学术观点。

一、商物分离（商物分流）

商物分离是物流科学赖以存在的先决条件。所谓商物分离，是指流通中两个组成部分即商业流通和实物流通各自按照自己的规律和渠道独立运动。

社会进步使流通从生产中分化出来之后，并没有结束分化及分工的深入和继续。现代大生产的分工和专业化是向一切经济领域中延伸的。列宁在谈到这个问题时，提出"分工""不仅把每一种产品的生产，甚至把产品的每一部分的生产都变成专门的工业部门——不仅把产品的生产，甚至把产品制成消费品的各个工序都变成专门的工业部门"。这种分化、分工的深入也表现在流通领域，比专业化流通这种分工形式更重要的分工是流通职能的细分。流通统一体中实际上有不同的运动形式，这一点，马克思早已有所论述，并将之区分为"实际流通"和"所有权转让"。他说："要使商品实际进行流通，就要有运输工具，而这是货币无能为力的。商品的实际流通，在空间和时间上，都不是由货币来实现的。货币只是实现商品的价格，从而把商品要求权转让给买主，转让给提供交换手段的人。货币使之流通的不是商品，而是商品所有权证书。"①

第二次世界大战之后，流通过程中上述两种不同形式出现了更明显的分离，从不同形式逐渐变成了两个有一定独立运动能力的不同运动过程，这就是所称的"商物分离"。"商"指"商流"，即商业性交易，实际是商品价值运动，是商品所有权的转让，流动的是"商品所有权证书"，是通过货币实现的；"物"即"物流"，即马克思讲的"实际流通"，是商品实体的流通。

本来，商流、物流是紧密地结合在一起的，进行一次交易，商品便易手一次，商品实体便发生一次运动，物流和商流是相伴而生并形影相随的，两者共同运动，取同样过程，只是运动形式不同而已。在现代社会诞生之前，流通大多采取这种形式，甚至今日这种情况仍不少见。

商物分离形式如图 3-2 所示。如果物流以其本身的特殊性与商流过程分离，与和商流过程完全一致进行比较，显然商物分离要合理得多。

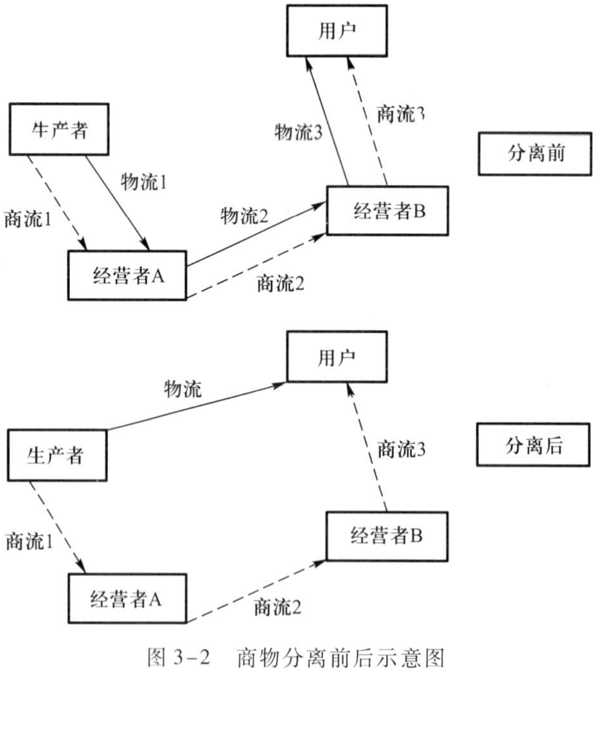

图 3-2 商物分离前后示意图

① 马克思恩格斯全集. 第 30 卷，北京：人民出版社，1995：144-145.

商流和物流也有其不同的物质基础和不同的社会形态。从马克思主义政治经济学角度看，在流通这一统一体中，商流明显偏重于经济关系、分配关系、权力关系，因而属于生产关系范畴；而物流明显偏重于工具、装备、设施及技术，因而属于生产力范畴。

所以，商物分离实际是流通总体中的专业分工、职能分工，是通过这种分工实现大生产式的社会再生产的产物。这是物流科学中重要的新观念。

物流学科正是在商物分离基础上才得以对物流进行独立的考察，进而形成的科学。

二、黑大陆说和物流冰山说

著名的管理学权威 P. F. 德鲁克曾经讲过："流通是经济领域的黑暗大陆。"德鲁克泛指的是流通，但是，由于流通领域中物流活动的模糊性尤其突出，是流通领域中人们更认识不清的领域，所以，"黑大陆"说法现在转向主要针对物流而言。

"黑大陆"说法主要是指尚未认识、尚未了解的领域。在"黑大陆"中，如果理论研究和实践探索照亮了这块"黑大陆"，那么摆在人们面前的可能是一片不毛之地，也可能是一片宝藏之地。"黑大陆说"是对 20 世纪中在经济界存在的愚昧的一种反对和批判，指出在当时资本主义繁荣和发达的状况下，科学技术也好，经济发展也好，都远未达到止境；"黑大陆说"也是对物流本身的正确评价，这个领域未知的东西还很多，理论和实践皆不成熟。

在某种意义上来看，"黑大陆说"是一种未来学的研究结论，是战略分析的结论，带有很强的哲学的抽象性。这一学说对于研究这一领域起到了启迪和动员作用。

"物流冰山说"是日本早稻田大学西泽修教授提出来的。他专门研究物流成本时发现，现行的财务会计制度和会计核算方法都不可能掌握物流费用的实际情况，因而人们对物流费用的了解是一片空白，甚至有很大的虚假性。他把这种情况比作"物流冰山"。冰山的特点，是大部分沉在水面之下，而露出水面的仅是冰山的一角。物流便是一座冰山，其中沉在水面以下的是我们看不到的黑色区域，而我们看到的不过是物流的一部分。

西泽修先生用物流成本的具体分析论证了德鲁克的"黑大陆说"。事实证明，物流领域的各方面对我们而言还不是很清楚的，在"黑大陆"中和"冰山"的水下部分正是物流尚待开发的领域，正是物流的潜力所在。

三、第三个利润源说

"第三个利润源"的说法主要出自日本。"第三个利润源"，是对物流潜力及效益的描述。经过半个世纪的探索，人们已肯定这"黑大陆"虽不清，但绝不是不毛之地，而是一片富饶之源。尤其是经受了 1973 年石油危机的考验，物流已牢牢树立了自己的地位，今后的问题是如何进一步开发。

从历史发展来看，人类历史上曾经有过两个大量提供利润的领域：第一个是资源领域；第二个是人力领域。资源领域起初是廉价原材料、燃料的掠夺或获得，其后则是依靠科技进步、节约消耗、节约代用、综合利用、回收利用乃至大量人工合成资源而获取高额利润，习惯称之为"第一个利润源"。人力领域最初是廉价劳动，其后则是依靠科技进步提高劳动生产率、降低人力消耗或采用机械化、自动化来降低劳动耗用从而降低成本、增加利润，这个领域习惯称为"第二个利润源”。

在前两个利润源潜力越来越小、利润开拓越来越困难的情况下，物流领域的潜力被人所重视，按时间序列排为“第三个利润源”。

这三个利润源注目于生产力的不同要素：第一个利润源的挖掘对象是生产力中的劳动对象；第二个利润源的挖掘对象是生产力中的劳动者；第三个利润源则主要挖掘生产力要素中劳动工具的潜力，与此同时又挖掘劳动对象和劳动者的潜力，因而更具有全面性。

第三个利润源的理论最初认识是基于两个前提条件：

第一，物流是可以完全从流通中分化出来，自成一个独立运行的、有本身目标和本身的管理，因而能对其进行独立的总体的判断。

第二，物流和其他独立的经营活动一样，它不是总体的成本构成因素，而是单独盈利因素，物流可以成为“利润中心”型的独立系统。

第三个利润源的理论，反映了日本人对物流的理论认识和实践活动，反映了他们与欧洲人、美国人的差异。一般而言，美国人对物流的主体认识可以概括为“服务中心”型，而欧洲人的认识可以概括为“成本中心”型。显然，“服务中心”和“成本中心”的认识与“利润中心”的差异很大。“服务中心”和“成本中心”主张的是总体效益或间接效益，而“第三个利润源”的“利润中心”的主张是指的直接效益。但是如果广义理解“第三个利润源”，把“第三个利润源”不仅看成直接谋利手段，而特别强调它的战略意义，特别强调它是在经济领域中潜力将尽的情况下的新发现，是经济发展的新思路，也许会对今后经济的推动作用真正如同经济发展中曾有的廉价原材料的推动作用一样，这恐怕是现在学术界更多人的认识，“第三个利润源”的真正价值恐怕是从直接利润延伸的战略意义了。

四、效益背反说和物流的整体观念

“效益背反”是物流领域中很经常、很普遍的现象，是这一领域中内部矛盾的反映和表现。

效益背反指的是物流的若干功能要素之间存在着损益的矛盾。亦即，某一个功能要素的优化和利益发生的同时，必然会存在另一个或另几个功能要素的利益损失。这是一种此长彼消，此盈彼亏的现象。虽然在许多领域中这种现象都是存在着的，但物流领域中，这个问题似乎尤其严重。

效益背反说有许多有力的实证予以支持。例如包装问题，在产品销售市场和销售价格皆不变的前提下，假定其他成本因素也不变，那么包装方面每少花一分钱，这一分钱就必然转到收益上来，包装越省，利润则越高。但是，一旦商品进入流通之后，如果节省的包装降低了产品的防护效果，造成了大量损失，就会造成储存、装卸、运输功能要素的工作劣化和效益大减。显然，包装活动的效益是以其他的损失为代价的，我国流通领域每年因包装不善出现的上百亿元的商品损失，就是这种效益背反的实证。认识物流可以具有与商流不同特性而独立运动这一点，是物流科学走出的第一步，在认识效益背反的规律之后，物流科学也就迈出了认识物流功能要素这一步，而寻求解决和克服各功能要素效益背反现象。当然，或许也曾有过追求各个功能要素全面优化的企图，但在系统科学已在其他领域形成和普及的时代，科学的思维必将导致人们寻求物流的总体最优化。不但将物流这一“黑大陆”细分成若干功能要素来认识物流，而且将包装、运输、保管等功能要素的有机联系寻找出来,成为一个整体来认识物流,进而有效解决"效益背反",追求总体的效果(见图3-3),这是物流科学的一大发展。这种思想在不同国家、不同学者中的表述方法是不同的。例如,美国学者用"物流森林"的结构概念来表述物流的整体观点,指出物流是一种"结构",对物流的认识不能只见功能要素而不见结构,不能"只见树木,不见森林",物流的总体效果是森林的效果,即使是和森林一样多的树木,如果各个孤立存在,那也不是物流的总体效果,这可以归纳成一句话:"物流是一片森林而非一棵棵树木。"

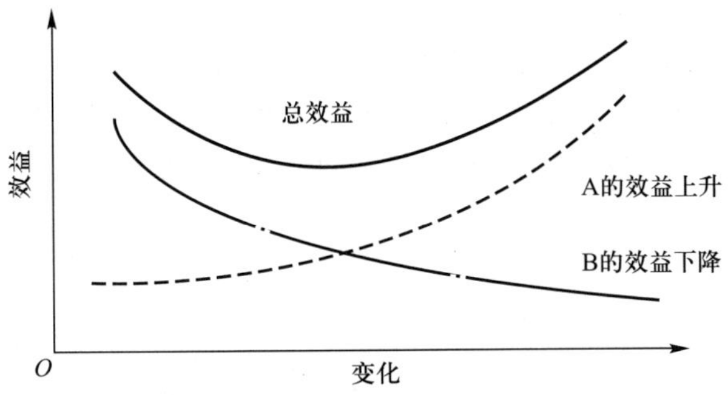

图3-3 效益背反和总体效益

对这种总体观念的描述还有许许多多的提法,诸如物流系统观念、多维结构观念、物流一体化观念、综合物流观念、后勤学和物流的供应链管理等,都是这种思想的另一种提法或是同一思想的延伸和发展。

五、成本中心说、利润中心说、服务中心说和战略说

这实际是对物流系统起什么作用、达到什么目的的不同认识、不同观念,因而也派生出不同的管理方法。

成本中心的含义,是指物流在整个企业战略中只对企业营销活动的成本产生影响,物流是企业成本的重要的产生点,因而,解决物流的问题并不主要是为要搞合理化、现代化,不主要在于支持保障其他活动,而主要是通过物流管理和物流的一系列活动降低成本。所以,成本中心既是指主要成本的产生点,又是指降低成本的关注点,物流是"降低成本的宝库"等说法正是这种认识的形象阐述。

显然,成本中心的考虑没有将物流放在主要位置,尤其没有放在企业发展战略的主角地位,改进物流如果目标只是在于降低成本,这势必也会影响物流本身的战略发展。当然,成本和利润是相关的,成本和企业生存也是相关的,成本中心也不是只考虑成本不顾其他,但毕竟是人们对物流主体作用和目标的认识。

利润中心的含义,是指物流可以为企业提供大量直接和间接的利润,是形成企业经营利润的主要活动。非但如此,对国民经济而言,物流也是国民经济中创利的主要活动。物流的这一作用被表述为"第三个利润源"。

服务中心说代表了美国和欧洲等一些国家的学者对物流的认识。这种观点认为,物流活动最大的作用并不在于为企业节约了消耗、降低了成本或增加了利润,而是在于提高了企业对用户

的服务水平进而提高了企业的竞争能力。因此,他们在使用描述物流的词汇上选择了“后勤”一词,特别强调其服务保障的职能。通过物流的服务保障,企业以其整体能力来压缩成本、增加利润。

战略说是当前非常盛行的说法。实际上,学术界和产业界越来越多的人已逐渐认识到,物流更具有战略性,是企业发展的战略而不是一项具体的任务。应该说,这种看法把物流放在了很高的位置,企业战略是什么呢?是生存和发展。物流会影响企业总体的生存和发展,而不是在哪个环节搞得合理一些,可以节省钱。

将物流和企业的生存和发展直接联系起来的战略说,对促进物流的发展有重要意义,企业不追求物流的一时一事的效益,而着眼于总体,着眼于长远,于是物流本身战略性发展也提到议事日程上来。战略性的规划、战略性的投资、战略性的技术开发是最近几年促进物流现代化发展的重要原因。

第三节 供应链物流

对于物流与供应链的关系,现在说法很多。大多数观点认为,物流虽然自成体系,但是在供应链管理环境下,物流管理体现出了新的特点、新的要求,因此很有必要单独研究供应链管理环境下的物流管理。这是微观物流管理领域的非常重要的背景。

一、供应链与供应链管理的基本概念

近年来一个广义的物流观念——供应链管理(supply chain management),已逐渐取代原有狭义的物流理念。

美国供应链管理专业协会(US Council of Supply Chain Management Professionals,CSCMP)定义供应链管理为:“供应链管理包含了规划和管理复杂的原料、采购、加工及所有物流管理活动,重要的是,它亦包括与供应链伙伴(供应者、中间商、第三方服务提供者及客户)之间的协调及合作。基本上,供应链管理是跨公司地整合供给与需求。”

另外,美国供应链管理委员会(Supply Chain Council)则定义供应链为:“供应链包括每个有关生产及配送最终产品或服务,从供货商的供货商到客户的客户,这包括管理供给与需求、原物料与零组件、制造及装配、仓储与货物追踪、订购与订单管理以及跨区域直接地配送给客户。”

因此,物流管理是以一家企业的角度,处理商品自原料到成品消费的过程,而供应链管理是以跨组织的角度,从最初原料到最终消费者,综合管理自产品设计、物料管理、生产到配送管理四大阶段的活动,同时处理物品、信息与金钱的流通,并与供应链伙伴以跨组织整合的方式让整体的流通过程能在满足消费者需求的状况下顺利运作,并同时降低企业的成本。

完整的供应链管理所包含的活动可由图3-4表示。

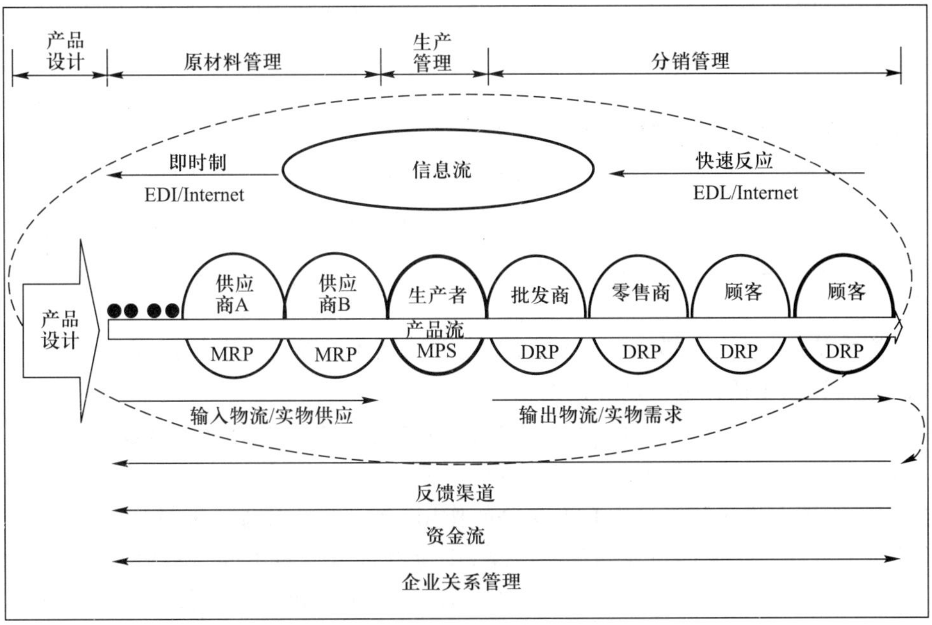

图 3-4 供应链管理示意图

在我国,供应链目前尚未形成统一的定义,许多学者从不同的角度给出了许多不同的定义。我们认为,国家标准《物流术语》(GB/T 18354—2006)中对于供应链的定义较为准确:"生产及流通过程中,涉及将产品或服务提供给最终用户所形成的网链结构。"供应链管理则是:"对供应链涉及的全部活动进行计划、组织、协调与控制。"

也就是说,供应链是围绕核心企业,通过对信息流、物流、资金流的控制,从采购原材料开始,制成中间产品以及最终产品,最后由销售网络把产品送到消费者手中的将供应商、制造商、分销商、零售商、直到最终用户连成一个整体的功能网链结构模式。它是一个范围更广的企业结构模式,它包含所有加盟的节点企业,从原材料的供应开始,经过链中不同企业的制造加工、组装、分销等过程直到最终用户。它不仅是一条连接供应商到用户的物料链、信息链、资金链,而且是一条增值链,物料在供应链上因加工、包装、运输等过程而增加其价值,给相关企业都带来收益。

从全局和整体的角度考虑产品的竞争力,使供应链从一种运作性的竞争工具上升为一种管理性的方法体系,这就是供应链管理提出的实际背景。亦即供应链管理是一种集成的管理思想和方法,它执行供应链中从供应商到最终用户的物流的计划和控制等职能。现在的供应链管理把供应链上的各个企业作为一个不可分割的整体,使供应链上各企业分担的采购、生产、分销和销售的职能成为一个协调发展的有机体。供应链管理主要涉及四个领域:供应(supply)、生产计划(schedule plan)、物流(logistics)、需求(demand)。

对于供应链管理,有许多不同的定义和称呼,如有效用户反应(efficient consumer response,ECR)、快速反应(quick response,QR)、虚拟物流(virtual logistics,VL)或连续补充(continuous replenishment)等。这些称呼因考虑的层次、角度不同而不同,但都通过计划和控制实现企业内部和外部之间的合作,实质上它们一定程度上都集成了供应链和增值链两个方面的内容。

供应链管理注重总的物流成本(从原材料到最终产成品的费用)与用户服务水平之间的关

系。为此,要把供应链各个职能部门有机地结合在一起,从而最大限度地发挥出供应链整体的力量,达到供应链企业群体获益的目的。

二、物流管理在供应链管理中的地位

一般认为,供应链是物流、信息流、资金流三个流的统一。那么,物流管理很自然地成为供应链管理体系的重要组成部分。供应链管理与物流管理的区别在哪里？一般而言,供应链管理涉及制造问题和物流问题两个方面,物流涉及的是企业的非制造领域问题。两者的主要的区别表现在:

(1) 物流涉及原材料、零部件在企业之间的流动,而不涉及生产制造过程的活动。

(2) 供应链管理包括物流活动和制造活动。

(3) 供应链管理涉及从原材料到产品交付给最终用户的整个物流增值过程,物流涉及企业之间的价值流过程,是企业之间的衔接管理活动。

不过,物流管理在供应链管理中有着重要的作用,这一点可以通过价值分布来考察。表3-1为供应链的价值分布。不同的行业和产品类型,供应链价值分布不同,但是可以看出,物流价值(采购和分销之和)在各种类型的产品和行业中都占到了整个供应链价值的一半以上,制造价值不到一半。在易耗消费品和一般工业品中,物流价值的比例更大,达80%以上,这充分说明物流的价值意义。供应链是一个价值增值过程,有效地管理好物流过程对于提高供应链的价值增值水平有着举足轻重的作用。

表3-1 供应链上的价值分布

产品	采购(%)	制造(%)	分销(%)
易耗品(如肥皂、香精)	30~50	5~10	30~50
耐用消费品(如轿车、洗衣机)	50~60	10~15	20~30
重工业(如工业设备、飞机)	30~50	30~50	5~10

从传统的观点看,物流对制造企业的生产是一种支持作用,被视为辅助的功能部门。但是,由于现代企业的生产方式的转变,即从大批量生产转向精细的准时化生产,这时的物流,包括采购与供应,都需要跟着转变运作方式,实行准时供应和准时采购等。另一方面,顾客需求的瞬时化,要求企业能以最快的速度把产品送到用户的手中,以提高企业的快速响应市场的能力。所有的这一切,都要求企业的物流系统具有和制造系统协调运作的能力,以提高供应链的敏捷性和适应性。因此,物流管理不再是传统的保证生产过程连续性的问题,而是要在供应链管理中发挥重要作用:

(1) 创造用户价值,降低用户成本。

(2) 协调制造活动,提高企业敏捷性。

(3) 提供用户服务,塑造企业形象。

(4) 提供信息反馈,协调供需矛盾。

要实现以上几个目标,物流系统应做到准时交货、提高交货可靠性、提高响应性、降低库存费用等。现代市场环境的变化,要求企业必须加速资金周转、快速传递与反馈市场信息、不断沟通生产与消费的联系、提供低成本的优质产品，生产出满足顾客需求的顾客化的产品，提高用户满意度。因此，只有建立敏捷而高效的供应链物流系统才能达到提高企业竞争力的要求。供应链管理将成为21世纪企业的核心竞争力，而物流管理又将成为供应链管理的核心能力的主要构成部分。

三、供应链环境下物流管理面临的主要问题

供应链管理环境下的物流管理和传统企业的物流管理的意义和方法不同。由于企业的经营思想的转变，为保证供应链的企业之间运作的同步化、并行化，实现快速响应市场的能力，物流系统管理将主要面临以下几个方面的问题，从而进行一系列的转变。

（1）实现快速准时交货的措施问题。

（2）低成本准时的物资采购供应策略问题。

（3）物流信息的准确输送、信息反馈与共享问题。

（4）物流系统的敏捷性和灵活性问题。

（5）供需协调实现无缝供应链连接问题。

四、供应链管理下的物流环境

企业竞争环境的变化导致企业管理模式的转变，供应链管理思想就是在新的竞争环境下出现的。新的竞争环境体现了企业竞争优势要素的改变。在20世纪70年代以前，成本是主要的竞争优势，而80年代则是质量，90年代是交货时间，即所谓基于时间的竞争。到21世纪初，这种竞争优势就转移到所谓的敏捷性上来。在这种环境下，企业的竞争就表现在如何以最快速度响应市场要求，满足不断变化的多样化需求。即企业必须能在实时的需求信息下，快速组织生产资源，把产品送到用户手中，并提高产品的用户满意度。在剧烈的市场竞争中，企业感到一种资源饥渴的无奈，传统的单一企业竞争模式已经很难使企业在市场竞争中保持绝对的竞争优势。信息时代的到来，进一步加深了企业竞争的压力；信息资源的开放性，打破了企业的界限，建立了一种超越企业界限的新的合作关系，为创造新的竞争优势提供了有利的条件。因此，供应链管理的出现迎合了这种趋势，顺应了新的竞争环境的需要，使企业从资源的约束中解放出来，创造出新的竞争优势。

供应链管理实质是一个扩展企业概念，扩展企业的基本原理和思想体现在以下几个方面：① 横向思维（战略联盟）；② 核心能力；③ 资源扩展/共享；④ 群件与工作流（团队管理）；⑤ 竞争性合作；⑥ 同步化运作；⑦ 用户驱动。这几个方面的特点不可避免地影响到物流环境。

归纳起来，供应链管理环境下的物流环境的特点见表3-2。

表3-2　供应链管理环境下的物流环境特点

竞争的需求	竞争特性	物流策略要素
顾客化产品的开发、制造和交货速度	敏捷性	通过畅通的运输信道快速交货
资源动态重组能力	合作性	通过即插即用的信息网络获得信息共享与知识支持

续表

竞争的需求	竞争特性	物流策略要素
物流系统对变化的实时响应能力	柔性	多种形式的运输网络、多点信息获取途径
用户服务能力的要求	满意度	多样化产品、亲和服务、可靠的质量

五、供应链管理环境下物流管理的新特点

由于供应链管理下物流环境的改变,使新的物流管理和传统的物流管理相比有许多不同的特点。这些特点反映了供应链管理思想的要求和企业竞争的新策略。

首先,我们来考察一下传统的物流管理系统的情况(见图 3-5)。

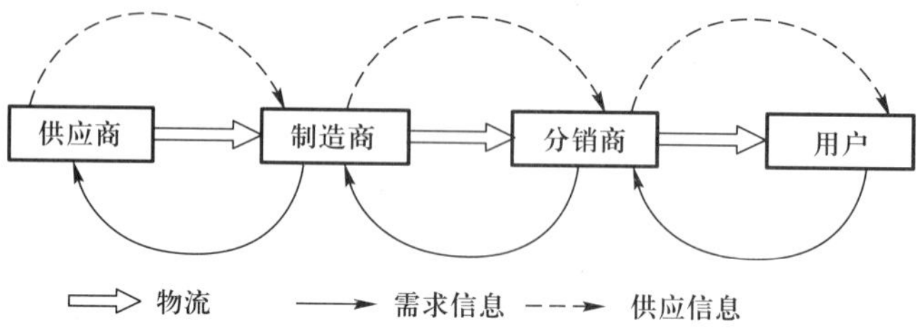

图 3-5 传统的物流管理系统

在传统的物流系统中,需求信息和反馈信息(供应信息)都是逐级传递的。因此上级供应商不能及时地掌握市场信息,对市场的信息反馈速度比较慢,从而导致需求信息的扭曲。另外,传统的物流系统没有从整体角度进行物流规划,常常导致一方面库存不断增加,另一方面当需求出现时又无法满足。这样,企业就会因为物流系统管理不善而丧失市场机会。1994 年,康柏公司就因为流通渠道没有跟上而导致 1 亿美元的损失。康柏财务经理说,我们在制造、市场开拓、广告等方面做了大量的努力,但是物流管理没有跟上,这是最大的损失。

简言之,传统物流管理的主要特点表现在:

(1) 纵向一体化的物流系统。

(2) 不稳定的供需关系,缺乏合作。

(3) 资源的利用率低,没有充分利用企业的有用资源。

(4) 信息的利用率低,没有共享有关的需求资源,需求信息扭曲现象严重。

图 3-6 为供应链管理环境下的物流系统模型,和传统的纵向一体化物流模型相比,信息的流量大大增加。需求信息和反馈信息不是逐级传递,而是网络式传递的,企业通过 EDI/Internet 可以很快掌握供应链上不同环节的供求信息和市场信息。因此在供应链环境下的物流系统有三种信息在系统中运行:① 需求信息;② 供应信息;③ 共享信息。

共享信息的增加对供应链管理是非常重要的。由于可以做到共享信息,供应链上任何节点的企业都能及时地掌握到市场的需求信息和整个供应链的运行情况,每个环节的物流信息都能透明地与其他环节进行交流与共享,从而避免了需求信息的失真现象。

对物流网络规划能力的增强,也是供应链管理环境下的物流特征。它充分利用第三方物流系统、代理运输等多种形式的运输和交货手段,降低了库存的压力和安全库存水平。作业流程的快速重组能力极大地提高了物流系统的敏捷性。通过消除不增加价值的过程和时间,使供应链

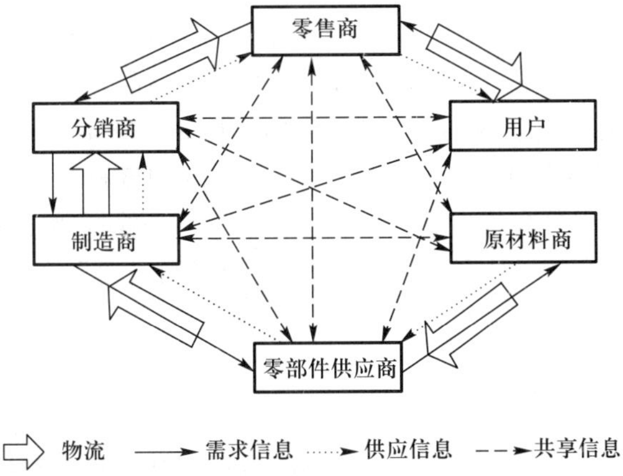

图 3-6　供应链环境的物流系统模型

的物流系统进一步降低成本,为实现供应链的敏捷性、精细化运作提供了基础性保障。

对信息跟踪能力的提高,使供应链物流过程更加透明化,也为实时控制物流过程提供了条件。在传统的物流系统中,许多企业有能力跟踪企业内部的物流过程,但没有能力跟踪企业之外的物流过程,这是因为没有共享的信息系统和信息反馈机制。

合作性与协调性是供应链管理的一个重要特点,但如果没有物流系统的无缝链接,运输的货物逾期未到,顾客的需要不能得到及时满足,采购的物资常常在途受阻,就会使供应链的合作性大打折扣。因此,无缝链接的供应链物流系统是使供应链获得协调运作的前提条件。

灵活多样的物流服务提高了用户的满意度。通过制造商和运输部门的实时信息交换,及时地把用户关于运输、包装和装卸方面的要求反映给相关部门,提高了供应链管理系统对用户个性化响应的能力。

归纳起来,供应链环境下的物流管理的特点可以用如下几个术语简要概括:① 信息共享;② 过程同步;③ 合作互利;④ 交货准时;⑤ 响应敏捷;⑥ 服务满意。

对于这个问题的进一步探讨,可以参见供应链的相关书籍。

第四节　大 物 流 论①

近几年来,徐寿波院士对物流科学理论问题进行了专门研究,《物流科学技术的研究和发展前沿》是其研究成果中最有代表性的一篇论文,被专家学者称为“大物流论”,代表着我国物流研究的前沿水平。以下基本以徐院士的原论文为基础进行论述。

① 有关文献资料请访问:爱课程网→资源共享课→物流学/汝宜红→第二章→文献资料。

马克思从研究商品和商品流通开始，着重从价值形态研究了资本的生产过程、资本的流通过程和资本主义生产的总过程，最后完成了巨大原创性成果《资本论》。《资本论》对社会发展和科学发展都做出了举世瞩目的贡献。为此，我们认为，从研究商品开始，着重从实物形态来研究、考察整个国民经济的生产、流通和消费过程，应该是“大物流论”研究的重要任务。

下面专门谈谈“大物流论”的五个主要理论：一是根据物流科学概念研究提出的“物的流动论”；二是根据物流科学分类研究提出的“综合物流论”；三是根据物流工程研究提出的“大物流工程论”；四是根据物流科学技术体系研究提出的“大物流科技论”；五是根据物流产业发展研究提出的“大物流产业论”。

一、物的流动论

中国“物的流动”的物流概念出现在改革开放以后的1985年，与日本的物流概念出现相距20年，与西方的物流概念出现相距七八十年。中国“物的流动论”的物流概念，无论从其最早属性、具体内涵、行为性质和使用领域都与日本、西方有所不同，具体区别见表3-3。

由于中国物流的概念是个新概念，与西方不同，因此直接套用西方物流的英文名词无论physical distribution（PD）还是logistics都不合适。根据中国“物流”的科学概念给出一个不同于PD和logistics的英文名词很有必要，这个新的英文名词就是“material flow”（简称MF）。

中国基于“物的流动论”的物流material flow概念，为中国物流事业和物流科学技术的发展，奠定了很好的理论基础，指明了正确的发展方向，走出了长期以来存在的“物流管理就是物流”的大误区。所谓大物流实际上就是基于“物的流动论”的MF。MF的概念里包含了PD和logistics的概念。同时需要指出，中国基于“物的流动论”的material flow与美国最早使用过的生产企业物流的英文名词material flow虽然相同，但不是一个概念，内涵完全不同。如果说中国的material flow是大物流，那么美国最早使用过的生产企业物流的material flow，只是包含在大物流里面的一个小物流。

表3-3 中国物流概念与日本、美国物流概念的比较

国别	中国	日本	美国	
物流概念（英文名词）	物的流动MF（material flow）	物的流通PD（physical distribution）	商品实体配送PD（physical distribution）	军事物资、人员和装备调动logistics
最早出现时间	1985年	1965年	1915年	1905年
概念最早属性	属于自然现象、社会现象和经济现象	属于经济现象	属于经济现象	属于军事现象
概念具体内涵	宏观物品的流动和微观物质的流动的总称	物质资料从供给者向需要者的物理性移动	商品实体配送	军事物资、人员和装备的调动
概念行为性质	包括管理行为在内的所有有目的和无目的的行为	有目的的经济行为	有目的的经济管理行为	早先是有目的的军事后勤管理行为，现在是整个供应链管理行为的一部分

续表

国别	中国	日本	美国	
概念使用领域	经济界、社会界、自然界各个领域	流通领域	流通领域	军事领域和整个供应链

二、综合物流论

（一）自然界物流

自然界物流是最早存在着的物流现象。在人类社会以前，就存在着自然界的物流现象。大家知道，宏观的物有固体、液体和气体三种。因此，物流也有固体物流、液体物流和气体物流三种。在自然界中存在最多的是气体物流，气体物流遍及宇宙；其次是液体物流；再次是固体物流。自然界物流，简称自然物流。它的特点是：物是自然界存在的物，不是经济商品的物；流的动力来自自然界，不是来自人类经济活动；因为不是人类行为，所以不存在任何目的。自然界物流可以为人类造福（如水力发电、风力发电、潮汐发电等），有时也给人类带来灾难（如水灾、风灾、沙尘暴、酸雨等）。

（二）社会界物流

社会界物流是人类社会特有的物流现象。自从原始社会有了人类生活消费和农业生产以后，相关的各种原始物流也就出现了。社会居民的生活物流及其废弃物物流，是人类自身生存发展的需要，没有任何经济目的，是任何社会最基本的不可缺少的社会界物流。古代和现代社会中也存在其他的社会界物流，例如军事战斗中的军需品即时供应物流，这类物流是为人类自身生存发展需要和为社会服务需要的非营利性的社会行为，不是经济行为。社会界物流，简称社会物流。它的特点是：物是自然界存在的物和经济商品的物；流的动力来自人类的社会活动；是非营利性社会行为。

（三）经济界物流

经济界物流是最晚出现的重要物流现象。自从农业社会的生产发展有了商品交换和社会分工以后，由于经济发展的需要，经济界物流发展越来越快。但是由于受物流动力的限制，物流规模不大。到了工业社会初期，蒸汽机的发明及应用，解决了物流需要的大量动力问题，经济界物流得到了很大的发展。现代社会由于物流科技和经济的发展，所谓第三利润源泉的经济界物流就越来越受到人们的重视。经济界各地区、各产业、各行业和各企业的物流以及各类物的物流、各类物流活动性质的物流等，统称为经济界物流，简称经济物流。它是人类经济行为的重要组成部分，是有创造价值和剩余价值目的的企业行为。经济界物流的特点：物是经济商品的物；流的动力来自人类的经济活动；是有营利目的的经济行为。

综上所述，物流是很重要的客观事物和现象。它不仅存在于经济界，也存在于社会界和自然界；它是经济现象，也是社会现象和自然现象。物流不仅有经济物流，也有社会物流和自然物流，而且它们之间有着相互联系。可以这么说，客观上存在的不是简单的一种物流现象，而是一个复杂的物流现象，所以我们把它们叫作综合物流现象。基于综合物流现象的理论观点，就是“综合物流论”。

图 1-3 反映了经济界物流（简称 NMF）、社会界物流（简称 SMF）和自然界物流（简称 EMF）及其相互之间的关系，也反映了经济界物流中各种各样的物流。基于“综合物流论”的物流，也

就是人们所称的大物流。相对于大物流来说,经济界物流、社会界物流和自然界物流都只是大物流的一个重要组成部分,而不是全部。其中经济界物流是大物流的核心,社会界物流和自然界物流是大物流的基础。

三、大物流工程论

我们认为,物流工程是由物流六要素或物流六力组成的综合体,将物流科学技术最有效地应用于国民经济,造福人类。这个物流工程概念包含四点内容:一是指出物流工程是由物流六要素或物流六力组成的综合体;二是指出物流工程应用了科学技术,包括物流硬科学技术和物流软科学技术;三是指出物流工程要最有效地应用于国民经济;四是指出物流工程的根本目的是造福人类。这个物流工程概念是广义物流工程的概念。平常主要指物流土木建筑工程的物流工程概念是狭义的物流工程概念。

物流六要素是:① 物流劳动人员,指从事物流的各种人员,包括物流管理人员;② 物流劳动对象,指各种“物”;③ 物流劳动资料,指物流劳动需要的各种装备;④ 物流劳动环境,指与物流有关的各种自然、社会和政治环境;⑤ 物流劳动空间,指各种物流劳动场所和占地;⑥ 物流劳动时间,指各种物流设施建设时间和运行时间。

物流六力是指:① 人力,从事物流劳动的人员;② 物力,从事物流劳动需要的能源和原材料;③ 财力,从事物流劳动需要的固定资产和流动资产等;④ 运力,从事物流劳动需要的运输和交通;⑤ 自然力,从事物流劳动需要的水、土地、空气等自然资源;⑥ 时力,从事物流劳动需要的时间。

任何物流工程都离不开以上六要素或六力,缺一不可。从事物流的设备制造、设施建设、服务、科技开发、规划和设计等都离不开以上六要素或六力。这是物流工程的六元结构理论。六要素和六力在本质上是一样的,但是表达方式不同。有的“要素”和“力”是完全一致的,如人的“要素”和人“力”,时间“要素”和时“力”完全一致;有的“要素”和“力”不完全一致,如财“力”不但指厂房、机器、设备等固定资产这个劳动资料“要素”,还指流动资产的占用,即劳动对象“要素”,所以“力”和“要素”不完全一致。但是六要素和六力都是独立的基本元,每个要素和每个力之间互相都是不重复的,都有自己的独立性。

物流工程是物流六元结构,物流六元的性质、质量、数量和比例不同,决定了物流工程的性质不同。物流工程有运输型的,有仓储型的,有装卸型的,有包装型的,有流通加工型的,有配送型的,有信息型的,有管理型的;有资金技术密集型的,有体力劳动密集型的,有脑力劳动密集型的;有技术先进的,有技术一般的,有技术落后的;有集约型的,有粗放型的等。比如,自动化仓储工程属于资金技术密集型,是技术先进的;一般仓储工程属于劳动密集型,技术不是很先进,但是“适用”。物流六元在一定程度上可以互相替代,例如资金技术要素可以替代劳力要素和自然力要素。随着物流科技的发展,物流六元结构中科技含量越来越高,这是由物流工程的六元理论所决定的。

物流工程不仅有单项物流工程,而且有综合物流工程。单项物流工程一般是指某个物的物流工程,还指运输、配送、仓储、装卸、包装、流通加工、信息处理等工程。综合物流工程不同于单项物流工程,它不是各个单项物流工程的简单相加,它有自己专门的综合物流工程技术。单项物流工程技术与综合物流工程技术的关系,好比汽车发动机零部件制造技术与汽车总体设计制造技术的关系一样,单项物流工程技术代替不了综合物流工程技术,综合物流工程技术也代替不了单项物流工程技术。

以上基于广义物流工程的理论观点,就是"大物流工程论"。它是大物流论的重要组成部分。

四、大物流科技论

长期以来,人们认为物流就是商品流通,就是做买卖,没有多少科学技术,所以物流科技没有受到人们应有的重视。改革开放以来,由于在教科书、杂志和新闻媒体上广泛传播的是西方的物流定义,因此人们错误地认为"物流管理就是物流",物流科学技术就只有物流管理这门科学,与过去人们只关心物资管理一样,现在人们只关心物流管理。这种认识严重影响了我国物流科学技术的全面发展。

我们研究认为,物流科学技术与能源科学技术、环境科学技术等综合科学技术完全一样,是综合性很强的科学技术领域,涉及自然科学、工程技术科学和人文社会科学各个学科。改革开放以来,能源科学技术、环境科学技术等很多新兴综合科学技术的产生,既是客观事物发展的需要,也是科学技术发展的需要,它们都得到了很大的发展,已经形成了自己独立的科学技术体系。但是,物流科学技术的研究和发展十分落后,至今还没有形成自己独立的物流科学技术体系。

根据科学技术是第一生产力和科教兴国战略的要求,我们认为大力加强"物流科学技术"的研究和发展实在是当务之急。为了促进物流科学技术的研究和发展,有必要创建自己独立的物流科学技术学科体系。我们研究认为,这个物流科学技术学科体系可以包括以下四部分:第一部分是物流科学技术基础学科;第二部分是物流工程技术学科;第三部分是物流科学理论学科;第四部分是物流科学技术其他学科。

物流科学技术学科体系只是一个框架和建议。今后需要根据学科的发展不断进行修改、补充和完善。绝大多数物流学科还都是空白,需要人们去开拓和创建,这是时代赋予我们的任务。

与西方基于"物流管理就是物流"的物流科学论不同,中国的"大物流科技论"是基于"物的流动论"和"综合物流论"。可以说,中国的"大物流科技论"是大物流论的重要组成部分,西方的物流管理学科只是大物流科技论中的一个子学科。

五、大物流产业论

众所周知,国民经济是由生产、流通、消费三大领域组成。我们认为,国民经济具有三种形态:一是实物形态,二是价值形态,三是综合形态(包括实物形态和价值形态在一起)。所以,生产、流通、消费也有三种形态。应该说,国民经济实际上是以综合形态存在的,但是为了研究问题的方便,需要从实物形态和价值形态两个方面分别进行考察和研究。马克思已经从价值形态详细研究了商品运动规律,为社会发展和科学发展都做出了巨大贡献。"大物流论"着重从实物形态研究商品运动规律。

从实物形态看,整个国民经济是由物的生产、物的流动和物的消费三大领域组成,也可以说整个国民经济是由生产、物流和消费三大支柱产业群组成。这里我们把物流不仅仅看作是一个支柱产业,而是一个支柱产业群,因为它涉及运输、配送、仓储、包装、流通加工、物流信息、物流设备制造、物流设施建设、物流科技开发、物流教育、物流服务、物流管理等产业。历史事实证明，各国经济的发展除了依靠第一支柱产业群“生产”和第二支柱产业群“消费”两个大支柱产业群以外，“物流”自然是依靠的第三大支柱产业群。大力加强经济界物流科学技术的研究，是 21 世纪大力发展生产力的需要，是经济增长的需要，是获得第三利润的需要。

长期以来，人们认为物流只是物资管理和物流管理，不是一个产业。我们研究认为，物流不仅是一个产业，而且是一个支柱产业，更是像生产和消费一样的一个支柱产业群，这就是“物流产业群论”，也叫作“大物流产业论”。“大物流产业论”是大物流论的重要组成部分。真正要发展好整个物流事业，只有物流产业的思想还不够，必须树立“大物流产业论”思想。

以上是大物流论的五个基本理论，它们对 21 世纪我国物流科学技术大发展以及我国物流事业大发展，都将起到应有的作用。

第五节 物流学研究方法

一、如何发现物流问题

爱因斯坦曾经说过：提出一个问题往往比解决一个问题更重要。因为解决一个问题也许仅仅是一个数学上的或实验上的技能，而提出新的问题、新的可能性，从新的角度看旧的问题，却需要有创造性的想象力，而且标志着科学的真正进步。因此，养成仔细观察事物，然后提出问题是物流科学研究的核心所在。

授课视频 3-2：发现物流问题的切入点

发现物流问题，可以遵循“适应性”原则。所谓适应性，最初来自生物界，是指生物体表现与环境相适合的现象。生物界的适应性是通过自然选择，需要很长时间形成的。而在发现物流问题时的“适应性”原则是指：物流与本企业的经营战略、所在区域的发展目标、物流企业的核心竞争能力等相适应。

如何才能提出高质量的物流问题？最初阶段，不应该过多地顾及“高质量”，只需仔细观察周边的物流事物，并对与该物流事物有关的每一事物提出“为什么”，然后试着给予回答。如果能够坚持不懈地提出物流问题，将会提高物流研究批判性和创造性的思维能力。如果再养成由一个物流主题出发，提出各种问题，会提高综合地、全面地思考物流问题的能力。

例如，提出几个由某一物流主题出发的问题。可以试着挑一些简单的物流主题，再做回答的尝试。像“物流”概念，可以分成几个不同的类别。既可以按照物流的基本功能分为运输、仓储、包装、装卸、搬运、流通加工、配送、信息服务等类别，每一个类别又可以引发出来，作为一个新的物流研究主题；又可以专门研究运输功能，从运输的工具、组织方式、与其他物流功能相比较的优劣势等进行分析，找出一些规律性的东西，从而引发新的物流研究内容。

还可以通过物流的现象来发现物流问题。比如，企业某个部门的成本很高。当然，导致这一问题的原因很多，但是可以从物流的角度，从物流活动成本、库存成本等方面考虑去考察企业成本。又如，一个物流企业想通过提高物流服务效率、服务满意度来满足客户的新需求时，也可以从本企业内部或者外部的经济联系进行分析，进而提出解决办法。再比如，企业面临现有物流技术设施不能满足需要的困境时，可以考虑利用旧设施改造，或进行新技术更新等研究。

发现物流问题的方法还有很多。无论运用哪种方法，都要求勤于观察、勤于阅读、勤于思考。思考物流问题的方法也有很多，比如：联想法、想象法、逆向思维法、发散思维法等。这些方法在各种研究方法在文献中已经有详细的论述，限于篇幅，这里不再赘述。

二、如何实施物流问题现场调查①

现场调查又叫实地研究（field research），是对自然状态下的研究对象进行直接观察，收集一段时期内若干变量的数据。自然状态（naturalistic setting），指所研究的变量不会在研究者可控的环境或条件下发生变化，而是顺其自然，保留研究者未出现时的本来面目。采用实地研究方法，隐含着一个出发点，即所研究对象受其环境影响，变量是在一定的情境（context）下发生变化的，要弄清楚变量之间的变化关系，就必须弄清其所处的情境。

实地研究最主要的优点是其综合性。研究者通过研究对象直接观察（direct observation）可以取得许多形象信息供直觉判断。许多物流问题仅靠物流理论和统计数据等定量分析方法往往不充分，现场调查则可以发现运用其他研究方法难以发现的问题。概括说来，现场调查最适用于以下三类物流问题的研究：① 在自然状态下才能准确描述变量之间的关联。实验法和问卷法都是在研究者设定的环境下取得的数据，但并非所有行为和现象都可以通过实验和问卷测出，比如企业的物流环境。② 物流管理中的重大决策或重大事件往往是一次性的。实施现场调查，有助于了解事件参与者的思想和行为，但是如不能亲临现场，仅靠分析该事件的总结文件，往往发现不了物流问题的实质。③ 形成物流问题研究的假设阶段。现场调查不仅是收集资料的方法，还是一种形成物流问题研究假设的行为。因为在研究工作的开始阶段，还难以精确地提出物流问题的研究假设，现场调查交替应用归纳和演绎方法，先从实际事实数据提炼出初步设想，然后进一步深入观察，有助于修正原来的设想，直至提出新的假设。

从物流问题现场调查和研究者的身份来看，可有四种角色：完全参与者、参与者身份的观测者、观测者身份的参与者以及完全观测者。在此，只介绍观测者身份的参与者以及完全观测者。观测者身份的参与者指观测者是群体中的一员，和群体中的其他成员交往，无任何伪装，本企业人员研究本企业的物流问题即属于这一类型。完全观测者则只作为现场调查和研究者，不参与群体活动，大学生赴企业实施物流问题现场调查即属于这一类型。下面，简单介绍实施物流问题现场调查过程中，主要阶段的划分及其特点。

（一）准备工作阶段

物流问题研究者若去某个企业进行现场调查，事前要了解有关该企业的信息。了解的信息包括该企业的基本经营状况和物流管理状况。企业信息的获取有两条渠道，一是收集文献资料，二是走访曾与该企业有交往的人员。通过收集和访谈，可以构成对该企业的初步印象，以便有效地实施现场调查。

作为物流问题研究者的高校师生，作为完全观测者初次接触企业的方式也有不同选择，自上而下或自下而上的调查方式都会影响到下一步的研究工作。如果企业的现场调查先从高层管理

---

① 相关案例请访问：爱课程网→资源共享课→物流学/汝宜红→第五章第 2 讲→教学案例。

者开始,研究者对企业的最初印象便自觉或不自觉地受高层管理者观点的影响。如果首先接触到企业基层的员工,初始印象便会很不相同。因此,在实施企业现场调查前,首先要搞清研究的问题和观察的目的,以便选择合适的调查对象。

(二) 抽样调查阶段

在现场调查中,样本的选择与文献收集类似,有较大的随意性。调查人员期望观察企业内部所有的情况。然而,全面观察并不现实,研究人员往往通过与企业各类人员交谈,从中选出若干代表。一般来说,物流问题的抽样调查方法有以下几种:

1. 配额抽样法

企业内的各类人员,如能以某种重要特征进行完备分类,便有可能采取配额抽样方法。如被调查企业的管理人员按高层、中层、基层分类,或按照老、中、青分类,或按照男性和女性分类。样本按何种特性分类,取决于物流问题的研究目的。

2. 滚雪球抽样法

先以随机或规定方式选出比较容易辨识的个体或某一组群,然后利用此个体或组群来寻找其他新的各体或组群。例如实施企业物流问题调研,可以询问企业内对该研究最有发言权或最具影响的人员,交谈后,对方可推荐其他最有影响的人员;也可以按物流事件的来龙去脉,顺藤摸瓜,找出应该调查访谈的对象。

3. 计划抽样法

按照物流研究主题,事先确定最能反映此主题内容的企业调查对象样本。研究者在现场调查抽样过程中,有两个问题始终要注意:即从样本观察到的信息能在多大程度上反映所期望解释的企业现象;实际观察到的样本情况是否能够准确反映企业的全面经营状况。

(三) 实地访谈阶段

现场调查需要与被调查对象接触,经常进行的活动是访谈。在访谈中,使用的调查问卷或问题大纲是结构化的及标准化的。在现场调查过程中,访谈的用词是一种技能,要防止被访者顺着研究者的意图回答问题,即"得到的回答就是访问者主观预期的"。实地访谈的优点是它具有灵活性,访问者要采取启发式提问,根据被访者对上一个问题的答案形成下一个问题。照事前拟定的提纲宣读,效果不会好。研究者要边听、边思考和交谈,听取被访者回答,捉摸对方的中心意思,并构想进一步的提问,或者在原来答案的基础上深入提问,或者将对方注意力引导到调研的主题。

实地访谈时的交谈和一般群体交谈要求不一样。常规交谈时,每个交谈者力求使他人对自己的谈话感兴趣或认为有帮助,形成好印象。如果实地研究中还持这种态度,便会产生负效应。应该形成一种相反的局面,让被访谈者感到自己是令人感兴趣的和对他人有帮助的。

实地访谈是现场调查中不可缺少的环节。物流问题研究过程中,需要定期回顾现场调查和实地访谈记录,总结已观察到了什么,对所研究的问题情况已弄清了哪些,还要弄清什么和提出什么问题。

(四) 观察记录阶段

现场调查的基本工具是调查表、调查提纲和记录本。即使有摄像机和录音机等先进设备,也还是需要做笔记才能抓住物流问题的重点。只要条件许可,在不影响访谈对象的情况下,应边访谈边做记录。如果条件不允许,也应事后尽快补充记录。

通过现场调查和实地访谈,研究者并不能观察到物流所有方面的问题。但是为了确保现场调查的工作质量,需要遵循如下几点:① 不要过分相信研究者本人的记忆力,应及时补充访谈记录。即使同时参加同一访谈的几个研究者,每个人对具体物流问题的情节、内容等细节的描述必然会有不同,访谈记录可以及时补充。② 访谈记录应及时整理,间隔越久则遗漏越多。在实地访谈过程中,研究者以自己所熟悉的方式记录所观察和访问的内容,事后应详细整理和重写初始记录。然而,要做到这些并不容易,研究者需要毅力和付出时间。③ 整理访谈记录时,应把观察和访谈记录都详细地整理出来。因为现场调查过程中,某些细节重要或不重要,调查的时候往往并不清楚,只有待大量信息收集分析后才能确定。许多看似不重要的细节,可能会引发研究者的重要设想。当然,大部分原始访谈记录不会出现在物流问题的研究报告中,大部分访谈记录看似浪费,但是经过长期积累,往往可以得到意想不到的、新的研究成果。例如,在现场调查某个建筑企业的物流成本时,大多会涉及该企业的建筑材料采购成本问题。经过长期、多个企业现场调查的积累,研究者不但可以了解不同类型的建筑企业,其物流成本构成有所不同的研究成果,而且可以得出不同类型的建筑企业,其采购成本与物流成本的影响关系等新的研究成果。

针对不同的物流问题,访谈记录内容应有所侧重,但以下五项内容必须具备。

1. "流水账"式描述

一般要占据访谈记录中的大部分内容,即记录每一个观测和访谈所得,不分析所涉及的任何物流问题,也无须推论和判断研究结果。

2. 相关联的物流问题描述

现场调查和实地访谈的某些事实,可能会唤起研究者记忆中的一些相关事件。记录这些类似的或相反的事物对下一步物流问题的分析将有所帮助。

3. 分析性的观点或推断

访谈记录整理过程中,研究者往往会得出一些新思路和新设想。如重要变量的设定、因果关系的设想、变量间关联的设想等"亮点",应及时记录下来,供进一步调查、观测、分析和撰写研究报告时使用。

4. 个人印象和感受

每个研究者都有自己的知识结构和观察问题的角度,各研究者之间不可避免地出现接受和处理信息的差异。写下每个人的现场调查印象和访谈感受,可以比较分析各研究者看问题的角度和侧重。

5. 后续需求

访谈记录还包括针对下一步研究的计划,还应继续调查的事物和人员等内容。

(五) 资料分析阶段

物流问题研究者最关心的问题应该是,如何判别和发现现场调查中的重要事实,如何分析物流问题的实质并引出结论。一般来说,分析和现场调查物流问题是相互交错进行的,主要运用归纳推理的思路和方法。

物流问题研究中,最常采用的、也是最有效的方法就是物流问题现象之间的相似和差异。如发现物流问题的相似性,便可以试着分析其共性,或找出物流问题研究的参照模式。如果发现被调查个体的反应与总体有某种差异,往往是解决问题的新发现。这就意味着物流问题研究者,需要对所调查物流问题现象进行分类分析,只有分类以后,才能厘清物流问题的共性和差异,并发现物流问题新的属性或特征。

现场调查和其他实地观测方法一样,需以研究假设为引导。物流研究人员在现场调查时,耳闻目睹的事物很多,若不抓住调查工作重点,便会陷入漫无目的的工作过程,耗费时光。物流研究开始时,就要进行初步的问题假设。根据此假设,可以有效和敏感地收集信息,发现各种支持和不支持假设的事实和证据。当然,物流研究者不能过于执着于初始的研究假设,现场调查环境能够丰富研究者的思路。为此,研究者要不断反省自己的观测视角,包括问题假设的局限性,以便从不同角度比较各种假设,并按调查事实和证据调整初始假设。

现场调查研究还可以将数据收集和数据分析结合起来。仅使用调查问卷法,只能通过调查问卷来收集数据,如果后续分析中发现遗漏了某些重要数据或变量,再重新调查便相当困难。然而,现场调查可以及时修正和补充原定的研究设计,持续观察物流事物。

现场调查人员的经验也很重要,从懂得数据收集和分析技术知识到真正具备有效地运用这些知识的技能,其间还有很大的鸿沟。经验是唯一有效弥补此鸿沟的手段。现场调查研究人员只有通过积累经验才能成为行家里手。

现场调查的优点是:① 能提供深入理解的数据资料。调查问卷或实地访谈方法,主要通过被访者的语言或文字回答做出判断,不过被访者口头说的和实际做的往往有差距,现场调查便可以避免这种误差。② 适于研究物流问题的特征。例如物流企业文化研究,如果不深入现场体验,就无法概括出该企业的文化特征。③ 多数现场调查研究均通过研究物流问题的变化过程,搞清物流问题发生的前因后果。

现场调查研究的缺点主要来自其非规范性,即现场调查研究成果取决于物流研究者的经验和研究技能。调查者的思维定式及所处情景决定了物流研究成果具有一定的主观色彩,有时不能通过结构化的工具和方法保证研究结果的客观性。并且,现场调查研究的非规范性常常使得研究结果难以精确地重复,而重复性恰是科学研究的重要标志。现场调查记录离不开主观选择,在同样环境下,不同的研究者对于同一次调查研究得出的记录不会一样。再者,现场调查收集的资料如果属于非定量化资料,常常使得假设检验困难。现场调查研究者在自然状态下实地访谈,不施加某些控制手段,也可能遗漏重要数据或资料。

三、如何分析物流问题①

(一) 分析理论与方法

物流问题分析方法的选择,一般遵循定量与定性分析相结合的原则,以定量分析为基础,但不可忽视定性分析的作用。定量分析主要使用各类经济指标,进行物流问题的量的规定。定性分析主要作用是判断形式,就物流问题的性质进行规定。

常用的定性分析理论有:物流管理理论、供应链管理理论、系统管理理论。

常用的定量分析方法有:调查统计方法、比较分析方法、绩效评价方法等。

1. 调查统计方法

统计分析方法从根本上说有两大类:一是逻辑思维方法,二是数量关系分析方法。在统计分析中二者密不可分,应结合运用。逻辑思维方法是指辩证唯物主义认识论的方法,唯物辩证法对于事物的认识是从简单到复杂,从特殊到一般,从偶然到必然,从现象到本质。坚持辩证的观点、

① 相关案例请访问:爱课程网→资源共享课→物流学/汝宜红→第五章第1讲→教学案例。

科学发展的观点，从物流问题的发展变化中观察问题实质，从物流问题的相互依存、相互制约中来分析问题性质，对统计分析具有重要的意义。数量关系分析方法是运用统计学中论述的方法对社会经济现象的数量表现，包括社会经济现象的规模、水平、速度、结构比例、事物之间的联系进行分析的方法。如对比分析法、平均和变异分析法、综合评价分析法、结构分析法、平衡分析法、动态分析法、因素分析法、相关分析法等。例如，应用统计分析法，对某物流中心运营后的物流量及品种比例、物流中心建设面积、物流设施设备选择等进行分析，可以为该物流中心的建设等提供定量化决策依据。

2. 比较分析方法

比较分析法是指对两个或几个有关的可比数据进行对比，揭示研究问题的差异和矛盾的一种方法。比较是分析的最基本的方法，没有比较，分析就无法开始。

（1）按比较对象（和谁比）分类，可以做以下比较：

① 与本企业历史比，即不同时期（2～10 年）指标相比，也称“趋势分析”。

② 与同类企业比，即与行业平均数或竞争对手比较，也称“横向比较”。

③ 与计划预算比，即实际执行结果与计划指标比较，也称“差异分析”。

（2）按比较内容（比什么）分类，可以做如下比较：

① 比较会计要素的总量。总量是指报表项目的总金额，例如总资产、净资产、净利润等。总量比较主要用于时间序列分析，如研究利润的逐年变化趋势，看其增长潜力。有时也用于同业对比，看企业的相对规模和竞争地位。

② 比较结构百分比。把损益表、资产负债表、现金流量表转换成结构百分比报表。例如以收入为 100%，看损益表的各项目比重。结构百分比报表用于发现有显著问题的项目，揭示进一步分析的方向。

③ 比较财务比率。财务比率是各会计要素的相互关系，反映其内在联系。比率的比较是最重要的分析。它们是相对数，排除了规模的影响，使不同比较对象建立起可比性。财务比率的计算是比较简单的，但对它加以说明和解释是相当复杂和困难的。

3. 绩效评价方法

物流绩效评价是对整个物流结构中特定过程进行的定量衡量，设计最佳的物流系统及其组成部分关键取决于进行绩效衡量的标准。物流绩效评价标准随系统定义范围（各种功能领域如：生产、分配、运输、保管和供货商的选择等）、各领域的物流功能要求、定量评价及定义系统的能力的不同而异。因此，物流绩效评价的第一步是对需要评价的系统及其组分进行定义，第二步是确定性能要求和系统的预期目标，第三步是确定定量评价性能要求的准则。理解各评价准则之间的关系也是很重要的。因为某一个或多个准则都可能影响另一评价准则的性能。例如：铁路上在按时送达货物方面的顾客服务取决于火车按时到达或离开的时间、车站的服务时间等。

系统的评价能力对设计或改善物流系统是非常关键的。各行各业为了保持或增加自己的市场份额和利润，不断改进各方面的工作。因为大家都明白，建立一套合理的评价标准是任何组织成功的关键。成功的绩效评价标准通常非常清晰、简单、易理解，它能反映具体业务活动中重要的工作状况，既包括经济指标也包括非经济指标。

表 3-4 总结了美国主要公司在运输和配送领域评价标准所做的一个调查的结果（Byen and Cole，1996），此结果以运输和配送中所涉及的总体反映为基础，运输列中各标准的平均打分（从

1～7进行打分,1 代表不重要,7 代表非常重要)是以运输行业管理人员的反映为基础的,配送列中各标准的评价也是以配送行业管理者的反映为基础的。

表 3-4 运输和配送领域评价标准评分结果调查

物流评价标准	评分		物流评价标准	评分	
	运输	配送		运输	配送
及时交货	6.83	6.67	订单选择	5	6
完全无损失递送	6.83	6.33	订单管理	4	5.67
货单准确性	6.17	5.8	订单发送	4	6.2
对查询及要求的反应时间	6	5.8	保管中丢失或损坏比例	4	6.17
订单交付周期	5.5	6.6	库存所占资金总量	0	6.4
平均运输时间	6.4	5	订单处理同期	6	6.8
延迟订单比例	4	6.14	库存调整的价值	0	6.33
订单准确性和完整性	6	6.57	补充订货周期	5	6
顾客交流	6	6.33	业务处理错误率	0	5.5
服务水平	6.5	6.14	每年发出的订单数量	1	5.5
库存准确性	5	6.5	总物流费用占销售收入的比例	6	6.25
预测准确性	5	5.75	净利润占销售收入的比例	6	6.8

上述调查表明,评价标准的重要性取决于所衡量的功能领域,某一评价因素对一个物流系统来说是主要的,而对另一个物流系统来说可能就是次要的。例如,运输管理者认为“业务处理错误率”和“库存调整的价值”是不太重要的,而他们打分最高的“及时送货”等标准在配送管理者看来却不应排在第一位。

物流绩效评价标准用来测试各物流功能组织内、外部的工作绩效,衡量标准重点在时间、质量、可得性、费用、利润和可靠性等方面,图 3-7 列出了物流绩效评价标准的分类。

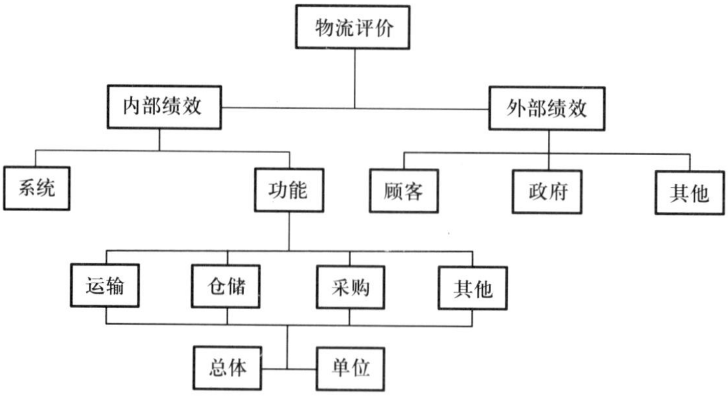

图 3-7 物流绩效评价标准分类

确定了评价标准后，需要使用一定的方法来评价结果。表 3-5 中罗列了 50 余种评价方法，在物流绩效评价中同样可以使用。

表 3-5　评 价 方 法

考核方法 1 （常用方法）	考核方法 2 （需专业支持）	考核方法 3 （具有整体连贯性）	考核内容	结果表 示方法
模糊感觉判断法	人物比较法	目标管理法	德能勤绩情知廉体	可与不可记录
问题事件检验法	行为固定考核法	（MBO）	工作表现	评语
总结汇报法	行为观察考核法	自主管理活动	工作职责	优缺点
观察面试法	原型固定考核法	标杆瞄准	工作构成要素	总结汇报
配对比较法	职务状况考核法	关键业绩指标法	多种绝对标准	评出先进
交替排序法	强制选择测评法	（KPI）	规则的掌握	优劣排序
因素排序法	锚定行为测评法	全方位绩效看板	难点要求点	优胜劣汰
图示尺度法	混合标准测评法	（平衡计分卡 BSC）	重点问题	胜任与否
减点评价法	行为差别测评法	EVA 经济增加值考核法	智能反应	述职报告
正负评价法	行为分布测评法	（价值管理活动）	潜能素质	多个等级
要素评语法	普洛夫斯特法	基于流程考核法	经验及改进思路	考核分数
强制分布法	层次分析法	基于供应链考核法	职业化行为	
等级择一法	业绩分布考核法	整合绩效管理	结果的多侧面	
结果累计测评法	领导行为激励法	（IPM）	事实记录	
多项综合评定法	情景模拟测评法	绩效管理循环法	组织文化氛围	
360°考核法	行为素质测评法	述职报告改进法	已有改进	
关键事件法	心理测检法	潜能素质法	最终结果	
述职法	统计技术应用	职业等级行为法		
各种考核量表法	问卷考试法			

（二）分析物流问题的角度

1. 从“市场适应能力”的角度

从这个角度，分析内容主要是物流服务。分析视角主要包括两个方面：外部的、市场的需求，以及企业内部的经营状况。得出的主要结论可以表示如下：

- 可以适应市场变化——优势
- 不能适应市场变化——劣势
- 外部对手非常强大——威胁
- 市场需求十分旺盛——机遇

2. 从“流通经济学”的角度

从这个角度，分析内容主要包括商流、物流、信息流、资金流及其流量、流向、流速。分析视角包括两个方面：外部的、市场的需求状况；企业内部经营环境。得出的主要结论可以表示如下：

- 可以满足市场需求——优势
- 不能满足市场需求——劣势

3. 从“供应链和增值链”的角度

从这个角度，分析内容包括：企业各项活动之间的联系，如原料供应与生产制造的计划性、及时性和协调一致性；各项活动能给企业带来的有形/无形价值；企业内部的各种链式活动，企业外部各种连接活动，如与供应商、顾客之间联系等。分析视角主要从内外部经营环境出发。得出的主要结论可以表示如下：

- 可以实现企业价值增值——优势
- 不能满足企业价值增值需求——劣势

4. 从“企业核心能力”的角度

从这个角度，分析内容包括：企业的物流核心能力，是指企业能够产生独特竞争优势的物流能力，例如被公认的优质物流服务品牌、物流原创技术、适应市场竞争的物流管理经验等。分析的视角主要从企业内外部经营环境出发。得出的主要结论可以有：

- 具有物流核心能力——优势
- 缺乏物流核心能力——劣势

5. 从“物流系统”的角度

从这个角度，分析内容包括：物流要素（流动要素、资源要素和网络要素）、物流结构（要素间的联系方式、组织秩序及时空关系）、物流系统与外部环境间的关系。分析视角主要从企业内外部经营环境出发。得出的主要结论可以表现为：

- 可以满足企业物流运营——优势
- 不能满足企业物流运营——劣势

四、如何撰写物流研究报告

俗话说：有了好布料，不等于有了好衣服。如果把现场调查和实地访谈等获得的第一手材料变成物流研究成果，还需要经过思维加工和文字加工。因此，可以说物流研究报告撰写是一个再创造的过程。要写好物流研究报告，必须抓住以下几个环节。

（一）草拟写作提纲

物流研究报告的撰写者，必须统筹规划好报告的结构，组织材料，草拟写作提纲。拟定物流研究报告撰写提纲的过程，实际上是对所从事的物流研究进行全面总结的过程，对收集到的物流数据和资料，经过比较、提炼，进行必要的取舍和增删，精选出最有价值的论点和论据。撰写者还要对研究报告的篇章结构、中心思想、内容表达层次，乃至每一章节叙述的主要内容，应使用何种图表等，进行缜密思考。撰写者可以先列出粗纲，然后修改补充为详细提纲。确定了物流研究报告的详细提纲，便可以从全局着眼，开始撰写报告。

（二）撰写初稿

撰写物流研究报告的初稿是报告撰写过程的重点环节。下面对物流研究报告的主要组成部分（引言、正文、结论）及其写作要求分别阐述。

1. 引言

引言是物流研究报告的开场白。引言部分必须说明进行本项物流问题研究的缘由和必要性；前人研究相似问题的进展情况，存在的问题；本研究的目的，主要采用什么研究方法，计划解决哪些问题，在学术上具有何种意义等。物流研究报告的引言要求简明扼要，直截了当。应该指出的是，有的初学者在研究报告中对前人的研究成果或研究工作随意否定，或轻易断言"此问题前人没有研究"，属于"历史空白"，是不妥当的。

高尔基说过，开头第一句是最困难的。物流研究报告有多种开头方法。有的采用开门见山的方法直入物流研究主题；有的提出物流问题现象引入物流研究主题；有的交代物流研究目的后，再逐步展开。总之，必须防止物流研究报告的引言面面俱到、不着边际、文不对题或一步登天、言尽意止、不留余地等毛病。

2. 正文

正文是物流研究报告的主体，占报告的绝大部分篇幅，是物流研究报告的关键部分，体现着物流研究的质量和水平。所以，必须重视物流研究报告的正文部分撰写。

不同类型的物流研究报告，在正文部分的叙述风格和阐述内容不尽相同，但要写好正文部分，均需掌握充分的研究资料，然后对研究资料进行分析、综合、整理，经过概念、判断、推理的逻辑过程，最后得出正确的观点，并以该观点为轴心，贯穿全文，用研究资料说明观点，做到研究资料与观点的统一。对初学者来说，往往易出现两种毛病：一种是只限于表述自己的论点而缺乏科学的论证过程；只有论点，没有研究资料，其研究成果缺乏说服力。另一种是罗列大量研究资料，平铺直叙，看不出主要论点是什么。为了科学、准确、生动形象地表现物流研究成果，提高研究成果的说服力和可信度，还应减少不必要的文字叙述，可以通过采用图、表、照片来集中反映关键的情节。

3. 结论

物流研究报告的结论部分，是作者经过反复研究后形成的总体论点，也是整篇报告的归宿。物流研究报告的结论必须指出哪些问题已经解决了，还有什么问题尚待研究。有的物流研究报告可以不写结论，但应做简单的总结或对研究结果开展讨论；有的报告可以提出若干建议；有的报告将论点分散到整篇文章的各个章节部分。不论是哪种类型的物流研究报告，都必须总结全文，深化主题，揭示规律，而不是正文部分内容的简单重复，更不是谈几点体会、喊几个口号。写好物流研究报告的结论还必须十分谨慎，措辞严谨，逻辑严密，文字简明具体，不能模棱两可，含糊其词。

（三）修改定稿

鲁迅先生说过，写作时不要十步九回头，写完后不要一去不回头。任何研究报告只要仔细审阅，都会发现或大或小的问题。物流研究报告撰写完成后，必须回头认真检查和修改。

有的初学者感到修改物流研究报告比写初稿还困难。因为物流研究报告的初稿的各部内容自己均觉得很恰当，要自己去发现哪些部分不恰当或有问题不那么容易。只有对自己高标准、严要求，才能将物流研究报告修改得更加完善。修改物流研究报告初稿首先需要经过反复审阅，对那些可有可无的叙述要大刀阔斧地删节，毫不痛惜。当然，初稿写好后，可以不必马上修改。因为人的思维有一定的"滞后性"，写完初稿就着手修改，往往跳不出原构思的"圈子"。因此搁置一段时间后，再组织修改，或许能得到新的启发。这时，修改的效果就可能会更好些。

一篇物流研究报告经过反复修改后，还应请专家指教，再行修改。要有“不耻下问”“登门求教”的精神，必须“自以为非”，不可“夜郎自大”。只有经过精雕细刻，精益求精，才能得到令人满意的研究成果。

总之，撰写物流研究报告要有“三严”的精神，即严肃的态度、严谨的学风、严密的方法；物流研究报告还必须达到“五性”要求，即科学性、客观性、公正性、确证性、可读性。只有这样，物流研究报告才可能成为高质量的物流研究成果。

小　故　事

乌进孝千里送年货

在《红楼梦》的第五十三回“宁国府除夕祭宗祠，荣国府元宵开夜宴”中，对于贾家的庄头乌进孝冒着严寒，从千里之外送来年货的情景，有着详细的描写。可以看出来，在古代，想要做这种大宗的、有时限要求的物流多么困难，千里运输是多么不易。这种物流形式，很显然是供应方（乌进孝）自营，并且是一种门到门运输，货主非常欢迎。但是，一旦未能按期、按预计的数量将货送到，货主贾珍又是多么恼火啊！看来，古今货主对于物流的要求都是相同的，物流公司面临的困难也都差不多啊！

在《红楼梦》这回书中描写了物流提供方——乌进孝和货主——贾珍见面的过程。一听什人说乌进孝到了，贾珍就说：“这个老砍头的今儿才来。”看来，物流提供方误了时限，造成了货主的抱怨。说着，贾珍查看到货单上列着的货物。这就是在验单了。贾珍命乌进孝进来，问：“你走了几日？”乌进孝道：“回爷的话，今年雪大，外头都是四五尺深的雪，前日忽然一暖一化，路上竟难走得很，耽搁了几日，虽走了一个月零两日，因日子有限了，怕爷心焦，可不赶着来了。”这是运输途中的艰难。贾珍接着又对货物表示不满，认为种类、数量都不够。

抛开乌进孝管理的农庄是贾家的不提，古代的供应商和现代的相比，是一样的难做啊！

经　典　资　料

现代物流经典理论与国外药品流通管理①

一、现代物流经典理论在药品流通管理中的基本表现

现代物流管理理论以物品动态流转过程为研究对象，主要揭示物品的运输、储存、包装、装卸搬运、流通加工和物流信息等要素的内在联系，以及物流与商流、信息流和资金流的相互作用关系。在现代物流管理理论中，“商物分离”“物流外包”与“第三个利润源”等均为经典理论。

（一）“商物分离”

“商物分离”是指物品的商流（如采购）与其物流在时间、空间、规模上的不同步。换句话说，

① 作者：汝宜红。

商物分离是商品流通中的两个组成部分——商品采购和实物流通各自按照自己的规律和渠道独立运动。

在药品流通管理中,"商物分离"的具体表现为建立两个不同的分支,分别处理药品流通的商流与物流,使得药品物流不再完全依附于商流的转移路径等,而是以满足商流的需求为前提,按照自己的运行规律实现药品流动。例如实现"商物分离"后,药品销售企业不再持有药品的实物存货,不再拥有仓库等物流设施,专门负责药品流通中的商流及其相关业务;药品物流企业则专门负责药品销售企业的存货管理等物流,在药品销售企业下达配送指令后,药品物流企业将其直接交付客户。

(二)"物流外包"

"物流外包"是指制造企业或销售企业为集中本企业有限资源、降低经营成本、增强市场核心竞争力,将本企业的物流业务以合同方式,委托给专业物流公司(或称第三方物流公司)运作的经营模式。

在药品制造企业或药品销售企业,"物流外包"是诸多业务外包模式之一,也是供应链环境下的药品制造企业或药品销售企业的物流资源配置新形式。不同于传统意义上的业务外委或外协,"物流外包"主要通过外包业务合同,促使合同双方各自集中本企业的主营业务能力,提高本企业的核心竞争力,最终使得合同双方的经济效益均有所提高。"物流外包"作为药品制造企业或药品销售企业提高药品流通速度、节省药品物流费用、减少库存资金积压的有效手段,确实能为药品的供需双方带来较多的收益。

(三)"第三利润源泉"

"第三利润源泉"又称"第三个利润源",是指企业的经营利润来源主要有三:降低原材料成本;降低劳动力成本;降低辅助活动的成本。物流活动属于"降低辅助活动的成本",因此被称为"第三利润源泉"。

实践证明,物流成本对企业经营总成本的影响较大,有挖掘的必要。当前,备受关注的是通过物流资源整合实现增值的"第三利润源泉"理论:即以物流需求为起点,以价值增值为研究对象,通过物流及与商流、信息流、资金流的关系研究和持续改善,达到供应链整体价值提升的目标。在实施药品流通管理过程中,只有正确运用"第三利润源泉"理论,构建现代药品流通管理体系,才可能明显提高医药行业的整体经济效益。

(四)小结

药品流通管理改革的实践证明:"商物分离""物流外包"与"第三利润源泉"理论均适用于我国药品现代流通管理,对降低物流成本,提高物流效率及其经济效益和社会效益作用显著。其中,"商物分离"理论是构建药品现代流通管理体系的理论基础;"物流外包"理论是运营药品现代流通管理体系的重要手段;"第三利润源泉"理论是药品现代流通管理的主要目标之一。

现阶段,我国药品流通管理改革经验还表明,只有实现了药品流通过程的"商物分离",才能有效地实施药品生产企业和销售企业的"物流外包",并最终提高药品供应链的整体"第三利润"。

二、国外药品流通管理的实践

(一)日本

长期以来,日本的药品市场规模一直位于世界第二位,因此日本从未停止有关药品流通管理改革和创新的步伐。现代物流管理的经典理论，尤其是“商物分离”理论在日本不仅应用广泛，而且效果明显。现阶段，日本力图通过构建“社会物流”大平台，逐步实现药品配送等物流业务的社会化，以缓解由于国民医疗费用过高对政府财政带来的巨大压力。

在日本，第三方药品物流公司大概可以分为两类：①原为药品制造企业或药品销售企业的物流（或运输）部门，后从母公司中独立出来，成为专门从事药品物流业务或以药品物流业务为主的第三方物流公司。②原为专门从事物流业务的第三方物流公司，后追加提供药品物流服务，并逐步扩展为以药品物流业务为主的第三方物流公司。这两类物流公司加上药品制造企业或药品销售企业的物流（或运输）部门，共同构成日本药品物流社会大系统。

其中的典型代表有：历史悠久的大冢制药、顺应改革潮流迅速成长的恒和药业、以提供优质药品物流服务著称的丸和运输。

1. 大冢制药

日本的大冢制药集团历史可以追溯到1921年，由过去的德岛大冢制药工业部发展而来。原集团的主营业务为化工原料，1946年开始生产和销售用于刚出生的婴儿和儿童的静脉注射药品，正式进入药品制造行业。20世纪50年代，大冢制药有限公司逐渐脱离原本的大冢化学有限公司，成为独立的药品开发商和制造商。

1961年，大冢制药有限公司专门成立了一家独立经营的、以运输、仓储为主营业务的大冢仓储有限公司，成为专门负责药品和食品配送业务的第三方物流公司，实现了大冢制药有限公司的药品流通的“商物分离”。大冢仓储有限公司的主业是为本集团的医药制品提供物流与配送，根据物流业务合同还能为其他企业提供“物流外包”服务（如食品物流）。大冢仓储有限公司的优质高效物流服务，不但可以帮助大冢制药有限公司降低物流成本，获取“第三利润”，而且可使得本企业的物流资源得到充分利用，赚取更多的经营收益。

2. 恒和药业

日本的恒和药业集团成立于2003年，是一家新兴的专业药品批发商，主要经营药品、医疗器具、医疗检查用试剂等。经历了短短几年的发展，恒和药业已经成为拥有员工近万人的大中型药品经销企业。

在成立恒和药品子公司的同时，恒和药业集团也成立了日商物流子公司，专门从事以医药物流为主的第三方物流业务，实现了药品批发商的“商物分离”。由于合理地将物流业务与自身的主营业务相分离，恒和药业集团的药品批发子公司和物流子公司都得到了较快的发展。集团自成立以来，资产总额稳步提升，2003—2006年，资产总额从4 510亿日元增加到了6 677亿日元，年均增长额超过10%。

3. 丸和运输

丸和运输机关株式会社成立于1973年，是一家专门从事常温物流、低温食品物流、医药物流的第三方物流企业。经过了近40年的发展，丸和运输现拥有员工7 500名，各类运输车辆1 500台，在全日本设立了100余家营业网点。

由于医药物流是丸和运输的主营业务，丸和运输注重满足顾客的期望、确保良好的物流服务，在医药物流质量安全和药品管理方面都有独特之处，旨在为顾客长期提供高品质的医药物流服务。丸和运输现在全日本已拥有21家配送中心，为日本的2 000多家药品店铺和医院配送药品。

（二）欧洲

在欧洲，专门从事药品物流服务的企业有两种类型：① 制药企业、药品分销商（批发商）自身拥有的物流企业，或控股的物流企业，主要为本企业提供药品物流服务；② 作为第三方物流公司，为社会提供药品配送等物流服务。典型代表企业有德国拜耳、TNT 集团以及 Alliance UniChem 集团。

1. 德国拜耳

拜耳公司总部位于德国的勒沃库森，在全球 200 个地点建有 750 家生产厂；拥有 12 万名员工及 350 家分支机构。拜耳医药保健是全球最大的药品、诊断设备及用于预防、诊断和治疗人类和动物疾病的其他产品的供应商，高分子、医药保健、化工及农业是其四大支柱，产品超过万种。该企业在 2008 年度的《财富》杂志评选的全球最大五百家公司排名中名列 158。拜耳在欧洲市场也有完整的销售网络，德国、比利时、法国、英国、意大利、西班牙以及芬兰等国均设有生产工厂，共有 55 500 名员工。2008 年，德国拜耳在欧洲市场销售额近 150 亿欧元。

Drugofa 公司是拜耳的药品、医疗器械以及保健品的统一物流服务商，拜耳参股。为确保服务的可靠性，Drugofa 公司在德国科隆建立了一座新的配送中心。物流中心每天处理来自全德国的约 1 200 个订单，订单品种超过 10 000 种；药品通常能够在 24 小时内送到客户或患者手中，在紧急情况下还可以提供更快捷的服务。所有这一切的基础在于物料流和信息流之间的联系。Drugofa 公司由于在智能化物流以及领先信息技术之间建立了完善的联系，从而能够从容面对电子商务的各种需求，使患者和客户都能从中获益。

2. TNT

TNT 集团是全球领先的快递邮政服务供应商，拥有 151 000 名员工，分布在 200 多个国家和地区，总部位于荷兰。2008 年，TNT 的销售收入为 111.5 亿欧元，营业收入为 9.82 亿欧元。TNT 的全球客户管理团队在汽车、工业、电信、电子、计算、医药和邮递等行业中都拥有特有的物流经验和专业知识。

国际快递和物流服务供应商 TNT 在欧洲拥有最先进的医疗行业物流设施。作为欧洲首个拥有专业的医药物流中心的企业，TNT 不仅打破企业通过经销商到零售商运营的传统模式，更利用 TNT 遍及欧洲所有的递送网络，为客户提供更便捷的服务。TNT 专业的医药物流中心还为客户提供温控仓储、装配以及海关清关等服务。TNT 承诺在 24 小时内，把生产商的医疗产品直接送达欧洲任何一个国家的经销商、医院和诊疗室手中，并且保证在整个运输过程中，对温度敏感的产品始终保持最佳温度状态。

3. Alliance UniChem

Alliance UniChem 集团是欧洲最大的药品及健康产品分销商，不仅拥有批发业务还有零售业务，以业务量庞大、配送网络广、采购价格低为特点，它在欧洲 8 个国家开展药品批发业务，能够配送 125 000 家药店、医院及健康服务中心，它建立了 380 个药品仓库网络，其中法国和英国的业务量最大，公司在欧盟有 17% 的股份市场。另外，Alliance UniChem 集团还在 5 个不同的欧洲国家开设了 1 300 家零售药店，其中 120 家为加盟店。

Alliance UniChem 是在零售和批发两线作战的大型医药集团：批发业务涉及欧洲 8 个国家，每一个国家的子公司根据当地的国情进行区别管理，甚至在有些国家设立下级分公司，分别专注于不同的细分市场；而零售业务分别在 4 个欧洲国家开展。

Alliance UniChem 连锁药店的网站数据库、零售企业信息系统以及批发企业配送信息三者之间一般通过 EDI 进行数据交换，形成有机的电子商务系统，实现了供应链参与企业之间的衔接，并通过该电子供应链降低了 10% ~15% 的成本。有 90% 的订单都是由上下游企业系统自动处理，只有 10% 的订单需要人工处理。利用高科技的计算机信息系统完成上下游企业有机集成，物流效率高。

Alliance UniChem 在欧洲有多个上万平方米的药品配送中心，中心实行计算机系统辅助管理。配套功能齐全，有自动化的药品配货作业线，能自动完成订单处理，实现 50% 以上的配货（除管制药品和小批量订单外）自动化。连锁店订单需求通过卫星或者网络系统传输到配送中心，配送中心再根据需求进行运输工具和路线智能调配，在 24 小时内可完成从订单到配货的工作，36 小时内货物送达，整个过程可实现自动化。这样的配送每个药店每周至少进行 1 ~2 次。

（三）美国

美国的药品市场规模一直保持着世界第一。2008 年，美国全国的药品市场规模为 2 750 亿美元。

现阶段，美国的药品物流大致由 3 类企业构成：

① 药品制造企业或药品销售企业的物流（或运输）部门，后从母公司中独立出来，成为专门从事药品物流业务或以药品物流业务为主的第三方物流公司。例如美国 AmerisourceBergen（美源伯根）公司。

② 专门从事药品物流业务的第三方物流公司，如 National Medical Logistics。

③ 原为专门从事物流业务的第三方物流公司，后追加提供药品物流服务，并逐步扩展为以药品物流业务为主的第三方物流公司。另外，加上药品制造企业或药品销售企业的物流（或运输）部门，共同构成药品物流社会大系统。

1. AmerisourceBergen

AmerisourceBergen（美源伯根）由美源健康（Amerisource Health）和伯根布鲁斯威格（Bergen Brunswig）公司于 2001 年 8 月合并而成，是目前美国最大的药品批发商。其中伯根布鲁斯威格（Bergen Brunswig）是美国最大的医药及医疗外科手术材料的批发商，在美国 20 个州拥有约 30 家经销机构，向药店、医院和健康保险机构分销药品和相关产品。

AmerisourceBergen 也是美国最大的药品服务商之一。服务对象包括药品制造商和药品供应渠道中的医疗保健产品与服务提供商。该公司客户包括医院和保健部门、连锁和单体药店、药品邮寄服务机构、医生、诊所、护理和辅助生活中心等。

此外，AmerisourceBergen 为医疗保健产品供应商和药品生产商提供广泛的服务，包括药房自动化系统，床旁医疗安全系统、药品包装、库存管理、药学咨询、后勤服务、医生教育等。

值得一提的是，AmerisourceBergen 除了满足自身物流需求的同时，还向其他药品制造商和分销商提供库存管理、物流和包装等服务，也具有第三方物流的功能。以此方法来充分利用其拥有的物流资源，为自身和其他企业创造价值。

2. UPS

UPS 于 1907 年成立于美国，通过明确地致力于支持全球商业的目标，UPS 如今已发展到拥有 497 亿美元资产的大公司。如今的 UPS 作为世界上最大的快递承运商与包裹递送公司，同时也是专业的运输、物流、资本与电子商务服务的领导性提供者。UPS 现已成为世界上最大的包裹运送公司，提供多种服务，使货物流、信息流与资金流能够实现同步协调运作，业务网点遍布世界200多个国家和地区。医药物流是UPS物流业务之一。

UPS为美国制药巨头默克公司的大多数合同药品和疫苗产品提供分销业务的物流服务，它为默克公司提供药物和疫苗产品的温度控制、包装和运输服务。UPS配送中心设在内华达州和佐治亚州。UPS利用其庞大的配送网络和先进的信息系统，改善医药供应链的灵活性，以提高客户服务水平和改善成本结构支持。

3. National Medical Logistics

美国的National Medical Logistics(NML)成立于2002年，总部设在弗吉尼亚州，是一家专业向医院、分销商、制造商提供药品物流咨询和物流服务的第三方物流企业。它可以向客户提供外包运输、外包仓库、订单处理、运输管理服务、配送中心设计等服务。可以帮助客户提高物流效率，同时降低成本。

NML的成立时间较短，但是发展却十分迅速，几年间，NML的业务就扩展出了弗吉尼亚州，成为一家在美国本土具有一定影响力的医药物流第三方企业。NML的主要客户来自美国大学的医疗机构。

三、结论

处在全球经济危机的年代，各国政府的财政预算均十分紧张，对于以基本药物为主的药品价格控制也越来越严格。为此，各国政府在督促药品生产企业和销售企业消减业务经费和管理费用的同时，也在寻求药品价格下降的新途径。日本医药制品批发联合会曾指出，建设中型药品物流中心，实现规模经营、降低物流成本，是日本近期乃至中长期的药品流通管理的对应之策。

纵观国外药品流通管理特点，现阶段日本、欧洲和美国都力图通过构建"社会物流"大平台，逐步实现药品配送等物流业务的社会化和第三方化；或凭借大型制药和批发企业，建立大规模企业药品物流系统，展开快速高效的物流配送。

综上所述，欧洲各国、美国和日本等发达国家结合本国实际、应用现代物流管理理论，持续改革药品物流管理体制，优化药品物流运作，通过第三方物流企业实现医药物流服务的规模化、专业化、效率化和低成本化。这些经验均可以为我国药品流通体制改革所借鉴。

案　例

机械制造行业物流供需调查①

本案例在对机械制造行业企业和第三方物流企业实际调研的基础上，分析了机械制造企业的实际物流需求及对现有物流服务的满意度，同时也分析了现有物流企业可以提供的物流服务的状况。在此基础上，得出了机械行业物流服务供需的差异，从而为企业（案例中指芬兰的一家在华物流企业）设定合理的运作模式、选择恰当的物流服务项目提供了决策依据。

① 作者：郑凯。

一、物流需求调查

我们对机械制造行业的企业进行了抽样调查,得到了样本容量为16的小样本数据,以下将基于样本数据进行机械制造行业物流需求情况的分析。

(一) 企业性质

在被调查的16家机械制造企业中,有24%的企业属于国有企业,外资和合资的企业占到总数的50%,私营企业和股份企业均为13%,详细情况见图3-8。

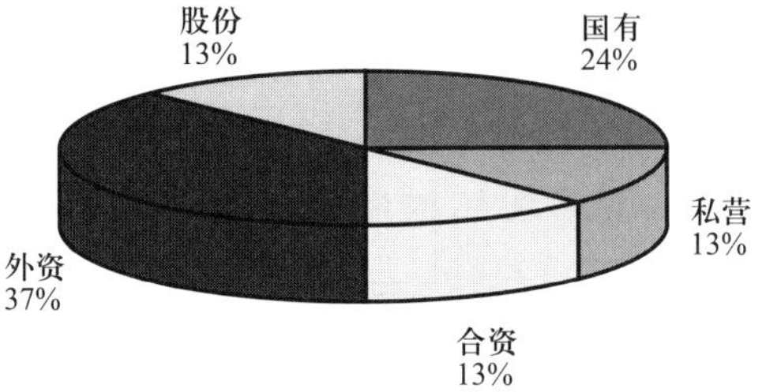

图3-8 企业性质分布图

由于在样本企业中有50%的企业属于外资和合资,与芬兰的物流公司目标客户的企业性质一致,为此,样本数据具有较强的代表性。为了全面获得调研数据的有用信息,以下本项目组将从全体企业(samples)、外资和合资企业两个方面对各项调查数据进行描述统计分析。

(二) 供应链状况[①]

1. 采购

从总体上来说,样本企业的主要原材料供应地区集中在国内,特别是京津地区。具体来说,有75%的企业的原材料来自北京地区,56.25%的企业的原材料来自国内其他省市,而有12.5%的企业原材料来自国外。

对于样本企业中的外资和合资企业来说,有62.5%的企业在北京地区采购原材料,原材料来自天津地区的企业占到总数的37.5%,从国内其他省市采购原材料的企业占到总数的50%,而有25%的企业从其他国家和地区采购原材料,如图3-9所示。

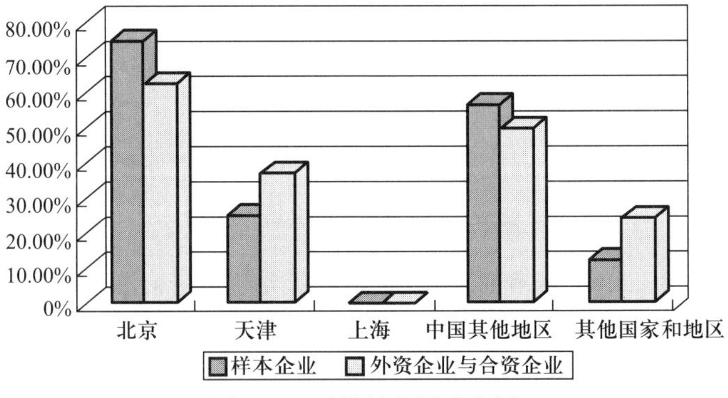

图3-9 原材料来源及比例

① 本部分内容中,由于问卷中的部分问题设计是多选的,因此各种比例加总之和不一定等于100%。

2. 制造

从总体上来说，样本企业的加工制造地区集中在国内，特别是京津地区。具体来说，有81.25%的企业的加工制造地区为北京地区，18.75%的企业的加工制造地区为国内其他省市，而仅有6.25%的企业的加工制造地区涉及其他国家和地区。

对于样本企业中的外资与合资企业来说，有75%的企业在北京地区进行加工制造，在天津地区进行加工制造的企业占到总数的25%，在国内其他省市进行加工制造的企业占到总数的37.5%，而有12.5%的企业在其他国家和地区进行加工制造，如图3-10所示。

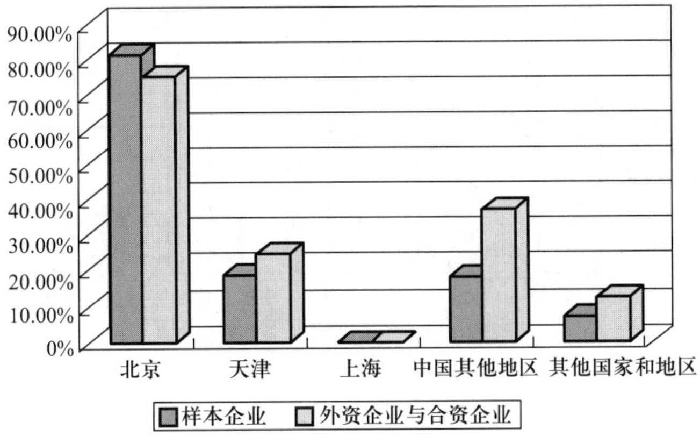

图3-10　加工地区

3. 销售

从总体上来说，样本企业的主要接单地区集中在国内，特别是京津地区。具体来说，有87.5%的企业在北京地区接收客户订单，75%的企业接收来自国内其他省市的订单，而有37.5%的企业接收从国外来的客户订单。

对于样本企业中的外资与合资企业来说，有75%的企业在北京地区接收客户的订单，在天津地区接收订单的企业占到总数的25%，从国内其他省市接收订单的企业占到总数的62.5%，而有50%的企业从其他国家和地区接收客户订单，如图3-11所示。

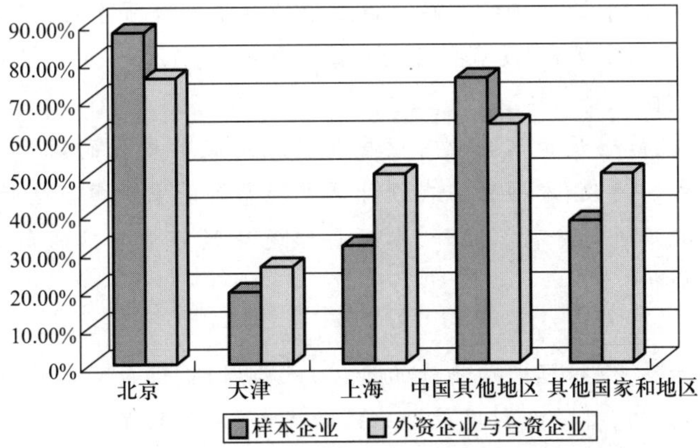

图3-11　接单地区

从总体上来说，样本企业的产品销售地区集中在国内。具体来说，有81.25%的企业的产品销售地区包括北京地区，75%的企业的产品销售地区包括国内其他省市，而有18.75%的企业的产品销售地区涉及国外。

对于样本企业中的外资与合资企业来说，有75%的企业产品销售地区包括北京地区，产品销售地区包括天津地区的企业占到总数的37.5%，产品销售地区涉及国内其他省市的企业占到总数的87.5%，而有12.5%的企业在其他国家和地区销售产品，如图3-12所示。

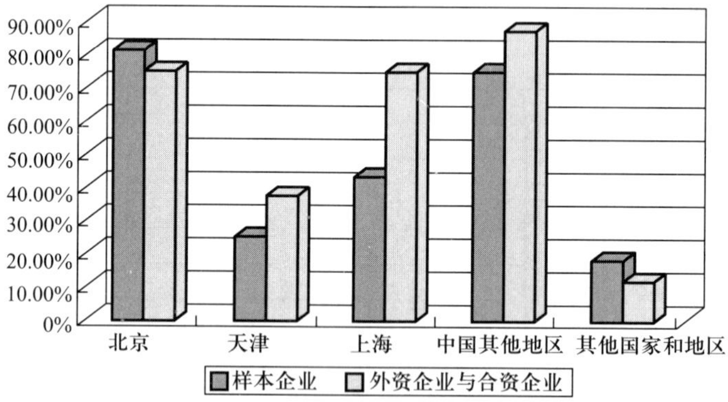

图3-12 销售地区

4. 物流

对调查数据进行统计分析可知，总体上样本企业的国际运输方式主要为委托给承揽运送企业或货物代理企业，具体来说，有31.25%的企业委托给承揽运送企业进行国际运输，有43.75%的企业委托给货物代理企业进行国际运输，由本企业自行与铁路、航空、水运相关企业联系进行国际运输的企业有18.75%，另外使用其他方式的企业有12.5%。

对于样本企业中的外资和合资企业来说，有12.5%的企业委托给承揽运送企业进行国际运输，有75%的企业委托给货物代理企业进行国际运输，由本企业自行与铁路、航空、水运相关企业进行联系进行国际运输的企业有0%，另外使用其他方式的企业有12.5%。

关于所使用的国际运输工具，在样本企业中有68.75%的企业使用了海运，使用了航空运输、铁路运输、公路运输的企业各有25%。对于样本企业中的外资和合资企业，有75%的企业使用了海运，有50%的企业使用了航空运输，没有企业使用铁路运输，有12.5%的企业使用了公路运输。

（三）物流需求分析

对于样本企业来说，能够反映该企业对供应物流相关服务要求的因素主要有企业的采购管理策略和库存管理方式。为此，本项目组在设计调查问卷时着重考虑了这两个方面的因素，以下将对调研获得的相关数据进行分析。此外，本项目组还从服务重要性的角度对样本企业的物流服务需求状况进行了分析。

1. 采购模式

在企业物资采购活动中，根据采购物资的价值、采购周期、供应商类型等不同的因素，所采用的采购、供应策略是不同的，目的是利用最小的采购成本，采购到保质保量的物资，以保证生产的所需。通过调研的统计数据可知，在总体样本企业已进行采购管理的企业中，采用定期采购策略的企业占12.5%，采用定量采购策略的企业占25%，采用ERP进行采购管理的企业占25%，采用其他采购管理策略的企业占 6.25%。对于样本企业中的外资与合资企业，已进行采购管理的企业中采用定期采购策略的企业占 25%，采用定量采购策略的企业占 50%，采用 ERP 进行采购管理的企业占 50%，采用其他采购管理策略的企业为 0。由数据可知，很多企业采用的并不是单一的采购策略，而是若干种采购策略的综合使用，如图 3-13 所示。

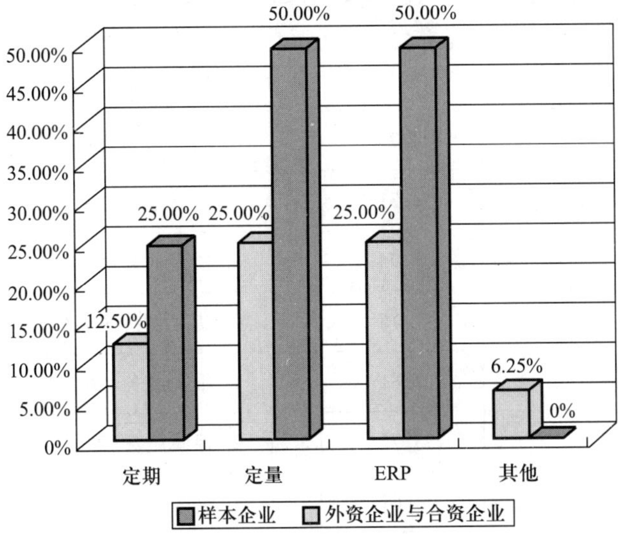

图 3-13　采购管理策略图

2. 库存管理方式

在本项目调研中，将库存管理方式分为四种：自营方式、供应商管理库存方式(VMI)、寄售库存方式以及其他方式。在样本企业已进行库存管理的企业中，采用自营方式的企业占 50%，采用供应商管理库存方式的企业占 18.75%，没有采用寄售库存方式和其他方式的企业。在外资和合资企业已进行库存管理的企业中，采用自营方式的企业占 87.5%，采用供应商管理库存方式(VMI)的企业占 37.5%，没有采用寄售库存方式和其他方式的企业。有部分企业既采用了自营方式又采用了供应商管理库存方式，如图 3-14 所示。

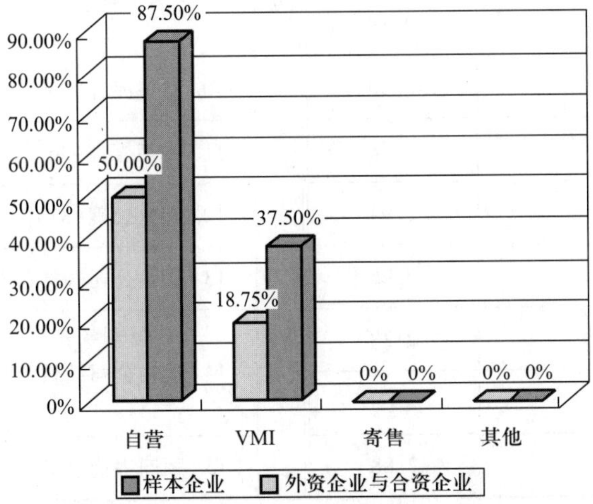

图 3-14　库存管理方式图

3. 物流需求

根据调研结果,分别计算出样本企业对各项物流服务重要程度评价值的平均值,如表 3-6 所示。从该表中可以看出,各项物流服务对于企业的重要程度还是存在一定差异的。

表 3-6 物流服务需求重要性评价

物流服务项目		重要性	物流服务项目		重要性
仓储服务	1. 货物退还(1)	3.25	配送服务	5. 货物贴标签(21)	3.44
	2. 货物检验(2)	3.25		6. 货物贴条形码(22)	2.69
	3. 货物存储与保管(3)	3.31		7. 简易加工(23)	1.81
	4. 保税仓库(4)	1.94		8. 质量检验(24)	2.69
	5. 特殊货物存储(5)	1.75		9. 货物再次包装(25)	1.75
	6. 集装箱拼箱(6)	2.81	其他服务	1. 报关服务(26)	3.06
运输服务	1. 市内货物运输(7)	3.75		2. 保险服务(27)	2.94
	2. 城际货物运输(8)	3.81		3. 金融服务(28)	2.06
	3. 提供进口货物运输(9)	2.94		4. 商品展示服务(29)	1.75
				5. 提供市场信息(30)	1.88
	4. 提供出口货物运输(10)	2.81		6. 代收货款服务(31)	1.63
				7. 运费支付与查核(32)	3.56
信息服务	1. EDI 服务(11)	2.63		8. 与运输公司议价(33)	3.50
	2. 货物追踪(12)	3.06		9. 供货商存货管理服务(34)	2.31
	3. 电子商务服务(13)	2.19			
	4. RFID(14)	2.00		10. 寄售库存(35)	1.63
	5. GPS(15)	1.88		11. 备品管理(36)	2.31
	6. ERP(16)	2.94		12. 车队管理(37)	2.88
配送服务	1. 货物组装(17)	2.25		13. 运输公司选择(38)	3.81
	2. 货物分拣(18)	2.38		14. 运输公司绩效衡量(39)	3.44
	3. 货物包装(19)	2.69			
	4. 货物装箱(20)	2.88		15. 顾问咨询服务(40)	2.63

按照各项物流服务重要程度评价值的平均值的高低，使用 SPSS 软件，对各项物流服务进行聚类分析。根据聚类分析结果图，可以将各项物流服务划分为三大类，三大类平均值的分界线为 3 与 2。

第一类（非常重要）物流服务包括：

(1) 仓储服务中的货物退还、货物检验、货物存储与保管。

(2) 运输服务中的市内货物运输和城际货物运输。

(3) 信息服务中的货物追踪。

(4) 配送服务中的货物贴标签。

(5) 其他服务中的报关服务、运费支付与查核、与运输公司议价、运输公司选择、运输公司绩效衡量。

第二类（重要）物流服务包括：

(1) 仓储服务中的集装箱拼箱。

(2) 运输服务中的进口货物运输和出口货物运输。

(3) 信息服务中的 EDI 服务、电子商务服务、RFID 和 ERP 服务。

(4) 配送服务中的货物组装、货物分拣、货物包装、货物装箱、货物贴条形码和质量检验。

(5) 其他服务中的保险服务、金融服务、供应商库存管理服务、备品管理、车队管理和顾问咨询服务。

第三类（一般）物流服务包括：

(1) 仓储服务中的保税仓库、特殊货物存储。

(2) 信息服务中的 GPS。

(3) 配送服务中的简易加工和货物再次包装。

(4) 其他服务中的商品展示服务、提供市场信息、代收货款服务和寄售库存。

二、物流供给调查

研究对服务于机械制造行业企业的物流企业进行了抽样调查，得到了样本容量为 25 的小样本数据，以下将基于样本数据进行机械制造行业物流供给情况的分析。

(一) 企业性质

在被调查的 25 家服务于机械行业的物流企业中，有 48% 的企业属于国有企业，外资和合资的企业占到总数的 32%，私营企业和股份企业的比重分别占到 12% 和 8%，详细情况见图 3-15。

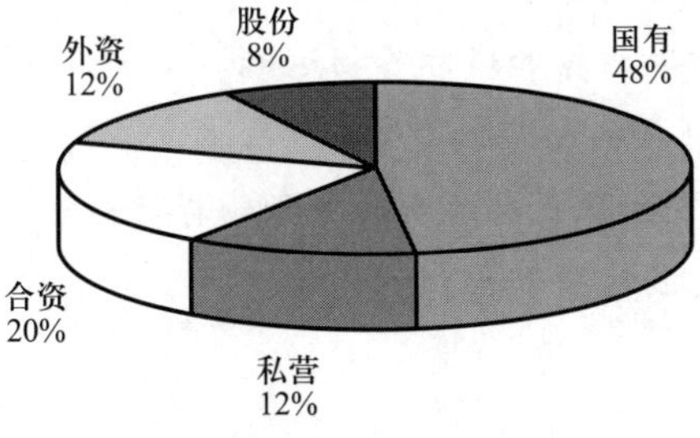

图 3-15　企业性质分布图

（二）业务覆盖范围

在被调查的物流企业中，有60%的企业在北京开展物流业务，72%的企业向天津地区的机械制造企业提供物流服务，68%的企业能够在全国范围内提供物流业务，而有24%的企业提供的物流服务甚至能够覆盖其他国家和地区。这些物流企业有能力成为芬兰物流企业在华发展的有力竞争对手，如图3-16所示。

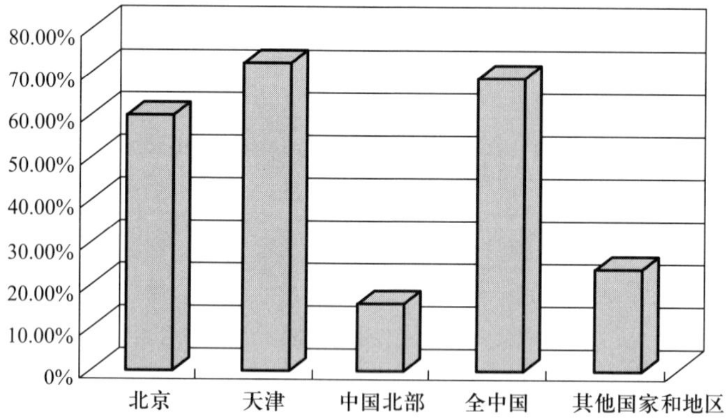

图3-16 企业覆盖范围分布图

（三）物流供给分析

在被调查的25家服务于机械行业的物流企业中，有72%的企业能够提供与仓储相关的物流服务，68%的企业能够提供与运输相关的物流服务，而有12%的企业能够提供货代、流通加工等其他物流服务。为了分析出机械制造行业物流服务供给的现状，以下将从提供各项物流服务企业的数量占样本总体比例的角度来进行分析。

在调研的各家物流企业中，他们各项物流服务的提供能力的统计情况如表3-7所示。从这些数据可以看出，能够提供基本的仓储保管和运输服务的企业占的比例较高，而能够提供一些增值性服务的企业占的比例比较低。

按照能够提供某项物流服务的企业占总体的比例的高低，使用SPSS软件对各项物流服务进行聚类分析。根据聚类分析结果图，可以将各项物流服务划分为三大类，三大类比例的分界线为0.7与0.35。

第一类（热门）物流服务包括：

（1）仓储服务中的货物存储与保管。

（2）运输服务中的市内货物运输和城际货物运输。

第二类（一般）物流服务包括：

（1）仓储服务中的货物检验、保税仓库和特殊货物存储。

（2）运输服务中的进口货物运输和出口货物运输。

表 3-7　物流服务供给情况

物流服务项目		占样本的比例	物流服务项目		占样本的比例
仓储服务	1. 货物退还(1)	0.24	配送服务	5. 货物贴标签(21)	0.32
	2. 货物检验(2)	0.40		6. 货物贴条形码(22)	0.08
	3. 货物存储与保管(3)	0.96		7. 简易加工(23)	0.28
	4. 保税仓库(4)	0.44		8. 质量检验(24)	0.16
	5. 特殊货物存储(5)	0.36		9. 货物再次包装(25)	0.00
	6. 集装箱拼箱(6)	0.24	其他服务	1. 报关服务(26)	0.32
运输服务	1. 市内货物运输(7)	0.72		2. 保险服务(27)	0.28
	2. 城际货物运输(8)	0.84		3. 金融服务(28)	0.20
	3. 提供进口货物运输(9)	0.48		4. 商品展示服务(29)	0.20
				5. 提供市场信息(30)	0.48
	4. 提供出口货物运输(10)	0.48		6. 代收货款服务(31)	0.16
				7. 运费支付与查核(32)	0.20
信息服务	1. EDI 服务(11)	0.32		8. 与运输公司议价(33)	0.20
	2. 货物追踪(12)	0.44		9. 供货商存货管理服务(34)	0.32
	3. 电子商务服务(13)	0.44			
	4. RFID(14)	0.24		10. 寄售库存(35)	0.08
	5. GPS(15)	0.16		11. 备品管理(36)	0.36
	6. ERP(16)	0.56		12. 车队管理(37)	0.40
配送服务	1. 货物组装(17)	0.32		13. 运输公司选择(38)	0.28
	2. 货物分拣(18)	0.24		14. 运输公司绩效衡量(39)	0.24
	3. 货物包装(19)	0.60			
	4. 货物装箱(20)	0.44		15. 顾问咨询服务(40)	0.40

(3) 信息服务中的货物追踪、电子商务服务和 ERP 服务。

(4) 配送服务中的货物包装和货物装箱。

(5) 其他服务中的提供市场信息、备品管理、车队管理和顾问咨询服务。

第三类(冷门)物流服务包括:

(1) 仓储服务中的货物退还和集装箱拼箱。

(2) 信息服务中的 EDI、RFID 和 GPS。

(3) 配送服务中的货物组装、货物分拣、货物贴标签、货物贴条形码、简易加工、质量检验和货物再次包装。

（4）其他服务中的报关服务、保险服务、全融服务、商品展示服务、代收货款服务、运费支付与查核、与运输公司议价、供货商库存管理服务、寄售库存、运输公司选择和运输公司绩效衡量。

思考题

1. 基于以上分析，如果你是一个外国物流企业的管理者，那么在国内的机械制造行业中，你准备提供哪些物流服务？针对的主要服务对象是哪些？

2. 选取另外一个行业，进行物流供需调查，做出调查报告。

本章小结

本章详细地介绍了物流学的基本理论框架体系，包括物流的研究目的，学科性质以及研究内容；然后从物流学理论的发展角度阐述了物流学研究中出现的一些重要观点，包括商物分离、第三个利润源、效益背反说等；继而探讨了目前在供应链环境下的物流研究问题，并特别介绍了当前处于我国物流理论前沿水平的徐寿波院士的大物流理论；最后一节主要阐述了物流学科的具体研究方法，包括物流的现场调研、物流问题的分析和物流报告的撰写。

关键名词

物流研究理论体系　商物分离　效益背反　供应链物流　大物流论　物流研究方法

思考题

1. 阐述你对物流学发展的主要观点的认识。
2. 请简述在供应链环境下物流的特点以及存在的问题。
3. 大物流理论包括哪几个方面？请加以分析说明。
4. 简述如何进行物流问题的现场调研与统计分析。
5. 选取某个物流企业或者某个场所进行现场调研，针对其现状、问题等撰写调研报告。

即测即评

请扫描二维码进行在线测试。

拓展阅读

拓展资料 3-1：大物流论

拓展资料 3-2：商品物流新理论

拓展资料 3-3：学生作业：北京鲜活农产品流通现状调研报告

第四章　功能要素

授课视频 4-1：物流功能要素的衔接关系

物流具有运输、储存、装卸搬运、包装、流通加工、配送和信息处理七项基本功能。其中，运输与储存分别解决了供给者和需求者之间在场所和时间上的分离，分别创造了物流的“场所价值”和“时间价值”。信息处理功能起到支持物流运作的支撑平台作用，是促使物流合理化的功能要素。配送最能体现物流系统的最终的总体服务功能，可以说是完善服务功能的要素。流通加工是物流过程中形成物流增值效应的主要功能要素。包装、装卸搬运在物流过程中更多的是增加成本的功能要素，它们的存在对于完善物流系统、完善物流活动必不可少，但是也必然增加成本支出，是影响物流成本的功能要素。本章将对运输、储存、装卸搬运、包装、流通加工、配送与信息处理等七项基本功能要素进行简要介绍。

第一节　运　　输

运输就是商品的载运和输送，我国国家标准《物流术语》(GB/T 18354—2006)对运输的解释是：用专用运输设备将物品从一个地点向另一地点运送。其中包括集货、分配、搬运、中转、装入、卸下、分散等一系列操作。在商业社会中，因为市场的广阔性，商品的生产和消费不可能在同一个地方进行，因此，一般来说，商品都是集中生产、分散消费的。为了实现商品的价值和使用价值，使商品的交易过程能够顺利完成，必须经过运输这一道环节，把商品从生产地运到消费地，以满足社会消费的需要和进行商品的再生产。如果将原材料供应商、工厂、仓库以及客户看作物流系统中的固定节点，那么，商品的运输过程正是连接这些节点的纽带，是商品在系统中流动的载体。因此，人们把运输称为物流的“动脉”。

一、运输对物流的功能与作用

企业的发展必须依靠高效的生产和大量的销售，这并不难达到，但是，如果没有高效低价的商品运输能力，仍然难以实现企业的发展。商品运输在商品流通中发挥着举足轻重的作用。

（一）商品运输可以创造出商品的空间效用和时间效用

商品运输通过改变商品的地点或者位置所创造出的价值，称为商品的空间效用；商品运输使得商品能够在适当的时间到达消费者的手中，就产生了商品的时间效用。通过这两种效用的产生，才能够真正地满足消费者消费商品的需要。如果运输系统瘫痪，商品不能在指定的时间送到指定的地点，则消费者消费商品的需要得不到满足，整个交易过程就不能得到实现。

（二）商品运输可以扩大商品的市场范围

在古老的市场交易过程中，商品只在本地进行销售，每个企业所面对的市场都是有限的。随着各种商品运输工具的发明，企业通过商品运输可以到很远的地方去进行销售，企业的市场范围可以大大地扩展，企业的发展机会也大大增加。随着各种先进的交易形式的发展，企业的市场范围随着网络的出现而产生了无限扩大的可能，任何有可能加入因特网的地方，都有可能成为企业的市场。为了真正地将这种可能变成现实，必须使企业的商品能够顺利地送达这个市场中，这就必须借助于商品运输过程。因此，商品运输可以帮助企业扩大它的市场范围，并给企业带来无限发展的机会。

（三）商品运输可以保证商品价格的稳定

各个地区因为地理条件的不同，拥有的资源也各不相同。如果没有一个顺畅的商品运输体系，其他地区的商品就不能到达本地市场，那么，本地市场所需要的商品也就只能由本地来供应。正是因为这种资源的地域不平衡性，造成了商品供给的不平衡性。因此，在一年中，商品的价格可能会出现很大的波动。但是，如果拥有了一个顺畅的商品运输体系，那么，当本地市场的商品的供给不足时，外地的商品就能够通过这个运输体系进入本地市场，本地的过剩产品也能够通过这个体系运送到其他市场，从而保持供求的动态平衡和价格的稳定。

（四）商品运输能够促进社会分工的发展

随着社会的发展，为了实现真正意义上的社会的高效率，须推动社会分工的发展，而对于商品的生产和销售来说，也有必要进行分工，以达到最高的效率。但是，当商品的生产和销售两大功能分开之后，如果没有一个高效的商品运输体系，那么，这两大功能都不能够实现。商品运输是商品生产和商品销售之间不可缺少的联系纽带，只有有了它，才能真正地实现生产和销售的分离，促进社会分工的发展。

二、运输方式及选择

（一）运输方式

商品运输可以采用不同的运输方式，各种不同的运输方式各有其自身的特点。基本的运输方式有：铁路运输、公路运输、水路运输、航空运输以及管道运输。

1. 铁路运输

通过铁路运输商品，最大的优势就是能够以相对较低的价格运送大量的货物。新中国成立以来，铁路运输一直是我国运输业的主力。铁路运输的主要货物有：煤炭、矿建材料、矿石、钢铁、石油、谷物、水泥等。这些产品都有一个共同的特点，那就是低价值和高密度，且运输成本在商品售价中所占的成本比较大。

铁路运输一般可以分为两种类型：整车运输和集装箱运输。整车运输业务就是包租一节货车的运输形式，适用于大批量、大规模或是单个长度、重量、容积等特别长大的货物的运输。集装箱运输业务是一种利用集装箱进行运输的业务，有时也包括将集装箱作为货物进行托运。这种集装箱运输业务是在发货人的门口把货物装入集装箱后，一直送到收货人的门口，将货物从集装箱中取出，中途不再进行货物倒装的一种运输形式。

铁路运输一般符合规模经济和距离经济的要求。规模经济的特点就是随着装运规模的增长，单位重量的运输成本会降低。也就是说，用铁路进行运输，一次运输的商品规模越大，那么，单位产品的运输费用也就越低。而距离经济是随着运输距离的增加，单位产品的运输费用也会相应减少。因此，一般情况下，对于大批量和长距离的运输情况来说，货物的运输费用会比较低，一般要低于利用公路汽车进行运输的费用；但对于小批量的货物和近距离的大宗货物来说，一般运输费用会比较高。

随着现代科学技术的发展，铁路几乎可以修建在任何需要它的地方，因此，现有的铁路网络四通八达，可以很好地满足远距离运输的需要。铁路可以全年、全天候运营，受地理和气候的影响比较小，具有较高的连续性和可靠性，而且，铁路运输的安全性也在逐步提高。铁路运输速度比较快，比水路运输快很多。在运程比较长的情况下，也会快于公路运输。

但是，铁路运输也有自身的局限性。铁路运输中的货车只能按照铺设的铁道行走，这在一定程度上影响了铁路运输的灵活性，不能实现“门到门”的服务。在近、中距离运输的时候，铁路运输的运费比较高。因为车辆调配困难，铁路运输不能满足应急运输的要求。但是，可以结合各种运输方式的优点，为顾客提供满意优质的服务。比如，可以将铁路在长途运输和全国覆盖面广的优势与公路汽车运输的灵活性结合起来，这样，就能更好地实现“门到门”的服务，提高运输部门的服务质量。

目前，随着其他运输形式尤其是公路运输业的发展，铁路运输在运输行业中所占的比例有逐渐减少的趋势，但在可预见的未来，铁路运输仍将是中、长距离客、货运输的主力。

2. 公路运输

公路运输是配送货物的主要形式。因为公路运输可以将货物直接送到顾客所指定的地方，而不需要在途中进行中转，极大地方便了客户。一般来说，公路运输可以用来运输任何产品，但根据公路运输自身的特点，主要用来运输制造产品。制造产品的特点就是价值比较高，包括纺织及皮革制品、橡胶与塑料制品、仿金属制品、通信产品及照相器材等。

公路运输的主要优点是：在近距离的条件下，公路运输可以实现“门到门”的服务，而且运输速度也比较快；公路运输可以根据需要，灵活制定运输时间表，而且对于货运量的大小也有很强的适应性；对于近距离的中小量的货物运输来说，使用公路运输的费用比较低；在运输途中，几乎没有中转装卸作业，因此，发生碰撞的概率比较小，对于包装的要求不高。

公路运输的主要缺点是：因为汽车的载重量有限，所以，一般公路运输的批量都比较小，不太适合大量的运输；在进行长距离运输时，运费比较高；公路运输比较依赖于气候和环境的变化，所以，气候和环境的影响可能会影响运送时间。

3. 水路运输

水路运输由船舶、航道和港口所组成。这是一种历史悠久的运输方式，也称为船舶运输。水路运输主要用于长距离、低价值、高密度、便于用机械设备搬运的货物运输。

水路运输的主要优点是：水路运输的运输能力比较大，运输的距离比较长，单位商品的运输费用也比较低，因此，水路运输最大的优点就是成本低廉；当运输散装的原材料的时候，可以运用专用的船只来进行，因而运输效率比较高；因为水路运输的运载量比较大，所以，它的劳动生产率也比较高。

水路运输的主要缺点是：水路运输的运输速度比较慢，它在所有的运输方式中速度是最慢的，一般来说，水路运输速度要比铁路运输慢 1～2 倍；行船和装卸作业受天气的制约，运输计划很容易被打乱；水路运输所运输的货品必须在码头停靠装卸，相当费时、费成本，而且无法完成“门到门”的服务。

4. 航空运输

对于国际货物的运输，航空运输已经成为一种常用的运输形式。

航空运输的最大优点是运输的速度非常快，因此，当被运输的货物属于客户急需的物资时，或者对于易腐烂、易变质的货物来说，都可以考虑采用航空运输。用飞机运输货物的时候，在运输途中对于货物的震动和冲击比较少，所以，被运输的货物只需要简单的包装即可，可以节省包装的费用。

航空运输的适用范围有局限性。首先，航空运输的费用非常高。在美国，按平均每吨货物每英里①的运价计算，航空运输是铁路运输的 12～15 倍，是公路运输的 2～3 倍，如此高昂的运输成本使很多企业望而却步。其次，航空运输除了靠近机场的城市以外，对于其他地区也不太适用，必须利用汽车来弥补这部分的不足。最后，恶劣的天气情况可能也会对航空运输造成极大的影响，影响航空运输及时性的实现。

5. 管道运输

利用管道运输的大部分物品都是一些流体的能源物资，如石油、天然气以及成品油等。

利用管道运输的一大优势就是成本低廉，而且管道运输受天气情况的影响非常小，可以长期稳定地使用，安全性比较高。

运用管道运输存在很大的局限性。管道运输方式不够灵活，只有接近管道的用户才能够使用；管道运输只能够用来运输液态或气态的产品，不能够用来运输固态的产品，使其运输的适用性受到一定的影响。另外，管道运输的速度也比较慢。

（二）运输方式的选择

每一种运输方式所能提供的服务内容和服务质量各不相同，因而，每一种运输方式的成本也各不相同。企业应该根据自身的要求，综合考虑各方面的因素，选择合适的运输方式。运输方式的选择应满足运输的基本要求，即经济性、迅速性、安全性和便利性。由于运输对象、运输距离和运输时限的不同，对以上四个方面要求的程度也不同。运输方式的选择方法可以采取定性与定量相结合的方法，其中定性方法一般依靠经验判断，参照表 4-1 进行决策；而定量方法在企业的实际操作中并不多用，可以采用运筹学中决策论的相关方法。

表 4-1 各种运输方式的营运特征(得分越低越好) 单位：分

营运特征	铁路	公路	水路	航空	管道
速度	3	2	4	1	5
可行性	2	1	4	3	5

① 1 英里约为 1.609 3 千米。

续表

营运特征	铁路	公路	水路	航空	管道
可靠性	3	2	4	5	1
能力	2	3	1	4	5
频率	4	2	5	3	1
合计得分	14	10	18	16	17

三、运输系统[①]

运输作为物流系统的动脉,在物流系统的整个运作过程中发挥着不可替代的作用。为了更好地实现准确、安全并且以最低的成本运输商品的目的,企业应该用系统化的观点,通过分析研究,建立自己的商品运输系统。在建立商品运输系统的过程中,应该全面考虑运输工具的选择、物流结点的设置以及运输计划的编排等各项要素。而且,在运输的迅速性、便利性、安全性和经济性之间存在着非常强烈的互相制约的作用,需要对它们进行综合的考虑,从全局出发,做到总体的最优化。

(一) 运输系统的构成

设计商品运输系统的目的是能够准确、安全并以较低的成本运输商品。在设计商品运输系统之前,首先必须考虑建设整体的运输网络,明确商品运输系统的构成。运输系统由运输的货物与承载运输的运输网络构成。商品运输网络由运输线路和停顿点组成,运输线路表示连接停顿点之间的运输设备,停顿点表示工厂、仓库、配送中心等物流结点。因此,在设计商品运输系统的时候,必须仔细考虑如何选择运输工具、设置物流结点。

运输工具是指在运输线路上或具有相似性能的几何体上,用于装载货物并使它们发生水平位移的各种设备。根据其从事运送活动的独立程度,运输工具可以分为三类:没有装载货物容器,只提供原动机的运输工具,如铁路机车、拖船、牵引车等;没有原动机,只有货物容器的从动运输工具,如车辆、挂车、驳船等;既有装载货物容器,又有原动机的独立运输工具,如轮船、汽车、飞机等。管道运输比较特殊,可以将泵(热)站视为运输工具,甚至把干管都视为运输工具。

运输线路是供运输工具定向移动的通道,是运输工具赖以运行的物质基础。在现代物流系统中,主要的运输线路有铁路、公路、航线和管道,其中铁路和公路为陆上运输线路,需承受运输工具及其装载物或人的质量,并主要地或部分地引导运输工具的行进方向;航线分为水运航线和航空航线,主要起引导运输工具定位定向行驶的作用,不必承受来自运输工具及其装载物或人的质量,船舶等浮动器和飞机等航空器及其装载物或人的质量由水和空气的浮力来支撑;管道是一种相对特殊的运输线路,由于其严格的封闭性,使之部分地承担了运输工具的功能。

物流结点是物流网络中连接物流线路的结节之处,在现代物流网络中起着衔接功能、信息功能和管理功能等多方面的重要作用。物流结点可分为多种类型,包括转运型结点、储存型结点、流通型结点、综合型结点、物流枢纽等多种,从运输角度而言,处于运输线路上的结点一般包括铁路车站、汽车站(场)、港口、航空港和管道站等。

① 知识链接:运输安全,请访问:爱课程网→资源共享课→物流学/汝宜红→第六章第2讲→学生作品。

（二）运输系统的合理化

运输所产生的成本在整个物流成本中所占的比例应该是最大的。日本通产省对六大类货物的物流成本的调查结果表明，其中运输成本占40%左右，如果将产品出厂包装费计入制造成本，那么运输成本将占物流成本的50%左右。因此，为了降低物流的总成本，必须对商品运输系统进行合理化配置。

授课视频 4－2：运输合理化

不合理运输的表现形式主要包括空驶、对流、迂回、重复运输、倒流、过远运输、运力选择不当、托运方式选择不当、超限运输等。对这些形式，需要将其放在运输系统、物流系统中做出判断，着眼点在于追求总体的、系统的合理性，否则很可能出现“效益背反”现象。影响运输合理化的因素很多，起决定作用的有五个方面，称为合理运输的“五要素”，包括运输距离、运输环节、运输工具、运输时间和运输费用等。商品运输系统的合理化配置可从以下几个方面进行：

（1）合理配置各物流中心的区域位置，使其能够实现货物的直接配送。另外，应该有效地区分储存性仓库和流通性仓库，对其进行合理的利用。

（2）针对不同的运输条件和环境，选择最为适合的运输工具，并且要通过运用科学化的分析工具，做出使用自有车辆运输还是租赁车辆运输的决策。

（3）要努力提高运输的效率。提高车辆的运输效率和车辆的装载率，减少空车行驶现象的发生。而且，要通过科学的分析和现代化工具的运用，提高装卸作业的效率，从而减少车辆的等待时间，实现系统整体的最优化。

（4）应该从社会化的总体观点出发，积极推进社会化共同运输方式的实现。通过社会各界、各个企业间的亲密合作，共同建立一个社会化的物流运输体系，这样，才能在社会化范围内实现社会整体的运输效率的最大化，提高整个社会的运输工作效率。

（三）运输系统的设计与评价①

前面已经提到，商品运输系统的目的就是要准确、安全并以最低的成本运输物资。但是，运输的迅速性、便利性、安全性和经济性之间一般都存在着相互制约的关系。如果重视迅速性、安全性和便利性，运输的成本可能就会相应提高；如果降低运输成本，那么就必须牺牲前面这几项中的某一部分。因此，必须对商品运输系统进行合理的设计和评价，以实现总体的均衡。

随着现代物流学的发展，产生了许多用于商品运输系统的设计与评价的工具，特别是产生了很多数学模型，用于帮助物流业者进行商品运输系统的设计与评价工作。其中比较典型的有商品运输模型、图表分析法、图上作业法、表上作业法等。此外，还产生了很多种用于这种分析工作的商业软件。运用这些工具可以对复杂的经济社会进行模拟，从而有效地解决商品运输中所产生的各种问题。这部分工具需要运用一定的数学知识和运筹学知识，在此不详细介绍，有兴趣的读者可以参阅有关书籍。

---

① 相关案例请访问：爱课程网→资源共享课→物流学/汝宜红→第六章第3讲→教学案例。

授课视频 4-3：国内第一代多式联运公铁驮背运输专用车

四、多式联运

在现今的社会中，无论是公路运输、铁路运输、水路运输还是航空运输，都有其自身难以克服的弱点。因此，人们开始考虑在不同的停顿点之间，也就是不同的运输线上采用不同的运输工具，以实现整个运输系统的最优化，这也就是物流学中所说的“多式联运”。

多式联运通常意义上是指由两种及以上的交通工具相互衔接、转运来共同完成货物运输的运输过程。根据是否跨越其他国家分为国内多式联运和国际多式联运。根据《联合国国际货物多式联运公约》的规定，国际多式联运一般是指按照国际多式联运合同，以至少两种不同的运输方式，由多式联运经营人把货物从一国境内接管地点运至另一国境内指定交付地点的货物运输方式。

在实践中，经常有人将不同概念混为一谈。表 4-2 显示了多式联运与相关术语的比较。集装箱作为标准装载单元，在转换运输方式时可以做到只对集装箱而不对货物本身进行操作，为建立“一次装箱、一箱到底、全程服务”运营模式奠定了基础，也为推行“一次托运、一次计费、一次保险、一票到底”单证体系带来了便利。

表 4-2 多式联运与相关术语的比较

相关术语	与多式联运的主要区别
综合运输（comprehensive transport）	综合运输的概念更广、更宏观，更突出国家对整个综合运输体系的规划和合理应用，综合运输体系是实现多式联运的重要基础；多式联运主要指微观层面的运输活动，突出运输企业合理运用多种运输方式提供满足社会需求的完整运输产品。多式联运是综合运输体系的核心组成部分
一体化运输（integrated transport）	狭义的一体化运输概念，主要是指运输行为和活动的联合与协作，多式联运的目标就是各种运输方式的一体化，因而一体化运输建设的核心是要实现多式联运。广义的一体化运输概念，主要是指综合运输一体化，是指不同运输方式的一体化，以及交通运输与土地利用、环境保护、健康及教育等方面的一体化
联合运输（combined transport, joint transport）、一贯制运输（through transport）	联合运输、一贯制运输，既包括同一运输方式中不同企业之间的同式联运（也称多程联运），也包括不同运输方式之间的多式联运。因而，与多式联运相比，它们的外延更大
集装箱运输（container transport）	集装箱运输可能由单一方式或多种运输方式完成。在涉及多种运输方式时，只有符合多式联运构成要素的，才能称之为集装箱多式联运。集装箱多式联运是集装箱运输和多式联运最主要的组织形式

事实上，正是 20 世纪 60 年代以集装箱在海运业中的应用为主要标志的运输革命拉开了现代多式联运业发展的序幕，可见集装箱运输对于多式联运具有非常重要的意义，以至于一些人士将两者等而视之。

尽管如此，两者的区别（集装箱运输与多式联运）还是显而易见的。采用集装箱运输的，也可能由单一运输方式或多种运输方式完成。即使全程涉及多种运输方式，也不见得都是集装箱多式联运，只有符合多式联运构成要件的，才能称之为集装箱多式联运。多式联运并非一定采用集装箱为载体进行运输。除此之外,还有不以集装箱为载体的多式联运,如大宗物资的多式联运。

与欧美国家相比,我国的多式联运主要集中在集装箱多式联运、整车滚装运输,铁路商品车(主要是轻型车)运输、半挂车水路滚装运输在局部地区有所发展但范围较小,而半挂车铁路驮背运输、卡车整车铁路滚装运输、公铁两用挂车运输等形式也还没有大的发展。因此,在大力推广集装箱多式联运的同时,也应适度发展以其他标准化单元为载体的多式联运。

多年来,我国强调综合运输体系建设,它更多体现为一种发展理念和总体战略。从国外经验来看,欧美发达国家较少提及综合运输体系,各种交通运输方式基本网形成后,直接转向推进多式联运发展阶段。鉴于我国交通运输的特殊国情,前一阶段强化综合运输体系发展理念是有必要的,但现在到了把理念实化为具体行动或推进路径的关键时期,这就是发展多式联运。

第二节　储　　存

企业为了满足用户的需要,必须在用户指定的时间、地点将商品交付给用户使用。为了实现这个目的,除了需要快速的运输以外,还需要企业能够拥有一定的商品库存,以便能够应付用户的紧急需要,而且,这个仓库应该离用户越近越好,这样,才能更加迅速地满足用户的需要,塑造最佳的企业形象。因此,商品储存系统是企业物流系统中一个不可缺少的组成部分,它处在整个物流过程的节点上,只有经过这个节点,整个物流过程才能够实现,因此,人们将它称之为物流的中心。

一、储存的作用

所谓商品储存,就是指在商品生产出来之后到达消费者手中之前所进行的商品保管的过程,是保护、管理、贮藏物品。具体来说,就是在保证商品的质量和数量的前提之下,根据一定的管理规则,在一定的时间内将商品存放在一定的场所的活动。它是物流系统的一个重要的组成部分。商品储存是包含商品库存和商品储备在内的一种广泛的经济现象,是一切社会形态都存在的一种经济现象。

在传统商业中,商品储存的过程一直被认为是无关紧要的,因为,它只会增加商品的成本,而不能产生利润。但是,随着现代物流学的发展,商品储存作为物流系统的重要的组成部分,越来越被众多的学者与物流业者所重视,它在物流的整个过程中发挥着越来越重要的作用。

在物流过程中,商品储存的作用主要有如下几点:

(一) 通过商品储存,可以调节商品的时间需求,进而消除商品的价格波动

一般来说,商品的生产和消费不可能是完全同步的,为了弥补这种不同步所带来的损失,就需要储存商品来消除这种时间性的需求波动。比如说,人们在日常生活中,对于大米的需求是持续的。但是,大米的生产并不是随时都能进行的,即大米的供给是集中进行的。所以,必须通过商品储存来储存一些大米,在不能生产大米的季节供给消费者。而且,通过这种有目的性的商品储存,可以防止商品供给和需求之间矛盾的产生,稳定商品物价。

（二）通过商品储存，可以降低运输成本，提高运输效率

众所周知，商品的运输存在规模经济性。而对于企业来说，顾客的需求一般都是小批量的，如果对每一位顾客都单独运送货物，那么，将无法实现运输的规模经济，物流成本将是极大的。所以，为了降低运输成本，可以通过商品的储存，将运往同一地点的小批量的商品聚集成为较大的批量，然后再进行运输，到达目的地后，再分成小批量送到客户手中，这样，虽然产生了商品储存的成本，但是，可以更大限度地降低运输成本，提高运输效率。

（三）通过商品在消费地的储存，可以达到更好的客户满意度

对于企业来说，如果在商品生产出来之后，能够尽快地把商品运到目标消费区域的仓库中去，那么，目标消费区域的消费者在对商品产生需求的时候，就能够尽快地得到这种商品，这样，消费者的满意度就会提高，而且，能够打造更佳的企业形象，为企业今后的发展奠定良好的基础。

（四）通过商品储存，可以更好地满足消费者个性化消费的需求

随着时代的发展，消费者的消费行为越来越向个性化的方向发展，为了更好地满足消费者的这种个性化消费的要求，我们可以利用商品的存储对商品进行二次加工，满足消费者的需求。比如，在商品的储存过程中，可以对商品进行二次包装，或者对不同商品进行整合，这样，就能根据消费者的需求，生产出消费者需要的独一无二的产品。

二、储存作业①

（一）储存场所与设备

商品储存的过程一般都发生在储存场所，即各种仓库中。仓库（warehouse）是保管、储存物品的建筑物和场所的总称，例如库房、货棚、货场等。仓库与库存是同时产生的。仓库的种类很多，由于各种仓库所处的地位不同，所承担的储存任务不同，再加上储存物资的品种规格繁多，性能各异，就可以根据不同的分类标准，将仓库分为不同的类型。为了更高效率地实现仓储的基本功能，必须借助于机械设备的帮助支持。仓储机械设备是指在仓库进行生产和辅助生产作业以及保证仓库及作业安全必须的各种机械设备的总称，按照功能不同，可分为储存设备、装卸搬运设备、计量设备、商品保养和检验设备、机械维修设备以及安全设备等；按照用途不同，可分为专用设备和通用设备等；按照作业形式不同，可分为固定式设备、流动式设备和半移动式设备等。

（二）储存规划

在商品入库进行储存保管之前，必须首先制定规划，指明应如何管理商品的存入及取出的具体活动，包括对于储存场所的分配、布置以及对于货位的规划。储存规划是商品入库前的一项重要工作，它可以使储存保管活动有秩序地进行，提高场所利用率与管理效率。

合理的储存规划是进行商品在库科学保管的前提。储存规划的基本任务是：根据商品本身的特性及其变化规律，合理规划并有效利用现有仓储设施内的储存空间，采取各种行之有效的技术与组织措施，努力实现储存空间的最大化使用，帮助降低存储与装卸搬运、拣选的成本，保证商品出入库与在库保管的有序进行，提高作业效率，使得所有货物品种都能随时准备存取，并且帮助商品实现在库的有效率移动，为进行商品的科学养护提供整洁、良好的环境。

---

① 视频资源请访问：爱课程网→资源共享课→物流学/汝宜红→第六章第4讲→媒体素材。

（三）储存的一般业务流程

商品储存业务管理内容主要包括以下几个方面：(1)验收入库。(2)商品保管与养护。(3)商品发放。(4)商品盘点。(5)呆废品处理。(6)退货处理。与之相关的业务还包括账务处理、安全维护、资料保管等。图 4-1 显示了一般的商品储存业务流程。

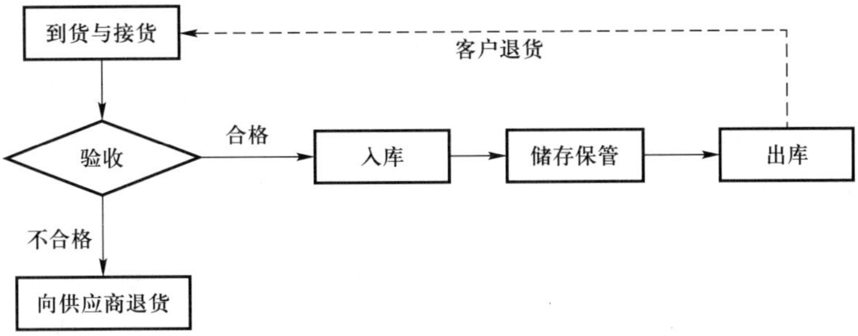

图 4-1 商品储存业务流程

（四）保管养护

商品在库进行储存时，由于商品本身的性能特点不同，以及受各种外界因素的影响，商品在储存期间有可能发生各种各样的质量上的变化，需要通过研究商品的质量变化，了解商品质量变化的规律及影响质量变化的因素，从而防止或减少商品损耗或损失，做到防患于未然，确保商品安全。商品质量变化的类型有物理机械变化、化学变化、生理生化变化及其他生物所引起的变化等。因此，商品在库的一项重要任务，就是采取各种方法、措施，对其进行合理的保管养护，以保护商品质量尽量不受损失。而保管养护是一项综合性、科学性技术工作，产品由生产部门进入流通领域后，需要分别对不同性质的商品在不同储存条件下采取不同的技术措施，以防止其质量劣化。由于构成产品的原材料不同，性质各异，受到各种自然因素影响而发生质量变化的规律与物理、化学、生物、微生物、气象、机械、电子、金属学等多门学科都有密切的联系。因此，从事储存工作的人员只有掌握和运用这些学科的理论，才能创造各种养护技术，并使之得到广泛的应用和提高。

三、储存合理化①

所谓储存合理化就是在保证储存功能实现的前提下，用各种办法实现商品储存的经济性。

（一）储存合理化的标志

储存合理化的标志主要包括以下几个方面。

1. 质量标志

商品储存最重要的就是要保证在商品储存期间商品的质量不会降低，只有这样，商品最终才能够销售出去。所以，在商品储存合理化的主要标志中，为首的应当是质量标志。

① 相关案例请访问：爱课程网→资源共享课→物流学/汝宜红→第六章第 4 讲→教学案例。

2. 时间标志

在保证商品质量的前提下,必须寻求一个合理的储存时间。储存商品的效益越大而销售商品的速度越慢,则储存的时间必然越长;反之亦然。因此,商品储存必须有一个合理的时间范围,不能过长,过长则意味着商品积压,造成商品成本的增加。

3. 结构标志

不同的被储存的商品之间总是存在一定的相互关系,特别是对于那些相关性很强的商品来说,它们之间必须保证一定的比例。如果比例不合理,比如某一种商品缺货,那么,与它相关的商品也可能卖不出去。例如,计算机的主机和显示器就是这样的关系。因此,商品储存的合理性也可以用结构标志来衡量。

4. 分布标志

企业不同的市场区域对于商品的需求也是不同的。因此,不同的地区所储存的商品的数量也应该不同。各个区域的仓库只有根据商品的需求储存适量的产品,才能真正实现商品储存的经济性和合理性,不至于造成浪费。

5. 费用标志

根据仓储费、维护费、保管费、损失费以及资金占用利息支出等财务指标,都能从实际费用上判断储存的合理与否。

(二) 实现商品储存合理化的措施

为了实现商品储存的合理化,可以采取以下措施。

1. 在自建仓库和租用公共仓库之间做出合理的选择,找到最优解决方案

自建仓库对于企业来说,可以使企业更大程度地控制库存,并且,它拥有更大的灵活性,企业可以根据自己的需要对仓储做出合理的调整。当进行长期的存储时,一般来说,仓储的费用比较低。因为租用公共仓库使得企业无须为建造仓库投入大量资金,所以,可以节省企业宝贵的资金;租用公共仓库还可以减少企业的风险,因为当商品在储存期间出现问题时,仓库会予以解决。所以,在短期看来,公共仓库因为其规模性租金比较低廉,而且,企业在租用公共仓库的时候,可以根据待储存商品的数量决定储存的规模,这样也防止了资金的浪费。因此,企业应根据自身的特点,在自建仓库和租用公共仓库之间做出合理的选择。一般来说,当企业的存货量较大、对商品的需求比较稳定且市场密度比较大时,可以考虑自建仓库;反之,则应选择租用公共仓库。

2. 注重利用合同仓储,也就是第三方仓储的使用

合同仓储就是企业将仓储活动转包给外部公司,由外部公司为企业提供一体化、全方位的仓储服务。合同仓储因为具有专业性、高质量、低成本等优点,因此可以给企业提供优质的服务。合同仓储可以有效地利用仓储资源、扩大市场的地理范围及降低运输的成本。

3. 进行储存物的 ABC 分类,并在 ABC 分类的基础上实施重点管理

ABC 分类管理方法就是将库存物资按重要程度分为特别重要的库存(A 类)、一般重要的库存(B 类)和不重要的库存(C 类)三个等级,然后针对不同等级分别进行管理和控制(见表 4-3)。ABC 分类管理法是实施储存合理化的基础,在此基础上可以进一步解决各类的结构关系、储存量、重点管理和技术措施等合理化问题。而且,通过在 ABC 分析的基础上实施重点管理,可以决定各种物资的合理库存储备数量及经济地保有合理储备的办法,乃

至实施零库存。

表 4-3 ABC 管理法的管理重点

分类结果	管理重点	订货方式
A 类	为了压缩库存，投入较大力量精心管理，将库存压到最低水平	计算每一种物品的订货量，采用定期订货方式
B 类	按经营方针来调节库存水平。例如降低水平时，就减少订货量和库存	采用定量订货方式
C 类	集中大量地订货，不费太多力量，增加库存储备	双仓法储存。采用订货点法订货

19 世纪初，意大利经济学家、社会学家维弗雷多·帕累托（Vilfredo Pareto）在研究米兰的财富分布时发现，20% 的人口控制了 80% 的财富，这一现象被概括为重要的少数、次要的多数。他将这一关系用图表示出来，就是著名的帕累托图。该分析方法的核心思想是在决定一个事物的众多因素中分清主次，识别出少数的但对事物起决定作用的关键因素和多数的但对事物影响较少的次要因素。后来，帕累托法被不断应用于管理的各个方面。1951 年，管理学家戴克（H. F. Dickie）将其应用于库存管理，命名为 ABC 法。1951—1956 年，约瑟夫·朱兰将 ABC 法引入质量管理，用于质量问题的分析，被称为排列图。1963 年，彼得·德鲁克（P. F. Drucker）将这一方法推广到全部社会现象，使 ABC 法成为企业提高效益的普遍应用的管理方法。

对库存物品进行 ABC 分类法的基本原理是：按照所控制对象价值（或者其他企业确定的分类指标）的不同将其分类，通常根据物品的年耗用资金（存货价值或数量×成本）将物品分为三类。一般情况下，认为 A 类存货品种数（也称为品项数）只占库存物品总数的 10% ~20%，但占用的库存资金可达 70% ~85%；B 类存货品种数占到库存总数的 20% ~30%，占用的库存资金通常在 10% ~20%；而 C 类存货品种数占到库存总数的 50% ~70%，占用的库存资金总和却仅为 5% ~10%。尽管 80-20 规则是 ABC 分类法的根基所在，但是实际上很少会发生在产品总类中恰好 20% 的品种占用 80% 的库存资金的情况。至于某一种产品究竟分在哪一类，乃至分几类，并没有确切的决定方法。

实际应用中不一定只分成 3 类，根据实际情况多分几类也是可以的。如果库存品种数太多，那么可以在一次 ABC 分析的基础上，再对已经分好的 A、B、C 类继续进行 ABC 分类，直到每一类里面的品种数比较合理、方便控制为止，即多重 ABC 分类，例如可以是 AAA、AAB 类等以此类推的结果。另外，除了库存资金外，其他指标也同样可以用来对存货进行分类，例如缺货后果、供应的不确定性、过时货变质的风险，等等。这时可以根据不同的指标分类，然后设定指标优先顺序，形成多标准 ABC 分类结果，例如 AA 类、BCC 类等。

除此之外，在基本 ABC 分类方法的基础上，有些研究继续进行了深入开发，提出了扩展性的分类方法，可以查找相关资料进行了解。

【例】在过去的一年里，某公司采购了以下 10 种物品。年采购量和每种物品的成本如表 4-4 所示。试根据各种物品的年资金使用额将其分为 A、B、C 三类。

计算步骤如下：

第一步，获取物品年资金占用额数据，按从大到小的数据进行排列；

第二步，计算各种物品资金占用额占全部资金占用额的百分比以及累计百分比；

第三步，计算物品品种数占全部品种数的百分比以及累计百分比；

第四步，按照分类标准，结合资金占用额和品种数进行比较分析，确定 A、B、C 类物品分界点及各自分类。

必要时，还可以绘制 ABC 分析图加以直观反映。

表 4-4 某公司的资料

零件号	年采购量(个)	单位成本(元)	零件号	年采购量(个)	单位成本(元)
EE01	21 000	1	EE06	50	50
EE02	5 000	40	EE07	800	2
EE03	1 600	3	EE08	10 000	3
EE04	12 000	1	EE09	4 000	1
EE05	1 000	100	EE10	5 000	1

计算结果如表 4-5 所示。

表 4-5 ABC 分类计算表

(1)排序	(2)零件号	(3)年采购量	(4)单位成本	(5)年资金使用量	(6)累计资金使用量	(7)资金使用量的累计百分比(%)	(8)品项数累计百分比(%)	(9)分类
1	EE02	5 000	40	200 000	200 000	52.5	10	A
2	EE05	1 000	100	100 000	300 000	78.8	20	A
3	EE08	10 000	3	30 000	330 000	86.6	30	B
4	EE01	21 000	1	21 000	351 000	92.2	40	B
5	EE04	12 000	1	12 000	363 000	95.3	50	B
6	EE10	5 000	1	5 000	368 000	96.6	60	C
7	EE03	1 600	3	4 800	372 800	97.9	70	C
8	EE09	4 000	1	4 000	376 800	98.9	80	C
9	EE06	50	50	2 500	379 300	99.6	90	C
10	EE07	800	2	1 600	380 900	100.0	100	C

4. 加速总的周转，提高单位产出

储存现代化的重要课题是将静态储存变为动态储存，周转速度快会带来一系列的合理化好处：资金周转快、资本效益高、货损小、仓库吞吐能力增加以及成本下降等。诸如采用单元集装储存、建立快速分拣系统都有利于实现快进快出和大进大出。

5. 采用有效的"先进先出"方式

先进先出也就是说先入库的商品应该先发出,它可以防止库存商品因为保管时间过长而发生变质、损耗和老化等现象,特别是对于感光材料、食品等产品保质期较短的商品来说尤其重要。

6. 提高储存密度,提高仓库利用率

这样做的主要目的就是要减少储存设施的投资,提高单位存储面积的利用率,以降低成本、减少土地占用。一般可以采用增加储存高度、减少库内通道数量和通道面积的方法来实现这个目的。

7. 采用有效的储存定位系统

储存定位的含义是被储物位置的确定。如果定位系统有效,能大大节约寻找、存放和取出的时间,节约不少物化劳动及活劳动,而且能防止差错,便于清点及实行订货点等的管理方式。储存定位系统可采取先进的计算机管理,也可采取一般人工管理。

8. 采用有效的监测清点方式

对储存物资数量和质量的监测不但可以掌握基本情况,也是科学库存控制的需要。在实际工作中稍有差错,就会使账物不符。所以,必须及时且准确地掌握实际储存情况,经常与账卡核对,无论是人工管理还是计算机管理都是必不可少的。此外,监测也是掌握被存物资质量状况的重要工作。

9. 根据商品的特性,采用现代储存保养技术,保证储存商品的质量

比如,为了防止湿气进入仓库,可以在库门上方安装鼓风设备,使之在门口形成一道气墙,防止外界的湿气进入。这样的技术还有很多,在此不一一列举。

10. 采用集装箱、集装袋、托盘等储运装备一体化的方式

集装箱等集装设施的出现,也给储存带来了新观念,采用集装箱后,集装箱本身便是一栋仓库,不需要再有传统意义的库房,在物流过程中,也就省去了入库、验收、清点、堆垛、保管以及出库等一系列储存作业,因而对改变传统储存作业很有意义,是储存合理化的一种有效方式。

第三节　包　　装

根据国家标准《物流术语》(GB/T 18354—2006),包装是为了在流通过程中保护产品、方便储运、促进销售,按一定技术方法而采用的容器、材料及辅助物等的总体名称,也指为了达到上述目的而采用容器、材料和辅助物的过程中施加一定技术方法等的操作活动。简言之,商品包装就是包装物和包装操作的总称。

在社会的再生产过程中,商品包装处于生产过程的末尾和物流过程的开端,它既是生产的终点,又是物流的起点。在现代物流领域,一般都把商品包装看作是物流过程的起点。包装对物流系统的成本和生产率影响很大,而且包装对于环境的影响也日益凸显。

一、包装的功能[①]

商品包装主要有以下几种功能：保护商品、方便物流、促进销售以及方便消费。

（一）保护商品

商品包装的一个重要功能就是要保护包装内的商品不受损伤。在运输途中，由于运输工具或运输道路的原因，商品难免会受到一定的冲击或者压力，这样就会使商品受到损害；在储存过程中，因为商品要层叠堆积码放，所以会受到放在它上面的其他商品的压力，这样可能也会损害商品；另外，在储存过程中，商品可能还会受到外部自然因素的侵袭，比如可能会被雨水淋湿，被虫、鼠咬坏等。因此，要求商品有一个好的包装，能够抵挡这些侵袭因素。

在设计商品的包装时，要做到有的放矢。要仔细分析商品可能会受到哪些方面的侵扰，然后针对这些方面来设计商品的包装。比如说，如果商品在运输途中可能会受到外力的侵袭，容易受到碰撞，那么，就需要对商品进行防震包装或缓冲包装，具体方法是在商品的内包装和外包装之间塞满防震材料，以减缓外界的冲击力；如果商品比较容易生锈，那么可以采用特制的防锈包装方法，比如防锈油方法或真空方法；如果商品比较容易受到害虫的侵害，那么可以在商品中加入一定量的防虫剂，以防止商品受到损害。

（二）方便物流

商品包装的一个重要作用就是提供商品自身的信息，比如商品的名称、生产厂家和商品规格等，以帮助工作人员区分不同的商品。在商品的储存过程中，仓库工作人员也是通过商品包装上的商品标志来区分商品，进行存放和搬运的。在传统的物流系统中，商品包装的这些功能可以通过在包装上印刷商品信息的方式来实现。如今，随着信息技术的发展，更多的是使用条形码技术。条形码技术是在计算机的应用实践中产生和发展起来的一种自动识别技术，它是为实现对信息的自动扫描而设计的，是一种快速、准确而可靠地采集数据的有效手段。仓库管理人员在使用扫描仪对条形码进行扫描的同时，商品的详细信息就可以输入到物流信息系统中，进而物流信息系统可以发出一定的指示，指导工作人员对该商品进行一定的操作。这样，可以极大地提高物流过程的整体效率。

此外，适当的商品包装也能够提高搬运商品的效率。商品从生产到销售可能会经历很多次的搬运过程。如果产品包装设计过大，那么可能非常不利于搬运；相反，如果商品包装设计过小，又可能就会使搬运的效率大大降低。所以，在设计商品包装时，应该根据搬运工具的不同来设计合理的包装，而且，要注意考虑如何使各种搬运工具能够更好地对商品进行操作。

（三）促进销售

一般来说，商品的外包装必须适应商品运输的种种要求，因此，在设计外包装的时候可能会更加注重包装的实用性。对于商品的内包装而言，因为它要直接面对消费者，所以，必须要注意它的外表的美观大方，要有一定的吸引力，以促进商品的销售。

杜邦定律（由美国杜邦化学公司提出）认为：63%的消费者是根据商品的包装进行购买的，而国际市场和消费者是通过商品来认识企业的，因此，商品的包装就是企业的面孔，优秀的、精美

① 视频资源请访问：爱课程网→资源共享课→物流学/汝宜红→第六章第5讲→媒体素材。

的商品包装能够在一定程度上促进商品的销售,提高企业的市场形象。

(四) 方便消费者

企业对商品包装的设计应该适合消费者的应用,要与消费者使用时的搬运、存储设施相适应。这样成本可能会高一些。但是,拥有了长久的顾客关系,企业的生存和发展才有可能。这也是商品包装的一大功能。

二、包装的种类

现代商品的品种繁多,性能和用途也是多种多样。为了充分发挥商品包装的功能,必须对商品包装进行科学的分类。商品包装的分类就是把商品包装作为一定范围的集合总体,按照一定的分类标准或者特征,将其划分为不同的类别。

(一) 按包装在物流中发挥的不同作用划分

按包装在物流中发挥的不同作用,可以将商品包装分为商业包装和工业包装。

1. 商业包装

商业包装也称消费者包装或内包装,其主要目的就是为了吸引消费者,促进销售。一般来说,在物流过程中,商品越接近顾客,就越要求包装具有吸引力。因此,这种包装的特点是造型美观大方,拥有必要的修饰,包装上有对于商品详细的说明,包装的单位适合于顾客的购买以及商家柜台摆设的要求。在 B to C 电子商务模式中,商业包装应该是最重要的。因为,顾客在购买商品之前,在网上最先能够看到的就是这种商品的包装,只有当商品包装吸引人的时候,才能够引发顾客的购买欲望。而且,随着顾客个性化需求的出现,顾客在购买商品的时候,可能会要求商家按照自己的需要为商品进行包装,以满足自己的特定需要。这也是企业必须注重商业包装的一个原因。

2. 工业包装

工业包装也称运输包装或外包装,是指为了在商品的运输、储存和装卸的过程中保护商品所进行的包装。工业包装不像商业包装那样注重外表的美观,它更强调包装的实用性和费用的低廉性。一般来说,在 B to B 这种商业模式中,工业包装是最重要的。这是因为,企业在购买其他企业的产品之前,肯定已经对该产品的各项性能有了基本的了解,而购买此商品的主要目的就是为生产自己的产品服务,因此,企业并不在乎商品包装的美观而更在乎商品包装能否保证商品的质量不受损失。在现今的社会中,许多知名的大企业越来越重视商品的工业包装:一方面,工业包装的好坏在一定程度上决定了商品的质量;另一方面,如果工业包装做得很好,那么将会提高企业在顾客心目中的形象,巩固企业在市场中的地位。

(二) 按包装材料的不同划分

按照包装材料的不同,可以将商品包装分为纸制品包装、塑料制品包装、木制容器包装、金属容器包装、玻璃陶瓷容器包装、纤维容器包装、复合材料包装和其他材料包装。

1. 纸制品包装

这是指用纸袋、瓦楞纸箱、硬质纤维板作为包装容器对商品进行的包装。这一类的包装占整个包装材料使用量的40%。纸制品包装的成本低廉、透气性好,而且印刷装饰性较好。

2. 塑料制品包装

这是指利用塑料薄膜、塑料袋以及塑料容器进行的产品包装。主要的塑料包装材料有聚乙烯、聚氯乙烯、一聚丙烯和聚苯乙烯等。因为塑料种类繁多，所以，塑料包装的综合性能比较好。

3. 木制容器包装

这是指使用普通木箱、花栏木箱、木条复合板箱、金属网木箱以及木桶等木制包装容器对商品进行的包装。木制容器一般用在重物包装以及出口物品的包装等方面，现在有很大一部分已经被瓦楞纸箱代替。

4. 金属容器包装

这是指用黑白铁、马口铁、铝箔和钢材等制成的包装容器对商品进行包装。这种包装主要有罐头、铁桶和钢瓶。

5. 玻璃陶瓷容器包装

这主要是指利用耐酸玻璃瓶和耐酸陶瓷瓶等对商品进行的包装。这种包装耐腐蚀性较好，而且比较稳定，耐酸玻璃瓶包装还能直接看到内容物。

6. 纤维容器包装

这是指利用麻袋和维尼纶袋对商品进行的包装。

7. 复合材料包装

这主要是指利用两种以上的材料复合制成的包装。这种包装主要有纸与塑料、纸与铝箔和塑料。

此外，还有以竹、藤、苇等制成的包装，主要有各种筐、篓和草包等。

（三）按商品包装保护技术的不同划分

按照商品包装保护技术的不同，可将商品包装分为防潮包装、防锈包装、防虫包装、防腐包装、防震包装以及危险品包装等。

三、包装器材

（一）包装器材的发展趋势

包装器材的发展是随着材料科学、工业技术和文化艺术的发展而发展的。目前金属包装材料中最广泛使用的是马口铁。玻璃、陶瓷容器由于自身的优点也常被采用，但当前使用最多的还是折叠纸盒、折叠纸箱和瓦楞纸箱。塑料特别是塑料薄膜为主要包装材料的时代正在到来。随着材料工业的进一步发展，包装材料正向高附加值的方面发展。复合材料、复塑材料和新材料将是包装材料发展的大趋势。新包装技术、新包装材料和新包装方法将使包装容器从形式到功能进一步科学化、系列化、适用化，尤其是组合包装方法的运用，将使包装容器在追求降低成本的同时，向着力求节省材料、节省空间、构造简单、大小适当、重视安全的方向发展。为保持生态平衡，对包装来说，一个最重要的课题是开发无公害包装材料以及制造可再生利用的包装容器。

（二）包装器材的选择

1. 选择包装器材应遵循的原则

（1）包装器材与被包装物的特性相适应。根据被包装物的种类、物理化学性能、价格价值、形状形态、体积重量等，在实现包装功能的基础上，应以降低材料费、加工费和方便作业为目的选择包装器材。运输包装中，贵重易碎易破损物资，包装容器应相应坚实，用材上应予以保证。一般物资包装器材的选择，只要有一定防护功能、方便功能即可。应注意防止过分包装的倾向。

（2）包装器材与包装类别相协调。运输包装、销售包装在包装器材的选择上不尽相同。运输包装器材的选择着重注意包装的防护与储运方便性，不太讲究美观、促销问题。销售包装器材的选择着重注意商品信息的传递、开启的方便及促销功能，而不太注重防护功能。所以在包装器材的选择上，销售包装常用纸袋、纸盒、纸箱、瓷瓶、玻璃瓶和易拉罐，而运输包装常用托盘、集装箱、木箱、大纸箱和铁皮等。

（3）包装器材应与流通条件相适应。包装器材的作用是保证被包装的商品在经过流通和销售的各个环节之后，最终能数量正确、质量完好地到达消费者手中。因此，要求包装器材的物理性能良好，在运输、堆码、装卸搬运中，包装器材的强度、阻热隔热性、吸湿性不因气候变化而变化；还要求包装器材的化学性能稳定，在日光、空气、温度、湿度和酸碱盐作用下，不发生化学变化，有抗老化、抗腐蚀的能力；包装器材选择还应有利于实施包装技法和实现包装作业。

（4）有效防止包装物被盗及促进销售。选择包装器材时，应从包装器材的结构与强度上做防盗准备。包装器材应该结构牢固、封缄严密，同时，包装器材应能起到宣传商品、刺激购买欲、促进销售的作用。

（5）商品包装的绿色化。绿色包装又可以称为无公害包装和环境友好包装，指对生态环境和人类健康无害，能重复使用和再生，符合可持续发展的包装。它的理念有两个方面的含义：一是保护环境，二是节约资源。其关键是包装材料和器具。绿色包装材料与器具具备三个要点：不对被包装物产生污染，不对整个物流过程的环境和人员产生污染，废弃后的处理不会影响和污染环境。绿色包装设计一般遵循 3R 原则，即 reduce（减少包装）、reuse（重复再利用包装）、recycle（回收包装及掩埋和处理）。在我国绿色包装领域，快递业比较典型，发展迅猛，2018 年全国快递服务企业业务量累计完成 507.1 亿件，总量庞大、种类繁多的快递业包装及其带来的环境问题也引起社会高度关注。2015 年发布的《国务院关于促进快递业发展的若干意见》中将“绿色节能”作为快递业发展目标之一。2016 年，国家邮政局据此出台《推进快递业绿色包装工作实施方案》，规划快递业绿色包装工作，提高快件包装领域资源利用效率，降低包装耗用量，减少环境污染。

2. 我国常用的包装器材

我国的包装器材还很不适应现代商品包装的发展，不少包装器材尚需进口。就目前而言，国内常用的包装器材有木箱、纸箱、瓦楞纸箱、塑料包装、金属包装和集合包装等。但我国木材资源缺乏，因此随着以钢代木、以塑代木及人造复合板材的广泛使用，木箱将逐步被取代，塑料包装及复合材料包装将成为我国常用的包装器材。

四、包装的标志

商品包装时，在外部印刷、粘贴或书写的标志，其内容包括：商品名称、牌号、规格、等级、计量单位、数量、重量、体积等，收货单位，发货单位，指示装卸、搬运、存放的注意事项、图案和特定的代号。

包装的标志是判别商品特征、组织商品流转和维护商品质量的依据，对保障商品储运安全、加速流转、防止差错有着重要作用。

商品包装的标志通常分为两种：一是商品包装的标记；二是商品包装的标志。

（一）商品包装的标记

商品包装的标记是指根据包装袋内商品的特征和商品收发事项，在外包装上用字和阿拉伯

数字标明的规定记号。它包括:

1. 商品标记

这是注明包装内的商品特征的文字记号,反映的内容主要是商品名称、规格、型号、计量单位、数量。

2. 重量体积标记

这是注明整体包装的重量和体积的文字记号,反映的内容主要是毛重、净重、皮重和长、宽、高尺寸。

3. 收发货地点和单位标记

这是注明商品起运、到达地点和收发货单位的文字记号,反映的内容是收发货的具体地点和收发货单位的全称。例如,国外进口商品在外包装表面刷上标记,标明订货年度、进口单位和要货单位的代号、商品类别代号、合同号码、贸易国代号以及进口港的地名等。

(二) 商品包装的标志

商品包装的标志是用来指明包装内容物的性质,为了运输、装卸、搬运、储存、堆码等的安全要求或理货分运的需要,在外包装上用图像或文字标明的规定记号。它包括指示标志、危险品标志两类27种。

1. 指示标志

这是为了保证商品安全,指示运输、装卸、保管的作业人员如何进行安全操作的图像、文字记号。它反映的内容主要是指示商品性质,商品堆放、开启、吊运等的方法。

根据国家标准《包装储运图示标志》(GB 191—2000)的规定,机电设备的外包装(简称包装)上,“应有在运输保管过程中,表明注意事项的明显标志”。

2. 危险品标志

用来表示该种危险品的物理性质、化学性质以及其危险的程度的图像和文字记号。反映的主要内容有:爆炸品、易燃品、有毒品、腐蚀品等。

3. 标志的尺寸和使用方法

(1) 标志的尺寸。一般分为以下三种,见表4-6。

表4-6 包装标志尺寸

尺寸 / 号别	长(mm)	宽(mm)
1	105	74
2	148	105
3	210	148

(2) 标志的使用方法。

- 用坚韧纸张、木板、塑料、布条或铁皮写描或印刷标志,悬挂、钉附或粘贴在包装上。
- 用坚韧纸片、铁皮刻出标志漏板,刷在包装上。
- 做标志模印,打印在包装上。
- 在包装上直接写描标志。

• 标志颜色与标底颜色要明显区别开，易于看清。

• 标志位置一般应在包装两端或两侧上部，切忌在包装的顶盖上，以避免重叠堆码时，看不见指示标志。特定的指示标志，如"由此吊起""重心点"的标志位置应在包装的实际位置上。常用包装标志图例如图 4-2 所示。

图 4-2　常用包装标志图例

五、包装的合理化和标准化[①]

随着电子商务的发展，商家的市场变得越来越广阔。随着网上交易的进行，原先只局限于有限地理范围的市场空间变得没有边界，世界上的每个角落都会成为企业的市场范围。但这样也就产生了一定的问题。拿商品包装来说，每个国家对于商品的包装都有自己的规范，而各个国家的规范又不尽相同，所以，当商品从一个国家出口到其他国家的时候，可能就会因为这种规范的不同而产生一定的问题。而且，有些个别的企业为了自己生产的方便，自行设计了很多不规范的包装，这些都将成为产生问题的隐患。因此，有必要建立一种国际通行的包装标准，要求所有的生产厂商都去遵守并执行，这样，商品的流通才会畅通无阻。

（一）影响包装的因素

在设计商品包装的时候，必须详细了解被包装物本身的一些性质以及商品流通运输过程中的一些详细的情况，并针对这些情况做出有针对性的设计。一般来说，影响商品包装的主要因素如下：

(1) 被包装商品本身的体积、重量以及它在物理和化学方面的特性。商品的形态可能各异，商品本身的性质也各不相同。所以，在设计商品包装的时候，必须根据商品本身的特点和国际通用的标准，设计出适合商品自身特有的包装。

(2) 被包装商品在流通过程中需要哪些方面的保护，或者称商品包装的保护性。被包装的商品是否害怕力的冲击、震动，是否害怕虫害或者其他动物的危害，是否对于气象环境、物理环境以及生态环境有特殊的要求。针对这些特点，在设计商品包装的时候，要做到有的放矢。

(3) 消费者的易用性。商品包装设计的主要目的是为了使消费者能够更好地使用商品。因此，只有在设计方面易于使用，才能从更深层次上吸引消费者，使商品占领更广阔的市场。

(4) 商品包装的经济性。商品包装虽然从安全性方面来说是做得越完美越好，但是，从商品整体的角度来说，必须考虑其经济性，争取做到够用为好，以便降低产品的成本。一般来说，在设

① 相关案例请访问：爱课程网→资源共享课→物流学/汝宜红→第六章第 5 讲→教学案例。

计商品的工业包装的时候，应该更加注重它的商品保护的性质，不必太在意外在的美观。设计商品的商业包装时，则必须注意外观的魅力，以吸引顾客。所以，应该找到一个平衡点，使商品包装既能够达到要求，又能够节省成本。

（二）包装的合理化

商品包装作为物流的起点，对整个物流的过程起着重要的作用。因而，在设计商品包装的时候，必须进行认真的考虑，以实现商品包装的合理性。

商品包装的设计必须根据包装对象的具体内容进行考虑。比如，要根据商品的属性选择不同的包装材料和包装技术。在设计包装容器的形状和尺寸的时候，要考虑商品的强度和最大的容积，包装的长宽比例要符合模数化的要求，以便最大限度地利用运输、搬运工具和仓储空间。对于不规则外形的商品，一般要做方体化配置以适应装箱的要求。此外，在进行造型设计的时候，要注意合理利用资源和节约包装用料，实现商品包装的合理化。

包装合理化包括三个要点：防止包装不足，防止包装过剩，确定最优包装。

（1）防止包装不足。包装不足指的是以下几个方面：

第一，包装强度不足。强度不足会使得包装防护性不足，造成被包装物的损失。

第二，包装材料水平不足。包装材料选择不当，不能承担运输防护及促进销售作用。

第三，包装容器的层次及容积不足。缺少必要层次与不足所需体积而造成损失。

第四，包装成本过低。不能保证有效地达到必要要求的包装。

包装不足造成的主要问题是在流通过程中的损失及降低促销能力。

（2）防止包装过剩。包装过剩指的是以下几个方面：

第一，包装设计要求过高。如包装物装潢设计、强度设计过高、材料截面设计过大、包装方式超过实际需求的过剩等。

第二，包装材料选择不当。选择过高，如可以用纸板而采用镀锌、镀锡材料等。

第三，包装技术过高。包装层次过多，包装体积过大。

第四，包装成本过高。一方面可能使包装成本支出大大超过减少损失可能获得的效益，另一方面包装成本在商品成本中比重过大会损害消费者利益。

（3）确定最优包装。物流各功能要素之间都存在着有机联系，确定包装形式、选择包装方法，都需要与其他功能要素相适应，考虑系统最优。

与包装关系比较密切的第一个要素是装卸搬运。包装重量过重会对人工装卸方式产生影响，但是包装重量太轻会造成装卸频率增加。现代管理科学对人工装卸最佳重量进行研究的结果表明，包装的重量为工人体重的40%较为合适。现在大部分采用机械装卸，包装重量就可大大增加，例如，采用集装箱做外包装，重量可以达到10吨以上。

第二个因素是储存保管。在确定包装时，需要对保管方式和条件有详细了解。例如，堆垛高度对于包装会有强度方面的要求，没有自动空调装置的仓库需要考虑温湿度对货物的影响以采取防护性包装。包装的条件如何，也会直接影响到商品储存保管的方便性和养护的难易程度。

还有一个因素是运输。运输工具的类型、运输距离的长短、道路情况等都会对包装产生影响，例如长距离的车船联运，就比短距离的汽车运输需要更厚实、保护性更好的包装。反过来，如果包装条件好，也会使得运输途中的货物损耗降低，从而获得更好的物流效果。

（三）包装的标准化

商品包装标准就是针对商品包装的质量和有关包装质量的各个方面，由一定的权威机构所发布的统一的规定。这种包装标准一经正式颁布，就具有权威性和法律性。一般来说，这些商品包装标准的制定都是根据当前包装科学的理论和实践，通过权衡商品流通的整个过程，经过有关部门的充分协商和讨论，对包装的材料、尺寸、规格、造型、容量以及标志等所做的技术性法规。所谓商品包装的标准化就是制定、贯彻和修改商品包装标准的整个过程。

随着科学技术的发展，商品包装科学也在不断地发展。所以，为了提高商品包装的质量，应该在生产、流通、技术、管理等各个环节不断推行商品包装标准，使商品包装能够定型化、规格化、系列化和最优化，从而通过实践推动商品包装标准的进一步完善。

商品包装标准化对于现代企业具有重要的意义。通过商品包装的标准化，可以大大减少包装的规格型号，从而提高包装的生产效率，便于商品的识别和计量。通过商品包装的标准化，可以提高包装的质量，节省包装的材料，节省流通的费用，而且也便于专用运输设备的应用。通过商品包装的标准化，可以从法律的高度促进可回收型包装的使用，促进商品包装的回收利用，从而节省社会资源，产生较大的社会效益和经济效益。

第四节　装卸搬运与流通加工

装卸搬运与流通加工一般都是在物流设施中发生的，于是将其放在一节中简要介绍。

一、装卸搬运的功能

装卸搬运是随着商品运输和储存而附带发生的作业，比如在运输货物时，把货物装进或卸出卡车及货车的装卸作业；在保管货物时，从仓库或工厂出入库的装卸作业等。根据国家标准《物流术语》（GB/T18354—2006），装卸（loading and unloading）是物品在指定地点以人力或机械载入或卸出运输工具的作业过程；搬运（handling）是在同一场所内，对物品进行空间移动的作业过程。

商品装卸作业本身并不能产生新的价值和新的效用。但是，在整个物流供应链中，商品装卸搬运作业所占的比例很大，特别是在现代物流中，顾客经常要求企业提供"门到门"的送货服务，装卸搬运作业发生的频率大大增加。因此，必须重视商品装卸搬运这个作业过程，防止物流成本的增加。商品装卸搬运作业一般是伴随着商品运输和商品储存而发生的，人们将其称为物流的衔接点。

商品装卸作为伴随商品运输和商品储存而同时发生的商品作业，与商品运输和商品储存又有一定的不同。商品运输和商品储存可以产生商品的时间效用和空间效用，而商品装卸却不能创造出新的效用和价值。虽然商品装卸不能产生新的价值和效用，但是它仍然在物流系统中发挥着举足轻重的作用。这是因为，在企业的整个物流供应链中，商品装卸是发生频率最高的一项作业，当商品运输或商品储存等作业发生的时候，商品装卸这项作业就会发生，它的质量好坏严重影响着物流成本的高低。在商品的装卸过程中，还可能因为意外造成商品的损坏，它会影响到商品的包装成本的大小。如果因为商品装卸的原因使得企业不能如期向顾客提交商品，那么，将大大地影响企业的形象，这对于企业是一个非常大的损失。因此，尽管商品装卸本身并不能产生新的效用和价值，但是，作为物流整个过程中的一个不可或缺的环节，它的重要性还是不容否定的。商品装卸作业是实现物流活动的效率化以及提高顾客满意度的一个重要的方面。

二、装卸搬运的合理化

在现代商业环境下，顾客对于消费及时性的要求越来越强，都希望能够在最短的时间内得到商品或者服务。而对于企业来说，为了达到顾客的要求，必须大大地缩短整个物流过程的时间，为顾客提供满意的服务。在整个物流过程中，商品装卸发生的频率最高，它占用了很多物流时间，因此，为了在最短的时间内为顾客提供最满意的服务，要求尽量提高商品装卸的效率，缩短商品装卸的时间，实现商品装卸的合理化。

1. 充分利用机械，实现规模化装卸

为了使得装卸作业更加合理，必须实现装卸作业的机械化和自动化。通过日常的实践劳动，人们在总结日常工作经验的基础上也发明了很多装卸机械，如传送带、吊车、叉车、电动平板车和自动升降机等。这些机械设备的应用极大地提高了装卸作业的效率，解放了很多劳动力，使有限的人力资源可以发挥更大的作用。随着生产力的发展，装卸搬运的机械化程度定将不断提高。此外，由于装卸搬运的机械化能把工人从繁重的体力劳动中解放出来，尤其对于危险品的装卸作业，机械化能保证人和货物的安全，这也是装卸搬运机械化程度不断得以提高的动力。

人们通过这些机械设备的应用，又发明了单元装载系统装卸方式。单元装载系统把多种单件的商品集中起来放置在托盘上进行一系列的搬运、储存、装卸等作业活动，这样可以大大提高装卸的效率，减少装卸活动所造成的损失，节省包装的费用，大大提高顾客的满意度。在实际的应用中，人们又发明了用集装箱代替托盘进行各种作业的方法。这些方法的应用极大地提高了装卸作业和整个物流过程的效率。

2. 推广组合化装卸

在装卸搬运作业过程中，要根据不同物料的种类、性质、形状、重量的不同来确定不同的装卸作业方式。处理物料装卸搬运的方法有三种形式：普通包装的物料逐个进行装卸，叫作分块处理；将颗粒状物资不加小包装而原样装卸，叫作散装处理；将物料以托盘、集装箱、集装袋为单位进行组合后进行装卸，叫作集装处理。对于包装的物料，尽可能进行集装处理，实现单元化装卸搬运，可以充分利用机械进行操作。组合化装卸具有很多优点，其装卸单位大、作业效率高，可大量节约装卸作业时间，能提高物料装卸搬运的灵活性，且操作单元大小一致，易于实现标准化，工人不用手去触及各种物料，可达到保护物料的效果。

3. 防止和消除无效作业

无效作业是指在装卸作业活动中超出必要的装卸搬运量的作业。显然，防止和消除无效作业对装卸作业的经济效用有重要作用。为了有致地防止和消除无效作业，可从以下四个方面入手。

第一，尽量减少装卸次数。要使装卸次数降低到最少，尤其要避免没有物流效果的装卸作业。

第二,提高被装卸物料的纯度。物料的纯度,指物料中含有水分、杂质等与物流本身使用无关的物质的多少。物料的纯度越高则装卸作业的有效程度就越高;反之,则无效作业就会增多。

第三,包装要适宜。包装是物流中不可缺少的辅助作业手段。包装的轻型化、简单化、实用化会不同程度地减少作用于包装上的无效劳动。

第四,缩短搬运作业的距离。物料在装卸、搬运当中,要实现水平和垂直两个方向的位移,选择最短的路线完成这一活动,就可避免超越这一最短路线以上的无效劳动。

4. 提高物料装卸搬运的灵活性

物料装卸搬运的灵活性是指在装卸作业中的物料进行装卸作业的难易程度。所以,在堆放货物时,事先要考虑到物料装卸作业的方便性。

根据物料所处的状态,即物料装卸搬运的难易程度,物料装卸、搬运的灵活性可分为不同的级别,称为搬运活性指数,是指搬运某种状态下的物品所需要进行的四项作业(集中、搬起、升起、运走)中已经不需要进行的作业数目。其中,

0 级——物料杂乱地堆在地面上的状态。

1 级——物料装箱或经捆扎后的状态。

2 级——箱子或被捆扎后的物料,下面放有枕木或其他衬垫后,便于叉车或其他机械作业的状态。

3 级——物料被放于台车上或用起重机吊钩钩住,即刻移动的状态。

4 级——被装卸、搬运的物料,已经被起动、直接作业的状态。

表 4-7 进行了详细说明。

表 4-7　物料搬运活性指数

物品状态	作业说明	作业种类				还需要作业数目	已不需要的作业数目	搬运活性指数
		集中	搬起	升起	运走			
散放在地上	集中、搬起、升起、运走	要	要	要	要	4	0	0
装在箱中或捆扎	搬起、升起、运走(已集中)	否	要	要	要	3	1	1
托盘上	升起、运走(已搬起)	否	否	要	要	2	2	2
车中	运走(不用升起)	否	否	否	要	1	3	3
运动着的输送机	不要(保持运动)	否	否	否	否	0	4	4

在对物料的活性有所了解的情况下,可以利用活性理论,改善搬运作业。从理论上讲,活性指数越高越好,但也必须考虑到实施的可能性。例如,物料在储存阶段中,活性指数为 4 的输送带和活性指数为 3 的车辆,在一般的仓库中很少被采用,因为大批量的物料不可能存放在输送带和车辆上。为了说明和分析物料搬运的灵活程度,通常采用平均活性指数的方法。这个方法是对某一物流过程物料所具备的活性情况,累加后计算其平均值,用 δ 表示,计算公式如下:

$$\delta=\frac{\text{活性指数总和}}{\text{作业工序数}}$$

δ 值的大小是确定改变搬运方式的信号。如:

当 $\delta<0.5$ 时,指所分析的搬运系统半数以上处于活性指数为 0 的状态,即大部分处于散放情况,其改进方式可采取料箱、推车等存放物料。

当 $0.5<\delta<1.3$ 时，则是大部分物料处于集装状态，其改进方式可采用叉车和动力搬动车。

当 $1.3<\delta<2.3$ 时，装卸、搬运系统大多处于活性指数为 2，可采用单元化物料的连续装卸和运输。

当 $\delta>2.7$ 时，则说明大部分物料处于活性指数为 3 的状态，其改进方法可选用拖车、机车车头拖挂的装卸搬运方式。

5. 实现装卸作业的省力化

装卸搬运使物料发生垂直和水平位移，必须通过做功才能实现，因此要尽力实现装卸作业的省力化。

在装卸作业中应尽可能地消除重力的不利影响。在有条件的情况下利用重力进行装卸，可减轻劳动强度和能量的消耗。将设有动力的小型运输带（板）斜放在货车、卡车或站台上进行装卸，使物料在倾斜的输送带（板）上移动。这种装卸是靠重力的水平分力完成的。在搬运作业中，不用手搬，而是把物资放在台车上，由器具承担物体的重量，人们只要克服滚动阻力，使物料水平移动，这无疑是十分省力的。

利用重力式移动货架也是一种利用重力进行省力化的装卸方式之一。重力式货架的每层格均有一定的倾斜度，利用货箱或托盘可自己沿着倾斜的货架层板自己滑到输送机械上。为了使滑动的阻力越小越好，通常货架表面均处理得十分光滑或者在货架层上装有滚轮，也有在承重物资的货箱或托盘下装上滚轮，这样将滑动摩擦变为滚动摩擦，物料移动时所受到的阻力会更小。

6. 工业工程相关理念的应用

日本物流界从工业工程的观点出发，曾总结出了一种改善物流作业效率的“6 不改善法”，具体内容如下：

（1）不让等。也就是要求通过合理的安排使得作业人员和作业机械闲置的时间为零，实现连续的工作，发挥最大的效用。

（2）不让碰。也就是通过机械化、自动化设备的利用，使得作业人员在进行各项物流作业的时候，不直接接触商品，减轻人员的劳动强度。

（3）不让动。也就是说通过优化仓库内的物品摆放位置和自动化工具的应用，减少物品和作业人员移动的距离和次数。

（4）不让想。也就是说通过对于作业的分解和分析，实现作业的简单化、专业化和标准化，从而使得作业过程更为简化，减少作业人员的思考时间，提高作业效率。

（5）不让找。通过详细的规划，把作业现场的工具和物品摆放在最明显的地方，使作业人员在需要利用设备的时候，不用去寻找。

（6）不让写。也就是通过信息技术以及条形码技术的广泛应用，真正实现无纸化办公，降低作业的成本，提高作业的效率。

通过各种先进技术的应用和先进理念的引入，商品装卸的作业会逐步地实现合理化，这样，必将大大提高整个物流过程的效率，从而提高企业整体的效率，实现最优化，更好地满足顾客的需求。

三、流通加工的概念

根据国家标准《物流术语》（GB/T 18354—2006），流通加工是根据顾客的需要，在流通过程中对产品实施的简单加工作业活动(如包装、分割、计量、分拣、刷标志、拴标签、组装等)的总称。

流通加工是现代物流系统框架中的重要结构之一。流通加工在现代物流系统中主要担负的任务是:提高物流系统对用户的服务水平。此外,流通加工对于物流系统而言还有提高物流效率和使物流活动增值的作用。

流通加工和一般的生产型加工在加工方法、加工组织、生产管理方面并无显著区别,但在加工对象、加工程度方面差别较大,其主要差别表现在五个方面:

(一) 加工对象的区别

流通加工的对象是进入流通过程的商品,具有商品的属性,以此来区别多环节生产加工中的一环。流通加工的对象是商品,是最终产品,而生产加工的对象不是最终产品,而是原材料、零配件、半成品。

(二) 加工程度的区别

流通加工程度大多是简单加工,而不是复杂加工。一般来讲,如果必须进行复杂加工才能形成人们所需的商品,那么,这种复杂加工应专设生产加工过程。生产过程理应完成大部分加工活动,流通加工对生产加工则是一种辅助或补充。特别需要指出的是,流通加工绝不是对生产加工的代替。

(三) 附加价值的区别

从价值的观点看,生产加工目的在于创造价值及使用价值,而流通加工则在于完善其使用价值并在不做大改变的情况下提高价值。

(四) 加工责任人的区别

流通加工的组织者是从事流通加工并能密切结合流通的需要进行这种加工活动的人。从加工单位来看,流通加工由商业或物资流通企业完成,而生产加工则由生产企业完成。

(五) 加工目的的区别

商品生产是为了交换和消费,而流通加工的一个重要目的,就是为了消费(或再生产),这一点和商品生产有共同之处。但是,有时流通加工也是以自身流通为目的,纯粹是为流通创造条件。这种为流通所进行的加工与直接为消费进行的加工从目的来讲是有区别的,这是流通加工不同于一般生产加工的特殊之处。

四、流通加工的效果

流通加工的效果体现在以下几个方面。

(一) 提高原材料利用率

利用流通加工环节进行集中下料,是将生产厂直接运来的简单规格产品,按使用部门的要求进行下料。集中下料可以优材优用、小材大用、合理套裁,有很好的技术经济效果。

(二) 进行初级加工,方便用户

用量小或临时需要的使用单位,缺乏进行高效率初级加工的能力,依靠流通加工可使使用单位省去进行初级加工的投资、设备及人力,从而搞活供应,方便了用户。

(三) 提高加工效率及设备利用率

由于建立集中加工点,可以采用效率高、技术先进、加工量大的专门机具和设备。这样做的好处,一是提高了加工质量;二是提高了设备利用率;三是提高了加工效率。其结果是降低了加工费用及原材料成本。

（四） 充分发挥各种输送手段的最高效率

流通加工环节将实物的流通分成两个阶段。一般说来由于流通加工环节设置在消费地，因此，从生产厂到流通加工这第一阶段输送距离长，而从流通加工到消费环节的第二阶段距离短。第一阶段是在数量有限的生产厂与流通加工点之间进行定点、直达、大批量的远距离输送，因此，可以采用船舶、火车等大量输送的手段；第二阶段则是利用汽车和其他小型车辆来输送经过流通加工后的多规格、小批量、多用户的产品。这样可以充分发挥各种输送手段的最高效率，加快输送速度，节省运力运费。

（五） 改变功能，提高收益

在流通过程中进行一些改变产品某些功能的简单加工，其目的除上述几点外还在于提高产品销售的经济效益。

所以，在物流领域中，流通加工可以成为高附加价值的活动。这种高附加价值的形成，主要是着眼于满足用户的需要，提高服务功能而取得的，是贯彻物流战略思想的表现，是一种低投入、高产出的加工形式。

五、流通加工的合理化

流通加工合理化的含义是实现流通加工的最优配置，不仅做到避免各种不合理配置，使流通加工有存在的价值，而且做到最优的选择。

流通加工是在流通领域中的辅助性加工，从某种意义来讲它不仅是生产过程的延续，更是生产本身或生产工艺在流通领域的延续。这个延续可能有正、反两方面的作用，即一方面可能有效地起到补充完善的作用，但是，也必须估计到另一种可能性，即对整个过程的负效应。各种不合理的流通加工都会产生抵消效益的负效应。

最常见的不合理流通加工形式有：流通加工地点设置不合理；流通加工方式选择不当；流通加工作用不大，形成多余环节；流通加工成本过高，效益不好。

为避免各种不合理现象，对是否设置流通加工环节、在什么地点设置、选择什么类型的加工、采用什么样的技术装备等，需要做出正确抉择。目前，国内在进行这方面合理化的考虑中已积累了一些经验，取得了一定成果。

实现流通加工合理化主要有以下几种形式。

（一） 加工和配送结合

这是将流通加工设置在配送点中，一方面按配送的需要进行简单加工，另一方面加工又是配送业务流程中分货、拣货、配货之一环，加工后的产品直接投入配货作业，这就无须单独设置一个加工的中间环节，使流通加工有别于独立的生产，而使流通加工与中转流通巧妙结合在一起。同时，由于配送之前有加工，可使配送服务水平大大提高。这是当前对流通加工做合理选择的重要形式，在煤炭、水泥等产品的流通中已表现出较大的优势。

（二） 加工和配套结合

在对配套要求较高的流通中，配套的主体来自各个生产单位，但是，完全配套有时无法全部依赖现有的生产单位，进行适当流通加工可以有效地促成配套，大大提高流通的桥梁与纽带的作用。

（三）加工和合理运输结合

流通加工能有效地衔接干线运输与支线运输，促进两种运输形式的合理化。利用流通加工，在支线运输转干线运输或干线运输转支线运输这本来就必须停顿的环节，不进行一般的支转干或干转支，而是按干线或支线运输合理的要求进行适当加工，从而大大提高运输及运输转载水平。

（四）加工和合理商流结合

通过加工有效地促进销售，使商流合理化，也是流通加工合理化的考虑方向之一。加工和配送的结合，通过加工，提高了配送水平，强化了销售，是加工与合理商流相结合的一个成功的例证。

此外，通过简单地改变包装加工，形成方便的购买量；通过组装加工，解除用户使用前进行组装、调试的难处，都是有效促进商流的例子。

（五）加工和节约结合

节约能源、节约设备、节约人力、降低耗费是流通加工合理化重要的考虑因素，也是目前我国设置流通加工，考虑其合理化的较普遍形式。

第五节　物流信息

根据国家标准《物流术语》（GB/T18354－2006），物流信息是反映物流各种活动内容的知识、资料、图像、数据、文件的总称。信息技术的革命给物流领域发生深刻变革提供了可能，物流信息的重要性也越来越被人们所认识。对物流来说，物流信息承担着类似神经细胞的作用，在物流活动中无处不在，为科学、高效的物流管理提供关键支撑。

一、物流信息的概念与特点[①]

（一）物流信息的概念

商流、物流和信息流是从商品流通内部结构描述商品流通过程提出的概念，称为商品流通过程中的“三流”。三流之间联系紧密，缺一不可，又相互独立，各有其特殊性和自身的运动规律。商品流通过程的信息流，按其信息载体及服务对象，则分为物流信息和商流信息两类。这两类信息中，有一些是交叉的、共同的，又有许多是商流和物流各自特有的、非共同的。商流信息主要包含市场交易有关的信息，如货源、物价、市场、合同、付款结算信息等；物流信息则主要是物流数量、区域、费用等信息。商流中的交易、合同等信息，既是市场交易的结果，也是物流的依据；而物流中的库存量信息等，既是物流的结果，又是商流的依据。这些都是两种信息的交汇处。物流信息自身又可分为物流活动所产生的信息（或称系统内部信息）和供物

---

① 视频资源请访问：爱课程网→资源共享课→物流学/汝宜红→第六章第6讲→媒体素材。

流使用的其他信息源产生的信息（或称环境信息）。一般说来，在物流信息工作中，前一类信息是物流信息的主要信息源，并构成社会经济信息的组成部分；后一类信息则是信息工作收集的对象，主要用于指导物流。

整个物流过程是一个多环节（子系统）的复杂系统。物流系统中的各个子系统通过物质实体的运动将它们联系在一起，一个子系统的输出就是另一个子系统的输入。合理组织物流活动，就是使各个环节相互协调，根据总目标的需要适时、适量地调度系统内的基本资源。物流系统中的相互衔接是通过信息予以沟通的，基本资源的调度也是通过信息的传递来实现的。例如，物资调运是根据供需数量和运输条件来进行的，装卸活动的组织是按运送货物的数量、种类、到货方式以及包装情况来决定的。因此，物流内控必须以信息为基础，一刻也不能离开信息。为了使物流活动正常而有规律地进行，必须保证物流信息畅通。

（二）物流信息的特点

和其他领域信息比较，物流信息的特殊性主要表现在：

第一，由于物流是一个大范围内的活动，物流信息源也分布于一个大范围内，信息源点多、信息量大。如果这个大范围中未能实现统一管理或标准化，则信息便缺乏通用性。

第二，物流信息动态性特别强，信息的价值衰减速度很快，这就对信息工作及时性要求较高。在大系统中，强调及时性，信息收集、加工、处理应速度快。

第三，物流信息种类多，不仅本系统内部各个环节有不同种类的信息，而且由于物流系统与其他系统，如生产系统、销售系统、消费系统等密切相关，因而还必须收集这些类别的信息。这就使物流信息的分类、研究、筛选等难度增加。

不同类别的物流信息还有一些不同特点。例如，物流系统产生的信息，由于需要向社会提供，因而收集信息力求全面、完整。而收集的其他系统信息，则要根据物流要求予以选择。

二、物流信息的分类

在处理物流信息和建立信息系统时，对物流信息进行分类是一项基础工作，物流信息有以下若干种。

（一）按信息领域不同分类

按信息产生的领域和作用的领域，物流信息可分成物流活动所产生的信息和提供物流使用的、其他信息源产生的信息两类。一般而言，在物流信息工作中，前一类是发布物流信息的主要信息源，其作用不但可以指导下一个物流循环，也可提供于社会，成为经济领域的信息；后一类信息则是信息工作收集的对象，是其他经济领域、工业领域产生的对物流活动有作用的信息，主要用于指导物流。

（二）按信息的作用不同分类

按物流信息作用不同可分成以下几类。

1. 计划信息

这指的是尚未实现的但已当作目标确认的一类信息，如物流量计划、仓库吞吐量计划、车皮计划、与物流活动有关的国民经济计划、工农业产品产量计划等，许多具体工作的预计、计划安排等，甚至是带有作业性质的如协议、合同、投资等信息，只要尚未进入具体业务操作的，都可归入计划信息之中。这种信息特点是带有相对稳定性,信息更新速度较慢。

计划信息对物流活动有非常重要的战略性指导意义,其原因在于,掌握了这种信息之后,便可对物流活动进行战略思考:如何在这种计划前提下规划自己的战略的、长远的发展。计划信息往往是战略决策或大的业务决策不可缺少的依据。

2. 控制及作业信息

控制及作业信息是物流活动过程中发生的信息,是掌握物流现实活动状况不可少的信息,如库存种类、库存量、在运量、运输工具状况、物价、运费、投资在建情况、港口发到情况等。这种信息的特点是动态性非常强,更新速度很快,信息的时效性很强,往往是此时非常有价值的信息,瞬间就变得一文不值。

物流活动过程中不断产生的作业信息,都是上一作业的结果信息,但并不是此项物流活动最终的信息,这种信息的主要作用是用以控制和调整正在发生的作业和指导即将发生的作业,以实现对过程的控制和对业务活动的微调。这是管理工作不可缺少的信息。

3. 统计信息

统计信息是物流活动结束后,对整个物流活动的一种总结性、归纳性的信息。这种信息是一种恒定不变的信息,有很强的资料性。虽然新的统计结果不断出现,从而从总体来看这种信息具有动态性,但已产生的统计信息都是一个历史性的结论,是恒定不变的。诸如上一年度、月度发生的物流量、物流种类、运输方式、运输工具使用量、仓储量、装卸量以及与物流有关的工农业产品产量、内外贸易量等都属于这类信息。

统计信息有很强的战略价值,它的作用是用以正确掌握过去的物流活动及规律,以指导物流战略发展和计划的制订。物流统计信息是国民经济中非常重要的一类信息。

4. 支持信息

支持信息是指能对物流计划、业务、操作有影响或有关的文化、科技、产品、法律、教育、民俗等方面的信息,例如物流技术的革新、物流人才需求等。这些信息不仅对制定物流战略有价值,而且也对控制、操作起到指导、启发的作用,是可以从整体上提高物流水平的一类信息。

(三)按信息的加工程度不同分类

物流空间广、时间长,决定了信息发生源多且信息量大,因此,信息量太大而使人无法容纳、无法收集、无法洞察和区分有用信息、无法有效利用信息的“信息爆炸”情况便非常严重。为此,需要对信息进行加工。按加工程度不同可将信息分成原始信息和加工信息两类。

1. 原始信息

这是指未加工的信息,是信息工作的基础,也是最有权威性的凭证性信息,一旦有需要,可从原始信息中找到真正的依据。原始信息是加工信息可靠性的保证。有时候,人们只重视加工信息而放弃了原始信息,一旦有争议、有疑问,无法用原始信息核证,在这种情况下,加工信息便毫无意义。所以,忽视原始信息是不当的。

2. 加工信息

这是对原始信息进行各种方式、各个层次处理之后的信息。这种信息是原始信息的提炼、简化和综合,可大大缩小信息量,并将信息梳理成规律性的东西,便于使用。加工信息需要各种加工手段,如分类、汇编、汇总、精选、制档、制表、制音像资料、制文献资料、制数据库等。同时还要制成各种指导使用的资料。

（四）按活动领域不同分类

由于物流活动性质有区分，物流各个分系统、各不同功能要素的信息也有所不同。按这些领域分类，有运输信息、仓储信息、装卸信息等，甚至更细化分成集装箱信息、托盘交换信息、库存量信息、汽车运输信息等。

按物流的不同领域分类的信息是具体指导物流各个领域活动、使物流管理细化所必不可少的信息。

三、物流信息化与物流信息技术

现代计算机技术、通信技术、网络技术等贯穿于物流运作和管理的全部环节，构成了物流信息化。物流信息化是信息技术、物流信息管理和组织一体化的产物，物流信息平台是承载和支持物流信息化的物质基础。其核心是物流信息技术，物流信息技术是现代信息技术在物流各个作业环节中的综合应用，是现代物流区别于传统物流的根本标志，也是物流技术中发展最快的领域，尤其是计算机网络技术的广泛应用使物流信息技术达到了较高的应用水平。物流信息技术的发展也改变了企业应用供应链管理获得竞争优势的方式，成功的企业通过应用信息技术来支持它的经营战略并选择它的经营业务。物流信息技术按技术内涵可分为信息标准化、信息编码、信息标识、信息识读、信息传输、信息处理、集成等若干种类的技术，按技术的适用性分成专用和通用的两大类，按信息技术的功能可以分成单一功能和系统功能两大类。常见技术包括计算机技术、网络技术、信息分类编码技术、条码技术、射频识别技术、电子数据交换技术、全球定位系统、地理信息系统、智能技术等，相关的基础信息技术包括事务处理系统（TPS）、管理信息系统、资源计划系统、条形码系统、电子数据交换系统等。

四、物流信息系统①

在物流范畴内，建立的信息收集、整理、加工、储存、服务工作系统，称物流信息系统。物流信息系统实际上是物流管理软件和信息网络结合的产物，小到一个具体的物流管理软件，大到利用覆盖全球的互联网将所有相关的合作伙伴、供应链成员连接在一起提供物流信息服务的系统，都叫作物流信息系统。对一个企业而言，物流信息系统不是独立存在的，而是企业信息系统的一部分，或者说是其中的子系统，即使对一个专门从事物流服务的企业也是如此。物流信息系统作为企业信息系统中的一类，可以理解为对通过与物流相关信息的加工处理来达到对物流、资金流的有限控制和管理，并为企业提供信息分析和决策支持的人机系统。

物流信息系统是建立在物流信息的基础上的，只有具备了大量的物流信息，物流信息系统才能发挥作用。在物流管理中，人们要寻找最经济、最有效的方法来克服生产和消费之间的时间距离和空间距离，就必须传递和处理各种与物流相关的情报，这种情报就是物流信息。它与物流过程中的订货、收货、库存管理、发货、配送及回收等职能有机地联系在一起，使整个物流活动顺利进行。在企业的整个生产经营活动中，物流信息系统与各种物流作业活动密切相关，具有有效管

---

① 相关案例请访问：爱课程网→资源共享课→物流学/汝宜红→第六章第6讲→教学案例（1）。

理物流作业系统的职能。它有两个主要作用:一是随时把握商品流动所带来的商品量的变化;二是提高各种有关物流业务的作业效率。在不同企业和应用场景下,物流信息系统功能有所区别。按管理决策的层次分类,可分为物流作业管理系统、物流协调控制系统、物流决策支持系统;按系统的应用对象分类,可分为面向制造企业的物流管理信息系统、面向零售商、中间商、供应商的物流管理信息系统、面向物流企业的物流管理信息系统;按系统采用的技术分类,可分为单机系统、内部网络系统、与合作伙伴和客户互联的系统等。

物流信息系统是物流领域的神经网络,遍布物流系统的各个层次、各个方面。物流信息系统结构可以从垂直和水平两个方向来考察。从垂直方向看,物流信息系统可分为三个层次,即管理层、控制层和作业层。从水平方向看,信息系统贯穿供应物流、生产物流、销售物流、回收和废弃物物流等物流形式的运输、仓储、装卸搬运、包装、流通加工等各个物流作业环节。

物流信息系统是物流系统的神经中枢,它作为整个物流系统的指挥和控制系统,可以分为多种子系统或者多种基本功能。通常,可以将其基本功能归纳为以下几个方面。

(1) 数据的收集和输入。物流数据的收集首先是将数据通过收集子系统从系统内部或者外部收集到预处理系统中,并整理成为系统要求的格式和形式,然后再通过输入子系统输入到物流信息系统中。这一过程是其他功能发挥作用的前提和基础,如果一开始收集和输入的信息不完全或不正确,在接下来的过程中得到的结果就可能与实际情况完全相左,这将会导致严重的后果。因此,在衡量一个信息系统性能时,应注意它收集数据的完善性、准确性,以及校验能力和预防与抵抗破坏的能力等。

(2) 信息的存储。物流数据经过收集和输入阶段后,在其得到处理之前,必须在系统中存储下来。即使在处理之后,若信息还有利用价值,也要将其保存下来,以供以后使用。物流信息系统的存储功能就是要保证已得到的物流信息能够不丢失、不走样、不外泄、整理得当、随时可用。无论哪一种物流信息系统,在涉及信息的存储问题时,都要考虑到存储量、信息格式、存储方式、使用方式、存储时间、安全保密等问题。如果这些问题没有得到妥善的解决,信息系统是不可能投入使用的。

(3) 信息的传输。物流信息在物流系统中,一定要准确、及时地传输到各个职能环节,否则信息就会失去其使用价值了。这就需要物流信息系统具有克服空间障碍的功能。物流信息系统在实际运行前,必须充分考虑所要传递的信息种类、数量、频率、可靠性要求等因素。只有这些因素符合物流系统的实际需要时,物流信息系统才是有实际使用价值的。

(4) 信息的处理。物流信息系统的最根本目的就是要将输入的数据加工处理成物流系统所需要的物流信息。数据和信息是有所不同的,数据是得到信息的基础,但数据往往不能直接利用,而信息是从数据加工得到的,它可以直接利用。只有得到了具有实际使用价值的物流信息,物流信息系统的功能才算发挥。

(5) 信息的输出。信息的输出是物流信息系统的最后一项功能,也只有在实现了这个功能后,物流信息系统的任务才算完成。信息的输出必须采用便于人或计算机理解的形式,在输出形式上力求易读易懂,直观醒目。

这五项功能是物流信息系统的基本功能,缺一不可。而且,只有五个过程都没有出错,最后得到的物流信息才具有实际使用价值,否则会造成严重的后果。

第六节 配　　送[1]

一、配送的概念与作用

（一）配送的概念

我国现在使用的“配送”一词，是原封不动地搬用了日语中的两个日语汉字，赋予了汉语读音。和配送相近似的词汇有“交货”“运送”“分送”“投送”“输送”“供应”“供给”“发放”等。从配送的实际形态来看，上述词汇都不能对配送做出满意的标注。

在国家标准《物流术语》（GB/T 18354—2006）中，配送的定义为：配送是在经济合理区域范围内，根据用户要求，对物品进行拣选、加工、包装、分割、组配等作业，并按时送达指定地点的物流活动。

（二）配送的作用

1. 完善了输送及整个物流系统

第二次世界大战之后，由于大吨位、高效率运输力量的出现，使干线运输无论在铁路、海运抑或公路方面都达到了较高水平，长距离、大批量的运输实现了低成本化。但是，在所有的干线运输之后，往往要辅以支线或小搬运，这种支线转运或小搬运成了物流过程的一个薄弱环节。这个环节有和干线运输不同的许多特点，如要求灵活性、适应性、服务性，致使运力往往利用不合理、成本过高等问题难以解决。采用配送方式，从范围来讲将支线运输及小搬运统一起来，加上上述的各种优点，使输送过程得以优化和完善。

2. 提高了末端物流的效益

采用配送方式，通过增大经济批量来达到经济地进货，又通过将各种商品用户集中一起进行一次发货，代替分别向不同用户小批量发货来达到经济地发货，使末端物流经济效益提高。

3. 通过集中库存使企业实现低库存或零库存

实现了高水平的配送之后，尤其是采取准时配送方式之后，生产企业可以完全依靠配送中心的准时配送而不需保持自己的库存。或者，生产企业只需保持少量保险储备而不必留有经常储备。这就可以实现生产企业多年追求的“零库存”，将企业从库存的包袱中解脱出来，同时解放出大量储备资金，从而改善企业的财务状况。实行集中库存，集中库存的总量远低于不实行集中库存时各企业分散库存之总量，同时增加了调节能力，也提高了社会效益和经济效益。此外，采用集中库存还可利用规模经济的优势，使单位存货成本下降。

4. 简化事务，方便用户

采用配送方式，用户只需向一处订购，或和一个进货单位联系就可订购到以往需去许多地方才能订到的货物，只需组织对一个配送单位的接货便可代替现有的高频率接货，因而大大减轻了

① 关于配送的名词术语请访问：爱课程网→资源共享课→物流学/汝宜红→第六章第6讲→名词术语。

用户的工作量和负担，也节省了事务开支。

5. 提高供应保证程度

生产企业如果自己保持库存，维持生产，那么供应保证程度很难提高（受到库存费用的制约）；若采取配送方式，配送中心则可以比任何单位企业的储备量大，对每个企业而言，中断供应、影响生产的风险便相对缩小，使用户免去短缺之忧。

二、配送的发展

从发达国家的实践情况来看，配送趋向现代化，主要表现在以下几个方面。

（一）设置配送中心，集中进行配送

这样可以更有效地组织物流活动，控制物流费用；集中存储物资，保持合理的库存；提高服务质量，扩大销售；防止出现不合理运输。

（二）实行了计划配送制度

许多企业在实践中推行了高效率的“路线发送”和“时间表式的配送”等计划配送制度。其操作方法是：按照地区和配送货物的数量，将配送服务对象（即顾客）进行划分，然后在此基础上确定配送的时间间隔和到达目的地的具体时间。上述按照确定的时间间隔（如当日或隔日）进行配送，称之为“路线发送”，也叫“定路线配送”；而按照规定的到货时间进行配送，则称之为“时间表式的配送”，也叫“定时配送”。

（三）开展了共同配送活动

共同配送最早产生于20世纪60年代中期的日本。由于当时道路拥挤、交通混乱，严重地干扰了配送活动的顺利开展；特别是在中小企业独立配送的形式之下，配送效率很难提高。共同配送，实质上就是在同一个地区，许多企业在物流运动中互相配合、联合运作，共同进行理货、送货等活动的一种组织形式。实际操作时有两种做法：一是共同投资建立“共同配送中心”；二是共同（或联合）运输、共同发送。而针对物流成本居高不下、物流环节杂乱烦冗的问题，一种由政府主导推出，倡导“共同配送”理念的新型物流公司也应运而生。北京市共同配送试点工程“城市100”就是一个例子。在电商、物流公司、代收类企业之外，便利店等零售终端也开始主动参与进来。因为具备贴近用户、数量多、信息化程度高、管理规范的优势，便利店一直是各方企业开展自提业务首选的合作对象，从被动吸收到主动参与，便利店也成了一支不可忽视的力量。

（四）配送技术与模式创新发展

目前，在配送作业中以托盘化、集装箱化为代表的集装系统已经普遍建立了起来，由此大大提高了配送作业中的装卸和运输效率。在发达国家，配送作业相继采用了自动分拣技术和自动配货技术，并相应建立起了自动化的操作系统，如由高层货架、流动货架、自动取货机、传送带、图像识别机、计算机等组合而成的自动化配送系统；还有软件方面的现代化等。例如，IBM公司的VSP方法，可以用来设计运输计划。

对于我国而言，进入21世纪以来配送服务发展迅速，各种先进的物流技术、信息技术得到了较普遍的应用，而这其中的主要推动力量就是电商物流需求。随着电子商务的崛起，我国配送需求不断迅速增长，对配送服务的要求也越来越高。为解决电商最后一公里的物流难题，各相关方都在尝试打破常规，创新思路，寻找不同的解决方式。首当其冲的是电商企业，除了自建配送体系，也在不断推出校园营业厅、地铁自提点和智能快递自提柜等服务，其考虑的是集约化送件能降低配送成本，在配送时间上也更灵活，同时还能提高用户体验，保护消费者隐私。各电商同时

也在积极拓展合作渠道，加强与社会资源的合作，包括便利店和第三方服务机构。除了电商，大型物流公司也在不断寻找新出路，与便利店、物业、第三方等进行合作，建设末端配送网点。在城市配送领域，以外卖送餐、“跑腿”服务为主的即时物流行业方兴未艾。即时物流在业内经常简称为“即时配”，其看似简单，表面看仅仅是物流最原始的点对点配送模式，但在互联网成为基础设施的今天，大数据、云计算、物联网等先进技术都在即时物流体系中得到应用，数据驱动、智能调拨已经成为即时物流的核心竞争力。即时物流的技术变革，解决了传统点对点配送的大规模、高延时、不确定等问题，降低了成本，提升了效率，更提升了服务体验，又通过与新零售对接、与电商物流前端配送系统对接、与供应链系统对接，打通了物流最后一公里的末端配送网络，推动着物流系统的变革。即时物流的变革带来了市场需求的高速增长，2018 年即时物流行业用户快速增长，季度环比增长速度超过了 20%，引来传统快递企业、电商物流企业、城市配送企业的加入，引起了资本市场广泛关注，引发了城市配送模式的深度变革。以上路径探索，目前基本还是从整合资源、降低成本、高效环保的角度出发，实施中依然存在不少潜在的问题和困难，未来的发展仍然可以期待。

三、配送管理的内容

从不同的角度来看，配送管理包含不同的内容。我们从以下角度进行分析。

（一）配送模式管理

配送模式是企业对配送所采取的基本战略和方法。企业选择何种配送模式，主要取决于以下几方面的因素：配送对企业的重要性、企业的配送能力、市场规模与地理范围、保证的服务及配送成本等。根据国内外的发展经验及我国配送理论与实践，目前，主要形成了以下几种配送模式：自营配送模式、共同配送模式、共用配送模式和第三方配送模式。

（二）配送业务管理

配送的对象、品种、数量等较为复杂，为了做到有条不紊地组织配送活动，管理者需要遵照一定的工作程序对配送业务进行安排与管理。一般情况下，配送组织工作的基本程序和内容主要有以下几个方面。

1. 配送线路的选择

配送路线是否合理，对配送速度、成本、效益影响很大，因此，采用科学合理的方法、确定合理的配送路线是非常重要的一项工作。确定配送路线可以采取各种数学方法和在数学方法基础上发展和演变出来的经验方法，主要有方案评价法、数学计算法和节约里程法等。现在已开发出多个软件可以帮助管理者及员工设定配送线路，避免了繁琐的数学计算。在此不做这些计算方法的具体介绍。

2. 拟定配送计划

管理者需要拟定出配送计划，供具体负责配送作业的员工执行。现在一般可采用计算机作为编制配送计划的主要手段。

（1）拟定配送计划的主要依据包括：① 订货合同副本。订货合同一般包括客户订货的品种、规格、数量、送货时间、送达地点、接货人、接送货方式等。② 仓储配送合同。③ 电话预约合同。④ 所需配送的各种商品的性能、运输要求，以此决定车辆种类及运输方式。⑤ 配送车辆、装卸设备、相关专用工具等情况。⑥ 运输条件。即与道路运输有关的要求、运达地点、作业环境、气候等。⑦ 各配送结点的商品品种、规格、数量及分布等情况。

（2）确定配送计划的主要内容：① 按日排定客户所需商品的品种、规格、数量、送货时间、送达地点、接货人等，并详细弄清各客户的地址，可用地图标明，也可在表格中列出。② 按客户需要的时间，确定配送作业准备的提前期。确定每天从各配送点发运的商品品种、规格、数量。③ 按计划的要求选择配送服务的具体组织方式。④ 列出详细配送计划表供审批、执行和备案。

3. 下达配送计划

配送计划确定之后，管理者要向各配送点下达配送任务，依据计划，调度运输车辆、装卸机械及相关作业班组与人员，并指派专人将商品送达时间、品种、规格、数量通知客户，使客户按计划准备好接货工作。

4. 配货和进货组织工作

管理者应按计划做好配送组织工作，要求各配送点按配送计划确定库存商品的保存程度，若有缺货情况应立即组织进货。同时要求各配送点按配送计划进行配货、分货、包装、配装等工作。

5. 配送发货管理

管理者应组织与监督理货人员按计划将所需的各种商品进行分类，标明到达地点、客户名称、配送时间、商品明细等，并按流向、流量、距离将各类商品进行配装，将发货明细表交给司机或随车送货人。发货车辆按指定路线将商品运达客户。

（三）配送作业管理

不同产品的配送可能有独特之处，但配送的一般流程基本如图 4-3 所示。

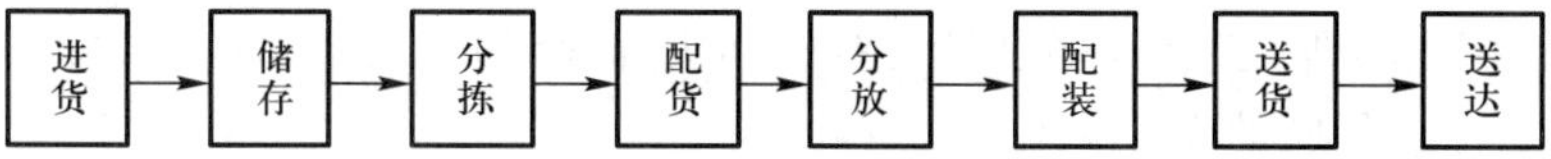

图 4-3　配送一般流程

配送作业的管理就是对这个流程之中的各项活动进行计划和组织。其中，典型的活动为分拣作业。分拣的基础方式有两种，即按单分拣和按品种分拣（批量分拣）。按单分拣是指分拣人员或分拣工具巡回于各个储存点，按订单所要求的物品完成货物的配货，可以形象地称之为摘果式。批量分拣作业是由分货人员或分货工具从储存点集中取出各个用户共同需要的某种货物，然后巡回于各用户的货位之间，按每个用户的需要量分放后，再集中取出共同需要的第二种货物，如此反复进行，直至用户需要的所有货物都分放完毕，即完成各个用户的配货工作，可以形象地称之为播种式或播撒式。除了这两种常用的分拣方式外，还可以采用以下两种分拣方式：(1)整合按单分拣。主要应用在一天中每一订单只有一种品项的场合，为了提高输配送的效率，将某一地区的订单整合成一张分拣单，做一次分拣后，集中捆包出库。属于按单分拣的一种变形型式。(2)复合分拣。复合分拣是指按单分拣与批量分拣的组合运用，按订单品项、数量和出库频率决定哪些订单适合按单分拣，哪些适合批量分拣。

近年来用户需求品种越来越多，为提高效率，解决劳动力不足，各种效率更高的按单分拣方式被开发出来，例如分拣指示系统、分拣小车等，对小批量的用户也可以高效、准确地出库，因此按品种的分拣方式的应用就逐渐减少了。为了更好地提高分拣作业效率，需要事先制定合理的分拣策略，对不同的订单需求应采取不同的分拣策略。决定分拣策略的四个主要因素是：分区、订单分割、订单分批及分类。这四个主要因素交互运用可产生多个分拣策略。

（四）配送中心管理

配送中心是专门从事配送活动的场所，其管理应从管理一个企业或者部门的角度出发，对其中涉及的各项工作进行妥善的安排。配送中心专业性较强，和用户有固定的配送关系，一般实行计划配送，需配送的商品有一定的库存量，一般情况很少超越自己经营范围。配送中心的设施及工艺流程是根据配送需要专门设计的，所以配送能力强，配送距离较远，配送品种多，配送数量大。可以承担工业生产用主要物资的配送及向配送商店实行补充性配送等，配送中心配送是配送的重要形式。从实施配送较为普遍的国家看，配送中心配送是配送的主体形式，不但在数量上占主要部分，而且是某些小配送单位的总据点，因而发展较快。

四、配送合理化

（一）不合理配送的表现形式

对于配送决策优劣的判定，很难有一个绝对的标准。例如，企业效益是配送的重要衡量标志，但是，在决策时常常需考虑各种因素，有时要做赔本买卖。所以，配送的决策是全面、综合决策。在决策时要避免由于不合理配送所造成的损失，但有时某些不合理现象是伴生的，要追求大的合理，就可能派生小的不合理，所以，这里只单独论述不合理配送的表现形式，但要防止绝对化。

其具体表现形式包括：资源筹措不合理；库存决策不合理；价格不合理；配送与直达的决策不合理；送货中运输不合理；经营观念不合理。

（二）配送合理化可采取的做法

国内外推行配送合理化，有一些可供借鉴的办法，简介如下。

1. 推行一定综合程度的专业化配送

通过采用专业设备、设施及操作程序，取得较好的配送效果并降低配送过分综合化的复杂程度及难度，从而追求配送合理化。

2. 推行加工配送

通过加工和配送结合，减少了中转，求得配送合理化；同时，加工与配送结合，加工目的更明确，和用户联系更紧密，更避免了盲目性。这两者有机结合，投入不增加太多却可追求两个优势、两个效益，是配送合理化的重要经验。

3. 推行共同配送

通过共同配送，可以以最近的路程、最低的配送成本完成配送，从而追求合理化。

4. 实行送取结合

送取结合可使配送企业与用户建立稳定、密切的协作关系。配送企业不仅成了用户的供应代理人，而且成了用户的储存据点，甚至成为产品代销人。在配送时，将用户所需的物资送到，再将该用户生产的产品用同一车运回，这种产品也成了配送中心的配送产品之一，或者代存代储，减轻了生产企业的库存包袱。这种送取结合，使运力充分利用，也使配送企业功能有更大的发挥，从而实现了合理化。

5. 推行准时配送系统

准时配送是配送合理化的重要内容。配送做到了准时，用户才可以放心地实施低库存或零库存，可以有效地安排接货的人力、物力，以追求最高效率的工作。另外，保证供应能力，也取决于准时供应。从国外的经验看，准时供应配送系统是现在许多配送企业追求配送合理化的重要手段。

6. 推行即时配送

即时配送是最终解决用户企业担心断供之忧，大幅度提高供应保证能力的重要手段。即时配送是配送企业快速反应能力的具体化，是配送企业能力的体现。即时配送成本较高，但它是整个配送合理化的重要保证手段。此外，用户实行零库存，即时配送也是重要的保证手段。

小　故　事

木牛流马

中国古代多战乱，三十年无战争，则天下富庶。2 000 多年间，战争的年份远远大于和平的年份。秦始皇统一六国，动则发兵三四十万，其兵器制造、粮草征集、运输供应，马匹征养，盔甲被服，不知有多少人为之劳作。当时交通不便，运输工具落后，运输成本巨大，粮食运至军前，只能剩下三十分之一。

《三国演义》第一百二十回“司马懿占北原渭桥，诸葛亮造木牛流马”中，描写了诸葛亮六出祁山，七擒孟获，威震中原。他发明了一种新的运输工具，叫“木牛流马”，解决了几十万大军的粮草运输问题。这种工具比现在的还先进，不用能源，不会造成能源危机。

其实，木牛流马的使用可追溯到春秋末期。据王充在《论衡》中记载：鲁国木匠名师鲁班就为其老母巧工制作过一台木车马，且“机关具备，一驱不还”。也许是受了鲁班木车马的启发，约 1 700 年后，三国时代的诸葛亮发明木牛流马，用其在崎岖的栈道上运送军粮，且“人不大劳，牛不饮食”。与王充记载鲁班木车马的寥寥数语相比，《三国志》《三国演义》等书对诸葛亮的木牛流马的记述可算是绘声绘色、极为详尽了。

造木牛之法云：“方腹曲头，一脚四足；头入领中，舌着于腹。载多而行少：独行者数十里，群行者二十里。曲者为牛头，双者为牛脚，横者为牛领，转者为牛足，覆者为牛背，方者为牛腹，垂者为牛舌，曲者为牛肋，刻者为牛齿，立者为牛角，细者为牛鞅，摄者为牛秋轴。牛仰双辕，人行六尺，牛行四步。每牛载十人所食一月之粮，人不大劳，牛不饮食。”造流马之法云：“肋长三尺五寸，广三寸，厚二寸二分：左右同。前轴孔分墨去头四寸，径中二寸。前脚孔分墨二寸，去前轴孔四寸五分，广一寸。前杠孔去前脚孔分墨二寸七分，孔长二寸，广一寸。后轴孔去前杠分墨一尺五分，大小与前同。后脚孔分墨去后轴孔三寸五分，大小与前同。后杠孔去后脚孔分墨二寸七分，后载克去后杠孔分墨四寸五分。前杠长一尺八寸，广二寸，厚一寸五分。后杠与等。板方囊二枚，厚八分，长二尺七寸，高一尺六寸五分，广一尺六寸：每枚受米二斛三斗。从上杠孔去肋下七寸：前后同。上杠孔去下杠孔分墨一尺三寸，孔长一寸五分，广七分：八孔同。前后四脚广二寸，厚一寸五分。形制如象，长四寸，径面四寸三分。孔径中三脚杠，长二尺一寸，广一寸五分，厚一寸四分，同杠耳。”

又过了 200 多年，据说南北朝时的科技天才祖冲之再造了木牛流马。令人难以理解的是，他同样也未留下只字片图的资料。

诸葛亮造木牛流马，用来运送粮草。木牛流马是什么样子，自古以来，莫衷一是。可是没有一种说法比较符合原状，其中的原因可能在于研究历史的人不通机械，而了解机械的人又没有充分的历史考证。

到了现代，据说有人真的仿造出了这种运输工具。大家也可以做一些研究！

案 例

KY物流公司某仓库仓储作业流程优化①

一、背景

KY物流公司某仓库位于北京顺义，主营业务是为北京D汽车制造公司提供零件配送，支持其JIT生产模式。该仓库现存配送零件1 900种左右。其28家供应商离北京距离较远，原因是D公司位于北京地区的供应商直接按JIT生产进度要求自己进行零件配送，不需要物流公司参与。

公司现有仓库面积7 200平方米，仓库平面示意图参见图4-4。

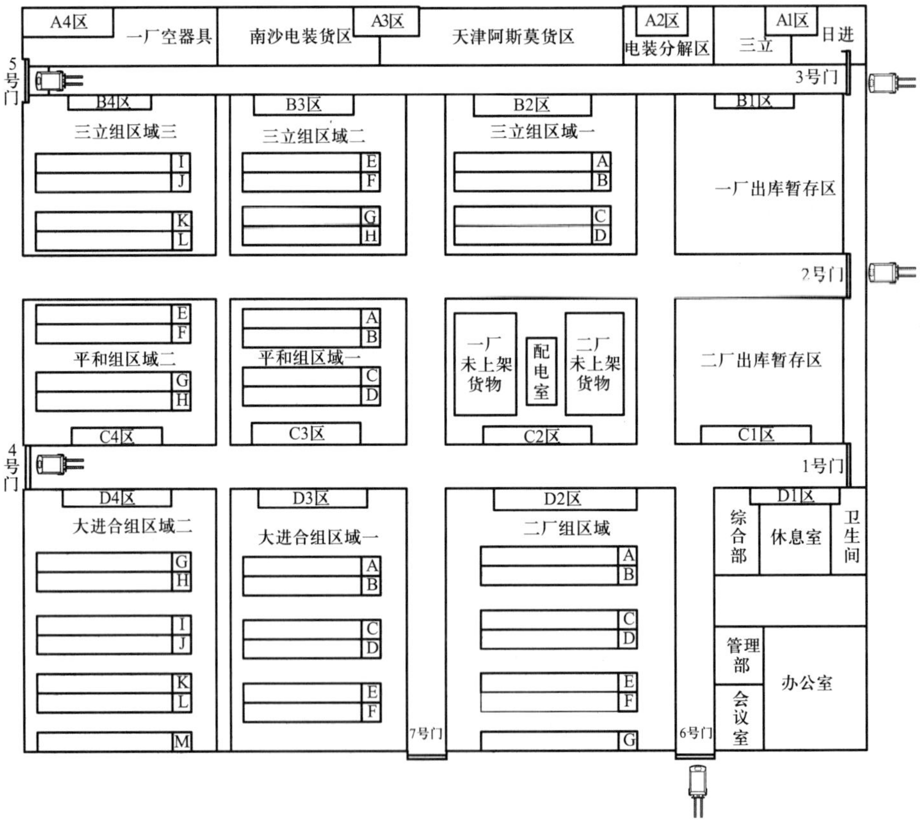

图4-4 KY公司仓库平面示意图

① 作者：吕金鑫。

公司在经营过程中不断改进，力求弥补自身不足。存储零件增加、提供服务的供应商数量增加一直是KY物流发展的大趋势，而仓库存储资源紧张也一直是困扰公司的主要矛盾。

二、企业仓储作业流程现状与问题分析

（一）仓储作业环节分析

KY物流公司的仓库职工包括卸货员、计划员、库管员、仓库工人、发货员、现场专员和车队人员。每天的作业环节如下：

（1）常驻客户现场专员共21人，负责公司配送到货物的装卸和配送工具的搬运。现场人员通过看客户的生产进度表、结合客户的安全库存情况，计算并电话通知计划员当天的零件需求种类、需求量等。

（2）计划员负责和现场专员沟通，制定每次出库指示书并将其转给库管员、发货员、总账员。

（3）库管员负责入库、分拣、出库、存储、核对库存等工作。库管员根据每日出库指示书，安排库内工人进行分拣等工作，1小时后开始配送。库管员定期盘查货物是否与库存明细表相符。

（4）发货员根据出库指示书，结合发货等待区货物标签进行发货。

（5）公司有自己的配送车队，共8辆配送车辆，每天平均每辆车跑4趟。如出现配送错误或紧急生产情况，库管和车队安排紧急配送。D公司生产线24小时运作，需要夜间配送。

（6）对客户进行生产物流支持，将卸下的货物从卸货区运送到客户生产线需求位置，再将空置的配送器皿运回。

以上作业环节存在的主要问题有：

（1）叉车组工作紧张，没有统筹规划。

（2）发货出错率较高。

（3）进货入库时基本没有质检。

（二）仓储作业票据分析

KY公司仓库现阶段的票据主要包括入库单、出库指示书、库存报表、库存总表、收货单等。与单据有关的工作人员有计划员（2名）、库管员（12名，6部分）、总表员（1名）以及总单员（1名）。

现在的票据流程如图4-5所示。

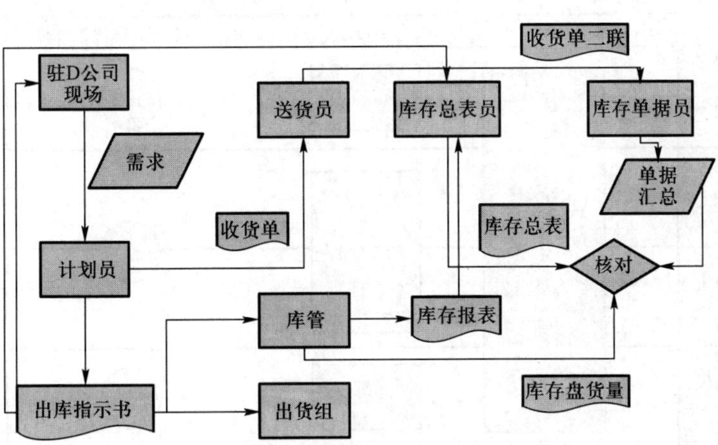

图4-5　物流票据流程

票据传递环节存在的主要问题有：

(1) 驻D公司的现场工作人员与计划员制订计划的流程之间没有单据的传递，仅仅靠口头制订计划，出库指示书出错率较高，且追究责任时出现互相推诿现象。

(2) 没有分拣单据。制定出库指示书之前，分拣工作人员根据该零件的分拣盒数量大致估测分拣量，将该零件的分拣盒装满为上限，占用大量仓库面积。不利于统筹安排。制定出库指示书之后，分拣员简单查一下自己负责区域范围内的代发货区中扣除本次发货剩余量，根据经验判断下次分拣需要就开始进行分拣了，出错率较高，不利于复查。

(3) 没有仓储数据库，仓库数据以账面纸质记录为主，计算机EXCEL表格中记录的为辅，不利于数据的存储与查找，时间太久的账目核实起来非常不容易。

三、仓储作业流程的优化

(一) 优化要求及目标

针对现有的仓储系统和企业物流发展战略，KY公司要求对仓储管理的优化要能够弥补和改善现存的问题，在一定阶段内满足发展战略的需要，针对作业流程而言，要求在不增加(或过多增加)成本的基础上，提高整体作业水平，加强各环节间的关联度和协调性，并能够提供有效满足需求的服务，提高物流服务水平，保证D公司生产线的正常运转。

据此，对KY公司进行仓储作业流程优化确定以下几个目标：

(1) 节约人力资源，降低差错率；

(2) 提高仓储作业流程科学性；

(3) 提高仓储管理的协调性和统一性；

(4) 降低(或不增加)仓储总成本。

(二) 优化方案

正常情况下，KY对D公司每天配送四次，时间分别为：10:00、13:00、21:00、02:00。

1. 作业环节优化

作业环节优化包括叉车工作统筹规划、降低配送差错率和质检环节的设置等三个方面。

(1) 叉车工作统筹规划。KY仓库内现有4辆叉车，统筹安排如图4-6所示。

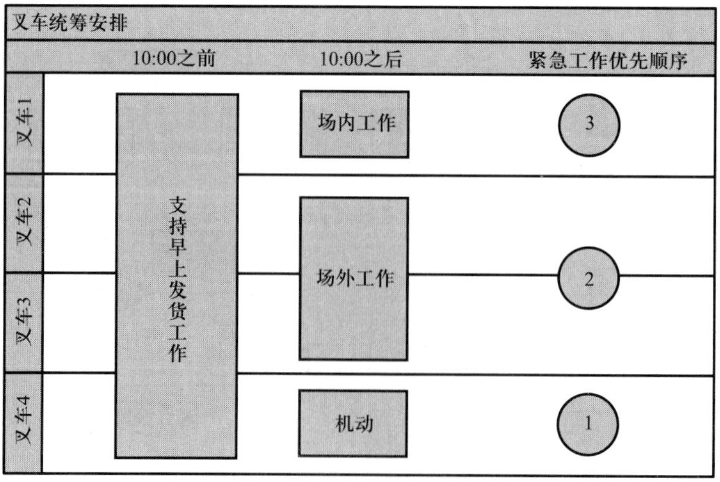

图4-6 叉车工作统筹安排计划

(2) 降低配送差错率。配送出现差错,主要原因有两个:一是生产厂家发过来的货本身装箱错误,二是仓库工作人员拆包后装错了分拣箱。

两种错误都需要仓库工作人员对产品非常熟悉,才有可能检查出错误。而且一旦发生配送错误的现象,极有可能对现代生产线造成影响。

除了规范操作流程以外,避免配送错误的解决方法要更多地从工人的主观因素考虑。现阶段可实行的避免配送差错的方法有三个方面:

① 库管对工人的解包、分装工作要进行监督、检查。及时对分拣完的货物贴上标签,避免先上架,后贴标签现象。

② 对工人进行培训。培训其正确地物流作业流程和对货物的熟悉度与识别能力。强调工作态度的重要性,灌输责任意识。

③ 每天早上召开早会。强调工作中的注意事项,提高工人工作热情,提高工作效率。

(3) 设置质检环节。针对仓储环节中容易出现责任推诿问题,建议KY物流公司设置质检环节。本着最小投入原则,考虑到检验技术条件限制等因素,KY物流公司可以采用如下简单质检步骤。

① 为收货入库组组长配备照相机,对箱子外观出项挤压、变形等现象及时拍照留证,及时向上反映,和厂家沟通以及详细记录。

② 要求生产商驻厂人员进行质检。驻厂人员的主要工作为检查来货数量与单据是否相符,质量出现问题时与KY物流公司进行协商。

③ 对喇叭等外观不易看出问题的货物进行出库前的技术检测。

通过仓储作业流程的优化,可以降低发货差错率,减少发急货的概率,降低运输成本,降低赔偿D公司生产线停产的成本。库内工人工作更有秩序,工作态度和积极性更高,减少加班作业,降低人工成本。

2. 票据规范与优化

票据规划与优化分为初期阶段和后期阶段。初期阶段宗旨为最小变动,最小投入。后期阶段要求达到一定的技术要求和满足发展要求。

(1) 初期阶段。

① 现场可以通过看D公司的需求量通知,制定需求计划,再将需求传真给计划员,计划员根据需求制定出库指示书。

② 引入小型数据库。数据库内主要存储入库、出库和库存数据。使用数据库利于数据的保存,方便查找数据、核对数据。

(2) 后期阶段。引入信息系统,与D公司联合建立信息系统,主要实现以下三个功能:显示实时生产计划和需求,实现库存控制与实时查询,实现纸质单据的简化。

引入信息系统,可以提高公司的物流服务水平,缩短生产计划变更配送工作的响应时间,降低配送差错率,减少人工工作量,降低人工成本。将因计划失误的紧急配货几率降到零,节约了运输成本。

四、对优化方案的评价

第一，通过质检、信息系统等仓储环节的优化，提高配送质量的准确性和及时性，降低了给企业造成停产的概率，节约了赔偿成本。

第二，优化物流环节后，可提高工人工作效率，降低工作量，减少加班工人的数量和时间，节约人员成本。

第三，发货差错率的降低，使得因为发货错误带来的紧急配货的次数减少，降低运输成本。

总的来说，优化方案可以提升 KY 物流公司的经济效益和管理水平，方案是可行的，实现了优化目标。

但是也应注意到优化方案还存在一些不完善的地方，需要进行不断的改进。其主要不足之处在于优化方案的设计过程中没有着重考虑物流工作者的专业水平限制。实际上，KY 物流公司员工普遍年龄偏高、学历偏低，这会在一定程度上影响优化方案的顺利实施。KY 公司还需要根据自身情况，循序渐进地展开优化，边优化边巩固，不断对职工进行培训教育，企业的发展过程也是企业和职工一起学习进步的过程。

本章小结

现代物流指的是将信息、运输、仓储、库存、装卸搬运以及包装等物流活动综合起来的一种新型的集成式管理，其任务是尽可能降低物流的总成本，为顾客提供最好的服务。本章对于运输等六个基本功能要素进行了概括性的介绍，同时对于配送也做了基本阐述。这些是物流学最基本的内容，应参考其他书籍以使进一步掌握。

关键名词

包装　运输　储存　装卸搬运　流通加工　配送　物流信息

思考题

1. 简述包装合理化的方法。
2. 企业如何对运输方式进行选择？
3. 如何实现储存的合理化？
4. 实现装卸搬运合理化可以采取哪些措施？
5. 流通加工在物流中的意义何在？
6. 配送管理包含哪些内容？
7. 简述物流信息的种类。
8. 物流信息技术如何促进着物流系统的不断现代化？试举例说明。

即测即评

请扫描二维码进行在线测试。

拓展阅读

拓展资料4-1：案例：电商物流的拣货模式

拓展资料4-2：云南双鹤药业仓储系统的合理化改造

拓展资料4-3：国内第一代多式联运公铁驮背运输专用车

第五章 市场与政策

物流市场是指为保证生产和流通过程顺利进行而形成的为商品流动和暂时停留提供服务的服务性市场，其功能主要有资源配置、实现规模经济和集约经济、提高物流效率、降低物流成本等。物流市场因受社会、经济、技术、体制、环境等诸多因素的影响，其市场结构和市场份额的变化十分复杂，变动趋势也不易确定。但从需求、流向和成本三方面进行分析，能够发现物流市场的基本发展方向，认识其演变的一般规律。本章通过对物流市场容量的分析，得出物流市场数量容量和价值容量的变化规律，在此基础上分析物流市场的结构。企业物流是物流市场的重要组成部分，而物流企业是物流市场的主要主体，本章对此进行了介绍。同时，为实现物流市场的正常运行，政府对其干预行为必不可少，主要体现在各种物流政策上，本章对此也进行了简要概述。

第一节 物流市场

一、概述

（一）物流市场的含义

简单地说，市场是商品交换的场所，这只是原始的市场含义。社会分工使市场内涵扩大，市场不再仅仅是商品的交换场所。经济学将市场概括为一定时空下商品交换关系的总和。从市场营销学来看，市场是由那些具有特定的需要或欲望，而且愿意并能够通过交换来满足这种需要或欲望的全部潜在顾客所构成的，买主构成市场，卖主构成行业，二者相互作用。行业与市场的关系见图 5-1。[①]

图 5-1 市场与行业的关系

从理论上来说，物流一般是指商品的空间位移和时间转换，以解决商品生产和消费之间的地点差异和时间

① 顾国祥，王卫华. 市场学. 上海：复旦大学出版社，1995.

差异。具体地说，物流就是将物品方便、快捷、安全、经济地送达用户的作业过程和经济活动。这些物流活动的本质特征是为用户提供服务，能够满足社会经济、生活中不同消费者的需求，因而具有使用价值，同时物流本身又具有服务所创造的价值，因此，物流服务作为一种特殊的商品进入市场是符合商品经济规律的。

物流业的产生是社会分工进一步细化和更加专业化的结果，物流市场是商品经济高度发达的市场经济的产物。这是因为物流业所包含的运输、仓储、包装、装卸等主要环节存在的历史悠久，但始终是相对独立的。到了市场经济阶段，市场高度发展，商品流通速度大大加快，相应地，要求加快货物流通的速度，使关系松散的各个实物流通环节出现了一体化趋势，从而统一为物流。可见，物流是诞生在市场经济的环境下，与市场具有天然的联系，也就是说物流市场是伴随市场经济的发展逐渐演进而形成的服务市场。

（二）物流市场的分类

物流市场是重要的服务市场之一，服务市场与商品市场是相对应的。服务市场是组织和实现服务商品流通交换和销售的网络，是服务商品生产、交换和消费的综合体系；物流市场是指为保证生产和流通过程顺利进行而形成的为商品流动和暂时停留提供服务的服务性市场，主要有仓储市场和货物运输市场以及包装、装卸、搬运等辅助性市场。一般来说，物流企业基本上会提供仓储、运输、包装、装卸、搬运等一条龙服务，只是在实际工作中主营业务有所侧重。以上是从不同物流环节来谈物流市场的。如果考虑到物流所处领域的区别，又有生产领域、流通领域和消费领域的物流之分；根据物流服务需求者、需求特点和需求数量的不同，可将物流市场分为产业物流市场和消费物流市场；从市场范围来看，物流市场有区域物流市场、城市物流市场、农村物流市场之分；从专业市场的角度去认识，各种行业的货物流动具体要求不同，对物流服务的需求千差万别，构成了多层次的物流市场。

（三）物流市场的功能

物流市场的功能主要有资源配置、实现规模经济和集约经济、提高物流效率、降低物流成本等。

物流市场的资源配置功能主要体现在两个方面：其一是通过物流市场，所有商品、物资均可按照消费者的需求以较低的费用、较快的速度在准确的时间内送达，实现社会资源的高效合理配置；其二是物流资源的集约配置，通过竞争性的物流市场可以将分散在流通、生产和消费等不同领域的物流资源进行整合和积聚，培育具有一定规模、功能齐全的物流服务供应商，为用户提供全方位的物流服务。

规模经济是指当企业的生产规模扩大时所带来的长期平均单位成本下降，这就是说，在一定范围内，企业规模越大，单位产出的费用越低；集约经济是指生产规模不变，通过提高现有生产能力的效率，使短期内单位产品的成本减少，即在一定的规模内，产量越大，则短期单位产品生产成本越低。物流市场既有使市场主体经营规模扩大、单位产出成本降低的作用，又有使物流作业量相对集中经营、提高物流设施利用率、增加产出、综合利用先进物流管理和技术等的集约作用。

发展物流市场是完善流通功能、提高物流效率的重要途径。一方面，非物流企业将物流服务外包，可提高自身的核心竞争能力和企业的市场占有率，也就是说通过分工获得较高的劳动生产率；另一方面，物流服务通过市场机制改变了运输、储存相互分割、自我服务的传统市场运作模式，提高效率的同时降低了交易成本，增加了盈利空间。

二、物流市场容量

本章对物流市场容量的分析,可以部分地解决市场发展的量化难题。之所以说是部分地解决,是因为根据现有的文献资料和公开发布的统计信息,至多只能分析宏观的市场容量。物流市场容量是指物流服务的总需求量,由企业自我服务和外购服务构成。而在物流市场上通过市场交易实现的市场需求,只是外包或委托给第三方物流企业的物流服务数量,即外购部分。在总容量中有多少是经由市场实现的,有多大比重是自我服务,实际上有很大的不稳定性和不确定性,也是理论分析的难点,需要大量的实际调查。

关于市场的含义可以从不同的角度去解释。狭义的市场是商品交换的场所,这是最原始也是最简单的市场;广义的市场是商品交换关系的总和,它反映出商品生产者、经营者和需求者之间通过买卖实现产品所有权转让的关系和服务产品交换的关系。这两种含义分别是对市场的具体描述和抽象概括。在对市场容量进行分析时,虽然可以对商品市场场所的数量进行统计和分析,但较难对市场中抽象的交换关系做量化分析。因此,对市场容量的分析需要根据市场学中对市场的定义的角度来分析,即市场是产品或服务的所有潜在购买者的需求量。这是从需求的角度来解释市场的,即商品交换关系中买方的角度。而买卖之间的顺利成交同时需要卖方的供给,因此,对购买者需求的分析,基本上可以反映出供给方的供应状况。本章对物流市场容量的分析,主要是指物流服务的需求量,因为一般意义上的物流市场很大部分是指物流需求量。

在物流市场容量的分析中,有关物流需求统计指标的选择是首先遇到的问题,相关指标数据的可获得性和数量确定是进行研究的第二大难题。物流业的发展在经济发达国家已有较相关的统计数据,有学术机构或物流企业进行长期跟踪调查,如美国有连续性的物流调查报告,日本则从 1975 年起由运输省监督编辑《日本物流年鉴》,并定期进行货物运输与物流调查。

我国于 2004 年发布了"国家发展改革委、国家统计局关于组织实施《社会物流统计制度及核算表式(试行)》的通知",决定自 2004 年起开展社会物流统计及社会物流总量核算的试算工作。《社会物流统计指标体系》国家标准(GB/T 24361—2009)也已实施。《中国物流年鉴》从 2002 年开始出版,对我国物流发展进行了详细的描述和记录。

本章根据能够得到的国内外统计资料和方法,初步对物流市场的容量进行系统分析,进一步研究物流市场容量的动态变化。

(一) 物流市场容量指标的选择

物流市场容量指标从需求和供给两个方面来选择。供给和需求指标均有数量形态和价值形态之分:一是数量意义上的库存量、货物流量,即物流需求数量形态指标,反映的是不同物流环节或功能的数量需求;二是物流成本或物流费用等价值形态指标,即价值意义上的市场需求,反映的是市场对物流服务的价值需求。要全面衡量物流市场容量,需要数量形态指标和价值形态指标配合使用。

从物流需求来看,物流需求是指一定时期内由社会经济活动对生产、流通、消费领域的原材料、成品和半成品、商品以及废旧物品、废旧材料等的配置作用而产生的对物品在空间、时间和费用方面的要求,涉及运输、库存、包装、装卸、搬运、流通加工以及与之相关的信息需求等物流活动的诸方面。物流所提供的基础服务是仓储和运输,其他服务都是边缘服务或辅助服务,因此对运输和仓储两项基础服务的计量,可反映出数量意义上的物流市场容量。物流成本或费用是国民经济各个行业用于物流的支出，实际上是对物流服务需求的价值表现，较全面地反映价值意义上的市场容量。

库存量、货物运输量、货运量构成、物流成本（费用）是物流市场容量的基本指标。另有与物流需求有关的非基本指标，可间接地反映物流业的规模或者物流市场的需求，这些指标有：物流从业人员比重、人均收入（与消费者物流有关）、经济发展水平（如 GDP）、社会商品零售总额、产业结构构成等。在服务业当中，服务业劳动者人数的多少直接决定着服务产品的总量，因此，服务业的就业人数与就业人口的比重是衡量服务业发展规模的一个重要指标，物流服务也不例外；随着经济的增长和人均收入的提高，消费者的需求会发生变化，从单纯的商品需求向服务需求转化，从而使经济结构发生变化，经济增长和人均收入达一定水平时，物流服务的需求即可出现，随后不断增长；此外，因为每万元产值的货运量是随着产品结构和产业结构的变化而逐渐降低的，也就是说，物流需求与人均收入、产业结构之间存在相关关系；物流服务是与产品的销售和消费联系在一起的，物流需求是商品需求所引发的，商品市场的规模直接决定物流需求的大小，因此物流需求与社会消费品零售总额密切相关；农业、制造业、建筑业等产业中的物流需求主要是生产资料的运输、储存和流通加工等，这类产业物流与各行业的产值产量存在函数关系；从宏观来看，物流业产值在国内生产总值中的比重是由微观、中观累积而形成的。

从物流供给来看，可以从国民经济核算的角度来选择指标体系。

由于物流业是运输、储存、装卸、搬运、流通加工、配送、信息处理等行业构成的综合性较强的产业，要反映出物流产业的全貌和物流产业的行业构成，指标的选择需要分层次来考虑。根据统计资料的可得性，物流统计指标体系的结构可分为以下三个主要层次：

（1）物流的主要行业，如运输、仓储、交通基础设施等的相关指标，反映物流产业发展和物流服务供给情况的数量指标。

（2）反映物流业在国民经济中地位和物流总支出的指标，如物流业增加值、物流从业人员的比例、资本总投资构成、国民生产总值构成、物流总成本等指标。

（3）与物流相关的统计指标，如国内生产总值、产业结构、社会商品零售总额、人均收入、批发零售贸易额等。

因此，反映物流市场供给的指标体系可参照如下基本框架，如图 5-2 所示。

- 物流业
  - 基本指标
    - 货物运输量、货运量构成、商品和物资库存量、仓储能力、快递量、
    - 铁路、公路通车里程和水运、航空、管道线路及航线长度，港口设施、各种车辆保有量、商船注册数、物流园区、物流平台等
  - 综合指标
    - 物流成本、物流业增加值、物流从业人员的比例、物流业资本投资构成、国民生产总值构成等
  - 相关指标
    - 国内生产总值、产业结构、社会商品零售总额、人均收入、
    - 批发零售贸易额、电子商务交易额、跨境电子商务交易额等

图 5-2　物流市场供给指标体系

需要说明的是，上述所列举的指标结构只是其基本框架，需要进一步经过理论上的完善和实际工作的确认。

（二）物流市场的变化趋势

对物流市场的变动进行分析，能够掌握市场需求的动态状况，不仅对于物流管理、物流市场的研究有深刻的理论意义，对物流产业的发展和物流企业的市场决策同样有着重要的现实指导作用。

对于物流的重要环节运输结构的变化，或者说运输市场的变化，已有丰富的运输经济学研究成果。从货运结构来看，很多运输经济文献都对货运变化做出了明确的分析和研究，如铁路和水运在货运总量中的比重大幅度下降，公路运输的比重上升，此为运输技术变革的影响①；从货物结构来看，因产业结构、产品结构、消费结构的升级，使货运从农产品、重化工原材料到加工工业产品，实现了由笨重粗大型产品向轻薄短小型产品运输的转变，此为经济结构变化对物流产生的影响。② 从仓储学的角度对仓储业的发展同样有深入的研究，如仓储业的组织、管理、仓储的自动化、机械化等，自营仓库减少、营业仓库增多是仓储市场的变化趋势。

在仓储和运输基础上发展起来的物流服务变动趋势，可从以下几个方面去把握：

第一，从物流需求来看，经济发展产生了综合性物流需求，并带来物流的变化，经济发展的高度化也促进了物流的高度化。所谓物流的高度化是指物流完善协调，即物流系统的现代化和效率化。③ 系统性的物流需求产生之前，市场需求表现为对运输或者仓储服务单一功能的需求，仓储和运输方式选择标准的变化可以反映出物流高度化的变化。传统仓库是只提供简单的保管功能，是储存型的仓库，最多有相关的装卸搬运功能，很少有流通加工、配送、分装等增值服务；物流系统中的仓库服务功能齐全，由仓储型转向流通型，库存周转率加快。简单的运输功能选择标准是先看运费负担情况，再看运输服务质量，运费较低的运输方式，相应的服务质量也不高；在物流逐步实现高度化以后，运输方式的选择标准更强调服务质量，企业对运费的考虑是以满足需求为前提的。单一的运输功能已不能满足用户综合性的物流需要，迫使运输业从业者推出新的货运延伸服务项目，使物流服务发展起来。物流服务包括运输、库存、包装、信息咨询等多方面的功能。在发达的物流管理体系中，现代通信、计算机和网络是必备的协调和控制系统，用于物流所有环节的信息收集、加工、传递、处理和决策。物流需求从单一服务功能向综合性服务发展，与工业化带来的经济服务化和信息化的发展方向是一致的。

第二，从物流流向来看，产业布局和城市化是影响物流流向的重要因素。原材料、燃料、加工工业分布决定了产业物流和消费物流的大小和进出的方向，经济发达地区和落后地区的物流需求差别较大，城乡物流有很大不同。随着经济的发展和城市化水平的提高，城市的消费量因城市人口的增长和城市居民的消费水平提高而增长，吸引了国内国际大量的货物流入。同时，以大中城市为中心的物流圈（批发零售圈）逐渐形成。物流圈是指区域内任意某地的批发零售货源主要来自该都市，其比例通常达到50%以上。物流圈的界定体现出城市对区域内各地的商品控制能力和它们之间的物质联系。④ 在物流数量上，城市的主导地位决定了物流流向和物流企业布局向城市集中的现象。

第三，从物流环节来看，物流总成本构成可分为仓储成本较大即仓储成本大于运输成本时期、仓储成本与运输费用接近时期和运输成本超过仓储成本时期。以零售商业的库存周转率来看，早期小商人的库存周转率为一年一次左右，运输由商人自己承担，对运输的依赖不大；百货商

① 荣朝和．论运输化．北京：中国社会科学出版社，1993：197．

② 日本经济新闻社．轻薄短小的时代．林元辉，译．北京：中国友谊出版社，1985．

③ 王惠臣．论运输管制．北京：高等教育出版社，1997：139．

④ 杨开忠，李国平，等．持续首都．广州：广东教育出版社，2000：96．

店是伴随工业化而出现在城市的，一般正常经营的百货店年库存周转率为三次左右，增加了对水运、铁路的依赖；汽车运输速度和时间上的保证，使一般经营得比较成功的折扣店和连锁店库存周转频率为五次左右，仓储成本相对降低；利用互联网的零售商如亚马逊公司可将年库存流通频率提高到 25 次左右。[①] 频繁的进货和发货已经离不开各种运输方式，运输成本增加的速度远远大于仓储成本。与此同时，用于信息技术和管理的信息费用支出比例逐渐加大，仓储成本和运输费用在物流费用中的比例未来有缓慢下降的趋势。不过物流过程中信息成本上升而运输和仓储成本下降的趋势目前尚不明显，预计在全面进入信息化社会后才能表现出来。

第四，从物流效率来看，运输功能正替代（部分）储存功能，货物流通速度不断加快，呈现出货运标准由简单的位移向高效率物流转化的物流需求新趋势。特别是进入 20 世纪 90 年代以来，美国物流界的新变化是即时制造、即时配送，尽可能少地保持原材料和商品库存，将越来越多的原材料与商品储存于“运动”之中，储存于各种运输工具或物流载体上。目前，美国供应链中有 10% 的商品储存于运动之中，节约了大量社会资源，产生了巨大的经济效益。美国物流业界人士正致力于将这一比例提高到 50% 。[②] 将库存集中在运输系统的设想一旦实现，会打开储存成本支出下降的空间。而实现这样的动态库存管理、指挥和追踪货物运输的幕后英雄，便是科学、先进的物流信息管理系统。信息流决定着商流、物流、资金流能否畅通、快捷和准确，用于信息的物流费用支出比例呈逐渐增长的趋势。未来物流市场上企业间将共享和交流更多的有关库存、运输等物流服务的信息，实现对物流全过程的动态追踪，不仅能够大大提高物流服务水平，而且可以形成“数据即商品”（data becomes a commodity）的概念，物流信息的功能显著增强。

日本物流市场的需求也有信息化趋势，其物流发展的目标是用计算机联网实现高速度、高效率的信息通信系统，被称为“后勤”型信息系统。后勤管理的目标是在最佳的费用水平下为顾客提供服务，充分满足顾客的需求，提高企业的经营效率，包括从原材料供给者到最终消费者之间所有主体间商品流动和停滞的计划、实施和控制。有效的后勤系统会使商品在库、运输等物流过程中的费用达到最理想的水平，缩短流通时间，同时提供优质高效的顾客服务。信息在后勤系统中是不可或缺的，它决定了商品的位置、流向、流量和时间等。日本物流企业信息化的进展有信息通信系统、物流 EDI、货物追踪系统、货物集中指令系统、大范围运行管理系统、网络 KIT（协调回程货物的系统）等。[③] 信息系统通过供应链管理，有利于商品合理储存、削减库存量和选择最佳物流线路，明显的效果是降低储存和运输费用。

市场需求由仓储、运输、物流到信息需求的逐步升级与经济工业化、服务化、信息化的进化次序是高度一致的。信息技术的普及和应用，特别是经济信息化增加了商品供求和商品流通的透明度，降低了过多的库存，使货物的不合理位移下降，减少了资源的浪费。可以明确地讲，信息技术能够在一定程度上实现对仓储和交通的置换和替代。物流市场的变化提示我们：物流服务产品一定要根据市场的实际需要及时更新换代；物流中心建设和物流园区规划，选址应靠近大中城市，有完备的铁路、公路、水运等交通运输设施，采用先进的信息技术，建立完善的信息系统，以满

---

① Clayton M. Christensen, Richard S. Tedlow. Patterns of Disruption in Retailing. Harvard Business Review, January-February 2000:42-45.

② 沈绍基. 将 1/10 商品储存于运动中. 中国商报，1997-03-25.

③ 李东贤. 日本现代流通产业. 北京：清华大学出版社，2001:94-95.

足未来物流市场对运输和信息需求不断增长的要求。

物流市场因受社会、经济、技术、体制、环境等诸多因素的影响，其市场结构和市场份额的变化十分复杂，变动趋势也不易确定，但从需求、流向和成本构成三方面进行分析，能够发现物流市场的基本发展方向，认识其演变的一般规律。

三、物流市场结构

通过对物流市场容量的分析可知物流市场数量容量和价值容量的变化规律，而量的变动又影响和决定市场结构，即市场主体、客体的成分和组成，以及市场主体间的交换关系和市场客体的供需关系等。

市场结构理论是产业组织经济学的核心内容。根据产业组织经济学的研究，一般认为市场可以被看做一个行业，因为市场的运行要有成本，也存在效率的高低问题，这一看法与市场学中买方构成市场、卖方构成行业的观点是互为补充的。产业组织的分析重点在于某一市场整体的竞争状况，分析的视角为市场结构和产业（市场）集中度；市场学注重单个企业市场营销策略的分析，市场份额是市场营销关注的重点，主要研究具体企业、产品或品牌的市场占有率。二者的关系十分密切，如果产业集中度高，往往该行业内企业所占市场份额也大，反之则相反。无论是产业集中度分析还是市场份额分析，都是以制造业、有形的商品市场为研究对象的。这里尝试应用市场结构理论和产业组织经济学的相关分析方法，探讨物流市场的市场结构和产业组织问题，因为物流市场的市场结构、产业组织与工业生产和商品流通既有共同之处，又有其特殊性。产业组织是特定产业（或市场）内部企业与企业之间的市场关系，物流市场的产业组织即物流市场上企业间的关系。物流市场与传统的仓储和运输市场有截然不同的特征，在物流市场条件下，市场主体、市场主体的行为、市场结构也将不同于原有的储运市场，新的市场结构和市场行为又决定了其应有的高效率、低成本的市场绩效。

物流市场结构分析的重点是市场整体的竞争状况、产业组织、市场交易方式、市场运行、运行效率等。这些问题是在物流市场飞速发展过程中亟须解决的问题。对这些问题的分析又可为物流体制改革、物流产业政策的制定等提供理论依据。

（一）一般市场结构及其特征

市场结构是产业组织经济学研究的重点内容，而市场结构分析的重点在于竞争与垄断的关系。根据一定市场或产业的厂商间及厂商与消费者之间关系的特征和形式，即竞争与垄断的关系，市场结构的基本类型可分为：完全竞争、完全垄断、买方垄断、双边垄断，寡头垄断、买方寡头、垄断竞争。表 5-1 列出了从买方和卖方（厂商或个人）数量、进入壁垒两方面描述的基本市场结构及其主要特征。

表 5-1 基本市场结构及其主要特征

市场结构	卖方		买方	
	进入壁垒	数量	进入壁垒	数量
完全竞争	无	很多	无	很多
完全垄断	有	一个	无	很多
买方垄断	无	很多	有	一个

续表

市场结构	卖　方		买　方	
	进入壁垒	数量	进入壁垒	数量
双边垄断	有	一个	有	一个
寡头垄断	有	少数	无	很多
买方寡头	无	很多	有	少数
垄断竞争	无	很多	无	很多

资料来源：金碚．产业组织经济学．北京：经济管理出版社，1999：113．

计量市场结构的常用指标是市场集中度（或产业集中度）。市场集中度为同一产业内前若干家企业的生产额（销售额、资产额、职工人数）占全市场（全产业）的比重。其计算公式为：

$$CR_n = X_n / X_N$$

式中，CR_n 为 X 产业中规模最大的前几位企业的市场集中度；X_n 为 X 产业前 n 家企业的生产额或销售额、资产额、职工人数；X_N 为 X 产业全部 N 家企业相应指标的总数。

市场结构不同对应着不同的市场集中度，不同的市场格局决定了市场主体的行为和竞争程度，直接影响市场绩效，即资源配置的效率。

表 5-2 概括了不同市场结构条件下厂商数量、产品差异、市场集中度、市场绩效等特征。从表中可以清楚地看出，对市场结构的理论分析主要是以第一产业、第二产业为研究对象的，对市场绩效的考察是以微观企业经营利润为衡量依据的。这一点与物流市场结构有所区别，物流市场对应的是服务业，物流市场绩效不仅注重企业经济效益，也注重降低社会物流成本。

表 5-2　一般市场结构及其主要特征①

市场类型	厂商数量	产品性质	市场集中度*	典型产业	新厂商进入	超额利润	经济效率
完全竞争	很多	产品无差别	低	农业	容易	短期有长期无	最高
垄断竞争	较多	产品有差别	中等	轻工业	较易	短期有长期无	较高
寡头垄断	几家	有或无差别	较高	重工业	不易	一般有	较低
完全垄断	一家	产品有特色	高	公用事业	很难	有	最低

* 市场集中度一般以 CR_4 或 CR_8 来衡量，CR_4>75% 为高集中度；CR_4 在 65% ~75%，CR_8>85% 时为较高；市场集中度中等分为 CR_4 为 50% ~65%、CR_8 为 75% ~85% 和 CR_4 为 35% ~50%、CR_8 为45% ~75% 两种情形；低集中度时 CR_4 为 30% ~35%，CR_8 为 40% ~45%。另有一种原子型市场，不存在集中现象。

① 齐兰畅．市场国际化与市场结构优化问题研究．北京：中国经济出版社，1999：83-85．另见：荣朝和．简明市场经济学．北京：高等教育出版社，1998：126．

此外,根据市场的形成阶段可将市场结构划分为开放的市场和封闭的市场。开放的市场指容易进入的市场,一般某一市场初期形成时为开放的市场;当所有竞争者都牢固地占领了各自的位置时,市场就成型了。进入成型的市场难度很大,因为入口已树起了技术、资金等重重壁垒。一个开放的市场可以很快闭合,在很短时间内成型。[①] 对正在形成的中国物流市场来说,市场结构是开放的。

(二) 物流市场结构和物流组织形式

通常,市场结构及计量指标的分析都是基于制造业和公用事业的,说明工业经济以制造业为中心的显著特点。随着经济服务化的发展,服务业市场结构和服务业产业组织分析的重要程度日益提高,因为服务业的市场结构和产业组织与制造业区别很大,除部分公用事业类服务业外,几乎所有服务业都表现为完全竞争态势。物流服务因利用大量基础设施,对经济的运行具有重要作用,具有较强的公共性,受到各种法制的制约和管制;同时各项物流服务本身与一般服务性商品一样,物流企业的经营同样要追求利润,因此,物流服务兼具公共性和商业性的特点;又因为新型市场主体第三方和第四方物流的出现,物流市场的产业组织与一般市场的产业组织有所不同,其市场结构十分复杂。物流服务因各项功能协调配合、综合性强的特点,使物流市场的市场结构多以合作竞争的形式出现,不同于一般的市场结构。

物流市场(除基础设施外)进入壁垒不高,企业数目众多,市场集中度不高,市场结构是竞争性的。但就物流市场体系内部的不同子市场来说,市场结构各不相同,如运输市场铁路的市场份额逐渐下降,公路、航空的市场份额上升,改变了铁路运输的垄断地位,增加了运输市场的竞争程度。全面的物流服务要求各种运输方式之间实现联运,还要求各物流功能之间相互协调,即竞争中要有合作,因此,物流市场结构更多地以合作竞争为主,而非单纯的竞争或单纯的垄断。如物流主体间的物流联盟、物流供应链等,往往是既竞争又合作。

典型的物流市场产业组织有物流服务联盟、供应链组织网络和物流纵向一体化。物流市场的竞争与合作是通过上述产业组织来实现的,这样的市场结构和产业组织形式是提高物流效率、降低物流成本、实现有效竞争的市场选择。不过,不同的物流市场产业组织实现合作与竞争的途径有所不同。

1. 物流联盟

联盟是"一种结合或联结,促进成员共同利益的一种协会"。[②] 这样的描述完全适合全球正在发展的、范围广阔的新型物流服务关系。物流联盟是为了获得比单独从事物流活动更好的效果,企业间形成的互相信任、共担风险、共享利益的物流合作伙伴关系,是企业间在物流方面通过契约形成优势互长、要素双向或多向流动的中间组织,是为有效利用市场和组织优势的一种组织创新。狭义的物流联盟存在于非物流企业之间;广义的物流联盟包括第三方物流。[③] 物流联盟表现出较强的物流横向一体化特征,物流技术标准的统一性要求、资产专用性、物流生产连续性和重复进行性、规模经济、范围经济等一系列技术经济特征都要求物流市场组织为水平一体化,使

---

① 雅克·朗德维,德尼·林顿. 市场营销学. 张欣伟,郭春林译. 北京:经济科学出版社,2000:36.

② 唐纳德·J. 鲍尔索克斯,戴维·J. 克劳斯. 物流管理——供应链过程的一体化. 林国龙,宋柏,沙梅译. 北京:机械工业出版社,1999:78.

③ 田宇,朱道立. 物流联盟形成机理研究. 物流技术,2000(2).

物流联盟至少是区域性的。美国著名物流学家唐纳德和戴维所著的《物流管理——供应链过程的一体化》一书中，就有关于物流服务联盟的形成因素、物流联盟的效益、综合物流服务商方面的论述。其主要观点是：物流联盟是以物流服务为中心建立起来的伙伴和供求关系，特征之一是进入联盟的服务商与顾客之间有很强的依赖性；特征之二是物流联盟的物流生产作业核心能力高度专业化，绝大多数物流服务收益来自规模经济，规模经济的产生在于专业物流服务商较制造或销售的厂商存在明显的集约优势，体现出规模经济和范围经济的基本理论在物流方面的应用；特征之三是市场势力明晰，物流需求产生于基本的制造、批发、零售业务战略的市场保障，物流服务供应商虽然在流通渠道上占有优势，但在整个供应链管理中一些主要厂商拥有强大优势，各自的优势使其注意力集中在提供特定的服务上；特征之四是强调合作，物流联盟内明确的专业化分工和明晰的市场势力，必然要求物流服务商定位于合作。在物流服务供应商之间形成物流联盟，提高了服务商的竞争力和竞争效率，效益来自参与范围广泛的厂商。综合物流服务商能够向货主提供其对物流需求的全部或重要部分的服务，而超出单一服务功能的限制①。

综合物流服务商通常起源于五种企业：运输企业、仓储企业、货代/经纪企业、信息企业、顾客服务企业。这几种类型的企业从单一服务功能发展到综合服务，从彼此间相对独立竞争发展到横向合作。运输、仓储等各项功能一体化为物流，体现了市场对物流速度、服务质量的要求不断提高，形成了物流市场的产业组织特点。还有物流企业介入到生产、流通企业物流环节所形成的物流联盟。物流联盟的建立，有利于降低交易成本、抑制机会主义行为。同时，物流联盟还能够克服物流纵向一体化、企业规模过大时带来的管理效率低下、组织内部交易费用过大等弊病。②

2. 供应链组织网络

英国物流学家马丁·克里斯托弗在其专著《物流竞争——后勤与供应链管理》中对供应链、供应链管理、供应链组织网络等进行了较为详尽的分析。传统观点认为组织是独立于其他组织而存在的实体，并与其他组织竞争；供应链整合的观点认为供应链是在给最终顾客提供产品和服务的不同过程和活动中所涉及的上下游相互联系的组织网络，链上的每一个组织是相互依赖的，而非传统的松散、竞争或敌视关系。供应链管理产生的根本原因是越来越多的企业都关注其核心竞争能力，其他非核心业务则通过“外购”获得，即从企业外部的其他企业购买。③ 供应链管理是企业内部物流整合扩展到供应商和顾客的结果，供应链的核心是合作与信任。供应链管理就是对整个供应链中各部门、各组织之间的物流、信息流、资金流进行计划、协调和控制，实现相关过程的最优化，为顾客提供最佳服务和最大价值，同时使供应链的运作效率和效益最优。实施供应链管理的目的在于缩短订单和交货期、降低原材料及产成品库存、提高对市场的应变速度、增加销售量、提高产品及服务质量、掌握产销过程中的信息、加速货款回收、改善企业与顾客及供应商的关系。供应链管理不仅关注某一环节的效率和效益，更注重供应链整体的市场价值和竞争能力，加强了各个环节间的横向合作，改变了传统生产商、供应商、销售商相对独立存在的旧观念，使之变得相互融合、相互协调，共担风险、同享利润，使竞争在供应链之间展开。

---

① 唐纳德·J. 鲍尔索克斯，戴维·J. 克劳斯. 物流管理——供应链过程的一体化. 林国龙，宋柏，沙梅译. 北京：机械工业出版社，1999：80.

② 田宇，朱道立. 物流联盟形成机理研究. 物流技术，2000(2).

③ 马丁·克里斯托弗. 物流竞争——后勤与供应链管理. 马越，马月才译. 北京：北京出版社，2001：13.

供应链管理早期强调的是供应、生产、消费处于同等重要的地位，互相依赖、互相协调。目前消费需求的导向作用越来越强，以顾客为中心的供应链管理成为其发展方向，即在供应链的管理过程中更着重于需求分析，或者说对市场机会的发掘。相应的，有学者提出了需求链的开发。需求链由购买者、实际使用者、对需求有直接或间接影响的群体共同构成，需求链概念说明这一链条是由市场驱动的，而不是由供应商驱动的。同时，供应"链"实际上应该为"网"，因为在系统中有多个供应商和多个客户，供应商和客户又连着其他多个供应商和多个客户。因此，供应链是相互合作、共同控制、管理和改进从供应商到用户的物流和信息流的多个互相联系和依赖的组织的网络。[①] 供应商和生产商通过市场分析发现新的需求，进行特殊的目标定位，能够创造新的市场空间，可进一步形成新的供应链或需求链。新供应链往往是被原有供应链忽视的薄弱环节，或者是随经济技术发展而出现的新型供需关系。供应链竞争取胜的关键是能够提供满足市场需求的各种服务，其中很重要的是反应迅速的物流服务，而不再是传统意义上的产品，特别是在产品差别不明显的情况下。

3. 物流纵向一体化

在产品或服务的生产或分销过程中，一个厂商如果参与了其中两个以上的相继阶段，称为纵向一体化。一般认为，纵向一体化存在三种形式：第一种是全新地建立纵向一体化，如制造商设立独自的销售公司；第二种形式是纵向合并，例如制造商合并流通业者；第三种形式是准一体化，包括纵向限制的企业间的各种契约关系。[②] 物流纵向一体化通常也包括三种形式，对此从现代物流管理组织的变革中可以清楚地反映出来。物流管理部门从生产企业的职能部门发展为单纯的事业部组织，又进一步发展为物流总部或物流分公司，是企业经营的核心从生产、产品到分销、物流转变以适应市场竞争和市场需求变化的结果。主要有两种方法建立物流分公司：一是企业将属于本企业的物流中心独立出来，全面承担企业的物流活动；二是企业与运输业者的物流公司共同成立物流分公司。[③] 前者即为纵向一体化的第一种方式，后者为纵向一体化的第二种方式。第三种物流纵向限制的企业间的各种契约关系比较常见，如前面分析的物流联盟内的企业之间、供应链组织网络上的企业之间均通过契约关系来维持合作。

物流纵向一体化与物流联盟、供应链组织网络的区别在于前者整合企业内部各职能部门的物流资源，形成专业化的物流部门，后两者整合企业间的物流资源，形成同盟，最终效果都是降低交易费用、消除市场的不确定性、提高物流运作效率、降低物流成本。

4. 物流产业集群

在物流联盟、供应链组织网络和企业物流专业化的同时，物流集群得到快速发展，大量专业化的中小物流企业不断向物流园区、物流交通枢纽、制造业中心、经济核心区集中集聚，形成了一批具有完善物流产业配套、多样化服务功能、强大规模优势和整体竞争能力的大型物流集群，成为对接和支撑物流体系的骨干网络。

物流产业集群是指聚集在某一特定的区域内，以交通运输枢纽设施（港口、机场、铁路货运站、公路枢纽等）、科研开发组织（物流技术、物流信息平台的研发等）、管理部门为依托，以第三

① 马丁·克里斯托弗．物流竞争——后勤与供应链管理．马越，马月才译．北京：北京出版社，2001：16.

② 金碚．产业组织经济学．北京：经济管理出版社，1999：217.

③ 宋华，胡左浩．现代物流与供应链管理．北京：经济管理出版社，2000：20.

方物流企业为核心，运输、仓储、装卸、包装、加工配送、物流信息及其相关制造、流通企业在空间上的集聚现象。拥有完备的物流基础设施、分工协作关系明确、竞争优势明显的物流园区是物流产业集群的表现形式。物流产业集群的一般性特征是：物流企业明显的空间聚集性，即明显的区域性；各个物流企业之间分工专业化；物流产业集群内企业有共同的社会文化背景及价值观念；物流产业集群内创新活动呈现出明显的网络化特征。

5. 物流平台组织

在信息技术普及应用的背景下，物流领域分工越来越细化，众多中小物流企业采取资源共享、企业联盟等方式进行商业模式创新，形成了包括物流园区、信息平台、知识创新中心等信息互联、资源共用、利益共享、风险共担、实现共赢的新型物流服务平台组织，多样化物流功能平台成为新型物流产业组织。典型的物流平台见表5-3。随着交易平台以及周边服务的不断完善，物流平台组织的运营环境已越来越趋于成熟，物流平台不仅实现了物流需求与供给的快速匹配，还将向物流服务周边延伸，辅之以供应链金融，完善供应链体系，逐渐构建一个完整的物流生态圈。在物流项目平台化的趋势下，物流服务变得更加智能化、集约化。

表5-3　典型的物流平台

物流平台类型	典型案例
物流生态类	顺丰速运、日日顺物流
电商物流类	菜鸟网络、京东物流、苏宁物流
大宗物流类	传话智联、网盛运泽
公路物流类	德邦快运、快狗打车、货拉拉、蓝犀牛
铁路货运类	中国铁路95306货运网
同城配送类	宅急送、蜂鸟配送、闪送
跨境电商类	外运发展、俄速通、出口易、敦煌网物流
智能物流类	迅蚁科技、快仓、筋斗云
区域平台类	省市交通运输物流公共信息平台
国家平台类	国家交通运输物流公共信息平台

大部分物流平台是企业主导的，以满足企业自身物流业务需求或者向物流市场提供有偿信息服务为目的的企业物流信息平台。也有部分平台是多家企业共创的综合物流平台，平台的服务对象更广，通过不同物流平台与其他企业平台之间的数据交换，共享平台提供的物流相关服务资源，让参与的多方在享受高品质物流服务的同时，降低物流成本。

智慧物流平台是行业发展新方向，大数据和人工智能是物流实现智慧物流的关键，物流企业需要结合自身的业务特点和特定领域客户的特征及其变化趋势，实现转型升级。随着云计算、大数据、物联网等信息技术与传统物流业态深度融合，以及移动互联网应用终端的普及，物流行业发生深刻变化，智慧物流平台上集成了海量货源信息，智能手机或终端让卡车司机能随时随地了解市场行情，得承运人可以通过移动终端随时随地寻找货源。智能化的平台能够根据每一单的具体情况，使用大数据算法，在大量物流航线中为商家智能匹配最优方案，商家可以从烦琐的物流环节中解放出来，通过网上操作做出委托，网上交易一旦完成，线下交易的都可以由平台运营，由专门物流团队提供收货、装箱、运输、配送等完整的全流程服务。

国家和各省市交通运输物流公共信息平台多数是政府部门主导,各类物流、交通运输相关企业多方参与运营的,这类平台的建立将起到整合物流市场资源、规范物流市场秩序、倡导物流企业诚信经营、推进物流行业标准化发展、提高物流行业水平、促进物流行业转型、引领物流产业发展的作用,实现绿色交通、绿色物流、节能减排等目标,可产生巨大的经济效益和社会效益。

四、物流市场运行

对物流市场运行可以从交易方式和运行效率两个方面进行分析。关于运行方式,除部分纵向一体化物流活动外,其他物流服务都是通过合同契约进行市场交易来实现的;运行效率受到市场运行方式、市场结构、市场主体行为和产业组织状况等多方面因素的影响,其中市场行为是市场绩效的直接决定因素。

(一) 委托代理服务

代理是根据被代理人的委托授权,以被代理人名义,并为被代理人的利益而与第三人实施民事法律行为。这种行为的法律后果直接由被代理人承担。商务代理是在上述一般民事代理中分离出来的,即代理人受厂商委托,在一定区域和处所内,在一定的代理权限制下,以厂商的名义代替厂商行使经济行为,其法律后果直接属于厂商。[①] 成熟的商务代理制度是市场经济完善的标志之一,广泛适用于营销、贸易、保险、运输等商业领域。

物流市场上无论是商品的供方还是需方,对物流服务的需求均要委托给第三方物流服务供应商,而非过去传统的自营做法。企业把全部或部分物流业务特别是一些特殊的物流储运业务外包给专门的物流部门来承担,代理服务商通过协调企业之间的仓储运输来提供物流服务。物流外包决定了物流市场的交易方式主要是委托代理制,与一般的生活服务有很大的区别,消费者并不一定直接参与和介入,而采取合同委托代理的形式获得物流服务。物流服务委托代理与一般商品的代理既有联系又有区别。共同点在于都是社会分工不断深化的结果,降低交易成本、实现规模经济是物流服务委托代理产生和发展的根本原因。区别是:商品代理即代理商品的买卖,包括销售代理和采购代理;物流代理即代理物流服务,涉及几乎所有的物流服务方式,如运输、仓储、包装、流通加工、配送、物流信息等代理服务。

委托代理制在物流市场上的应用非常普遍。货主(委托人)赋予第三方物流服务商(代理人)相应的权利,即对货主的商品进行运输、存储、包装等一系列服务时,这种代理关系就建立起来了。代理人受合同、协定的制约,代表委托人的利益,并获得一定的佣金报酬。供求双方凡是以委托代理方式进行物流服务的均属于市场交易行为,如图 5-3 所示。交易过程中稳定的价格、良好的信誉和信用条件是十分重要的,关系到交易能否连续不断地进行。

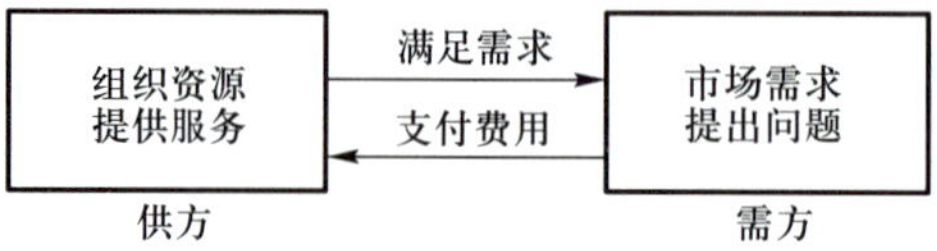

图 5-3 物流市场交易双方的关系

① 刘延平. 中国铁路运输代理理论与实践. 北京:中国铁道出版社, 2000:1-10.

第三方物流企业在进行经营决策之前，一定要认真研究市场变化，把握市场走势，适应市场需求，首先必须确定企业的服务对象范围、企业的服务地区、市场前景，要研究商圈、物流半径、市场容量，使企业的经营建立在科学预测的基础之上。物流企业只有提供令顾客满意的物流服务，才具有接受用户委托的基本条件，才能取得用户的信任并与之建立长期稳固的委托代理关系。

（二）供应链运作模式

供应链学说现在被欧美理论界和实业界广泛关注，许多企业通过实施供应链管理，取得了明显的效益，物流费用、总成本、准时交货率、订货—生产周期、企业生产率等都有不同程度的改善。市场环境复杂多变是供应链管理理念产生的主要原因，信息技术飞速发展为其实施和应用提供了基本条件。有关供应链管理的具体运作模式主要有以下三种。

1. 物流供应链模式

物流供应链模式将物流活动视为由原材料采购、生产、分配、销售和产品到达最终用户组成的一定流量的环环相扣的链，把物流、信息流、资金流等企业的全部活动作为一个统一的过程加以组织和协调。为了提高效率、降低成本和控制库存，供应链中的物流活动是供应链管理的核心内容。其中库存的作用不仅是维持生产和销售，而且是供应链的平衡机制。供应链管理的范围见图 5-4。图中标明了物流中心的位置。物流中心在供应链管理中的作用是十分重要的。原材料供应商、制造商、分销商、零售商、专业物流商都需要物流中心。由于在供应链中所处的位置不同、库存控制策略不同，他们所需要的物流中心的功能不完全相同。

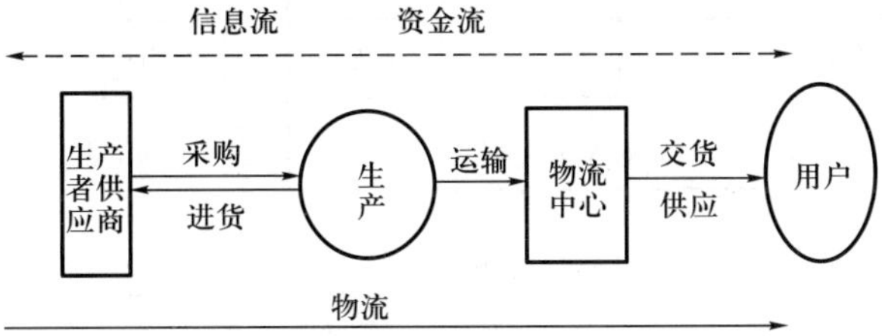

图 5-4 物流供应链管理的范围

原材料供应商需要将原材料配送给工厂，物流中心的客户主要是工厂，处理的对象主要是生产商品所需要的原材料。制造商需要的物流中心有两种：一种是为制造活动提供支持的物流中心，它的功能要求与原材料供应商需要的物流中心相同；另一种是为制造商的产品分销提供支持的物流中心。分销商一般从事专业批发业务，物流作业具有大进大出、快进快出的特点，它强调的是批量采购、大量储存、大量运输的能力，需要大型的仓储、运输设施。零售商需要的多为配送中心，提供订单处理、采购、分拣、拣选、配送、包装、加工、退货等全方位的服务。专业物流商的服务范围广，所需要的物流中心具有上述物流中心的所有特点。从实际情况看，原材料供应商、制造商、分销商、零售商、专业物流商纷纷建立自己的物流中心，即自用型物流中心，其结果是造成重复建设和资源浪费。与自用型物流中心相比，专业化物流中心面对的客户更加广泛，供应链中的任何成员均可成为客户，它不仅可以提高物流服务的专业化水平，而且有利于提高物流行业的资源利用效率。对非物流企业而言，通过将物流业务外包给第三方物流承担者，企业可以把时间和精力放在自己的核心业务上，从而提高供应链管理和运作效率。因此，有效的供应链管理需要物流中心，特别是专业化物流中心，它代表了物流专业化、社会化和市场化的发展方向。

2. 生产供应链模式

随着经济全球化和信息技术的发展,企业之间的合作正日趋加强,它们之间跨地区、跨国合作的趋势日益明显,许多产品的生产将不再局限于某一国家或地区,而是进行多地点生产,以追求效益的最大化。这种生产方式相当复杂,要求原材料从经过选择的各个产地运出,集中在生产地生产,或者在原料生产地加工成半成品后运往成品生产地,最终,产品将根据不同市场需要运往世界各地。在合作生产过程中,大量的物流、信息流和资金流在企业间跨地区、跨行业转移,客观上要求企业对原材料、零部件和最终产品的供应、储存和销售系统进行总体规划、重组、协调、控制和优化,企业联盟和供应链就是在这种情况下提出的。

在广泛地域内的企业间合作生产是供应链产生的一个方面的原因,另一方面,生产供应链是从扩大的生产概念发展而来的,把供应商的活动作为生产活动的组成部分,同时将生产活动扩展到产品的销售和服务阶段,将企业的生产活动进行了前伸和后延。供应链对上游的供应活动、中间的生产制造活动和储存运输活动、下游的分销活动和消费者给予同样的重视。供应链管理是围绕一定的核心业务(如生产、装配或销售)展开的,从供应链的角度来组织企业的生产经营活动,有利于形成核心竞争能力,完成由顾客需求开始到提供给顾客所需求的产品与服务的整个过程。供应链与企业流程再造类似,都是把企业为顾客、为自己创造价值的各种业务活动进行重构和集成。生产供应链系统的范围如图 5-5所示。

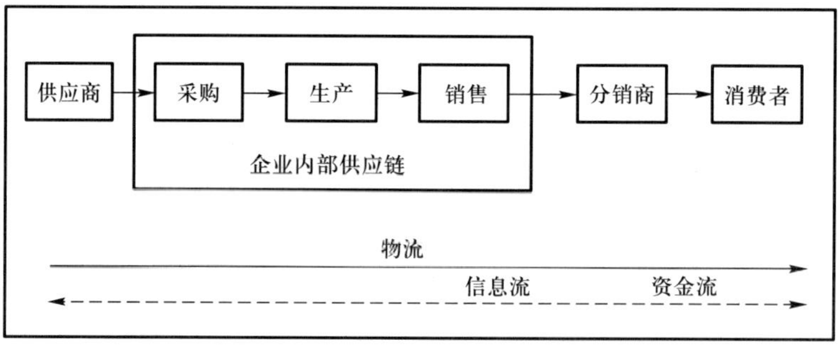

图 5-5 生产供应链系统的范围

3. 以顾客为中心的供应链模式

这种模式也可称之为市场供应链管理。到了 20 世纪 90 年代,由于消费者的需求多样化,需求热点频繁转换,产品的生命周期缩短,以客户需求为导向的供应链管理开始兴起。由美国管理协会主持编写的《以顾客为中心的供应链管理》对此进行了专门研究。目前消费需求的导向作用越来越强,以顾客为中心的供应链管理成为未来的发展方向,即在供应链的管理过程中着重于需求分析,或者说对市场机会的发掘,供应链管理转变为需求链管理。

供应链管理理念已渗透到供应、生产、销售等不同企业的管理当中,不同企业的核心业务和核心能力不同,对供应链的理解和运用有所不同。但系统化思想、共同的追求、积极合作、提高竞争力等目标是相同的。

4. 产业集群与平台运作模式

新兴的物流产业集群和物流平台型组织大都是市场机制作用的产物,都经历了从无到有、从小到大的自然发育和成长过程,需要完善的市场体系和公平的市场竞争秩序,这样才能促进集群内部专业化分工和生产率的提高，促进物流平台有良好的运营环境，才能促进各种生产要素的合理流动和有效配置。

物流园区作为物流产业集群的一种重要形式，在提升物流效率，推动物流业转型升级，促进物流业与商贸业、制造业的联动发展等方面发挥了很大作用。近年来，我国物流园区发展得到了各级政府、协会和企业界的重视，比较知名的有传化公路港、北京空港物流基地等优秀的园区，细分为快递园区、电商园区、冷链园区、医药园区等专业物流园区；从数量来看全国有 1 600 多个园区，近来从传统物业服务为主物流园区逐步转向区域联盟，出现平台化、专业化趋势，需要园区的信息、数据、货物、仓库、运力、资金的互联互通，而后提质增效，形成全国性的运输节点，支撑起高效运营的物流网络。未来以数字化技术为基础建设的新型智慧物流园区，将使园区更加具备吸引力、聚集力，同时创新运营模式，降低物流成本。

平台的突出优势是运力、仓储、配送、金融等资源的整合能力，不同于传统的物流公司，平台型物流公司的交易基本上是在网络平台上进行的，对平台型物流公司而言，就是要通过平台做好重点业务板块，做与竞争对手有差异化的业务，保持平台的先进性和凝聚力。线上收发货、电子支付及其他各种产品业务的生态链，都可以通过一部装有货运 APP 的智能手机完成，根据同城配送、零担运输、整车业务等业务不同的用户群体和服务需求，提出有针对性的具体运营思路，只有这样，平台才能顺利开展物流业务。智慧物流平台面向各类物流企业及综合型企业的物流部门提供完整的解决方案，依靠大规模的云计算处理能力、标准的作业流程、全面的业务覆盖、精准的环节控制、智能的决策支持及无缝连接的共享信息来完成物流服务的各环节所需要的信息需求，为货主、承运商、专线公司、司机、仓储服务商以及收货人提供成本低、效率高的物流管理信息。

（三）物流市场运行效率

物流运行效率与物流市场供给与需求的匹配程度密切相关，物流交易越活跃、规模越大，供需匹配率就越高；物流市场供给与需求的匹配率越高，则物流运行效率也越高。所有供应链模式的高效运转都是建立在供应链各环节各企业市场行为基础之上的，即供应链管理功能的实现离不开物流市场交易，不过是将随机性较强的、风险性较大的、频繁发生的市场交易转变为相对稳定的经常性的相关企业之间的长期契约性交易。供应链管理不仅影响企业的行为和经营业绩，而且决定整个供应链的竞争能力和经济效益。反过来，企业的市场行为也关系到供应链的运作效果。

世界上很多企业都采取了物流纵向一体化、设立物流子公司等方式来提升企业物流运行效率，信息技术的应用进一步提升到前面提到的企业型物流平台组织。从实际经济来看，产业集群表现出规模经济效应，而物流平台的运行效率发生了很大变化，利用网络空间提供的服务，不仅规模经济非常显著，而且互联网带来的用户规模理论上无上限，边际成本几乎为零。立足现实可以观察到物流市场运行效率在互联网等新技术广泛应用的情况下呈现前所未有的提高，从企业内部的物流平台扩展到企业间的物流平台，形成专业化、大型化、集群化和平台化的创新型物流组织，面向未来 5G、人工智能、区块链等技术的推广，物流组织出现智能化、智慧化、数据驱动的新趋势。

影响物流市场运行效率的重要因素是商流、资金流和信息流，由于零售电商、跨境电商、大宗电商、生活服务电商、电商物流、电商金融、移动支付等主要电子商务模式蓬勃发展引发的物流需求大规模释放,拉动了物流服务的供给和变革,改变了物流市场的竞争结构。

我国物流市场在旺盛的需求拉动下,供给规模不断扩大,物流运行效率保持稳中有升的态势。物流市场体系中快递物流是以草根创业为起点的高度市场化、产业化的行业,产生于充分竞争的物流领域,是由大量中小创业前仆后继以众创、众筹、众包的模式发展而来的高度竞争、物流效率最高的专业市场。与快递物流领域的充分竞争相反的是航空、水运、铁路货运等环节的市场化程度有待提高,经济效益和运作效率提升的空间还很大,需要深化体制改革,降低制度性成本,积极落实好各级政府的物流产业政策,倾听市场的声音,让市场在物流资源的配置中充分发挥调节作用。不同的专业物流市场运行效率见表 5-4。

表 5-4 不同物流专业市场运行效率

专业市场	市场主体	产品性质	市场集中度	供需匹配	市场活跃程度	超额利润	运行效率
快递物流	较多	差别不大	高	供需两旺	很活跃	短期有、长期无	最高
公路运输	很多	有差别	低	供需两旺	很活跃	短期有、长期无	较高
铁路运输	独家	差别不大	高	供需平稳	一般	一般有	较低
水路运输	较多	有差别	高	供需平稳	一般	一般有	较低
航空运输	较多	有差别	高	供需平稳	一般	一般有	较低
电商物流	较多	有差别	较高	供需两旺	很活跃	短期有、长期无	高
跨境物流	较多	有差别	较高	供需两旺	较活跃	短期有、长期无	高
仓储保管	很多	差别不大	低	供需两旺	较活跃	短期有、长期无	较高

网络经济条件下新的物流运作模式正在形成,相应的智慧物流也快速增长。智慧物流集多种技术和服务功能于一体,强调信息流与实物流快速、高效、畅通地运转,从而实现降低社会成本、提高生产效率、整合社会资源的目的。物流业与互联网结合,改变了传统物流行业原有的市场环境与业务流程,创造了新的物流商业模式和运营模式,如资金众筹、车货匹配、众包运力、多式联运等。基础运输条件的完善及信息化的进一步提升,促进了多式联运模式和综合供应链服务的快速发展。

第二节 企业物流①

企业是市场的主体,是为社会提供产品或某些服务的经济实体。一个工厂要购进原材料,经过若干工序的加工,形成产品后再销售出去;一个商场要根据顾客的消费需求预测购进商品,进行流通加工后再销售出去;一个运输公司要按客户的要求将货物送到指定地点。在企业经营范围内由生产或服务活动所形成的企业所能控制的物品实物运动就是企业物流的范畴。

① 关于企业物流的名词术语,请访问:爱课程网→资源共享课→物流学/汝宜红→第七章第 1 讲→名词术语。

一、企业物流的概念

授课视频 5-1：企业物流管理的内容

按物流系统性质分类，物流可分为社会物流和企业物流。

《物流术语》（GB/T18354—2006）对企业物流（enterprise logistics）的定义是：生产和流通企业在经营活动中所发生的物流活动。它是和社会物流这个名词相对应的。

物流专家王之泰认为，企业物流是以企业经营为核心的物流活动，是具体的、微观物流活动的典型领域。

物流专家刘志学认为，企业物流主要是企业内部的生产经营工作和生活中所发生的加工、检验、搬运、储存、包装、装卸、配送等物流活动。

物流专家崔介何认为，企业物流是指在企业生产经营过程中，物品从原材料供应，经过生产加工，到产成品和销售，以及伴随生产消费过程中所产生的废弃物的回收及再利用的完整循环活动。

本书作者认为，企业物流就是企业在生产运作过程中，物品在供应、生产、销售以及废弃物的回收和再利用所发生的运输、储存、装卸、搬运、包装、流通加工、配送、信息处理等活动。

二、企业物流的特点

由于供应物流及销售物流是企业物流与社会物流的接口处，这两种物流形态虽然是为企业经营服务的，是企业生产物流向两个方向的延伸，但是，其物流特点和社会物流很相近，真正反映企业物流特点的、和社会物流有较大区别的是企业内部的生产物流。企业物流特点，多数指企业生产物流的特点。

（一）实现价值的特点

企业物流和社会物流的一个本质的不同之处，即企业物流最本质的特点，主要不是如同社会物流一样“实现时间价值和空间价值的经济活动”，而是实现加工附加价值的经济活动。

企业物流在一个小范围内完成，因此，空间位置的变化不大。当然，空间转移消耗不大，其中含有的利润源也就不是大利润源。同样，在企业内部的储存，和社会储存目的大不相同，这种储存是对生产的保证，而不是一种追求利润的独立功能，因此，时间价值一般不高，反而会成为降低企业效益的因素。

企业中物流伴随加工活动而发生、运动，是实现加工附加价值即实现企业主要目标的活动。所以，企业物流虽然物流空间、时间价值潜力不高，但加工附加价值却很高。

（二）主要功能要素的特点

企业物流的主要功能要素也不同于社会物流。社会物流的功能要素主要是运输和储存，其他是作为辅助性或次要功能或强化性功能要素出现的。企业物流的主要功能要素则是搬运活动。

许多生产企业的生产过程，实际上是物料不停装卸搬运的过程。在不停装卸搬运过程中，物料得到了加工，改变了形态，发生了各种各样的化学的、物理的、机械的变化。变化是在不断“搬”、不断“运”的流动过程中实现的。

即使是物流企业的企业内部物流，实际也是不断装卸搬运的过程。通过装卸搬运，商品完成了分货、拣选、配货工作，完成了大改小、小集大的换装工作，从而使商品形成了可物流的形态。

（三） 物流过程的特点

企业物流是一种工艺过程性物流，企业生产工艺、生产装备及生产流程确定，企业物流也因而成了一种稳定性的物流，物流便成了工艺流程的重要组成部分。由于这种稳定性，企业物流的可控性、计划性便很强，一旦进入这一物流过程，选择性及可变性便很小。对物流的改进只能通过优化工艺流程来进行，这方面和随机性很强的社会物流也有很大的不同。

（四） 物流运行的特点

企业物流的运行具有极强的伴生性，往往是生产过程中的一个组成部分或一个伴生部分。这一点决定了企业物流很难与生产过程分开而形成独立的系统。在研究生产物流时一些人打算将纯生产和纯物流细分，而单独提取出生产物流系统进行研究和优化，本书作者认为意义不大。

在总体的伴生性的同时，企业物流中也确有与生产工艺过程可分的局部物流活动，这些局部物流活动有本身的界限和运动规律，当前企业物流的研究大多针对这些局部物流活动而言。这些局部物流活动主要是仓库的储存活动、车间或分厂之间的运输活动等。

三、企业物流战略

企业中的局部生产运作活动和战略经常产生矛盾，各种运作活动的收益最大化与企业整体利益最大化之间往往会有所不一致。比如企业的物流部门为了提高物流的效率与效益，会制定出实施物流战略的规划，但往往将这些物流战略独立于企业战略，忽视了对企业整体战略任务的影响。因此，各部门在制定战略时必须要考虑到企业战略，从企业整体利益出发进行局部生产经营活动。

（一） 企业物流战略的概念

企业战略是企业为实现长期经营目标、适应经营环境变化而制定的一种具有指导性的经营规划。战略的选择与实施是企业的根本利益所在，战略的需要高于一切。根据决策内容的特点，企业战略可划分为三个层次：公司级战略、部门级战略和职能级战略。企业物流战略属于职能级战略，和企业的营销战略、财务战略等同属一个层次，支持企业整体战略的实现。

企业物流战略是企业为实现目标，通过对外部环境和内部资源的分析而制定的较长期的全局性的重大物流发展决策，是指针对企业物流的目标、任务和方向而制定的具体的部门政策和措施。

企业物流管理决策层的一项重要工作是制定物流战略。企业物流战略是企业为了更好地开展物流活动而制定的更为具体、操作性更强的行动指南，它作为企业战略的组成部分，必须服从企业战略的要求，并与之一致。选择好的物流战略和制定好的企业战略一样，需要很多创造性过程，创新思想往往带来更有力的竞争优势。

企业物流战略具有四大特征：

（1）目的性。现代企业物流发展战略的制定与实施服务于一个明确的目标，那就是通过物流的支持活动，保证现代企业在变化着的竞争环境里生存和发展。

（2）长期性。战略的长期性就是在物流环境分析和科学预测的基础上展望未来，为现代企业谋求长期发展的目标与对策提供物流资源。

（3）竞争性。现代企业物流发展战略必须面对未来进行全局性设计和谋划；设计现代企业的物流竞争战略以保持企业物流竞争优势，从而使物流战略具有对抗性、战斗性。

（4）系统性。物流战略应有一个系统的模式，既要有一定的战略目标，也要有实现这一目标的途径和方针，还要制定政策和规划，为企业物流发展战略构成了一个战略网络体系。

（二）企业物流战略的地位

物流战略是企业总体战略的组成部分。企业战略带动各职能部门的战略，如图 5-6 所示。物流战略与生产、营销、财务和研发战略一起，支持企业战略的实现。

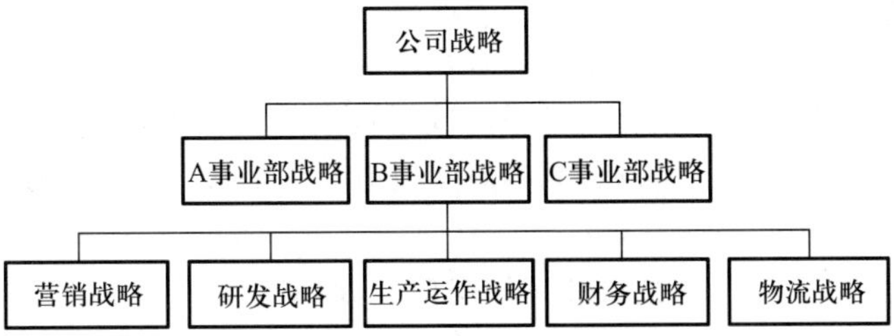

图 5-6 物流战略与企业战略的关系

（三）企业物流战略的目标

企业物流战略的目标与企业物流管理的目标是一致的，在保证物流服务水平的前提下，实现物流成本的最低化。具体而言，企业物流战略有三个目标：提高服务水平、降低成本、减少资本占用。

1. 提高服务水平

在企业内部，物流是生产运作正常进行的重要环节。提高对物流需求部门的服务水平，是企业获取竞争优势的一个重要组成部分。所以提高服务水平是企业物流部门的首要战略目标。

2. 降低成本

获取竞争优势的永恒话题就是在服务水平保持不变甚至提高服务水平的前提下，降低成本。作为企业成本的一个组成部分，通过降低物流成本可以使企业获取第三个利润源。具体到实践中，通常要评价各备选的行动方案，比如在不同的仓库地址中进行选择或者在不同的运输方式中进行选择，以形成最佳战略。服务水平一般保持不变，与此同时，需要找出成本最低的方案，利润最大化是该战略的首要目标。

3. 减少资本占用

战略实施的目标是实施物流系统的投资最小化。该战略的根本出发点是投资回报的最大化。例如，为避免进行仓储而直接将产品送达客户，放弃自有仓库选择公共仓库，选择及时供给的办法而不采用储备库存的办法，或者是利用物流企业提供的物流服务。与需要高额投资的战略相比，这些战略可能导致可变成本增加。尽管如此，投资回报率也会提高的。

（四）企业物流战略内容

物流系统中的每一个环节都需要进行计划，物流战略内容必须与其他的组成部分相互衔接与平衡。

物流战略内容主要包括四个方面：客户服务战略、设施选址战略、运输战略和库存战略。

1. 客户服务战略

客户服务水平的决策比任何其他因素对系统设计的影响都要大。如果服务水平定得较低，可以在较少的存储地点集中存货，利用较廉价的运输方式。服务水平定得高，则相反。但当服务水平接近上限时，物流成本的上升比服务水平上升更快。因此，物流战略的首要任务是进行综合分析后确定客户服务水平。

2. 设施选址战略

存货地点及供货地点的地理分布构成物流战略的基本框架。其内容主要包括确定设施的数量、地理位置、规模并分配各设施所服务的市场范围，这样就确定了产品到市场之间的线路。好的设施选址应考虑所有的产品移动过程及相关成本，包括从工厂、供货商或港口经中途储存点然后到达客户所在地的产品移动过程及成本。采用不同渠道满足客户需求，其总的物流成本是不同的。如直接由工厂供货、供货商或港口供货，或经选定的储存点供货等的方法，物流成本是有差别的。寻求成本最低的配送方案或利润最高的配送方案是选址战略的核心所在。

3. 运输战略

运输战略包括运输方式、运输批量和运输时间以及路线的选择。这些决策受仓库与客户以及仓库与工厂之间距离的影响，反过来又会影响仓库选址决策。库存水平也会通过影响运输批量影响运输决策。

4. 库存战略

库存战略指库存管理的方式，基本上可以分为将库存分配（推动）到储存点与通过补货自发拉动库存的两种战略。其他方面的决策内容还包括产品系列中的不同品种分别选在工厂、区域配送中心或销售终端存放，以及运用各种方法来管理库存水平。由于企业采用的具体政策将影响设施选址决策，所以必须在物流战略中予以考虑。

客户服务战略、设施选址战略、运输战略和库存战略是物流战略的主要内容，因为这些决策都会影响企业的盈利能力、现金流和投资回报率。其中每个决策都与其他决策互相联系，计划时必须对彼此之间存在的权衡关系予以考虑。

（五）企业物流智慧化

目前，互联网的飞速发展已经引发了一场新的产业革命，以互联网为核心，以移动互联网、大数据、云计算、物联网、自动化为基础的技术革命已经可以实现互联网与物流产业的深度融合，这种融合给传统的物流企业带来了翻天覆地的变革，让物流跨入了互联网时代。企业物流智慧化的内容包括其变革、依托和措施保障。

1. 企业物流的变革

物流，贯穿于采购、生产、制造、仓储、运输、分销、零售等各个环节，是企业供应链管理的重要组成部分。企业物流从简单的仓储运输到行业化专业化经营外包，再到物流整合社会资源，最后发展到智、云、协同、互通、生态、平台一体化发展的物流互联网时代。

2. 企业物流智慧化的依托

信息技术发展一直是现代物流变革的核心和关键。移动互联网的发展，产业互联网大潮的推动，云计算、大数据、物联网与物流自动化等技术的成熟，正推动着现代物流业走向信息化与智慧化，带来了物流业的新一轮革命，物流业进入了新的互联网时代，也是智慧物流全面发展的时代。

物流互联网开启了一个新的时代，未来物流互联网时代，所有的供应链上的链接过程都是网络的、智能的、自动的。在物流互联网时代，物流装载、发货、仓储、配货、分拨、配送均由基于互联网的智能系统完成。

3. 企业物流智慧化的措施保障

在“互联网+”的智慧物流时代，企业物流实现智能制造，必不可少的是能洞察生产、仓储、市场动态、集成信息、指导所有生产线工作的信息化管理系统，使企业物流变得更强壮。

在“互联网+”时代，供应链管理的创新与协同将会成为驱动制造企业转型升级的核心引擎。国务院办公厅印发《关于积极推进供应链创新与应用的指导意见》（国办发〔2017〕84 号），这是国务院首次就供应链创新发展出台纲领性指导文件，首次对供应链发展做出重大战略部署，推动中国产业发展进入到“供应链+”的新阶段。而“供应链+制造”将促使物流制造业利用供应链管理方法推动行业创新和发展，提升制造业物流企业核心竞争力。

第三节　物流企业①

物流企业是市场中物流服务的提供者，物流企业是物流专业化、网络化、系统化以及服务个性化的主力军，代表着物流服务水平和物流现代化发展方向。中国经济快速发展，物流市场趋于一体化、物流运作趋于集成化、物流竞争趋于国际化，物流企业需要以市场需求、竞争国际化的基准确立运作和发展目标，在不同层次的物流市场中发挥重要作用。进入 21 世纪，随着作为新兴产业之一现代物流业的迅猛发展，国内的物流公司如雨后春笋般涌现，进而形成了第三方物流产业。随着智慧物流时代的到来，物流行业不断发展细分，其中提供物流规划、咨询、物流信息系统、供应链管理等服务的第四方物流平台正在成为资本新的追逐点。

一、物流企业的概念

（一）物流企业的内涵

中华人民共和国国家标准《物流术语》（GB/T 18354—2006）中，将物流企业（logistics enterprise）定义为从事物流基本功能范围内的物流业务设计及系统运作，具有与自身业务相适应的信息管理系统，实行独立核算、独立承担民事责任的经济组织。要判断企业的性质，只要看企业所提供的生产或服务的性质即可。要界定物流企业，也要看它所从事的主要业务是否为物流活动。

关于物流活动，国标并没有明确定义。只是在物流的定义中提到了运输、储存、装卸、搬运、包装、流通加工、配送、信息处理等基本活动。

中国国家标准《物流企业分类与评估指标》（GB/T 19680—2005）中，对物流企业的定义进行了更加明确的界定：至少从事运输（含运输代理、货物快递）或仓储一种经营业务，并能够按照客户物流需求对运输、储存、装卸、包装、流通加工、配送等基本功能进行组织和管理，具有与自身业务相适应的信息管理系统，实行独立核算、独立承担民事责任的经济组织，非法人物流经济组织

① 关于物流企业的名词术语，请访问：爱课程网→资源共享课→物流学/汝宜红→第八章第 1 讲→名词术语。

可比照适用。

（二）现代物流企业的内涵

现代物流企业是采用网络化的计算机技术和现代化的硬件设备、软件系统及先进的管理手段，使商品流通能从较传统的方式向更容易实现信息化、自动化、现代化、社会化、智能化、合理化、简单化的现代物流方式转变的企业。现代物流模式能使货畅其流，物尽其用，既减少生产企业库存，加速资金周转，提高物流效率，降低物流成本，又刺激了社会需求，还有利于整个社会的宏观调控。因此，它必将提高整个社会的经济效益，促进市场经济的健康发展。

作为现代物流企业应具备以下特征。

1. 反应快速化

生产者和消费者选择物流企业配送，理由之一是比其自己采购节约时间。只有当物流企业做到“快速化”，才能保证生产者的零库存，实现消费者的及时需求。

2. 服务系列化

现代物流企业除了传统的储存、运输、包装、流通加工等服务外，还在外延上扩展至市场调查与预测、采购及订单处理、向下延伸至物流咨询、物流方案的选择与规划、库存控制策略建议、货款回收与结算、教育培训等增值服务。

3. 作业规范化

现代物流企业应使物流动作标准化和程序化，使复杂的作业变得简单。

4. 目标系统化

现代物流企业应从系统的角度统筹规划一个企业整体的各种物流活动，处理好物流活动与商流活动及企业目标之间、物流活动与物流活动之间的关系，不求单个活动的最优化，但求整体活动的最优化。

5. 组织网络化

为了保证对产品促销提供快速、全方位的物流支持，新型物流要有完善、健全的物流网络体系，网络上点与点之间的物流活动保持系统性、一致性，这样可以保证整个物流网络有最优的总水平及库存分布，运输与配送快捷、机动，既能铺开又能收拢。

二、物流企业的类型

物流企业作为物流服务提供商，其种类较多。

国家标准《物流企业分类与评估指标》（GB/T 19680—2013）中根据物流企业以某项服务功能为主要特征，并向物流服务其他功能延伸的不同状况，将物流企业划分为运输型物流企业、仓储型物流企业和综合型物流企业 3 种类型。

1. 运输型物流企业

运输型物流企业应同时符合以下要求：

（1）以从事运输业务为主，具备一定规模；

（2）可为客户提供运输服务及其他增值服务；

（3）自有一定数量的运输工具和设备；

（4）具备信息服务功能，应用信息系统可对运输货物进行状态查询、监控。

2. 仓储型物流企业

仓储型物流企业应同时符合以下要求：

（1）以从事仓储业务为主，具备一定规模；

（2）可为客户提供分拨、配送、流通加工等服务，以及其他增值服务；

（3）自有一定规模的仓储设施、设备，自有或租用必要的货物运输工具；

（4）具备信息服务功能，应用信息系统可对仓储货物进行状态查询、监控。

3. 综合服务型物流企业

综合服务型物流企业应同时符合以下要求：

（1）从事多种物流服务业务，可以为客户提供运输、仓储、货运代理、配送、流通加工信息服务等多种物流服务，具备一定规模；

（2）可为客户制定系统化的物流解决方案；可为客户提供综合物流服务及其他增值服务；

（3）自有或租用必要的运输工具、仓储设施及相关设备；

（4）具有一定市场覆盖面的货物集散、分拨、配送网络；

（5）具备信息服务功能，应用信息系统可对物流服务全过程进行状态查询、监控。

此外，还可以根据提供物流服务种类的不同、所属物流市场的不同、所有制形态的不同等多种分类方法对物流企业进行分类。

三、第三方物流的概念与特征

（一）第三方物流的概念

授课视频 5-2：第三方物流的概念

自 20 世纪 90 年代以来，第三方物流（third party logistics，TPL）作为一种新的物流服务模式，受到广泛关注。中国国家标准《物流术语》（GB/T 18354—2006）中，将第三方物流定义为："独立于供需双方，为客户提供专项或全面的物流系统设计或系统运营的物流服务模式。"这一定义明确了"第三方"的内涵，即物流服务提供者作为发货人（甲方）和收货人（乙方）之间的第三方，代表甲方或乙方来执行物流功能。但这一定义的外延过于宽泛，对于"物流企业"和"物流服务"所涵盖的范围界定不明。

还有一些术语，如合同物流（contrast logistics）、物流外包（logistics outsourcing）、全方位物流服务公司（full-service distribution company，FSDC）等，也基本能表达与第三方物流相似的含义。此外，和社会经济领域的许多概念一样，第三方物流有广义和狭义的理解，因而在不同的领域涵盖的范围不同。

1. 广义的第三方物流概念

广义的第三方物流是相对于自营物流而言的。凡是由社会化的专业物流企业按照物流客户的需求，所从事的物流活动都可以包含在第三方物流范围之内。至于第三方物流是从事的哪一个阶段的物流、物流服务的内容和服务水平，这与物流客户的需求有密切关系。

2. 狭义的第三方物流概念

狭义的第三方物流主要是指能够提供现代化的、系统的物流服务的第三方物流活动。其具

体标志是:

(1) 有提供现代化的、系统物流服务的企业要素。

(2) 可以向物流客户提供包括供应链物流在内的全程物流服务和特定的、定制化的物流服务。

(3) 不是物流客户与物流服务提供商偶然的、一次性的物流服务活动,而是采取委托—承包形式的长期业务外包形式的物流活动。

(4) 不是向物流客户提供一般性物流服务,而是提供增值物流服务的现代化物流活动。

因此,第三方物流这一术语的运用,因人、因地的不同其含义也有所区别。在讲第三方物流时,应当从狭义的角度去理解,把它看成是一种专业化、现代化的物流服务形式。

(二) 第三方物流的特征

1. 第三方物流服务提供的主体是第三方

第三方物流服务提供的主体是第三方,即非生产者自身,也非最终用户,它所提供的产品并不是自己所有的。这是第三方物流含义的最基本的内涵,即第三方物流经营主体,若这一内涵不存在,则相关的现代经济关系的内涵也就不存在。

2. 第三方物流的服务是建立在现代信息技术基础之上的物流活动

信息技术是指基于电子计算机和移动通信的电子信息技术,是支持集成化物流、个性化物流管理的技术依托,如基于互联网(Internet)、移动通信(mobile communication)、全球定位系统(GPS)、数据交换技术(EDI)、电子商务(EC)、条形码技术等。它们能够充分支持、满足客户所需全部或部分物流需求的集成运作、可视化监控、个性化服务等过程的技术需要。在这一层次的内涵中,经营主体可以根据客户需要以及经济、技术环境等因素进行选择和组合,从而完成相应管理职能,以实现和满足客户需求。

3. 第三方物流提供者与客户方之间是现代经济关系

第三方物流提供者与客户方之间是现代经济关系,并以合同调整和约束现代经济活动行为和关系的法律形式为基础得以体现。现代经济关系包括体现个性化服务、合作双方或多方建立企业间战略联盟、业务联盟等形式,采用合同规范双方或多方的长期合作伙伴关系。一般可建立 3 ~5 年或更长时间的合作关系。

4. 第三方物流为客户提供系统性、个性化的物流服务

在物流运作过程中,第三方物流可以根据客户要求提供量身定制服务。为了提高第三方物流服务水平,第三方物流服务提供商要提升自身方案设计能力、物流运作的动态监控能力。

第三方物流发展呈现专业化、高级化、一体化经营方式,另外体现出了物流增值服务的系统化、个性化和物流业务运作规模化、网络化。如果物流企业仅从广义的第三方物流概念进行物流业务,很可能由于缺乏一体化物流方案规划设计能力而处于被动地位,因此还必须从狭义的第三方物流视角建立物流企业竞争策略。

四、第四方物流的概念与特征

（一）第四方物流的概念

第四方物流（fourth party logistics，4PL）最早是由1998年美国埃森哲咨询公司率先提出的，指的是专门为第一方、第二方和第三方提供物流规划、咨询、物流信息系统、供应链管理等活动，并不实际承担具体的物流运作活动的物流服务模式。第四方物流企业是通过调集和管理本组织的以及具有互补性的服务提供商的资源、能力和技术来提供综合供应链解决方案的供应链集成商。

（二）第四方物流的特征

（1）第四方物流有能力提供一整套完善的供应链解决方案，是集成管理咨询和第三方物流服务的集成商。

（2）第四方物流是通过对供应链产生影响的能力来增加价值，在向客户提供持续更新和优化的技术方案的同时，满足客户特殊需求。

（3）成为第四方物流企业需具备一定的条件，包括：能够制定供应链策略、设计业务流程再造、具备技术集成和人力资源管理的能力；在集成供应链技术和外包能力方面处于领先地位，并具有较雄厚的专业人才资源；能够管理多个不同的供应商并具有良好的管理和组织能力等。

（三）与第三方物流的联系与区别

第三方物流是由物流劳务的供方、需方之外的第三方去完成物流服务的物流运作模式。第三方物流供应商为客户提供所有的或一部分供应链物流服务，以获取一定的利润。第三方物流供应商提供的服务范围很广，它可以简单到只是帮助客户安排一批货物的运输，也可以复杂到设计、实施和运作一个公司的整个分销和物流系统。4PL是以3PL为基础的，4PL是供应链的集成者，整合了整个供应链的物流资源和技术，能够使企业更有效率地快速反应供应链的整体需求，最大限度地满足顾客的需求，从而提高客户满意度，提高供应链的竞争力。4PL的思想必须依靠3PL的实际运作来实现并得到验证；3PL又迫切希望得到4PL在优化供应链流程与方案方面的指导。要发展4PL就必须大力发展第三方物流企业，为4PL的发展作铺垫，提高物流产业水平。因此，只有二者结合起来，才能更好地、全面地提供完善的物流运作和服务。3PL与4PL联合成为一体以后，将3PL与4PL的外部协调转化为内部协调，使得两个相对独立的业务环节能够更和谐、更一致地运作，物流运作效率会得到明显地改善，进而增大物流成本降低的幅度，扩大物流服务供应商的获利空间。

4PL和3PL的显著区别在于：4PL偏重于通过对整个供应链的优化和集成来降低企业的运行成本，而3PL则是偏重于通过对物流运作和物流资产的外部化来降低企业的投资和成本。4PL具有很多的优势：能给客户提供最接近要求的完美的服务；能提供一个综合性的供应链解决方案；能利用第四方的信息资源、管理资源和资本规模为企业打造一个低成本的信息应用平台；能为企业提供低成本的信息技术。3PL主要是为企业提供实质性的具体的物流运作服务。3PL

主要的不足是本身的技术水平不高，能为客户提供的技术增值服务比较少。4PL 刚好相反，4PL 的专长是物流供应链技术，它具有丰富的物流管理经验和供应链管理技术、信息技术等，但自身不能提供实质的物流运输和仓储服务。图 5-7 显示了相关的关系。

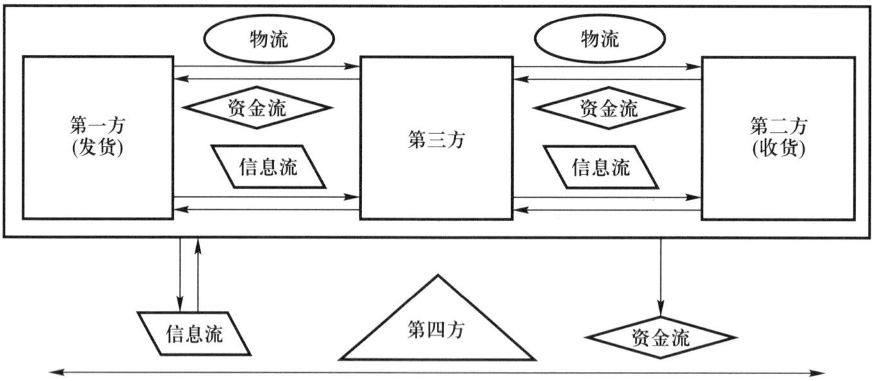

图 5-7 第一方至第四方物流关系图

第四节 物流政策

物流政策，是指国家或政府为实现全社会物流的高效运行与健康发展而制定的公共政策，体现了政府对全社会物流活动的干预。物流政策具有公共物品的属性，完善的物流政策体系一方面可减少或降低物流的外部不经济，如交通拥挤、交通事故、噪声、空气污染等；另一方面可起到扶持与促进物流事业的发展，加速物流基础设施建设和完善，从而提高微观物流效率等作用。因此，构建完善的物流政策体系是政府进行物流产业引导和管理的重要手段。物流发展的现状与趋势是国家制定物流政策的现实基础与依据。本节基于中国物流发展的实际情况，分析探讨中国物流政策的相关问题。

一、我国物流政策的分类

目前，中国的物流政策主要有以下两种具体形式：① 法律法规，指由立法机关制定的用于规范、管理物流活动的各种法律和条例，具有强制性和原则性，如《中华人民共和国铁路法》《中华人民共和国公路法》《中华人民共和国民用航空法》《中华人民共和国港口法》《中华人民共和国国际海运条例》等；② 行政政策，指由行政机构制定的用于规范、管理物流活动的规定、措施、意见、通知、规划等，具有较强的时效性和针对性，如《关于促进中国现代物流业发展的意见》《深圳市"十五"及 2015 年现代物流发展规划》等。基于不同的角度，可以对物流政策进行不同的分类，如图 5-8 所示。

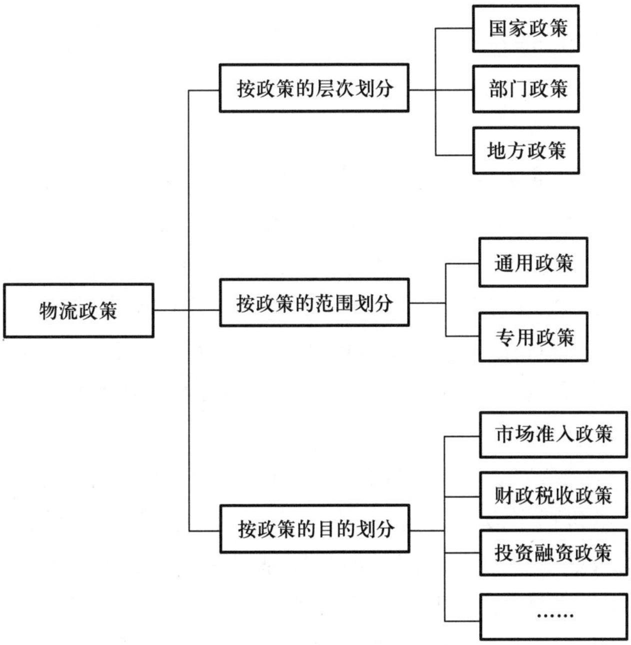

图 5-8　中国物流政策的分类

（一） 按照政策的层次划分

按照政策的层次划分，物流政策可以分为国家政策、部门政策和地方政策三类。

国家政策是最高层面的物流政策，是国家对于物流业发展的总体原则和指导方针。国家层面的物流政策侧重于战略性与全局性，如《关于促进中国现代物流业发展的意见》等。

部门政策是指政府主管部门为规范本行业内的物流活动制定的法律法规与行政政策等，如商务部、铁道部、交通部、海关总署、民航总局等部门制定的物流政策等。

地方政策是地方政府依据全国性的有关政策，并结合本地的实际情况制定的一系列的地方性物流政策。地方物流政策大多与国家的物流政策相配套、相协调。地方物流政策除体现为地方性法规、条例、规定、通知、意见外，还体现在地方政府所制定的物流规划方案中。

（二） 按照政策的范围划分

按照政策的范围划分，物流政策可以分为通用政策和专用政策两类。

通用政策是适用于各个部门、各个领域的，进而也适用于物流领域的法律法规与行政政策，如《中华人民共和国公司法》《中华人民共和国合同法》《中华人民共和国劳动法》《中华人民共和国土地管理法》《中华人民共和国邮政法》《中华人民共和国城市规划法》《中华人民共和国建筑法》《中华人民共和国环境保护法》等。

专用政策是指专门为规范、管理物流活动而制定的各项政策，如《中华人民共和国铁路法》《中华人民共和国公路法》《关于促进中国现代物流业发展的意见》等。

（三） 按照政策的目的划分

按照政策的目的划分，物流政策可以分为市场准入政策、财政税收政策、投资融资政策以及其他各种目的的物流政策等。

二、我国物流政策的特征

我国的物流政策有以下主要特征。

（一）整体性

物流政策要解决的问题是复杂的。尽管某一物流政策是针对特定问题提出的，但这些问题总是与其他问题网结为一整体，相互关联、相互影响。孤立地解决某一问题，往往是不成功的。即使暂时解决，也会牵连其他问题或产生新问题。比如鼓励在江河上大力修建水库的政策，就会引起生态的改变。这种结果，是单项政策功能的有限性与规模庞大、结构复杂的社会问题之间的矛盾造成的。政府不可能通过某一项或几项物流政策对全社会实行有效的物流宏观管理。人们经常讲的"政策要配套"，是指由众多数量、类型不一的政策组成政策体系，强化政策的整体功能。

整体性不仅表现在物流政策的内容与形式上，而且表现在物流政策的执行过程中。一个理想的物流政策过程，基本包括了政策的制定、执行、评价和调整等多个环节，不同的环节之间相互联系，共同对政策的质量发生作用，服从"非加和性原理"。作为物流政策体系的整体功能，以及政策过程诸环节的整体作用，除取决于自身的联系之外，还与物流政策环境密切相关。环境的变化，必然会引起政策过程诸环节的变化，同时也将导致政策及政策体系的变化。为保证物流政策机制的运行，需要注意政策内容、政策过程与环境之间的整体作用。

（二）超前性

尽管物流政策是针对现实问题提出的，但它们是对未来发展的一种安排与指南，必须具有预见特征。物流政策包含了政策目标，即解决物流政策问题所要达到的目的、结果和状态。政策目标越先进，政策的超前性就越强。

除目标外，相关的物流政策内容也能揭示事物的未来发展方向，同样应具有超前性。物流政策的超前性不仅是保证政策稳定的必要条件，而且是合理分配社会利益的有力保证。那些处于最佳超前度的政策，必将对社会产生强大的吸引力和推动力。物流政策的超前性不是脱离实际的空想，而是建立在科学预测与对客观事物发展规律充分认识基础上的必然结果。

（三）层次性

物流政策作为政府行为的产出项，根据不同层次的政策主体，具有不同规格。按照权力主体来划分，基本可划分为中央物流政策和地方物流政策。从内容上看，物流政策体系中的各项政策，也有不同的层次关系，可划分为总体物流政策、基本物流政策、具体物流政策等。尽管不同的物流政策间是相互联系的，但这种关系并非"平行"的关系，而是有主次之分。从物流政策体系的纵向分析，高层次政策对低层次政策起支配作用。但高层次的物流政策内容都是概括性强的原则性规定，难以直接规范人们的行为。只有把高层次的物流政策加以具体化，并逐层分解，才能转化为低一层次具有可操作性的物流政策。中央政府的宏观物流政策，是从整个国家的全局考虑制定的，各地方政府若不依照本地区的实际情况，具体分析客观对象，制定出适合本地区的物流政策，而是机械地照搬中央物流政策，就可能犯错误。即使处于同一层次上各地方政府的物流政策，也会因物流政策问题提出的背景等因素不同而在物流政策内容上有差别，同样也不能机械地硬套。

（四） 合法性

政府行为是一种特殊的“法人行为”，体现政府行为的政策，其本身就具有一定法律性质。它的规范作用，与社会上一般所讲的道德规范不同，既要依靠社会舆论来维持，更要通过国家的强制力量来监督执行。对于一个法制化的国家来说，物流政策的合法性是极其重要的政治要求，因为它首先表现在内容上不能与其他法律相抵触，其次还表现在程序上要严格守法。这充分体现了对法律的尊重，有利于民主政治的培育与发展。在一定条件下，政策与法律之间可以相互转化。

（五） 复合性

除了基本特征以外，国家发展物流的政策也具有由于物流产业的特点引起的一些特征。这就是物流产业的复合性特征。

从现代物流发展的特点和趋势分析，物流管理活动及物流管理技术的应用已渗透到经济活动的各个领域和环节，涉及从制造业、分销业到运输、仓储、信息服务等各个产业经济领域。因此，物流作为一个产业，与过去传统上具有相对独立发展界面的产业具有明显的不同，物流管理存在于各类企业的各个经济活动环节中，物流很难独立地存在，将其定义为复合产业比较符合其产业特征。

所谓复合产业，系指既具有局部的独立产业形态，又在整体上具有以共同使用的技术为媒介的多个产业交叉和融合的特殊产业形态。从提供服务的角度，物流具有独立产业的特点；从产销企业内部经营管理的角度，物流具有非独立产业形态。另外，物流还具有因物流技术的使用而通过产销企业物流服务外部化的供应链管理的一体化趋势所体现的经济利益共享现象。因此，物流发展需要在产业层面上进行推进，但物流产业实质上是一种渗透到几乎所有经济活动和企业经营领域的交叉与融合的产业形态，从产生经济利益和社会效益的角度，具有明显的复合性特征。

中国在制定物流发展政策时，在物流的不同领域中一般需要考虑其发展与相关领域的协调和配合，而不是单纯地以自我为中心考虑发展政策，以便追求共同提高物流效率与效益的目的。

三、我国物流政策的主要内容

加快发展现代物流业，是中国应对经济全球化的迫切需要，对于提高中国经济运行质量和效益、优化资源配置、改善投资环境、增强综合国力和企业竞争力具有重要意义。中国各级政府及有关部门对物流业的发展非常重视，近几年制定了一系列与物流发展有关的政策措施，现代物流经营和发展的宏观政策环境得到了明显改善，支持现代物流业发展的政策体系也正在逐步形成，以期尽快形成物畅其流、快捷准时、经济合理、用户满意的社会化、专业化的现代物流服务体系。

近年来，国家及各部委针对物流业从产业规划到重点工程，从财政税收到投资融资，从物流企业发展到物流服务引导，从信息化到标准化，从生态环境到安全，从诚信到信用等各个方面制定了体系化的物流产业政策。其中具有标志性意义的有：

（1）2001 年，在《国民经济和社会发展第十个五年计划纲要》中，“物流”被列为要大力发展的新型服务业之一。同年，国家经济贸易委员会、铁道部、交通部、信息产业部、对外贸易经济合作部、中国民用航空总局六个部门联合发布了《关于加快中国现代物流发展的若干意见》，提出了“积极培育现代物流服务市场”“努力营造现代物流发展的宏观环境”“继续加强物流基础设施的规划与管理”“广泛采用信息技术，加快科技创新和标准化建设”“加快对外开放步伐，学习借鉴国外先进经验”“加强人才培养，促进产学研结合”等物流发展的政策措施。

（2）2004 年，经国务院批准，国家发展改革委员会、商务部、公安部、铁道部、交通部、海关总署、税务总局、民航总局、工商总局九个部门联合发布了《关于促进中国现代物流业发展的意见》，提出了一系列促进物流发展的政策措施。

2009 年，为了应对 2008 年世界性金融危机，我国提出了“十大产业振兴规划”，物流业名列其中。

2011 年，国务院出台了被誉为物流“国九条”的《关于促进物流业健康发展政策措施的意见》。

（3）2016 年，国务院办公厅转发国家发展改革委制定的《物流业降本增效专项行动方案（2016—2018）》，部署降低企业物流成本。方案从简政放权、降税清费等五大方面提出 21 项具体举措，目标是到 2018 年，社会物流总费用占国内生产总值的比重较 2015 年降低 1 个百分点以上，工业企业和批发零售企业物流费用明显降低。

（4）2018 年，经国务院同意，国家发展改革委、交通运输部印发《国家物流枢纽布局和建设规划》，到 2020 年，通过优化整合、功能提升，布局建设 30 个左右国家物流枢纽。到 2025 年，布局建设 150 个左右国家物流枢纽，基本形成以国家物流枢纽为核心的现代化物流运行体系，推动全社会物流总费用与 GDP 的比率下降至 12% 左右。到 2035 年，基本形成与现代化经济体系相适应的国家物流枢纽网络，全社会物流总费用占 GDP 的比率继续显著下降，物流运行效率和效益达到国际先进水平。

（5）2019 年，国务院印发《关于促进综合保税区高水平开放高质量发展的若干意见》（以下简称“《意见》”），赋予综合保税区改革开放新使命，打造具有国际竞争力和创新力的海关特殊监管区域。明确要完善政策，拓展功能，创新监管，培育综合保税区产业配套、营商环境等综合竞争新优势。推动综合保税区发展成为具有全球影响力和竞争力的加工制造中心、研发设计中心、物流分拨中心、检测维修中心、销售服务中心。《意见》围绕“五大中心”发展目标提出了 21 项任务举措。

四、我国物流政策制定的特殊争论点

（一）物流设备与工具政策

物流设备与工具主要指运输、仓储、装卸、包装、流通加工、物流信息等设备与工具，如车辆、船舶、集装箱、托盘、货柜与货架、各种装卸设备与工具、包装与流通加工设备与工具、计算机等。物流设备与工具对物流作业效率有直接影响，因此，不断提高物流设备与工具的性能及其作业效率，对改善物流作业条件、降低能源消耗、减少环境污染、提高物流效率具有十分重要的意义。因此，从政策上保证或促进物流设备与工具的开发、更新，是各国的通行办法。但是，从中国现行的物流政策来看，这方面尚属空白。因此，应该逐渐建立并完善中国在物流设备与工具方面的有关政策，其政策内容应主要体现在对物流设备与工具标准化的规范与推进，以及对开发、引进先进适用的物流设备与工具的组织及其行为给予必要的支持与援助。当然，从国外这方面的政策来看，还包括对低公害物流设备与工具开发、应用的支持政策。

（二）物流效率化政策

就目前来看，直接以提高全社会的物流效率为目标的物流政策还很少，现行的有些政策虽然也与提高全社会物流效率有一定的关系,但不是很直接,也不系统、不具体。因此,这方面的物流政策也是中国现行物流政策的一大缺陷。从理论与国外的实践经验上来看,影响全社会物流效率提高的最直接、最突出的因素主要是物流信息化、物流标准化、物流共同化或合作化,以及各种物流方式的有效组合。因此,如何推进全社会物流的信息化、标准化、共同化,以及各种物流方式的合理利用,是各国物流效率化政策的重点。

(三) 物流产业化政策

从国外的经验来看,物流产业化程度越高,整个社会物流的效率也越高。这不仅可以大量节约资源、降低能源消耗,而且有利于环境的改善。物流产业化程度高低的重要指标就是专业化物流服务或专业化物流企业所提供的物流服务(通过产值指标来体现)市场占有率的高低。根据国际比较,目前中国专业化物流服务的市场占有率远远低于发达国家。这既是中国全社会物流发展水平不高的结果,也是中国全社会物流发展水平不高的原因。因此,针对中国专业化物流发展水平偏低的现状,应该考虑制定促进专业化物流发展的有关政策。这项政策重点应该包括专业化物流企业或经营者的市场准入制度、物流市场的竞争规则、交易程序及业务与服务标准、鼓励物流服务需求者(工商企业)减少自有物流设施与工具的拥有量与使用率(提高专业化物流服务的利用率)、鼓励并支持专业化物流企业的发展等。

(四) 物流环境政策

中国虽然不乏环境保护方面的立法,但是针对物流领域制定的环境保护立法及相关专门政策并不多。而随着中国经济的快速增长、物流量的急速膨胀与物流服务需求水平的日益提高,物流领域所带来的环境压力越来越大。因此,必须针对物流领域的特殊情况制定相应的环境保护政策。总的来说,物流环境政策可以从两个角度来设计:一是从管制角度进行设计;二是从促进或支持角度进行设计。

从管制角度进行设计,主要是制定环境标准,并对违反环境标准或对环境造成负面影响的组织与行为进行严格的管制。在这方面,我们应该更多地借鉴国外的经验。物流环境管制政策的重点是制定具体的环境标准,并对重点地区(大城市)、重点时间带(交通高峰时刻)、重点环境污染者(货运汽车,特别是大型柴油类货运汽车)进行重点管制。从管制的手段来看,各国的政策更是五花八门、多种多样。例如,一些欧洲国家采取的是征收"环境税"或"交通混杂税",并规定货运汽车的最低装载率(既是为了提高效率,也是为了减少货运汽车的使用量)的办法;美国还实行了严格的路途检查制度;中国大约有 8 000 人专门司职汽车(重点是货运汽车)行驶的检验监督工作,检查的内容包括车型、载重量、装载率、环保装置、车况、驾驶员资质或违规行为,对违反规定者实行严格的经济制裁甚至追究刑事责任。

从鼓励与促进角度进行设计,主要是制定有关鼓励减少环境污染的物流主体及其行为。前面提到的"共同化物流"政策、"多种物流方式的有效利用"政策也属于环境政策的范畴。此外,鼓励低公害物流工具与物流方式的开发与应用,也是环境政策的重要内容。

(五) 物流国际化政策

为了适应中国的对外开放,特别是国际化进程不断加快的需要,物流无国界已经成为中国的现实问题。物流国际化不仅意味着物流业务领域或范围的国际化,而且意味着物流主体与物流资本的国际化;不仅意味着中国物流企业与物流资本要走向国际市场,而且意味着外国物流企业与物流资本进入中国市场。事实上,这两个方面的物流国际化在中国都已经出现,国内物流市场的国际竞争已经展开。当然,客观而论,物流国际化特别是国际物流资本进入中国市场,不仅是国际资本的需要,从一定意义上讲,也有利于促进中国物流发展。因此,有关物流国际化的政策也是中国未来物流政策体系中的主要内容之一。其政策重点应是:如何保护进入中国市场的国际物流资本(企业)的合法权益,维护包括国内物流资本与国际物流资本在内的公平竞争的市场秩序;鼓励并支持国内物流资本的联合、重组,提高经营管理水平,以获得与国际物流资本进行公平竞争的“资格”;鼓励并支持国内物流资本与国际物流资本的合作,共同开发国际物流市场;鼓励并支持各地区根据本地区的实际情况,加入跨国性区域物流联合体,积极开展跨国性区域物流合作,提高区域物流的增值能力,促进区域经济与社会的协调发展。

以上是对中国未来一段时期内物流政策制定过程中存在的特殊的争论点。这些争论点不仅涉及很多法律类政策,而且还涉及很多行政类政策。

五、物流政策的方向

中国发展物流有自身经济发展的需要,也有参与国际经济的需要。中国目前物流业的发展正处于蓬勃兴起之势,而部门间、地区间以及物流的不同功能间的协调性、系统性不足等原因,决定了中国发展物流的政策方向应该是:通过政策导向大力提高物流业的产业化水平,明确物流业的发展目标与重点,运用市场调节手段及政府的宏观经济调节方法,积极引导和扶持现代物流产业的发展,使物流业这个复合产业涉及的各个行业、地区、部门、环节能够协调发展。

(一) 提高物流业的产业化水平

物流是复合产业,作为产业,就应当考虑其产业化发展问题。必须在政策制定中,从构成复合产业的各个经济门类、各种企业形态等多个层面上考虑促进提高物流的产业化发展水平。

物流业的产业化是指物流业规模不断扩大、效率不断提高、效益不断发掘,对国民经济的影响不断加强,物流业向高级、纵深发展的过程。处于发展初期的中国物流产业,自发性发展的特点较为突出,也存在着积极性驱使下的盲目发展问题。因此,需要政府管理部门在明确物流产业的地位的前提下,按照物流产业的复合性特征,通过确定适宜的产业发展政策,推进和扶持其发展,尽快提高中国的物流产业化水平。

提高物流的产业化发展水平,就是要以市场机制的建立和市场对物流资源的配置为导向,以物流企业和企业物流技术的广泛应用为基础,以物流园区(基地)、物流中心、配送中心及物流中介服务组织为纽带,以现代化的综合运输体系为支持,通过将仓储、装卸搬运、包装、运输、流通加工、信息、配送、通关等物流活动诸环节联结为一个完整的物流服务产业系统,通过工业、商业企业自身物流管理系统的建立或物流运作一体化的供应链的建立,运用现代物流思想,实现物流过程的合理化、最优化、效益化的物流经济运行过程。

(二) 明确物流业发展目标和重点

鉴于发展现代物流业是中国经济发展进程中的长期战略,考虑到物流业的跨部门和多环节以及服务业态和服务种类的多样性特点,考虑到中国现代物流业尚处于发展的起步阶段,以及为了发挥现代物流在国民经济及企业经营管理中提高效益、降低成本、改善服务等方面的作用,需要在较短的时间内解决加快现代物流业发展的一些较为关键的问题等一系列因素,必须尽快明确中国物流业发展的总体战略目标及近期发展的重点。

中国物流发展的总体目标是:建立现代物流服务体系,构建高效的主干及区域物流网络,建立企业物流技术应用体系,完善国际、国内多式联运系统。

中国物流发展的总体战略是:创造适宜的企业发展环境,促进物流系统的合理布局和有序建设,加快物流发展规划和政策的制定。

中国物流发展的重点是:加强中心城市物流基础设施和管理系统的建设,提高物流企业整体经营水平,加强物流信息的标准化建设,加强政策研究和对现行相关政策进行调整。

(三) 树立正确的政策观念

现代物流业在发展政策上的多层次、多环节和系统性特征正在为各级管理部门所认识,但是,在物流业发展政策上的简单化倾向也在一定范围内存在。为顺利推进中国现代物流业的发展,减少政策决策上的失误和提高政策的作用力度,各级政府部门应树立正确的现代物流业发展政策观念。这些观念包括:正确的产业政策观念,正确的开放与保护政策理念,正确的基础设施建设观念,正确的行业管理政策观念。

(四) 引导和扶持现代物流业的发展

在新的政策观念的指导下,各级政府部门应根据“有所为和有所不为”的原则,通过制定适宜的发展政策,充分发挥政府在推动物流业发展中的积极作用。根据现代物流业的特点,引导和扶持现代物流业的发展。例如,在物流业发展的总体政策框架下,给予物流业较其他第三产业更为优惠的土地、贷款、税收及相关扶持政策;对不适应发展需要的资产的退出和落后设施的技术改造,给予较为明确的资金、税收、社会保障等政策界定和支持;对一些特殊地区、项目,如区域经济中心城市、国际航运中心、物流基地等,给予更大的发展自由度,可以考虑准予专项的地区(域)范围的物流保税等立法,以确保这些重要地区、项目的国际竞争能力的培育和发展潜能的挖掘;制定科学的综合运输发展政策和物流各功能环节的协调发展政策;积极发展新的物流组织形式和提高物流效率。

中国的物流管理体制决定了要由多个行业的政府主管部门制定物流法律法规与行政政策,对物流活动进行调控和管理。

小 故 事

中国古代的物流量

你清楚我国古代的物流量有多大吗?且看中国物资储运总公司姜超峰的分析。

在中国古代,生产发展到农耕经济时代,农副产品的流动是物流的主要内容。这主要因为中国古代有着长期的、集权式的中央政府,皇室与政府的巨大消费,使得全国农副产品向京师和中心城市集中。秦统一六国,天下分三十六郡,形成以咸阳为核心的都市圈。都市人多消费大,不得不从全国调集粮食、布帛等生活用品。汉代初期,从关东调粟数十万石送至京师,而到了汉武帝时调至京师的粮食已有600万石①。汉高祖分封诸侯,各诸侯王都有自己的领地,也形成了以诸侯国都为核心次都市圈。物品同样向这些次都市圈集中。宋代官员俸禄最厚,且实行实物供

① 1石=60千克,1斤=0.5千克;1两=0.05千克。

给制。从粮食到布帛，从薪炭到茶叶，无所不供。因此，京师所需物品最多。史载：宋至道初，每年汴河运来300万石，广济河运粟12万石，黄河运粟50万石……计550万石至京师。而到了大中祥符初年，京师已需粮700万石。除此之外，还有金帛、缗钱23万贯、珠宝香药27万斤，薪炭1 713万斤等。此外，还有金属冶炼业的发展，金属的产量和运输量也都大大增加。宋元丰元年，全国生产黄金10 710两，白银215 385两，合计1.4万余斤；铜146万斤，铁550万斤，锡232万斤，铝919.7万斤。由于是铸钱和制造兵器的材料，上述物品大都会被集中储存和保管。如此大的产量，其矿石的开采、冶炼、产品的运输、不知产生多少物流量。

另外，中央政府为平抑物价，储粮赈灾，修建了不少粮仓。丰年时收购储存，灾年时籴粮赈灾。历代政府都将粮仓作为重要设施建设和管理，清康熙三十年曾下令各县都建粮仓，大县存粮5 000石，中县4 000石，小县3 000石，以备不时之需，之后又下令加倍贮存。

中国古代还有一种重要商品必须在全国范围内流动，那就是盐。古代的盐有池盐、井盐、海盐三类。池盐分布在西北地区，井盐分布于四川，海盐在沿海。自古以来，盐的流通是大量的、经常的。唐代初年，西北池盐每年产1万斛，河北产盐也在1万石以上，明洪武年间，产盐量竟达到4.6亿斤。

到了明、清两朝，手工业和商业发展迅速。乾隆年间，景德镇陶瓷业规模发展到了顶峰，瓷窑三百区，匠工几十万，瓷器交易远达欧洲。在大西北，伊犁、喀什已成为对外商业贸易的中心和枢纽，常常有十万笔以上的牲畜交易，上万匹的缎、绢、绸、绫被运往国外。

除此之外，皇室宫殿、陵墓的物品需求，也是流量很大的“物流”。例如，秦始皇时期，从咸阳到雍城，“离宫三百，钟宫帷帐，不移而具”。阿房殿东西500步，南北五十丈，上可以坐万人。唐贞观四年，修洛阳宫乾阳殿，“大木非随近所有，多从豫章采来，两千人曳一柱，其下施轮，皆以生铁为之，行一二里，即有破坏，……终日不过进二三十里，略计一柱，已用数十万功”。一根柱子尚且如此，一座宫殿需要多少材料！皇室如此，王公大臣纷纷效仿，京师附近的树木被砍伐精光，不得不到江西、云贵，伐之高山，引至穷谷，入海乘淮，逆河溯洛。工匠雕刻，连累日月……东至乐浪，西达敦煌，费力伤财于万里之地。

案　例

A公司智慧物流体系的建设①

1. 问题

A公司是S集团所属的大区销售公司，负责某区域的产品销售，拥有大量仓库、铁路专用线、专用车辆等物流资产，范围涵盖数省，在该区域实施产、运、销业务的统一组织和管理指导职能。S集团是包含原材料开采与运输、制造、销售等功能的大型企业集团，A公司作为S集团某区域产品的资源配置中心、物流配送中心、成本控制中心、库存管理中心、信息集散中心等，一方面物流量巨大，另一方面也担负着优化该区域物流的重任。同时，由于物流是供应链中最重要的职能之一，A公司作为S集团产品供应链的下游，为实现整个供应链的通畅运行，必将对物流的质量、

① 作者：田源。

效率、成本等有更高的要求。

目前，A公司存在缺乏精准和实时前端预测、未应用科学理论指导物流活动、没有充分发挥协同效应等问题，这些问题既不利于A公司实现物流规模效应和对物流成本的控制，也不利于提高S集团的物流服务质量和物流运作效率，不利于S集团对供应链的控制和优化，实现供应链的整体柔性和灵活性，直接影响了A公司重要价值的体现。究其原因，A公司一是对市场需求缺乏科学有效的预测方法和工具，无法及时应对因产品价格波动而产生的市场变化；二是在产品运输的局部优化已基本实现的情况下缺乏进一步降低物流成本的突破口；三是由于所经营产品的生产具有连续性，导致公司面临着持续的降低库存、疏通销售渠道的压力。

这些问题的存在，制约了A公司进一步发挥其在资源配置、成本优化和协调管理等方面的作用。顺应物流和供应链管理发展的趋势，公司亟需构建起能够协调采—储—运—销—配—存等各个环节之间协作的物流管理系统。

2. 解决思路

面对上述问题，A公司决定从智慧物流体系的建设入手来解决问题。智慧网络将提升资源管控和利用率水平，而智慧流程将提升管理精细化与协同水平。从智慧物流体系建设出发，重新定位价值、提升效率、提高科学管理水平，基于集团定位和客户需求深入挖掘公司的新价值，基于公司的主营业务，应用大数据、云计算等先进的信息技术，构建以智慧物流平台为核心、以物流基础设施为支撑、以信息资源、技术、人力、资金为保障的智慧物流体系，可以最终实现降本增效、带动提升公司管理水平，并以物流为切入点实现公司价值的最大化，提升公司运营效率。

现代物流向着信息化、智慧化方向发展，不断变化的市场环境对企业也提出了更高的要求，建设智慧物流体系可以为A公司的未来领先奠定基础，既符合物流的发展趋势，也是进行战略升级的必要前提。从物流体系升级入手，一方面可以有一个清晰的切入点，另一方面物流体系升级实际上涉及了公司管理与发展的几乎所有方面，因此智慧物流体系比较容易在公司中成功得到应用，可以为公司的未来发展起到良好的支撑与推进作用。

3. 解决方案

解决方案包括六个方面的内容，如图5-9所示。

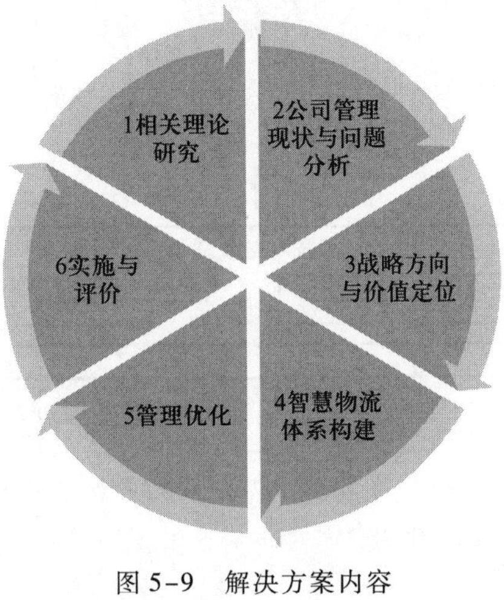

图5-9　解决方案内容

（1）相关理论研究。以现代管理理论、物流与供应链管理理论等为基础，分析物流产业的发展过程，着重对各阶段物流企业的特点和特质做深入比较分析，论证物流的发展趋势及其对于企业的一般性作用。据此进一步研究产品的物流模式如何从传统物流向物流 4.0 智慧物流方向发展，分析产品智慧物流的特征，对各阶段产品物流运作的特点做深入分析与比较，提出智慧物流发展方向及其对企业发展的作用。

（2）公司管理现状与问题分析。依据 A 公司的管理内容和流程，从管理体制、物流组织、供应链与物流体系构成、物流资源、需求预测、产品供应、库存管理和配送管理等方面，对 A 公司的管理现状进行调研，分析目前物流体系存在的各种问题，建立指标体系评估现有效率水平，通过问题分析，阐述智慧物流的特征和构建的必要性，为后续战略发展方向制定与系统优化提供基础。

（3）战略方向与价值定位。通过分析 A 公司的整体物流运作模式，深入研究 S 集团产品全产业链的运作过程，基于以上的理论研究以及现状分析结果，阐述 A 公司在 S 集团产业链中发挥的作用和价值。

进行 SWOT 分析，结合对管理现状的分析结果，明确 A 公司在集团的重要角色，准确进行价值定位，并进行价值的重新挖掘，拓展公司价值空间，提升公司战略地位，并确定其基于智慧物流的战略发展方向。

（4）智慧物流体系构建。在公司价值定位与战略方向的基础上，提出 A 公司智慧物流体系的构建思路。图 5-10 对公司智慧物流体系的构成进行了简要描述。

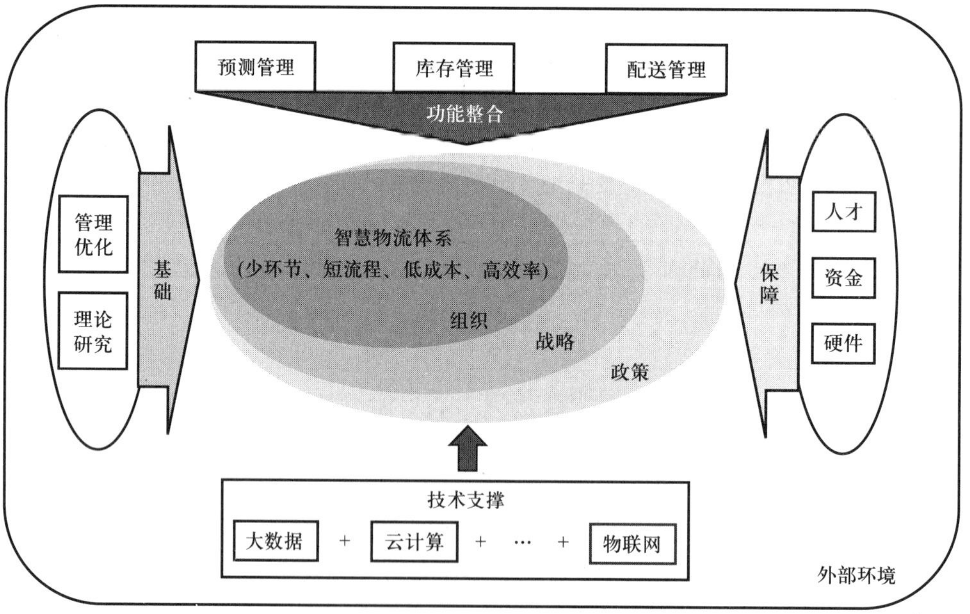

图 5-10　A 公司智慧物流体系基本构成

表 5-5 显示了智慧物流体系的构成要素，以及各要素所包含的具体内容，图 5-11 显示了这六个要素在智慧物流体系中起到的作用。

表5-5　智慧物流体系要素构成

序号	元素	具体内容
1	政策	政府支持智慧物流发展的相关政策
2	战略	主要包含战略定位、战略决策、战略规划三个方面
3	组织	主要包含管理组织、项目组织等
4	资源	主要指人才、资金、硬件三个方面
5	技术	主要应用大数据、云计算、物联网等技术
6	管理	主要指新的管理模式、新的管理手段等

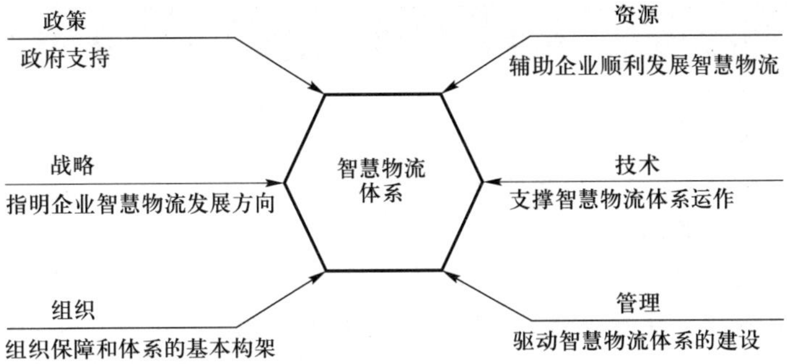

图5-11　智慧物流体系六个要素的作用

（5）管理优化。基于上述智慧物流体系，综合运用物联网、云计算、大数据等先进的技术手段，针对A公司在市场需求预测、库存控制、产品配送等方面存在的问题提出解决方案，实现降低成本、提高效率的目标。

如图5-10所示，A公司所建立的智慧物流体系是具有感知、分析和一定思维能力的，可辅助决策的现代综合性物流体系。先进的信息通信技术是智慧物流体系的基础，A公司可借助大数据、云计算、物联网等技术获取数据，整合与连接库存、配送、预测等管理功能，并在人才、组织、资金的保障下，提高物流效益、降低企业成本。同时，新的技术变革带来了新的管理理念和运行模式，使A公司的物流系统内部和与供应链上各环节之间的耦合关系发生变化，最终实现高效化、科学化、智能化的目标。

（6）实施与评价。在具体实施方面，需要运作模式、管理理念和先进技术共同推动。大数据、云计算、物联网等先进的技术是实现智慧物流体系的关键。它们对大量的信息资源进行整合分析，并且为智慧决策提供支持，以此推动智慧物流的感知智慧、发现智慧、创新智慧、系统智慧等的发展。此外，智慧物流体系的实现需要配套的运作模式和管理理念。否则盲目发展信息技术，不仅不能优化系统，反而会适得其反。三者的有效结合，才能实现智慧物流的协同、协作、协调效应。对于方案实施的预期效果也要进行分析与评价，并提出实施成功所需要的支撑保障措施、重点与难点等。

本章小结

物流市场是指为保证生产和流通过程顺利进行而形成的商品在流动和暂时停留时需要的服务性市场,企业是在市场中进行运行的。本章介绍了物流市场的基础知识,然后从市场主体角度分成了物流需求企业和物流服务提供方两个角度进行阐述,并从保障物流市场正常运行所必需的政策角度出发,简要分析了中国物流政策的主要内容、存在的问题及建议发展方向。

关键名词

物流市场　企业物流　物流企业　第三方物流　物流政策

思考题

1. 物流市场的含义是什么?
2. 物流市场的交易方式有哪些?
3. 请解释企业物流的概念,并举例说明企业物流合理化的措施有哪些。
4. 何为第三方物流? 其特点是什么?
5. 选择一个企业进行实地调研,对其物流现状进行研究,拟定调研提纲,撰写调研报告。
6. 选择一个物流企业进行实地调研,对其业务、运行等状况进行了解,并撰写调研报告。
7. 查找相关资料,试分析我国物流市场发展状况,并与发达国家进行比较。
8. 查找相关资料,研究一项最新出台的国家物流政策,选取其中的重点内容进一步学习并对其可能产生的作用进行详细分析。
9. 查找相关资料,了解发达国家与地区的物流政策情况。

即测即评

请扫描二维码进行在线测试。

拓展阅读

拓展资料5-1:国家物流枢纽布局和建设规划

拓展资料5-2:关于推动物流高质量发展促进形成强大国内市场的意见

拓展资料5-3:互联网+高效物流实施意见

拓展资料5-4:国务院办公厅关于积极推进供应链管理与创新的指导意见

拓展资料5-5:案例:麦当劳与物流企业的合作

第六章 国际物流

随着经济全球化的发展,企业的全球化采购、全球化制造和全球化销售情况成了一种常态。这种国际化企业的物流具有其特殊性。如何认识国际化企业的形成,并重新认识国际物流这一常见的概念,是现阶段一个重要的新命题。

第一节 国际化企业与国际物流

一、国际化企业的形成背景

近30年来,企业开始注意到物流运作对组织整体系统的影响。20世纪80年代早期,日本汽车制造商开始以弹性的自动化生产方式,在同一条生产线上生产多种类的商品,从以往推式、大量标准化、追求规模经济生产,转变成少量和JIT(just-in-time,及时供应)生产方式。借助生产方式的转变,日本汽车制造商得以满足多样且高度波动的国际需求,并同时维持低水平的存货。

执行上述运作模式时,日本厂商不但利用生产及物流作业的改善,大幅降低了运作成本,还采用JIT多频率补货方式进行生产与配送,其存货量也因多频率的配送而降低,减少到只有美国汽车公司的1/4,甚至只有欧洲汽车公司的1/15便能应付市场需求。

美国汽车制造商想要赶上日本,因而仿效他们的做法。为了建立更新的、反应更好的商业模式,并创造同步化,美国汽车制造商们开始对内部部门与外部供货商进行水平和垂直的整合,还使用电子化销售系统并将系统延伸至经销商端,采取控制整体的连续型补货战略。

之后,以跨国公司本田(Honda)汽车公司为例,其建立的国际物流网络,利用信息将各国的汽车代理商、区域零件仓库与东京的营运总部联结起来,成为一个单一的信息系统。在此系统下,本田能够保持很低的存货水平,而且能快速地传递顾客服务的各项相关作业。

20世纪90年代早期,企业积极通过电子通信与网络,将各个供货商与消费者串联起来,把服务延展为具有弹性的全球供应链。经过几年发展,至20世纪90年代后期,组织渐渐往"网络化”移动,通过合作组织间的整合,建立共同的物流/供应链中心,管理共有的信息与资源。以施乐(Xerox)公司为例,其以知识(know-how)创造了战略性的服务共享中心。这些知识通过信息科技的协助,随时支持采购与技术部门,创造了知识利用的规模经济。

时至今日,企业的发展趋势开始呈现跨部门功能,以及让所有内外参与者进行交互作用的方式。这创造出延伸性的大型组织,并让此种延伸性企业能有效率地在系统的范围内转换投入与产出。供应链的观念已被扩大,成为延伸性企业运作模式,通过计算机软件来追踪不断扩大中的实体生产与配送网络,并运用最优化原则将整体网络加以重新构建。

随着物流观念的扩展,企业由大量标准化的生产,改变为满足各国消费者不同需求的多样化弹性生产,进而通过与上下游组织的跨国合作,达成降低成本和快速响应消费者需求的目标。企业对上下游厂商的态度从过去的防卫与竞争,转变为互相合作的关系。这种互相合作的关系整合了国际物流的流程,又进一步让企业与合作组织变成互相分享资源和信息的伙伴关系。通过所有伙伴的合作,让整体战略联盟得到利益,连带使企业自己也获得好处,并增加竞争优势,提高竞争对手的进入壁垒。

这种运作模式与经营理念的转变对企业有非常大的影响。对企业本身来说,除组织设计需考虑与伙伴组织的互动以外,对于伙伴组织的态度,也从原本的自利与竞争转为互利与整合。跨国企业的物流由国际运作发展至网络化的延伸性企业,已经从单一部门的功能扩展至跨部门功能,甚至跨组织的战略性作业。

综上所述,目前企业的物流作业模式应适应趋势,可从物流、国际物流、国际供应链一直发展到延伸性企业。

二、国际供应链与延伸性企业

目前企业的物流作业模式,已从物流、国际物流,发展到国际供应链及延伸性企业。供应链管理是跨组织的活动,国际运作又加深了国际供应链的复杂程度,故除了一般物流管理的运作之外,供应链管理还牵涉下列内容:整体供应链的整合规划、构建信息平台以让讯息能够在供应链中流动,以及如何与供应链相关组织合作等组织管理的问题。

(一) 国际供应链

消费者对产品要求的不断提升与经常变动的国际竞争环境,随着企业全球化程度的提高,增加对国际企业营运的压力与挑战。国际供应链(international supply chain)是指一个国际化的企业在全球范围内获取最质优价廉的原料,在最适宜的国家生产,以最适宜的方式,满足全球的需求。一个能掌握国际供应链的国际化企业,不但能降低产品的成本,更能缩短顾客的订货时间,提高顾客的满意度,是企业未来的主要竞争优势。

企业在国际化的同时,面临消费者对产品品质的要求提升,以及产品生命周期日益缩短等外部环境的挑战,企业必须积极整合上下游国际企业,快速反应消费者的需求。国际供应链整合上下游厂商与流通业者,能够达到成本的最优化,并快速反应市场需求,因此成为跨国企业建立竞争优势的重要战略。

国际企业需利用国际供应链建立竞争优势的原因有以下几点。

1. 产品高品质成为进入国际市场的必要条件

产品高品质逐渐形成立足市场的基本条件，而非企业的竞争优势。良好的国际供应链运作能使企业在维持高品质产品时，仍能保有低成本优势，以保持国际企业的竞争力。

2. 消费者喜好变化加快，缩短产品生命周期

消费者喜好的快速改变，使厂商无法正确掌握消费者的需求，也使产品的生命周期缩短，压缩新产品由研发至上市的周期。国际供应链管理能增加生产的弹性，并针对消费者的需求快速反应，将适量与适宜的产品提供到市场上，因而成为国际企业重要的竞争优势。

3. 时效性的要求

在顾客需求趋向多样化、产品淘汰率逐渐增加的环境中，能在消费者需求发生的瞬间就加以满足，是企业获利的重要手段。故满足瞬间需求的时效性，成为决定企业成功的关键因素。为满足时效性要求，国际企业一方面必须加快订单传送的速度，另一方面则必须提升成品在运输及流通上的时效性；国际供应链整合信息与实体流通，能有效达成国际企业满足时效性要求的目的。

4. 降低成本的必要性

市场竞争激烈使提高营收的难度增加，企业欲提升获利，便要从降低成本着手。彼得·德鲁克（Peter Drucker）认为，企业若要提升成本效率，物流是尚未开发且能达成效率提高的最后疆界，因为物流成本一般占企业营收的5%～35%，有效降低物流成本对整体成本的降低将有很大的效果。

以往企业用存货来应付市场的不可预测性，但存货也代表了成本的支出。因此制造业为解决存货问题，便要求供货商以JIT的方式供料，以减少对原料及零件的存货要求。另外，欲减少仓库数目可通过全球性或区域性配送中心配送速率的提升来达成，这些都是供应链管理可以达到的效果。因此，对国际企业来说，整合性的国际供应链管理能有效降低国际运作的成本，从而使获利增加。

5. 物流业务外包

为了同时使仓储与配送成本更低，并提升消费者服务水平，愈来愈多的制造商与流通业者建立长期紧密的关系，希望能协同快速对消费者的需求变化做出反应。同时为了降低成本及增加资源使用效率，也有愈来愈多的企业把先前企业自己运作的仓储及运送作业外包，专心于企业最具竞争优势的核心产品与作业上。因物流服务的需求增加，使专业化的物流企业应运而生，专业化的物流企业使企业能在国际供应链运作上取得更好的效果。

6. 售后服务的必要性提高

科技进步使产品的复杂度与维修的需求增加，另外随着消费者对品质要求的提高，售后服务成为必要的竞争优势。产品的复杂度增加（如汽车或计算机）使维修的难度提高，无法一次备齐所有零件，导致零件的更换时间增加，时间的延迟常造成顾客的抱怨，若为适应顾客抱怨而增加零件的存货需求，又将使企业的成本增加。解决此项问题的办法之一，是将需要的零件储放于区域型配送中心，利用电话订货隔夜配送到修理厂商，若消费者位于好几个区域或国家，跨国的调度与配送考验着企业国际物流的能力。国际供应链管理能为企业同时解决时间与成本的问题，提高国际企业的竞争力。

7. 资金周转的复杂性增加

资金的周转对企业的运作至为重要，在企业国际化后，各项收付款作业因为有了国界的阻

隔，常有汇率、对保、付款条件等作业需要处理，拖长了企业收款的时间，让国际企业需要更高的资金准备以应付国际化的运作。国际供应链管理能同步处理国际供应链中物品移动与资金流动的作业，通过供应链中的金融合作伙伴能降低国际企业资金准备，也可降低国际企业的运作风险。

（二） 国际延伸性企业

所谓延伸性企业（extended enterprise）是指从上游到下游，从原材料到终端消费的所有合作组织，通过共同的作业将价值带到市场上。这个定义和前面介绍的供应链管理类似，但比起供应链管理来说，又更重视供应链中这些战略伙伴之间的合作、资源与信息的共享等议题。简单来说，延伸性企业就是把供应链当作一个大型的虚拟组织，以更宏观、更整体的观点处理所有满足顾客需求的议题。

延伸性企业提升其产品与运作流程的方法，是将公司与合作伙伴间互补的核心能力加以联结，利用从供货商（suppliers）、卖主（vendors）、买主（buyers）到消费者（customers）的整体网络创造优势，将产品以更快的速度、更低的成本送达市场。

因为能有效地利用整体延伸性企业中所有组织的核心能力，缩短时间、增加弹性，所以当市场变动时能更快应变，延伸性企业进入新兴市场的能力与机会也随之增加。

延伸性企业不同于一般国际物流运作或是普通的结盟关系，这可由信息使用、组织关系与伙伴识别三个方面来说明。

1. 信息使用

在延伸性企业中，信息的产生与流动是透明而没有障碍的，每个成员运作时建立的企业知识（know-how）被视为半公共性质的资产，在合作成员中彼此分享，通过成员彼此的协调和合作，延伸性企业可以用知识当作平台，进行知识的分享和创造，并建立以知识为基础的战略性工具，提升延伸性企业的竞争优势。

2. 组织关系

因为延伸性企业是通过团队合作的理念而结合的，经由知识与信息的分享创造竞争优势，故人力资源可以说是延伸性企业最重要的资产之一。在延伸性企业中，所有成员在共同的目标下，建立并维持长期的合作关系，并依照其贡献的程度公平地共享获利和分担风险，故延伸性企业中的组织关系是互相合作、互相依存的。

3. 伙伴识别

在整个延伸性企业的系统范围内，因为每个成员互补能力的结合与整合，成员都会公平地分享到获利与成本的节省，这些好处使成员愿意放弃与合作关系相违背的一部分企业的控制权，将焦点放在如何获得最终消费者的满意上。故愿意放弃整体性控制的成员才能被纳入延伸性企业的体系中。

（三） 国际延伸性企业与供应链/价值链的差异

1. 延伸性企业与供应链

供应链模式注重的是环节衔接时流动的顺畅性与速度，很适合点与点之间有交互作用的连续生产排程。由于供应链模式可以针对这些交互作用作出适合的反应，让流动在其间的物品更为顺畅，故而强调的重点在于管理整体流程中的物流作业；通过从上游到下游整体流程的顺畅达到成本的节省和顾客服务的改善。

延伸性企业的重点在于通过成员的合作与互补，达到最终消费者的满意，是较高层次的整合和合作，所以延伸性企业不同于供应链强调上游到下游流程的顺畅。为了达到消费者满意，延伸性企业中会有许多非直线的流动与复杂的交换网络存在，因而能够累积组织运作知识与能力，处理比使流程顺畅化更为复杂的各项问题。

2. 延伸性企业与价值链

所谓的价值链分析，是把企业经营活动分解成若干战略性重要活动，以了解这些活动对成本和价值之影响的一种方法。为了了解竞争优势的来源，价值链分析会将价值创造的流程加以分割，以便看出各部分对企业成本以及差异化的创造贡献的程度。

但因为价值链分析要看的，是各项个别运作或成员对整体价值产生的贡献，与我们熟悉的“利润中心”管理手段有些类似，所以价值链的合作伙伴在某种程度上会维持自私的利己行为。

而延伸性企业是调控全部成员的能力，通过互补的方式让整体延伸性企业的利益最大，成员还要有放弃一部分控制权的认知，所以能产生强有力的合作关系。

延伸性企业和供应链/价值链的比较，可整理如表 6-1 所示。

表 6-1　延伸性企业与供应链/价值链的比较

企业要素	延伸性企业	供应链/价值链
环境	动态及改变	更稳定和静态
焦点	寻找可带给公司解决方案的伙伴	倾向于以企业本身为中心
价值创造方式	调控全体成员的能力	影响自我的能力，更自给自足
关系类型	借助坚固的伙伴关系强化合作行为	类似伙伴的关系
基础建设推力	价值推动	成本驱动
获利重点	增加范围内整体系统的利润	增加自己的利润是不被允许的
知识	经由系统广泛地分享	分享但仅限于内部
倾向	强调知识与学习	倾向于强调工作流程

资料来源：David and Spekman，2004.

三、国际延伸性企业与传统企业的不同

延伸性企业相较于传统企业，在运作与发展上的观点与关注的重点不同，整理如表 6-2 所示。

表 6-2　延伸性企业的观点与传统的比较

企业要素	传统上关注的焦点	一般公司观点	延伸性企业观点
信息技术	• 交易基础 • 内部集中交易	• 资源物流，交叉训练 • 内部集中，并寻找外部机会	• 寻找组织间相互联结以获竞争优势 • 使用企业软件及电子中心 • 伙伴内含于企业内

续表

企业要素	传统上关注的焦点	一般公司观点	延伸性企业观点
流程及重新设计	• 成本减少 • 所有权成本风险之减少 • 制造与购买 • 以仓库为中心运作	• 风险降低以减少所有权成本 • 委外以减少成本 • 部分相互功能/程序 • 以企业为中心	• 所有权总费用及收入的提升 • 寻找系统间的获利 • 如何包装产品及以服务为核心战略 • 鼓励系统内风险承担 • 学习调控系统内其他学员的技能 • 以顾客为中心
组织架构	• 官僚式组织及分级 • 混合集权与分权 • 内部集中 • 鼓励命令与控制	• 层级较少的官僚式组织 • 一些授权 • 仿真应用 • 多重相互作用 • 内部分享服务 • 交易效率 • 一些效能的衡量	• 我们的供应链 • 非自然形成的联盟 • 非官僚体系及分层制度 • 虚拟所有权 • 复杂的网络 • 注意技能的充实 • 把成本由固定成本往变动成本方向减少
人员	• 重点在拥有公司 • 由价格变化到部分战略的思考	• 较少命令及控制 • 更广泛的技能,更着重于分析如何为本身构建更强的物流	• 双赢 • 关系管理 • 商业/一般管理思考 • 启发自利思想 • 管理供应链内的商品
信息内容	• 交叉性组织但仅限于公司内部 • 多套数据 • 尝试寻找供应链机会	• 双向信息的分享及交换 • 以 JIT 与 EDI 的方式联系 • 主要用一些工作计划强调工作流程	• 广泛而清楚的相互分享 • 分享共同发展的计划 • 信息及知识是关键 • 重视关系及信息
成果	• 合理化供应链基础以调控成本 • 增加效率 • 因为工作所需技能改变导致人力周转率提高 • 角色改变	• 扩大供给以使资产得到有效利用 • 增加人力资源机会与挑战 • 部分链接内思想及信息的分享	• 扩大市场通路 • 调控金融资产 • 卓越的操控 • 速度 • 依顾客需求建立网络 • 使价值链产生差异化 • 可扩大企业人力资源

资料来源:David and Spekman,2004.

由表 6-2 可以看出,传统企业或公司的运作重点放在公司或组织本身的运作,第一个考虑的要素通常是效率与成本,从流程设计开始便强调以企业为中心,分析各个环节以求成本的减少,就算有信息的分享也只限于组织内部,最多就是与上游或下游组织的双方交流而已,谈不上整体系统性的思考,最终目的是希望在成本最小化的前提下,达成供给的增加,进而增加获利。

而延伸性企业运作的中心思想是在以最终顾客为中心的前提下,通过合作与学习使整体延伸性企业的收入增加，在流程设计之初就将顾客当做主导流程架构设计的关键因素，运作的方式是如何通过知识的共享提升并充实延伸性企业内成员的能力，使延伸性企业持续学习如何为顾客提供更好的产品与服务，使差异化竞争优势达到最大，共同承担风险、分享获利，最终的目的是希望延伸性企业的整体网络能为顾客提供价值，并通过顾客价值的增加使市场及通路都扩大，使整个延伸性企业中所有的组织得到整体的成长。

四、国际物流

（一）国际物流的形成因素

在国家标准《物流术语》（GB/T 18354—2006）中，界定国际物流为“跨越不同国家（地区）之间的活动”。企业国际化是国际物流受到重视的主要因素。Bowersox and Closs（1996）指出：发展中国家经济的成长、战略联盟观念的普及、全球各区域的经贸交流增加、信息与通信科技的进步，以及全球运输与金融解除管制等，是推动企业国际化的五大重要因素。然而实质上，除此五大因素外，全球性自然资源与人力资源的不均匀分布，亦是造成企业国际化的重要因素。

上述六项因素又可就其本质划分为推力因素与助力因素两大类，以下分类说明。

1. 经济与产业的推力因素

（1）发展中国家经济成长，发达国家生产过剩。生产科技的进步让厂商得以大量生产，但发达国家人口增长率呈下降的趋势，使市场萎缩，造成供给大于需求。故为了营业收入与利润的增加，发达国家的企业必须将产品外销至其他更大的市场，而经济成长中的发展中国家拥有强大购买力，更增强了企业国际化的动力。

（2）战略联盟观念的普及。过去制造商最重要的经营战略是内部成本控制。然而自20世纪80年代起，营运范围扩大到国际的范围，也使仓储与运输等物流活动增加的成本更为沉重，直接降低了业者的获利。后来业者将这些非核心的业务委外，有效降低营运成本，外包便成了业者获利的重要战略；随着与这些跨国外包组织的合作逐渐扩大，战略联盟观念被制造商与流通业者普遍接受。

（3）全球各区域内的经贸交流增加。为了提升区域内经贸交流及保护区域内经贸伙伴，全球各主要贸易区域纷纷组成区域内经贸协议，如欧洲共同市场（EC）、北美自由贸易协议（NAFTA），以及东盟自由贸易协议（AFTA）等。这些区域内经贸协议使国与国之间的货物流通更便利，区域内的国家贸易成本更低，企业国际化后获利的机会也更大。

（4）全球资源的不均匀分布。全球资源分布不平均，资源丰富的原料区域、生产成本最低的制造来源与获利最大的市场，多分布在不同区域。企业为充分利用资源，达到最具经济效益的生产与最大的获利，必须将全球运作的范围扩大，逐步扩大全球化资源的采购，并为产品找寻最适宜的生产地与市场。因亚洲拥有低廉的人力与自然资源，自然成为企业最适当的原料采购与生产地点，欧美各国企业于是积极地在亚洲成立全球采购中心，使亚洲成为全球低劳力零件或成品的提供区域，并运输至高消费的欧美市场销售。这些跨国运作的企业趋势，使得企业国际化的推力增加。

2. 外部环境之助力因素

（1）信息与通信科技的进步。一方面，信息与通信科技的进步，使全球性的文件往来更为畅通与快速，缩短厂商间订货的时间，增加厂商间商业往来的机会。另一方面，信息与通信科技的进步,使消费者对流行事物的接受度增加,对国际性产品的接受度也跟着提高。这种趋势使全球的消费形态趋于一致,也更进一步刺激厂商提供全球性的产品,以满足全球消费者的需求。

(2) 全球运输与金融解除管制。美国于 20 世纪 70 年代末至 80 年代初解除交通事业的管制,国外业者得以进行战略联盟,以营运他国国境内与不同国家间的运输业务。美国还放宽了国内运输必须使用本国运输业者的限制,并允许运输业者同时拥有并经营复合运输。美国解除运输管制带动了全球交通事业解除管制的风潮,也增进了全球交通往来的便捷。自由化使运输公司更有效率,减少国际运输成本,也提升国际上的运输往来。

全球金融解除管制使国际货币市场的电子自动交易系统与各国间的货币不再以黄金为交易,而采用浮动汇率,简化了国家间的货币流通。

运输与金融的管制解除,创造了企业国际营运的有利环境。

(二) 国内物流和国际物流的差异

物流作业的运作若自原料、制造、运输到消费均在一国境内完成,便是国内物流,若物流的运作有牵涉到跨国境的作业流程,便跨入了国际物流的范围。因国际物流牵涉到跨国境的活动,因此国际物流相对于国内物流来说,要处理的问题阶层与复杂度都更高。

国内与国际物流的差异,主要存在于运输工具、信息传递、风险、组织、政府法令、语言文化上,如表 6-3 所示。

表 6-3 国内物流与国际物流的差异

项目		国内物流	国际物流
运输工具		公路、铁路为主	海运、航空为主
信息传递		语音、文件与 EDI 信息	语音与文件效率低 EDI 信息标准化高
文件		较少	高度的文件需求
风险	货物运输	较低	较长的运输时间与货物换手处理
	财务	较低	高风险,涉及不同的货币、交换率与通货膨胀
组织	委外组织	较少	依赖承揽业、流通商与报关行
	政府组织	危险物品、重量、安全与货物税等的管制	海关、商务、农产品与交通运输
文化		相同	文化的差异产生产品与市场需求的不同

资料来源:Goldsborough and Anderson,1994.

在实体物流方面,因国际物流牵涉到跨国境的活动,因此较国内物流来说需要更长的交通运输时间,运输工具较多样化,前置时间也较长。

前置时间的延长,造成企业必须有较高的存货以维持相同的服务品质,财务风险也较高,而较长的运输时间和多种运输工具也增加了货物遗失或损坏的风险。

在信息传递方面,国际物流较国内物流来说,对信息的标准化要求更高,另外因为跨国运作牵涉到通关与法令的问题,文件的种类与复杂性也更高。

在组织方面,因国际物流牵涉的物流活动跨越国界且较为复杂,一般企业较难全部自行运作,故物流作业需仰赖跨国物流组织共同完成,例如报关业务及承揽业务。在政府组织部分也从一国境内的管理单位增加为多国政府的管理单位,牵涉层面更广。

在文化部分,国际物流因为各国文化与市场需求的不同,尚需处理产品设计与战略联盟、组织结构变动等问题。

第二节　国际化企业物流运作基本环节

在国际化运作的背景下,国际化企业的客户对产品以及服务的多样化要求,改变了企业的运作模式。一个讲求延伸企业伙伴间合作与整合的供应链体系管理模式应运而生。此模式所强调的是从产品的原料供应开始,至生产、制造、物流配送间信息的分享与交换、前置时间的缩短以及成本的降低。

一、国际物流导向型产品设计

(一) 产品设计

客户对产品以及服务的多样化要求,改变了企业的运作模式。一个讲求延伸企业伙伴间合作与整合的供应链体系管理模式应运而生。此模式所强调的是从产品的原料供应开始,至生产、制造、物流配送间信息的分享与交换、前置时间的缩短以及成本的降低。

若从产品生命周期之压缩、客户需求的多样化角度来思考,如果我们能将生产的模式朝向标准零件、共享零件、组装容易、按订单组装(assembly to order)的方式进行,将产品的最终组装的工作延后到送到各地的物流中心再来进行组装加工。如此一来,不但可大幅减少顾客需求之不确定性,进而降低原料、半成品及成品库存,而且可使其物流成本(包含运送、仓储成本等)降低,还可大大增加物流业者所提供之增值服务的价值。此即物流导向之产品开发(design for logistics)的概念,它能帮助企业对市场的需求有高效率的响应,降低成本同时提高竞争力。

然而,在整个国际物流体系的设计中,企业必须将物流流程融入到开始的产品设计当中,对产品的各种特性加以分析,如全球性生产方式、国际包装设计、跨国装运特性与各国顾客购买后如何配送等问题。

配合国际物流的产品设计,企业还必须考虑到产品在国际上的整个流通过程,维持高效率运转的所有特性,才能使产品设计对产品在国际上的流通产生加乘的效果。国际性产品设计还另外要考虑不同国家的顾客购买产品时的情境与条件,估计顾客对购买后的配送及使用、维修及更新等需求,才能决定国际性产品整体设计的策略。

产品要在全球销售,第一个要考虑的重点,是产品要“全球一致”,还是要“因地制宜”。“全球一致”的产品设计可达到采购、生产与销售的经济规模,但“因地制宜”的产品设计,能够顾及各国的差异性(differentiation),向不同国家的消费者提供最适宜的产品。具体而言,一个国际性的产品设计,可分成三种产品设计类型。

1. 全球型产品(global product)

全球型产品指单一产品被全球所接受。在进行全球性产品设计时,需要考虑到全球大部分使用者的需求,在全球性产品的材质与包装设计过程中,也要考虑全球性物流作业的需求与各国法令的相关规定。

2. 洲际型产品(regional product)

洲际型产品当洲际间的差异过大时,必须依照不同洲际的产品使用状况、法令规范、作业环境等需求,为其设计并生产独特的产品。

3. 国内型产品(national product)

国内型产品则是各国自行设立生产线,生产合于该国特殊需求的差异化产品,又称为地区自给自足的设计(local-for-local)。

(二) 国际物流导向型产品设计

产品设计时,通常多只考虑能否符合市场与顾客的需求,很少会注意到产品的易制性(manufacturability),以及物流性(logistics)。在物流运作上,当产品制造的过程需跨越多个国家时,产品设计能不能配合国际物流作业就更显重要。

所谓的国际物流导向型产品设计与开发,是指国际性产品在新产品设计开发阶段,采用同步工程的方式,将各国市场销售人员、产品设计者、生产制造者、零件供货商与国际物流业者一起纳入,共同集思广益,针对顾客的需求、包装的方式以及国际运输可能的工具来设计产品。

国际物流导向型产品开发概念的主要原则如下:

1. 简化产品设计

基于不同的设计策略,在开发国际性产品时,产品设计师或为了显示自己的设计能力,或为设计出不同的产品,对很多国际性产品的设计,不论是零件或半成品之生产制造,或产品组装方法等都设计得过于复杂。企业开发了许多不同的模具,采用许多特制的零组件,并没有考虑使用零件的生产规模经济,更没有考虑在包装、国际运送、储存的过程之方便性与制造、组装之容易性(design for easy manufacturing),使得生产与国际运作成本上升,以至于压缩企业的获利。

国际物流导向型产品开发的概念,是要减少国际性产品流通过程中不必要之机器类型、模具及零组件的数目。如 IBM 采用此概念,将其 AS/400 系列产品原有的 7 500 多个零件,减少到只需要数百个即可,大大减少了跨国运作的复杂性。

2. 将共同零件标准化

多数高价产品,其核心零组件所占的成本比重很大。例如计算机产品中,有 80% 的收入是来自于其中 15% 的零件。因此,国际物流导向型产品开发的概念是要增加国际性产品共同零件标准化的设计,将标准零组件用于不同样式、功能的产品。这也是重复使用的理念(reuse concept)。

3. 为产品客制化设计

因为各国市场的需求常有差异,目前产品的设计大多无法在工厂内先进行半成品组装。所谓国际物流导向型产品开发,就是在国际性产品设计时,考量产品最终装配的简单化,员工只需经过简单的训练就可根据各国顾客的需求进行组装。这个原则是将国际性产品设计成可以在供应链中最有效率的点上进行客制化的组装。亦即在接到订单之后,才依不同国家顾客的需求进行最后的产品客制化,此乃生产制造策略上所采用的延迟组装策略(postponement strategy),为的是减少因需求的不确定性所造成的浪费。然而在整个供应链管理的考量中,若国际物流业者能提供此类流通加工服务,在国际物流中心进行最后组装,则会是最有效率的点,有助于成为国际物流业者的竞争优势。

4. 经济包装与运输

一般而言,国际性产品设计都会要求产品在包装、国际运输、搬运与储存时都能更为顺畅,亦称顺畅化(streamline),任务是将产品设计成能有效率地被包装与储存。因为包装愈紧密的产品,运费也就愈低廉。换句话说,如果产品能以较紧密的方式包装,便有机会在配送工具还没有达到载重限制之前,就已经将内部储放空间填满,以实现更低廉的成本运输。大型的商品对于这点的要求会特别明显,最典型的例子就是家具等大型商品。

5. 容易堆栈与储存

在有限的空间中,可以储存更多数量的堆栈产品,达到减少每单位仓储成本的目的。许多平价商店的货架上,商品因为精心设计而能够堆栈和储放,所以可以更低的售价贩售。

除了产品本身能设计为可堆栈的形式之外,产品的包装若方便堆栈,在仓储时能够节省更多的仓储空间,在运输时也能充分利用车内装运空间。例如大型零售商 Wal-Mart 比较喜欢产品的包装设计能够符合 14 英寸①见方货架的产品,因为其卖场的货架便是 14 英寸。能够堆栈又能将货架的空间充分利用,就能降低成本,让 Wal-Mart 有能力销售更有价格竞争力的商品。另外,玻璃瓶包装的啤酒常使用可以堆栈且强度足够的塑料箱储放。

二、国际化采购与供应商管理

(一) 国际化采购

企业以“全球化采购”作为其创造企业竞争优势的策略,但在进行全球化的采购之前,组织必须要先建立国际采购管理制度,其步骤如图 6-1 所示。

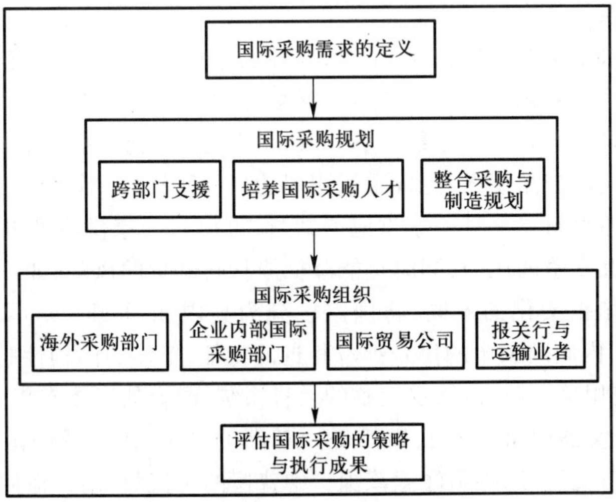

图 6-1 国际采购管理制度建立的步骤

资料来源:王立志,1999.

① 1 英寸 = 2.54cm。

（二）全球供应商关系管理

供应商关系管理对于希望能够寻求最佳供应商，并且准备整合各合作伙伴间流程与软件的企业来说，是很好的管理方法。

供应商关系管理是着重于企业与上游供应商间协同作业的系统整合，它并不是单纯的一套应用软件，而是一整套信息系统的解决方案。其主要功能包括：原材料与物料的搜寻（sourcing）、需求的规格（specification）与确认（verification）、报价单的处理（quotation）、产品设计图文件的规范化与信息交换、竞标过程与内容的管理（bidding）、合约管理（contracting）以及协同作业的计划与实施（collaborative planning）。这些主要的功能依循一个顺畅的流程进行，如图 6-2所示。

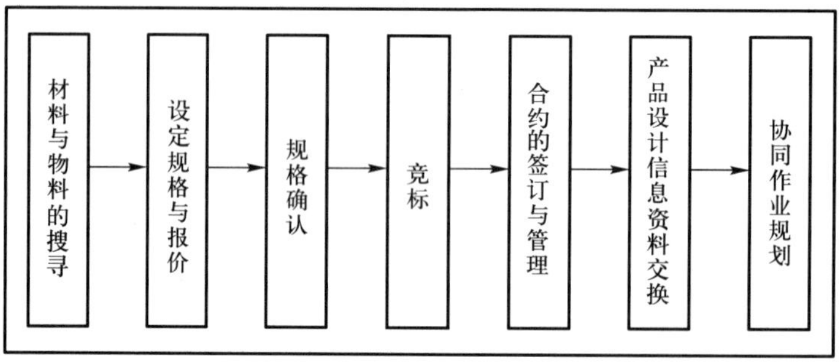

图 6-2 供应商关系管理主要功能的流程

资料来源：赖宣名，2002.

供应商关系管理是企业与其供应商之间的沟通与协调流程。此流程能够有助于企业制订采购计划、选择供应商、进行咨询价格以及推进采购合约协商，并能在安全的状态下传送采购订单。

供应商关系管理能够支持企业四个主要的运营流程，分别为产品设计、供应商的搜寻与选择、原材料的采购，以及生产协同运作。

全球性企业为积极推动及时性（JIT）生产，并控制原材料的品质，对单一原材料供应商的数量有持续减少的趋势。但若减少至单一供应商又会增加企业缺货的风险，同时也缺乏供应商间相互竞争的制衡，此时“平行供应商系统”（parallel）可以有效解决这样的问题。所谓平行的供应方式是指工厂生产不同的产品型号，但皆采用相同的一种原材料，不过每种产品型号由不同的供应商各自提供相同的原材料。一旦一家供应商缺货，可由另一家供应商补齐。平行的供应方式可以增加供应商间相互竞争的压力，同时也能降低原材料缺货的风险，如图 6-3所示。

Johansson（2006）依据文化的不同，将国家区分为高内涵（high context）国家与低内涵国家（low context）两类。高内涵国家中的民众拥有相近的特征，个体的同构性高并且经历了相当完整的社会化过程，民众使用单一语言、接受完整的教育系统，国家的媒体有集中化的倾向，大部分的欧洲国家、部分的拉丁美洲国家（智利、墨西哥），亚洲的日本、印度及中国等可归属于此类。与此类国家的供应商进行交易时，必须注意该国家中普遍的价值观，因为他们会视其为共通的常识而不加以重述。对于交易的规范，他们常采用自由心证，不公开说明，于是外来的物流企业势必需要详加解读许多交易言词在当地的真正含义。

相反的，低内涵国家，例如美国、澳大利亚与新西兰，具有多元性的文化，也正因为该国文化的高差异性，所以个体间缺乏类似的共识。于是与该类国家的供应商合作时，必须以详细的条约

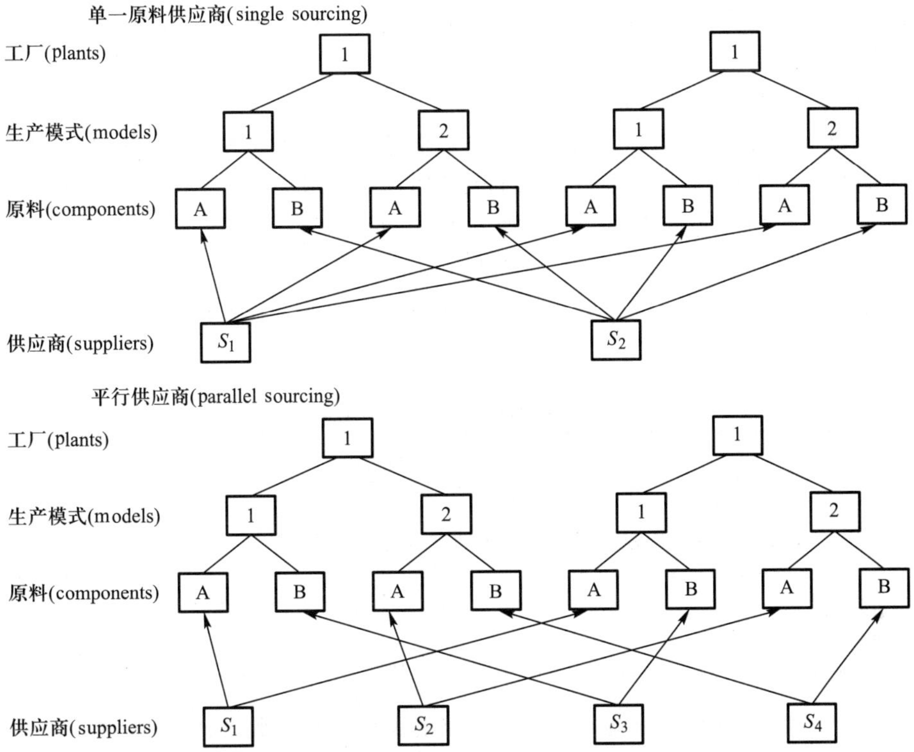

图 6-3　单一供应商系统与平行供应商系统

规范彼此的关系，公开地讨论交易条件与假设。因为两种类型国家的文化特色有所不同，因此与不同类型国家的供应商形成交易的流程也有所差异，各阶段的差异如表 6-4 所示。

表 6-4　不同文化国家的交易协商程序

阶段	日本型文化	美国型文化
1. 非任务协商（non-task sounding）	花费相当多时间	时间较短
2. 交换任务相关信息	最为重要的部分，此类型的企业会投注心力进行深度的分析与评估	简要地提供相关信息
3. 说服（persuasion）	成员于私下进行说服的工作	最重要的部分，此类型国家的企业会对彼此意见的异同进行论辩与协商
4. 达成共识（agreement）	完成说服工作之后即达成企业的共识	借由一系列的讨论，达成企业整体的共识

资料来源：Johansson 2006.

三、国际化企业生产管理

在现今企业全球化运作的环境中，供应链的成员常有分属不同国家的情形，如中国台湾企业一般将物流中心放在台湾，生产基地放在大陆，而批发商、零售商则遍及世界各地。此时，企业如何进行生产管理运作将是一个重大的挑战。国际制造商的生产管理必须思考两个重要策略，即生产流程管理及生产基地的全球布局。

在国际企业中，更需要评估不同地区对于商品制造与流通所带来的机会成本，并响应来自各个区域市场的多样化需求，而这被称作为生产设施的“市场功能”。不过依国际企业执行制造、研发和市场三项功能的程度高低，生产设施所扮演的角色、提供的功能也有所差异（见表6-5）。

传统的生产作业常倾向于支持财务和营销目标的达成，其积极性常被企业所忽略。但积极的生产策略能够为企业创造竞争优势，如与其他作业部门的配合还能产生综合效率，为企业带来超乎想象的利益。

表6-5　生产设施在国际企业中的角色与功能

	制造功能	研发功能	市场功能
执行能力高	source 原物料或生产排程 具有自主权	lead 主动进行流程、技术与 新产品的研发	contributor 对原物料或生产排程 具有自主权
执行能力低	offshore 海外生产	outpost 信息搜集	server 使用地区原料以减少关税

在选择生产策略时，企业应考虑与其营销策略和财务策略彼此支持，例如财务策略基于企业资源的分配，进而提出财务预算，该财务预算就是企业生产活动的标杆。另外，企业的营销策略内容包括产品种类的选择、新产品推出时机的决定等，这些内容对于生产作业经理在产品设计与制造的决策上均可能产生重大影响。

Hayes 与 Wheelwright 强调企业要从传统的静态优化（static optimization）观点，转变为动态演变（dynamic）观点，即生产活动要随着企业本身策略的改变而予以调整，以求得企业整体的最优，而非静态观点的局部次优化（suboptimization）。

企业利用生产设施得以将投入的资源转换为具有获利的产出，此为生产设施的“制造功能”。在制造产品时需考虑成本，要在最低的成本下完成对于该产品规格的承诺，才能使企业的获利最大化。

产品的生命周期不但影响制造流程的方式，也影响制造流程区位的选择。一般说来，企业在进行区位选择时，主要考虑的因素包括原材料的供给、市场位置与劳工供给等。

生产制造流程与区位配合产品生命周期，会形成不同的生产策略，整理如表6-6所示。

表6-6　配合产品生命周期的生产制程与区位策略

产品生命周期 生产管理策略	上市	成长	成熟
生产制程	• 研发测试 • 小量生产	• 按市场状况定时调整 • 批量生产	• 技术成熟、成本降低 • 大规模生产创造经济规模
区位结构	具有技术优势地点	邻近市场且具有生产弹性地点	具有成本优势可大量生产的地点

多国籍企业的兴起使国外设厂成为一个重要的课题,除了国际分工的理念之外,企业也可能因为原材料、劳工成本、扩展市场或是规避贸易障碍等理由,而考虑到国外设厂。

国外设厂须考虑更多因素,一般而言有以下几点:

(1) 法律规定。包括母国政府对于企业海外设厂的相关法律规定,以及预定设厂国家对国外投资厂商的法律规定,通常内容多为外资比率、国外员工比例以及盈余的处理方式等。

(2) 投资标的国的经济环境。投资标的经济环境是指国民所得、生活水平以及财政状况等。

(3) 投资标的国的政治与社会文化环境。该国政府对外资的态度及其政治的稳定性会影响企业的海外投资决策。另外,该国的宗教信仰与民俗文化,会影响员工的作息时间与对工作的态度,甚至还会影响产出的品质,企业在考虑海外设厂时也必须将此因素纳入考虑。

四、国际化企业分销管理与客户关系管理

(一) 分销管理

产品制造过程完成后,接下来的工作便是经由通路,将其送达需求发生的地点。配销体系应对顾客的需求进行分析,以规划发货中心的区位与功能、完整的运输配送系统及达到在“适宜的时间”提供“适宜的数量”商品为目标,运用快速反应系统,以满足消费者的需求。所谓快速反应系统(quick response,effective customer response)是通过信息流通与物流成员相互连接,对消费者的需求做出即时反应,以少量且高频率的配送,缩短每次订货的前置时间,减少顾客端的存货。

物流的配销流程开始于制造者端,而至消费者端终止。为了使消费者所购买的服务或是商品能在确切的时间抵达需求发生的地点,制造者必须进行配销流程的规划与管理。规划人员首先应对通路的定义、类型有所了解,再依其业务所包含的范畴,分析配销可能的类型,选择最适宜的类型,以及规划、设计、执行配销体系。通路规划的首要考虑因素,是运输及可能衍生的仓储成本与时间。然而在国际物流的运作过程中,跨越国界的运输或仓储成本的计算,远较国境内的复杂。同时,除了运输或仓储的营运成本外,输出与输入国的关税与配额限制等因素都会对通路的选择产生影响。

此外,对销售活动所产生的逆向物流,企业的物流部门必须负起妥善管理的义务。物流管理人员以三种方式管理逆向物流活动:建立产品回收工作小组、追踪产品、设计产品回收通路,其中建立工作小组是首要的任务。在逆向物流系统中,回收某些商品会使得营运成本大幅增加,因而倾向于不回收该商品,直接由经销商进行商品的检验,代为报废或回收,并给予消费者适当的补偿。

追踪商品时,可运用产地编码对商品进行持续追踪,或者是利用消费者缴交的维修卡来追踪商品,随着计算机技术的发达,条形码、卫星通信、无线电等都是能运用来追踪逆向物流商品的工具。

通路的设计随着商品的不同与商品的瑕疵度而有相当大的差异,有些必须使用全部的物流通路退回至原制造商,有些只需当地的经销商便可完成。

(二) 客户关系管理

随全球经济发展与生产的大量自动化,市场商品充斥着供过于求的现象。为解决此窘境,制造商转由需求面思考,提出“顾客关系管理”以期促进商品营销效益。

市场经营环境的转变加剧了制造商变化的压力。随着信息科技的发展与市场竞争的加剧,

商品销售通路不断缩短，甚至发展为直销通路，即厂商可以直接面对广大的消费者，直接进行销售及有效沟通，因此，客户关系管理便诞生了。

另外，制造商也开始思考如何在有限的资源中寻求更大的收益，若能找出所有客户中对企业营收贡献最大的这群客户，并运用营销资源，有效增加交易次数，必可为企业创造更高的营运效能。

所以在顾客优先的今日，如何以顾客为主轴，创造顾客的价值，就成为企业竞争力强弱的关键，谁能越快掌握这种商业模式，谁就越能主宰市场。

（三） 国际分销网络

国际企业的配送管理必须规划经济又有时效性的国际运输，以及设定适宜全球的发货中心（distribution center）区位，才能有效率地满足全球性需求。

发货中心提供产品的分类和配合（discrepancy of assortment and sorting）以调节供需间的平衡，即购入和卖出的过程，提供大量批货与少量多样的服务。发货中心借由存货的持有来增加时间效用，而产品由发货中心实体移动至消费地，则可增加其空间效用。

Schary 和 Skjott-Larsen（1995）指出全球发货中心区位的配置有四种模式，如图 6-4 所示。

（1）传统系统（classical system）：以国家为单位，各自建构发货中心，满足该国的配送需求。

（2）转运系统（transit system）：由全球或洲际发货中心负责存货功能，而各国只构建进口后的转运中心，以满足该国的需求。

（3）直接配送系统（direct system）：直接由制造出口国对各国的零售商，执行补货功能。

（4）多国发货中心系统（multicountry system）：全球或洲际发货中心负责存货，并对洲内多国的零售商执行补货功能。

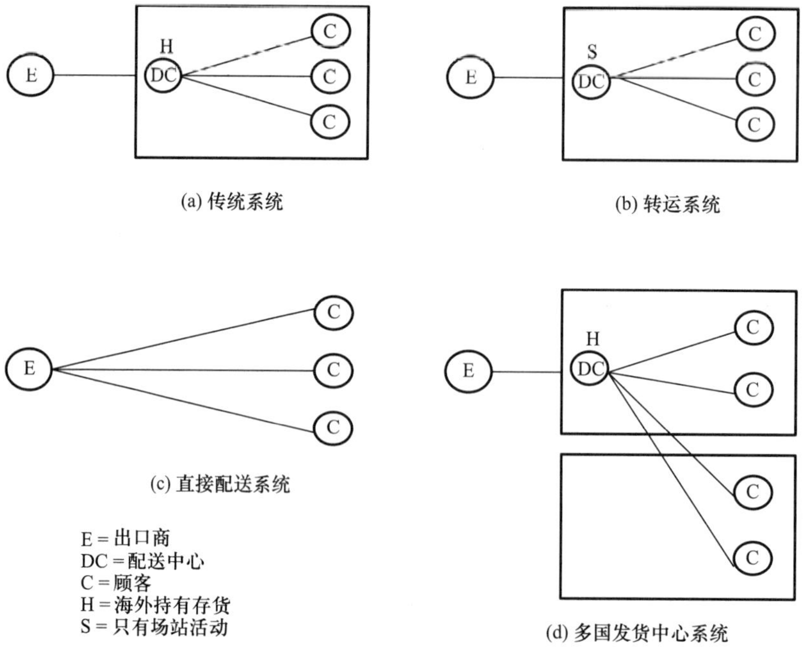

图 6-4　直接配送系统与多国发货中心系统

资料来源：修改自 Schary and Skjott-Larsen, 1995.

过去因许多国际贸易管制尚未解除,为满足各个国家的特殊规定与需求,致使许多国际性企业在营运的国家内均各自设立配送中心,导致配送的层级增加,使得跨国的配送在时效性上无法满足消费者的要求;在企业营运国际化发展以及运输解除管制后,设置区域发货中心或全球发货中心成为国际企业考虑的重点,可以有效降低配送成本并减少配送时间。

全球发货中心区位配置的决定因素是:仓储存货、长途运输、短程配送,以及可能缺货所造成的营收损失。全球性的解除运输管制,一方面降低了各国间的运输成本,另一方面允许运输业多种化经营,涉足仓储业提供全方位的第三者专业物流服务。因此,全球发货中心区位的配置,已逐渐走向多国发货中心系统,即国际企业在各洲内构建洲内多国发货中心,利用便捷的洲内航空与路面综合运输,在有效的时间内满足顾客的需求。同时各洲内单一的发货中心可以降低国与国间需求的波动风险。因此,国际企业的全球物流中心个数有逐渐缩减的趋势。

五、国际化企业库存与仓储管理

商品或服务产生的时间与地点未必能与需求完全契合,因此生产多余的商品成为库存,以满足具有不确定性的顾客需求。虽然库存货代表着资金的积压,减少库存是组织努力的目标之一,但组织可能会为了其他内外部作业能顺利进行而储备存货,目的是希望通过库存,持续不断供应组织的生产或销售配送等活动。

库存数量的减少和企业的获利率及投资报酬率(return on investment)两者有高度相关,通过建立 EDI 系统能有效减少库存,使存置成本降低 30%,进而使获利率由 4% 提升至 5.5%,而存货周转也由 4.3 次增加至 6.7 次,所以库存管理可称为提升获利率的关键因素。

库存管理的一般方法对于国际化企业而言与一般企业没有什么不同。需要注意的是,在采取库存策略时,无论何种库存策略,由于其在地域分布上的广泛性,国际化企业都需要重新考虑对于客户的响应性问题,例如 QR 系统的使用、VMI 策略的使用等。

至于仓储管理,由于侧重于具体作业,因此基本管理方法也与传统企业无大不同。

六、国际运输

运输系统在企业物流系统中,可以说是最重要的经济活动,在所有的物流成本项目中,有 1/3 ~ 2/3 的费用发生于运输项目。国际运输系统对国家的形成、国防力量、政治制度、文化形成等皆有极大的影响,尤其是在经济方面的影响。

国际货物运输所使用的各类运输工具,一般包括公路运输(卡车)、铁路运输、空运(航空器)、海运(船舶)及管道运输。

由于国与国间地理限制的差异,使得配送方式不单只靠陆运、海运或空运来完成,一般由多种运送模式配送来实现户到户的配送。联合运输涉及两种以上的运送模式,因此涉及的有关联合运输法规亦包含许多层面。

此外,运输业为公共事业,公共运送者因从事服务社会大众的工作,必须承担特别的义务。

自17世纪以来,公共运送者在顾客提出付费雇用的要求时,就不得拒绝运送的委托。由于公众需要依赖公共运送者提供没有差别待遇的安全服务,因此公共运送者的观念才得以存续。无论从效率或公平的观点来看,都有对运输业予以适当管制的必要,以保证社会大众得到效率与公平的运输服务。一般运输业管制的范畴包括:进出入管制、服务水准管制、安全性管制、营运管制及费率管制等,每一项管制措施的实行均将对整个运输市场造成影响,因此任何一种管制策略都须与总体运输政策相配合。

此外,在国际运输中,货物由卖方地点运到买方地点,要经过长途运输、装卸和储存等环节,在这期间可能会遇到各种风险而遭受损失,为减轻此类损失所造成的财务负担并促使贸易能更加顺利,就有了货物运输保险的需要及其产生。各种不同的运输方式,均有其相对应的货物保险条款,承保各种运输过程中可能遭遇到的危险。凡是以船舶、飞机、汽车、火车等运输工具载运的货物、商品、行李均可作为保险标的物向保险公司投保货物运输保险(俗称水险)及其他各种附加险。

七、其他环节

(一) 进出口通关

海关是货物及旅客进出国境必经之门,除为维护国家安全、禁止携带危险及违禁品外,负有执行贸易管制及配合国家经济发展政策的任务,并负责课征关税及查缉走私等相关业务的执行。海关执行的查核工作有:实际通关的物品是否与货主申报相同;是否依法准许进、出口;是否需要课征各种税款。

国际上为协调各国海关作业,合作成立世界海关组织(World Customs Organization,WCO)提供世界海关执行的规范与准则。世界海关组织(WCO)设置协调制度委员会,制定《商品名称及编码协调制度国际公约》(*Convention on the Harmonized Commodity Description and Coding Systems*),又称HS公约。HS公约是将各类货品以HS六位码分类编号。世界上大部分国家均采用此种分类方式,以促进国际间的贸易。协调制度委员会除制订货物分类规则外,还维持HS制度,从而有利于国际间的贸易及海关统计,以符合国际贸易及科技的变化。

海关的主要业务包括:课征税捐,查缉走私,执行贸易管制(倾销、反倾销、外国补贴、平衡税等),保、退税,编制统计资料等。

(二) 国际物流信息管理

国际物流信息系统对数据的传输和信息的传递有相当大的帮助。面对国与国之间的物流活动,通过后端信息系统的辅助,能提升前端等国际物流流程的实质绩效。

国际物流信息系统,一方面整合国际企业内各物流相关功能(functional),另一方面整合国际上下游,位于不同区域(geographical)的相关企业各项相关资料(data)的收集、储存及处理,各项信息(information)以通信(telecommunication)的方式提供给国际物流内的各企业使用。

对于国际物流管理而言,企业应用信息科技的能力非常重要,若无信息科技的协助,要做到国际物流中的快速响应便非常困难;若国际物流系统中有任何一个环节不能使用系统化的信息系统来传输与处理，信息处理的效率便会因而降低甚至出现错误，整体国际物流便无法正确有效地运作。

第三节　国际物流组织

一、企业物流组织变革

物流组织的存在是为了对企业内负责物流活动的人员加以管理，协调彼此的工作，使得物流活动能顺利地进行。

在传统的组织设计中，物流的功能被财务、行销、运营等部门瓜分，导致物流活动受到部门间隔阂的阻碍，且当此三部门的目标相互冲突时，便会导致物流系统的次优化(suboptimal)，无法达到最佳的效益，所以说物流机构组织确实有存在的必要，协助处理日益专业化与复杂化的物流问题。

以 3M 公司为例，3M 是世界性的高科技产品制造公司，公司中有约 6 000 名员工从事物流方面的工作，其物流部门包含了顾客服务、分配作业、运输、供应链和国际物流等功能，存货控制由各仓储地管理，而总体的存货管理则是由各产品类别自行控制。

为了完成整个组织的整合，公司必须将所有的资源结合成一个组织单位，亦即将传统单一功能式(single-function)的组织结构重新打散，然后重新组合为着重于程序(process)的新结构，达到物流整合的特性。

二、国际化企业的物流组织发展

当企业面向国际市场时，常会因为国际市场的需求而改变组织结构，以适应不同形态的营业范围。企业在国际化后组织必须更具弹性，以适应市场多样的需求，而企业的物流组织也会因企业的国际化程度而发展出不同的形态。

每个组织管理其物流部门的方式皆不相同，但其发展的方向与该组织参与国际物流的程度有很大关系。

（一）出口部门组织(export-business division)

公司借助接获国际订单打入国际物流市场。当与国外市场的业务往来增加时，公司便会成立所谓的出口部门；公司的物流部门在此时便负责协调公司产品销往海外的运输与存货作业，作业内容大致为货物运送的控制和运送信息的传递，功能较简单，图 6-5 为一个出口部门组织的范例。

由图 6-5 可以看出，海外部分的销售都由出口部经理全权负责，包括促销广告、订货事宜、海外物流作业与人员的决定、商品的包装与出口运送等都在出口部经理的业务范围内；若相关作业需要与国内的一般常态业务协调，便要通过出口部经理与一般业务经理协调，物流功能的层级较低。

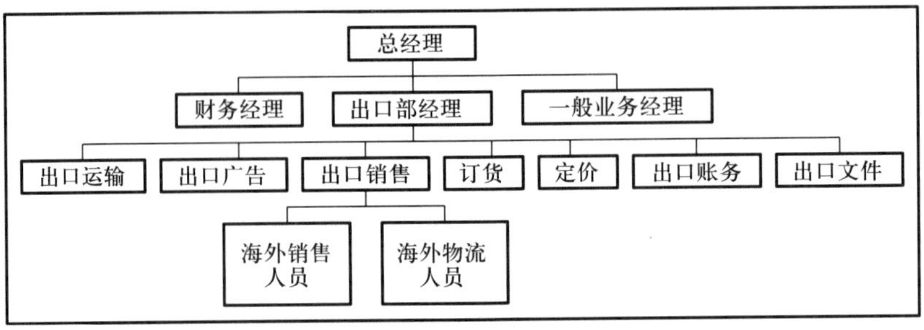

图 6-5 出口部门组织结构图

资料来源:修改自张有恒,物流管理,华泰文化,1998.

(二) 国际事业部门(international business division)

若公司海外业务持续扩大,需在海外设立据点时,多会成立一个国际事业部门或分公司来负责有关的国际业务,国际事业部门的主管决定国际市场的运营与负责海外市场的扩展。图 6-6 为一个国际事业部门组织的范例。

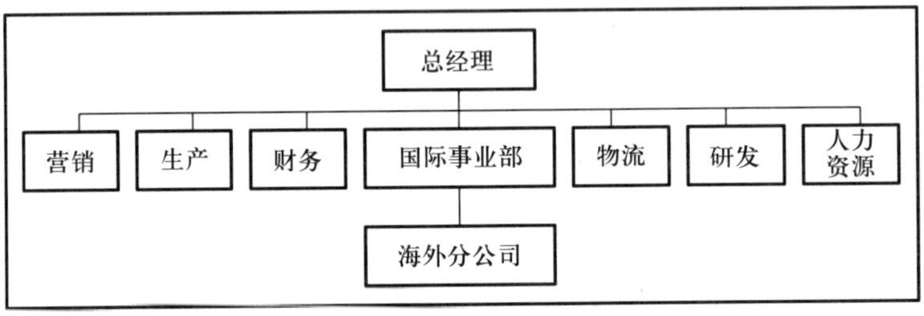

图 6-6 国际事业部门组织结构图

资料来源:修改自张有恒,物流管理,华泰文化,1998.

在此发展阶段,国际事业部门直接由最高主管统一管理,通过最高主管的协调,海外物流的相关作业可以得到其他运营单位的支持,资源较多;但公司的最高主管通常对于国际事业部门不会有特别重视度,或认为其与其他部门有所不同,在国际物流的规划不从全球性的角度来规划,降低了国际事业部门的效能。

(三) 多国组织(multinational organization)

当公司不再视自己为一个"向海外发展的公司",而是一个"在全世界运营的公司"时,公司的决策阶层与幕僚人员在思考公司的各项规划工作时,均会以全球性的观点作整体性的规划。负责国际物流运作的运营单位不再向国际事业部门的主管负责,而是直接向公司的最高主管或管理阶层负责,从全球原材料的购买、寻找最具生产效率的生产地点,以及将商品通过国际运送销往可获营利最大的国家或地区,都是以全球运筹的角度在运作。

三、国际化企业的物流战略联盟

建立物流战略联盟的目的在于发展一个战略合作的组织网络。战略联盟成员相互分享组织间的风险与收益,是一种长期、多层面且目标导向的伙伴关系。物流战略联盟将企业与上游供货商及下游流通业者相互整合,也可以称作一种垂直整合,快速响应市场形态的变动,为整体的联盟带来长期的战略利益。除了垂直整合外,水平整合,也就是与相同类型的企业进行联盟,共同使用物流管道与资源,达到规模经济的效果,也是战略联盟可采取的类型。

整体物流组织,可按权力层级划分成主要组织结构(dominant)与附属组织结构(subordinate)。主要组织负责订立目标与远景,其必须发挥影响力与领导力,负担起组合物流成员并让成员们彼此合作的职责,还要制定一套成员均能接受的绩效评估标准,让物流能在组成成员的合作下顺利运作。

以思科(Cisco)为例,思科重新建构规划其物流作业,将生产的部分外包(out-source),将力量集中于核心业务,也就是开发新客户以及物流的监督与控制,发挥领导力与影响力让物流组织成员彼此合作。

当各组织共同参与了对于整体物流最适当的战略联盟,将可以得到下列长期利益。

(一) 增加产品价值

战略联盟的合作能够增加弹性并缩短反应时间,故能够改善新产品上市的时效,缩短产品配销与维修更换的时间,这些都会使消费者感受到的产品价值增加。

(二) 增加市场知名度与占有率

若战略联盟的制造商具有产品互补效果(complementary effect),可以与下游主要零售商通过物流的联合运作,使销售量增加;另外,与知名厂商的战略联盟能够达到广告宣传的效果,可以帮助厂商增加知名度,降低开拓新市场时的进入障碍。

(三) 更有效的资源运用

战略联盟的组织运作若有重叠性,可以通过共同使用设备的方式,使设备与资源的使用更有效率。

(四) 解决技术障碍,增进技术优势

通过运作技术的共享,例如信息交流平台的合作,技术不佳的组织得以使用在战略联盟前,因技术障碍而无法实行的作业方法,解决其在规划物流活动时可能面临的瓶颈;多组织的技术合作模式,因为运作困难度高于单组织的技术运作模式,故物流战略联盟的技术优势也会跟着增加。

(五) 带动组织成长

伙伴的战略联盟关系使组织间共享专业的技术与资源,也拓展组织运作的领域,运作技术的进步也让组织进入新领域的进入障碍降低,使组织有更大的成长动力与机会。

(六) 降低风险、增加收益

由于战略联盟运作上的互补,管理与运作成本降低加上产品价值的增加,可以使收益增加;另外因共同运作分摊风险,个别组织所需承担的风险也降低。

而战略联盟的合作如果要能顺利并持久地运作,以下三点因素是不可或缺的。

(1) 驱动力(drivers):如能提高成本效率、提高服务水准、行销上更具优势或是获利率能稳定成长等。

(2) 持续因素(facilitators):联盟成员的管理哲学和技巧必须相近(compatibility),且须注意彼此间的均衡发展(philosophy)、公司文化或战略的兼容性(mutuality)、公司规模大小和市场占有率的相似性(symmetry)等。

(3) 结果与反馈(outcomes and feedback):合作的有效性必须建立在随时能了解合作模式中任一步骤的情况下,同时能做出必要的调整。

若想建立长期合作的模式,首先双方必须拟定合作的内容。合作的内容(components)包含:合作范围、风险分摊、财务投资、作业规划、共同的作业控制以及契约模式,这些内容都须在合约中清楚说明。当了解合作的内容时,双方必须发掘合作的驱动力,了解相互合作持续的因素,并通过不断的相互学习与调整,以达到长久的组织结合(Lambert 等, 1998)。

第四节 国际专业物流公司

国际企业专注于自己的核心竞争力,将物流业务外包给国际专业物流公司。本节首先主要介绍国际第三方、第四方及整合性物流公司的类型与服务内容,并探讨相互间的异同,最后再对企业选择国际专业物流公司要考虑哪些因素做出说明,并介绍国际专业物流公司的经营战略。

在全球供应链虚拟的企业结构中,提供物流服务的专业物流公司(logistics service providers)扮演着极为重要的角色。随着企业全球化的发展潮流,专业物流公司也从第三方物流发展到第四方物流,以及整合型专业物流公司。

一、国际第三方物流产业分类

WTO 于 2004 年 4 月服务贸易理事会特别会议中,由中国台湾、澳大利亚、中国香港、尼加拉瓜、瑞士等会员共同提出物流服务业进一步自由化的非正式建议案,其中的附件,将第三方物流公司,依其物流服务项目与所具备的性质,划分为核心物流服务(core freight logistics services)、相关物流运送服务(related freight logistics services)及其他相关物流服务(other related freight logistics services)三大类。

根据此分类原则,可将第三方物流相关产业加以分类,划分类别如表 6-7 所示。

表 6-7 国际物流服务产业分类:依据物流服务的性质

物流业性质分类	行业名称
核心物流服务 (core freight logistics services)	货物处理服务业(cargo handling services) —集装箱集散站经营业(container freight station) —航空货物集散站经营业(air cargo distribution center) 仓储服务业(warehousing and storage services) —物流中心(logistics center) —保税仓库(bonded warehouse) —进出口货栈(import- export warehouse) 运输代理服务业(transport agency services) —航空货运承揽业(air freight forwarder) —海运承揽运送业(ocean freight forwarder) —船务代理业(shipping agency)

续表

物流业性质分类	行业名称
相关物流运送服务 (related freight logistics services)	货物运输业(freight transport services) —海洋水运服务业(marine shipping) —民用航空运输业(civil air transportation) —铁路运输业(freight railroads) —公路运输业(trucking) —汽车货运业(trucking carrier) —汽车路线货运业(fixed-route trucking carrier) —汽车集装箱货运业(container trucking carrier) 其他相关物流业(other related logistics services) —快递服务业(courier services)
其他相关物流服务 (other related freight logistics services)	理货包装业(packaging) 报关业(customs clearance services)

资料来源:林正章."物流服务业现况分析与自由化政策"期末报告,2004.

另依物流服务流程,可将国际物流服务相关产业归类为货运承揽、理货包装、仓储服务、运输服务、货物集散及国际运输六部分,如图 6-7 所示。

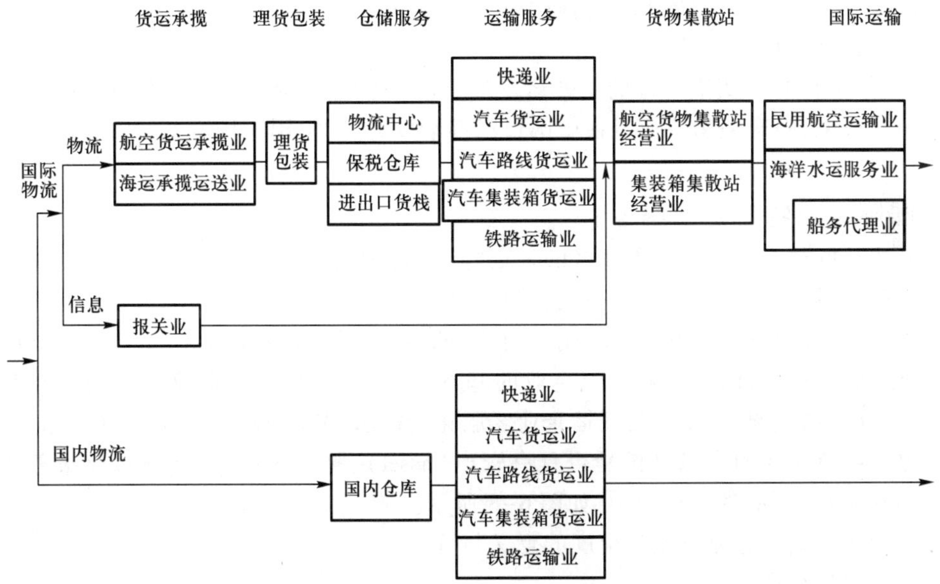

图 6-7 国际物流服务产业分类:依据物流服务的流程

二、整合型专业物流公司

一方面,由于企业所需的物流相关业务,具有复杂性、专业性及多样性特点,多数的企业期望能将所有相关的物流需求,委托给单一的专业物流公司,以简化企业的外包管理。另一方面,多样化的物流需求必须进行整合,以达成整合性的营运效率。因此,多数的企业也期望专业物流公司能提供规划与咨询等知识性物流服务。因此逐渐发展出第四方物流与整合型专业物流公司等专业物流经营形态。

整合型物流服务产业,首先是整合物流垂直上、下游相关服务,提供一条龙的国际物流服务,其主要整合的产业,包括航空运输业、地勤业、仓储业、航空货运承揽业、报关业、陆运行业及金融业七种,形成七业合一的整合型物流服务业。近年来,国际整合型物流公司由原本的整合上下游第三方物流公司物流服务外,又增加第四方物流提供全方位的解决方案功能,形成一个能提供由顾问咨询至实质物流运输、仓储与附加价值的整合型专业物流公司。

整合型物流服务业者的发展趋势,可归纳为如下几个方面。

(一) 整合物流服务产业相关功能,提升竞争绩效

建立品牌,提供从物流、信息流以至资金流的完整服务范围,并投资运务设施、对客户做承诺及营销广告,提供量身定制的快递与物流解决方案。

(二) 通过并购,提供全球地域服务

2003 年 DHL 与 Deutsche Post Euro Express、Danzas Air and Ocean 合并,而 2001 年至 2004 年 UPS 并购 Menlo Worldwide Forwarding 等多家公司,目标是建立完整信息网络,以提供无时差的物流网络服务,加强企业整并后的标准化。

(三) 做全球性的整合

UPS 2016 年的营收总额为 510 亿美元,DHL 2014 年为 566 亿欧元。DHL 2014 年全球营收比 2013 会计年度成长 3.1%(2013 年营收 549 亿欧元)。

(四) 积极抢占中国市场

自 2004 年年底 UPS 买下中国的中外运发展公司,2005 年得到中国 23 个城市的国际快递业务直接掌控权以来,整合型物流业者在中国市场逐渐发力,为中国市场增添了活力。

三、国际专业物流企业类型

由上面探讨的整合型物流服务业者的发展趋势,可知道整合型物流服务业者正积极通过并购或战略联盟,发展提供全球地域服务,也就是发展成为全球性的专业物流企业。现今国际上国际专业物流企业,包含有第三方专业物流公司、第四方顾问咨询专业物流公司,以及国际整合型物流公司等。整体而言,国际专业物流企业的基本定义为:与托运企业建立长期相互获利的结盟,提供广泛性的物流服务,以满足托运企业客服化的需求(Murphy and Point, 2000)。

国际专业物流企业的形态可按是否具有资产(asset)、服务区域(coverage)及服务业务全面性(total solutions)三大属性进行分类,如图 6-8 所示。

以下说明全球物流企业类型三维度的意义与分类。

(一) 全球化维度

依照全球化的程度加以区分。

(二) 资产维度

按物流企业是否拥有场站或软硬件设备,区分为具有资产(asset-based)与非资产(none asset-based)等两类别。服务区域的维度,也可由早期的物流企业只服务于单一国家或以国内地区性业务为主,经由具有资产性的投资、并购,或非资产性的战略联盟,将实质服务区域拓展至全球各区域。

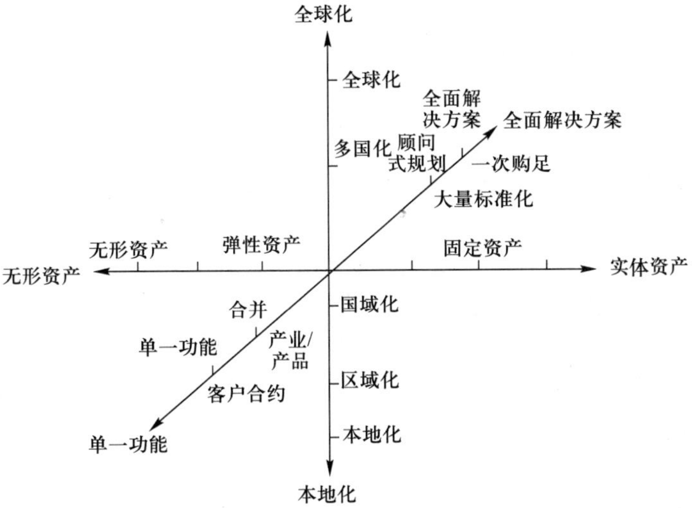

图 6-8　全球物流企业类型三维度

注:依据当地状况而调整营运模式称为本地化。

(三) 服务项目维度

如表 6-8 所示,全球性物流企业按服务项目可进一步细分为三大类别。

表 6-8　物流业务维度与内容

物流业务层面	组织	目的	总项	项目
全面性	企业间	最优化	规划、管理与咨询业务	供应链整合规划(supply-chain integration)、货物流规划(shipping planning)、车队管理(fleet)、运输公司选择(carrier selection)、运费协商(rate negotiation)以及物流服务咨询商(consulting)
动态		实时整合决策	资金流	逆向物流拍卖(reverse pricing)
			实体流	协作制造过程(collaborate manufacturing)、在线运输仓储管理(real-time booking)
静态		时效	资金流	运费支付与核对(freight billing and auditing)
			信息流	EDI 服务、货件追踪(tracking)及国际性的报关与国际档
	企业内	附加价值	实体流	简易加工业务包括:贴标签(relabeling)、重新包装(repackaging)及组装(assembly)
		单一及多功能		运输(transportation)、并货(consolidation)、逆物流(product return)与跨运具运送服务(intermodal services)等
			商品流	订单管理(order fulfillment)、仓储(warehousing)、存货管理(replenishment)及零件管理(spare parts)

资料来源:部分资料引自林正章,2002 年。

1. 静态性物流

静态性物流是指物流的相关决策并非按信息或环境动态的变化而进行实时性(real-time)的修订或改变。

2. 动态性物流

动态性物流是指根据实时性的信息或环境变化,针对物流的相关决策进行实时性更正。

3. 全面性物流

全面性物流指提供咨询、最佳化的供应链规划与执行。

多数的国际物流专业公司的成长,基本上是从提供单一功能至多样化功能,以至整合性的物流服务,也即由单纯的交通运输、仓储、报关与货物承揽功能,而逐步增加物流项目的深度,而至提供更深层的简易附加价值加工功能,终至经由信息与资金的整合,达到全面性物流咨询规划与管理整合性最佳化的功能。

四、专业物流公司的国际战略

(一) 国际化战略

专业物流公司的经营趋势将由单一功能整合至全面性服务,由单一地区拓展至全球范围的服务。一个提供全球性、全面化解决方案的专业物流公司,其国际化的扩张方式,可以经由自行投资、并购或相互战略联盟等三种方式进行。自行投资与并购属于拥有资产的战略,而战略联盟则属不拥有资产的战略。

采取自行投资或并购的全球专业物流企业若要成功营运,必须具有两项重要的条件:足够的资产和全球性的品牌。

以 UPS 为例,其便是一个拥有自有资产,逐步在全球设立运作据点及拓展业务的范例;UPS 业务拓展方向是由货物承揽、路面运输、航空运输、报关、仓储服务、信息科技、电子商务、资金管理以至海运整合的服务。Exel 则是另一类使用资产拓展战略的例子:Exel 以企业组织文化作为并购与否的战略考虑,由产品区别战略加上地域区别战略逐步建构拓展,成为全球性的运作企业。

(二) 专业物流公司的结盟

第四方专业物流联盟物流相关的企业,必须从结盟的过程总结出成功的关键因素。

Lambert et al. (1999) 提出联盟模式的合作包括以下四步骤。

1. 组织间合作的驱动力(driver)

在选择合作伙伴时,首要的条件便是合作组织间的驱动力都够强,因为进行合作时双方组织运作的各个层面都会受到一定程度的影响,若合作双方有任何一方的合作驱动力与意愿不足,合伙的过程便不容易进行。

2. 适宜的组织文化(facilitator)

合伙的目的是希望通过双方共同运作达到综合效果,但若做事的想法与态度不同,在合作的效果上会产生很大的折扣。

3. 圈选合作的伙伴

在以上条件皆符合后,便要与合伙的厂商拟定合作内容(component),由动态的合作关系评估合作的绩效。

4. 反馈(feedback)

最后根据合作的绩效成果再反馈到双方合作关系上,作为解除、维持或改善联盟结构的参考。不拥有资产的战略联盟,是欲进入全球全面性服务物流业时较容易执行的方法。

但是,在合作的过程中易因领导权的归属、妨碍顾客接触、较难节省成本和对服务持久度的疑虑等议题产生合作危机,因此,战略联盟必须着重于下列成功的因素(Laarhoven et al. , 1994):高层次的协商;在合约中明订绩效要求与评估方式;双方工作团队共同营运;无阻拦的高频率沟通;渐进式的合作方式,由单一功能性合作演进至多功能附加价值性合作。

小 故 事

Eli Lilly——以全球物流与供应链管理支持产品生命周期①

礼来公司(Eli Lilly)是全球知名的制药企业,产品行销全球159个国家和地区,年营业收入高达110亿美元,生产治疗忧郁症、精神分裂症、癌症与骨质疏松症等疾病的药物。

一、生产管理的目标与限制

因为制药企业通常仰赖少数的几项旗舰产品作为营收大宗,等到旗舰产品的专利到期,公司的财务就会大受影响,故Eli Lilly每年投入20亿美元于研究开发上,期望通过发明、开发与测试新药物的投资能够产生新的旗舰产品。

Eli Lilly生产的抗忧郁药物——百忧解(Prozac)是一项占公司营收20%以上的旗舰产品,但在2000年时,法官却忽然裁定此项产品将提早三年,也就是2001年到期,专利到期后半年内,竞争厂商推出的同质药物让百忧解的销售额下滑了50%以上。面对此项判决,Eli Lilly除积极研发新产品,亦改变Eli Lilly的整体制造设施与生产规划,以因应相类似的不确定性。

(一) 与厂商签约,扩增生产点

Eli Lilly将产品的制造地点数目增加到接近两倍,并利用与厂商签约的方式,将第三方制造作业整合到生产的组合当中,利用多地点制造的策略来供应各个市场的需求,以增加机动性与可靠性,并妥善管理其资本的投资。

在制造地点增加为两倍,产品增加为三倍,且采购复杂性大幅增加的情况之下,Eli Lilly的全球物流作业与全球供应链网络运作变得非常复杂,成为管理人员的一大挑战。

(二) 不容许缺货的产业

在许多产业,产品成本与售价十分相近,毛利很低,所以企业便借着尽量降低存货水准与效率的改善,来尽量控制物流成本,相对于整体存货水准来说,错失一些交易比较不重要。

但是制药行业却不一样,因为人们的性命和健康要仰赖药品,所以药品的供给必须绝对的充足,因为药品缺货会危及病患的生命,再加上药品销售的成本与售价差异很大,毛利较高,以财务观点来看,制药业出现药品缺货也会造成很大的损失,由此两点来看,即使是一时的缺货问题,对制药业来说也是事关重大。所以Eli Lilly在全球物流作业的管理上,以绝不错失任何一次的交

① 作者:林正章。

易为主要考虑，在这个条件能够被满足的前提下，尽量维持较低的存货水准。

二、采取的生产策略

(一) 标准化的全球流程

但是如果存货太多，产品过期一样会让制药公司蒙受损失，此时正确的需求预测与需求管理就显得非常重要，在全球物流与供应链的管理上，Eli Lilly 采取标准化的全球流程，来运作大规模且复杂的全球作业。

在 20 世纪 80—90 年代，Eli Lilly 的各个制造据点只专注在当地的成效最佳化上，由各生产点自行规划及运作，但这种做法无法获得全球运作产生的综合效益与生产力提升，当企业日渐成长且愈见复杂时，Eli Lilly 自 1997 年开始，利用从"Operational Standards Supply Chain Excellence, OSSCE"方案所获得的知识与经验，在全球各地生产据点采用标准化的流程、评量尺度与专业术语；这项标准化的做法，便是把原物料转变为成品期间，所需的各项活动是以全球一致的相同方法加以规划和排定的。

此外，Eli Lilly 也让所有的生产工厂采用标准的设备与流程，以便加速生产特定的产品，并使各项新产品上市前的开发流程均具有一致性。这样的一致性让 Eli Lilly 在开发新药的程序上每年省下数百万美元，同时也让生产力和效率大增。由于产能过剩的工厂可以支持产能不足的工厂，也让整体营运更有保障。

共通的作业流程也对需求的预测有帮助，因为 Eli Lilly 的全球需求管理中心，是全球销售、行销及制造等作业间的联系单位，利用专业且标准的预测流程与工具，确保全球各地所有的分公司能得到正确的预测信息，并将预测资料提供给制造单位进行生产。

(二) 以供应链管理支持新产品上市

供应链的形态对运作的模式有决定性的影响，这个现象意味着企业想要有效运作组织，要先专注于供应链的设计，后续再以营运为重，在新产品开发阶段就设计供应链；Eli Lilly 通过这样的模式，在临床失误与加速药品上市之间取得平衡，也让药品上市后的供给不虞匮乏。

供应链最佳化也是另一个重要的考虑因素，Eli Lilly 寻找生产能力佳的厂商并与其签约，善用其产能形成生产的作业网络，并通过选取最佳产品组合的方式把制造价值最大化。

为了使供应链运作能确实支持新产品的上市，Eli Lilly 会在向美国食品及药物管理局申请新产品上市批准的一年以前，便指派一名全球上市主管来负责新药上市的作业，这位主管会根据实际状况，决定新药在全球不同地区上市的顺序，为上市设计出一项整合性的上市计划，计划内容包括产品流动、卷标的申请以及销售团队的训练，让新药在上市的关键期就能有长期获利的基础。

此时，供应链团队开始规划新产品，以新产品的长期销售与制造和配销的最佳化为前提，决定新药的生产时机和生产地点，并设计新药配销的通路。全球上市主管会把制造与供应链计划加以整合，并将此与行销、业务、临床等部门的计划互相配合。

就算有这些前期的规划，Eli Lilly 还是在整体生产及供应的规划上，保留一定的弹性，为新产品上市可能发生的临时状况做好了因应对策。举例来说，欧洲地区当时对于新药犀利士(Cialis)的需求，超过了公司的预测，此时 Eli Lilly 便延后了此药在某几个国家的上市时间，来确保已上市地区的供给。

（三）产能最佳化

Eli Lilly 有一个工作团队，专门提供整体企业全球的供应链管理对策，这个团队与各地分公司合作，在全球产能和存货分配最佳化的前提之下，决定产品最佳的制造地点与最佳的销售市场。

Eli Lilly 因为拥有标准化的制造流程，能够借由转移工厂间的工作而将产能最佳化。例如，若西班牙厂的产能利用率已达 90%，而美国厂和英国厂的产能利用率只有 60%，公司便会将部分工作转移到网络中其他工厂。

20 世纪 90 年代，公司为新产品的上市，设立了一个全球产品小组的组织，来提升新产品上市的作业能力，针对新产品的开发，将企业内有关研究、医药、临床、行销和制造等部门人员组成跨功能的小组，为整个产品生命周期设计全球性的整合计划，将新产品上市的目标，通过此计划清楚地提供给全世界各地的制造单位，使生产单位能够与全球行销的策略密切配合。

2000 年之后，Eli Lilly 便开始把地区性的制造单位，转型为全球营运的生产单位，设计出全球业务与营运规划的流程与模式，为全球各地的生产单位制订长期计划并将其组织为制造网络。

Eli Lilly 为了因应变迁中的市场状况，持续地改善供应链管理和组织的能力，供应链的结构形态也为了更佳的运作持续演变，这种为配合事业需求对供应链和生产结构持续进行调整的做法，便是企业赖以维持竞争力的关键。

案　例

B 公司海外项目物资供应物流的 supply-hub 运作模式①

一、背景

B 公司是一家专门从事地球物理勘探的专业化工程技术服务公司，主要从事国内外陆地、浅海地震勘探及综合物化探采集、处理、解释，以及与地球物理勘探有关的技术服务和装备研发、制造等业务；公司现有物探队 158 支，共有员工 24 691 人，国际项目外籍雇员 11 400 人；国内业务分布在 9 个省区，15 个油田，国际业务分布在 5 大洲、43 个国家，100 多个石油公司；公司设备资产原值 157.56 亿元，净值 85.63 亿元；公司年收入超过 180 亿元，其中国际业务贡献率连续七年超过 50%。

海外项目物资消耗已经成为物探作业成本最重要的一部分，除了物资的保障作用之外，物资的采购管理、库存管理和配送管理以及物资的创效能力等对公司的整体发展战略也越来越重要。

在过去将近 18 年时间里，B 公司海外业务从无到有、从小到大、从弱到强，整体发展势头强劲，并始终保持着快速增长的态势。随着 B 公司国际化水平的不断提高，公司高层对海外项目各

① 作者：李庆喜。

方面的管理也越来越重视，开始从“粗放式”管理到“精细化”管理模式转变，物资管理也开始受到重视，并把对“海外物资管理模式研究”专门作为一项课题进行研究，充分体现了海外项目物资管理的重要性和紧迫性。

因此，随着公司规模的不断扩大，海外业务量的不断上升，且现有的运作模式的弊端不断显现，对于B公司来说，重新采取一套适合B公司的供应物流运作模式来解决其在采购管理、库存管理和配送管理方面存在的问题是很有必要的。

二、B公司供应物流现状

（一）B公司海外物资需求特点

（1）物资通用性较差，随之带来的问题是供应商数量较少，且大多数是竞争对手所属企业制造生产，因此竞争性较差，可获得性较差，一般属于竞争性限制，采购价格较高。

（2）石油价格波动直接影响石油公司对勘探开发的投入。因此，物探项目随意性和不可预测性较大，一般启动时间紧急，对供应链快速反应能力要求较高。

（3）物探项目分布区域较广，大多数属于无人居住区域，当地资源匮乏，物资供应战线很长，要求供应链整体衔接顺畅，要求保障能力高。

（4）PESTEL因素给设备物资跨国转运带来的影响无法消除，跨国公司供应链管理人员需要有丰富的国际贸易知识和国际项目运作背景及相应的综合能力。

（5）设备种类多样化造成了缓冲库存的增大，闲置或过期风险较高。

（二）B公司海外物资供应特点

1. 物资管理情况

从表6-9可以看出，B公司每年采购量最大的为石油仪器仪表、石油及产品、火工产品及放射性材料、电子工业产品及交通运输设备，这五类产品分别平均占年度采购总额的39.82%、10.93%、5.52%、6.03%和4.03%。其中，石油仪器仪表为B公司专用设备，全球能够提供该类产品的供应商仅有有限的2至3家，且产品性能和技术参数都不相同，供应商基本处于垄断地位，B公司谈判议价能力较弱，供应保障能力相对较弱。石油及产品、电子工业产品和交通运输设备属于市场相对充裕的物资，市场竞争激烈，B公司议价能力较强，易于掌控。火工产品及放射性材料属于危险品，其运输和使用受限制较大，尤其受当地政府限制较大，可获得性和产品议价能力很弱，成本相对较高。因此，如何对以上产品进行分类并采取不同的供应管理策略，是B公司海外项目应首先考虑并重点关注的问题。

表6-9 B公司近三年物资消耗情况

序号	大类号	物资大类名称	2010年（万元）	2011年（万元）	2012年（万元）
1	37	石油专用仪器、仪表	63 096.92	189 617.79	125 031.17
2	07	石油及产品	24 175.44	29 394.29	50 137.16
3	19	火工产品及放射性材料	12 799.27	17 241.14	22 332.9
4	36	电子工业产品	15 079.03	21 205.36	20 879.73
5	29	交通运输设备	11 112.25	6 900.87	20 195.69
6	22	石油专用设备	11 931.27	44 921.64	16 431.07

续表

序号	大类号	物资大类名称	2010年(万元)	2011年（万元）	2012年（万元）
7	60	杂品	7 737.87	6 186.13	10 213.88
8	21	劳动防护用品	6 853.94	11 216.95	10 231.54
9	32	电工材料	3 963.33	4 316.3	9 448.55
10	48	石油专用设备配件	12 566.88	18 781.08	8 371.29
11	57	铁路、水路设备配件及器材	2 271.03	5 507.72	7 759.38
12	51	工矿配件	1 295.27	994.23	6 475.91
13	55	重型汽车配件	5 158.58	4 824.85	5 965.31
14	35	通信设备	3 700.14	1 342.72	4 640.83
15	08	煤炭	5 141.64	5 553.63	3 882.18
16	38	通用仪器、仪表	1 455.71	1 166.5	4 163.56
17	14	橡胶及制品	3 043.33	2 669.65	4 045.52
18	26	通用机械设备	1 725.05	3 048.68	3 152.81
19	56	一般汽车及摩托车配件	767.68	1 380.5	3 010.23
20	28	动力设备	492.21	89.67	2 359.42
…	…	…	…	…	…
61		合　计	203 696.02	386 968.41	358 024.86

2. 供应商供货情况

供应商供货情况如表6-10所示。

表6-10　B公司近三年主要供应商供货情况表

序号	供应商名称	供货金额（万元）	产品
1	Sercel 公司	169 071.62	地震仪器
2	河北赛赛尔俊峰物探装备有限公司	90 513.71	检波器
3	中国石油集团	87 253.69	成品油
4	INOVA Geophysical, inc.	78 018.16	震源、地震仪器
5	保定宏业石油物探机械制造有限责任公司	34 361.87	物探钻机及配件
6	保定北奥石油物探特种车辆制造有限公司	20 019.4	特种车辆及配件
7	中国石油物资公司	15 538.66	代理进口
8	西安物探装备分公司	14 607.94	检波器
9	新疆天河民用爆炸物品经营有限公司	13 202.05	火工产品
10	保定市神龙汽车贸易有限公司	11 571.43	运输车辆
11	保利民爆济南科技有限公司	10 484.46	火工产品
12	GEOSPACE TECHNOLOGIES, LP	7 976.07	深海拖缆
13	北京中油海陆科技开发有限公司	7 640.52	记录磁带
14	天津市多波数传科技发展有限公司	6 858.05	仪器配件
15	青海青乐化工机械有限责任公司	6 245.66	火工产品

续表

序号	供应商名称	供货金额（万元）	产品
16	SENSOR NEDERLAND B. V.	5 883.78	深海勘探设备
17	保定市五洲物资供应站	5 431.92	润滑油、运输设备、蓄电池
18	北京东方天安科技有限公司	4 916.98	计算机
19	北京嘉和天际科技有限公司	4 450.19	计算机
20	深圳市怡安实业有限公司	3 620.22	工矿产品
21	涿州昌迪石油仪器有限公司	3 450.59	检波器
22	LEOBERSDORFER MASCHINENFABRIK GmbH & Co. KG	3 410.54	空压机及配件
23	北京海城合利经贸有限公司	3 389.68	帐篷及劳保鞋
24	湖北凯龙化工集团股份有限公司	3 284.7	火工产品
25	ION COMPANY	3 233.21	深海勘探设备
…	…	…	…
	合计	839 700.17	

物探装备和工程机械类产品正吸引着越来越多的世界著名物探制造商，尤其对地震仪器和震源设备的需求，年度需求达上亿美元。随着B公司深海勘探的发展，船舶设备也逐渐吸引了众多专业制造商，比如空压机设备、船用主机设备、综合导航设备以及气枪震源等设备，成为全球知名生产商关注的焦点。另外成品油和火工产品也是公司消耗较大的物资，虽然货源比较充足，但也应在采购方式上引起关注。

（三）B公司供应物流现状问题分析

1. B公司海外物资采购问题分析

(1) 以总部为核心的全球采购尚待强化。总部采购组织职能上具有全球采购功能，但对全球资源的了解不全面，对全球当地市场的设备物资采购资源分布缺乏全面了解，成本性能比较还没有建立起数据库。因此，依靠当地人员解决当地问题的现象明显，采购及供应链管理的职业权威性还远远落后于总部采购的职能权威性。

(2) 采购集中度尚有较大空间，规模效应没有完全显现出来。各物探企业的采购大多是在本地进行或由企业自身提供。但由于施工队伍的分散性和项目启动时间的不确定性，使得生产资料采购计划的数量和采购时间的缩短而造成分散紧急采购，提高了采购成本。

(3) 采购方式不利于降低成本。一方面，缺乏对供应资源的科学分析，特别是在那些资源相对短缺的国家，往往对采购周期缺乏分析，为了不造成缺货，主要采取积累大量库存来满足使用需要的做法。在每一个国际项目施工所在地都会存在较大的库存积压。另一方面，在物资采购资源相对丰富的地区，随时需要随时采购的做法造成了频繁的零星采购，买方的采购主导地位没有体现出来。

(4) 采购与供应响应无法实现项目紧急启动的需要。由于对变化因素缺乏应对预案，对资源获取渠道规划不够，供应商结构不尽合理，供应人员忙于应付，不能快速响应物探作业急剧变化的需要。

(5)供应链管理仅限于企业自身范围。对供应商、企业和运输服务商之间资源还没有纳入供应链管理范畴,各个环节信息流通不畅,各自资源封闭,缓冲库存大,向上游企业转移压力较为普遍,整体供应速度减缓,成本增加。另外,由于供应链管理人才匮乏,理念落后,也增大了跨国采购与供应的困难。

对于一个业务遍布全球的国际物探技术服务公司来说,对公司的供应链进行科学的规划,既能保障物资的稳定供应,又能在供应链上节约成本,保证供应链(库存是最重要的环节之一)的增值运行,将给公司带来利润的直接增长,对实现公司整体战略目标有更大的利润贡献。

2. B公司海外物资配送问题分析

B公司海外项目物资供应采取灵活的物流模式,国内采购的物资通过供应商提供的第三方物流和自由运输资源集港,依托国际知名货运公司进行货物运输,交付运输后由国内岸基支持人员通知项目所在国物资管理人员准备接货并办理清关报关等相关手续,如果当地有中心库房,则通过中心库进行货物分拨,并中转到项目,此时主要利用自身运输资源进行货物运输。海外项目在当地自行采购的货物,大多数通过自有运输资源将采购的货物送到施工现场,虽然相对比较便利,但资源浪费也很大。

除了自有运输资源,为实现全球设备资产的快送动迁、集结,B公司国际部与德国SECHNKER、瑞士PANALPINA、法国SDV、美国DHL、中国SINOTRANS等五家国际专业物流公司建立合作关系,不断优化运输路线,合并运输批次,压缩运输和清关成本,确保了设备在全球的快速便捷和经济动迁。2011年,B公司国际部启动沙特S53、S63、S64三大项目、墨西哥三维项目、伊朗NIOC KUHSTAN3二维山地项目、泰国项目、印尼PETRO-CHINA项目、印尼中油香港项目、安哥拉CABINDA项目、喀麦隆GLANCORE3D过渡带项目和莫桑比克项目等11支新队伍,同时,为伊朗、尼日尔、利比亚、巴基斯坦、阿尔及利亚、阿曼、叙利亚、毛里塔尼亚、尼日利亚和土库曼斯坦等10个国家的15支地震队更新、补充了设备,都是得力于有效的物流网络和支持中心。

虽然现有的物流模式能够满足海外项目正常运作,但仍然存在很多问题,比如岸基支持人员业务不熟练,项目紧急启动造成不得不采取空运方式运输货物,海运方式又往往造成货物到达时间不可控,不仅造成货物积压,还容易造成临时当地紧急采购提高采购成本并造成物资积压。自有运输资源营运能力过剩造成资源浪费,货运线路并未得到科学规划,造成多次小批量运输,增加货运成本,带来浪费。

3. B公司海外物资库存问题分析

经统计,B公司海外库存总量已经达到10.6亿元人民币,远远超过国内库存物资水平。B公司海外库存主要分布国家和地区如表6-11所示。

表6-11　B公司海外库存分布表

序号	国家(项目)	库房类别/位置	库房管理人员设置	支持小队数量
1	乍得	中心库1个,分库1个	中心库由1名中方人员兼职(当地雇员流动性大);分库由1名中方人员专管	2+2
2	尼日尔	中心库1个,营地库1个	中心库因安全原因无人值守,营地库由1名中方人员专管	2

续表

序号	国家(项目)	库房类别/位置	库房管理人员设置	支持小队数量
3	肯尼亚	临时货场,5 个小队库	由营地经理或设备监督代管,5 支队只有 3 名专职当地员工管理	5
4	莫桑比克	小队库 2 个	1 个库房由中方人员专管,1 个库房由当地雇员管理	2
5	马达加斯加	小队库	由 1 名中方人员专管	2
6	阿尔及利亚	HMD 中心库为主	由 1 名中方人员专管	3
7	尼日利亚	经理部库和小队库结合	无中方人员管理	2
8	喀麦隆	首都办公室设有库房	办公室主任兼管	2
9	埃塞俄比亚	小队库 1 个	各班组自己管理自己的库房	1
10	伊拉克	筹建设备中心中	2012 年配备 1 名中方人员,1 名巴基斯坦雇员	5
11	阿曼	主库 1 个,小队库 2 个	原无中方人员管理,2012 年 8 月配备 1 名中方人员	2
12	沙特	中心库 1 个	1 名中方采购人员兼管	4
13	巴基斯坦	设备中心 2 个	中方人员管理为主,当地雇员为辅	8
14	泰国	设备中心 1 个	1 名中方人员专管	1
15	乌兹别克斯坦	布哈拉中心库	1 名中方人员专管	2
16	土库曼斯坦	法拉普中心库和 1 个小队库结合,集中配送	由多名中方人员管理	2
17	哈萨克斯坦	阿克丘宾中心库	由中方设备监督兼管	3
18	委内瑞拉	小队库	由 2 名中方人员和 4 名当地雇员管理	1

B 公司海外项目库存从 2010 年开始每年增加迅速,这跟 B 公司快速发展的海外业务密不可分。B 公司在迪拜和利比亚建立了两个设备转运中心,实现了设备的集中维护、部分设备当地采购、做到快速支持。2009 年为了完善对局部热点地区的设备物资支持,进一步加强并建立了苏丹黑格里、沙特达曼和巴基斯坦伊斯兰堡设备中心。五个中心库房的建立有效支持了区域物探队伍的生产和生活,各项目所需物资可以化零为整,提供中心库进行合并采购后再分发到项目,节约了人力资源和运输成本。

但是,随着海外业务的迅速发展,库存方面存在的一些问题也逐步显露出来。一是 B 公司新启动项目数量迅速增加,由于甲方开工时间要求和各个国家进出口政策原因导致无法及时将其他项目物资转移到新项目,二是 B 公司所进行地震勘探区域相对比较落后,当地资源匮乏,这就要求项目为防止资源短缺而不得不成倍储备库存,三是由于疏于对项目物资的需求管理和消耗管理,导致一些库存物资信息不能得到及时共享,影响了项目之间物资转移的速度和效率,增加了库存资金占有量。

（四）B公司海外项目其他因素问题分析

B公司海外项目运作受甲方和当地政策以及法律法规影响很大，尤其在用工、货物进口和废旧物资处置等方面，一是限制中方人员数量，每个项目的中方人员仅有的20多人，其中包括技术人员和管理人员，大多数操作方面的工作需要招聘当地雇员，并由相应岗位的中方人员对其进行操作培训和指导，比如司机、钻井工、爆炸工、库管员和测量工等。由于文化差异、宗教信仰差异和语言差异，海外项目管理包括物资供应管理工作都存在很大困难，B公司制定的管理制度和规定以及管理流程并不能完全得到贯彻执行和实施。目前，B公司海外项目物资供应管理主要依靠国际部自有人员完成，且大部分为兼职人员，不能按国内现有成熟的物资供应专业化服务模式实施运作。相对于国内物资管理现状，海外项目物资管理的特点表现为：管理粗放，浪费很大，效率和效益不佳，存在很大的提升空间。因此，加强海外项目物资供应管理工作是实现B公司创建国际一流物探技术服务公司战略目标的基础和保证。

三、解决方案

（一）B公司供应物流supply-hub模式的产生

从上述对B公司的现状进行研究分析后得出，提高企业在行业内的市场竞争力、降低整个运营成本，已不仅仅是一个企业自身的内部问题，而是整个供应链中各个企业所共同面临的问题，需要构造一条通过供应链管理来提高整个供应链上各企业的效率和竞争力的途径。为此，急需进行供应链系统整合，尤其是其中的物流系统，物流系统的整合与优化已成为供应链整合的关键之处。

在需求地附近设立物流中心并配备先进的物流管理信息系统，为供应商及B公司提供全方位服务。这里的物流中心可以是B公司自己成立的相关部门，也可将其外包给第三方物流企业。物流管理信息系统通过网络与B公司进行实时的信息交换，接收B公司的配送订单和用料计划，并及时反馈其配送执行情况；物流管理信息系统将配送订单进行处理后，再将配送信息传送到物流中心，由物流中心完成物资的分拣、配货和配送等实物流作业。除此之外，物流管理信息系统还与供应商通过网络进行信息交换，随时向其传递B公司的需求信息；供应商可以通过信息系统访问物流中心网站，查询库存信息和配送信息，下达补货指令；通过物流管理信息系统在B公司、供应商和物流中心之间建立起一个信息直通道，使供应商可以及时了解B公司的生产需求和发展规划，避免由于信息滞后所造成的物资积压，同时可以为B公司提供有效的JIT配送，保障B公司生产的高效性和连续性。

整合后的集团性供应链系统的主要特征之一就是将整个供应链的物流集中到物流中心进行管理。这样做的好处有两点：

（1）从物流中心向各个需求地集中配送其所需的物资，一方面可以减少相应的生产准备时间，节省下来的空间可以扩大生产；另一方面可以使生产管理人员专心致志提高生产效率，不必像以前那样要花费大量精力协调各种不必要的问题。

（2）对上游的供应物流，采取集中采购、集中仓储、集中需求地配送的方式。由于集中采购后批量增大，因此可以向供应商争取更大的价格折扣。集中采购以后，运输批量也随之增加了，有较好的运输规模，降低了运输成本。由此可见，supply-hub运营模式能够解决B公司存在的问题，适合其未来发展规划。

（二）supply-hub 模式简介

供应链环境下以制造企业为核心的 supply-hub 运作模式的流程如图 6-9 所示。supply-hub 的地理位置位于制造商附近，为供应商及制造商提供全方位的服务。在此流程图中，supply-hub 实现的功能主要包括三个方面：

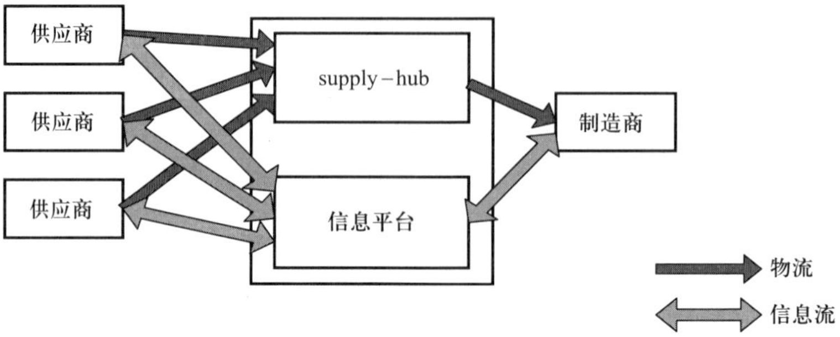

图 6-9 supply-hub 运作模式的流程图

一是接收供应商向 supply-hub 仓库的补货；二是货物在 supply-hub 上的储存、保管与分拨管理；三是实现向制造企业生产线的 JIT 配送，此运作模式的三个核心功能是采购、库存与配送。这三个功能都要求 supply-hub 能整合各方的信息系统，并加入专业化的物流管理信息系统来构建信息平台。因此，在流程中信息流的地位十分突出。

supply-hub 运作模式是为了使企业能够迅速响应市场需求的敏捷生产而构建的，它体现为客户需求拉动性。因此 supply-hub 运作模式是从企业的最终客户端的需求开始进行的。在该流程中，产品需求信息首先由企业的客户端通过信息平台发送给企业，企业收到需求信息后，根据客户需求编制自己的生产计划，并将相应的计划通过信息平台传送给 supply-hub，最终由 supply-hub 将信息传送给供应商，以便安排相关物资的备货。

在此流程中的信息平台上除了共享需求信息外，还能传送制造商的生产信息和配件需求信息、supply-hub 的配送信息，供应商也可查询库存和配送等信息。通过建立物流管理信息系统，在供应商、supply-hub 和制造商之间建立起一个信息直通道。一方面可以使 supply-hub 为需求方提供有效的 JIT 配送，保障需求方工作的高效性和连续性；另一方面，可以使供应商及时了解需求方的需求和发展规划，避免由于信息滞后所造成的库存积压和盲目生产。

（三）B 公司供应物流 supply-hub 运作模式流程

B 公司在 supply-hub 运作模式下，其实现的功能包括五个方面：一是明确客户的需求信息并进行相关处理，将整理后的信息通过其信息平台传递给 supply-hub；二是 supply-hub 将 B 公司的需求信息进行整合，并将其传送给各类供应商并下达采购订单；三是当供应商收到订购信息后开始备货，并对 supply-hub 的库存进行补充；四是 supply-hub 根据需求与供应情况，协调需求与物流计划，进行库存决策，确定发货量；五是将所需货物直接配送给 B 公司。至此，完成供应物流的全过程。其具体运作流程如图 6-10 所示。

（四）B 公司供应物流 supply-hub 的具体运作模式

采购、库存、配送是供应物流中的关键环节，通过对 B 公司 supply-hub 运作模式下的采购、库存、配送的分析，探讨其相对于原有的采购、库存、配送模式的优势。

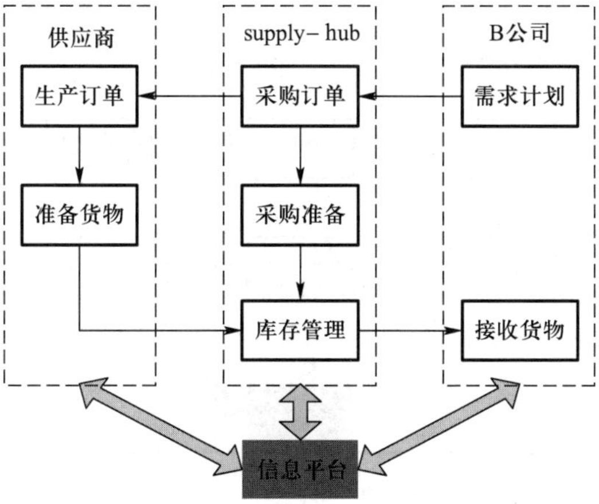

图 6-10　B 公司供应物流 supply-hub 运作模式流程图

1. B 公司 supply-hub 采购模式分析

采购是供应物流中的一个重要环节,优良的采购流程与模式能更好地控制采购成本、提高物流效率。在具体运作中,应对供应物流中的采购环节进行优化,提供个性化的物流服务。

(1) supply-hub 功能作用分析。supply-hub 在协调供应链上相临节点的采购与供应关系中发挥着纽带作用,从而能保障整个供应链的有效运转。同时,supply-hub 通过加入整条供应链的信息网络以保证对需求的快速反应,从而更好地满足 B 公司的采购需求。在 supply-hub 运作模式下,供应物流中的采购作业全部委托给 supply-hub 承担,这样 B 公司就可以把精力集中在自己的物探业务上,提高公司的核心竞争力。

由 supply-hub 完成全部的采购工作,既可以实现整个供应链资源的优化配置,也可以避免物流资源的重复建设,因而大大降低了 B 公司的物流成本,充分体现了 supply-hub 采购的优越性。

(2) supply-hub 采购流程分析。供应商、supply-hub、B 公司共同组成了一条供应链,其中 B 公司的采购活动交由 supply-hub 来完成,并且三方处于同一个信息网络中以实现信息共享。B 公司根据自身的需求和库存情况向 supply-hub 发出订货信息,供应商依据订单要求安排供应计划。supply-hub 针对 B 公司的实际需求情况,对供应商供应的货物进行分类和再包装,充分发挥专业化的物流优势,将货物直接配送给 B 公司。supply-hub 的采购流程如图 6-11 所示。

(3) Supply-hub 采购优势分析。

① 信息传递方式发生转变。在 supply-hub 的采购模式下,供应商、supply-hub 和 B 公司处于同一个信息网络中,保证了在订货过程中三者之间的无间断信息反馈,实现对订货计划的调整与变更,保证订单与需求同步。

② 有效确保货物交货期。supply-hub 采购模式能够建立供应商、supply-hub 和 B 公司间的长期稳定的供应关系。supply-hub 运用现代化的物流运输工具、合理的包装方式,使货物能够即时、安全地送往 B 公司,有效保证货物的交货期。

③ 订单驱动采购。supply-hub 参与的采购驱动是根据订单来完成的,从而最大限度地降低了库存成本,提高了物流速度和库存周转率。

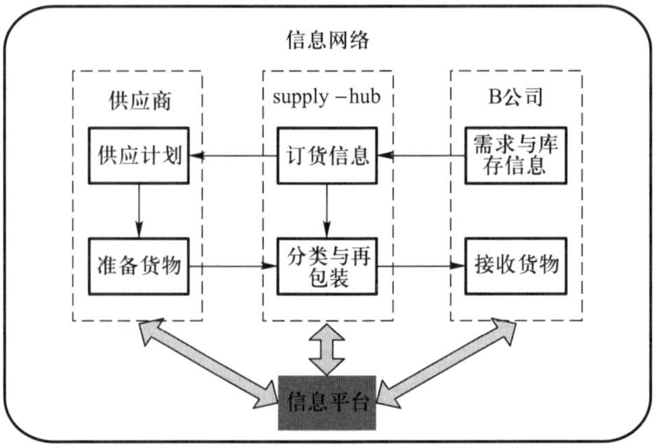

图 6-11 B 公司 supply-hub 的采购流程图

2. B 公司 supply-hub 配送模式分析

货物在供应链中的流动主要是通过配送来完成，它几乎包括了所有的物流功能要素，是在小范围中物流全部活动的体现。B 公司为发展物探主业，应把原有的运输车辆、配送人员等辅助设施、人员分离出去，将货物的配送外包给 supply-hub，实现配送的社会化。

（1）supply-hub 功能作用分析。supply-hub 作为一个专业的物流服务提供商，拥有更多专业化的物流配送设施设备。同时它能整合各类运输需求，实现规模经济效应，在给下游的 B 公司带来最佳的配送服务的同时，也降低了整条供应链的配送成本，提高了物流效率。

（2）supply-hub 配送流程分析。B 公司在获取需求后向供应商发出订货请求，供应商在确认了订货请求后开始准备货物，并向 supply-hub 请求配送服务。supply-hub 进行配送准备，并对货物进行再加工、分拣、配货等作业，进而制订出合理的配送路线与方式，最后把货物准时、安全、高效地配送至 B 公司。supply-hub 的配送流程如图 6-12 所示。

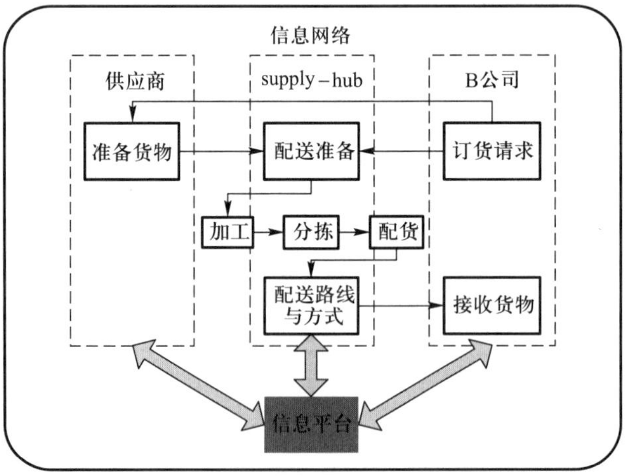

图 6-12 B 公司 supply-hub 的配送流程图

（3）supply-hub 配送优势分析。

① JIT 配送服务。在 supply-hub 的配送模式下，supply-hub 完全按照 B 公司的需求计划和配

送订单进行准时配送，实现了JIT的配送服务。

② 减少配送次数。通过建立supply-hub，B公司只与它联系，减少了交易次数，进而节省了配送过程中产生的较高费用和成本，给B公司带来了极大的获利空间。

③ 保证交货期。supply-hub能够提供专业化的配送技术，制订合理的配送计划，进而能保证交货期的顺利实现。

3. B公司supply-hub库存模式分析

对库存进行有效的管理和控制，能够有效地降低库存成本。同时，还能减少由不确定因素引起的生产过程中的缺货等情况。supply-hub的库存模式能够有效地对库存实行控制。

(1) supply-hub功能作用分析。在supply-hub的库存控制模式下，供应商、supply-hub和B公司三者之间建立了长期合作的“双赢”的战略同盟关系，信息实现了共享。同supply-hub采购模式一样，供应商不成立自己的库存控制部门，而是将其委托给supply-hub完成。B公司采购的货物由supply-hub代为管理。

一般来说，供应商无须投资仓储设施，货物直接送往supply-hub的仓库中，根据其需求计划进行JIT配送。

(2) supply-hub库存控制流程分析。当supply-hub仓库中的库存低于安全库存时，supply-hub将向供应商发出补货通知单，供应商将货物送到supply-hub处。原材料或零部件送达配送中心后，要经过检验，合格产品进入supply-hub仓库。supply-hub的库存流程如图6-13所示。

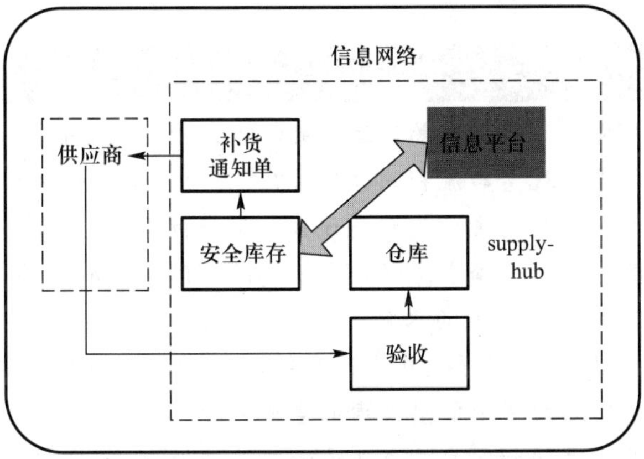

图6-13　B公司supply-hub的库存流程图

(3) supply-hub库存优势分析。

① 降低总库存成本。在supply-hub的库存模式下，信息实现了多方共享，供应商、supply-hub和B公司三方均能清晰地了解供应链中存缺货的状况，有利于供应商制订备货计划、B公司制订需求计划，最终降低了总库存成本。

② 有利于B公司实现零库存。通过建立supply-hub，B公司不用花费大量的人力、物力、财力进行库存优化，通过supply-hub就能够降低缺货、压货等不确定性因素的影响，进而实现零库存的管理。

③ 实现规模经济效应。利用supply-hub管理供应商及B公司的库存，不只是针对一家而言，它可整合资源与能力，因此supply-hub库存模式能产生规模经济效益，降低库存管理中的运作成本。

四、小结

B公司的海外项目物资供应管理有其极强的特殊性，与一般的物资供应管理相比，由于其国际化运作，从而涉及面更广，难度更大，但其优化的空间也更宽阔。应把这种 supply-hub 模式优化提升至企业战略高度，形成企业的供应链优化战略，在管理资源上投入更多。比如，公司应有副总级别的领导专门负责该项工作，以利于促进公司管理层加大对该工作的重视程度。

本章小结

随着经济全球化的发展，国际化企业成了一种发展趋势。本章从国际化企业的产生背景开始阐述，分析了国际供应链下国际延展性企业的形成，重新认识国际物流这一常见的概念，然后基于国际化企业物流运作的特点，简要阐述了产品设计、采购、生产、分销、库存、运输等环节。国际物流的执行需要有专业化的物流企业，因此本章对于国际物流组织与专业化的国际物流公司也进行了论述。

关键名词

国际物流　国际供应链　延伸性企业　国际物流环节　国际物流组织　国际物流公司

思考题

1. 国际化企业是如何形成的？分析其物流运作的特点，并举例说明。
2. 企业如何利用国际物流的观念与流程的改造，增进企业在不同层次上的竞争优势？
3. 国际物流导向产品开发概念之主要原则是什么？试分析其对企业来说能够产生哪些效益。
4. 请指出销售以下商品的企业选择全球供应商策略的异同点：(a)硬盘式 MP3 随身听；(b)商场的廉价衣物；(c)有特定生产期的水果。
5. 全球性企业在选择生产区位时，主要的考虑因素有哪些？对企业国际物流的策略运作有何影响？
6. 研究在进行国际分销网络配置中需要考虑的主要因素。
7. 库存管理如何对企业建立国际客户需求快速响应系统做出贡献？
8. 查找资料，了解国际专业物流公司的概况，并选择其中两家进行详细分析与对比。

即测即评

请扫描二维码进行在线测试。

拓展阅读

拓展资料6-1:案例:出口跨境电商:别让物流拖跨“网上丝绸之路”

拓展资料6-2:案例:国际物流中的运输问题

第七章 军事物流

不论是歌舞升平的和平时期，还是炮火连天的战争年代，都活跃着军事物流的踪影；不论是国防建设和军队建设，还是任何作战行动和应对突发事件，都离不开军事物流的支持和保障。人们已经真切地感受到：军事物流的建设与发展，对于军队完成多样化军事任务物资保障，对于保障国家安全和社会稳定都具有极其重要的战略意义和现实价值。然而，由于保密、单向透明等多种原因，许多人对军事物流了解不多，为了更好地促进军地物流的相互借鉴、共同发展，本章将简要介绍军事物流的基础知识、军事物流的先进思想与实践，以及军事物流的发展趋势等内容。

第一节 军事物流概述

一、军事物流概念及相关辨析

军事物流活动源远流长，自从人类社会有了战争，围绕战争而进行的物资保障就随之产生，而物资保障任务的完成依赖的就是有效的军事物流活动。在早期冷兵器时代的战争中，军事物流活动较为简单，保障的物资主要是粮草、兵器、铠甲等，而采用的运输方式多为基于人力、畜力、风力的陆运和水运。物流内容简单、范围小、易组织。此后，随着战争规模的不断扩大，各类武器和装备的不断更新，战场物资消耗量逐渐增加，军事物流活动的范围和内容也随之发生了深刻变化，尤其是进入20世纪，机械化战争使战场范围急剧扩大，战场消耗成倍增长，这就对军事物流提出了新的更高要求，使物流的内容更加复杂，范围更加广阔，物流活动的组织更加困难。为了适应这一变化的需要，实现物流目标，各国军队都着手加强军事物流力量建设，从人员的编配、装备的更新、技术的应用等方面提高军事物流活动的专业化、系统化、现代化水平。在第二次世界大战期间，美军将运筹学等先进管理方法、技术运用于军事物流活动中，对军用物资的采购、运输、仓储、分发等活动进行统筹安排和全面管理，同时，将集装储运、机械化装卸搬运等技术和装备应用于物流作业中，从而大大提高了军事物流的整体水平。二战之后，军事物流在与民用物流的相互借鉴、相互促进中蓬勃发展，现已成为具有先进物流理论、专业化物流人才队伍、较完善的物流设施设备的军事物流系统。

（一）军事物流的概念

军事物流实践活动由来已久，但对这一活动真正形成概念，并对其展开深入研究的时间却不长。目前比较权威的定义为：军事物流是指军用物资经由采购、运输、储存、包装、维修保养、配送等环节，最终抵达部队用户而被消耗，从而实现其空间转移的全过程[①]。

为了更好地理解军事物流的概念，在此需要做三点说明：

一是定义中的军用物资是指存在于军队内外用于军事目的的各种物资和装备器材的统称。通常具备数量性、质量性、时间性、空间性和归属性等五种属性。

二是与传统的物资保障模式相比，军事物流更加强调系统性与集成性，即将整个物资保障活动视作一个整体，从系统的角度统筹各保障层次、各保障环节、各保障要素，以期实现整体效益、效率最大化。

三是现代军事物流的产生是依赖于现代信息技术的发展与应用，因此，现代军事物流建设必须基于信息系统，以期实现“保障需求实时可知、保障资源实时可视、保障活动实时可控”。

（二）军事物流的实质

军事物流的实质是通过向部队用户提供所需的物资，解决部队用户在物资需求方面存在的“数、质、时、空”四大矛盾。换言之，就是要满足部队用户在“数、质、时、空”四个方面的物资需求。

一是数量性要求。任一用户所需的军用物资都有一定的数量约束，无论是平时按标准对部队用户实施正常供应，还是战时部队向上级临时申请，都有严格的数量界定。保障力量应通过有效的军事物流活动，满足部队用户对军用物资的数量要求。当然，在此需要说明的是，满足用户的数量性要求应相对准确，既不能少，也不是越多越好。少了可能会因形不成有效的战斗力而耽误了战事，过多则会增加作战部队的携行负担，迟滞行动，并且会造成不必要的浪费。因此，在满足部队用户物资需求时，应精确计算、严密组织，确保军事物流活动切实有效。

二是质量性要求。部队用户所需的军用物资有严格的质量要求，质量不合格无法用数量来弥补，因此，在组织军事物流活动时要充分考虑物资的质量，从军用物资筹措、存储、运输，到最终送达部队用户手中，整个军事物流过程中应实时监控军用物资质量，及时维护保养军用物资，确保军用物资质量不降低。

三是时间性要求。部队用户所需的物资必须在某一时间点或时间区间内保障到位，才能真正派上用场。尤其是在瞬息万变的战场上，用户对物资的时间性要求更为苛刻，此时所允许的时间区间非常小。保障力量必须严格按照时间要求，组织有效的军事物流活动，才能达成保障目的。此处需要强调的是，除了确保物资保障的时效性之外，军事物流所要满足的时间性要求还应表现在物资储备对应对自然灾害等突发事件或战争的支持作用。以战时保障为例，在战争初期，面对急剧增长的物资需求，社会生产表现得渺小无力。社会生产平转战需要一段时间。而在这段时间内，平时的军用物资储备可以填补军用物资供应的空白，换取宝贵的平转战时间。

四是空间性要求。按照部队用户要求将所需军用物资准确无误地保障到位，是对军事物流

---

① 王宗喜，徐东．军事物流学．北京：清华大学出版社，2007：3．

活动的最基本要求。在实际保障过程中,军用物资所在地与部队用户所在地往往存在一定的距离,这段距离就是军事物流活动需要解决的空间矛盾。需要说明的是,由于战时的保障环境非常恶劣,满足同一部队用户的同一需要,在战时要比平时困难得多,因此,应充分考虑战时物流活动的不利因素,周密设计军事物流方案,确保战时物资保障到位,对部队用户实施有效的支援和供应。

(三) 相关概念辨析

尽管目前军事物流已得到了军内外大多数学者的认同,但军地对“物流”“军事物流”及其相关概念的认识并未完全统一,有必要在此分析探讨。

1. “物流”与“后勤”的概念辨析

由于“物流”的英文译词“logistics”,一直被军事领域译作“后勤”,因此,目前军地仍有部分学者对“物流”与“后勤”的关系及军事物流的“合法地位”存有误解:即认为地方所讲的“物流”等同于军事领域的“后勤”,“军事物流”不应再单独提出。其实,这一认识是不恰当的。从两个词的来历入手进行分析,研究它们的演变过程,对比两者的内涵和外延,我们不难就物流与后勤的关系问题得出以下结论:①

(1) 地方所讲的物流并不等同于军队所讲的后勤,物流源于后勤且又超出后勤的范畴。

(2) 军事物流不等同军事后勤,军事物流与军事后勤外延相互交叉,在军事领域中存在物流所研究的问题,而且迫切需要用现代物流的思想理论来研究。这就是军事物流的研究领域。换言之,在军事领域中,应单独提出军事物流,并加以研究。

(3) 军事物流是现代物流在军事领域的一个重要分支。物流源于军事后勤,而现代物流在军事后勤中的运用催生了军事物流。这进一步说明了军事后勤理论与现代物流理论、军事后勤技术与现代物流技术是彼此交融、相互促进的。只要充分调动军地双方的各种物流资源,力争实现军事物流和地方物流优势互补、资源共享,从而促进军地物流联合发展,并最终实现军地物流一体化非常必要,完全可能,大有可为。

2. 军事物流与军队物流辨析

尽管军事物流与军队物流差别不大,但严格来讲,它们是两个不同的概念。军事物流所对应的是民用物流,它们是根据服务对象的不同来划分的。军事物流是用于满足平时、战时及应急状态下军事需要的物流活动。军事物流的主体可以是军队,也可以是地方。军事物流是针对军事活动而言,包括平时的正常工作、训练、生活,非战争军事行动,以及战时的作战行动;民用物流则是指用于满足非军事需求的物流活动。

而军队物流则与地方物流相对应,其划分标准是归属性的不同,即军队系统所完成的物流活动属于军队物流,其余物流活动则属地方物流范畴。由于用于满足平时与战时军事需要的物流活动并不一定都由军队系统独家完成,同时,军队物流力量有时也要支援地方建设,用于民用目的,因此,军事物流与军队物流所指并不完全相同。

3. 军事物流与应急物流

随着军队越来越多地参与非战争军事行动物资保障,军事物流在应对突发事件中的作用越

① 分析过程见:王宗喜,徐东.军事物流学.北京:清华大学出版社,2007:4-7.

发凸显,于是军事物流与应急物流被更多地提及和关注,为了更好地理解两者的关系,我们需进行两个方面的辨析。一方面,军事物流与应急物流关系密切,有很多相同或相似的特点,例如:物流目标的复合性、物流环境的特殊性、物流作业的时效性等,而且就其服务对象而言也有一定的交叉,既然军事物流是指用于满足平时、战时军事行动物资需求的物流活动,而应对自然灾害、社会安全事件等公共突发事件又被列入非战争军事行动,因此,在履行应对公共突发事件物资保障任务的军事物流活动也属于应急物流的范畴。另一方面,军事物流与应急物流也在内涵和外延上存在诸多不同。首先,除了应对公共突发事件时的应急物流,军事物流更多的是保障军队平时生活、训练的物资需要,以及保障战争条件下军队的物资需求,这与应急物流有很大的区别;其次,从广义上说,应急物流也不仅仅是指应对《突发事件应对法》中所规定的四类公共突发事件的物资保障,还包括行业或企业生产、运营中对突发事件的处置与保障,而这部分内容一般与军事物流无关。因此,军事物流与应急物流是两个密切联系却相对独立的概念。

二、军事物流的特点

一个事物的特点是相对而言的,因此,要研究一个事物的特点,首先应选择适宜的参照系,军事物流研究也不例外。

由于民用物流与军事物流同处于国家战略层次,其运行效果直接关乎国家和军队的兴亡;民用物流与军事物流同属社会物流,同属一个专业大门类之中;再者,民用物流经过几十年的建设,已形成较为稳定的形态,其运行模式相当稳定。因此,确定民用物流作为研究军事物流特点的参照物。与民用物流比较,军事物流具有以下显著特点。

(一) 物流目标的复合性

民用物流目标就是追求最大化的经济效益,而军事物流是承担军用物资供应保障任务的一种特殊物流,其追求的目标既要讲求经济效益,更要追求军事效益,追求经济军事效益俱佳的复合效益。特别是战争条件下,一切为了前线的胜利,一切为了战争的最后胜利,要正确处理好物流行为所造成的经济效果与军事效果之间的关系。而断不可像民用物流那样,一味追求经济效益的最大化。

(二) 物流质量的精准性

民用物流固然也要讲究质量,以赢得用户的信赖。军事物流因其特殊使命,尤其强调物流运作的质量,否则会招致巨大损失。军事物流的质量一是体现在物资数量的准确性上,少了难以满足作战需求,多了则造成极大浪费;二是体现在军用物资质量的优良性上,只有在供应品类、技术性能完全符合需求时,才能真正发挥作用;三是体现在物资到达目的地的时间上,要严格按照时限要求送达指定地点,过早了容易遭受敌方的破坏,太晚了则会贻误战机;四是体现在军用物资送达的地点上,偏离目的地的物流是无效的物流,而无效的物流则不能满足需求。在“数、质、时、空”四维特性上完全满足需求,是军事物流的精准性特色。

(三) 物流管理的军事性

军事物流实行的是军事化管理,军事物流系统各级管理机构完全是按军事化要求建立的,其管理手段也是军事行政手段。物流人员必须遵守军队的规章制度,遵守军队的一切纪律法令,严守军事机密。开展各项物流作业,除了按物流业务规定严格操作外,还必须符合军事管理的要求。而民用物流没有必要也不可能实施军事管理。严守军事纪律,一切行动听指挥,整个物流系统实施统一指挥,统一调度,统一计划,乃是军事物流的另一个突出的特点。

(四) 物流行为的诡秘性

兵者,诡道也。以计谋出奇制胜,乃兵法之要义。军事物流是军事行为,是军事斗争的重要组成部分。除了履行保障军用物资的供应外,还能发挥军事斗争谋略的作用。例如虽无急需,但仍囤积一定规模的武器装备和其他军需物资,以奏壮我军威、震慑敌胆之效;再如以假示真,以假装之仓库或物流基地,误导敌人采取破坏活动,从而保护真正仓库的安全;还有物流向东,而示敌于向西,物流规模小而示敌于规模大,真真假假,形形色色,迷惑敌人使其做出错误判断。将军事物流活动视作军事斗争的一个筹码,通过有效的调控并辅之以巧妙的宣传,则不失为对敌斗争的有效手段。军事物流行为的诡秘性是区别于其他物流的一个突出特点。

三、军事物流的作用

任何军事行动都离不开强有力的军事物流的支持保障。现代战争的高强度和突发性特点,更加凸显了现代军事物流的战略地位。军事物流作为现代物流在军事领域的一个重要分支,其在整个军事系统乃至国家建设中发挥着不容忽视的作用。

(一) 国防建设和军事斗争的支持保障作用——战争肌体的大动脉

建设强大的国防是每一个国家都必须十分重视的战略任务。而国防建设的每一个步骤、每一个环节、每一项工程都需要耗费大量的人力、物力及财力。其中,物资的消耗与补充,乃是关乎国防建设成败的极为重要的因素。一个国家要想保持其军事斗争中的主动地位,要想在与敌方的军事较量中夺取胜利,没有充足的物资支援和保障,那是不堪设想的。而准确及时的物资保障靠什么去完成,只有强大的军事物流才能担当此任。

战争突起,狼烟滚滚,古战场上惊心动魄的战斗场面,无不活跃着军事物流的身影;炮声隆隆,火光四射,现代战争的硝烟迷雾中也同样掩不住军事物流的英姿。不必说20世纪末期爆发的海湾战争和科索沃危机,也不必说美军进军阿富汗的军事行动,单就伊拉克战争而言,无论是战前准备阶段的美军跨国物流,还是战中双方此消彼长的军事物流,都充分展示了物流的巨大威力。如果把战争喻作一架轰轰作响的宏大机器,那么,军事物流则是它的油路和电路,源源不断地向机器输送着不竭的动力;倘若将战争比作一个巨人的肢体,那么,军事物流无疑便是那畅游不息的大动脉。断了油路和电路的机器,自然会戛然而停;断了通畅无阻的大动脉,巨人也同样垂临灭亡。可见,无论是古代战争,还是现代战争,交战双方欲夺取主动权,进而赢得战争的胜利,都应当重视军事物流的建设和发展,都应当充分发挥其大动脉的支援保障作用。

(二) 国民经济的吸纳转化作用——联结军事与经济的桥梁

现代战争的实践充分表明:现代战争已不仅仅是交战双方军力的较量,更是参战国综合国力的较量。从一定意义上讲,综合国力强者往往在战争较量中始终处于优势。那么,是什么系统充当国民经济向军事实力转化的桥梁呢?军事物流恰恰充当了这一重要角色。

国家的物资资源经过军事物流的筹措活动,开始流入军事领域,筹措活动越成功,其利用率越高,军事物流的这种吸收功能发挥得就越充分。国家战略物资流入军事领域,同样也显示了军事物流的吸收功能。如果割裂了这种有效的吸收,那么整个军队就成了无源之水和无本之木!军事物流从国民经济大本源里吸收了大批物资原料,有些不能直接投入使用,不能立刻转换为可供部队使用消耗的物资,还必须经过军工厂加工,才能形成武器、弹药和油料等军事物资,再经由包装、运输、储存、供应等环节，最终转化为军事保障力。由此可见，军事物流确实对国民经济起到了一种独特的转化作用。而且军事物流越先进，物流工作效率越高，其转化功能发挥得也越好。例如：近几年来，我军在军事演习、抗震救灾、处突维稳和国际人道主义紧急救援等重大行动中，积极采用现代物流运作方式，打破军地界限、三军界限、通专界限，有效整合军地物流资源，迅速动用储备物资，紧急组织企业生产，协调各种运力立体运输，形成了军地结合、三军一体的跨区域、跨建制、跨专业的物资保障格局，发挥了较好的转化功能。

（三）军队现代化建设的提升作用——质量建军与科技兴军的推动器

军队现代化是一个相对的概念，其内涵和外延都随着时间的变化不断增加新的内容。但不断提升现代化建设的水平，却是军队建设中恒定的主题。依靠科技进步，改进军队的武器装备；依靠科技进步，改善军队的工作条件；依靠科技进步，提高军队的战斗力。现代科技的发展，有力地促进了军队的现代化建设，这是不争的事实。但是，倘若没有强有力的军事物流作保障，科技兴军只能沦为毫无生命力的空壳。莫说是现代化建设的工程项目，项项都需要与之相适应的物流供应作后盾；即使科技新成果的研发与应用，也无时无刻离不开物流的支援与保障。而且随着高新技术的推广应用，军队现代化建设的速度加快，对物资保障"数、质、时、空"的要求越来越严格，对军事物流整体功能提出了越来越苛刻的挑战。传统的落后的物流模式，根本无法适应军队现代化建设的新要求。

再从质量建军方面来看，其实质是讲求军队建设的质量，而不是扩大数量。质量建军、走精兵之路，是我军现代化建设的必由之路。质量不仅体现在人员素质上，而且体现在武器装备的总体水平上。打赢高技术局部战争，不仅需要高素质的人才队伍，而且要拥有性能优良的武器装备。要有能保证部队实施快速机动的运输装备，要有能够随时探知各类信息的通信装备等。所有这些军事装备的供应，靠的就是现代化物流系统来完成。从这个意义来分析，物流系统的现代化程度越高，越有利于质量建军，越有利于快速实现科技兴军的目标。把军事物流比作质量建军和科技兴军的推进器，的确是十分恰当的结论。

（四）交战双方的战略鼓舞和威慑作用——壮己军威，震慑敌胆的法宝

建立起强大的军事物流系统，可以有效地组织物资供应，可以保障任何条件下军队的机动和作战。这是毫无疑义的共识。继续深入探讨，我们还会发现：交战双方越来越重视对方的后勤目标，越来越强调打击对方的后勤系统。不论是海湾战争，还是科索沃战争，美军都以高强度的轰炸来破坏对方的物资补给线，企图一举夺取战略上的主动权。而对方也无不以保卫后勤目标作为重点，采取各种手段尽量使之生存下来。这种对军事物流系统的破坏与反破坏，像一条红色的线条串联着整个作战行动、贯串于战争的始终。

其实战中如此，战前的较量早已开始。战前准备的重点内容之一便是军事物流建设。其中，物资储备是重中之重。系统筹划军用物资储备，不仅要满足战争物资需要，而且要思考战略威慑作用而加大储备量。试想，如果己方后方仓库空空如也，不仅自己的官兵会士气低落，而且对方会军心大振；反之，如果后方仓库各类物资堆积成山，不仅会对自己的官兵有莫大鼓舞作用，而且会直接震慑对方。这种壮我军威、震慑敌胆的功能作用，将一直延续到战火燃起的时刻，因此，一些颇有见地的军事家总是十分重视军事物流的平时建设，尤其重视战略物资的储备和管理，示敌以强大的后方物资实力，迫使敌方望而生畏。有人甚至称军事物流为一把利剑，不仅可用于刺伤敌人，而且可以鼓我斗志，激我豪情。

第二节 军事物流先进理念与实践

理念是一种根本性和普遍性的世界观。先进的物流理念,突破了传统储运落后的思想僵绊,倡导开拓创新,与时俱进的思维模式,是正确认识现代军事物流的锐利武器,是科学驾驶军事物流航船的导航标,也是研发军事物流理论、振兴军事物流事业的指路灯塔,而相应的军事物流实践则是先进理念的延伸,在军事物流先进理念指导下的实践创造了巨大的军事价值和社会效益。为使大家更好地了解军事物流,本节一方面从我军富有时代特色的军事物流出发,另一方面吸纳外军先进的军事物流思想精髓,介绍当今军事物流先进理念与实践,仅供参考。

一、军事物流战略理论

(一) 军事物流战略的定义

"战略"一词来源于希腊文 strategos,原是将军的意思,后来演进为"将军指挥军队的艺术和科学"。克劳塞维茨在《战争论》中指出:"战略是为了达到战争的目的而对战斗的运用。"毛泽东在《中国革命战争的战略问题》中提出了"战略问题是研究战争全局的规律性的东西"的论断。

可见,战略是一个抽象的概念。我们可将战略定义为:以未来为基点,为寻求和维持持久的竞争优势而做出的有关全局的重大筹划和谋略,是对重大问题的决策结果以及将要采取的行动方案,即战略是有关全局的、重大的、长远的方略。军事物流战略即是从全局上研究揭示有关军事物流建设与发展的重要趋势和规律,并用于指导军事物流活动的方略。战略应该确定一个简单、一致和长期的目标。此外,战略还应该适应日益复杂和动荡的环境,并有助于建立与维持持久的竞争优势。战略应该具有预见性、全局性、长期性以及适应性。

(二) 军事物流战略的内容

军事物流战略就是以军事物流未来的发展为基准所做出的全局性的重大规划,从权威的角度来研究物流、从战争的角度来指导物流、从系统的角度来控制物流,最终实现物流战略与军事战略并重,军事指挥和物流指挥并行。军事物流战略的主要内容包括战略环境分析、战略目标制定、战略重点选择、战略步骤规划和战略举措实施五部分。

第一,战略环境分析,即对军事物流所处的经济环境,战争对军事物流的客观需求,国内外、军内外物流发展的现状和主要趋势以及我军军事物流的实际情况,对我军军事物流的现状进行恰当准确的判断和定位。战略环境分析是战略目标规划和战略重点选择的客观依据。

第二,战略目标制定,即依据我军国情、军情和新时期军事战略方针,借鉴外军物流建设经验,对军事物流发展所应达到的状态进行规划。它对一定时期内军事物流建设发展程度进行科学展望和规定,是军事物流建设的前提和基础,决定了军事物流的基本建设方向。目标定得过高或过低,都不能使军事物流的发展达到最佳状态。因此应该严格遵循制定军事物流发展战略的基本原则,通过划分战略阶段的方法,把军事物流发展的战略总目标分解为若干更为具体明确的阶段性目标,以便采取相应的对策和措施。

第三,战略重点选择,即根据战略目标要求,确定在实现战略目标过程中最为重要的工作环节。战略重点选择得是否准确,直接关系到战略目标能否顺利实现,对军事物流全局具有决定性和关键性影响。因此,要从实际出发,用全局的观点和系统的方法,结合局部利益和整体利益、当前利益与长远利益去确定重点,避免主观随意性。

第四,战略步骤制定,即在战略目标和重点确定后,以时间坐标为基准,将各项工作按实施先后进行排序的过程。其合理性主要体现在:一是按先后顺序的安排是否具有连续性;二是并行工作之间的协调性;三是进度的安排是否合理,迟了会耽误发展时机,早了条件不成熟则会盲目冒进。

第五,战略举措实施。军事物流战略举措是军事物流战略的总体设计蓝图的实施工作的指导依据。战略举措具有灵活性、多样性、多变性的特点,但都不离战略总目标的实现。因此制定科学的战略举措,对于有秩序地、高效地实现军事物流预定战略目标,具有重要意义。军事物流战略实施方案,应对建设的项目、内容、要求、步骤和措施等做出明确的规定,并要有一套科学完整的指标体系,以便组织实施具体关系。

总之,军事物流战略不是一成不变的结论,而应该根据客观环境的变化而适时适当地进行修正,其制定过程也是一个不断完善的动态过程。例如:海湾战争时,美军在海湾周边地区没有装备物资的预置,以至于战争爆发后,不得不动用所有海、空运输力量来实施长达半年的高强度战略投送,使得战争行动一拖再拖。海湾战争后,美军吸取上述教训,在海湾周边的陆地和海上预置了大规模的装备物资。在伊拉克战争中,美军战略投送强度低,预置力度大,对民力的依赖性小。其背后是军事物流战略的充分筹划和“军事后勤革命”所导致的后勤体系科技含量的成倍提高。

当前,新军事革命风起云涌,我军物流必须用战略眼光放眼未来,把握现实,抓住机遇,研究运用战略的理论、定式、方法等来加强军事建设,实现科技强军和军事物流的“跨越式发展”。

(三) 军事物流战略的类型

军事物流战略从其本质属性上讲,既有军事的特性,也属经济的范畴,是军事与经济的统一。但就军事物流活动的运行轨迹和运行规律看,仍是由物资的采集、运输、包装、加工(生产)、仓储和供应等环节构成,最终抵达用户被消耗,从而实现物资的数、质、时、空转移,其基本属性是经济活动,军事属性主要体现在物资属性和行动的具体目标上。因此,研究军事物流战略和进行军事物流战略管理,主要应从军事物流战略的经济属性方面来考虑,一般可划分为三大类型,即竞争战略、适应战略和发展战略。

军事物流竞争战略是打造军事物流核心竞争力,从而在竞争中立于不败之地。对军事物流的所有职能进行评估以区分核心与非核心职能,使军事物流体系将稀缺的资源集中在核心职能,打造自身的核心竞争力。由此可以把这些职能分为三大类:① 直接与作战相关,由军队物流体系履行的职能。军队物流体系应当将资源主要投入这些领域,在程序和技术上投资以提高成绩。② 间接与作战能力相关,由军地物流体系共同履行的职能。在这些领域,军队应努力制定最有效的军地合作模式,调动双方积极性,以提高工作成绩。③ 不与作战相关,由地方企业履行的职能。在这些领域,军队应当将整个职能外包,或同地方企业建立新的合作机制。

军事物流适应战略主要是指如何适应外部环境,对军事物流系统内部进行调整、改革的举措。外部环境主要包括国际环境、国内环境、军内环境三部分。任何一种环境的改变都会对军事物流的发展产生一定的影响。军事物流的发展要跟上时代的步伐就必须随外部环境相应而变,变被动适应为主动适应,变片面适应为全面适应,变劣质适应为优质适应。

军事物流发展战略是指从全局上研究揭示有关军事物流未来发展的重要趋势和规律,并用于指导军事物流活动的方略。发展战略主要研究军事物流发展战略的指导思想,军事物流发展战略的环境分析、预测,军事物流发展战略的目标制定,军事物流发展战略的重点研究,军事物流发展战略的途径和阶段划分等。研究军事物流发展战略,对于增强军事物流的全局观念和系统观念,强化未来意识,加速军事物流现代化建设,具有十分重大的意义。

(四) 军事物流战略的核心

从近期的几场局部战争的实践看,高新技术的发展为军事物流发展提供了强有力的技术支撑,使物流技术能力显著提高;同时也加速了军事物流系统的变革与结构重组。例如军事物流通过技术上的兼容与匹配,把物资补给、交通运输、仓储管理、技术维修、紧急动员、防卫防护等模块进行系统集成,实行集中式的三军联勤体制,对各级军事物流特别是战区后方基地、机动保障分队和军事物流实施统一的指挥和监控,构成从战区后方到作战区域完整的统一控制、协调和管理的军事物流体系,从而克服了条块分割、协调困难、保障效率低下等问题。

军事物流的本质是服从、服务于军事目的。因此,现代战争中军事物流战略的核心问题是与物流技术相配合,通过两者的融合,更好地发挥军事物流的保障功能。我军物流的发展也必须顺应技术发展的潮流,从世界技术发展的大背景出发,制定面向 21 世纪初期的技术化发展战略。美军在谋划 21 世纪军事物流战略时认为:"21 世纪军事物流保障力量必须在技术上与其保障的作战兵种保持同步发展,其技术进步将比其他任何方面都更为显著。"因此我军也开始摒弃过去那种单纯依靠增加人力物力投入、扩大设施数量规模的发展模式,实现由数量规模型向质量效能型转变,由人力密集型向科技密集型的技术化转变,全面推动中国军事物流的高质量建设。物流技术与战略战术的高度融合将主要体现在以下三个方面:

(1) 战前物流保障。高技术局部战争对于战争准备阶段的物流保障要求更为苛刻。例如以美军为首的联军在 2003 年对伊拉克的"倒萨"行动中,采取对伊拉克四面包抄、速战速决的作战方式。美国东海岸到中东地区的空中直线距离为 1.1 万公里,空中飞行最快需要 15 个小时;海路 1.92 万海里,海上运输最快也要 12 ~ 15 天,为保障作战需求,早在一年前,美军就已开始动作。据美军中央司令部司令弗兰克斯将军介绍,早在 2001 年 12 月,负责指挥对伊作战的美军中央司令部所属五大司令部及相应后勤指挥机关均已前移到伊拉克周边地区,基本搭建起对伊军事行动的作战指挥体系和后勤保障指挥体系,将后勤指挥机关由美国本土前移至伊拉克附近。此外,动用大批先进的运载量大、速度快的军用和民用运输舰船和飞机,向战区附近运输各类装备和物资器材,并对当地物流基础设施进行改建或扩建。在战争打响之前完成了兵力部署和后勤部署,确保军事行动的成功。所谓"不打无准备之仗",美军使用各类高技术物流装备,如此煞费苦心地经营,自然为战争胜利奠定了坚实的基础。

(2) 战中物流保障。现代战争较以往战争节奏更快、时效性更强。空袭是美空军主要作战样式之一,是美国当局作为战略突击、战略威慑的重要手段,在美军事思想中占有举足轻重的地位。空袭战法也有多种,如"外科手术式"空袭,就需要先进的运输和装载设施设备来完成弹药的快速补充任务;再如"远程奔袭、纵深打击"的战法则需要空中加油机和指挥预警机的帮助,才能到达世界任何一个地方,对敌攻击,获得良好的打击效果。而空中加油机对于近距离的空中作战则效用不大,因此,先进的物流技术必须与一定战法相结合,才能产生较大的威力。

(3) 战后物流保障。战争结束后,为配合国家在政治、外交方面的行动,大批部队要在规定时间内清理并撤离战场,需要相关物流设施设备的支持。现代战争毁伤力度大,而且由于作战中可能会使用生化武器或核武器而使战场环境极为恶劣,战场的清理工作需要防护性、机动性和越野性更强的物流装备的配合才能保证工作人员和物资的安全,圆满完成作战部队撤离战场的保障任务。

二、物流场理论

(一) 物流场理论的内涵

所谓物流场,指物流中心所能够展开物流活动的时空范围。物流场由两大基本要素构成:一是场空间域,即物流中心能够组织物流活动的空间范围;二是场时间域,即物流中心所能组织物流活动的时间限度。物流场理论巧妙地借助物流学中对磁场、电场的研究方法,提出了一系列物流保障方面的相关理论。

(二) 物流场理论的基本要点

1. 物流中心

物流中心是物流场存在的必要条件,要建立物流场的概念,应首先明确物流中心的概念。所谓物流中心(物流源头),是指那些具有一定收、管、发、运功能的物资集散地和仓库(站)。物流中心的分类复杂,标准不同,分类结果不同,常见的分类方法有:一是按服务对象区分,分为军事物流中心(仓库)、民事物流中心(仓库);二是按规模大小区分,分为大型、中型和小型物流中心(仓库);三是按储存物资类别区分,分为油料物流中心、食品物流中心、建材物流中心等;四是按保管条件区分,分为恒温物流中心、冷藏物流中心、露天物流中心等;五是以建筑形式区分,又可划分为平面仓库、多层仓库和地下仓库等多种多样的物流中心。

2. 物流场

任何物流活动总需要占用一定的时间和空间,以实现供方物资向需方物资的转移。从宏观角度分析,物流活动所占用的这种时空域,抽象为一种特殊的场,称之为物流场。这是广义的物流场概念,它包括所有能够提供物流活动的时空范围。例如:由甲地通往乙地的物流,流经的时空域,可视为物流场;仓库内部由接收物资开始,到堆码于库房终止,亦可称作库内物流场。狭义的物流场,指物流中心所能够展开物流活动的时空范围。

物流场由两大基本要素构成,一是场空间域,二是场时间域,若某物流中心所激发的物流场,记为 M,其时间域起止时间分别为 $t_{始}$ 和 $t_{止}$;空间域的起止点分别为 $S_{始}$ 和 $S_{止}$。则完整描述物流场可表示为:$M(t_{始},t_{止},S_{始},S_{止})$。

3. 物流场势

物流场势是物流场的一个极其重要的准物理量,是衡量物流中心供应能力的基本尺度。约定在某个特定的物流场时间域内,该物流中心所能供应物资的能力,称为物流场的势能,简称场势。

根据场势基本概念,可推导出它的计量公式。由于物流作业方式不同,场势大小不一样,故而必须分清物流作业方式,研究和推导场势变化规律和计量公式。

设某物流中心组织一个拨次的物流作业需用 n 小时,每拨次运载物资为 M 吨,一日的物流

作业时间 N 小时,运输物资的速度平均为 V。则该物流场势能计算公式为:

$$E=MV\cdot[(N-n)+(N-2n)+(N-3n)+\cdots+2n+n]$$

通过对物流场势的研究,可以看到:物流中心所拥有的场势是一种宝贵的资源,场势越大,物资供应能力越强;保持强大的场势,对于完成物流任务具有重要价值。增强场势的基本途径包括:合理规划物流中心建设,全面提高物流中心的储备能力;坚持以科技兴库为主的途径;搞好物流中心运输系统的建设,全面提高运输能力;加强物流场内的道路建设,搞好天气预报工作,为提高物流场时空域奠定基础;加强物流场内的信息系统建设,提高物流信息采集、传输、处理速度,从根本上增强物流场势。

4. 物流场强

物流场强度是物流场的另一个准物理量,表示物流中心(仓库)对物流场内各需求点(用户)物资供应能力强弱程度的准物理量。它综合反映需求点得以满足的物资供应量,集中体现物流活动的目标。物流中心在其产生的物流场范围内,对其中某一点所能够供应物资的能力,谓之该点的物流场强度,简称该点场强。物流场强度是描述研讨物流场强及其计量方法,对指导物流管理、完善物流理论体系具有重要的价值。

从本质意义上讲,需求点(用户)的场强表示该需求点(用户)的物资消耗强度,即单位时间内(日)平均消耗的物资量;物流中心激发的场强,表示该物流中心向某点实施物流供应的强度,即单位时间内(日)平均向该点供应的物资量。

根据上面的分析,若物流场内某需求点(用户)在 T(日)时间内消耗物资 M 吨,则该需求点的需求场强 $\phi_{需}$ 为:

$$\phi_{需}=\frac{M}{T}$$

同理,若某物流中心在 t 日时间内,向某一需求点供应 M' 吨物资,那么该需求点的供应场强 $\phi_{供}$ 为:

$$\phi_{供}=\frac{M'}{t}$$

根据场势的定义,还可以推得场强计量方法。若物流场内某需求点与物流中心的距离为 S 公里,该物流中心(仓库)的场势为 E,则该需求点的物流场强度为:

$$\phi=\frac{E}{S}$$

对于确定的物流中心而言,人员设施装备一定,则物流场的场势 E 一定。因此,若物流中心与客户的距离为 S,需求点的物流场强为 ϕ_S,则有如下关系:$E=\phi_S\cdot S=$ 常数,又称为场强定律。

空间中某个需求点同时处于若干个物流场内,该需求点场强出现叠加重合现象,形成一个复合场强。所谓复合场强,是指若干个物流中心在同一个时间域和空间域内的某一点所共同产生的场强。若有 n 个物流中心,各个物流中心 i 单独存在时所激发的物流场,在该需求点的场强为 ϕ_i,则该需求点的复合场强为:

$$\phi=\sum_i \phi_i$$

5. 物流场的介质效应

物流在流动过程中,总要受到来自各方面的阻力,而这些阻力严重影响着物流的速度和质量,也导致物流场内各点的场强发生变化。为了更精确合理地计算物流场强,深入地研究物流场的变化规律,需要对物流场的介质问题做探讨。物流场介质专指物流场内阻碍物流活动、影响物流场强度的各类因素。物流场介质作用于场强,使物流场强发生着改变。表示场强改变程度的准物理量,称作介质效应。影响物流场强的介质很多,有些介质影响较大,有些则弱一些,其中最主要的有:物流中心的作业质量、物流道路的状况、运输人员水平及环境条件。

介质效应是一种典型的准物理量,它与物体运动中所受的阻力有相似之处,但又有独特的个性,因此在计量中不可套用物理学中的阻力计算公式。介质效应综合反映了各类物流介质对场强的影响程度,可运用专家评分法综合量化物流介质效应。

(三)物流场理论的新发展

物流场理论的发展是个渐进的过程。近年来,随着研究的深入,物流场理论有了新的发展,开始走向成熟。

1. 物流场的本质描述

(1)物流场的概念。物流供需活动的时空域与静电场在诸多方面具有相似性,把物流活动看成特殊的“物质场”相互作用,运用场理论研究物流活动规律,可重新定义物流场概念。

所谓物流场,指物流中心对存在其周围的客户具有非接触性提供物流时空价值服务的能力,同时客户对物流中心所提供的物流服务具有依赖关系,是物流中心对其周围客户提供时空价值服务的能力与流速、流程等时空关系的总和。物流中心的服务能力是客观存在的,物流场也是客观存在的,物流中心是激发物流场的源,人员、装备、设施等决定了物流场的强度和分布状况,流速和时间决定了物流场空间域大小。物流中心对客户的物流服务,是物流场作用的结果。

(2)物流场强矢量。物流场理论中,场强矢量是一个十分重要的物理量,分析研究问题都是从场强矢量开始,为此定义物流场强矢量概念。物流场强矢量:单位时间内流经空间某点的物流服务量 θ,为该点物流场强矢量的大小;服务流指向的目的地方向为物流场强的方向。物流场强矢量用 $\vec{\theta}$ 表示。物流中心向客户提供物流服务,服务流总是由物流中心流向客户,物流场强矢量总是由物流中心向外发散。物流场理论的一切问题,都是研究围绕物流场强展开。

物流场强具有无源性和无旋性的特性,无源性指物流中心为物流场的源,物流场的存在与有无客户,以及客户的物流服务需求量无关,只有物流中心有能力为客户提供物流服务。客户接受物流服务,吸收服务流。除物流中心和客户所在地外,空间中物流线总是连续的。无旋性是物流服务目的性的体现,即物资流动由供货方向需求方单向流动。

可见,关于物流场本质,较以往的认识有很大的差别。一是非接触作用,即物流中心与客户之间空间上非接触。二是物流场强具有无源性和无旋性。三是明确物流场强是一个矢量,并定义了矢量的方向及其算法规则。四是物流场强由物流中心决定,与客户无关。认识物流活动的这些特点,使得物流场的概念真正与物理场的概念达到基本统一,场的概念建立在科学的认识基础之上。

2. 物流动量守恒定律

(1)物流动量。所谓物流动量,指物流服务的数量与流速的乘积。若对于点状分布的物流服务量为 q,流速为 V,则物流动量 M 为:

$$M = qV$$

(2) 物流场压。物流中心与客户之间存在着物流场势差或压差,引起物流服务流动。设物流场强为$\vec{\theta}$,物流服务流的流速为$\vec{V}$,A、B 是物流线上的两个点,与物流中心的距离分别为 S_A 和 S_B,可定义 A、B 两点的物流场压:

$$U_{AB}=\int_{A}^{B}\vec{\theta}\cdot \mathrm{d}\vec{l}$$

(3) 物流场势。物流压差是物流场中两点的比较。以物流中心作为物流场的 0 势参考点,物流场中各点与物流中心的场压差,定义为该点的物流场势(或场位)。即:

$$U_{(S)}=\int_{S}^{0}\vec{\theta}\cdot \mathrm{d}\vec{l}=-\int_{0}^{S}\vec{\theta}\cdot \vec{V}\mathrm{d}t=-\int_{0}^{S}V\mathrm{d}(\theta t)=-\int_{0}^{S}V\mathrm{d}q=-M_{(S)}$$

上式表明,物流场势与物流场压相似,由物流场强分布和路径决定,客户需求量、流速等因素无关。物流场势总是小于 0,说明物流服务总是由物流中心向外流动。负号表示场势降低,该点与物流中心区间的物流动量增加。

(4) 物流动量守恒定律。连续物流线上不同的两点,物流场势的降低量,数值上等于两点间的物流动量,这种关系称为物流动量守恒定律。

物流实践活动的目的是解决物流供需矛盾,必须把物流中心的作业能力、客户物流服务需求,与时空联系在一起,揭示它们内在联系规律,才能为物流实践提供理论指导。由于客户接受物流中心的物流服务,造成物流线不连续,这种情况把客户吸收的物流服务量折合成相应的物流动量,对不连续量进行补偿修正。若客户接受物流服务量为 q,物流线在该处的流速为 V,则客户吸收的物流动量为 qV。物流实际过程影响流速的因素众多,关系复杂,但是计划管理把复杂问题简单化具有重要实践意义,如仓储理论即时供货模型就是一个典型例子。我们假设物流线上流速均匀,即 V 常数。则修正后的物流动量守恒定律为:

$$\int_{0}^{S}\theta'\cdot \mathrm{d}l'+qV=\int_{0}^{t}V\theta\mathrm{d}t$$

在人员、装备一定条件下,物流中心的作业能力一定,单位时间输出的服务量一定,即物流场强均匀,θ 为常量。物流动量守恒定律进一步简化为:

$$\theta S+qV=V\theta t$$

该式是物流理论的基本公式,在物流计划管理实践中,绝大多数情况都可以简化为"均匀发货、流速均匀"处理。

(四) 物流场理论的应用价值

物流场理论研究的目的是揭示物流活动中能量转化规律,阐明物资流动的内在机理,系统探索合理开发利用物流资源的运营方法,为优化物资储备、合理调控物流布局奠定理论基础。

物流场理论在军队后勤建设实践中的应用集中体现在以下几个方面:首先,指导配送中心的建设发展规划;其次,实施对物流的有效调控;再次,指导军队后勤的部署问题。以美军为例,早在第二次世界大战期间,美军就在海外占据了大量的军事基地,用于储存军事物资。从物流的观点来看,也就是我们所说的军事物流网点。二战后,这些军事基地经过大幅度扩建、增加和调整,逐步建成了一个与美军战略方向相一致、以本土基地为核心、以海外中间基地为桥梁、以战区基地为前沿、点线结合、多层次配置的军事物流网。这个军事物流网,对美军在海湾战争及科索沃战争中取得胜利起到了战略支撑作用。如美国东西海岸的本土基地是这次海湾战争美军作战物资的主要来源地，也就是我们所说的物流中心；在关岛、菲律宾、迪戈加西亚、德国的拉姆施泰因等地的海外军事基地基本上成了这次海湾战争的物流中转站；在沙特阿拉伯、阿联酋、巴林、土耳其、塞浦路斯等海湾邻近国家的前进基地，则构成了直接支援战区作战行动的前沿物流网点。

可见，正是由于具备了完善的军事物流网，才使得美军能够储存大量的军用物资，并将这些军用物资由美国本土或欧洲各地源源不断地运往遥远的海湾前线和科索沃战场。对调节物流活动的流向和流量起到了不可替代的作用。

我军对军事物流网络的建设也很重视，在后勤基地、仓库等物流网点的选择、布局、调整等方面，做了许多扎实有效的工作。为了更好地解决这个问题，我军还组织力量进行了深入研究，其中物流场理论就为科学建设物流网络提供了理论指导。

三、军地物流深度融合理论

（一）军地物流深度融合的内涵

所谓"军地物流深度融合"，是指在系统集成思想指导下，通过对军队物流系统与地方物流系统可兼容资源的整合与集成，实现军地物流全要素、多领域、高效益的融合格局。通过军地物流深度融合，可以将军队物流系统与地方物流系统融合为一个层次更深、范围更广、功能更强的有机系统。

正确理解军地物流深度融合的概念，必须把握以下几点：

一是军地物流深度融合具有系统性。军地物流深度融合并不是指对两个相对独立的军队物流系统和地方物流系统进行简单地联合，而是应用系统的思想，从国家全局利益出发，对军地物流系统进行整体筹划、统一建设，使其高度融合、协调发展，最大限度地发挥军地物流资源的效益，促进国家经济发展和国防现代化建设。军地物流深度融合发展涉及军地、军政、军民各方，是层次更高、范围更广、程度更深的发展，其生命力在于互促共进、互利共赢。实践证明，军事物流建设可以从国民经济建设中获得深厚的物质支撑和发展后劲，国民经济建设也可以从军事物流建设中获得强大的发展动力。

二是军地物流深度融合具有相对性。军地物流深度融合并不是对两个系统的全部内容进行无限制、无选择地整合和改造，而是针对军地物流系统的可兼容部分进行合理的调整与组合。军地物流系统因其担负任务的特殊性，必须根据实际需要，在某些方面保留一定的相对独立部分。

三是军地物流深度融合是一个发展过程。这其中包含两层含义：一是军地物流深度融合是一个长期的过程，其中经历不同的历史阶段，不同阶段具有不同的表现形式，近阶段则表现为军地物流联合发展。例如，近年来，我军空军与民航有关部门协商，建立了军民机场油料互供联保机制，实现了双方飞机油料供应的无缝链接，使空军形成覆盖全域、通达全境的油料保障网，使全国百余个民航机场全部纳入"战场预置"，一旦战时需要将发挥出巨大保障潜能，促进了军地物流融合进程。在空军近年来执行抢险救灾等重大非战争军事行动中，这种潜能得到了充分发挥。

四是军地物流深度融合既具有必然性，又具有可行性。军地物流终极目标的一致性，决定了军地物流深度融合发展的必然性。为人民服务的共同宗旨，奠定了军队物流与地方物流融合发展的坚实基础。军地物流在物流设施设备、技术方法以及流程作业等方面有着相同的特性，使得两者合作发展具备可行性。通过提高军地物流设施设备的通用性，可以实现物流资源的整体优化和军地物流功能的综合;通过建立物流人才互动机制,在一定的制度下人才自由流动,可以实现军地双方共享人才资源;通过军地信息系统的高效对接,可以实现军地双方的物流信息在更高层次的系统内自由流动,交互共享,从而最大程度地满足国民经济发展和国防建设对物流保障的要求。

军地物流深度融合是一种思想的革命和制度的创新。它将有效打破军地物流系统的二元结构,消除军地物流系统之间的人为分割,达到军地结合、兵民结合,寓军于民、以民促军,协调发展的目的。

军地物流深度融合充分体现了当今世界经济和军事协调发展的思想,集中反映了现代物流"优化整合"的核心理念。军地物流深度融合能相对达到总体功能大于各分系统功能之和的目的,从而能够最大程度地满足国民经济发展和国防建设对物流保障的要求。

(二) 军地物流深度融合的目标

军地物流深度融合发展的总体目标是要构建全要素、多领域、高效益的军地物流融合深度发展格局。这是现代军事物流在战争形态信息化、技术形态军民通用化、经济形态市场化条件下建设发展的必然趋势。

军地物流深度融合的全要素主要体现在军地物流深度融合可在最大范围内实现各种物流资源要素的优化配置。通过系统优化和要素集成,实现经济社会领域和国防领域技术、人才、资金、物资、设备、设施、信息等要素交流融合,提高物流资源共享程度和使用效率。

军地物流深度融合的高效益主要体现在军队物流与地方物流深度融合的实际成效上。一是体现在提高现代作战军事物流保障能力上,满足现代战争物资保障需求。二是体现在遂行多样化军事任务上。要把遂行多样化军事任务应急物流保障能力作为军民融合的重点,充分发挥地方预备役人员组织得力、集结快速、突击力强的优势,扎实抓好抢险救灾、维稳处突等急难险重任务应急物流能力建设,努力实现社会效益、经济效益和军事效益的有机统一。三是体现在支援地方经济社会建设上。推动军地物流融合深度发展,要始终发扬拥政爱民、双拥共建的优良传统,积极为地方经济社会发展做贡献。

(三) 军地物流深度融合的重点内容

1. 统筹军地物流基础要素

统筹军地物流基础要素,是指军地双方所拥有的设施、设备、人员、信息、技术等物流要素在设计、制造、培训等方面,达到空间上相互组合、功能上相互补充,为实现军地物流规范化运营、应用统一的评价体系、进行统一管理和运作奠定基础。具体表现为军地物流设施设备通用、军地共育物流人才、军地建立互联互通的信息系统、军地共同研发物流理论、军地共同开发物流技术等。

2. 统一军地物流技术标准

物流技术标准的统一是军地物流深度融合的关键,它将打破长期以来军地物流在一些方面形成的物流技术体制的二元结构,实现军地物流技术标准的相对统一,从根本上扫除军地物流无缝连接的技术障碍,达到各种物流要素在平时的协调运转,战时的快速转换。物流技术标准统一主要包括物流基础设施、设备、信息及作业等技术标准的一体化。

3. 协调军地物流运营规范

协调军地物流运营规范,是指在深度融合的物流系统中,军地双方遵守共同的规范,依据相同的规则进行具体的运营组织和管理,高效完成各种物流业务,降低物流作业成本和不必要的损失,提高物流作业质量和深度融合的物流系统的运营效益。它主要有一致的运营规律、相同的运作规范和法定的平战转换程序等特征。

4. 规范军地物流评价体系

规范军地物流评价体系,是指在深度融合的物流系统中,对军地一体的物流任务,军队和地方作为平等的主体使用一体化的评价体系。具体表现在物流服务补偿标准规范合理、物流服务质量体系一致和物流效益评价体系一致三个方面。

5. 共建军地物流管控体系

集中统一的物流管控体系在军地物流深度融合系统的正常运转中发挥着极其重要的作用。在平时,这一体系可以协调军队和地方物流系统的运营,强化物流管理,提高军地物流的建设水平;在战时,这一体系可以实施快速物流动员,加快平转战速度。具体包括人员构成军地一体、组织结构层次合理、职责权限严密分明等特征。

6. 完善军地物流法规体系

科学完备的法规体系是军地物流深度融合的重要组成部分,是军地物流深度融合的重要标志,是军地物流深度融合顺利高效运转、长期稳定发展的法律保障,是维护军地双方利益、监督双方履行职责的有效工具。完备的军地物流深度融合法规体系包括两个层次:母法,关于军地物流深度融合根本性大政方针的法律规定;子法,具体指导军地物流深度融合建设的法规,包括平时法规和战时法规两部分。

(四) 军地物流深度融合理论的实践应用

军地物流深度融合理论主要有以下方面的具体应用。

1. 指导军地物流统一规划决策

军地统一规划决策既是军地物流深度融合的重要标志,也是实现军地物流深度融合的根本保证。军地物流深度融合理论,对于军地物流统一规划决策具有指导价值。

准确定位军地物流统一规划决策的内容、明确工作重点及注意事项是实现科学规划、正确决策的前提。军地物流统一规划决策应包括宏观和微观两个层次。宏观规划决策主要是指对国家整体物流发展的规划与设计。微观规划决策主要是指对微观物流实体的规划与设计。

加强军地物流宏观层面的统一规划决策,其中包括国家相关法律制度的制定、颁布,对国家物流系统的总体规划与设计,军地物流系统的分工与优化,机场、公路、水路和铁路等重要基础设施的规划与建设,物流信息系统的规划与设计等诸多方面。当然,这其中也包括对具有战略意义的区域物流或城市物流的规划与设计。在宏观层面的规划决策中,必须吸收军地双方的主管部门和专家参与,立足国家经济发展与国防建设相统一的战略高度,坚持把军队物流建设纳入国家物流建设的总体规划,综合评价、科学论证,以实现军地一体、平战结合,经济效益与军事效益相得益彰的规划目标。

军地物流微观层面的统一规划决策是指在对具体物流设施设备、物流实体进行规划、设计时应充分贯彻深度融合建设的思想。也就是说,要在具体物流设施设备功能设计、维修服务,物流实体的要素整合、流程规划、流量控制、流向引导等方面体现军地一体、平战结合的思想。例如,在优化、建设交通运输网络,完善物流网线时,应充分考虑军事需求,合理设计迂回道路,加修车辆紧急疏散地域和隐蔽支线,有计划地安排可供飞机起降的公路跑道,制定军事铁路专用线接轨方案,适当加修一些专用线、复线和迂回线;在规划新的物流结点时,要兼顾军地物流需求,选择既满足地方要求又便于战时军队使用的地点，建立功能齐全、转换方便的物流中心、仓储基地及站点、港口；在建造运输机、大型船只、运输车辆等物流装备时，要在性能上考虑战时征用的需要，并备有改装方案；在设计、开发物流信息系统时应考虑到信息共享的需要，要留有接口、技术兼容。做到规划一方，受益双方；建设一点，辐射一面。

2. 指导军地共育物流人才

面对物流发展对物流人才的强劲需求，整合军地物流教育资源，拓宽人才培养渠道，是加速物流人才培养、缓解物流人才供求矛盾的必由之路。实施军地共育物流人才模式，需要遵循以下三个原则：一是不求为我所有，但求为我所用原则；二是以军为主，军地互利的原则；三是立足平时，瞄准战时原则。

依据军事物流深度融合理论，结合我国军地物流人才培养现状，军地共育物流人才的主要内容包括：开展学历教育、组织进修深造、开展岗位培训、军地联合使用等方面。军地共育物流人才主要有两种合作方法：一种是军地一方完全委托给另一方的委托培养，一种是军地共同参与的联合培养。在军地共育物流人才过程中，应注意充分利用网络资源和就近资源，建立稳定的合作关系，强化教学管理与考核，完善相关方案、法规、制度和标准。

3. 指导军地物流合作科研开发

现代物流的快速发展需要先进理论的指导，需要先进技术和装备的支撑，而这些都依赖于及时有效的科研开发。因此，充分发挥军地物流科研人才、设备的作用和各自优势，联合科研开发是非常必要的，同时，军地物流在构成、内容、技术、理论、人才等方面所具有的广泛兼容性，为联合科研开发提供了条件。军地物流合作科研开发的内容广泛，主要包括理论研究、技术开发与应用和装备研制与使用三个方面。军地物流合作科研开发的方式是多种多样的，在具体实践中，应紧密结合各自工作的性质和任务，慎重选择一种或几种合适的方式认真组织实施。可以开展学术研讨和技术交流、共同承担科研课题、相互利用成熟技术和产品等方式。为确保军地物流合作科研开发工作的顺利实施，应做好以下四项工作：一是建立军地合作协调机制。二是搭建军地科研合作平台。三是建立军地统一的工业基础。四是完善相关政策。

4. 指导军地物流联合服务保障

实现军地物流联合服务保障是军地物流一体化的核心内容，主要表现为军地物流服务资源共享和服务需求的整合。

（1）军地物流服务资源共享。所谓物流服务资源，主要是指为完成具体的物流作业、提供满意的物流服务所需的物流设施、装备、信息平台等有形的硬件资源及附着在这些硬件资源上的人才和技术。军地物流服务资源共享主要包括军地对这些物流硬件资源的共同使用与新建。

（2）军地物流服务需求整合。整合军地物流服务需求主要是指将军队的物流服务业务有选择地外包给地方物流服务商。首先，应尽量整合军队内部物流服务需求，合理划定纯军事物流任务的范围，清除军地合作障碍，在确保不泄密的情况下，将适合外包的业务外包出去，纳入地方物流大市场；其次，应通过市场调查、公开招标等形式，选择、确定物流服务供应商；最后，军队物流系统应与用户共同组成外包服务监督小组，对外包情况实施全程跟踪、考察。

5. 指导战时国家物流动员和保障

未来战争是高技术、高强度、高消耗的现代化战争，物流保障任务重、要求高、难度大。为了力争军事斗争胜利，确保国家安全，围绕战争需要将战时军地物流有机融合，实施有效的战争动员和保障，才能为战争的胜利奠定基础。

国家物流动员是社会物流保障潜力向军事物流保障实力的转化过程，是解决平时和战时物流保障需求差距大的根本途径，通过健全的动员机制、完善的方案计划和细致的动员准备，把蕴藏于社会的物流资源潜力转化为作战需要的强大物流保障实力。

一是建立健全运行机制。按照军队部门提需求、动员部门搞协调、各级政府抓落实的物流动员工作格局，建立健全国家物流动员组织领导机构，规范物流动员运行机制，完善配套相关政策法规，加快物流动员地方立法，确保依法动员、渠道顺畅、有序高效。

二是精心组织物流动员准备。针对作战物流保障需要，精确测算物流动员需求，翔实掌握地方物流潜力底数，精细拟制物流动员方案计划，按区域、分方向组织物流动员演练，熟悉物流动员任务、保障对象和程序方法。

三是有针对性地做好物流动员资源储备。依托地方物流系统和骨干物流企业，建立应急物资动员中心或应急物流动员保障基地，采取实物储备、技术储备和生产能力储备等多种方法，突出科技含量高、生产周期长、临战筹措难的物资动员准备，突出物流专业技术人才、重要物流设施和应急生产能力的动员准备，一旦需要，进行应急动员生产或征集，满足战时物流保障需要。

四是推进地方物流建设贯彻军事需求。建立民用大型物流基础设施兼顾军事需求的军地联审制度，对军地融合紧密的物流项目预置功能，对军地融合不太紧密的物流项目预留接口，对军地难以结合的物流项目预储技术。

根据平时我们可采用的军地物流联合运作模式，借鉴国外的成功做法，战时军地物流融合保障至少可采取地方直接保障、军地联合保障、地方支援保障三种模式。当然，无论哪种模式都可涉及技术保障、装备保障和服务保障等各个方面。

一是地方直接保障，是指战时所需的部分物流保障任务，可在战时物流领导机构统一指挥下，由地方物流力量独自承担。这种保障方式主要适用于军地通用性强、平时即由地方物流服务供应商全部承担，已经形成稳定、高效的合作关系，战时亦没有较大危险的物流保障业务。

二是军地联合保障，是指在战时物流领导机构统一指挥协调下，由军地物流保障力量共同承担、联合完成部分物流保障任务。在采用这种方式时，一定要注意军地之间的协调配合，同时，要选择好衔接点，以充分发挥各自优势，实现优势互补。

三是地方支援保障，是指地方物流只向军队提供所需的物流设施、装备、人员等基本要素，而不自成系统，独自运行，使这些支援要素完全融入军队物流系统，并由其全权调度、使用。这种合作方式最为多见。

要实现战时军地物流融合保障，应坚持平战结合的原则，在平时及战前有针对性地做好各项准备工作。一是建立权威的战时物流领导机构，二是制定科学合理的动员方案和战时保障预案，三是加强平时军地合作与演练。

今后进一步发展军事物流深度融合理论，可抓住以下主要着力点：军事物流深度融合规划；军事物流深度融合体制；军事物流深度融合法制；军事物流深度融合机制。

四、军事物流活性理论

海湾战争后，全军形成研究高技术战争的热潮。军事物流如何能够适应高技术战争，适应复杂环境变化的挑战，提升军事物流生存能力、快速反应能力和受损再生能力，已成为重大现实问题。经过后勤学院军事物流学术团队集体探讨,率先将活性理论引入到军事物流领域,揭示了军事物流的自身性质,并深化细化,逐步发展形成了军事物流活性理论。

(一) 军事物流活性的内涵

现代信息化战争及多样化军事任务,要求军事物流必须快速投入作业,以满足快节奏军事需求。研究军事物流活性的目的在于提高军事物流具体环节的快速作业水平,提升整个军事物流系统适应多样化军事任务和复杂环境的保障能力。

活性对于生物反应,是表示酶、细胞等的促进反应的能力,或是表示它们的有效浓度。军事物流活性是指军事物流系统、要素快速投入作业活动的特性。从军事物资的属性看,则表现为具有易于投入军事物流作业的性质。

军事物流活性的内涵可从以下方面来理解。

一是任务和环境的自适应性。军事物流系统应能适应环境的各种变化,有很强的适应能力。从适应各种军事任务的角度,军事物流系统应适应不同类型保障活动的专业需要,要满足各类军事物资的保障需求,在技术上易于实现调整和转换,保证物资的快进快出。

二是作业方式的多样性。军事物流系统必须能够满足军事物资保障对象多样化要求,既包括对军事物资品种的多样化需求,又包括对服务方式的多样化需求;既要考虑军事物流系统的整体活性,又要考虑军事物流系统的要素活性。

三是操作方法的灵活性。军事物流系统快速反应必须以快速物流作业为支持。军事物流的快速运行则需要提高军事物流作业的容易程度。对于具体的军事物资,则强调易于投入军事物流作业的性质。如集装箱运输比杂货运输更容易实现物品空间位移,托盘比散放物品更容易搬运等。

四是物流环节的衔接性。军事物流是从军事物资出厂一直到军队保障对象,分多个环节,要求各个物流环节的衔接必须平稳、快速,实现无缝链接,高效的军事物流信息系统是提高军事物流环节衔接性的基础。

这四点是对军事物流活性内涵的理解,也是对军事物流系统活性的综合评价。军事物流活动具有鲜明的活性。军事物资在经过计划、筹措、运输、维护保养、组套包装、储存保管、装卸搬运、分拣配送等环节流向军队保障对象过程中,都离不开军事物流活性这个实现各个环节有效连接的“润滑剂”。倘若中间某一个环节的“润滑剂”出现了问题,将会直接影响整个军事物流保障的有效运行。从我军保障对象来看,军事物资门类繁杂,既有固态物料,又有液体物资;既有大型装备,又有散装物料。不同的保障对象,应采用不同的包装方式、不同的运输机械、不同的运输路线、不同的装卸方式、不同的储存方式和不同的配送方法,这些因素在本质上都涉及军事物流活性问题。

(二)军事物流活性理论要点

1. 关于军事物流技术活性和管理活性

军事物流系统的活性分为技术活性和管理活性,技术进步和管理创新是提高物流活性的源泉。技术进步既可以是其他领域的新技术应用于物流领域,如资源规划技术,也可以是物流领域的原发性技术进步,如集装箱、散装水泥、条形码技术、电子标签等;管理创新则包括标准化、模块化、延迟响应等。技术进步和管理创新可以有效提高物流系统的柔性和韧性,提高物流系统即时响应和抗打击能力。军事物流技术活性,或称为军事物流物理活性,是指军事物流对象进行机械运动的便利性。如传统军事物流理论中的搬运活性，就属于技术活性。军事物流技术活性是军事物流活性的物质基础，如自动化立体仓库可以更好地适应多品种、少批量物流的需求，具有很好的物流活性。军事物流管理活性是军事物流活性的重要保障。如平面库房管理规范有序，可以加快仓库的进出库速度。物流管理科学的成果在许多方面提示了军事物流管理活性的提高途径，如集中管理的军事物流活性优于分散管理；流通领域存货的军事物流活性优于生产领域或消费领域的存货；器材的军事物流活性优于相关装备；标准化产品的军事物流活性优于非标准产品；军事供应链上游的军事物流活性优于下游等等。

2. 关于军事物流内活性和外活性

军事物流活性从军事物资易于投入军事物流作业的影响因素来分，可分为军事物流外活性和军事物流内活性。军事物流内活性是由军事物资自身因素所决定的易于投入军事物流作业的性质。军事物流的内活性由军事物资的尺寸、质量、形状等物理属性、化学属性、外部包装和存储状态四要素组成。军事物流外活性是由外界因素决定的军事物资易于投入军事物流作业的性质。

3. 关于军事物流活性度量

现代信息化战争及多样化军事任务使人们对军事物流系统的灵活性、反应速度提出了更高的要求，军事物流系统的反应能力、灵活性成为构筑军事物流系统核心保障能力的基本特征，需要有一些指标能综合反映军事物流系统这一方面的特征，并进行科学度量。军事物流活性指数可描述军事物资在军事物流保障过程中流动的便捷程度，反映军事物流系统及时满足部队用户不断变化的军事物流保障需求的能力大小。简而言之，军事物流活性指数，就是指军事物资从静止状态转变为运动状态的方便程度。它反映军事物流系统的灵活性、为部队用户提供军事物流服务的多样性、军事物流活动的快捷性及军事物流各环节的衔接性。

4. 关于军事物流环节活性

军事物流活性的构成由于军事物流系统的不同而有较大差异。有的军事物流系统功能齐全，且实行一体化管理；有的军事物流系统虽有多种功能，但彼此之间的联系不很紧密；有的军事物流系统功能较为单一。军事物流活性一般由以下几部分构成。一是运输活性。运输活性主要体现技术活性。如汽车运输的机动灵活性优于火车和船舶。但集装箱运输由于可以快速装卸并适合于联运，可以实现门到门运输，其活性大大提高。二是储存活性。一般而言，储存物资的活性取决于所处的环节和储存技术。库存处于周转环节则其社会活性高于生产环节；库存处于自动化仓库则其物理活性高于普通仓库。三是装卸搬运活性。装卸搬运活性指数的计算基本沿用了传统做法，只是为了便于累计，指数从原来的0–4改为1–5。四是包装活性。包装活性看似与搬运活性有交叉，实则不同。装卸搬运所用容器是指装卸搬运过程临时使用，而包装容器往往从物资出厂的整个物流过程一直与物资相伴随。五是物流信息活性。物流信息活性既包含技术活性，又包含管理活性，而且两者很难区分，如采用计算机处理，一方面信息处理速度加快，另一方面可以使信息管理更为有序，更便于查询和实现信息共享。

（三）军事物流活性理论的实践应用

军事物流活性理论的实践应用，主要体现在以下几个方面。

1. 指导军事物流装备技术的运用和研发

合理利用机械化作业，可使军事物流活性指数提高的概率增大，既节约了人力，减轻了劳动强度，又能节约时间，提高军事物流保障效率。尤其对于劳动强度大、工作条件差、搬运装卸频繁、动作重复的环节，应尽可能采用有效的机械化作业方式。采用现代物流装备技术是提高军事物流活性的物质基础。如自动化仓库技术、自动化搬运技术以及运输上的驮背运输、滚装船等都能有效提高军事物流的技术活性。技术进步与管理水平提高往往是相互促进、互为前提。故军事物流管理活性也往往随之提高。美国和欧盟为了提高军事物流活性，近几年大力发展轻型载荷搬运装备，不断提高具有货盘装载系统的自装能力和载重能力。这种载荷搬运系统的作用可以扩大到运输所有类别的供应品，不仅创造出了更大的载荷搬运能力，拓展了一些增补性的功能，并且新开辟了向战场任何地点运送物资的极好平台。

2. 指导军事物流系统设计

军事物流活性理论的建立，为指导军事物流方案设计、军事物流设备选择和军事物流作业方法确定，以及军事物流保障的合理化、规范化和科学化，提供定量化的依据，同时也形成一种科学评估设计方案的办法。但是，在应用军事物流活性理论进行军事物流作业的合理化设计时，虽然可以解决物流系统内部的一些问题，但必须注意它是一个优化和不断提高的过程，而不是一种静止不变或万能的方法。因此，在进行军事物流作业系统的实际设计时，除应用军事物流活性理论外，还要考虑相关作业的条件和对整个军事物流作业系统的影响，以达到军事物流系统的整体最优化设计。军事物流作业是军事物流各作业环节的有机组成，只有各环节均衡并相互协调，才能使整个军事物流系统产生预期的效果。因此，要针对薄弱环节，科学运用军事物流活性理论，采取科学方法措施，使军事物流作业各环节协调一致，全面提升军事物流综合保障效能。

3. 指导军事物流标准化建设

军事物流标准化是提高军事物流活性的重要手段和措施。军事物流标准化，是指按照军事需求及军事物流的目的和要求，从技术标准、工作标准、物流环节等方面，全面规范军事物流系统的一系列活动的统称。如集装箱、仓库、车辆采用同一物流模数尺寸，可以提高各军事物流环节作业的配合性，提高作业效率；港口、场站设施的标准化，可以提高运输活性；数据格式、编码的标准化，可提高军事物流信息活性。现代军事物流标准化建设是提高军事物流活性水平，保证军事物流质量，减少物流保障环节，提升物流军事效益、经济效益和社会效益的重要途径，对于推进战斗力、保障力生成模式转变，实现适时适地适量保障，具有十分重要的意义。

4. 指导军事物流信息化建设

军事物流信息的网络化，可以加快军事物流信息的传输速度，提高军事物流信息的共享程度。而各个军事物流活性组成部分中，军事物流信息活性最为关键，它对整个军事物流系统的活性起乘数作用。一些库存物资之所以积压是由于在没有得到确切的军事物资需求信息时就被制造出来或完成军事物流过程，如果能够推迟时间、地点和最终形态的实现就可以获得最大的灵活性。如果不借助外界信息，一个封闭的军事物流系统的活性总是不断下降，而现代物流信息技术的应用，使延迟响应成为可能，从而大大提高军事物流信息活性。战时情况下，通过引进开发研制的野战货场管理信息系统，利用有源射频卡、多功能读写设备、无线数据传输与处理设备，对进出货场货物进行识别、监控、管理，对集装化和散装货物实施快速识别和查找，实现保障资源实时可视和实时掌控，从而提高军事物流活性。

5. 指导军事物流集装化工作

军事物流集装化是现代军事物流的发展趋势之一。集装化之所以能够提高军事物流活性，一是军事物流集装化有利于综合采用现代物流技术,从而提高军事物流技术活性;二是军事物流集装化有利于利于军事物流高效管理,从而提高军事物流管理活性。军事物流基地建设应在设计之初就充分考虑新高强度持续保障的需要,加强军事物流集装化水平。今后进一步发展军事物流活性理论,可抓住以下主要着力点:军事物流活性生成机理研究;军事物流活性评估研究;军事物流活性度量深化研究;应急物流活性研究等。

五、基于流程优化的军事物流速率管理理论

美军传统的后勤保障系统是以“数量”为基础,目的是满足冷战时期军队在全球作战的后勤保障需求。这种系统库存数量巨大,供应链十分复杂。冷战结束以后,美军开始削减国防预算,后勤保障系统中的库存量也相应减少。结果先前被巨大库存所掩盖的各种弊端,如反应速度慢、可靠性差、效率低下等开始显现出来。针对这种情况,美军采取的对策就是推行基于流程优化的速率管理,将快速反应置于首位,压缩库存,采取商业物流企业推行的“正好及时”的准时制补给方式。

(一) 军事物流速率管理的概念

军事物流速率管理(velocity management)是美国陆军于1995年推行的一种管理措施,美国空军及海军陆战队也采用了这一管理方法,但名称有所不同。空军称之为精干后勤(lean logistics),海军陆战队则称之为精确后勤(precision logistics)。美军认为传统的物流管理是基于提供物资和勤务的功能管理。这种功能管理导致物流各业务系统和职能组织逐步发展成为彼此割裂的各种体系,从事着互不联系的活动,影响了物流整体功能的发挥。因此,美军对此进行了改革,转而采用速率管理。速率管理方法的核心就是在物流系统中以速率和准确性取代数量,致力于改进物流流程中的物流与信息流,通过缩短物流过程的周期,提高满足用户需求的反应能力,与此同时,还可缩减安全储备的规模或补给日份。它将物资和勤务的提供视为由多个层次和节点构成的供应链,并根据用户的需求对供应链各要素进行优化组合,全程管理,从而更有效地分配资源,缩短反应时间,向用户提供最及时、优质的物资和服务。管理方式转变之后,美军开始重新审视供应链流程,去除冗余环节,释放资源,提高流程效率,加快反应速度,提高整条供应链的绩效。在这一过程中,美军大量采用了一种由兰德公司提出的、被称为“定义—衡量—改进”(define-measure-improve)的分析方法来改进流程、提高绩效。

(二) 军事物流速率管理的实质

军事物流速率管理的实质是优化物流流程,即分析和重新设计物流工作过程(如申运、维修和运输过程),取消非增值性活动,并不断提高增值性活动的效能。随着每一过程的改进和效能的提高,该过程内的物流速率将得到提高,而且更加可靠(也就是反应时间的差异极小)。

(三) 军事物流速率管理的功能

军事物流速率管理通过在美陆军后勤系统中的试点,已经验证了它的功能和优点:一是提高了物流系统反应速度,二是降低了总保障费用。

1. 提高反应速度

实行速率管理后,减少了各项活动完成的时间,以及用户接受所提供服务或产品的时间,更好地满足了不确定性要求和用户需要,增强了部队的灵活性和机动性。提高物流系统反应速度至少表现在四个方面:更易于适应需求的不确定性、更易满足用户需要、服务质量更高、增强灵活

性和机动性。

以物资申运时间为例。实行速率管理后，物资申运工序得以改进，从而缩短了物资申运时间，实现了更快和更省钱地把正确零配件送到士兵手中的目标。例如：1995—1998 年的 3 年中，美国陆军使用预先安排的专用卡车，尽可能绕过统一接收站，将补给品从仓库直接送到补给保障机构。这一改变使其本土陆军的物资申运时间减少了 54%。实行速率管理后，海外部队的物资申运时间同样也有显著缩短。例如，驻欧美陆军部队向本土仓库请领零部件（主要是空运），平均申运时间从改革前的 23 天减到了 1998 年 9 月的 16.5 天，缩短了 29%。与此相似，在同一时期，驻韩部队的平均申运时间从 26.3 天减至 13.1 天，缩短了 50%。

2. 降低保障费用

实行速率管理后，人力费用降低。从事无增值活动的人力被精简下来，并分配去担任其他工作。通过不断改进，可减少人力需求总量。除此之外，库存费用也将减少。由于全系统中各种活动时间缩减，工作过程更可靠，整个系统中用于缓冲库存和安全库存的物资需求也就减少了。库存就随之缩减。而且这不只是一次性节约库存投资，它还将具有持续的影响。

例如，配属给得克萨斯州胡德堡的 176 架阿帕奇直升机的维修记录显示，在没有实行速率管理时，其飞行员夜视传感器系统的平均修理周期为 46 天，而实行速率管理、优化工作过程后，其平均修理周期减少至 10 天。这就是速率管理所表现出的第一个优点。正是由于实行速率管理后修理周期缩短，从而可以大量削减安全库存，降低保障费用。在实行速率管理前，按原有工作过程计算，若要使这 176 架阿帕奇直升机保持 95% 的完好率，用于零配件库存的投资达 4 600 万美元，而实施速率管理后，则只需 1 500 万美元，费用节省近 70%。这是减少库存带来的好处。

除美国陆军外，国防后勤局实际上也采用了同样的速率管理的方法去实现同陆军一样的目标。其具体措施是制订了一个名为"直接供货商"的供应链管理方案，进一步提高了后勤保障的效率与效益。"直接供货商"计划减少了各个环节的供应层次，并把政府承担的库存品、库存管理、运输和人员开支转移给企业。该计划借鉴了地方企业的先进经验，它们以营利为目的的商业方法促使其削减库存量，加快发送速度。"直接供货商"计划是对速率管理计划的实际运用。它们已经用在了给养、医疗手术器材、药品、蓄电池、重要零部件和大批量五金材料的供应上，将来还会用于更多的领域。

六、基于配送的军事物流保障理论

物流的目的在于"以 speed（速度）、safety（安全）、surely（可靠）、low（低费用）的 3S1L 原则，即以最少的费用提供最优质的服务"。由此可见，后勤和物流在对服务的追求上是高度一致的，严格说来，物流对服务的要求更加全面、更加深入，更善于打破传统的多层次职能部门的管理模式，注重业务流程管理，注重服务质量。第一，目前的后勤保障往往造成用户被动接受供应，而现代物流却强调主动配送。第二，在现代通信和信息技术的支持下，物流配送采取从起点直达战斗部队的补给方式，而不是逐级前送，真正实现了伴随式保障。第三，直接服务于用户，掌握了用户个性需求，可以提高运输、接收、储存和发放诸环节的准确性，实现了按需供应、个性化服务；同时，按需供应也实现了精确保障，而不是机械地按计划供应或过量保障。第四，由于物流强调综合配送、配套保障，确保了用户及时获取全部补给物资，避免了"车到油未到"等尴尬局面的出现。

（一）基于配送的军事物流保障的概念

近年来，美军信息系统的全资产可视能力日渐提高，制约其保障能力提高的“瓶颈”不再是“信息的上传过程”，而是“实物的下发过程”。建立以配送为基础的物流系统成为美军物流改革的关键。美军传统的物资供应方式，除了在条件允许时采取就地筹措，主要采用后方供应方式，物流系统在固定的保障梯次上存储了大量物资，并根据部队的申请由各保障梯次逐级遣送，以满足部队的需求。这种保障系统，物流始终处于一种被动地位。而且作战部队由于物资申运时间过长，担心得不到足够的物资而超量申请，结果物流系统常常储备和前送超过部队实际需求的物资，造成军事物流系统的效率和效益非常低下。

基于配送的军事物流保障是在全资产可视性的基础上，根据精确预测作战部队的需求，采取直达补给的方式，通过灵活调遣物资资源，以很少的库存和灵活的保障设施，在需要的时间和需要的地点将物资主动配送给作战部队的一种新型物资保障方式。整个保障系统由创新的政策、方针和条令，得到优化的物流流程、获得改进的物流组织体系，带有嵌入式传感器和预测装置的新型装备系统，高级的信息系统、决策支持系统和指挥控制系统以及操作管理人员组成。在伊拉克战争中，美军的军事物流保障系统主要采用三种方式，其中就包括实行配送式补给。即联军各后勤补给基地对每一支前线作战部队的弹药、油料、水等军用物资的消耗情况进行实时跟踪，并据此制订补给计划，根据作战部队的实际需要配送物资。美军的许多运输车辆都装有运输跟踪系统，司机可通过全球定位接收仪和卫星通信系统随时报告所在位置和状况，后方补给基地可随时根据前方部队需求的变化，向运输车发出调整配送方向指令。

（二）基于配送的军事物流保障的特点

美军指出，基于配送不只是增加供应链中的运输量，也不仅仅是改善一下供应链的运行速度，它是对传统物资保障方式的革命性变革。

基于配送的军事物流保障的特点是用速度型物流代替过去的数量型物流，以动态有效管理的物资流取代数量庞大、缺乏机动性的逐级存储物资，以配送管道代替仓库，它使物资保障由被动变主动，确保了被保障部队适量、适时获得分配给自身的资源。配送管理人员不仅要跟踪控制在运物资的再分配，还要协调庞大的联运配送网络，确保商业配送系统和军事配送系统之间保持不间断的无缝隙联系，及时调整补给系统，做到适时适量供应。美军在1995年以来实施“速率管理计划”的基础上，于2000年进一步提出了“战略配送计划”。该计划把美国国防后勤局和美国运输司令部下属的所有配送部门都整合在一起，从全局的角度对整个配送流程加以管理。目前，美军门到门的军用航空运输服务的用户等待时间从2000年的16天缩短为11天，运往欧洲的海运物资用户等待时间也从平均55天缩短为40天，而用户等待时间缩短一天就意味着为美军节约大约400万美元。

（三）基于配送的军事物流保障的实施基础

战略配送管理(strategic distribution management)是实施基于配送的军事物流保障的基础，战略配送管理是美军国防后勤局和美军运输司令部于2000年联合推出的旨在更加广泛、联合程度更高的层次上用企业的标准重新设计改进配送流程，优化美军国防部全球供应链的重要举措。

作为战略配送管理的实施纲领——战略配送管理计划把美军国防部后勤局和美军运输司令部下属的所有配送部门都整合在一起，负责界定、评估和改进国防部全球配送系统的整体效率和设计。主要领导部门成员包括参谋长联席会议、国防部长办公室、各军兵种、国防后勤局以及运输司令部的将级军官,下设四个委员会,分别负责物资存储工作、物资的航空配送工作、物资的陆路和海上配送工作以及财务管理工作。美国运输司令部副部长丹尼尔·布朗中将指出,战略配送管理计划(SDMI)是美军继速率管理计划之后国防部实施的最重要的后勤改革计划之一。它将改进物流流程,从而在客户服务、成本效益、战备水平和可持续性保障之间获得平衡。

战略配送管理计划由三部分组成:存储地点物资储备结构的优化、定期配送服务和全球同步协调。

1. 存储地点物资储备结构的优化

存储地点物资储备结构的优化是战略配送管理计划中改进多个物流流程的基础。一个高效的配送体系首先要将各类物资存储在适当的地点,即将各类物资配置在需求量最大的点上。这样,配送中心才能高效地向主要客户提供大宗物资,有条不紊地定期进行配送活动,降低运输成本。

2. 定期配送服务

随着美军物流信息系统的全资产可视能力日渐成熟,制约其保障能力提高的瓶颈不再是“信息的上传过程”,而是“实物的下发过程”。定期配送服务就是在物资储备结构得到优化之后,放弃先前价格昂贵、要求极高的运输模式,转而采用卡车定期配送服务,从而降低运输成本,提高实物配送效率。

3. 全球同步协调

全球同步协调是战略配送管理计划的另一个重要组成部分。美军通过全球同步协调缩短美国本土的物资运输与准备以及物资运抵目标战区后的收货与分发环节,特别是在物流各个环节的衔接时间,大幅缩短用户等待时间。

正是由于这些优点的存在,世界各国纷纷重视战略配送在后勤中的应用。美陆军部采购、后勤与技术助理部长兼陆军采购执行官保罗·J. 霍珀在接受《陆军后勤》杂志社采访时指出,“通信技术和信息技术的发展使我们能够开始考虑将原来以补给为基础的系统改变为以配送为基础的系统”。[①] 另外,配送体系的建立使后勤指挥和组织更加科学,正如美国大卫·佩恩所说,“通过操作配送系统,21 世纪的司令官们将能增强保障的快速反应能力,提高保障机构的生存能力,同时缩小后勤摊子,从而实现军事后勤革命。”[②]

七、感知—反应型物流理论

美军国防部 2003 年《转型计划指南》指出:“今天,我们正见证从注重规模和数量的工业时代,向依靠分布式网络化部队的力量和共享战场态势感知的信息时代过渡,这一过渡将使战争转型。”美军在《2020 年联合构想》中也明确地提出,未来信息时代战场的时空观念必然发生巨大的变化,突出的特点就是陆、海、空、天、电和信息的多维作战,强调非线式、非接触、全纵深连续打击。作战行动在时间、空间和目的方面正变得更加分散,性质却日趋联合。而解决这种矛盾的有效手段就是网络技术。网络中心战将成为未来信息化战场联合作战的高级形态。未来的部队将

① 《美陆军部助理部长谈后勤建设》,原载于美国《陆军后勤》杂志 2000 年 3 ~4 月号,摘自《外军后勤信息》2000 年第 4 期。

② [美]大卫·佩恩. 以配送为基础的后勤保障. 外军后勤信息,1999(6).

以主要以平台为中心的部队转化成一支以网络为中心的部队。

这种新的作战形式和部队编制给美军物流提出了更大的挑战。美军传统的军事物流一直采用在固定级别，诸如战略、战役或战术层级上储存大量物资，按梯次逐级前送的方法来满足作战的需要，用于评判物流系统有效性的标准则是补给数量（所能够保障部队作战的时间）。这种以数量为基础的保障模式要发挥作用需要以下几个条件：物资需求可以预测或稳定不变、时间允许调集大量物资、并且不计高昂的库存成本。随着信息技术的飞速发展和在军事物流领域中的广泛应用，美军又尝试将地方商业物流的成功模式——即时补给（JIT）模式运用到军事领域之中，从而减少库存，提高物流系统的效率。这种物流模式的首要衡量标准是周转时间（flow time）或者周转率（flow rate）。即时补给模式在一定程度上取得了较好的效果，并在伊拉克战争中初显身手，但这种模式下的供应链非常脆弱，而且由于其缺乏灵活性、易受破坏且很可能无法对动态产生的紧迫需求及时做出反应，因此美军认为它在瞬息万变的战场环境中所面临的风险也要高得多，无法满足未来网络中心战的需求。

当前，美军正在努力对物流模式加以改进，力争降低物流成本、加强物流应急反应能力，提高整个物流系统的效率，创建数据共享环境等。广泛应用于地方商业物流领域中的企业资源计划（ERP）系统和客户资源管理（CRM）系统也开始被运用到美军军事物流领域之中。但是这些努力都无法使美军形成一种高度适应性、以实施效果为基础的物流体系，因而也就无法有效保障高度模块化、瞬息万变的分布式作战。美军目前的物流管理理念和思维在于优化线性的供应链，而这种供应链只有在传统的层级式指挥与控制（C^2）机制下才能发挥作用，要适应未来的非线性网络中心战，军事物流系统就不能再一味强调优化物流系统，而必须强调指挥和应变速度，以作战部队为中心，以保障作战任务顺利完成为标准，为作战部队提供全方位、不间断保障。

（一）感知—反应型物流的概念

美军提出的感知—反应型物流是基于一种革命性的网络中心理念，它可以形成灵活的全维保障网络，针对不同的作战环境进行调整，提供精确的保障。其首要评判标准是速度和保障效果。它由一系列灵活适应、自动协调的物理及功能流程组成，因而能够预知各种变化，在战略、战役、战术层次上出色地完成作战保障工作，帮助 C^4ISR 与作战和后勤在各个层次上实现协调一致。在该物流系统中，每个实体（无论是政府部门、军事单位或者企业）都既是潜在的需求者，也是潜在的补给者。

（二）感知—反应型物流的形成基础

美军感知—反应型物流形成的理论和实践基础是网络中心战理论和灵活的联合远征作战实践，同时还借鉴了商业物流的成功理念，尤其是 IBM 公司首先提出的感知—反应型灵活管理网络的理念。该理念也见诸美国商业的许多著作与实践，反映了网络中心理论和原则，如：认为需求从根本上来说是无法预测的，因此成败取决于能否迅速认清局势并做出反应；最佳的供应链不是高度优化的供应链，而是高度灵活的供应链；将业务部门及下属单位改造为保障能力模块，并使其依据面临的任务进行协调分工；通过共同的环境和目标（通常为领导意图和任务/效果满意度标准）实现网络的自我同步协调；依靠先进的 IT 支持实现数据共享、提前预知、任务完成情况追踪以及任务和职能的调整与再分配等。

（三）感知—反应型物流的功能

感知—反应型物流具有多种功能：首先它是动态的支持网络，根据特定的军事需求而形成，并且可以不断重新加以配置,配送的灵活性和支持网络随需而变的能力大大增强。其次,网络上各节点的职能和任务是依据具体环境而动态确定的,并根据实体当前的职能而非静态的属性对其加以描述,进而依据作战指挥意图、设定的保障目标和对具体情况的了解来调整协商节点间的关系。这样,敌方就难以对整个网络进行分析和攻击,而且即便某个节点瘫痪,整个网络也依然能够良好运行。再次,它能对于实时的需求灵活做出反应,有效保障灵活的分布式作战。因为网络的适应性使人们能够预见性地制定并不断调整物流决策,例如预见支援保障中的问题,提早发现潜在的保障瓶颈,及时对作战任务的变化做出反应等。

另外,感知—反应型物流对于信息和配送的重视使作战灵活性大大增强,危机管理更加有效,从而能够实现对作战行动的无间断保障。由于具有了这些特点,感知—反应型物流能够更快地向作战指挥官提供更多适合当前战况的支援选择方案,从而成为作战部队的力量倍增器。

(四) 感知—反应型物流的发展模式

1. 发展智能化传感器技术

随着美军全资产可视计划的推行和射频技术 RFID、二维条形码技术的普遍应用,美军已经能够准确掌握在储物资和在运物资的数量和位置。在此基础上,美军还将大力发展智能化传感器,从而准确感知、实时掌握装备物资的状态是否良好、何时需要何种物资备件等方面的信息,提供“预见性”的保障。目前此类技术在商业上已开始得到初步应用,如施乐公司新制造的打印机可以自动记录打印页数,临近维修保养时自动提前通知施乐公司,这样,客户无需监督检查就能自动得到维修服务,提高了客户满意度。

2. 发展网络技术

感知—反应型物流是为了适应网络中心战而诞生的,其整个概念都建立在网络基础之上,通过网络将传感器、决策者、一线保障人员和友邻单位连接起来,可以大大增进对战场态势的了解,加快决策速度和保障节奏,实现物流系统在一定程度上的自动协调,从而有效地将信息优势转化为保障优势和作战优势。为此,美军积极发展全球信息栅格技术,它能够在遍及整个战斗空间的各个组织之间横向和纵向地收集、处理、存储、分发和显示信息,为作战指挥人员和物流决策人员提供一体化、生存能力强和持续稳定的端对端的网络信息保障。

3. 打破层级结构,加强物流能力模块化建设,进一步发展配送

美军认为物流需求就根本而言是不可预测的。有效的支援保障依靠的是感知—反应型物流网络的适应性和灵活性。为此,需要打破军兵种和职能部门(仓储、运输等部门)中的层级结构,加强物流模块化建设,鼓励各作战单位根据任务和作战态势的变化进行协调,合理调配物流资源。同时进一步发展配送渠道,尽可能地使之不受地理因素的制约。

4. 实现物流、作战指挥和情报的一体化

感知—反应型物流的目的在于成功完成军事任务,这就需要物流、作战指挥和情报三者之间实现一体化,使物流决策者能够根据作战指挥官的意图和实际的战场态势制定物流决策。为此,美军正努力重新评价和制定原有的技战术、条令和规定。

5. 发展认知决策工具

当前是信息爆炸的时代,未来战场上搜集到的数据信息将浩如烟海,如果没有相应的处理工具,就无法将搜集到的数据信息转化为对战场态势的正确认识,因此美军积极发展感知—反应型物流专用的决策工具,对数据信息进行处理分析,辅助计划决策的制定、执行,评估风险和保障效

果，最终在一定程度上实现物流保障的自动化。

第三节　军事物流发展趋势

军事物流研究必须瞄准世界军事发展的前沿。历史车轮滚滚向前，伴随着信息技术、通信技术的迅猛发展和新军事革命的不断兴起，军事物流不断呈现出崭新的容颜。透过军事物流的昨天、今天，我们体会到了先进的理念、科学的理论和实践所证明的优越性，放眼未来，我们不难看到军事物流明日的蓝图。针对未来军事物流可能面对的社会政治、经济、科技、军事等宏观环境的影响，预测军事物流的发展趋势，对于更好地把握军事物流有着深远的意义，有助于引导我军物流沿着既定的目标和方向发展。

一、信息共享，军事物流全程可视化

现代战争中武器、弹药和各类物资的高需求量和强时效性，使军事物流保障工作面临巨大压力。加强物流信息化建设将是有效缓解压力、达到事半功倍之效果的有力举措。信息技术的应用使军事物流发生了质的飞跃，但是由于信息不共享所带来的危害这个教训却是深刻的。作为美军新军事革命的重要组成部分的军事物流信息化建设，尽管早在 20 世纪 50 年代就已经开始，但是由于缺少全军统一规划，各军种的物流体系各自发展、相互割裂，其结果造成美军数据库格式各异、软件标准不统一，各军种之间信息设备不兼容，信息不能互通，资源无法共享。直至海湾战争在军事物流保障上表现出来的低效率和低效益才打醒美军，使他们开始花大力气实现军事物流信息共享。

物流各个部门单位之间实现信息共享，利于实现军事物流的保障资源、保障需求、保障过程、保障环境的可视化，推行可视化物流管理。面对未来信息化战争，物资保障将一改过去那种“程式化”呆板而僵硬的供应模式，建立以信息技术和通信技术为基础，以计算机网络为平台，对物资保障力量、保障对象、保障物资的数量和品种、保障地点等将实现全过程监控的可视化物流信息系统，平时便于管理，战时则有利于指挥。特别是战前动员和战中保障阶段，战前动员涉及地方物流人员、装备、设施、财力等诸多方面的动员工作，必须依靠信息网络才能在短时间内快速完成大量信息的收集、传递和处理工作。作战过程中，战场情况千变万化，更需要信息的实时反馈，才能及时进行保障。依靠物流信息系统，一方面各级后勤能够及时了解和准确预测作战指挥官的位置及其后勤需求，及时预测补给机构和其他保障设施的配置位置；另一方面，后勤指挥人员能够适应战场变化，随时修订物资保障方案，确保物资保障在时间、地点和数量上的精确。另外，通过虚拟物流网，后勤人员有机会、有能力去融合全域资源、优化筹措供应机制、控制引导物流过程，实现保障能力的提高和保障模式的变革。

美军运用计算机技术、自动识别技术、卫星定位系统（GPS）、电子地图（GIS）等先进技术，研制开发的“联合全资产可见性”系统便是实现可视化物流的具体措施，用户可以通过这一系统实时查询供给物资和装备的位置、状态等情况。减少了物流活动的盲目性，提高了保障效率和效

益,实现了从工厂至散兵坑的全程式跟踪保障。美军的目标是:未来的一个军人不管在世界什么地方,只要有一台计算机和一张信用卡,就可以有比较地进行购物,根据质量、价格和获取的方便程度作出选择,订单可不经采购办公室而直接传给供货商,支付可用国际商购授权卡。这样就把采购的选择权交到了实际需要产品的用户手中。这一措施代表了军事物流可视化发展的方向,也是我军物流改革与发展的目标之一,我军物流可视化的构建工作涉及军地诸多部门、机构,需要各方的共同努力,有计划、有重点地分步实施,未来的物流信息网络将能够实现与作战指挥系统、地方物流系统的无缝链接。

二、流程再造,军事物流运营专业化

当前,军事物流中存在一些与新军事变革条件下物资保障要求不相适应的地方,如:物流环节过多,一个业务流程往往要经过若干个部门、环节,整个过程运作时间长、成本高、效率低下,难以适应军事物流瞬息万变的战场状况;组织机构臃肿,存在许多不增值的环节,降低了工作的效率,业务流程运作成本高。因此,未来的军事物流必然要进行流程再造,简化和合并流程的非增值部分,减少重复出现和不需要的步骤所带来的浪费,同时紧跟部队不断变化的需求,满足部队个性化要求,实现军事物流运营专业化。

运营专业化是提高物资保障能力、降低物资保障成本的有效途径,也是军事物流发展的必然结果。所谓运营专业化是指后勤在实施保障任务时,从需求链的生成、供应链的设计到实物供应的各个物流环节都由完全专业化的物流队伍完成。目前物资保障模式中,保障对象、方案,实施步骤等均是由业务主管部门完成的,由于时间、精力和能力的限制,很难对保障方案进行从环节到整体的优化处理。而随着军事物流的发展,后勤系统中将逐渐出现以运输、储存为核心、以配送为基础、多层次的专业化运营机构(如配送中心、物流中心等)。通过这些专业运营机构,一是筹措、包装、加工、储存、运输等环节均由专业人员作业,技术力量强、能够灵活运用现代信息技术,利于实现物资保障诸环节的整体最优,从而形成高效、高质的物资保障体系。二是各业务主管部门能够从繁重的日常补给工作中解脱出来,进行业务理论创新和业务技术改革,重新评估需求链的设计,促进业务水平的提高。三是减少重复投入,降低后勤成本。美军有人提出,要建立国防后勤军,实现后勤保障一体化,陆海空军作为独立军种继续存在,但不再自行组织保障。其实这就是要走物流运营专业化的道路。四是可从多层次的需求来规划物流服务,即根据作战部队的具体情况,设计和提供系列化、个性化的物流服务,以全面提升物流服务水平。

此外,军事物流运营专业化还包括利用商业物流资源完成非作战职能的物资保障工作,形成最佳保障体系,以提高物流保障绩效,节约资金。美军认为不与作战相关并且由私营企业履行得最好的职能是美军军事非核心职能,国防部应该寻求将整个职能私有化或干脆外包,或者同私营公司或其他国有机构建立新的联盟机制。

三、服务至上,军事物流体系网络化

对于物流组织来说,物流服务是其核心所在,用户是组织的第一资源,组织的绩效来自提供的物流服务,而服务则来自用户的需求。用户服务水平能否满足用户的要求,则是物流组织生存发展的关键。军事物流与地方物流在这方面的不同之处在于:军事物流是以提供优质的用户服务为目的；而地方物流企业提供优质用户服务只是手段，获得经营效益的最大化才是其最终目的。从这个意义上来说，军事物流系统对用户服务的重视程度超过了地方物流。

军事物流服务至上的理念主要表现为“以部队用户为中心”，即从部队用户的角度出发，依据部队用户的要求来调整、管理物流系统并对其绩效进行评价，加强与部队用户的沟通、交流，无论平时还是战时都确保向用户提供不间断的物流支援。然而，长期以来，军队“以部队用户为中心”的意识淡薄，未将服务落到实处，同时由于受各方面条件的制约，一直无法实施准确有效的保障。

军事物流部门要达到最优用户服务水平，实现“以部队用户为中心”，就必须具有完善的物流保障体系，借助社会力量，进行物流功能整合，在全社会范围内优化资源配置，建立物流保障体系网络。物资保障体系网络是服务于战争的，并随着战争的发展而发展。在信息和通信技术的推动下，未来信息化战争条件下的物资保障方式将发生巨大变革，它不再是单纯的线性保障、平面保障，或主要依靠军队自身的后勤力量实施保障，而是充分利用信息技术的最新成果，构建全军、全国甚至全球的保障网络，以实现将整个国家、全社会的人力、财力、物力，快速聚集起来，对作战力量实施全方位的、立体的保障。物资保障网络以信息网络、配送网络、采购筹措网络等为基础，实现网内和网间、信息和实物的秩序流动，提高了保障能力，降低了保障成本。未来的网络化保障体系，从范围上，将军、政、民包容，将天、地、空、时一体；从结构上，由覆盖范围广、功能强大，持续和再生能力强的结点，功能综合、结构小而灵活的保障模块，复式连通线路等组成，反应快，持续保障能力强；从功能上，能实现伴随保障、直接补给，个性化服务、按需保障，能够立体、全方面、快速地实施联合保障。

四、装备完善，军事物流投送灵敏化

未来战争时效性较强，战机稍纵即逝，必须在短时间内集结大量物资，并运至战场，有效支援战争。为此，加快战略投送物流装备建设对于未来军事物流的有力保障具有深远意义。

从现代军队作战发展趋势来看，海、空运输逐步占据物流保障的主导地位。美军在打击阿富汗的军事行动之初，由国防部首先向位于中东地区的科威特、巴林、沙特等美军基地增派数架空中加油机；同时，四艘航母载着部分特种部队士兵和海军后勤保障力量分别到达指定海域；第10山地师大部特种部队士兵、陆军特种保障分队，乘坐6架C-130运输机部署在乌兹别克斯坦纳巴德空军基地，空军第82.101师后勤保障力量搭乘运输机和直升机伴随参战部队进驻巴基斯坦空军基地，大批物资在战前两周也通过C-130运输机预储在巴基斯坦基地。不难看出，美军在战前准备活动中主要使用了海空物流装备完成战略投送任务。当然，此种保障方法与其全球军事战略有直接关系，但这一先进输送理念本身却值得借鉴。

我国长期以来实施长距离、大规模的输送使用最多的运输方式就是铁路运输。虽然此种方式在一定时期为我国经济和国防建设做出了巨大贡献，但随着时间的推移，这种较为单一的运输方式已不适应现代战争的要求。因此，未来在继续推进陆路运输建设的同时，海空物流装备配置必将得到加强，实现陆、海、空三种运输方式的协调发展。海运方面加强大型运输舰船，特别是滚装船的配备；空运方面则要适量配置大、中型运输机，军事物流系统的快速反应能力不断提高。

此外，传统的物流模式是以数量为基础的，是依靠庞大的库存来克服作战中的不确定性，这种模式只有在线形的战场上才能发挥作用，而且需要安全的补给区域和漫长的集结时间。但是未来的战争将日益呈现非线性、非对称的特点,战时物资保障的不确定因素将进一步增多,这为未来的军事物流工作带来了严峻挑战,一旦物流预测模型发生错误,整个体系就有可能崩溃,因此迫切需要一种新的物流模式。上文中介绍的美军"感知—反应"型物流模式就是以网络为核心,通过先进的信息技术和高度灵活的运输系统,依靠反应能力、速度和灵活性来克服战争中的不确定性。未来,"感知—反应"型物流模式将成为美军面向21世纪军事物流的主攻方向,"感知"与"反应"这两大要素不仅符合21世纪作战对物流的要求,也符合未来军事物流提高效益和高效率的大趋势。

要成功地组织军事物流投送,还必须完善现代化的物流装备。物流装备是物流系统实体的重要组成部分,是物流活动的直接参与者。物流系统信息化建设离不开物流装备的发展。美军在开发、装备、部署物流装备时所贯彻的是先进性、实战性和系统性的思想,简化了物流的中间环节,大大加快了物流过程。我军未来物流装备也必然要向信息化方向发展,主要体现在以下三个方面:物流装备的导航定位能力逐步提高;物流装备与物流系统的信息传递能力不断增强;物流装备的自动化和智能化程度日益提高。

五、军民合作,军事物流军地一体化

军事物流不仅是军事物资流通与供应的支柱,而且,由于其在基本原理、运作模式等方面与地方物流的相融性,使军事物流更容易实现与地方物流系统的无缝对接,成为军地之间的桥梁。历次战争实践都已证明军民联合实施物流保障的可行性、必要性和重要性,走军、政、民结合,建立军民兼容、平战结合的军地一体化保障体制已是世界各国军队的普遍做法。

未来战争更是如此,应该在平时就将军外物流力量和资源纳入整体物流保障体系,建立起良好的平战转化机制和适应高科技战争战场要求的"大军事物流"保障体制,而随着物流整合、集成理念的不断深入,军事物流与地方物流必然向一体化方向发展。军地物流一体化是不可逆转的发展趋势。

军地物流发展的总体规划更为科学。由于过去几十年我国军事、经济发展战略的影响,导致军地物流系统在总体规划方面存在一些不足之处。但近几年已经有所改观,未来将有更大发展。一是各级领导的重视。我国物流业的发展引起了中央、地方政府和军队各级领导人的高度重视,一些有利于军地物流发展的政策相继出台,为军地物流一体化发展创造了良好的建设环境。二是军地协调更加便利。物流发展涉及军地诸多单位,协调难度较大。未来将成立具有一定权威的有关机构或部门负责统一管理军地物流协调发展事宜,促进军地物流的共同发展。

军地资源配置的一体化程度更高。我军后勤社会化保障的深入开展将使军地物流资源配置的一体化程度更高。和平时期,军地通用部分,通过一定形式将尽可能交给地方,最大限度地利用国家物流的基础能力,减少军队在此方面所耗费的人力、财力、物力和精力;战争时期,依赖事前的有效沟通和协调,以及动员法规的建立,也将出现由后方基地送至战场的地方物流业者的参与。此外,在物流人才培养、物流设施设备建设、运输工具的配置等方面都将会有更深和更广的合作。军队物流加强自身建设的同时,将会更多地使用地方物流力量。

军地物流理论技术的结合更为紧密。军事上许多关键技术正是地方技术中发展最快的技术,如信息、通信、网络技术等。军事物流技术作为国防科技的重要组成部分,其研究领域大多数都具有军民两用的特征,开发这一领域的军民两用技术大有潜力。一是进一步拓展军民两用技

术的转化机制和渠道,是军事物流从封闭型向开放型、从单纯军用型向军民结合型,从单纯科研型向科研、生产、服务型转变;二是在物流理论研究上加强优势互补和协作,在物流前沿阵地上,军地物流各显身手,因此未来军地物流将沿着相互依赖、相互学习、相互促进的道路继续前进,共同促进现代物流理论和技术的发展。

小故事

乌巢烧粮断后勤

无论古今,“兵马未动,粮草先行”都是真理。在《三国演义》第三十回“战官渡本初败绩,劫乌巢孟德烧粮”中,生动地描写了曹操烧掉袁绍粮库的事情,堪称军事物流史中的经典。袁绍的谋士许攸叛逃曹营,曹操大喜。许攸问曹操:“公今军粮尚有几何?”操曰:“可支一年。”攸笑曰:“恐未必。”操曰:“有半年耳。”攸拂袖而起,趋步出帐曰:“吾以诚相投,而公见欺如是,岂吾所望哉!”操挽留曰:“子远勿嗔,尚容实诉:军中粮实可支三月耳。”攸笑曰:“世人皆言孟德奸雄,今果然也。”操亦笑曰:“岂不闻兵不厌诈!”遂附耳低言曰:“军中止有此月之粮。”攸大声曰:“休瞒我!粮已尽矣!”你看,由于信使被敌方所获,曹操的后勤家底被敌人知晓,如果袁绍善于用人,鹿死谁手尚未可知。可惜,许攸截获书信后并未告知袁绍。

曹操接着问破袁绍之计,许攸同样从粮草着手。许攸说:“袁绍军粮辎重,尽积乌巢,今拨淳于琼守把,琼嗜酒无备。公可选精兵,诈称袁将蒋奇领兵到彼护粮,乘间烧其粮草辎重,则绍军不三日将自乱矣。”操大喜,重待许攸,留于寨中。次日,操自选马步军士五千,准备往乌巢劫粮。张辽曰:“袁绍屯粮之所,安得无备?丞相未可轻往,恐许攸有诈。”操曰:“不然,许攸此来,天败袁绍。今吾军粮不给,难以久持;若不用许攸之计,是坐而待困也。彼若有诈,安肯留我寨中?且吾亦欲劫寨久矣。今劫粮之举,计在必行,君请勿疑。”请看,粮草储备多么重要,曹操这个主帅都要出马了。当天黄昏时分,曹军就开始往乌巢进发,连夜赶到乌巢,四更已尽,举火烧粮,袁绍的粮草尽行烧绝。

由于军事物流没有做好,损失了后方粮草,直接造成了后来袁绍的彻底失败!

案　例

海湾战争美军物流特点分析①

有人做过统计,自第二次世界大战以来,平均不到五年,世界范围内就会爆发一次大规模局部战争。1991 年爆发的海湾战争,在现代局部战争中具有十分鲜明的代表性。这次战争中,美军充分运用自己掌握的先进技术,在短短 42 天内迅速达成战争目的,而且地面战争只持续了不

① 资料来源:邓伟,倪明仿. 现代军事物流经典案例赏析:海湾战争美军物流特点与总结. 物流科技,2004, 27(4):67-69.

到 100 小时。

从现代军事物流的角度来看，海湾战争中美军共调集了 55.4 万军队，为了保障部队的衣、食、住、行、战，美军在五个月左右的时间里从本土和欧洲各军事基地向海湾地区运送了各类物资 770 余万吨，相当于把一个中等城市从美国中西部搬到了中东沙漠。

海湾战区距离美国本土十分遥远，海上距离 1.7 万公里，空中距离 1.1 万公里，需要动用大量的运输力量才能及时完成大规模的物流任务。海湾战争期间，美军平均日运送物资 4 200 吨，物流时效之高前所未有。

此外，由于海湾战争使用了大量高技术武器装备，复杂的武器系统使各类配套物资的品种大量增加。据统计，仅美军国防后勤局提供的物资就达 226 万项。大量的物资品种给物流过程增加了难度，使物流环节更加复杂。

纵观海湾战争，美军不仅打赢了一场现代高技术局部战争，而且成功地导演了一场高难度的跨国军事物流。海湾战争的美军物流堪称现代军事物流经典案例，具有很高的研究价值。概括海湾战争美军物流的特点，主要有四个方面。

一、雄厚的军事海空运力量

美军为了维护其全球战略利益，历来十分重视军事海空运力量的发展。比如：在军事海运船只的建设方面，美军明确要求海运船只单艘航速快、单船吨位大、有综合补给能力、自卫能力强、有直升机平台；在军用运输机的建设方面，要求载重量大、可靠性强，能够在建议跑道起降，等等。截至海湾战争爆发前，美军共有军事海运船只 1 900 余艘，总吨位达到 4 600 万吨；共有 13 个运输机飞行联队，包括 110 架 C-5"银河"式运输机，234 架 C-141"星"式运输机和 460 架C-130"大力神"式运输机，运载总量可达 37 700 多吨。

美军不仅海空运力量雄厚，而且战备水平很高。军事海运船只和空运飞机的完好率均保持在 90% 以上，在航率和出动率达到 80% 以上。同时，美军还建有与军事海空运力量相配套的设施、设备，如码头和机场，吊装和搬运工具等，能够做到一声令下立即行动。

二、多层次配置的军事物流网

早在第二次世界大战期间，美军就在海外占据了大量的军事基地，用于储存军用物资。战后这些军事基地经过大幅度扩建、增加和调整，逐步形成了一个与美军战略方向相一致，以本土基地为核心，以海外中间基地为桥梁，以战区基地为前沿，点线结合、多层次配置的军事物流网。在这次战争中，美国东西海岸的本土基地是美军作战物资的主要供应源；在关岛、菲律宾、迪戈加西亚、德国的拉姆施泰因等地的海外军事基地基本上担负这次战争的物流中转任务；在沙特阿拉伯、阿联酋、巴林、土耳其、塞浦路斯等海湾邻近国家的前进基地则构成了直接支援战区作战行动的前沿物资补给点。

这个点线结合的军事物流网对美军取得海湾战争胜利起到了重要的战略支撑作用。正是由于具备了完善的军事物流网，美军才能够储存大量的军用物资，并将这些物资由美国本土或欧洲各地源源不断地运往遥远的海湾前线，及时满足了美军的作战需求。

三、先进的军事物流装备和信息平台

美军在海湾战争中几乎投入了除核、生、化武器之外的所有高技术武器装备，为了保证这些高技术武器装备在战争中充分发挥作用，美军也投入了大量现代化的军事物流装备。这些物流装备包括：载重量可达 120 吨的 C-5 运输机，担任快速运输任务的 C-141 运输机，对跑道条件要求较低的 C-130 运输机；UH-60 多用途直升机、CH-47 运输直升机和 CH-53 运输直升机为近前输送提供了方便；KC-10A 和 KC-135 空中加油机发挥了空中油料库的作用。在地面运输过程中，美军广泛使用了 M988 系列高速机动多用途轮式车辆、M939 系列中型运输车和 M977 系列重型运输车。

特别值得一提的是美军的海运装备。美军的海运装备中有 13 艘海上预置船、12 艘浮动基地船、8 艘快速海运船。其中海上预置船排水量为 4 万～4.8 万吨，长 205～250 米，航速在 17 节以上。每个海上预置船中队（3～4 艘）可运载 1.7 万人的海军陆战远征旅 30 个战斗日所需的全部物资。12 艘浮动基地船包括：2 艘油轮，4 艘集装箱船，2 艘普通货船，2 艘滚装货船，2 艘医院船。这些船只通常停泊在印度洋迪戈加西亚岛基地，船上满载着陆军和空军所需的装备和物资。8 艘快速海运船是现代化大型运输船，因其最高航速可达 33 节，故称为快速海运船。据美国《陆军时报》报道，快速海运船是美海军最大的船种之一，长达 288 米，满载排水量 5.5 万吨，有五层货运甲板，比它大的只有航空母舰。8 艘快速海运船能装载 1 个装甲师或机械化师的主要装备和物资。

这些海运装备既是得力的运输工具，也是一座座海上浮动仓库，集储存和运输为一体。船上各类装备物资成建制地配套储存，避免了因缺少某种装备物资影响整体战斗力的发挥。由于这些海运装备有的是提前预置好的，如 13 艘海上预置船和 12 艘浮动基地船；有的采用了滚装技术，如 8 艘海运船，尽管有五层货运甲板，但各种坦克和车辆可以经过通道和滑轨十分方便上下，装卸起来十分方便。这样就简化了物流的中间环节，加快了物流过程。据美国《海上力量》杂志报道，美国总统布什 1990 年 8 月 7 日正式下达出兵命令，8 月 15 日美军的海上预置船就在沙特港口卸下了第一批装备物资。速度之快可见一斑！每艘快速海运船尽管排水量达到 5.5 万吨，从接到命令到备航完毕，平均时间也都不超过 7 天。

为了使美军的物流活动能够准确高效地实施，美军还使用了先进的物流信息平台。如军事海运局使用了“联合部署系统”（JDS）协助调节物流的海上运输过程。该系统可以通过计算机和卫星通信网与其他指挥系统相连，从而把战场所需求的物资按预定的时间运到指定的地点。军事空运司令部使用了全球决策支持系统（GDSS）指挥和协调“沙漠盾牌”行动中的空中运输，该系统跟踪和指挥了约 10 500 架次的运输机，运送了大约 41.5 万兵力和 39.5 万吨军用物资。

先进的军事物流装备和信息平台大大提高了美军物流的时效，为美军在战争初期快速赢得战场主动起到了关键性作用。

四、完善的动员机制

美军认为，动员和组织民间力量支援军队，是提高军事物流效果的重要因素。为保证战时能够充分发挥民间力量协同完成军事物流任务，美军不断加强军民一体化的物流体系建设，逐步形成了较为完善的动员机制。他们的主要做法有以下几方面。

（一）健全动员机构

这些动员机构包括“紧急动员与准备委员会”，该机构是在白宫国家安全委员会之下专设的，领导 12 个部际工作小组，负责制定国家的动员政策、动员程序，制定并监督国家紧急动员计划的执行，协调各部门之间的行动；另一个动员机构是“联邦紧急管理署”，该署是国家紧急动员、民防、救灾抢险的办事机构，在 10 个行政区设有办事处，主要负责协调国家各部门动员计划和各州的动员准备工作，监督各方动员工作的落实。此外，在政府各部门还设有动员局（外），具体安排本部门的动员准备工作,并同有关单位互派联络员进行协作,保持密切联系。

（二）制订周密的动员准备计划

为了使动员准备工作有条不紊,国家一级有动员准备的总体方案。方案包括战略物资储备等长远规划和战时部分工厂收归国有、征集交通运输工具等紧急动员方案,并有与总体方案相配套的具体动员计划。根据这些动员计划,各部门、各地区还有具体落实计划。

（三）建立了一套系统而完备的战争动员法规

这套法规既有《国家安全法》《战争权限法》《国家紧急状态法》等具有母体性质的基本军事法,也有《国防生产法》《国家安全物资法》《国防设施法》《商船法》等一系列具体的相关法规。

健全的动员机构、周密的动员计划、完善的动员法规,有力地促进了平时各项动员准备工作的进行,保证了战时能够快速实施高效的动员。在海湾战争中,美军动员和征用了商船 106 艘,占美军出动运输船总数的 58% ,向海湾地区运送物资 468 万吨;有 20 多家航空公司近 200 架大型民用运输机参加了“沙漠盾牌”空运行动,飞行 1 900 架次,占美军出动运输机总架次的 20%以上;征用了 7 个州的铁路和 2 660 节火车车厢以及 6 700 辆运货卡车,担任美军装备物资在本土范围内的运输任务。美军装备物资在本土范围内的运输任务基本上是由这些民间运输力量完成的。

令人关注的是,美军动员和征用的 106 艘商船中有 40 只外籍商船,可见美军的动员准备工作不只局限于国内,而是扩大到了国外。由于充分动员和利用了民间及盟国的物流资源,因此在短时间内大大提高了美军的物流效能,成为夺取战争胜利的“倍增器”。

本章小结

军事物流主要解决如何为武装力量平战时期的生活、训练以及作战提供所需物质保障的问题。这是个老话题,也是一个新课题。本章叙述了军事物流先进理念与实践和军事物流发展趋势。如今,面对世界新一轮军事技术变革,各国都非常重视军事物流的发展与运用,把各种新材料、新技术及时注入物流系统的各个环节,运用于物流体系的各个节点,以全面提高军事物流系统的整体效能。强大的军事物流中心不仅是平战时期物质保障的中心源,也是体现国家军事实力的重要标志。

关键名词

军事物流　后勤　军事物流保障　物流场　军地物流一体化　流程优化

更多名词术语请访问:爱课程网→资源共享课→物流学/汝宜红→第十章→名词术语。

思考题

1. 什么是军事物流？简述军事物流的实质、特点与作用。
2. 军事物流同民用物流相比有哪些特点？
3. 如何理解军地物流深度融合理论？
4. 请解释物流场的概念。
5. 试阐述军事物流活性理论，并查找实际案例进行说明。
6. 什么是基于流程优化的军事物流速率管理理论？如何应用？
7. 什么是基于配送的军事物流保障理论？其特点和实施基础是什么？
8. 什么是感知—反应型物流？试述其功能与发展模式。
9. 未来军事物流发展的趋势有哪些？

即测即评

请扫描二维码进行在线测试。

拓展阅读

拓展资料：海湾战争美军物流特点回顾与总结

第八章　循环物流

随着我国经济的快速增长和人口的不断增加，一方面耗费了大量资源，另一方面也使得各种废弃物的数量连年上升，成为主要的环境污染源，影响了社会的可持续发展。目前，遵循循环经济思想，建设“低消耗、高利用、低排放”的资源循环型社会，已经成为国家和各级政府的重要议题。循环经济要求把经济活动组织成一个“资源—产品—再生资源”的反馈式流程，其实质是所有资源能够在不断进行的经济循环中得到充分和持久的利用。

第一节　循环物流概述

授课视频 8-1：循环物流基本理论(1)

一、循环的概念

“循环”是循环物流系统区别于一般物流系统的重要标志。为此，在探讨循环物流的定义之前，首先需要对“循环”的含义进行界定。

（一） 循环的语义

汉语中，《辞海》(合订本)对“循环”的释义为：“环行旋绕不绝，因谓凡往复相承旋绕不绝者曰循环。”《辞源》的释义为：“往复旋绕也。”《现代汉语词典》(2002年增补本)的释义为：“事物周而复始地运动或变化。”可见，在汉语中，“循环”可以作为名词或动词，表示事物的运动具有“周而复始”的特征或事物处于“周而复始”的运动。

授课视频 8-2：循环物流基本理论(2)

英语中，与循环相近的词汇是“cycle”和“circular”。其中，“cycle”用作名词或动词，表示“按照同一次序重复多次的一系列事件(名词)”(a number of related events that happen again and again in the same order)，或“促使事物形成重复运动的状态(动词)”(go through a series of related events again and again or make something do this)。“circular”用作名词或动词，表示“事物具有往复、环绕的运动状态(名词)”(having the form of a circle)或“事物处于往复、环绕的运动过程中”(moving in or forming a circle)。

因此,从语义的角度看,“循环”可以表示两种含义:一种是描述事物具有“周而复始”的运动特征(为名词),一种是促使事物的运动呈现“周而复始”的形式(为动词)。

(二) 循环的哲学含义

循环是事物运动的一种普遍现象,哲学对于“循环”也有相应的解释,并形成了不同的学说。如形而上学的循环论认为,“循环”现象表明事物的发展只有量的变化,而没有质的飞跃,像走马灯式地从一点出发,周而复始地回到原来的出发点。它否认事物发展的前进性质,否认事物的发展是由低级到高级、由简单到复杂的螺旋形上升运动。而马克思主义哲学认为,循环是指普遍存在的往复流动、周而复始的现象,是自然界中随着物质的运动和能量的转换而形成的周期性运动过程。它既是自然界发展变化的阶段性、曲折性和复归性的表现,又是自然系统发展的普遍形式之一。一般说来,自然界物质的循环是一个不可逆的历史过程。但在忽略它与环境之间的相互作用的情况下,可以近似地看做可逆过程。不可逆过程体现了物质系统循环运动的前进性特征,可逆过程反映了这种运动的复归性特征。循环运动就是过程的可逆性与不可逆性的统一。

马克思主义哲学的论断表明,“周而复始”只是事物“循环”运动的外在特征,是事物内部由简单到复杂的螺旋形上升运动的外在表现。因此,研究“循环”,不仅要研究其“周而复始”的外在特征,还应探讨促使循环运动形成的内在规律。

(三) 循环的物理学含义

物理学,尤其是热力学认为,“循环”是“系统从某一状态出发,经历一系列过程后又回到初态的全过程”。通过循环过程,系统同外界进行能量交换,或从外界吸收能量,或者对外界做功。物理学对“循环”的理解表明,具有“循环”特征的系统应是开放系统,与外界的能量交换是实现“循环”的动力。

(四) 循环的经济学含义

经济学中的“循环”,主要指资本循环(或资金循环),即产业资本依次经过三个阶段,相应采取三种职能形式,使其价值得以增值并回到原来出发点的运动过程。

马克思的资本循环理论分析和揭示了在社会化大生产条件下企业再生产的一般规律。马克思关于资本循环的总公式为:G—W…P…W′—G′。按照总公式,资本循环可分为三个阶段:第一阶段,资本家作为买者出现在商品市场和劳动力市场,货币转化为商品;第二阶段,资本家将购买的商品和劳动力投入到生产环节,生产出新的商品,这种商品的价值大于原来作为生产要素的商品的价值;第三阶段,资本家作为卖者回到市场,将商品转化为货币,资本实现增值,资本家获取剩余价值。在第一阶段中,资本家利用手中掌握的货币,一部分购买劳动力,另一部分购买生产资料。在这里,货币表现为资本价值的第一承担者,货币资本表现为预付资本的形式。在第一阶段,货币资本转化为生产资本是第二阶段即生产资本阶段的先导和先行阶段。在第二阶段,资本流通被中断,而资本循环仍在继续。资本从商品流通领域进入生产领域,通过劳动力和生产资料的结合,生产出包含剩余价值的新商品。在第三阶段,“商品,作为已经增值的资本价值的直接由生产过程本身产生的职能存在形式,成为商品资本”,资本家通过在市场上出售商品,获取生产资料价值和再生产的劳动力价值以及剩余价值,商品资本转化为货币资本。

(五) 循环的生态学含义

自然生态系统中,植物、动物、微生物和非生物成分,借助能量的不停流动,一方面不断地从自然界摄取并合成新的物质,另一方面又随时分解为原来的简单物质,即所谓“再生”,重新被植物所吸收,进行着不停顿的物质循环。在人工生态系统中,物质循环表现为“资源循环”。

狭义的资源,是指自然资源,是“在一定时间和技术条件下,能够产生经济价值、提高人类当前和未来福利的自然环境因素的总称”①。在人工生态系统中,资源除自然资源外,还包括产品资源、废弃物和再生资源。

产品资源是“人类为了满足生产或生活活动的需要,通过一定的技术手段与设施,利用物质资源加工后形成的半成品或成品”。废弃物是“人类生存和发展过程中产生的,对持有者没有继续保存和利用价值的物质”。再生资源是“在社会生产、流通、消费等一系列过程中产生的、不再具有原使用价值而以各种形态赋予,但可以通过各种不同的加工途径使其重新获得使用价值的各种物料的总称”。②

自然资源、产品资源、废弃物和再生资源的循环过程如图 8-1 所示。

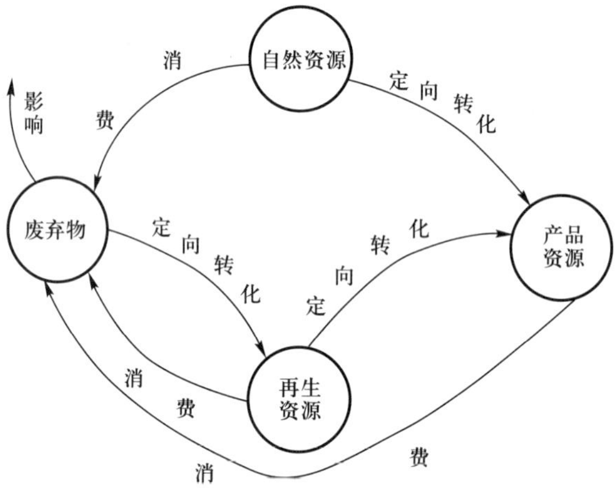

图 8-1 资源循环过程

从形式上划分,资源循环可以分为以下几种形式:

(1) 回收循环。指物质在生命周期内的循环利用,即回收已经用过的废旧产品和排放物,按其有用成分和用途再加以利用。

(2) 互利循环。指两类以上生物或两个以上生产单元互相循环利用对方的产物。如煤矿向电厂提供煤炭用于发电,电厂向煤矿提供电力用于采煤。

(3) 反馈循环。指两个相关的生产过程按一定的先后顺序连接起来,其中前一个生产过程制造某种产品时的排放物成为后一个生产过程的原料,后一个生产过程的部分产品作为投入要素反馈给前一个生产过程,重新用于生产。

(4) 连环循环。指在三个以上的生产单位或过程之间也可以建立这种循环利用关系。如甲、乙、丙三个生产单位,其中乙利用甲的排放物,丙利用乙的排放物,甲利用丙的排放物,形成连环循环。

(六)“循环物流”中“循环”的含义

本文所研究的“循环”,在语义层面上使用的是“循环”的动词含义,即促使事物的运动呈现

---

① 汝宜红.资源管理学.北京:中国铁道出版社,2001.

② 汝宜红.资源管理学.北京:中国铁道出版社,2001.

“周而复始”的形式。同时,本文所研究的“循环”,既具有生态学含义,也具有经济学含义,即一方面强调研究“资源—产品—再生资源”的资源循环实现过程,一方面也强调资源循环过程中的价值循环与增值实现过程。

二、循环物流系统的概念

目前由于循环物流系统的研究尚处于起步阶段,其定义尚不统一,主要可以分为以下几类:

(一) 从正向物流与逆向物流相结合的角度定义

宋耀华(2003)认为,“循环物流系统是指物及其物流衍生物发生的空间和时间的位置移动的循环系统,是由正向物流与逆向物流相互联系构成的物流系统。”①

张敏(2004)认为,“循环物流(circular logistics)是指产品及其废弃物物质实体双向闭环流动的物流形态。”②

谌国栋(2004)认为,“循环物流不仅指废弃物的循环利用,而是作为联系生态系统与经济系统桥梁的物流系统,它既包括正向物流系统,也包括逆向物流系统”。③

何远成(2005)认为,“循环物流在重视正向物流的同时又强调逆向物流,并把二者有机统一起来,形成资源反复利用的闭合通道。”④

李兹强等(2006)认为,“循环物流系统(cycle logistics system)是指物品及其物流衍生物发生的空间和时间的位置移动的循环系统,是由正向物流与逆向物流相互联系并且连接供应链各个环节以及环境而构成的物流系统。”⑤

如前所述,这种定义方式虽然能够从一定意义上描述循环物流系统的状态,但是尚不能全面反映循环物流系统的本质思想。

(二) 从物流功能要素的角度进行定义

朱煜(2005)认为,循环物流是“物品从供应地到接收地,发生形态改变后再从接收地通过各种途径返回供应地的实体流动过程。根据实际需要,将运输、储存、装卸、搬运、包装、流通加工、配送、信息处理、回收、检测分类、再加工等基本功能实施有机结合”。⑥

这种定义方式比较全面地描述了循环物流系统所包含的物流作业环节,但是同样缺乏对循环物流系统本质特征的概括和归纳。

(三) 从物流与经济的关系的角度进行定义

魏际刚(2005)认为,“循环经济……对物流领域的未来发展产生深刻的影响,即物流活动和物流管理符合循环经济要求,向资源节约型、环境友好型的循环物流转变,改变原来经济发展与物流、消费生活与物流的单向作用关系,在抑制物流对环境造成危害的同时,形成一种能促进经

① 宋耀华. 循环物流系统的结构和优化策略. 光明日报,2003-08.
② 张敏. 现代物流与可持续发展. 山东农业大学博士学位论文,2004(5).
③ 谌国栋. 走可持续发展之路,发展循环物流. 上海港科技,2004(5).
④ 何远成. 节约型社会与循环物流. 中国资源综合利用,2005(2).
⑤ 李兹强,王俊峰. 循环物流成本初探. 特区经济,2006(2).
⑥ 朱煜. 循环物流系统研究. 北京交通大学硕士论文,2005.

济和消费生活健康发展的物流系统。”①

上述定义方式表明了循环物流对循环经济的促进作用,但是过多注重于环境保护方面,而对于保障资源循环方面的作用尚不突出。

综合以上循环物流系统的定义可以看出,循环物流系统的定义尚需要进一步深入探讨和科学化,在可持续发展和循环经济的时代背景下,迫切需要一个能够反映完整物流活动的循环物流定义。

在既有研究成果的基础上,本书对循环物流进行如下定义:

循环物流系统是连接社会再生产过程的物流系统的组成部分,其主要作用是支撑资源循环,促进循环型社会的实现和保障循环型社会的运行。

三、相关概念辨析②

近年来,国内外围绕循环物流、逆向物流、绿色物流以及闭环供应链的研究逐渐增多,也取得了一定的进展,但由于发展水平、文化习惯以及思维方式的差异,不同国家和地区对于这些新生概念的理解存在着一些偏差。作为发展中国家,我国物流相关概念几乎都是从国外引进的,因此有必要对这些相关概念进行细致的辨析,为我国物流事业的理论和实际发展奠定坚实的基础。

(一) 逆向物流

逆向物流是与循环物流十分相关的研究领域。国外对于逆向物流的研究大约起始于 20 世纪 80 年代,并取得了显著的研究成果。

20 世纪 80 年代中期,欧洲一些国家制定了对产品和原材料进行回收或正确处置的强制性法律条文;在美国,垃圾填埋税越来越高,对于废弃物跨州运输的限制也越来越严格。到了最近几年,很多实例证明:回收活动不仅具有环境保护方面的价值,如果管理得当,还能创造巨大的经济财富;此外,政策压力、竞争、营销以及战略上的需要,迫使企业采取对策应对产品的回收处理问题,主动或被动地承担起产品的全生命周期管理。总之,越来越多的企业和组织承担起了原料和产品的回收及价值恢复的活动。这样,逆向物流的概念逐渐得到了企业界和学术界的广泛关注。

国际上,逆向物流的概念可以追溯到很久以前,但是,准确地追溯是非常困难的。1981 年,美国学者 Douglas Lambert 和 James Stock 最早提出了逆向物流的概念。他们将逆向物流描述为“与大多数货物正常流动方向相反的流动”。1989 年,Murphy 和 Poist 将逆向物流定义为“货物从消费者到生产商的流动”。可以说,20 世纪 80 年代,逆向物流的定义范围仅限于货物从消费者向生产商的流动,强调其与传统物流流向的相反性。

到了 20 世纪 90 年代,逆向物流的含义得到了很大的丰富。1992 年,James Stock 在给美国物流管理协会(该协会 2005 年更名为“美国供应链管理协会”)的一份研究报告中指出,逆向物流是一种包括了产品退回、物料替代、物品再利用、产品废弃处理、再处理、维修与再制造等流程的物流活动。并指出了逆向物流对商业和社会的重要性。同年,美国物流管理协会采纳了 Stock 的

---

① 魏际刚. 循环经济呼唤循环物流. 现代物流报,2005(11).

② 文献资料,请访问:循环物流系统概念辨析,请访问:爱课程网→资源共享课→物流学/汝宜红→第九章第 1 讲→文献资料。

观点，首次正式给出了逆向物流（reverse logistics）的定义：

"…the term often used to refer to the role of logistics in recycling, waste disposal, and management of hazardous materials; a broader perspective includes all relating to logistics activities carried out in source reduction, recycling, substitution, reuse of materials and disposal."即逆向物流指的是物流在产品收回、废弃物处理、危险原料管理过程中的作用；广义上，逆向物流包括了与资源缩减、再循环、物料替代、再使用以及废物处理过程相关的所有物流活动。

1993年，Kopicky在综合前人的研究成果和定义的基础上，给出了逆向物流的定义："Reverse Logistics is a broad term referring to the logistics management and disposing of hazardous or non-hazardous waste from packaging and products. It includes reverse distribution（…）which causes goods and information to flow in the opposite direction of normal logistics activities."即逆向物流是一个概括性的术语，是对包装废弃物和废弃产品的物流管理和处置的过程，它包括逆向配送……物品和信息沿着与常规物流活动相反的方向流动。

Rogers和Tibben-Lembke则在1999年给出了逆向物流的一种定义："逆向物流是指物品从其消费地向其上一级来源地的流动过程，流动的目的在于补救物品的缺陷、恢复物品价值或使其得到正确处置。"逆向物流的内容包括：

（1）由于损坏、季节性、再储存、残次品、召回或者过度库存等原因而处理的回流商品。

（2）再循环利用的包装原料和容器。

（3）修复、改制或翻新的产品。

（4）处理废弃的机器或设备。

（5）处理危险物料。

（6）恢复价值。

他们认为，逆向物流系统是由人、过程、计算机系统以及承运商组成的一个集合，他们相互作用，共同实现物品从终结地到来源地的流动。

欧洲各国历来非常重视环境问题，从包装容器的回收利用到电子产品、机械产品的回收利用，都通过立法强制规定了企业的责任，可见，欧洲的逆向物流发展具有与美国不同的特点。1998年，欧洲逆向物流工作委员会对逆向物流做出定义："The process of planning, implementing and controlling flows of raw materials, in process inventory, and finished goods, from a manufacturing, distribution or use point of recovery or point of proper disposal."即逆向物流是对原材料、在制品及产成品从制造厂、配送中心或消费地向回收点或其他处置场所的流动而进行的规划、实施和控制的过程。

美国物流协会在2005年更名为美国供应链管理协会后，在其公布的《供应链全景——物流词条术语》2003年9月升级版中，对逆向物流进行了重新解释：由于修理和信誉问题，对售出及送达客户手中的产品和资源的回流运动所实施的专业化的物流管理。

我国2001年制定的国家标准《物流术语》（GB/T 18354—2001）中，没有"逆向物流"这一术语，与之相关的两个定义是"回收物流"和"废弃物物流"。国家标准《物流术语》（GB/T18354—2006）中，即补充了"逆向物流"的定义，同时删除了"回收物流"条目。对于逆向物流/反向物流（reverse logistics）的定义是：物品从供应链下游向上游的运动所引发的物流活动。废弃物物流（waste material logistics）是指将经济活动或人民生活中失去原有使用价值的物品，根据实际需要进行收集、分类、加工、包装、搬运、储存等,并分送到专门处理场所物流活动。

随着时间及认识的发展,逆向物流的定义还将继续发展。但正如欧洲逆向物流工作委员会认为的,逆向物流其实是一个概括性的词语,有广义和狭义之分。从狭义上,逆向物流是通过分销网络系统将所售产品进行回收、处理的过程;从广义上,逆向物流代表了与物料重新利用、节约资源及保护环境有关的一切活动,因此,也应该包括减少正向物流过程中物料的消耗,如生产过程中的原料节约、边角余料的重新利用、包装物的重复利用、次品的改造等,以便减少物料回流,使正向物流和逆向物流量同时缩减。

(二) 闭环供应链

闭环供应链(closed-loop supply chain)是供应链领域一个新兴的研究方向。国外对闭环供应链的研究始于 20 世纪 90 年代中后期,其范围主要限于闭环供应链管理系统的概念、运作模式、基本功能和关键技术的研究,更多的是从管理和技术的角度,即如何提高闭环供应链的管理效率和运作效率的角度研究闭环供应链管理。闭环供应链不仅包含传统的正向供应链,同时还包含废弃品回收再利用的逆向供应链,而最重要的是两条链上的物流并非相互独立而是呈现出从源到汇、再由汇到源的闭环特征。

国内对于闭环供应链的研究同样晚于国外,且多属于对国外研究成果的介绍性和跟踪性研究,如闭环供应链的概念、特征等方面。姚卫新通过对闭环供应链的界定与分析,归纳出闭环供应链的若干特点:① 除了考虑成本和服务外,还要考虑环境因素,使目标函数更加复杂。② 系统更加复杂。封闭的系统中增加了逆向的废旧产品流,而且与正向的商品流相互作用,在商品的供应(或废旧产品的收集)方面,其数量、质量、时间等具有不确定性。③ 推/拉特性。废旧产品的供应和需求之间经常不匹配,生产与需求不协调。④ 供应商多,客户少。⑤ 未开发的市场机会。闭环供应链实质上是通过产品的正向交付与逆向回收再利用,使“资源—生产—消费—废弃”的开环过程变成了“资源—生产—消费—再生资源”的闭环反馈式循环过程。

通过分析国内外闭环供应链的研究成果可以看出,闭环供应链是对一般意义上的“正向”供应链的延伸与扩展,侧重从产品的生命周期角度,应用数学模型,探讨资源回收、减少最终废弃物发生的途径。闭环供应链考虑了正向物流过程与逆向物流过程的整合,与循环物流具有相同之处,其研究思路也可为研究循环物流所借鉴,但是闭环供应链的研究主要集中在单一产品及其相关企业之间的联系,适合于产业内部资源循环的情形,而对于不同产业之间的资源循环则缺乏考虑。对区域范围内的资源循环也缺乏考虑。本文所研究的循环物流系统,则不仅支撑特定产业及产业链内部的资源循环,也支撑不同产业之间的资源循环,更可以从城市等区域角度综合考虑资源循环问题。

(三) 绿色物流

绿色物流是指以降低污染物排放、减少资源消耗为目标,通过先进的物流技术和面向环境管理的概念,进行物流系统的规划、控制、管理和实施的过程。绿色物流关注的是所有物流活动中的资源环境问题,包括运输过程的资源节约和污染削减、包装的减量化和可重复利用性等,主要集中于物流系统各环节的绿色化,也包括逆向物流环节的绿色化。

美国逆向物流执行委员会(RLEC)在研究报告中对绿色物流的定义是:绿色物流也称为“生态型的物流”(ecological logistics),是一种对物流过程产生的生态环境影响进行认识并使其最小化的过程(the process of understanding and minimizing the ecological impact of logistics)。

丹麦出版的 Bjorn N . Petersen 和 Palle Petersen 合著的《绿色物流》(*Green Logistics*)中定义:绿色物流就是对正向物流(forward logistics)和逆向物流(reverse logistics)的生态管理(eco- management)。

H. J. Wu 和 S. Dunn 认为,绿色物流就是对环境负责的物流系统(an environmentally responsible logistics system),既包括从原材料的获取、产品生产、包装、运输、仓储,直至送达最终用户手中的前向物流过程的绿色化,也包括废弃物回收与处置的逆向物流绿色化。

在国内,随着加入 WTO 以来国际贸易的日益增多,国内企业不仅面临同类国际企业的产品质量竞争,还将面临有关的环境贸易壁垒。国内少数企业及学者已经在绿色生产、绿色包装、绿色流通、绿色物流方面进行了有意义的探索,认为绿色物流是指在运输、储存、包装、装卸、流通加工等物流活动中,采用先进的物流技术、物流设施,最大限度地降低对环境的污染,提高资源的利用率。

2000 年,北京物资学院流通经济研究所在其承担的《发展首都绿色流通事业的对策研究》项目中指出:"绿色物流是指与节约资源及保护环境相联系的物流活动。绿色物流主要由绿色运输、绿色包装以及绿色流通加工三个子范畴组成。"

2001 年,我国国家标准《物流术语》中对绿色物流的定义是:"在物流过程中抑制物流对环境造成危害的同时,实现对物流环境的净化,使物流资源得到充分利用。"

2003 年,王涛认为,绿色物流至少应该从两个层次来定义:一是微观层次;二是宏观层次。在微观层次,绿色物流从物流活动的开始就注意防止环境污染,以先进设施和科学管理为手段,在运输、装卸搬运、保管、包装、流通加工、信息处理等功能要素中实现节能、降耗以及减少环境污染,并由此实现赢利目的。在宏观层次,绿色物流旨在通过对城市、区域乃至全国的产业布局、人口布局进行合理规划、适当调整,尽量减少重复的物流活动,降低总的物流发生量;提倡环境友好的物流技术,用健全的标准体系来规范物流企业的环境行为,建立绿色物流评审制度,从技术和管理上抑制物流的环境影响;大力发展废弃物物流,使之规范化、产业化,最终实现物流与经济、社会的协调、持续发展。

2004 年,王长琼在《绿色物流》一书中给出的绿色物流定义为:"绿色物流是指以降低污染物排放、减少资源消耗为目标,通过先进的物流技术和面向环境管理的理念,进行物流系统的规划、控制、管理和实施的过程。"

通过分析国内外学者对于绿色物流的定义可以看出,凡是以降低物流过程的生态环境影响为目的的一切手段、方法和过程都属于绿色物流范畴。绿色物流与循环物流具有目标上的一致性,但是绿色物流更侧重研究物流系统自身,是物流系统在日益严重的环境污染条件下的自身调节。从某种意义上讲,绿色物流带有一定程度的"被动性",而循环物流则更具"主动性",它研究物流系统与经济系统之间的互动关系,对物流系统结构、模式等进行改革和优化,使其具有支撑资源循环、提高资源使用效率、降低废弃物最终处置数量的功能,其目标是整个社会经济的可持续发展。本书研究建筑循环物流系统,亦是通过对现行的物流系统模式进行研究,构建出有效支撑资源循环的物流系统,达到实现循环型社会的目的。

(四) 综合比较分析

通过以上分析可以看出,物流系统中的资源、环境问题得到了越来越多的重视,形成了循环物流、逆向物流、闭环供应链、绿色物流等相关研究领域,这些研究领域的区别与联系如表 8-1 所示。

表 8-1 循环物流与相关概念比较

	循环物流	逆向物流	闭环供应链	绿色物流
提出时间	20 世纪 90 年代中期	20 世纪 90 年代初期	20 世纪 90 年代中后期	20 世纪 90 年代初期
概念内涵	支撑和促进物质资源循环的物流过程	原材料、加工库存品、产成品以及相关信息从消费地到起始地的高效率、低成本的流动过程，即回收物流过程与废弃物物流过程	将正向供应链与逆向供应链相连接，两条链上的物品从源到汇、再由汇到源的闭环流动过程	认识物流过程产生的生态环境影响并使其最小化的过程
共同点	均将降低污染物排放、废弃物回收与循环利用等资源与环境问题纳入物流的研究范畴，在研究目标上强调经济利益与环境影响的统一与协调			
侧重点	从改造承载资源流动的物流系统角度切入，整合商品物流与废弃物物流，强调从功能上促进资源循环	主要强调废弃物回收与循环利用过程的规划、实施和控制等管理过程，甚少考虑与商品物流进行整合，而且仍主要侧重经济效益	强调物流系统从生态上形成闭合的循环网络，只是循环物流的一种形式	强调物流过程自身在抑制对环境造成危害的同时，实现对环境的净化，使资源得到充分利用
应用领域	企业、产业、社会	企业	供应链	企业、产业、社会

四、循环物流的特点

循环物流系统是社会再生产中物流系统的一种存在形式，其主要功能和作用是促进循环型社会的实现和保障循环型社会的运行。因此，循环物流系统在具备了一般物流系统的特性基础上，还具备自身的特性。

（一）循环物流系统是一种人工生态系统

生态系统是生态学的基本概念，是指生物群落与其周围非生物环境的综合体，是生命系统和环境系统在特定空间的组合。在生态系统中，各种生物彼此间以及生物与非生物的环境因素之间互相作用，关系密切，而且不断地进行着物质循环和能量流动。

人类生态学中的物质代谢理论，类比自然生态系统中的"食物链"关系，描述社会再生产过程中的原料供应、生产制造以及消费和废弃物处理等方面的物质资源依存与代谢关系，形成人工生态系统，如图 8-2 所示。

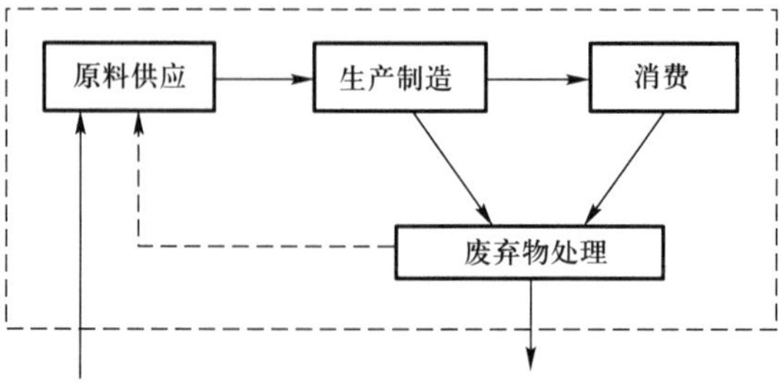

图 8-2 人工生态系统中的"食物链"关系

人工生态系统中的物质代谢过程对于自然生态系统的依赖与影响，若能与自然生态系统的再生与净化能力一致，则人工生态系统中的物质资源就处于循环利用之中，此时的经济发展模式即为“循环经济”，社会发展模式即为“循环型社会”。循环物流系统的定义决定了其就是支撑“循环型”社会经济发展模式的人工生态系统，一方面减少自然生态系统中的物资资源消耗，另一方面减少向自然生态系统排放废弃物。

（二）循环物流系统是商品物流与废弃物物流的物流系统的有机整合

商品物流与废弃物物流的有机整合，是系统的整合性在循环物流系统中的具体体现，也是循环物流系统与一般物流系统的根本区别。“有机整合”并非商品物流与废弃物物流的简单相加，而是强调通过改造物流系统，将原本互相割裂、独立运行的商品物流过程与废弃物物流过程合为一体，由同一物流系统共同承担，通过解决二者的割裂性问题，促进资源循环的实现，解决经济发展与资源管理、环境保护之间的矛盾问题。

（三）循环物流系统扩展了物流活动的范围

与一般的物流系统相比，循环物流系统延伸了物流活动的范围。

1. 客体的角度

一般的物流系统大多侧重于研究原材料、在制品、产成品等以服务消费为目标的客体，而循环物流系统包括的客体有两种：一种是原材料、在制品、产成品等以服务消费为目标的客体；另一种是消费者不需要的物品，是物流过程中形成的衍生物。衍生物分为两类：一类是直接衍生物，主要指物流活动直接造成的废旧物品和退货，包括旧物品、报废物品、破碎物品、损坏物品、汽车尾气污染物等；另一类是间接衍生物，主要指在物流管理过程中间接形成的衍生物，例如库存管理，库存数量如果少，虽然节约了库存费用，但因此产生较多的运输次数，增加了对运输燃料消耗和环境污染，从而对社会经济的持续发展产生了消极影响。

2. 载体的角度

传统的单向物流系统一般侧重于研究承载原材料、在制品、产成品等物品的载体，例如汽车、商品仓库等。而循环物流系统的载体除此之外，还包括运输废弃物的专用车辆、针对回收品功能进行测试的专用设备等。因而，循环物流系统的载体范围更广。

3. 流向的角度

一般的物流系统大多仅研究商品物流，或是单纯的废弃物物流。而循环物流系统有两种流向渠道：一种是客体通过生产—流通—消费的途径，满足消费者的需要，这是物流流向的主渠道，称为正向物流或动脉物流；另一种是合理处置物流衍生物所产生的物流流向渠道，如回收、分拣、净化、提纯、再加工、再利用等，其流动的方向与前者相反，故称为逆向物流或静脉物流。

4. 功能的角度

循环物流系统的功能除了具备物流系统的功能之外，还具备如下功能：

（1）回收功能。循环物流系统的回收功能是指将顾客所持有的产品通过有偿或无偿的方式返回销售方。这里的销售方可能是产业链上任何一个节点，如来自顾客的产品可能返回到上游的供应商、制造商，也可能是下游的零售商。

（2）检测与分类功能。循环物流系统的检测与分类功能是指对回收品的功能进行测试分析，并根据产品结构特点以及产品和各零部件的性能进行分类处理。

（3）再加工功能。循环物流系统的再加工功能是指对回收产品或分拆后的零部件进行加工,恢复其价值。例如,对于使用过的包装材料,一般需要经过再次加工维护后才能重新利用,这种再加工功能一般可以由包装回收商来完成。

(4)报废处理功能。循环物流系统的报废处理功能是指对那些没有经济价值或严重危害环境的回收品或零部件,通过机械处理、地下掩埋或焚烧等方式进行销毁。考虑到环境效益,循环物流系统的报废处理功能应以机械处理方式为主。

(四) 循环物流系统是兼顾经济效益与环境效益的物流系统

循环物流系统在功能、目的上区别于一般物流系统的地方,就是循环物流系统除了具备一般物流系统创造"时间价值"与"空间价值"的经济效益功能以外,还具有兼顾经济效益与环境效益的功能。尤为重要的是,循环物流系统在实现循环型社会过程中具有举足轻重的作用。

在经济系统内部,循环物流系统连接着生产、流通、消费、再生等四个基本过程,运用包装、储存、装卸、运输及信息处理等手段,消除不同过程之间的时间差异和空间差异,将物质资源由上一个过程送至下一个过程。循环物流系统的运作目标,与循环型社会的合理利用社会物资资源的构想正相吻合。循环物流系统通过利用自身的网络优势,可以全面监测各种物质资源的流量与流向;准确把握生产、流通、消费、再生过程中各种物质资源的消耗与使用特性,将其对物质资源使用及其管理的各项要求,具体传递给经济系统的相应环节。物流系统的合理化,不仅限于物流各项活动带来的经济效益,而且会带来社会发展的综合影响以及社会的整体经济效益,促进现有物质资源的循环使用,达到以最少的投入实现最大的社会财富的目的。同时,通过物流系统还可以发现社会经济中阻碍、制约循环经济实现的深层次问题,为制定循环经济发展政策提供决策支持。

在经济系统与生态系统之间,循环物流系统起到了"桥梁"和"纽带"的作用,担负着有效地抑制社会的天然物质资源的过量开采、低效使用、大量废弃物和维护生态系统正常运转的目的。因此,通过对循环物流系统的协调与优化,可以正确指导社会生产和生活消费过程中的物资资源使用和废弃,对不利于自然生态系统的行为,可以通过物流系统采取特殊手段,中断其原材料(或产品)的来源,禁止其产品(废弃物)的流出,以促进循环型社会的实现。

第二节 循环物流系统构建流程

循环物流系统是复杂的人造系统,其构建过程应基于循环物流系统的自身特性,遵循系统论中系统构建的相关流程与方法。为此,第二节和第三节着重探讨循环物流系统构建的流程和方法。

一、概述

(一) 系统构建的含义

在现代汉语中,构建的含义是"建立"(多用于抽象事物),即"(事物)开始成立或开始产生"。因此,系统构建,即是指为实现某种目标,由特定主体采用科学方法,综合运用各种资源,协调相关参与方的权利和义务，引导和促进具有特定功能的人造系统“从无到有”的建立过程。

系统构建过程具有以下几个特点：

（1）由特定主体负责。

（2）构建的对象是人造系统。

（3）具有特定目标。

从系统生命周期角度看，系统构建包括系统规划、设计与制造的过程。其中系统的规划与设计属于理论构建过程；系统的制造属于现实构建过程。

（二）循环物流系统构建的含义

依据系统构建的含义，循环物流系统构建的含义是：管理部门（政府或企业）为实现资源有效利用与废弃物最终处理量减量的目标，运用经济、技术、行政、法律等手段，整合人力、物力、财力资源，协调相关参与主体的利益，引导、促进支撑资源循环的物流系统的建立过程。

（三）循环物流系统构建的类型

（1）理论构建，指从科学的角度出发，综合应用相关理论与方法，对循环物流系统的结构、功能、模式等进行理论上的规划与设计。循环物流系统理论构建的主体多为科学研究机构。

（2）现实构建，指从实际的角度出发，综合应用法律、经济、行政、教育等手段，促使和推动循环物流系统成为现实。循环物流系统现实构建的主体多为政府主管部门和相关的企业等。

（四）循环物流系统构建的特点

（1）具有特定目标的人造系统产生过程，处于系统生命周期的前端。

（2）系统自组织与他组织的结合。

（3）各种方法的综合集成。

（4）多目标的集成。

（5）多主体协调。

（五）循环物流系统构建的基本流程

结合霍尔“三维结构”与切克兰德的软系统方法论，本书提出了循环物流系统构建的基本流程，如图 8-3 所示。

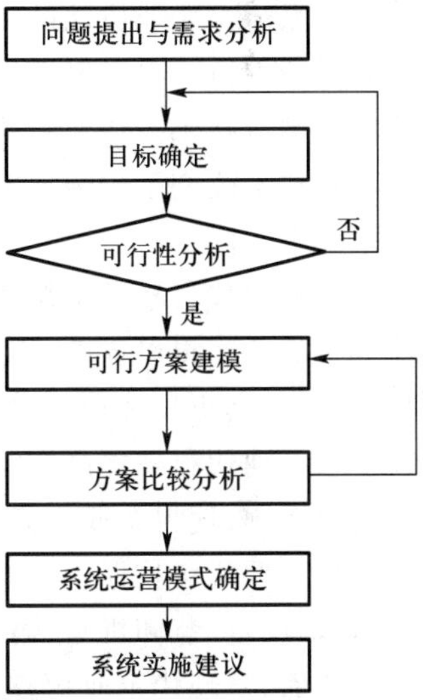

图 8-3　循环物流系统构建图

二、需求分析

需求分析的目的是“摆明问题”，弄清问题的实质和要害，为确定具体的循环物流系统构建目标做准备。对于循环物流系统这样的复杂系统，它的实质和要害往往并不是明摆着的，需要进行深入的研究和探讨。需求分析主要包括以下两方面工作：

（一）物流系统外部环境分析

构建循环物流系统的首要因素是了解影响该系统的内在及外在因素。系统构建的一项重要工作是评价、控制环境变化，其目的就是保证系统构建过程中始终满足外部环境的约束，并保持一定灵活性。循环物流系统的外部环境因素主要有社会经济环境、法规政策环境、区域环境、技术环境等。

从整个社会经济发展看,物流系统是社会经济系统的子系统,因此经济发展以及社会变化等对物流都有着重要的影响,社会发展趋势、生活方式等都会影响物流要求与物流运作模式。如资源循环型社会就要求物流系统必须在考虑经济效益的同时,也兼顾环境效益与社会效益,物流系统的发展目标必须同可持续发展的目标相一致。因此,循环物流系统的构建,必须重视和分析影响、制约物流活动的经济、社会因素。针对特定行业或产品的循环物流系统,则应主要分析该行业的市场规模、发展潜力、资源消耗与环境影响特点等。

从法规政策环境来看,在任何社会制度下,物流活动都必然受到一定政治和法律环境的规范、强制和约束。一方面,随着社会环境保护意识的不断强化,资源与环境保护的立法不断完善,为构建循环物流系统提供了法律与政策上的保障;另一方面,循环物流系统的构建过程,也必须符合社会当前法规与政策的规定,在法律与政策的范围内进行。

从区域环境特点出发,不同区域的自然地理、气候条件、资源禀赋、主导产业等,也对物流系统的特性存在影响。构建循环物流系统,也需要对系统所在的区域环境进行分析。

从技术环境出发,不同的技术发展水平和特点对不同领域中的物流系统也产生了深刻的影响。例如,计算机、卫星、扫描、条形码和数据库等均是对物流实施具有革命性的影响的。及时准确的信息流是企业成功的关键,能够跟踪货物运动的整合的数据库已经被用来改进实时管理控制及决策支持。多式联运、集装箱等改变了运输技术。机器人、自动导向搬运系统的使用,影响了物料搬运技术。包装上的创新,包括使用更坚固的材料、可返回的重叠式集装箱、改进的托盘及识别技术改变了包装技术。现在大多数上述的创新技术已经具有商业使用价值,具体表现在以下几个方面:

(1) 现代科技带给循环物流系统新的发展机会和发展动力。每一种新技术的运用都会使物流环节的效率得以提高,物流运作加速完成。随着新技术采用,企业物流基础设施得以优化利用,物流工具更加现代化、智能化,为企业物流发展创造了新的动力。

(2) 现代科技提高企业物流管理水平。先进的设备、仪器、管理系统、信息系统在企业物流中得以运用,使得企业物流的经营管理效率得到了极大提高。

(3) 现代科技促进了物流装备的现代化发展。一方面,如企业物流设备、集装设备、仓库设备、运输设备、装卸机具、输送设备、分拣与理货设备、物流工具等各种物流装备有了较大的发展;另一方面,与现代企业物流发展相适应的信息技术及网络设备得到了较快发展。

(二) 物流系统内部环境分析

确定循环物流系统构建的目的之前,需要对旧物流系统的内部状况进行诊断,分析其存在的问题。通过对旧物流系统的相关资源进行综合分析、评估,提出其存在的问题,从而说明其需求特性。

从物流管理和系统论的角度来看,物流系统的资源主要有七大类。

(1) 人力资源。包括物流人员数量、物流人员素质、物流人员结构、物流人员配置、物流人员培训、人力资源管理制度和运行机制、人员流动和人员的劳动保护等。

(2) 物力资源。包括经营场地、物流设施设备、物流设备维修状况、能源供应状况、商品供应状况、存货状况等。

(3) 财力资源。包括资产结构、负债和所有者权益结构、销售收入、销售成本、赢利状况、现金流量、融资渠道、投资风险等。

（4）物流技术资源。包括物流信息技术、工程技术、物质综合利用、环保、新技术应用等。

（5）组织资源。包括组织结构、领导结构、劳动纪律、管理效率等。

（6）物流信息资源。包括环境监测、竞争情报、内部信息、物流信息共享等。

（7）信誉资源。包括服务质量、品牌形象、经营信誉、管理模式等。

（三）物流系统环境分析方法

在确定物流系统资源情况之后，考虑对其进行客观的评估。物流评估是考虑所有与物流功能相关的活动和流程，对当前和今后物流策略和运作进行评估的过程。物流系统评估可以应用以下方法。

1. 优缺点列举法

优缺点列举法只是将每个方案的配置图、物流动线、搬运距离、扩充弹性等相关优缺点分别列举互相比较。这种方法简单且不太费时，但说服力不强，常用于概略方案初步选择阶段。有时为了使本方法更趋准确，可对优点的重要性及缺点的严重性进一步讨论甚至以数值表示。

2. 因素分析法

因素分析法是将规划按所欲完成的重要事项——目标因素，由规划者与决策者共同讨论列出，并设定各因素重要程度，权数比重可采百分比值或分数数值（如 1～10），其他每个因素再与这个因素做比较，而分别决定其权数值。接着，再逐一用每一个因素来评估比较各个方案，并决定每一方案各因素的评分数值（如 4、3、2、1、0 等），当其他各评估因素逐一评估完成后，再将因素权重与评估数值相乘合计后，选出最可被接受的方案。

3. 点评估法

点评估法与因素分析法类似，都由考虑主客观因素并计算方案的得分高低作为方案取舍的依据。本方法主要分成以下两大步骤实施。

步骤一：评估因素权重的分析。

（1）经由小组讨论，决定各项评估因素。

（2）各项评估因素两两比较，若 $A>B$，权重值 = 1；$A=B$，权重值 = 0.5；$A<B$，权重值 = 0。以此为原则，建立评估矩阵，并分别统计其得分，计算权重及排序。

步骤二：进行方案选择步骤。

（1）制定评估给分标准：如非常满意为 5 分、佳为 4 分、满意为 3 分、可为2 分、尚可为 1 分、差为 0 分。

（2）以规划评估小组表决的方式，就各项评估因素，依据方案评估资料给予适当之点数。

（3）点数×权重 = 乘积数。

（4）各方案统计其乘积和，排出方案优先级。

4. 权值分析法

权值分析法是一种更详细的评估方法，它也是比较许多彼此互相独立的评估因素、不同的因素层级，并将主观、客观的因素都列入比较。其过程如下：

（1）设定评估因素项目。

（2）将评估因素适当分组及分层，建立第一阶的评估指针及第二阶细部的评估因素。

（3）将各群的指针因素给予适当的百分比权重后，再对各所属的因素分配权重。

（4）评估各方案在各评估因素的得分点数。

（5）计算各方案各项因素的权重与点数乘积之总和。

（6）选择最佳方案。

在对旧物流系统进行评估的基础上，可以给定旧物流系统存在的问题。问题有两类：一类与不确定性有关，比如情况不明时不能确定究竟选择哪个方案为好；另一类与实现差距有关，明确问题就是要明确系统的现状态和目标状态之间的具体差距。准确地表达问题，就是要抓住问题的实质、要害和关键。其要求是：收集和掌握有关的信息、数据和资料，包括历史的、现状的、反映系统发展规律和动态的以及环境的资料和数据。

明确需求，就是要明确需求的具体数量和质量，要有一个确切的指标体系来刻画这些需求。明确需求往往有一个过程，通过对问题层层分析，才能找到需求的根源，一步步接近问题的实质和要害，抓住问题的关键。把问题用某种简明的方式如语言、文字、图表等明确地表达出来，它是建筑在深入分析了解实质和关键基础之上的，讲不清楚的问题往往是因为没有想清楚。反过来，表达问题的过程中也使原来在头脑中思考的问题变得更加明确化和条理化。

三、目标确定

制定目标是构建循环物流系统首先碰到的问题。一个物流系统必须首先确定自己在未来某一个特定时间内要达到的目标，然后才能考虑如何进行计划并制定策略以使自己的目标变为现实。

（一）目标的概念与作用

目标是组织和个人活动所希望达到的结果。由于物流系统是为一定目的而存在的，所以物流系统的目标在管理中有很重要的地位。

计划是实现目标及表明实现目标所需资源、时间安排、任务和其他活动的蓝图。目标是指将来的目的，计划是指使用的方法。而计划工作包含了它们两个方面，即决定物流系统的目标和决定实现目标的方法。具体来讲，确定目标有以下作用。

1. 指明方向

目标指期望的成果，一个在未来某一时间内要实现的成果。这些成果是物流系统努力要达到的结果，它是一定时间内管理的方向，使物流系统的所有活动、可获得的资源都用于目标的实现。

2. 激励和凝聚成员

物流系统目标是物流系统一定时期的目的，管理者如果能使物流系统目标与物流系统成员目标相结合，则物流系统成员无须管理者的监督就会努力地去完成物流系统要求的工作，物流系统目标就成为激励物流系统成员的因素。

由于物流系统成员的工作都是以实现物流系统目标为基础的，共同的目的使物流系统成员之间存在相互协调和配合的基础，存在相互沟通的条件，因此物流系统目标有凝聚物流系统成员的作用。

3. 促进合理决策

管理者经常面临各种管理问题，在解决这些问题的过程中，管理者只有首先明确物流系统的目标，才能明确物流系统应完成的任务，明确应选择什么方案达到物流系统所希望的合理结果。

4. 衡量绩效

绩效及物流系统成员绩效的高低是根据其行为是否符合物流系统目标及其对目标实现程度的估价,因此物流系统目标可以作为标准,用来衡量实际的绩效。

（二） 目标的制定

要确保制定的目标对物流系统有效,就应该遵循一定的制定目标的基本原则,并满足目标的基本特性。系统的功能是通过为社会提供产品或劳务,来换取物流系统生存和发展所需要的各种资源。因此,在确定物流系统目标时,应遵循以下基本原则。

1. 以满足社会或市场需求为前提

物流系统要生存,就必须对社会做出贡献,能满足一定的社会需求。在此前提下,才可能进一步考虑物流系统发展的需要和实现持续发展的可能性。因此,要把分析社会需求、满足社会需求作为制定物流系统目标的基础,只有这样,物流系统才有可能得到社会的承认并取得不断的发展。从这个意义上看,物流系统的目的可以看作是物流系统最基本的目标。管理者还必须选择最好的途径和办法使总目标付诸实施。必须选用的最佳途径和办法就是物流系统的任务。

要完成物流系统任务,实现物流系统的总目标,就必须制定更为具体明确的项目目标或项目计划,也就是要制定我们通常所说的行动计划。它规定的内容和时间幅度都更为具体。例如,一家公司为了实现自己获取最大利润的目标(总目标),决定发展某一种新产品打入市场(任务目标),他们又制定了与生产该产品方面有关的资金筹备、生产发展的速度、市场销售量等更为具体的项目目标。只有靠一系列项目目标的完成,才能使物流系统的总任务、总目标付诸实现。

2. 以提高物流系统的绩效为出发点

由于任何物流系统所拥有的资源都是有限的,所以物流系统在选择目标方案时,要充分体现获取最大绩效的原则,即要选择能较好地使用有限的资源发挥最大效益的目标方案。这就要求在确定物流系统目标时,要全面、系统地分析影响物流系统效益的一切因素,在此基础上,设计多个目标方案,通过比较论证,择优确定。

3. 所制定的目标值应是经过努力有可能实现的

订立目标是为了实现目标,物流系统目标值的确定必须有切实可行性。在制定目标时,要全面分析物流系统各种资源条件和主观努力能够达到的程度,既不能脱离实际,凭主观愿望把目标定得过高,从而使物流系统成员的努力无法实现,也不要把目标定得过低,失去激励作用,并使社会对物流系统的需求无法实现。

4. 要考虑物流系统的社会责任

物流系统是社会的基本单位,都要承担一定的社会责任和义务。因此,每个物流系统在考虑本身的物流系统目标时,都应考虑其应尽的社会责任。例如要符合法律、注意环境保护等。

物流系统最基本的目标是求得本身的生存。如果本身无法维持生存,当然就无法实现其目的了。但是,只求自身的生存却并不是一个物流系统在各种形式下都适用的目标。例如,为了完成某一短期的特殊任务而在物流系统设立一个专门委员会,当这一特殊任务完成以后,这个专门委员会就会被解散,也就没有必要再生存下去了。

第三节 循环物流系统构建方案的提出与比较分析

一、方案的提出

（一）拟订可行方案

在系统目标确定之后，系统构建活动必然进入到下一程序，即拟订解决问题的可行方案。对于任何一项行动来说，都有多种可行的方案存在。可行方案的提出需要决策者丰富的想象力、创造力和完善的技术知识。可广泛地运用智囊技术，如头脑风暴法、哥顿法等激发人的创造性、相互启发、集思广益的方法。在这一过程中，还要应用现代科学理论与技术对各种方案进行详细的技术设计与定量的论证，拟订出各种条件下的最佳对策。必要时，还要利用模型进行模拟实验，以便增强决策方案的科学性。还应附有价值分析、可行性分析、经济效益分析、潜在问题分析、应变措施、技术评估、风险度分析等文件提供给决策者。应当指出，所得到的决策方案是根据某些特定的约束条件得到的，必须连同相应的约束条件一起提供给决策者。

（二）系统描述

这里的系统描述是指从外部观察系统时，系统所表现出来的外部特征和功能属性。但在进行这些描述之前，先要选择适当的状态参量。

1. 状态参量的选择

一个系统，特别是复杂系统往往有许多方面，每一个方面又可以用不同的参量来加以描述。在研究某些具体问题时，并不需要也不可能面面俱到地把系统的所有方面、所有参数都列举出来，这样一来就需要对状态参量进行认真的选择。在选择状态参量时，要遵循两条主要原则：

一是客观主导性原则，即选择系统运行中代表其本质和主流的方面。

二是主观需求原则，即选择那些与研究者关系最为密切、解决特定问题时所必不可少的方面和参量。只有通过反复的调查研究和反复调整，才能找到和确定少数几个基本的状态参量。

2. 静态描述

状态分为静态和动态。静态描述之所以必要，是因为人们研究问题时总是需要对研究对象进行“定格”，从某一时刻的状态中对它进行仔细分析，这就像在研究生物体时要进行解剖和切片一样。作为一种方法，“静止地、孤立地”看问题是必要的，否则就难以将它和其他时刻、其他事物区分开来，但这并不等于就是“形而上学”。

静止状态，也就是某一特定时刻的状态。这一“时刻”如何选取，取决于对象本身，也取决于所要研究的问题。

对于一个复杂的社会系统，某一段时间内的平均功能状态是重要的。这种功能状态总是可以从它的“输入”与“输出”两个方面及其比例中看出。特别是在市场经济中，系统的功能主要体现在商品的交换上。你能对外界提供哪些商品，外界需要你的哪些商品，你又需要从外界购进哪些商品，外界能为你提供哪些商品，这是至关重要的。

3. 动态描述

动态描述是相对静止描述而言的。这里主要考虑状态对时间的变化，即不同时刻的状态差。它包括：一是随时间变化出现了多少差值；二是差值对时间的比值；三是从什么状态变到什么状态，即差值、速率和方向。可见，任何动态参量都是一个矢量。这里特别要注意的是变化的起点（初始状态）、终点（目标状态）以及变化的周围环境（边界条件）。

（三）系统结构分析

1. 组分分析

组分分析也称为元素（要素）分析或部件分析。一个系统要发挥其正常功能，必须包括一组"缺一不可"的基本组成部分。所以组分分析要分析以下问题：

（1）基本要素是否齐全。什么是基本要素，只讲"缺一不可"还不行，还要加上"至关重要"。因为只要是一个有机的整体，所有的元素或部件都是"缺一不可"的，否则它就是一个残缺不全的系统。但并不是每一个元素都在系统中起同等重要的作用。实际上，任何一个复杂的经济系统都会有这样或那样的缺陷。

不同系统的基本要素也各不相同。但作为具有"生命力"的社会经济系统至少需要包含六种基本元素：对整体起调控作用的"核心"元素；起支撑作用的"骨干"或"基础"元素；与外界联系和分割系统内外的"边界"元素；起内部联络作用的"关键"元素；起再生和繁殖作用的"自复制"元素；起推动作用的"动力"元素。

（2）基本功能是否发挥。上述六种元素缺一不可，否则就会影响系统功能的正常发挥。但是并不是说这六种元素必须具有"独立"的实体。在许多具体系统中"兼职"是允许的，关键是这六方面的基本功能必须要有相应的元素来承担。如果你仔细观察一个搞得不好的企业或地区、社会，会发现往往就是缺少了这些元素，要不就是"形同虚设"，导致这六方面的功能发挥不好。

（3）分工是否明确。即使基本要素齐全，各自的功能发挥也正常，可能还是存在问题。这是因为它们是处在一个有机的整体之中，分工和整体的配合尤为重要。

2. 关联分析

结构分析是从系统内部来分析各元素和要素间的相互关系以及元素间的整体配合。

系统内部各元素间总是存在各种各样的联系，其中有些联系是必要的，这种必要性主要体现在对于系统整体功能的发挥上。例如，任何实物元素之间总是存在万有引力的作用，但这种力学联系并不是所有系统研究中要加以考察的。为了区别一般的联系和必要的联系，把后者称为"关联"。对系统进行结构分析，实际上是对"关联"进行分析，这种分析包括关联数量、关联性质、关联强度、关联构型。

3. 构型分析

上面的关联分析还仅仅局限在一个元素与另一个元素的对应关系之中。对于整个系统来说，它还只是结构的基础。结构的核心层次是关联的整体布局和内部构型。

内部构型一般可分为星形结构、环形结构、网状结构、嵌套结构。每一种结构都具有不同的特征。例如，在星形结构中存在中心点，存在"纲""目"等；而在环形结构中却没有什么中心，也不存在纲与目；在嵌套结构中可以分为许多个层次；在网状结构中有平面的片状结构，立体网的多种立方结构等。由于这些内部结构的不同，使得系统整体的性质也有很大的区别。

4. 系统进程分析

上面讨论的组分、关联、构型基本上都是从相对静止的角度来研究的。从动态角度看，还可以分为两个方面：一是前面提到的动态描述，二是动力学(因果)分析。系统的发展变化可以看作是可逆运动。对一个复杂系统而言，更重要的是它的不可逆运动，即系统的演化。系统演化的内容很多，这里不做详细讨论。为了说明系统的行为特征，只研究以下几个问题：系统处在哪个发展阶段；系统发展的方向和态势如何，系统演化的路线是怎样的。

(1) 系统演化的阶段。任何系统的“寿命”都是有限的，在系统的“一生”中都要经历创生、发展和消亡三个阶段。不同阶段的系统会有不同的表现和需求，而相同的表现和需求(数据)在不同的发展阶段有些是正常的，有些则是不正常的。所以在对系统进行诊断时，先要分辨它正处在哪一个发展阶段。

判断一个系统所处的发展阶段的基本方法：一是和同类的系统进行比较；二是根据系统发展的一般规律和在不同阶段的共同表现来判断。

对于复杂的社会经济系统，要搞清发展阶段远比一般的系统困难。因为复杂的社会经济系统总是包含诸多方面，每个方面又往往构成一些相对独立的系统，每个系统都有自己的发展阶段。这样，许多处在不同发展阶段的系统交织在一起，就很难分辨该社会经济系统所处的阶段。正如一个人的身体发育与智能发育往往并不同步，即使到了老年，他的心仍然可能是年轻的。

(2) 系统发展的方向。系统的运动可以朝着各种方向，这可以通过系统参量的变化来描述。变化有可逆的和不可逆的。不可逆的运动就称为演化。系统的发展方向主要是指它的演化方向。在确定了演化路线后，演化的方向只可能有“进”和“退”。至于把哪个方向确定为进(退)，这完全是相对的，主要是根据研究的问题和通常的习惯。

二、方案比较分析

在制定了循环物流系统的可行方案之后，需要根据系统的目标，对诸多方案进行比较，以确定最优或者满意的方案。由于循环物流系统属于复杂的社会经济系统，在进行系统方案比较的过程中。比较适合采用仿真分析的方法。

(一) 系统仿真概述

系统仿真是利用系统模型在仿真的环境和条件下，对系统进行研究、分析和实验的方法。系统仿真的目的在于利用人为控制的环境条件，改变某些特定的参数，观察模型的反应，研究真实系统的现象或过程。系统仿真方法是一种间接的研究方法。

仿真方法的发展过程，大体经历了五个阶段。

1. 直观模仿

在这个阶段，人们只是对自然物进行直观模仿。它的特点是：模仿自然物的外部几何形状和由几何形状产生的某种功能。仿真的目的在于研究自然物的某种优点，以便将它移植到人工工具上，即目的在于发展模型本身。因此，仿真只能为发展科学提供一些条件，不会产生根本性变革。

2. 仿真实验

在这个阶段，人们将仿真方法用于科学实验，通过仿真原型来认识、研究和改造原型。仿真试验阶段常采用的方法，有以几何相似或物理相似为基础的物理仿真和以数学关系为基础的数学仿真。仿真实验的结果必须在实践中得到检验。

3. 功能仿真

功能仿真是以与不同对象的功能和行为相似为基础的仿真方法。功能仿真可以利用不同的结构实现相同的功能。电子计算机可以仿人脑思维功能,是系统仿真的主要工具。

4. 连续系统仿真

连续系统是指系统状态随时间连续变化的系统。连续系统的模型按其数学描述可分为:集中参数系统模型,一般用常微分方程(组)描述,如各种电路系统、机械动力学系统、生态系统等;分布参数系统模型,一般用偏微分方程(组)描述,如各种物理和工程领域内的"场"问题。

需要说明的是,离散时间变化模型中的差分模型可归为连续系统仿真范畴。原因在于,当用数字仿真技术对连续系统仿真时,其原有的连续形式的模型必须进行离散化处理,并最终也变成差分模型。

5. 离散事件系统仿真

离散事件系统是指系统状态在某些随机时间点上发生离散变化的系统。它与连续系统的主要区别在于:状态变化发生在随机时间点上。这种引起状态变化的行为称为"事件",因而这类系统是由事件驱动的;而且,"事件"往往发生在随机时间点上,亦称为随机事件,因而离散事件系统一般都具有随机特性;系统的状态变量往往是离散变化的。例如,电话交换台系统,顾客呼号状态可以用"到达"或"无到达"描述,交换台状态则要么处于"忙"状态,要么处于"闲"状态。系统的动态特性很难用人们所熟悉的数学方程形式(如微分方程或差分方程等)加以描述,而一般只能借助于活动图或流程图,这样,无法得到系统动态过程的解析表达。对这类系统的研究与分析的主要目标是系统行为的统计性能而不是行为的点轨迹。

(二) 循环物流系统仿真

循环物流系统是一个多目标、多层次、多因素的复杂系统,由诸多子系统构成。各子系统之间及各子系统内各要素间的相互协调是保证循环物流系统能正常发挥效用的重要因素。

系统仿真技术在循环物流系统研究的应用主要有以下两个方面。

1. 系统模式设计

在没有实际系统的情况下,把系统规划转换成仿真模型,通过运行模型,评价规划方案的优劣并修改方案,是系统仿真经常用到的一方面。这可以在系统建成之前,对不合理的设计和投资进行修正,避免了资金、人力和时间的浪费。系统仿真运行准确地反映了未来循环物流系统在有选择地改变各种参数时的运行效果,从而使设计者对不同方案的实际效果更加胸有成竹。

2. 物流成本估算

物流过程是非常复杂的动态过程。物流成本包括运输成本、库存成本、装卸成本。成本的核算与所花费的时间直接有关。物流系统仿真是对物流整个过程的模拟。进程中每一个操作的时间,通过仿真推进被记录下来。因此,可以通过仿真,统计物流时间的花费,进而计算物流的成本。这种计算物流成本的方法,比用其他数学方法计算更简便、更直观。而且,同时可以建立起来成本与物流系统规划、成本与物料库存、成本与物料运输调度策略之间的联系。从而用成本核算结果(或说用经济指标)来评价物流系统的各种策略和方案,保证系统的经济性。实际仿真中,物流成本的估算可以与物流系统其他统计性能同时得到。

三、循环物流系统仿真的步骤

（一）系统仿真的一般步骤

1. 调研系统,设立目标

通过调研仿真者应对研究的系统有全面的、深入的了解,能够对系统进行尽可能详细的描述,明确仿真的目标和系统涉及的范围。一般来说,仿真目标不同,所建立的模型也不同,为建立模型所需要采集的数据也不同。

2. 收集仿真数据,建立模型

根据仿真目标,对系统进行选择和整理,这是一件费时费力的工作。在收集数据时,应注意考虑系统运行的循环周期。正确的收集方法是对完整的循环周期收集数据。建立模型的过程,是一个抽象和简化的过程。为了保证所建模型符合真实系统,在建立模型后,应聘请有关专家和人员对模型进行检查,反复修改,直至模型正确为止。所需检查的项目主要包括:系统流程、逻辑关系、循环周期、随机变量分布等。

3. 编制程序

程序可以用通用语言(如 FORTRAN,PASCAL 等)编写,也可以用专门的仿真语言编写。例如,离散事件系统的仿真语言有 GPSS,SIMULA,SIMAN,SLUM,WITNESS 等。在专用的仿真语言中,有些仿真语言类似于仿真器。这类仿真语言不需要或只需仿真者进行很少的编程,WITNESS 就是典型的代表。

4. 运行仿真模型

在计算机上进行仿真运行,获取模型的输出数据。如果采用 WITNESS 仿真,则可以做到边建模型边试运行。

5. 输出结果分析

由于系统仿真所运行的每一次模型只是实际系统的一次随机抽样实验,其输出结果带有随机性,因此,必须运用统计学的方法,对仿真结果进行统计分析。

（二）随机变量的产生

复杂的现实系统常常包含有随机的因素。在物流系统中工件的到达、运输车辆的到达和运输时间等一般都是随机的。这些复杂的随机系统很难找到相应的解析式来描述和求解。系统仿真技术成了解决这类问题有效的方法。

对于有随机因素影响的系统进行仿真时,首先要建立随机变量模型,即确定系统的随机变量并确定这些随机变量的分布类型和参数。对于分布类型是已知的或者是可以根据经验确定的随机变量,只要确定它们的参数就可以了。无论是确定随机变量的分布类型还是确定其参数,都要以调研观测的数据为依据。

建立了随机变量模型后还必须能够在计算机中产生一系列不同分布的随机变量的抽样值来模拟系统中的各种随机现象。随机变量的抽样值产生的实际做法通常是:首先产生一个[0,1]区间的、连续的、均匀分布的随机数,然后通过某种变换和运算产生其所需要的随机变量。

1. 随机数的产生

(1) 产生[0,1]区间的随机数。产生[0,1]区间的随机数有许多种方法。第一种是将随机数制成表,再把随机数表输入到计算机中。这种方法往往要占用大量的计算机内存,目前已很少被使用。第二种是用物理的方法在计算机上产生随机数。例如放射粒子计数器、电子管或晶体管噪声发生器等。物理随机数发生器可以产生任意多个随机数,且所产生的随机数均匀性较好。其缺陷在于随机数不能重复,无法对系统的某种状态重复仿真。第三种常用的方法是采用某种递推算法得到随机数。这种方法的优点是,产生速度快,占用内存少,可以重复产生相同的随机数序列。但是由于这样产生的随机数是依赖于某种算法得到的,因此所得的并不是真正的概率论意义的随机数,也有人称之为伪随机数。为了适应仿真运行的需要,必须选择好的算法以便得到性能良好的随机数。

目前常用的随机数发生器为乘同余随机数发生器。

(2) 乘同余随机数发生器。乘同余随机数发生器的递推算法公式是

$$Z_i=(\alpha Z_i-1+C)(\mathrm{MOD}\ M) \qquad (1)$$

式中,Z_i 是第 i 个随机数;α 为乘子;C 为增量;M 为模数。它们均为正整数。Z_i 的初值 0 称为种子。

上式中,Z_i 是(αZ_i-1+C)被除所得的余数。

显然,如果两个正整数 A、B 被 M 除,只要余数相同,则 A 与 B 对模 M 同余,可记作 $A=B(\mathrm{MOD}\ M)$。(1)式还表明,Z_i 只取小于 M 的数。由(1)式得到的[0,1]区间的随机数为 U_i:

$$U_i=Z_i/M$$

2. 产生随机数需注意的问题

从上述递推算法可知,有几个问题是需要注意的。

(1) 随机序列的周期。由于 M 只能取有限位数,Z_i 又是小于 M 的数。因此,产生的随机数序列的周期一般要求至少大于仿真的时间长度。分析式(1)可以看出,随机数序列周期的长短与 C、Z_0 和 M 的值有关。为了得到较长的周期,M 应取得足够大。对于 16 位机可选 $M=215$,32 位机取 $M=231$。

C 的选取:一般选择 $M=2b$,C 为奇数,α 可被 4 整除,将能得到满周期。

(2) 种子值 Z_0 的选取。通常的随机数发生器对 C、M、α 值的选取需要通过检验,确定其性能满足要求后,在仿真过程中就取为定值。可以改变的只是 Z_0 值。在进行仿真结果分析时,为了保证每次相同的状态下的仿真运行是相互独立的,必须使每次仿真运行所采用的随机数序列是相互独立的。为此,必须随时改变 Z_0 值。为在计算机中自动实现 Z_0 值的改变,可以用固定增量法,即每次仿真后在 Z_0 上增加一个固定的增量值。

(3) 均匀性。随机数发生器产生的随机数 U_i 能否均匀地分布在[0,1]区间内,即随机数的均匀性如何是评价一个随机数发生器性能的重要指标。为了保证随机数发生器的均匀性,一般需要对其进行均匀性检验。分布的均匀性检验方法是检验随机数的经验频率和理论频率是否有明显的差异。

① 理论频率。将[0,1]区间分为 k 个等区间,每个子区间上的长度为 $1/k$。由该随机数发生器产生 N 个随机数 $U_i(i=1,2,\cdots,N)$,则随机数落在一个子区间的个数为 $n=N/k_0$,n 称为理论频率。

② 实际频率。实际上由随机数发生器产生的随机数 U_i 在每一个子区间上的个数为 $N_j(j=1,2,\cdots,k)$,称之为实际频率。采用 χ^2 检验,即

$$\chi^2 = \sum_{j=1}^{k}\left(\frac{N_j - N}{N}\right)^2$$

当 $N_j = N$ 时，$\chi^2 = 0$，即实际频率与理论频率完全一致。χ^2 的大小反映了偏差程度，也就是随机数的均匀性程度。

假定 U_i 为独立分布且在[0,1]区间均匀分布的随机变量，χ^2 渐进服从自由度为 $(k-1)$ 得 χ^2 分布。规定显著度 α，若 $\chi^2 > \chi^2(k-1,1-\alpha)$ 则拒绝假设，否则接受 U_i 为均匀分布的随机数的假设。

(4) 独立性。检验随机数的独立性在于判断该随机数序列中前后各数据的相关程度。独立性好是随机数序列性能的一个重要标志。随机数序列不仅要满足均匀性要求，还要独立性好，即相关程度弱。一般可用检验相关系数的方法检验之。检验随机数 U_i 独立性的方法是：计算 U_i 中前后相隔为 j 个数的随机数的相关系数。

$$\overline{P}_j = \left[\frac{1}{N-j}\sum_{i=1}^{N-j} U_i U_{i+1} - \left(\frac{1}{2}\right)^2\right] \Big/ S^2$$

式中，

$$S^2 = \frac{1}{N}\sum_{i=1}^{N}\left(U_i - \frac{1}{2}\right)^2$$

如果各个随机数相互独立，则相关系数 P_j 应为零。当 $N-j$ 充分大(例如 $N-j>50$)时，统计量

$$\mu = \overline{P}_j\sqrt{N-j}$$

渐进服从 $N(0,1)$ 分布。给定显著度 α，记 $Z_1-\alpha$ 为 $N(0,1)$ 上 $1-\alpha$ 临界点，则当 $|\mu| \leqslant Z_{1-\alpha}$ 时，随机数 U_i 是独立的。

3. 随机变量的产生

得到[0,1]区间均匀分布的、有良好的独立性、周期长的随机数后，下面的问题是如何产生与实际系统相应的随机变量。产生随机变量的前提是根据实际系统随机变量的观测值确定随机变量的分布及其参数。

反变换法是最常用的方法。反变换法以概率积分反变换法则为基础，设随机变量 X 的分布函数为 $F(X)$；U_i 是[0,1]区间均匀分布的随机数，利用反分布函数

$$X = F^{-1}(\mu)$$

就可以得到所需要的随机变量 X。

目前已有许多仿真软件提供了随机数发生器，并提供自动产生常用分布随机变量的功能。在经过独立性和均匀性测试后，实际仿真中用户只要根据观测值确定随机变量的参数就可以了。

目前已有的仿真程序大都带有自己的随机数发生器，仿真者应该了解选用的仿真程序所提供的随机数发生器是否经过严格的独立性和均匀性的检验。因为随机数发生器所产生的随机数序列性能如何直接关系到仿真结果的正确性。

在经过独立性、均匀性测试后，实际仿真中用户只要根据观测值确定了随机变量的参数，如均匀分布、指数分布、泊松分布的均值与方差等。也有些仿真程序如 WITNESS 甚至提供给用户自定义随机变量的功能。仿真者只要将所收集到的观测值按程序的要求依次输入，程序将自行计算，求出该随机变量的实验分布，并自动产生相应的随机变量。

第四节　循环物流系统的实践

一、国外循环物流系统的实践

欧洲、北美洲及亚洲发达国家已经制定了有关循环物流的法律法规，许多社会中介组织和著名企业也都参与到了有关循环物流的实践当中，具体现状如下。

（一）欧洲循环物流的实践

欧洲是较早在物流管理中注入节约资源、保护环境等理念的地区之一。如在20世纪80年代欧洲就开始探索一种联盟型或合作式的物流新体系，即综合物流供应链管理。它的目的是实现最终消费者和最终供应商之间的物流与信息流的整合，即在商品流通过程中加强企业间的合作，改变原先各企业分散的物流管理方式，通过合作形式实现原来不可能达到的物流效率，从而减少无序物流对环境的影响。

一直以来，整个欧洲都有强烈回收产品的倾向。企业的回收逆向物流活动，主要是由法律条文驱动的。欧洲许多国家已通过法律条例，要求产品生产厂家必须从消费者那里回收已经到了报废期的产品。目前欧盟标准回收法中要求回收到的产品涉及家用电器、IT产品、汽车及其零部件、电池等许多行业的产品。

根据欧盟的一项调查显示，每年有900万车辆报废，约产生900万吨垃圾。汽车回收法规要求，到2015年所有废弃车辆中的90%必须被回收再利用；法律还规定了汽车不可回收材料含量的目标，规定在2015年使车辆垃圾掩埋部分降低到5%的目标。汽车回收处理系统的驱动既有法规的原因，也有市场原因，在不同的欧洲国家是有差别的。英国的汽车回收系统是由生产商、拆卸商以及金属、塑料和橡胶产业的代表建立起来的，是由市场的力量控制的，它们不对新车辆的销售征税，也不对车辆回收实行免费政策。跟欧盟方案不同的是，英国允许塑料、橡胶、纤维等不易回收但可燃的材料通过燃烧而回收能量。瑞典是第一个宣布强制回收的国家，汽车生产商必须建立有关拆卸商、零售商、批发商等在内的逆向物流网络，以保证待回收的车辆及时返回并给以正确的拆卸。一般情况下，生产商必须免费接受待回收的车辆。

1997年，欧盟颁布了涵盖所有电子电器废弃物的新法令。法令认为，决定家电产品和电子器具中有害物质含量的是制造商，首要的污染者不是消费者，而是制造商；进口商和销售商也属于污染责任者。因此，法规规定了电器电子产品制造商、分销商对产品废弃后的回收、再处理、循环利用所应负的责任；生产商为回收负最终的责任，销售商必须收集、储存、运送回收的产品。该法规希望通过"污染者负责原则"和"减少有害物质的替代原则"，促使包括供应商、制造商、分销商在内的供应链上的企业实施逆向物流计划。

在废旧电池回收方面，德国于1997年率先制定了有关回收和处理电池的规章制度，要求生产商必须免费回收含有有毒物质的电池并正确处理，包括汽车电池。荷兰在1995年提出了《电池处理法规》，要求电池生产商和进口商对其投放市场的电池承担回收和处理的责任，并规定90%的废旧电池应得到分类收集和处理。为了执行该法规，电池生产商和进口商共同成立了电池基金会，负责组织电池的运输、分拣和处理，并与市政当局和零售商共同承担电池的收集工作。通过市政收集系统和零售商的收集设施收集消费者废弃的电池，然后免费由与基金会签约的电池收集公司统一收集。从家庭用户收集废旧电池的费用由地方政府承担，电池处理的其他费用则由生产商承担。

在有关循环物流的立法和实践方面，德国是走在世界最前列的。德国的废弃物处理法最早是在 1972 年制定的，但当时强调废弃物排放后的末端处理；1986 年的修正将其改称为《废弃物限制处理法》，发展方向从“怎样处理废弃物”的观点提高到了“怎样避免废弃物的产生”；1996 年又颁布了《循环经济和废物管理法》，规定对废物管理的首选手段是避免产生，然后才是循环使用和最终处置，并且确立了产生废物最小化、污染者承担治理义务与官民合作三原则。

德国宝马汽车制造商生产的汽车，在设计阶段就从零部件的可拆性、互换性和装配性考虑，使报废了的汽车 70% 的零件还可以返用，近年还提出要达到 90% 以上零件可以返用的新目标。

德国有许多废品回收和循环利用的企业，并且大都取得了很好的经济效益。例如德国专门从事废品回收和循环利用业务的 PSD 有限公司在 1997 年的业绩表明，该公司仅包装废物的回收率就达到 89%（561 万吨），循环利用率达 86%（544 万吨）。按每人当量计算，相当于从每一个德国公民手中回收废物 73.7 千克（玻璃 33.3 千克，废纸及纸箱 17.1 千克，其他包装废物 23.3 千克）。该公司仅有 357 人，利润高达近 2 亿马克。

（二）美国循环物流的实践

在有关循环物流的立法方面，美国在 1976 年就制定了《固体废弃物处置法》，后又经过多次修改。美国加州于 1989 年通过了《综合废弃物管理法令》，要求在 2 000 年以前，实现 50% 废弃物可通过源削减和再循环的方式进行处理，未达到要求的城市将被处以每天 1 万美元的行政罚款。美国七个以上的州规定新闻纸的 40% ~50% 必须使用由废纸制成的再生材料。在威斯康星州，塑料容器必须使用 10% ~25% 的再生原料。在加州，玻璃容器必须使用 50% ~65% 的再生材料，塑料垃圾袋必须使用 30% 的再生材料。

在有关循环物流的实践方面，据报道，美国利用废旧材料的再制造工业企业已达 7.3 万家，1996 年的总收入已经达到 530 亿美元，大大超过了家用电器、家具、音响、农场和园艺设备等耐用消费品制造业的收入。

美国经济高度发达，是世界上最早发展物流业的国家之一。美国政府在物流高度发达的经济社会环境下，不断通过政府宏观政策的引导，确立以现代物流发展带动社会经济发展的战略目标，其近景远景目标十分明确。美国在其到 2025 年的《国家运输科技发展战略》中，规定交通产业结构或交通科技进步的总目标是：“建立安全、高效、充足和可靠的运输系统，其范围是国际性的，形式是综合性的，特点是智能性的，性质是环境友善的。”

美国的逆向物流产生的原因及发展动机与欧洲的情况有所不同。大多数的美国企业认为，欧洲的强制性政策需要付出较大的代价，美国的企业更愿意达成自愿性的环境保护政策。他们认为，环境政策的最终目标应该是同时降低所有的环境影响，而不应该仅仅局限于降低产品废弃物这一方面。欧洲回收政策的目标是使废弃物的回收再利用最大化，而美国的分析家认为，环境政策的目标应该是使环境影响最小化，因此，他们更推崇美国的“面向回收而设计”“绿色消费指南”等策略。这些政策能同时实现多个环境目标，例如，资源消耗的最少量化、废弃物减量化、改善环境质量等。越来越多的企业为了增强竞争能力，针对产品的退货、维修和废弃回收，主动延伸自己的责任，建立逆向物流管理体系。

下面详细介绍 IBM 的循环物流系统的实践。

IBM 公司是世界上较早在逆向物流管理方面开发商机的企业，很长时间以来，一直在设法利用顾客使用过的二手产品。IBM 的业务中包括了许多逆向产品流。为了实现对其产品的重复使用，IBM 在全球推行计算机设备租赁业务。当用户在租赁结束时，他可以决定是留购、续租，还是退还。租赁已经占到IBM 硬件销售总额的 35% 以上。

IBM 在北美、欧洲、亚洲的许多国家已开始实施回收再利用计划，允许客户免费或支付少许费用退回使用过的产品。目前，IBM 在整个产业范围内开展广泛的合作，通过战略联盟的方式寻求构建逆向物流的价值优势。在新西兰，IBM 利用由荷兰信息技术企业联合会组建的网络系统，来执行产品的回收。这样，IBM 的客户就可以在购买新的 PC 机时获得回收服务，可以通过 UPS 将用过的二手设备退回回收中心，从而使这些客户与 IBM 结成共同体，成为 IBM 的忠实客户。

IBM 回收这些产品后，或捐给慈善机构，或将其拆除作为可再利用的回收原料。这样一方面可以服务于社会，节约资源；另一方面，降低了生产成本。在认识到逆向物流的重要作用后，IBM 于 1998 年专门设立了全球回收服务中心，负责全球范围内的所有产品回收业务，其目标是管理回收产品，以便重复利用并实现价值的最大化。

IBM 在全球建立了 25 个机构负责回收二手物品，并进行检测和加工再利用；还通过因特网进行二手产品的网上拍卖，拓展了回收产品的营销渠道。

另外，IBM 对于零部件也进行回收再利用，将它们拆卸后作为产品售后服务的备用件。很多二手零部件，如硬盘、主板等，由于它们的经济和技术生命周期都比相应的整体产品的寿命长，且性能较好，所以，清理后作为备用部件，仍具有很高的使用价值和经济收益。从总体看，二手部件的成本节约可达 70% 以上。

随着 IBM 回收业务量的不断增加，出现了一些新的问题。例如，信息支持系统的局限在很大程度上限制了回收业务的发展。以往的 MRP（物料需求计划）信息系统并不支持拆卸零部件的回收利用，并且拆卸运营活动与部件使用计划之间缺乏合作与交流，这些在某种程度上限制了逆向物流业务的进一步发展。目前，IBM 正利用在阿姆斯特丹的全球物流开发集团，以广泛合作的方式开发集成拆卸系统，以克服上述不足。

（三）日本循环物流的实践

日本自 1956 年从美国全面引进现代物流管理理念后，社会各界充分认识到物流的落后将严重制约经济的发展，因而大力发展本国物流基础设施，将物流业改革作为国民经济中最为重要的核心课题予以研究和发展。到 20 世纪 80 年代中期，以降低物流成本为目的，在政府和企业共同努力下，积极推进物流的合理化，日本迅速成为物流管理的先进国家。一些物流合理化的对策，如减少输送次数、提高车辆装载效率、提倡共同配送、简化包装等，对于循环物流系统的实践同样具有十分重要的意义。

日本是有关循环物流的立法最为完善的国家。日本在 1993 年颁布《环境基本法》的基础上，近年来又先后修改了《废物处理法》和《资源有效利用促进法》；出台了《容器包装回收利用法》《家用电器回收利用法》《绿色消费法》《建筑材料循环利用法》和《食品循环利用法》。2000 年 6 月 2 日正式颁布了《循环型社会形成推进基本法》，并于 2001 年 1 月生效。该法明确提出了产生废物企业的生产责任和回收义务,并从法律上规定了废物处理的优先顺序,即废物的发生抑制—再使用—循环再利用—热回收安全处置。1998 年 7 月的产业构造会议确定:2010 年一般废物最终处理量的设定目标值是 1996 年的一半,即 0.31 亿吨(年排放量减为 4.8 亿吨,循环利用量为 2.32 亿吨)。

在循环物流系统的实证方面,日本东京都的经验值得借鉴。2002 年以来,东京都先后在吉祥寺商店街、丸内商业街及秋叶原电器街等大型商业区进行了共同配送的实证试验,佐川急便、日本通运、大和运输等 6 家大型物流企业参与了该试验。丸内商业街的试验结果表明,可以减少 50% 配送车辆资源,有效地缓解城市交通压力。

在此基础上,由早稻田大学主持,清水、大成、鹿岛、小林、前田等大型建筑企业和若干物流企业、垃圾处理企业共同参与了东京地区建筑材料共同配送与建筑固体废弃物共同收集的实证试验。试验结果表明,建筑材料的共同配送可以将物流成本降低 10%;建筑固体废弃物的共同收集可以将资源循环利用率提高到 98%,不但减少最终处理量,同时可以减少由于大量、低装载、单程运输造成的高成本,减少 CO_2 等污染物排放,减轻对城市交通及环境污染的压力。为此,2005 年东京都主管部门表示由早稻田大学项目组将既有研究成果直接运用于东京都及其周边地区,并研究该地区包含建筑材料共同配送和建筑固体废弃物共同回收的物流系统规划和有关法规修改等问题。

日本构建资源循环型城市的经验表明,将正向物流和逆向物流整合的物流系统,可以产生三个方面的效益:一是提高物流资源的使用效率,降低商品的物流成本;二是废弃物转化为再生资源后的经济效益;三是减少废弃物处理和污染治理费用。

麒麟公司是日本大型啤酒生产企业,其生产经营体系具有相当高的经济效益和社会效率。在循环物流系统的实践方面,它们实现商品开发、技术开发等工作必须符合环境维护的要求,即各项生产经营活动必须有利于省能源、省资源、低环境负荷的要求。为此,它们制定了一系列减少废弃物、推动资源再循环、参加企业外环境保护活动以及赞助海外环境保护活动的政策措施,并以此作为整个企业经营的支柱与核心,对再生资源量、大气排放量等都制定有明确的指标。其物流部门由于采取了新设物流中心、提高啤酒瓶装量、推动轻型包装等举措,在节约资源、保护环境方面取得了巨大成就。

二、国内循环物流的实践①

《中华人民共和国循环经济促进法》2009 年 1 月施行,主要制度包括规划制度、总量控制制度、定期考核制度、以生产者为主的责任延伸制度、重点企业管理制度、产业政策引导制度、激励措施。《中华人民共和国循环经济促进法》为循环物流的实践发展提供了法律制度保障。

2017 年 4 月,国家发展改革委、科技部等 14 个部委联合印发《循环发展引领行动》,明确循环发展是我国经济社会发展的一项重大战略,是建设生态文明、推动绿色发展的重要途径。主要目标包括绿色循环低碳产业体系初步形成、城镇循环发展体系基本建立、新的资源战略保障体系基本构建、绿色生活方式基本形成。主要指标为,到 2020 年,主要资源产出率比 2015 年提高

① 相关案例资料请访问:爱课程网→资源共享课→物流学/汝宜红→第九章第 1 讲→学生作品。

15%,主要废弃物循环利用率达到54.6%。一般工业固体废物综合利用率达到73%,农作物秸秆综合利用率达到85%,资源循环利用产业产值达到3万亿元。75%的国家级园区和50%的省级园区开展循环化改造。《循环发展引领行动》为循环物流的实践提供了政策依据和发展方向。

在构建循环型产业体系方面,国内逐步推行企业循环式生产,推进园区循环化发展,推动产业循环式组合,推动不同行业的企业以物质流、能量流为媒介进行链接共生,实现原料互供、资源共享,建立跨行业的循环经济产业链。在城市循环发展体系方面,国内开始加强城市低值废弃物资源化利用,促进生产系统和生活系统的循环链接,推进循环经济示范城市建设。

特别是在"互联网+"背景下,政府开始支持回收行业建设线上线下融合的回收网络,推广"互联网+回收"新模式,支持互联网企业参与各类产业园区废弃物信息平台建设,推动园区产业共生平台建设。

目前,循环物流虽然在国内逐渐引起了业界的注意,但与国际上技术先进的国家相比,我国在循环物流的观念、政策以及技术方面均存在较大的差距。循环物流系统的构建和运营,对政府和企业而言都还是一个全新的话题。政府如何从政策、法规方面推进企业循环物流的全面实施,还是一个有待深入研究的课题。

小 故 事

成也垃圾,败也垃圾

2007年年底,意大利那不勒斯出现了"垃圾危机"——那里的环卫工人从12月21日开始停止收垃圾。于是,人们把大包大包的垃圾都扔上了街。起初是扔在垃圾箱附近,最后垃圾箱被淹没在小山般的垃圾中。那不勒斯的居民们在垃圾的恶臭中度过了新年。据统计,在这次危机中,坎帕尼亚大区各城市堆积的垃圾多达11万吨,那不勒斯待处理的垃圾近5 500吨。其实,那不勒斯的垃圾危机并非始自2007年。从1994年开始,当地居民就不时遭遇垃圾围城,人们对这种现象已经见怪不怪了。不过2007年"动静"格外大,引起了更多关注。

有人说,垃圾成山全是当地黑手党"克莫拉"所赐。据意大利最大的环保公益组织称,坎帕尼亚地区就是一个工业垃圾填埋场,"克莫拉"从意大利全国各地以及其他许多欧洲国家运来大量工业垃圾,未经处理便填埋到这里,他们从中赚取垃圾处理费。如果填埋场不够用,他们甚至会把垃圾倒进河中。据估算,该团伙在4年间从垃圾填埋中获利高达440亿欧元!而某些政府官员的低效、腐败和不作为给黑手党留下了生存空间。

由于多年的垃圾问题,那不勒斯及周边地区的癌症发病率和死亡率都非常高,这一地区被称为"死亡三角"。这次垃圾危机给那不勒斯地区的餐饮、旅游业造成了巨大损失。

而针对这次危机,瑞士一家垃圾处理公司却表示,他们愿意帮助意大利政府解决这个难题,把那里的数万吨垃圾运到瑞士处理。瑞士注重环保,这次却要弄来这么多垃圾,如何能吃得消呢?俗话说,没有金刚钻儿,别揽瓷器活儿。瑞士敢夸下这个海口,心里自然是有数的。事实上,瑞士不仅拥有欧洲最先进、最高效的垃圾再循环处理系统,而且环保产业蓬勃发展。

瑞士对垃圾从源头开始治理,实行严格的垃圾分类制度,总体分为"可回收""废旧纸张"和

“厨余”等类别。在有些地方,垃圾的分类更为细化,甚至不同颜色的玻璃瓶都不能放在一处。每天负责收集垃圾的集装箱垃圾运输车不仅能靠机械自动抓取垃圾箱进行清倒,而且封闭性很好,绝不会发生遗撒,甚至在车边经过时,一点异味都闻不到。

所有垃圾被分类收集后,最终运到遍布瑞士全国的29个垃圾处理厂。瑞士的废品再循环利用率很高。瑞士每年处理的垃圾总量约为365万吨,其中10%从意大利北部和德国西部城市进口。进口垃圾中超过50%的垃圾得到循环再利用,而垃圾循环再利用的比例意大利为37%,英国为22%,希腊还达不到10%。据统计,在瑞士70%的废纸、95%的废玻璃、71%的塑料瓶和近90%的铝罐以及75%的锡罐都得到了回收,废旧电池的回收率达到了67%,均居欧洲领先地位。

瑞士靠处理垃圾一年能赚上百亿瑞士法郎,不可思议吧?我们来看一家垃圾处理厂:

萨顿公司是位于日内瓦湖畔瓦莱州山区的一个垃圾处理厂,日处理垃圾约700吨。虽然为中等规模,但其效益在瑞士名列榜首。工厂离马通小镇不远,处观醒目的标志是两个绘了红色条纹的烟囱。走进厂区,映入眼帘的是高大的厂房、巨大的管道,整个生产线全部实现封闭和自动化控制,整个工厂只有50名工人。空旷的车间很干净,也无大的异味,看不出这里是每天消灭数百吨垃圾的大本营。该工厂已有35年的历史,现在主要有三条“财路”。一是垃圾处理费。仅此一项,每年就有两三千万瑞士法郎的收入。二是发电及供热费。将垃圾中的生物垃圾挑出来,进行发酵处理,产生的沼气用来发电和供热。该公司一年约发电1.3亿度,政府以1度电8生丁(约合人民币4角)的价格收购。这两项收入每年算下来也约有上千万瑞士法郎。三是公司回收加工后的金属等可重新作为原材料,而垃圾废渣可做建筑材料。

你看,是不是可以说“成也垃圾,败也垃圾”?

案 例

循环物流系统构建实践①

城市是人口高度聚集、经济和社会各类活动高度密集的空间区域,城市生产、流通和消费过程既耗费了大量资源,又排放了大量废弃物,成为主要的环境污染源,是资源节约与环境保护的重点。我国是世界上城市化速度最快的国家,城市化水平已经从1980年的19%跃升至2010年的47%,预计2025年将达到59%。为了我国城市的健康与可持续发展,有必要研究和构建城市循环物流系统。因此,此处选择城市循环物流系统作为循环物流系统的构建案例。

北京市是我国的首都、政治文化中心和特大型城市。北京市人口迅速增长,资源相对匮乏,是典型的外界资源依赖型城市。当前,北京市已步入工业化的后半期和城市化快速发展时期,资源供应不足问题必将日益突出,生态建设和环境保护的形势日益严峻。我国政府已将北京市列为首批循环经济试点城市,发展循环经济、建设循环型城市,是缓解北京市资源环境约束、实现北京市可持续发展的根本途径。因此,以北京市为例进行城市循环物流系统构建的案例分析,既可以适应北京市建设循环型城市的现实需求,又可以为我国其他城市,尤其是特大型城市,构建城

① 作者:朱煜。

市循环物流系统提供示范与借鉴作用。

一、北京市资源循环及相关物流分析

（一）资源循环的现状及发展趋势

从城市资源循环的总体输入情况来看，北京市主要依靠外界资源输入，是典型的外界资源依赖型城市。以社会商业商品购进总额这一指标为例，2008 年北京市的商品购进总额为 2 378 亿元，其中市内购进额为 663 亿元，仅占 28%（如图 8-4 所示）。

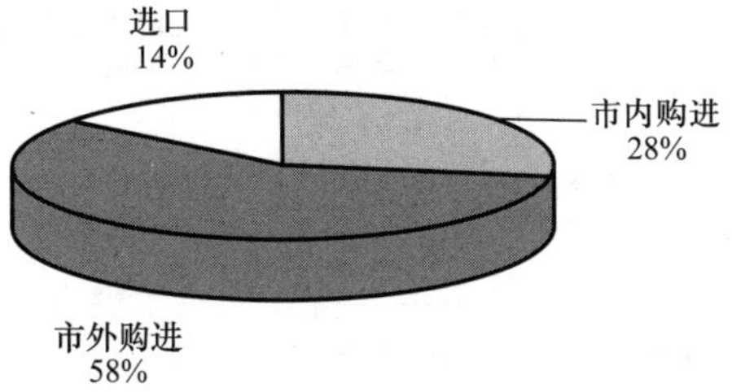

图 8-4　北京市社会商业商品购进总额构成

从地区生产总值的三次产业构成来看，北京市已经成为资源流通型和资源消费型城市。如图 8-5 所示，第三产业在地区生产总值中所占的比例逐步增大，截至 2008 年已经达到 73.2%。

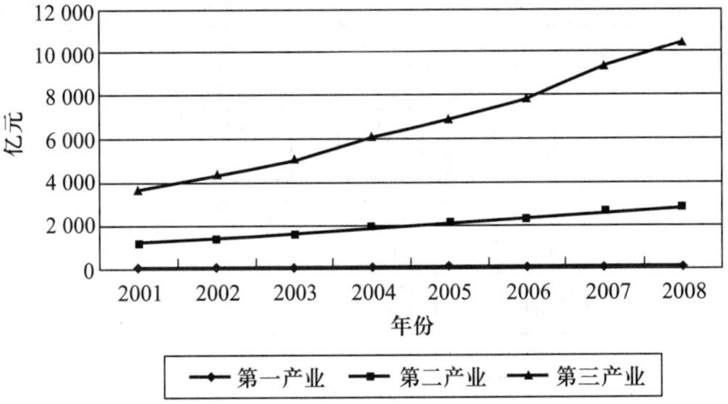

图 8-5　北京市地区生产总值构成

从城市资源循环的末端输出情况来看，北京市主要包括生活垃圾、工业固体废物和建筑垃圾。建筑垃圾产生于城市区域的建筑施工、建筑室内装修和建筑拆毁过程之中，具有特殊性——产生过程的特殊性、产生位置的相对集中性、组分的差异性。2008 年，北京市工业固体废物排放量为 0.09 万吨，而生活垃圾清运量达到 656.6 万吨，并且逐年快速增加（如图 8-6 所示）。因此，本文主要研究城市生活资料的资源循环过程。

本书将城市资源循环过程划分为五个环节——资源生产环节、资源销售环节、资源消费环节、资源回收环节、资源还原环节。在文献调研和现场调查的基础上，将北京市的城市资源循环过程表示为图 8-7。

如图 8-7 所示，在资源生产环节中，本市生产企业制造的城市产品资源包括农产品和工业品，与外省市流入物品、进口货物一起进入资源销售环节；在资源消费环节中，消费主体包括城市居民、商业与服务业单位、机关与企事业单位；资源回收环节分为两层：第一层是国有回收点、私

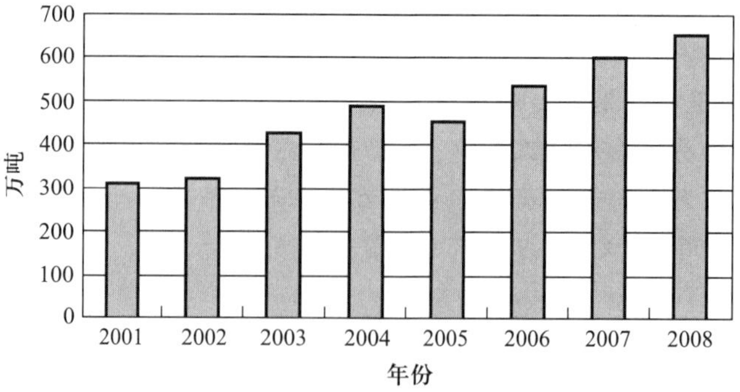

图 8-6 北京市生活垃圾清运量

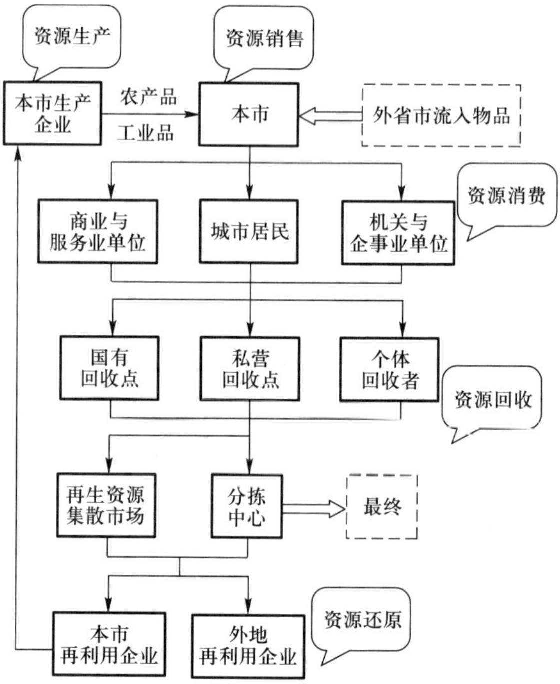

图 8-7 北京市资源循环示意图

营回收点和个体回收者,第二层是再生资源集散市场和分拣中心;在资源还原环节中,城市再生资源流向本市和外地的再利用企业,其中本市再利用企业又将城市再生资源销售给本市生产企业,从而完成城市资源循环过程。在城市资源循环过程的五个环节中,资源回收环节将城市固体废弃物转化为城市再生资源,是实现资源循环最为关键的一个环节。

下面将对北京市与城市资源循环相关物流的现状及问题进行分析,并且从物流客体、物流主体和物流载体三方面展开。

(二)物流客体的现状及问题

社会物流总额能够从价值角度反映城市资源循环过程各环节的物流客体分布情况。社会物流总额是指第一次进入市内需求领域,产生从供应地向接收地实体流动的物品的价值总额。包括六个方面的内容：进入需求领域的农产品物流总额、工业品物流总额、进口货物物流总额、外省市调入物品物流总额、再生资源物流总额、单位与居民物品物流总额。近年来，北京市社会物流总额及其构成情况如表8-2所示。

表8-2　北京市社会物流总额构成

项目	2007年（亿元）	2007年构成（%）	2006年（亿元）	2006年构成（%）	2007年为2006年的比例（%）
社会物流总额	30 553.6	100.0	25 406.4	100.0	120.3
农产品	231.2	0.8	224.0	0.9	103.2
工业品	8 669.9	28.4	7 511.6	29.6	115.4
进口货物	10 951.5	35.8	9 386.8	36.9	116.7
再生资源	229.5	0.8	257.3	1.0	89.2
外省市流入物品	10 409.2	34.1	7 971.5	31.4	130.6
单位与居民物品	62.3	0.2	55.2	0.2	112.9

从表8-2中可以看出，北京市资源循环过程中的物流客体分布具有以下特点：

（1）外省市流入物品和进口货物这两项之和的比例大于60%，说明北京市主要依靠外界资源输入；

（2）本地制造的产品中，工业品物流总额远大于农产品物流总额；

（3）北京市的再生资源物流总额约为社会物流总额的1%，说明城市逆向物流所占比重远低于城市正向物流；

（4）北京市的社会物流总额的总体发展趋势是增多，而再生资源物流总额的发展趋势却是在减少，所占比例也在降低，说明城市逆向物流与城市正向物流发展的不均衡性。

（三）物流主体的现状及问题

与城市资源循环相关的物流主体涉及生产商、销售商、消费者、回收商、物流服务提供商和城市管理者等，对于北京市而言，主要可以分为城市物流的管理主体和运营主体两个层面。

1. 城市物流的管理主体

根据机构设置、职能划分等情况，目前北京市政府对于物流业进行管理、监督工作的部门主要有市发展与改革委员会、市商务委员会、市交通委员会、市经济和信息化委员会、市环境保护局等。

在城市资源循环过程最为关键的回收环节中，涉及政府多个管理部门，例如：生活垃圾收集工作由各区县街道、居委会等有关部门负责；生活垃圾清运、处理工作由市市政市容管理委员会负责；再生资源回收、利用工作由市商务委员会负责；有毒有害垃圾由市环境保护局负责。

由于涉及城市资源循环相关物流的政府管理部门众多，在实际工作中，多头管理经常造成政策之间缺乏协调、职能交叉、信息沟通不充分、缺乏明确的分工协作机制等问题。

2. 城市物流的运营主体

北京市具有物流业务的企业有5 000家左右，从事物流业务的人员达到40多万人，占全市总就业人数的6%左右。此外，正向物流和逆向物流的运营主体相互独立，各自具有不同的特点。

（1）正向物流的运营主体。正向物流的运营主体由生产商、销售商和物流服务提供商三类主体组成。北京市的自营物流与社会物流比约为3∶1。其中，自营物流的运营主体为生产商和销售商，社会物流的运营主体为物流服务提供商。

北京市正向物流的运营主体目前主要存在以下问题：

① 物流社会化、专业化程度不高。第三方物流占物流总量的比例为5%，与发达国家25%的水平具有较大差距。

② 物流服务功能单一，信息化水平亟待提高。传统方式的货物运输和仓储量比例占到物流量的97.5%，增值功能强的货物配送和流通加工量只占2.5%。使用物流计算机管理系统的企业仅占12%左右。

③ 物流组织化水平较低。在货运方式的有效衔接、物流通道的有效疏导、物流信息的有效传递与共享等方面还基本处于自发状态，导致物流成本较高、效率较差。

（2）逆向物流的运营主体。逆向物流的运营主体以回收商为主，物流过程和商流过程结合在一起同时进行，基本上都是自营物流的方式。目前，北京市的回收商由国有回收企业、私营回收企业和个体回收者三类主体组成，并且以个体回收者为主。截至2009年，北京市各区县纳入回收企业统计的从业人员为11 507人。个体回收者由于流动性大、分布广，总人数难以统计，综合各种估计的数字约为10万人，绝大多数为外地来京人员。

个体回收者从专业分工来看，约有4万人蹬三轮车沿街收购废品，人均年收入1.5万元；约有2.5万人在商场收废品或在饭店收泔水，人均年收入1.2万元；约有2.1万人蹲守垃圾楼或扒居民楼垃圾道，人均年收入1万元；约有1万多人在城乡接合部从事废品交易，约有1 500人在垃圾堆放场和转运站拾捡垃圾，人均年收入约8 000元。

北京市逆向物流的运营主体目前主要存在以下问题：

① 市场竞争过度，行业资质难以提高。城市再生资源回收行业进入门槛低，缺乏成本和资质要求，从业人员过度集中。因此，该行业长期陷于低层次、低水平竞争，组织化程度低，行业资质始终难以提高。

② 产业化、专业化程度低。城市逆向物流的运营主体以回收商为主，并且主要是个体回收者，物流和商流相伴而生，物流活动分散无序、规模小，限制了城市逆向物流的产业化发展。

③ 单纯追求经济利益，导致物流客体的种类和数量偏少。回收商只关注回收或加工利润高的城市再生资源，并且回收品的种类和数量随着市场价格波动而变化，对于回收或加工利润低的城市再生资源则难以进入资源回收环节。

④ 物流过程忽视环境效益，普遍存在污染问题。个体回收者通常占用居民小区角落或者城市道路两侧，回收品露天堆放，并且不具备简单的卫生清洗条件。因此，存在污染城市环境、损害居民健康的隐患，长期处于这样的工作环境也不利于回收者的自身健康。

（四）物流载体的现状及问题

本文选取城市物流节点作为城市循环物流系统的载体要素，并分为城市正向物流节点和城市逆向物流节点两类，物流节点同时包含了运输载体、储存载体等基于物流功能角度划分的物流载体。

1. 城市正向物流节点

对于北京市而言，城市正向物流节点以承载城市产品资源为主，主要包括物流基地、物流中心（综合物流区）和配送中心（专业物流区）三个层次的物流节点。目前，北京市基本形成了基于点、线、面相互协调的“三环、五带、多中心”的物流节点布局。最外层是物流基地，主要解决多种运输方式之间的换载，是连接城市内部物流和辐射物流的几个重要的功能最强的节点。中间层是物流中心，解决多个产业的物流问题。最里层是工业、商业，还有一些专业化的冷链、化工等服务的配送中心。

城市正向物流节点在空间布局上逐步优化，集中度也不断提高。近年来，北京市加快了空港、马驹桥和良乡三大物流基地以及一批物流中心和配送中心的规划与建设，引导全市物流资源由城市中心区向城市外围集中发展。目前，四环路以外的仓库已占全市仓库总数的75%以上，大部分物流仓储设施已完成向四环、五环、六环及临近国道和高速公路等交通便利地区的空间调整。各类物流节点的年物流处理总量达到5 000万吨，约占全市物流总量的12%。

2. 城市逆向物流节点

城市逆向物流节点以承载城市再生资源为主，主要包括各类回收站点和再生资源集散市场。目前，北京市共有回收站点4 802个，固定站点2 497个，占52%，流动站点2 305个，占48%。其中，位于北京市中心的城八区有1 430个，占全市回收站点总数的30%。北京市现有再生资源集散市场120多个，占地240多公顷，集中在朝阳、丰台、海淀、石景山区的城乡接合部，多为临时建筑，其中“三证”（即公安特行许可证、市场经营许可证、营业执照）齐全、合法经营的市场约为24个。

现阶段，北京市的回收站点以非公有制为主，普遍存在物流设施设备简陋、物流作业方式原始落后等特征。大多数回收站点采取户外作业方式，露天堆放回收品，每个站点基本只有一座台秤，其余均靠手工完成分拣、装卸、搬运等作业。每个回收站点拥有一辆小型载货卡车，因回收品数量的限制一般隔天运输，物流效率低，规模效益差。回收站点的载货卡车大多数破旧，存在运输安全隐患，通常情况下夜间将回收品运往再生资源集散市场，超载超限现象时有发生。

现有的再生资源集散市场多数为摊群式，建设规模普遍较小，空间布局不合理，物流设施设备和管理水平落后，经营规模小且形式单一，并存在违章用地问题。通常情况下，再生资源集散市场以人工作业为主进行收购和分拣，对回收品进行简单处理，将塑料制品进行打包，将纸制品进行块状压缩后露天堆放，等待运往各个再生资源利用企业。

根据上述对城市正向物流节点与逆向物流节点现状及问题的分析，可以发现北京市与城市资源循环相关的物流载体具有以下特点：

（1）物流基地、物流中心、配送中心等城市正向物流节点在政府统一的专项规划下已经形成空间布局比较合理、集中度相对较高的物流网络。

（2）城市逆向物流节点依附于以各类回收站点和再生资源集散市场为主的城市再生资源回收体系中，缺乏统一的专项规划，建设规模普遍较小，空间布局分散且不合理。

（3）城市正向物流节点与逆向物流节点在城市管理层面各自规划和建设，在具体经营层面各自独立运行，两者之间处于相互隔离的状态。

（4）与城市正向物流节点相比，城市逆向物流节点的运输、储存等设施设备较为简陋，物流作业方式和运营管理水平较为落后。

二、北京市循环物流系统构建方案设计

北京市循环物流系统的构建方案分为系统客体构建方案、系统主体构建方案和系统载体构建方案三个部分。

（一）系统客体构建方案

资源回收和利用环节是目前北京市资源循环过程中的薄弱环节，城市产品资源与再生资源的相互联系和转化水平较低，城市资源循环过程各个环节之间缺乏合理有效的衔接。本文将北京市循环物流系统的客体构建方案设计为基于产品生命周期的全过程优化方案，包括时间、空间和循环方式三个层面：优化产品生命周期在城市资源循环过程各环节上的时间分配，如延长产品在资源消费环节所用的时间，缩短产品在资源回收和利用环节所用的时间；优化产品在城市资源循环过程各环节的空间配置，如缩短资源回收环节和利用环节之间的距离；优化产品生命周期内的循环方式，优先顺序依次为产品整体的循环、产品零部件的循环和产品材料的循环。

（二）系统主体构建方案

目前，在城市物流的管理主体层面，尤其是资源回收环节，政府管理部门众多，导致政策之间缺乏协调、职能交叉、信息沟通不充分、缺乏明确的分工协作机制等问题。在城市物流的运营主体层面，正向物流和逆向物流的运营主体相互独立，各自具有不同的特点，处在不同的发展阶段。逆向物流发展落后于正向物流，其运营主体以个体回收者为主，物流和商流不分，基本上都是自营物流方式，处于分散无序状态。

因此，本文将北京市循环物流系统的主体构建方案设计为由城市物流管理主体、城市物流运营主体和消费者三类主体组成的参与式治理策略，建立集市场治理机制和政府治理机制为一体的治理机制。市场治理机制主要协调生产商、销售商、消费者、回收商和物流服务提供商等主体要素之间的相互关系，以经济手段为主。政府治理机制主要协调以政府为主的城市管理者和其他主体要素之间的相互关系，以法律手段和行政手段为主，以经济手段和其他手段为辅。

（三）系统载体构建方案

现阶段，北京市的正向物流节点与逆向物流节点在城市管理层面各自规划和建设，在具体经营层面各自独立运行，两者之间处于相互隔离的状态。物流基地、物流中心、配送中心等城市正向物流节点在政府统一的专项规划下已经形成空间布局比较合理、集中度相对较高的物流网络。城市逆向物流节点依附于以各类回收站点和再生资源集散市场为主的城市再生资源回收体系中，建设规模普遍较小，空间布局分散且不合理。

因此，本文将北京市循环物流系统的载体构建方案设计为由城市正向物流节点和逆向物流节点组成的物流共同化策略，包括正向物流载体共同化、逆向物流载体共同化和双向物流载体共同化三个层面。物流共同化是指企业、供应链等组织打破组织形式的障碍，对社会中一切可能集中整合的物流资源进行合作利用，它可以提高实施者的物流效率，进而促进所在区域物流系统的运作效率。针对目前北京市的城市逆向物流所占比重远低于城市正向物流，并且两者在发展上存在的不均衡性，因而在具体措施上侧重于逆向物流载体共同化和双向物流载体共同化两个层面。

三、北京市循环物流系统构建实施建议

城市循环物流系统的建立需要许多支持手段，尤其是处于复杂的社会经济系统中，要确定城

市循环物流系统的地位，要协调与其他系统之间的关系，需要法律体系、经济政策、管理机制、宣传教育等多种手段的支持和配合。为此，对于保障北京市循环物流系统的顺利构建，本文提出如下实施建议。

（一）通过立法明确各主体的责任和义务

法律对于发展循环经济、建设循环型社会至关重要，世界发展循环经济领先的国家无不是通过立法逐步推进的，而我国的循环经济法律相对薄弱。城市循环物流系统涉及生产商、销售商、消费者、回收商、物流服务提供商和城市管理者等相关主体，在城市资源循环过程中存在各主体之间的责任分配问题。因此，有必要分阶段制定、出台相关法规规章及规范性文件，通过立法明确各相关主体的责任和义务，形成有利于促进城市循环物流系统构建的法制环境。

（二）建立经济激励政策、扩大投资渠道

经济政策是通过一定的经济刺激形式对经济活动进行调节的方法，在实施和操作中可以具有较大的灵活性，能够减少政策实施成本以及社会控制成本。因此，为构建北京市循环物流系统，可以采取有利于城市资源回收利用的税收优惠政策，通过资金补助、贷款贴息等金融政策鼓励和扶持资源回收利用企业，通过押金返还、排污权交易等手段激励公众和企业的积极性。同时，还需要扩大投资渠道，积极推进城市资源循环与相关物流企业的市场化、产业化进程，鼓励各类投资主体以多种形式投资发展城市资源循环项目。

（三）健全分类标准、推动城市资源分类循环

从北京市的纸循环现状可以看出，由于废纸分类过于简单，导致大量废纸混入生活垃圾难以回收。因此，为构建北京市循环物流系统，有必要健全城市再生资源的分类标准、推动城市资源分类循环。建议具体措施包括制订出台城市再生资源分类品种指南，完善社区分类收集设施，引导社会公众对城市固体废弃物进行分类交投，并推进分类运输以及集中分选设施的建设。

（四）建设城市资源循环的物流信息平台

物流信息平台是提供物流信息、技术、设备等资源共享服务的信息平台，具有基础信息服务和管理决策支持的功能。现代物流强调货物流与信息流的同步流动，物流信息平台对于构建城市循环物流系统这样的大跨度系统具有重要的支持作用，有必要建设城市资源循环的物流信息平台。城市资源循环的物流信息平台建设可以分为三个阶段：第一个阶段是城市资源循环各参与主体内部的物流信息化建设；第二个阶段是城市资源循环的物流信息平台化建设；第三个阶段是与外部其他信息网络的对接。

（五）通过宣传教育促进城市居民主动参与

资源循环是一项社会性极强的工作，涉及全社会每个成员。全社会都重视和参与资源循环工作，将是解决我国资源与环境问题的根本保证。因此，为构建北京市循环物流系统，需要通过各种宣传教育手段，从而达到促进城市居民积极主动参与的社会氛围。可以充分利用广播、电视、报刊、网络等现代化的宣传工具，广泛开展多层次、多形式的宣传和科普教育，加大对资源循环重要性的认识，提高全社会的资源意识和环境意识，使城市居民树立节约资源、保护环境的观念，主动参与城市资源循环及相关物流活动。

本章小结

发展循环经济，构建资源循环型社会是一项复杂的系统工程，除了技术、法律、政策等因素外，也离不开物流系统的支撑和保障。循环物流系统作为经济系统的一个子系统，在发展循环经济中具有重要而特殊的作用。物流系统还能充分利用网络优势，全面监测各种物质资源的流量与流向，准确把握各种物质资源的消耗与使用特性，从而有助于发现和解决经济运行中的深层次问题，为制定循环经济发展政策提供决策支持。

关键名词

循环物流　逆向物流　循环物流系统　闭环供应链　系统构建

思考题

1. 试分析循环物流、逆向物流、绿色物流以及闭环供应链之间的异同点。
2. 循环物流具有哪些特点？
3. 请描述循环物流系统构建流程。
4. 阐述循环物流系统仿真的一般步骤。
5. 查找相关资料，举出国内外循环物流实践的具体例证。

即测即评

请扫描二维码进行在线测试。

拓展阅读

拓展资料 8-1：绿色包装和零包装

拓展资料 8-2：前沿：逆向物流管理研究综述

拓展资料 8-3：案例：废弃物与回收物流

第九章 综合案例

本章精心选择了四个综合性的研究成果，对物流学基础理论知识进行了综合性的应用，同时又提出了一些新的研究领域，展示了科学的研究思路与研究方法，以供继续研究学习使用，帮助达到在掌握基础知识后进行全面能力提升的目标。

第一节 北京市鲜活农产品城市配送调研与区域划分研究[①]

一、研究背景

随着世界农产品产量的提高和农业产业结构的调整，国际上一些发达国家和农业强国运用全新理念、管理技术、优厚政策，在农产品方面尤其是鲜活农产品流通领域，取得了突飞猛进的发展成果。在我国，近几年来，鲜活农产品的物流状况受到人们越来越多的关注，瓜果蔬菜物流、冷链物流也取得了一定的效益。但是也存在一些问题，如城市农产品物流中，一方面“菜价过低伤害菜农”，另一方面城市居民的菜价却居高不下。调查发现，物流成本约占菜价的八成，物流问题直接关系着卖菜难、买菜贵。本文通过对北京市鲜活农产品物流市场进行实地调研，对存在的问题进行分析和探讨，从而针对性地提出解决方案。

2010 年北京市常住人口已达 2 200 万，此外还有庞大的流动人口，鲜活农产品需求量日益高涨。北京成为鲜活农产品的主销区。每天蔬菜需求量约 1 100 万公斤，果品需求量约 800 万公斤，生猪需求量上万头。而且市民的饮食结构正逐步由过去的以肉食为主向稳定肉食消费、增加素食转变，对鲜活农产品的需求不断增加。

但是，面对北京不断增长的交通需求和逐渐恶化的交通状况，北京市有关部门对城市交通管理的措施也越来越严格，客运先行，车牌号限行，时间段限行，大型鲜活农副产品配送中心外移，

① 作者：高嘉伟、周帅、米晓芳、魏立颖、姬贺，由章竟进行整理。

外地大宗农副产品在五环外集散，加上越来越高的停车费、燃油费和人工费，导致蔬菜市内配送越来越困难。地价上涨，储存、加工、配送设施的运行成本不断攀升，所有成本都加诸菜价上，导致菜价也越来越高。此外，高昂的超市进场费成为物流的最后一道坎，又在一定程度上推高了全社会的物价基础。

综上所述，北京市作为鲜活农产品的重要消费地，当鲜活农产品从产地通过各种途径进入北京市之后，从一级批发市场到销售终端的城市配送过程对于保障鲜活农产品的供给具有极其重要的意义。但是日益增长的鲜活农产品需求和相对滞后的鲜活农产品城市配送体系之间的矛盾已成为北京市鲜活农产品供给保障的主要问题之一。

二、北京市农产品配送的调研分析

（一）鲜活农产品的概念及其物流特点

鲜活农产品主要鲜活农产品是指新鲜蔬菜、水果、鲜活水产品，活畜禽，新鲜肉、蛋、奶。易腐易损性是鲜活农产品的主要特征，鲜活程度是决定这些鲜活农产品价值的重要指标。鲜活农产品需求量大、单位价值低；价格波动大，市场风险高；货架期短。本文中的鲜活农产品主要是指鲜活蔬类肉类初级产品。鲜活农产品物流活动具有储运、保鲜技术要求严格、资产的专用性程度高、物流增值服务空间较大等特点。

（二）调研中发现的问题

通过调研发现，北京市鲜活农产品城市配送体系存在诸多问题。

1. 物流成本高，中间环节多，经营模式混乱

北京市现有的农产品批发市场是批发与零售混合经营，商流与物流混合经营，一级批发与二级批发混合经营。市场主体是个体商贩，农产品从生产者到消费者的流通活动基本上是无组织的个体行为，难以形成规模经营。鲜活农产品物流成本偏高，产品价值流失严重。大部分鲜活农产品的流通渠道要经过以下环节：生产者—产地市场—运销批发商—销地市场—零售市场—消费者，物流环节繁多增加了物流成本。如北京新发地的莴笋主要从河北等地运至新发地，经过新发地各个物流中间商再销往市内各大批发市场、农贸市场及超市、酒店等地，最后到达消费者手中。其中间环节多达 5 重，如图 9-1 所示，不仅浪费了很多物流资源，层层加价也导致了运货周期长，销售周期长，鲜活农产品损耗率很高等弊端。

2. 缺乏较大规模农产品物流配送中心

目前，北京市鲜活农产品物流配送模式出现以自营配送为主，其他模式并存的多样化特征。自营配送主要分为两类，一是以零售商贩为主体，二是以公司企业为主体，其他模式就是以第三方物流公司为主体。像新发地规模这么大的集散中心，很多交易量就是靠商贩自己的三轮车或者中小型物流配送中心点对点完成。鲜活农产品的分销渠道主要采取原始的流通渠道完成，增加了配送成本，也给市区内的交通增加了压力，并且导致中间环节过多而抬高了产品价格。

3. 农产品市场布局结构有待完善

从农产品批发市场的布局来看，三环路和四环路附近是批发市场的集中区域。目前全市占地 1 万平方米以上、交易额超过 1 亿元的农产品批发市场的 60% 分布在该区域。其中大部分分布在城市环路与放射线交叉、且具备用地条件的地区。《北京市农产品流通体系发展规划（2002—2008）》认为四环至五环路附近为大型农产品批发市场布局的合理区位，远期应主要布

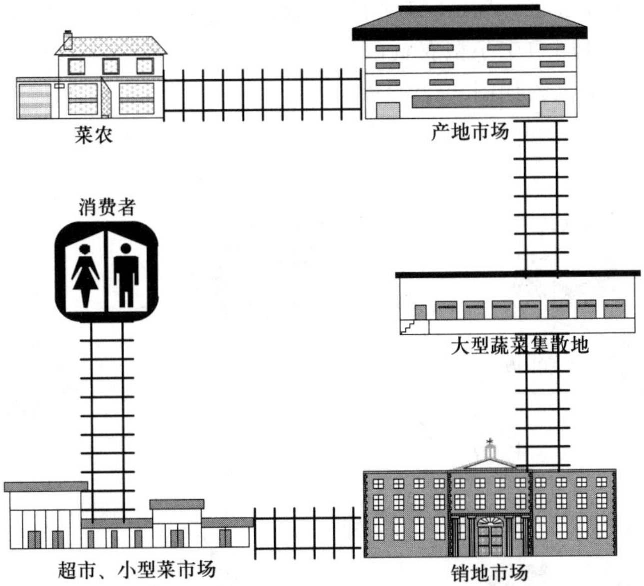

图 9-1　农产品流通环节示意图

局在五环路附近。而目前社区便民菜店在海淀只有 5 个，只考虑了社区人口分布等较少因素，且不能满足居民需求，没有一个整体规划的合理布局。

4. 供应链信息化程度不高

农产品物流信息化程度不高，体现在供应链的各个环节上。在农产品价格信息的获取方面，根据对北京市新发地的调查，发现对于市场信息获得的渠道，自身的信息渠道比例最高，依靠同行的传播占第二位。其他渠道如当地市场发布、政府部门发布等渠道所占的比例都很少。另外，批发市场规模较小，没有专门的信息发布平台。农产品流通中各方信息闭塞，环节脱钩，农产品在运输途中的无谓耽搁等现象时有发生，从而进一步导致风险增多，损耗加大。

综上所述，由于不同位置的农贸市场规模不同，需求量也不同，市场的进货量就有很大不同。而且缺乏大规模的农产品配送中心，小型配送中心数量多、经营混乱，增加了城市交通压力。而且在现有的货运配送体制下，市区内各大农贸市场采用各自为营，同一货源，却分散进货的方式，造成了运送过程中货车不能充分利用、资源浪费、成本高昂的局面。

三、北京市鲜活农产品城市配送的区域优化

为了合理解决上述问题，我们提出建立中转站实行两级配送的方案，其实质是“场社”对接模式的扩展，即从四五环外的大型农产品集散中心直接配送到市区内社区菜市场。但是直接配送到多个菜市场即“点对点”模式无疑会增加运输成本，而且会在一定程度上加剧交通拥堵状况。所以合理规划几个中转站能够在一定程度上降低成本。因为新发地批发市场在北京市农产品集散上占据绝对优势地位，北京市场九成蔬菜供应靠新发地。我们假设以新发地为北京市鲜活农产品的集散中心，外地农产品运送到新发地，再分类散装配送到北京市区内。我们构建二级配送的模式，先根据一定的依据将菜市场划分在几个区域内，然后在区域内新建中转站或者从现

有大中型农贸市场中选择改进而成,将鲜活农产品根据需求从新发地统一运送到各中转站,再以中转站为中心分拨运送到周边中小型农贸市场和社区便民菜店。

配送网络优化形象示意图如图 9-2 所示。

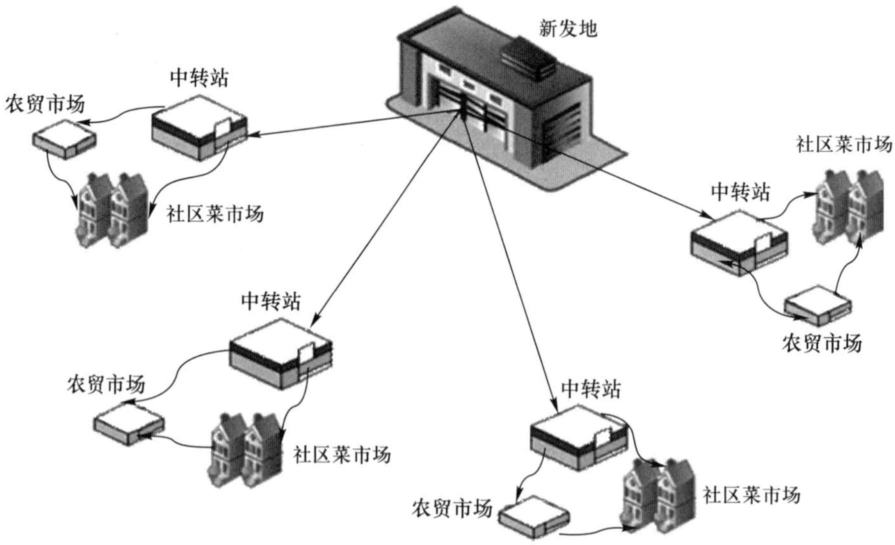

图 9-2 配送网络优化形象示意图

(一) 根据菜市场坐标建立模型

为选择中转站的建立位置,首先需要将市区内的农贸市场进行区域划分。这里使用聚类分析、图论及 K-means 算法等方法,以海淀区内的农贸市场为例,进行聚类划分,建立中转站模型。

为方便表示和模型求解,我们首先将每个北京地区的农贸市场分布抽象成图论中的图。

根据图论中的理论,使用有序三元组 $G=(V,E,\Psi)$ 表示一个图,其中:

(1) $V=\{v_1,v_2,\cdots,v_n\}$ 称为顶点集,$v_i(i=1,\cdots,n)$ 表示图 G 中的农贸市场。

(2) E 称为边集,表示图 G 中的道路。

(3) Ψ 是从边集 E 到定点集 V 中的无序的元素偶对的集合的映射,称为关联函数。

(4) 将图 G 中的每一条边 e 对应一个实数 $w(e)$,则称 $w(e)$ 是该边 e 的权,在本文中,$w(e)=$ 道路 e 的长度。

若 $\Psi(e_i)=(v_i,v_j),(i,j=1,\cdots,n)$,根据农贸市场在地图上的位置,给出每个农贸市场的坐标 (x_i,y_i),根据坐标,对图上任意两点 $v_i=(x_i,y_i),v_j=(x_j,y_j)$,有 $w(e_i)=\sqrt{(x_i-x_j)^2+(y_i-y_j)^2}$。

用这种方法,我们将图一抽象为图 G。

其中,坐标的确定我们使用 Google Earth 首先确定海淀区内的农贸市场地理位置(经纬度),再用高斯投影方法将其经纬度转化为平面直角坐标系中的 (x_i,y_i) 坐标。海淀区内的农贸市场具体坐标见表 9-1。

表 9-1　农贸市场坐标

名称	平面坐标 x	平面坐标 y
北外果蔬店	16 356 198. 53	2 889 210. 032
锦绣大地农贸市场	16 355 647. 38	2 923 301. 294
麦钟桥便民菜站	16 350 081. 71	2 890 482. 699
魏公村欣欣菜市场	16 355 139. 58	2 883 095. 135
晴园社区菜市场	16 341 105. 47	2 891 335. 194
城茂桥东菜站	16 343 908. 29	2 882 274. 249
兴福兴发菜市场	16 350 055. 07	2 882 145. 516
恒运达蔬菜超市	16 342 511. 24	2 889 391. 537
青龙桥农贸市场	16 316 403. 86	2 876 558. 039
友谊蔬菜市场	16 345 079. 04	2 879 853. 691
西郊四海农贸市场	16 328 020. 05	2 891 128. 125
紫竹院社区	16 361 208. 98	2 892 658. 308
田村路	16 359 221. 47	2 914 056. 025
亮甲店	16 366 115. 03	2 905 792. 480
彰化村	16 358 650. 95	2 898 170. 826
海中	16 345 655. 16	2 891 817. 173
银海兴	16 331 253. 62	2 891 825. 579
八里庄	16 367 364. 74	2 897 717. 972
玲珑塔徐庄	16 366 414. 06	2 897 831. 744
农科院蔬菜市场	16 355 224. 08	2 878 585. 329
双榆树	16 345 417. 85	2 876 587. 248
咏新	16 325 920. 35	2 884 477. 653
绿诚	16 356 501. 63	2 879 614. 011
嘉园五孔桥	16 369 744. 01	2 909 943. 151
中关村科内	16 329 902. 40	2 871 753. 757
远大农贸市场	16 351 877. 83	2 894 374. 593
今日鲜	16 379 397. 71	2 917 347. 123
四海蔬菜	16 352 008. 02	2 886 227. 216
光明寺	16 359 398. 51	2 871 203. 015
便民蔬菜店	16 324 261. 53	2 892 354. 593
翔天	16 356 858. 65	2 886 704. 076
交大菜市场	16 362 579. 49	2 874 400. 558
白堆子	16 351 556. 61	2 890 836. 311
京海保福	16 334 347. 04	2 866 766. 028

续表

名称	平面坐标 x	平面坐标 y
郁金菜市场	16 368 404.24	2 895 492.727
超市发菜市场	16 339 469.92	2 873 648.888
航天菜市场	16 369 563.49	2 887 123.226
双聚园菜市场	16 356 748.66	2 875 674.856
语言大学菜站	16 328 895.36	2 861 140.302
万寿路	16 383 949.01	2 908 352.794
海民兴	16 345 100.22	2 859 805.809
文慧园	16 370 012.42	2 867 711.187
平价蔬菜	16 335 626.48	2 852 540.159
鑫宇	16 293 244.36	2 865 729.756
实宇强批发市场	16 288 479.02	2 850 364.678
湖南特产专批	16 356 241.95	2 923 673.507
巨山路锦绣大地	16 355 425.59	2 923 209.507
生活之光	16 396 010.86	2 885 850.243
田村北路锦绣大地	16 337 521.08	2 883 941.869
清河镇农产批发	16 299 049.18	2 848 751.069
明锦顺泰商贸公司	16 367 624.27	2 864 205.261
兰园社区	16 283 299.86	2 872 467.249
蓟门里菜市场	16 352 216.29	2 866 750.044
聪健康	16 373 821.44	2 917 440.822
增光路	16 379 159.14	2 888 666.136
展春园	16 334 303.60	2 863 219.682
海运菜市场	16 334 794.01	2 876 147.136
定慧北里	16 370 190.70	2 904 568.441
金五星菜市场	16 347 183.28	2 872 137.868
北洼路	16 369 556.79	2 894 703.555
铁科社区	16 361 194.65	2 874 717.587
恩济庄	16 366 762.09	2 905 301.604

其分布图见图 9-3。

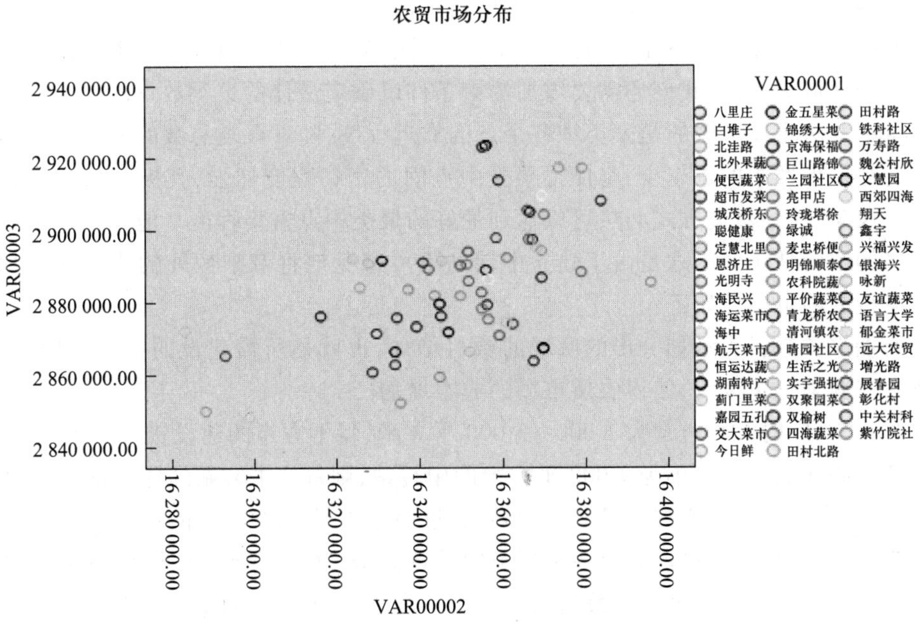

图 9-3　农贸市场分布图

（二） K-means 法进行聚类分析

将农贸市场进行分区的过程是一个聚类分析过程。为了使从中转站运出的货物可以尽快到达周边农贸市场，在划分聚类时的主要考虑因素是农贸市场间的距离。若两点间距离远小于其到其他点间的距离，则这两点应归为同一聚类。这样可以保证同一聚类间运货距离短，从而达到降低运输成本的目的。本文采用基于最近共享邻居节点的多中心聚类方法建立模型，划分聚类。使用K-means 进行聚类分析的数学模型如下：

$$D=\bigcup_{i=1}^{m} C_i, \tag{1}$$

$$C_i \neq \varnothing (1=1,2,3,\cdots,m), \tag{2}$$

$$C_i \cap C_j = \varnothing (i,j=1,2,\cdots,m; i\neq j), \tag{3}$$

$$J_C=\sum_{k=1}^{m}\sum_{v_i\in C_i} d(v_i,Z_k) \ , \tag{4}$$

其中，$D=\{v_i,i=1,2,\cdots,n\}$，v_i 是图中的农贸市场节点坐标，节点总数为 n。式(1)表示将农贸市场划分为一个簇划分 $C=\{C_1,C_2,\cdots,C_m\}$。式(2)(3)表示每个划分中至少包含一个农贸市场，并且同一农贸市场不出现在两个划分中，即划分互不相交。

设聚类总数 m 已知，K-means 算法使用总的类间离散度进行评测，当 J_C 达到最小时，则找到了最好的聚类划分。其中，式(4)中的 J_C 表示每个划分后的聚类中所有点到聚类中心的距离和。Z_k 为第 k 个聚类的中心，$d(v_i,Z_k)$ 为样本到对应聚类中心的距离。其中 $d(v_i,Z_k)$ 采用距离公式进行计算：

$$d(v_i,Z_k)=\sqrt{(x_i-x_j)^2+(y_i-y_j)^2}$$

其中，(x_i, y_i)和(x_j, y_j)分别表示点 v_i，Z_k 的坐标。

将最终确定的 Z_k 坐标作为聚类中心，即中转站位置。

使用 K-means 进行聚类分析的缺点是我们必须预先给定最终期待的聚类数，即需要将所有点划分成几个区域。因此，我们还需要增加约束条件以确定最佳的聚类数目。

K-means 算法主要考虑的是聚类中各个点的靠近程度，随着聚类总数的增加，每个聚类中的点呈减少趋势。聚类中的点越少，将使得聚类中点间的密集程度加强，其极限情况是，在每个点处建立一个聚类，这种聚类方式必然可以达到最好的聚类中点密集程度。但是实际情况中，并不是建立越多的中转站越好。这是由于建立中转站不可避免地将带来额外的成本，因此我们增加 K-means 模型的约束条件如下：

（1）增加聚类数目表示划分出的区域的数目增加，也就是所需建设的中转站增加。每建设一个中转站需要划分建设费，使得农贸市场的成本增加。

经过调查，仓库的大小通常为 1 000 ~ 5 000 平方米，每平方米的建设费为 5 元。这里我们假设每个聚类中心建立一个大小为 3 000 平方米的中转站，则每个中转站的建立将花费 15 000 元。因此，每增加一个聚类将会增加建设一个中转站，进而多支付 15 000 元的建设费用。

（2）若聚类数目过小，可能导致一个聚类中的点过多，这样可能导致聚类中的点的密集程度下降。我们使用聚类中心到聚类中最远的点的距离表征聚类中的点的密集程度。当聚类中的点的密集程度下降时，聚类中的点到聚类中心（即中转站）的距离将会增加，进而导致从聚类中心（即中转站）向聚类中各农贸市场运送货物的成本增加。

经调查，每个农贸市场一年需要货车送货 600 次左右，每辆车的运费约为3 ~ 5 元每公里。这里，我们取每辆大车的运费为 4 元每公里。这样，每增加一公里的货运距离每年将增加花费 2 400 元。

根据约束（1）、（2），我们构造函数曲线

$$y(k) = 2\,400 \times \Delta d + 15\,000 \times k$$

其中，Δd 表示聚类内最远点距离聚类中心的距离，计算公式如下：

$$\Delta d = \max_i d(v_i, Z_k)$$

其中，k 表示聚类总数，$y(k)$表示 k 个建立中转站后所花费的总费用。根据 $y(k)$的变化趋势选择聚类数目。

（三） K-means 算法划分区域

K-means 算法流程如下：

（1）从 n 个数据对象中任意选择 k 个对象作为初始聚类中心。对于所剩下的其他对象，则根据它们与这些聚类中心的相似度（距离），分别将它们分配给与其最相似的（聚类中心所代表的）聚类，然后再计算每个所获得的新聚类的聚类中心（该聚类中所有对象的均值）。

（2）根据每个聚类对象的均值（中心对象），计算每个对象与这些对象的距离，并根据最小距离重新对相应对象进行划分。

（3）重新计算每个发生变化的簇的均值（中心对象）。循环(2)到(3)直至每个簇不再发生变化。

（4）对海淀区内所有农贸市场进行 K-means 聚类分析。我们使用 SPSS 软件进行数据处理。

由于海淀区内共有农贸市场 62 个。为保证达到集中供应的目的，平均每个聚类中含有的农贸市场数目不应低于 4 个。因此，我们取聚类总数 k 从 2 到 15，观察 $y(k)$的变化趋势。

聚类结果：

当 $k=2$ 时，结果见表 9-2、表 9-3。

表 9-2　最终聚类中心(1)

	聚类	
	1	2
VAR00002	16 322 771.77	16 360 204.23
VAR00003	2 871 256.69	2 891 603.09

表 9-3　每个聚类中的案例数(1)

聚类	1	18.000
	2	44.000
有效		62.000
缺失		.000

$$\Delta d=\max_{i} d(v_i, Z_k)=40\ 155$$

$k=3$ 时，结果见表 9-4、表 9-5。

表 9-4　最终聚类中心(2)

	聚类		
	1	2	3
VAR00002	16 351 403.11	16 369 033.72	16 318 324.79
VAR00003	2 880 731.55	2 905 186.48	2 869 528.44

表 9-5　每个聚类中的案例数(2)

聚类	1	29.000
	2	19.000
	3	14.000
有效		62.000
缺失		.000

$$\Delta d=\max_{i} d(v_i, Z_k)=37\ 872$$

$k=4$ 时，结果见表 9-6、表 9-7。

表 9-6　最终聚类中心(3)

	聚类			
	1	2	3	4
VAR00002	16 369 712.45	16 347 012.16	16 315 406.50	16 366 956.03
VAR00003	2 887 044.31	2 882 209.62	2 864 888.03	2 913 907.89

表 9-7 每个聚类中的案例数(3)

聚类	1	12.000
	2	28.000
	3	11.000
	4	11.000
有效		62.000
缺失		.000

$$\Delta d=\max_i d(v_i,Z_k)=35\ 557$$

$k=5$ 时,结果见表 9-8、表 9-9。

表 9-8 最终聚类中心(4)

	聚类				
	1	2	3	4	5
VAR00002	16 353 172.35	16 364 214.22	16 291 018.11	16 331 844.25	16 371 026.93
VAR00003	2 880 805.60	2 918 424.49	2 859 328.19	2 874 664.83	2 897 094.62

表 9-9 每个聚类中的案例数(4)

聚类	1	24.000
	2	7.000
	3	4.000
	4	14.000
	5	13.000
有效		62.000
缺失		.000

$$\Delta d=\max_i d(v_i,Z_k)=27\ 869$$

$k=6$ 时,结果见表 9-10、表 9-11。

表 9-10 最终聚类中心(5)

	聚类					
	1	2	3	4	5	6
VAR00002	16 357 616.68	16 364 214.22	16 291 018.11	16 330 824.56	16 371 026.93	16 349 103.79
VAR00003	2 871 345.96	2 918 424.49	2 859 328.19	2 875 807.83	2 897 094.62	2 886 738.19

表 9-11 每个聚类中的案例数(5)

聚类	1	11.000
	2	7.000
	3	4.000
	4	13.000
	5	13.000
	6	14.000
有效		62.000
缺失		.000

$$\Delta d = \max_i d(v_i, Z_k) = 27\ 869$$

由此可知，当 k 达到 5 时，继续增加 k 值将不能再加大聚类中的点的密集程度，因此，我们最终选择 $k=5$，相应的聚类中心（即中转站位置）如表 9-12 所示。

表 9-12　最终聚类中心

	聚类				
	1	2	3	4	5
VAR00002	16 353 172. 35	16 364 214. 22	16 291 018. 11	16 331 844. 25	16 371 026. 93
VAR00003	2 880 805. 60	2 918 424. 49	2 859 328. 19	2 874 664. 83	2 897 094. 62

若以新发地为发货地点，新发地坐标：(x) 16 466 923. 07，(y) 2 917 103. 162，五个聚类中心（即中转站）到新发地的距离如表 9-13 所示。

表 9-13　五个聚类中心到新发地的距离

1	2	3	4	5
119 401. 52 m	102 717. 279 m	185 149. 88 m	141 588. 42 m	97 961. 21 m

相应的聚类内成员如表 9-14 所示。

表 9-14　聚类内成员

农贸市场名称	距中转站距离(m)	所属聚类
北外果蔬店	10 293. 668 14	1
锦绣大地农贸市场	14 701. 080 85	2
麦钟桥便民菜站	8 260. 693 04	1
魏公村欣欣菜市场	6 676. 433 48	1
晴园社区菜市场	11 619. 223 91	1
城茂桥东	4 594. 962 16	1
兴福兴发菜市场	1 569. 690 99	1
恒运达蔬菜超市	9 226. 643 60	1
青龙桥农贸市场	10 140. 912 27	4
友谊蔬菜市场	4 251. 101 23	1
西郊四海农贸市场	22 274. 291 34	4
紫竹院社区	10 182. 830 51	5
田村路	7 735. 983 05	2
亮甲店	8 158. 866 72	5
彰化村	15 383. 925 95	5
海中	9 862. 598 89	1

续表

农贸市场名称	距中转站距离(m)	所属聚类
银海兴	19 668.157 06	4
八里庄	9 984.383 50	5
玲珑塔徐庄	10 414.826 78	5
农科院蔬菜市场	7 716.312 19	1
双榆树	6 557.774 89	1
咏新	19 396.833 85	4
绿诚	8 462.352 98	1
嘉园五孔桥	4 846.847 66	2
中关村科内	12 625.933 27	4
远大农贸市场	12 465.918 60	1
今日鲜	12 908.277 89	2
四海蔬菜	5 209.130 03	1
光明寺	15 605.476 42	1
便民蔬菜店	26 214.725 86	4
翔天	9 411.523 98	1
交大菜市场	15 836.741 48	1
白堆子	8 996.284 89	1
京海保福	15 976.013 62	4
郁金菜市场	7 556.697 96	5
超市发菜市场	12 558.518 79	4
航天菜市场	1 334.869 84	5
双聚园菜市场	10 624.924 32	1
语言大学菜站	11 860.105 66	4
万寿路	17 877.926 72	5
海民兴	22 823.578 25	4
文慧园	20 485.521 37	1
平价蔬菜	22 263.919 81	4
鑫宇	25 142.839 20	3
实宇强批发市场	34 021.832 33	3
湖南特产专批	14 496.860 27	2
巨山路锦绣大地	14 814.563 82	2

续表

农贸市场名称	距中转站距离(m)	所属聚类
生活之光	25 756.790 54	5
田村北路锦绣大地	11 092.384 40	4
清河镇农产批发	26 311.618 64	3
明锦顺泰商贸公司	24 144.077 63	1
兰园社区	35 557.681 18	3
蓟门里菜市场	16 059.766 90	1
聪健康	7 721.102 74	2
增光路	8 810.908 99	5
展春园	16 288.530 05	4
海运菜市场	15 056.312 04	4
定慧北里	9 883.739 01	5
金五星菜市场	10 321.171 89	1
北洼路	6 559.286 30	5
铁科社区	14 823.174 58	1
恩济庄	8 608.467 20	5

最终得出划分 5 个区域为最优解，分布如图 9-4 所示。根据以上提出的中转站建立和网络优化模型，我们已将海淀区内的所有农贸市场划分成 5 个区域。处在区域中心的中转站对区域内所有农贸市场进行统一配送。

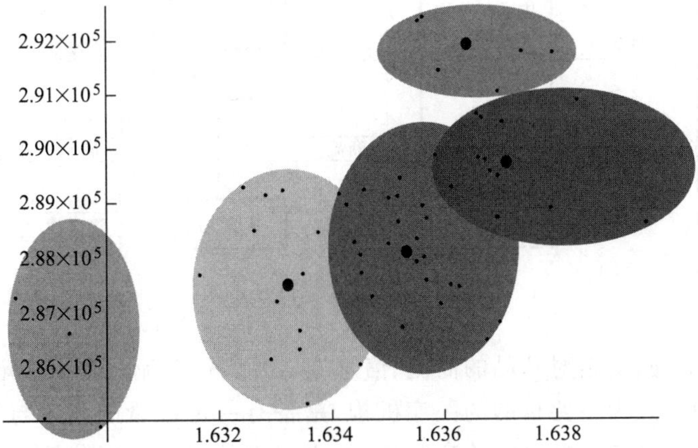

图 9-4　中转站分布区域图

思考题

1. 查找相关资料，了解农产品物流与供应链的相关知识及其在我国的发展情况。

2. 选取你所在地区的某个农贸市场，进行农产品物流与供应链的调研。

第二节 新型医院药品物流管理系统构建案例①

一、医院药品物流的概念与特点

（一）医院药品物流的概念

1. 药品

根据《中华人民共和国药品管理法》，药品指“用于预防、治疗、诊断人的疾病，有目的地调节人的生理机能并规定有适应症或者功能主治、用法和用量的物质，包括中药材、中药饮片、中成药、化学原料药及其制剂、抗生素、生化药品、放射性药品、血清、疫苗、血液制品和诊断药品等”。药品是直接影响人民生命安全的特殊商品，具有时限性、不可替代性和质量要求严格性等特性，需要确保生产、流通、销售和使用等各个环节的安全可靠。我国人口众多，药品需求量也很大，2011 年，我国生产化学原料药 296 万吨、中成药 260 万吨，药品零售总额超过 2 600 亿元。

2. 药品供应链

药品供应链是指从满足消费者（患者）需求出发，通过商流、信息流、物流、资金流，将药品供应企业（含生产企业与销售企业）、药品物流企业、医院及药品消费者等连成整体的复杂网络型组织，如图 9-5 所示。

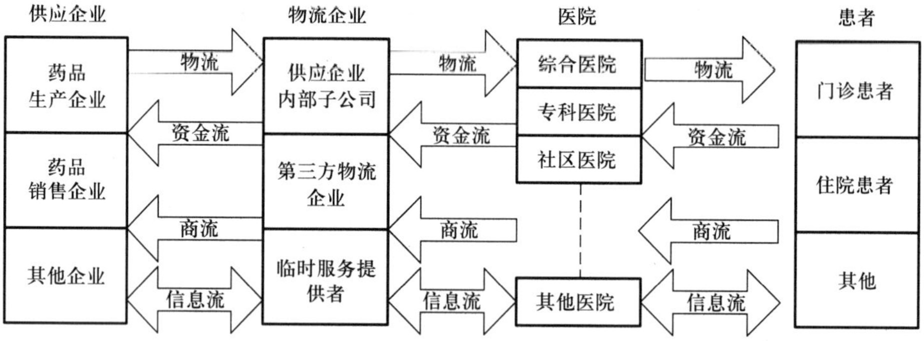

图 9-5 药品供应链示意图

在药品供应链中，医院是对药品的商流、信息流、物流、资金流过程起决定作用的主体。医院是以诊治病人、照护病人为主要目的的医疗机构，是备有一定数量的病床与设施，通过医务人员的集体协作，对病人及特定人群进行治病防病、健康促进的场所。医院按其功能、任务不同划分为一、二、三级，其中三级甲等医院（三甲医院）是我国最具权威的医院，截至 2008 年年末我国共有三甲医院 722 家。

① 作者：郑凯。

3. 医院药品物流

医院药品物流是指在医院主导下，药品沿供应链从生产加工企业或批发零售企业供应至医院，经医院内部流转，最终至消费者（患者）的实体流动过程，包括运输、储存、装卸、搬运、包装、流通加工、配送、信息处理等基本功能。医院药品物流管理系统，是医院物流管理系统的重要组成部分，其管理目标是：有效整合药品供应链的各类物流资源，保证用药的可及性、安全性和有效性，提高药品供应链整体效益，促进药品供应链各企业的协调发展，减轻基本用药费用负担。

（二）医院药品物流管理特点

1. 多样性

品种多、规格多、名称多是药品的主要特点，大型综合性医院经常使用的药品品种多达数百种，如某三甲医院的药品有 900 余种注射剂，1 000 多种片剂以及数百种中成药和草药。同时，由于治疗需要，同一品种的药品还分为若干规格，或者有多种不同的商品名，如常用抗菌药品氧氟沙星，其剂型就包括水针剂、粉针剂、注射液、片剂、滴眼液、眼膏、滴鼻液等类型，商品名更多达 20 多种。

药品自身的多样性，决定了医院药品物流管理与运作也具有多样性的特点。医院药品物流管理必须综合考虑药品的成分、种类、性质等对时间、空间、温湿度等条件的要求，采用满足不同药品特点的物流作业方式。如按温度要求，药品的储存需要分别设置三种不同温度的库区，即冷存库（2℃—10℃）、阴凉库（10℃—20℃）和常温库（10℃—30℃）。各库房的相对湿度均应保持在 45%～75% 之间。此外，精神类药品、麻醉类药品、毒药性药品等具有危险性的药品需要有单独的储存空间，区别存放。

2. 安全性

药品是与人民生命健康息息相关的特殊商品，质量安全是医院药品物流管理的首要目标。在物流过程中，药品受内在因素和外在环境的影响，容易导致破损、变质，从而影响药品质量安全，因此医院药品物流过程必须制定严格的管理方法，采用专业的设施设备，对药品物流全过程进行管控，以保障药品在物流过程中的安全。同时，医院药品物流还承担着防止假冒伪劣等非法药品混入的责任，更需要实现对药品物流过程进行全程监管与可追溯，以便能够确保用药安全。如为杜绝药品储存过程中出现差错，需要对库存药品实行色标管理：合格药品——绿色；不合格药品——红色；质量状态不明确药品——黄色。

3. 重要性

药品是医院重要的流动资产，药费收入也是医院收入的主要来源，一般三甲医院的药品年采购额在 10 亿元左右，药费收入占总收入的 40% 左右，社区医院等基层医院药费收入的比例则更高。因此，药品物流管理水平直接影响着医院药品质量，也就影响着医院的经济效益与社会声誉，医院药品物流管理工作应在医院管理中占有重要的地位。

4. 需求不确定性

药品的需求品种及数量是由医生根据患者的病症及病情决定的，病症不同、病情不同、医生偏好不同，都会直接影响药品的需求品种与数量，此外医院的规模、类型、特色，以及时间、地域、气候和突发事件等因素也都会影响药品的需求，使得药品需求呈现巨大的不确定性。因此，药品物流过程必须适应不确定性的需求，一方面要有科学、合理的储备，另一方面要有快捷、高效的运输手段，以及还应建立能够快速响应的信息系统。

二、我国医院药品物流管理现状与问题

（一）我国医院药品物流管理现状

1. 药品物流管理体制

目前，我国医院药品物流的全过程中，医院外部（药品生产企业或销售企业）流向医院的药品物流，由各级药监部门（如药品监督管理局）管理；医院内部流向患者的物流，由各级卫生部门（如卫生局）管理。

一般而言，药监部门负责对药品（包括中药材、中药饮片、中成药、化学原料药及其制剂、抗生素、生化药品、生物制品、诊断药品、放射性药品、麻醉药品、医疗用毒性药品、精神药品、医疗器械、卫生材料、医药包装材料等）的研究、生产、流通、使用进行行政监督和技术监督；负责药品、保健食品、化妆品流通法规的监督实施；实行药品批发、零售企业资格认证制度；监督处方药、非处方药、中药材、中药饮片购销规则的实施。

卫生部门则负责医疗机构（含三甲医院等）医疗服务的全行业监督管理，制定医疗机构医疗服务、技术、医疗质量管理的政策、规范、标准等；负责医疗机构大型医用设备的审批、审核及临床应用；负责医疗机构医疗设备、制剂、药品临床使用等日常管理工作的监督管理，并负责医师麻醉药品处方权资格认定工作；负责组织推动医疗机构药品、耗材集中采购工作。

2. 药品物流管理主体

在现行管理体制下，医院外部的药品物流管理主体是药品生产企业、销售企业或物流企业；医院内部的药品物流管理主体是医院。

（1）医院外部。计划经济时代，国营药品批发企业（医药公司）按计划进行统购统销，是药品物流的管理主体，负责将药品通过四级渠道分级下拨，最后送达医院。改革开放之后，药品物流呈现出多样化态势，各种类型的药品生产企业、药品销售企业都建立了物流部门与物流网络，可以向医院供应药品。

近年来，药品供应企业为降低成本、提高物流效率，逐渐委托具有资质的第三方物流企业承担药品物流工作。这些物流企业，有的是由药品生产企业或者销售企业的物流部门发展而成的物流子公司，有的是由多家药品供应企业联合投资成立的专业药品物流公司，有的是由取得了相应资质的储运企业发展而成的药品物流企业。

（2）医院内部。医院一般是在院长领导下，由临床科室、医技科室、职能部门以及其他部门等组成。其中内科、外科等临床科室提出用药需求；药剂科根据需求采购药品，并运送至相应药房（库房）；财务处、信息中心等职能部门对药品物流过程提供相应的资金与信息支撑。

医院药剂科（或药学部、药学科、药局等）是负责医院药剂工作的医技科室，集药品采购、供应、调剂、制剂、经济管理、临床药学、科研工作及贯彻执行药政法规为一体。一般的三甲医院的药剂科组织结构如图 9-6 所示。

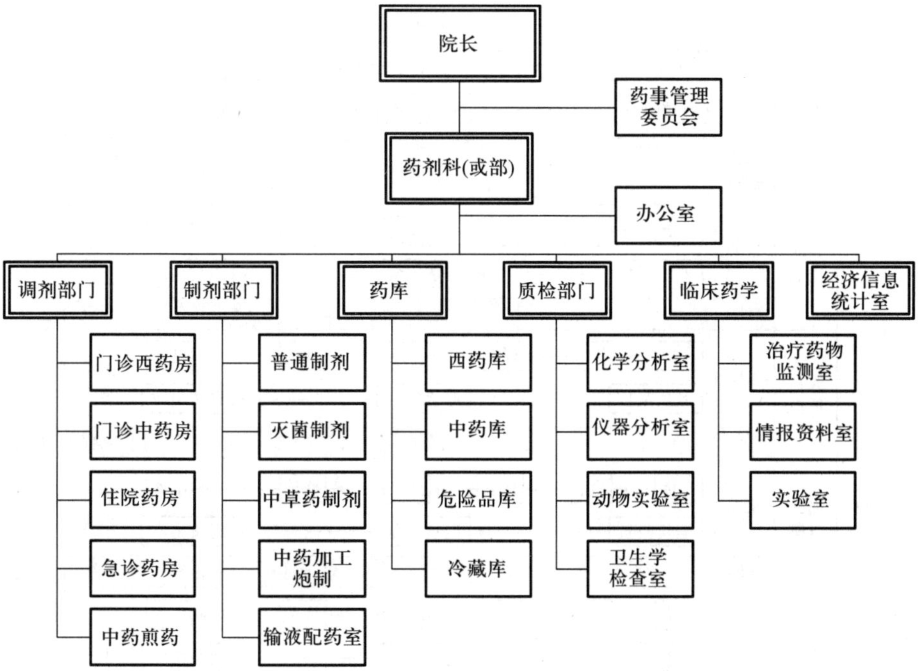

图 9-6 某三甲医院药剂科组织结构示意

目前,我国的三甲医院一般设置两级仓库,药库(总库)接收来自供应企业的药品,再发放给各药房(分库)。药库一般包括西药库、中药库、危险品库、冷藏库等库区;药房一般对应临床科室配置,主要有门诊药房、住院药房、急诊药房等。

3. 药品物流管理流程

长期以来,我国医院药品物流流程是“仓库”到“仓库”的模式:医院自己设有药库,各药房根据需求向药库发出请领申请单,药库负责将药品分发到药房。医院根据药库的库存情况,决定是否向生产企业或销售企业下订单,由生产企业或销售企业备货、将药品送至医院的药库,详细流程如图 9-7 所示。

近年来,随着现代物流的发展,部分药品生产企业、销售企业将物流过程委托给药品物流企业,由药品物流企业按照医院的订单,将药品送至医院药库。

4. 药品物流安全管理

药品是用于医疗保健、疾病康复的特殊商品,保障药品安全是与生命健康息息相关的大事,因此医院药品物流安全管理的重要性尤为突出。

(1) 医院外部。我国药品生产企业与销售企业的物流过程受到《药品生产质量管理规范》(GMP)、《药品经营质量管理规范》(GSP)等管理规范的约束,其目标是对药品生产、销售环节的物流过程实现质量追踪管理,如 GMP 规定:药品生产企业需要对药品生产所用物料的购入、储存、发放、使用等制定管理制度,对所生产的药品在整个生产、储存、销售、发货、回收等全过程进行质量跟踪。GSP 规定:药品经营企业应在药品的购进、储运和销售等环节实行质量管理,建立包括组织结构、职责制度、过程管理和设施设备等方面的质量体系,并使之有效运行。

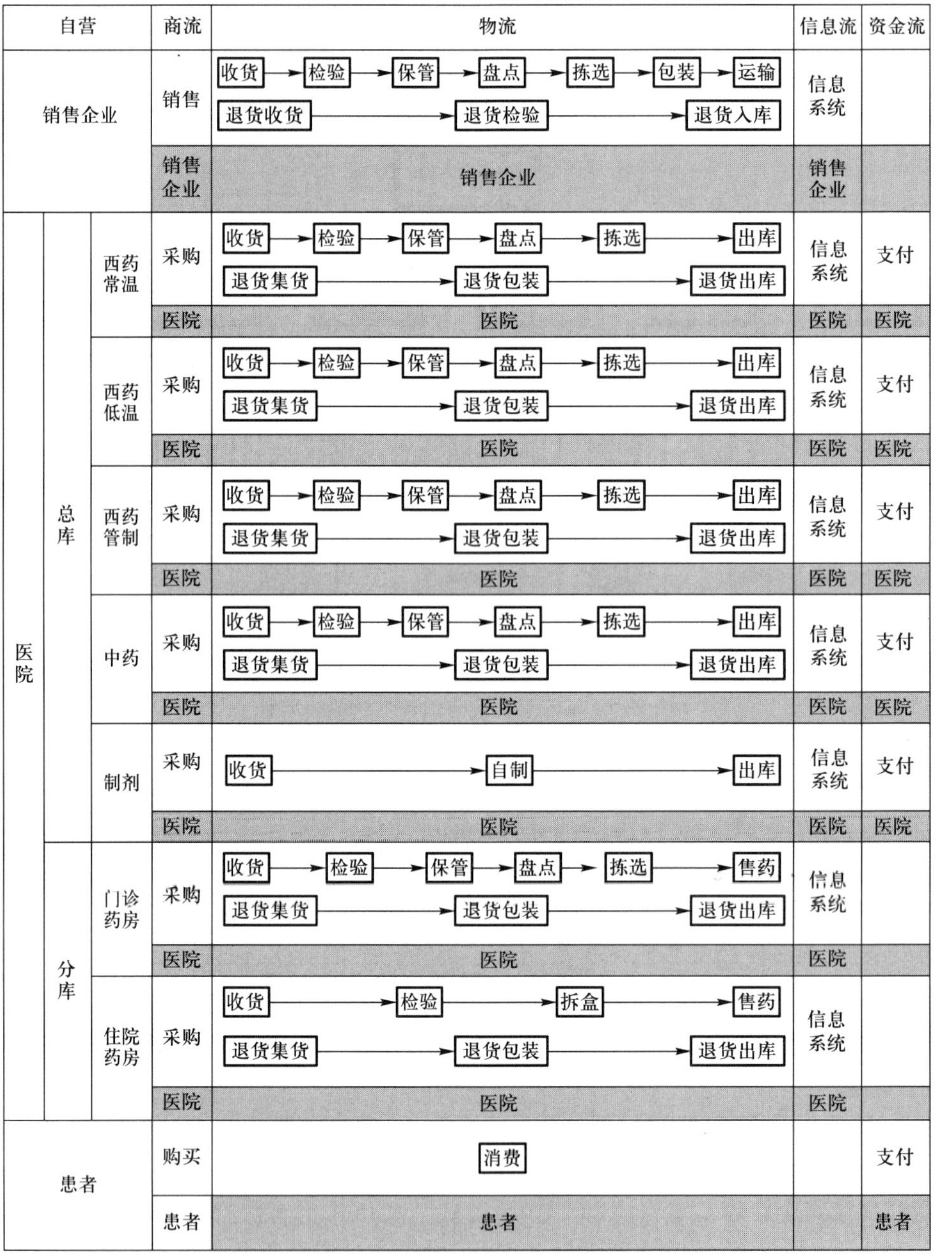

图 9-7 医院药品物流基本流程

注:图中,深色部分为物流主体,浅色部分为物流环节,以下同。

（2）医院内部。GMP、GSP 等管理规范不能对医院内部药品物流过程进行管理,一般由各医院自行制定相关规范,尚缺乏统一规范。一般而言,医院内麻药等管控药品实现了过程可视化和可追溯。

5. 药品物流信息系统

我国的药品生产企业、销售企业、物流企业和医院通过自建管理信息系统，对药品物流过程进行管理，对于药品收发效率提高有一定支持作用，但是信息系统多以支持商流为主，存储位置等物流信息得不到体现。而且医院与供应企业、物流企业之间的信息系统并不联通，不能实现医院药品物流全过程可视化和追溯管理的系统化。

药品物流企业的信息系统一般包括货主数据管理、订单处理、药品检验、计费结算、统计分析等模块。三甲医院的信息系统则各不相同，如北京人民医院引入 Oracle 系统，北京协和医院开发了 PIS 系统等，基本能够对药品进入医院后的物流过程进行监控，并可以通过系统掌握各药库、分药房药品品种、数量、批号等信息。

6. 药品物流设施与人员

目前医院药品物流的各管理主体中，药品物流企业的物流设施较完善，人员也较专业。如由国药集团药业股份有限公司、安维世制药有限公司、久裕企业股份有限公司、哈药集团制药总厂、华北制药股份有限公司、山东鲁抗医药股份有限公司、中国医药工业有限公司共 7 家国内外知名的公司共同出资设立的国药物流有限公司，其配送中心总投资约 1.5 亿元人民币，建筑面积 2.7 万平方米、10 900 个托盘位、65 辆运营车、具有药学和物流专业资质的员工 100 余名，配送半径为北京市及周边 500 公里范围内，能够覆盖 1 500 多家客户。该公司仓库由立体库、平面库、冷库、特殊药品库组成，具备适合各类药品的不同的储存条件；采用立体、托盘流力、隔板等对药品进行存储。仓库在全国率先通过 GSP 认证。

同药品物流企业相比，医院的药品物流设施则较为落后。如北京市几家大型三甲医院的药库面积均仅为 200～400 平方米，冷库面积一般为十几平方米。医院从事药品物流工作的员工也只有 100 余名，大都只具有药学专业资质，而不具有物流专业资质。

（二）我国医院药品物流管理问题

1. 医院药品物流管理未得到应有重视

以北京地区为例，三甲医院的药品销售收入约占医院总收入的 50%，是医院最重要的经济来源。医院药品物流管理不仅对医院药品管理总成本起着决定关键性作用，而且对医院药品应急需求的供应保障、患者用药安全、药品质量追溯均产生着重大影响。

但是，通过现场调研发现，北京地区三甲医院的药品物流管理工作，未得到应有的重视，三甲医院普遍存在“重医轻药”的思想。即使三甲医院指定了一位副院长级领导，主管院内药品采购和物流，但是医院药品采购、物流主管机构——药剂科属于医院后勤保障单位。相比医院的外科、内科等临床科室，药剂科在各科室中的地位很低。医院药师的薪酬也比较外科、内科相同职称医生的薪酬低了很多。

由于三甲医院药品物流管理的作用没有得到充分认识，一般三甲医院药品物流管理设施相比其具有的医疗设施有天壤之别，非常陈旧与落后。医院药品总库不是挤在医院地下室，就是分散在医院陈旧的院落房屋中。并且，院内药品物流管理设备也十分落后，大多数医院没有购置用于药品质量追溯的 RFID 系统或条码读写设备，库内物流作业普遍采用人力操作，医院药品物流科研成果甚少，与三甲医院在我国医疗卫生体系中的地位极不适应。

2. 医院内外部药品物流管理水平不均衡

（1）在三甲医院外部。2005 年，国家食品药品监督管理总局发布的《关于加强药品监督管理促进药品现代物流发展的意见》指出："发展药品现代物流，是深化药品流通体制改革，促进药品经营企业规模化、规范化和进一步规范药品流通秩序的重要措施。对促进药品生产、经营企业的结构调整，提高药品生产、经营企业的管理水平和效益，将会起到积极的作用，同时也有助于提高我国的药品监管水平。"2009年，中共中央、国务院《关于深化医药卫生体制改革的意见》进一步明确："建立健全药品供应保障体系。加快建立以国家基本药物制度为基础的药品供应保障体系，保障人民群众安全用药。"于是，大型化、专业化的药品物流企业得到较快发展，纷纷通过GSP等专业资质认证，设置立体恒温仓库、自动分拣系统的药品物流中心已经在全国各地建立起来，基本构成了覆盖全国和各地区的药品配送网络，条码、电子标签、RFID和信息通信技术等在药品物流过程中也得到了广泛应用。

（2）在三甲医院内部。在三甲医院内部，院内药品物流管理仍停留在传统落后阶段，物流设施设备规模小、条件简陋，物流人员专业能力不高，仅能从事药品物流的事务性工作，不能从战略高度对药品物流管理进行供应链整体规划与控制，难以满足三甲医院药品的需求多样性、质量追溯性、物流安全性等方面的要求。

又由于三甲医院没能清楚地认识到，医院药品物流管理在有效整合物流资源、保证用药的可及性、安全性和有效性，以及提高药品供应链整体效益，减轻患者用药费用负担和提高医院收益等方面的重要作用。因此，医院内部与外部的药品物流管理缺乏系统性，内外部药品物流管理水平不均衡，相关企业各自为政，严重制约了药品供应链整体效益，极不利于药品全程质量监管与安全追溯。

3. 医院内部药品管理成本高

北京大多数三甲医院均位于城市的中心区域，各医院的空间资源不仅十分有限，而且扩大不易，可谓"寸土寸金"。为了扩大医院的直接经济效益，目前各医院的大多数科室均采取"向空间要效益"的做法，药剂科也不例外，非常有限的空间资源已经成为医院药品管理部门提高经济效益的根本性资源。但是，北京地区三甲医院的医院药库（或称总库）与门诊药房、住院药房均保持7～8天的药品库存量，不但占据大量空间资源，还需要医院耗费大量人力、物力、财力用于库存药品管理工作，如库房修缮、设备保养、药品清理盘点、装卸搬运，乃至防潮、防火、防鼠、防盗等。可见，三甲医院自建仓库，不仅物流管理成本高，增加了医院的总运营成本，也制约了医院进一步拓展医疗服务的空间，从总体上不利于医院的生存与发展。

4. 医院药师不能集中主业

北京地区三甲医院内部，药品物流管理人员大都是药学专业技术人员，不是物流专业技术人员。专业药师从事医院药品物流管理工作，一方面，其药品物流管理专业化程度低，不利于提高物流效率和采取有效手段保障药品质量安全；另一方面，药学专业人员耗费大量精力于药品物流事务，而不能集中于提供药学服务的主业上，不能发挥药学专长，从而更加不利于指导患者用药安全，还造成了极大人才浪费。

面对激烈的医疗卫生市场竞争和人才竞争，三甲医院无论在临床药师专业服务方面，还是在药品采购与物流的专业人才队伍素质方面均有明显差距。主要表现在：专业临床药师人才总体不足，高级临床药师尤其缺乏；部分医院虽然鼓励药师从事专业服务，但是由于药品物流事务性工作繁忙、人员紧张，药剂科的专业药师无暇顾及临床用药等专业服务。三甲医院应该注意解决上述问题：培养一批具有精湛的专业技术、高超的服务技能等临床用药指导人才。这些人才既要用自己的智慧、知识、技能和良好的服务，为实现三甲医院整体发展全身心投入，又要强调主业集中。这样，才能有效提高医院的经济效益，还可明显改善医院的社会声誉。

5. 医院信息系统物流功能不强，内外不连通

长期以来，北京地区三甲医院一直致力于院内信息化建设，分别聘请专业信息系统开发企业，建立了本院管理信息系统（hospital information system，简称 HIS）。HIS 系统的建设与普及使我国医院管理信息化程度发生了显著性改善与提高，不但成为实现药品全过程可视化的技术基础，而且对提高医疗卫生服务体系整体水平起到巨大支撑作用。各三甲医院的 HIS 系统，可以对药品的订货、发售与退货，药品从入库到出库的各个环节实施信息的实时监控。如：某医院 HIS 系统的“药品入库功能”，包括根据库存药品上、下限自动生成领药单，传输到药库，药库实发数后打印出库单，双方签字传回药房入账。其“药品库存管理功能”，包括药品批次、药品报增损、药品退货、盘存、药品停用等管理。由此可见，HIS 系统主要功能为：针对药品在医院内部的商务信息进行管理，而在针对药品的实物运动状态管理方面，如货位管理、库内保管、配送管理等还存在不足。

三甲医院内部与外部的信息系统之间，并没有做到充分连通，主要是药品的供应商、物流企业与医院之间不能信息共享。尤其是药品物流方面，由于供应商不能准确掌握医院药品的库存量和发售量，无法将各类药品批号通过信息系统及时、准确地输送到医院，“药品物流信息孤岛”现象普遍存在。这种现象，严重制约了医院药品物流的作业效率，更加不利于药品的全程质量监控与安全追溯。

三、构建医院药品物流管理系统的意义

（一）国家基本药物制度与物流产业振兴的要求

基本药物是适应基本医疗卫生需求，剂型适宜，价格合理，能够保障供应，公众可公平获得的药品。2009 年 3 月，中共中央、国务院公布了《关于深化医药卫生体制改革的意见》，明确规定：“从 2009 年起，政府举办的基层医疗卫生机构全部配备和使用基本药物，其他各类医疗机构也都必须按规定使用基本药物，所有零售药店均应配备和销售基本药物，保证群众基本用药的可及性、安全性和有效性，减轻群众基本用药费用负担。”并于 2009 年 8 月进一步指出，“在政府宏观调控下充分发挥市场机制作用，规范基本药物的生产流通……发展药品现代物流和连锁经营，促进药品生产企业、流通企业的整合；实行基本药物制度的县（市、区），政府举办的基层医疗卫生机构配备使用的基本药物实行零差率销售。”

2009 年 3 月，国务院还下发了《物流业调整和振兴规划》（简称《规划》）。《规划》的指导思想是：以改革开放为动力，以先进技术为支撑，以物流一体化和信息化为主线，积极营造有利于物流业发展的政策环境，加快发展现代物流业，建立布局合理、技术先进、节能环保、便捷高效、安全有序，并具有一定国际竞争力的现代物流服务体系，以物流服务促进其他产业发展，为全面建设小康社会提供坚实的物流体系保障。《规划》的目标是：“到 2011 年，我国将培育一批具有国际竞争力的大型综合物流企业集团，初步建立起现代物流服务体系，使物流服务能力进一步增强；物流的社会化、专业化水平明显提高，第三方物流的比重有所增加，物流业规模进一步扩大；物流整体运行效率显著提高，全社会物流总费用与 GDP 的比率比目前的水平有所下降。”其中，医药行业被列为重点振兴领域，主要任务是发展医药集中采购和统一配送。

当前我国医院药品物流专业化程度低，物流层次过多、成本过高，是导致医院药品价格过高、群众看病贵的重要原因。因此，为贯彻国家基本药物制度，必须应用现代物流理论和资源整合管理理念，构建医院药品物流管理系统，整合医院内外部物流资源，促进医院药品物流运作专业化，合理减少物流作业层次与环节，起到有效降低物流成本，进而降低药品价格的作用。同时，为实现《物流业调整和振兴规划》的目标，亦有必要构建医院药品物流管理系统，以提高医院药品物流的社会化、专业化水平，提高整体物流运行效率，降低物流总成本。

（二）药品供应链质量管理一体化的要求

药品直接影响人民生命安全，药品质量管理是人命关天的大事。随着基本药物制度的建立，我国将在 GMP、GSP 等规范的基础上，继续制定《国家基本药物质量监督管理办法》，对基本药物的研制、生产、流通、使用实行全过程监管，实现药品供应链质量管理一体化，确保基本药物质量安全。在药品研制环节，将优先提升基本药物标准；在生产环节，将全面施行质量受权人等监管制度；在流通环节，将施行全品种覆盖抽验等监管制度，鼓励和推动基本药物配送企业兼并重组，发展现代物流、提高药品配送能力，要求配送企业严格按照 GSP 的规定，加强对基本药物进货、验收、储存、出库、运输等环节的管理，特别要注意防止在运输过程中因不良因素对药品质量造成影响；在使用环节，将制定医疗机构用药质量监管制度，推进规范、合理使用基本药物，要求医疗机构加强对基本药物进货、验收、储存、调配等环节的管理，保证基本药物质量。

当前我国医院内、外部药品物流管理水平不均衡、信息系统不联通，同进行药品供应链质量管理一体化的要求极不适应，不利于药品质量的全过程追溯与监管。为此，必须应用现代物流理论和先进信息技术，构建流程合理、信息通畅、作业安全的医院药品物流管理系统，通过物流过程的全程可视，支撑药品供应链质量管理的一体化。

（三）医院药学服务专业化的要求

医院药学服务（亦称药事服务），是医院药师利用药学专业知识和工具，向社会公众（包括医护人员、病人及其家属、其他关心用药的群体等）提供与药物使用相关的各类服务。医院药学服务以临床医师和病人为服务对象，以供应药物和指导、参与临床安全、合理、有效的药物治疗为职责，以治疗效果为质量标准，以药剂学为中心开展药事管理和药学技术工作，具体包括药品供应、药学技术、药事管理和临床用药等内容。医院药学服务是医疗工作的重要组成部分，是提高医疗质量，保证病人用药安全有效的重要环节。

2009 年 4 月发布的《医药卫生体制改革近期重点实施方案（2009—2011 年）》，提出设立药事服务费，用于补偿医院向患者提供药品处方服务的合理成本，以解决长期存在的“以药养医”问题，这对医院的药学服务提出了更高要求，服务形式与内容需要更加具有专业技术含量，以及更加具有针对性与实用性。

由于医院内部物流专业化程度低，药师的时间和精力被大量的、重复性的药品清点、上架、码放等具体物流作业所占用，而无暇集中精力开展药事管理与药学技术工作，这显然是与医院药学服务专业化的要求相悖的。因此，必须应用现代物流管理理论，构建各尽所长、分工合理的医院药品物流管理系统，使得药师从繁忙的药品物流业务中摆脱出来，到临床医疗第一线，为临床医师与患者提供与医疗直接有关的药学科学技术服务，研究如何合理用药，减少药物不良反应，确保患者用药安全。

（四）医院资产保值增值的要求

医院资产是指医院拥有或使用的能以货币计量，并能带来一定经济效益的资源，包括医院的流动资产、固定资产和无形资产，是医院赖以生存和发展的基础。公立医院（尤其是三甲医院）虽然属于公益事业，但是也要讲经营，要兼顾经济效益与社会效益。从经济效益角度看，医院必须强化和完善资产的管理和保护，做到资产保值增值。

药品（包括医用耗材）是医院重要的流动资产。目前，三甲医院的两级仓库，均各储存了7～8天的药品，库存数量大、时间长、周转慢、布局分散、管理难度大，极易出现账实不符现象，而导致资产流失，同时药库与药房占据了医院大量空间，限制了医院利用房屋等固定资产获得经济收益的能力，从而影响了医院资产的保值增值。因此，有必要应用现代物流管理理论，构建规模集约、布局合理、高效流转的药品物流管理系统，以保障医院资产的保值增值。

四、医院药品物流管理系统构建目标与原则

（一）构建目标

基于我国医院药品物流管理现状，构建医院药品物流管理系统，应满足以下目标：

（1）物流流程优化、信息共享、快速反应，能够应用现代信息技术追溯药品物流全过程，支撑药品供应链质量管理一体化，保障药品流通安全。

（2）人员各尽所长、分工合理，帮助药师集中精力为临床医师与患者提供药学服务，研究合理用药，减少药物不良反应，确保用药安全。

（3）开展增值服务，促进医院资产保值增值，降低不必要的运营成本，合理增加收入。

（4）提高医院药品物流社会化、专业化水平，降低物流总成本，有利于降低药品价格。

（二）构建原则

1. 适应性原则

医院药品物流管理系统的构建须与国家、当地政府及医院的政策和实际情况相适应，与当地的经济状况、社会发展和医疗资源相适应，同时还应考虑到药品在运输、仓储时的特殊要求，严格遵守药品的质量安全要求。在构建医院药品管理模式时还需要判断是否符合医院的药品需求计划，并且做到系统设计及构建方案必须是实时的、实用的和敏捷的。

2. 协调性原则

医院药品物流管理系统的构建一方面要与医院的整体管理系统相协调，另一方面要实现与药品供应企业、物流企业等协调。只有保证各主体的协调性才能保证系统成功实施。

3. 经济性原则

任何系统的构建都需考虑其经济适用性，构建医院药品物流管理系统要考虑到开发成本、人员费用、运营费用等成本，确保系统最终给医院带来切实的收益。此外，还要考虑到医院和系统企业主体的利益分配。

4. 动态性原则

构建医院药品物流管理系统，必须从动态角度出发，时时关注环境的变化，及时做出调整。并且要分析现状及合理预测未来变化，对系统构建结果进行分析和评价，及时获悉其中不合理的地方，及时改善。

5. 战略与创新原则

我国医院药品物流管理系统的构建,应具有战略眼光。一是要考虑全局,二是要考虑长远。局部要服从全局,目前利益要服从长远利益,既要考虑目前的实际需要,又要考虑日后发展的可能。

五、医院药品物流管理系统结构分析

根据医院药品物流是否外包,可以将药品物流系统的结构可以划分为不同类型。

(一)类型一——院外院内均自营

这种类型中,医院外部的药品物流过程由药品销售企业自营,将药品送至医院的药库;医院内部药品物流过程由医院药剂科自营,将药品由药库送至各药房,再发放给患者;药品物流企业不参与系统。系统相应的主体结构如图 9-8 所示,具体物流环节如图 9-9 所示。

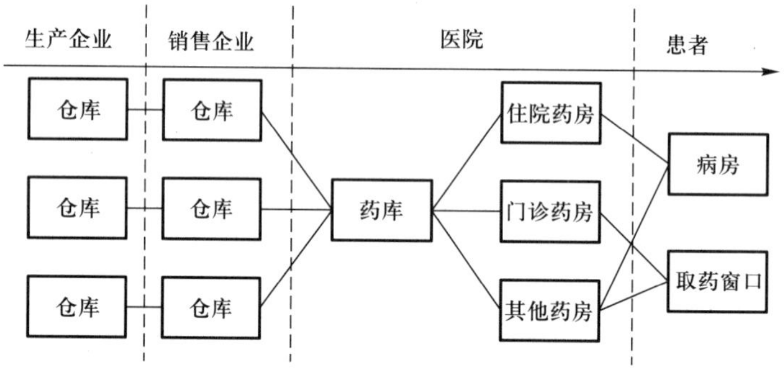

图 9-8 医院药品物流管理系统类型一示意图

从图 9-9 可以看出:

(1)在“类型一”中,医院药品物流流程开始于药品销售企业的“收货”,结束于患者的“消费”环节。

(2)在“类型一”中,共有 20 个物流作业环节。其中医院内部的物流作业环节 12 个。

(3)在“类型一”中,销售企业与医院总库、医院总库与药房的衔接环节为医院药品质量安全的关键控制点,包括总库各库区的“收货”与“出库”环节,药房的“收货”环节,则三甲医院至少有 12 个关键控制点。

(二)类型二——院外第三方,院内自营

这种类型中,医院外部药品物流过程委托给药品物流企业,物流企业将药品由物流中心送至医院药库,药品销售企业不参与具体物流作业;医院内部药品物流过程由医院药剂科自营,将药品由药库送至各药房,再发放给患者。系统相应的主体结构如图 9-10 所示,具体物流环节如图 9-11 所示。

从图 9-11 可以看出:

(1)在“类型二”中,医院药品物流流程开始于药品物流企业的“收货”,结束于患者的“消费”环节。

(2)在“类型二”中,共有 20 个物流作业环节。其中医院内部的物流作业环节 12 个。

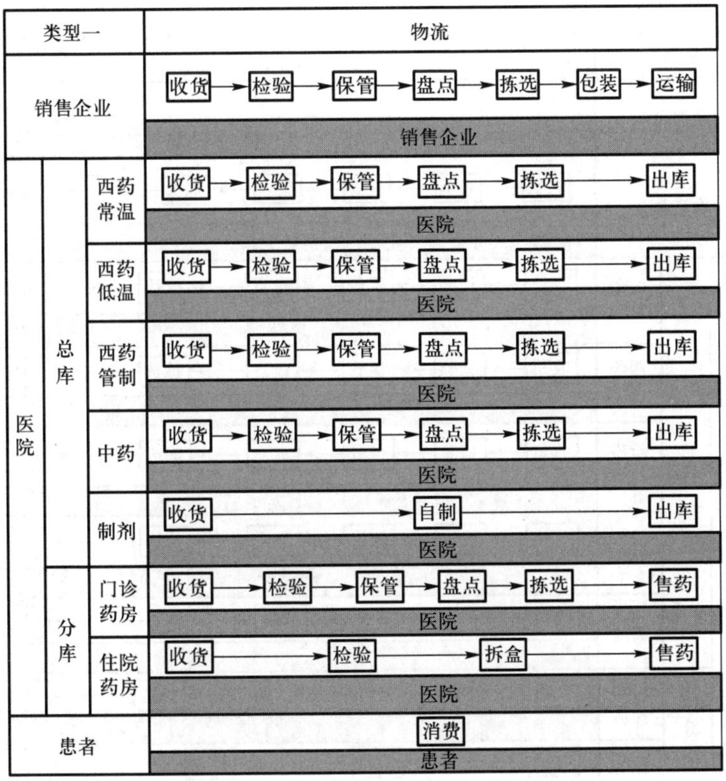

图 9-9　医院药品物流环节（类型一）

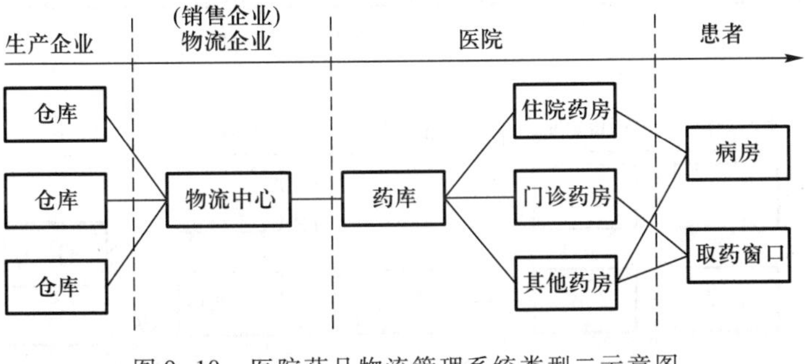

图 9-10　医院药品物流管理系统类型二示意图

（3）在“类型二”中，物流企业与医院总库、医院总库与药房的衔接环节为医院药品质量安全的关键控制点，包括总库各库区的“收货”与“出库”环节，药房的“收货”环节，则三甲医院至少有 12 个关键控制点。

（三）类型三——院外自营，院内第三方

这种类型中，医院外部药品物流过程由销售企业自营，医院将药库的物流过程委托给药品物流企业，医院药剂科仅负责药房的物流管理与作业，药品销售企业将药品送至物流企业的物流中心，药品物流企业再按医院需求将药品直接送至各药房，由医院发放给患者。系统相应的主体结构如图 9-12 所示，具体物流环节如图 9-13 所示。

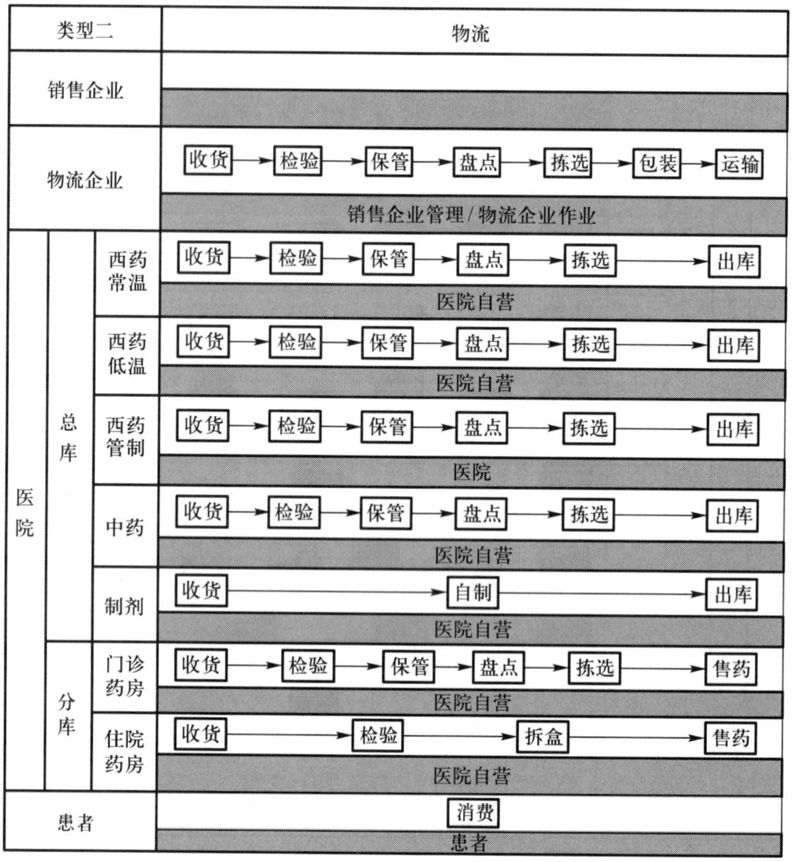

图 9-11 医院药品物流环节(类型二)

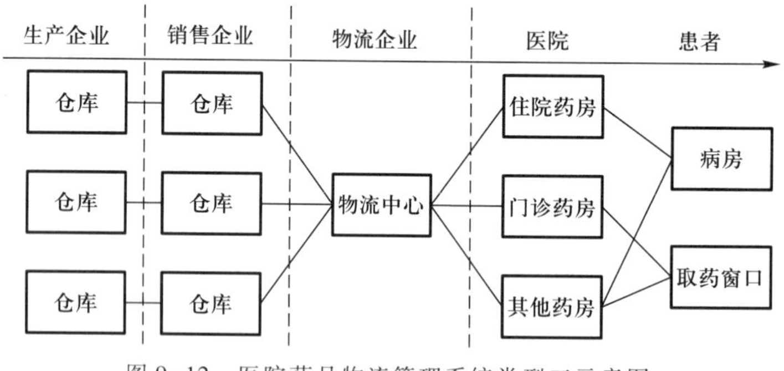

图 9-12 医院药品物流管理系统类型三示意图

从图 9-13 可以看出：

(1) 在“类型三”中，医院药品物流流程开始于药品销售企业的“收货”，结束于患者的“消费”环节。

(2) 在“类型三”中，共有 20 个物流作业环节。其中医院内部的物流作业环节 6 个。

(3) 在“类型三”中，物流企业与医院药房的衔接环节为医院药品质量安全的关键控制点，

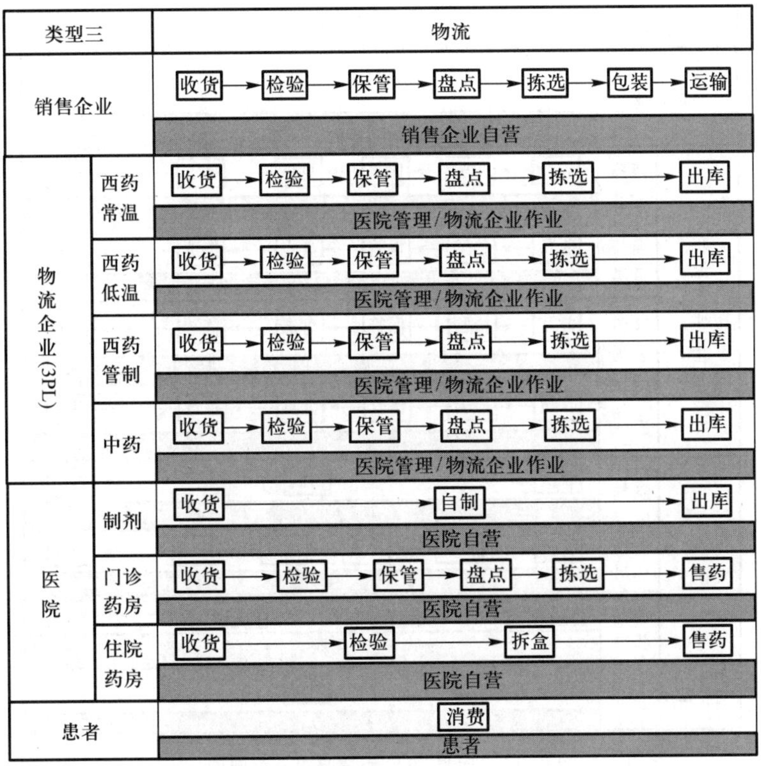

图 9-13　医院药品物流环节(类型三)

包括制剂部门及各药房的“收货”,则三甲医院至少有 3 个关键控制点。

(四) 类型四——院外院内均委托第三方

这种类型,是类型二与类型三的进一步整合,即药品物流企业同时为药品销售企业与物流企业提供服务,专业药品物流中心取代了医院药库与销售企业仓库,物流中心接受来自生产企业的药品,并直接送至医院各药房,医院仅负责药房内部的物流管理与作业,将药品发放给患者。系统相应的主体结构如图 9-14 所示,具体物流环节如图 9-15 所示。

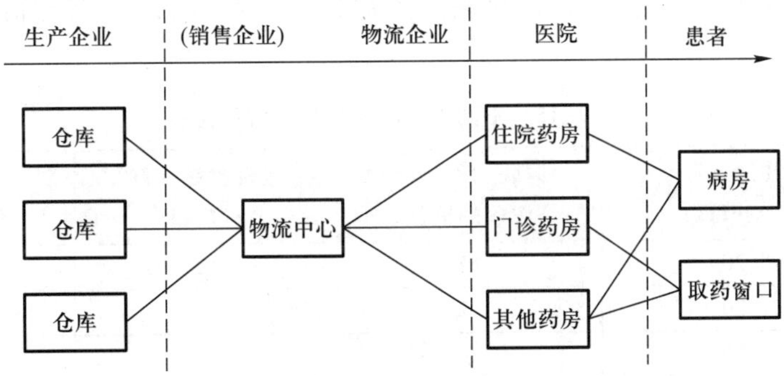

图 9-14　医院药品物流管理系统类型四示意图

从图 9-15 可以看出:

(1) 在“类型四”中,医院药品物流流程开始于药品物流企业的“收货”,结束于患者的“消

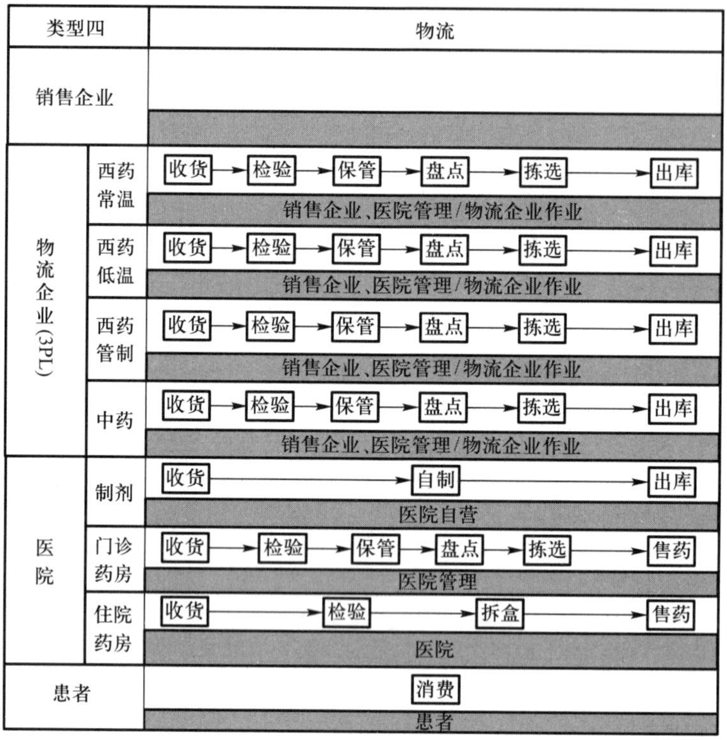

图 9-15 医院药品物流环节(类型四)

费”环节。

(2) 在“类型四”中,共有 13 个物流作业环节。其中医院内部的物流作业环节 6 个。

(3) 在“类型四”中,物流企业与医院药房的衔接环节为医院药品质量安全的关键控制点,包括制剂部门及各药房的“收货”,则三甲医院至少有 3 个关键控制点。

(五) 各类型比较

根据前述分析,对四种类型的医院药品物流管理系统结构进行比较,各类型的药品物流作业环节总数、医院内部物流作业环节数和医院关键控制点数量、医院上游衔接主体的比较如表 9-15所示。

表 9-15 不同类型的药品物流流程比较

	物流作业环节总数	医院内部物流作业环节数	医院关键控制点数量	医院上游衔接主体
类型一	20	12	12	销售企业
类型二	20	12	12	物流企业
类型三	20	6	3	物流企业
类型四	13	6	3	物流企业

(1) 类型一与类型二中,医院内部的物流作业环节数与医院关键控制点数量是最多的,可见在内部自营的条件下,医院的药品物流工作是非常繁重的。

(2) 类型二同类型一相比，虽然物流作业环节总数、医院内部物流作业环节数等都是一致的，但是医院的衔接主体变为物流企业，由于物流企业可以整合资源，因此能在一定程度上减少医院总库“收货”“检验”等环节的作业强度。

(3) 类型三与类型四中，医院内部的物流环节数与医院关键控制点数量均明显减少，可见如将医院内部药品物流外包，可以显著降低医院的物流工作量，从而起到降低物流管理成本、促使药师集中主业等作用。

(4) 类型四中，不仅医院内部的物流工作量降低，物流作业环节总数也有明显减低，既可以降低药品供应链的物流管理总成本，还能起到促进供应链各企业的协调发展，最终减轻患者用药费用负担等作用。

可见，医院药品物流管理系统的最佳结构为类型四——院外院内均委托第三方物流企业型。

六、医院药品物流管理系统运营模式选择

（一）全面自营模式

全面自营模式是指，医院对其经营的各种药品，实施商流、物流全面控制，由此产生的信息流和资金流也由医院自己全权负责的医院药品物流管理系统运营模式，如图 9-16 所示。

从图 9-16 可知，在全面自营型医院药品物流管理系统运营模式中，商流、物流、信息流、资金流的特点如下。

1. 商流特点

全面自营模式中，医院全权自理本院经营的药品的商流。

具体为：医院药剂科直接向药品的生产企业或销售企业采购本院所需药品，在医院内部向所有面向住院/门诊患者发售药品的医院药房/门诊药房、住院药房调拨，由这些药房向患者发售药品。

2. 物流特点

这种模式下，医院药品的物流与商流合一且自营，由此产生的信息流和资金流也完全由医院自己掌控。全面自营模式的物流分为库内物流与交接物流两种，其主要特点是：医院下设的药剂科负责药品的收货、检验直至出库的管理，药品的物流作业也全部由医院药剂科的工作人员负责。具体为：在采购药品到货后，由医院药剂科负责药品的收货、检验、保管、拣选、盘点这一系列的库内物流作业，将药品分拣完毕后，药剂科人员再将药品配送到各药房，各药房人员再次进行收货、检验、拣选、盘点这一系列的库内物流作业，向患者配发药品。

3. 信息流特点

全面自营模式中，医院药品物流信息不对外开放，只使用本院信息系统管理药品，主要管理药品的种类和数量，不能针对药品批号、药品的储位、药品质量的状态等实时监控。

4. 资金流特点

全面自营模式中，由于医院全权自理本院经营的药品的商流、物流、信息流，资金流也由医院全权管控。原则上医院药品的资金流运营方式为：医院药剂科向药品生产企业或销售企业采购本院所需药品时，向药品销售方支付相应资金；在医院向患者发售药品时，患者向医院支付相应资金。

现阶段，全面自营模式中的医院药品资金支付方式发生部分改变——资金支付时间滞后，即医院药剂科向药品生产企业或销售企业采购本院所需药品时，不向药品销售方及时支付相应资金；而在医院向患者发售药品且收回相应资金后的一段时间内，向药品销售方支付相应资金。

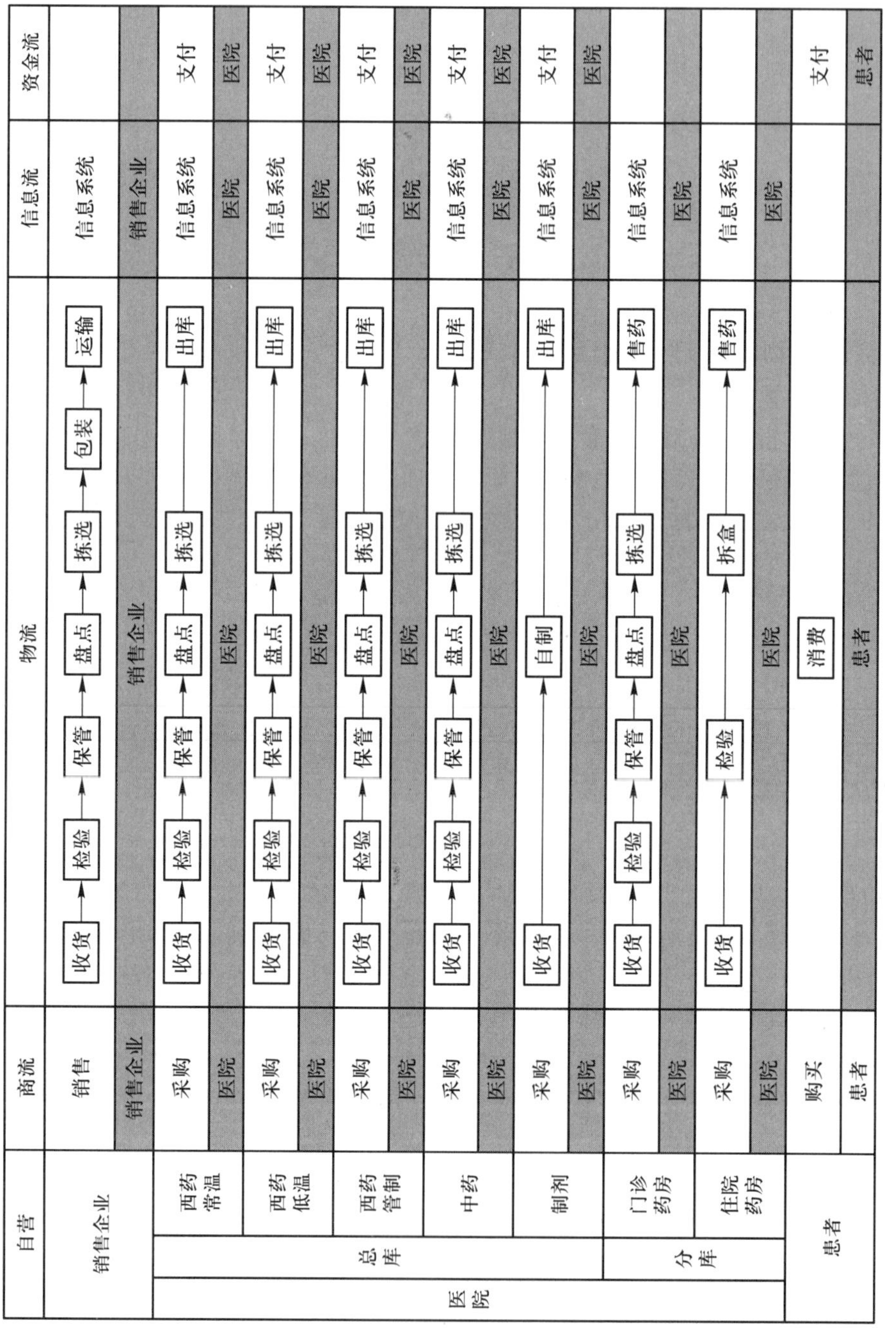

图9-16 全面自营型医院药品物流管理系统模式示意图

（二）供应商管理库存（VMI）模式

VMI(vendor managed inventory)模式，是指医院对其经营的各种药品实施商流、物流、信息流和资金流实施全面掌控；医院与其药品的销售方共同协议，在医院向患者发售药品前由销售方管理库存资金占用，并不断修正协议内容，如由销售方参与库存药品的物流管理，以便医院药品物流库存控制得到持续地改进，如图 9-17 所示。

1. 商流特点

VMI 模式中，医院负责本院经营药品的商流。具体为：药品生产企业或销售企业根据医院药品的消耗特点，在医院发售药品前向该院提供本企业药品，不形成商流活动；当医院向患者发售药品后，医院药剂科与药品生产企业或销售企业形成商流活动。

2. 物流特点

这种模式下，医院药品的物流商流合一且自营，由此产生的信息流和资金流也完全由医院自己掌控。VMI 模式的物流分为库内物流与交接物流两种，其主要特点是：医院下设的药剂科负责管理药品的收货至出库，药品的物流作业部分由医院药剂科的人员负责，部分由药品生产企业或销售企业人员负责。具体为：在药品到货后，由医院药剂科负责药品的验收、盘点、出库的库内物流管理，药品生产企业或销售企业人员负责入库、保管、拣选等库内物流作业；将药品拣选完毕后，药品生产企业或销售企业人员负责将药品配送到各药房，门诊药房、住院药房人员再次进行验收、拣选、盘点等物流作业，向患者发售药品。

3. 信息流特点

VMI 模式与全面自营模式一样，医院药品物流信息不对外开放，只使用本院信息系统管理药品，主要管理药品的种类和数量，不能针对药品批号、药品的储位、药品质量的状态等实时监控。

4. 资金流特点

VMI 模式中，由于医院全权自理本院经营的药品的商流、物流、信息流，资金流也由医院全权管控。但是医院药剂科向药品生产企业或销售企业采购本院所需药品时，不向药品销售方及时支付相应资金，而在医院向患者发售药品且收回相应资金后的一段时间内，向药品销售方支付相应资金。

（三）物流外包模式

物流外包模式是指医院负责药品商流与资金流，第三方药品物流企业（简称 3PL）负责相当于原医院药品总库的物流，信息流由医院信息系统和 3PL 信息系统无缝连接的模式，如图 9-18 所示。

1. 商流特点

物流外包模式中，医院负责本院经营药品的商流。具体为：医院药剂科直接向药品生产企业或销售企业采购本院所需药品，在医院发售药品前不形成商流活动；当医院向患者发售药品后，医院与药品生产企业或销售企业形成商流活动。

2. 物流特点

物流外包模式中，医院向药品销售企业采购药品的物流作业，全部由第三方药品物流企业负责。

具体为：第三方医药物流企业负责医院从生产企业或销售企业采购的药品的验收、仓储、拣选、盘点、出库等一系列的物流作业。

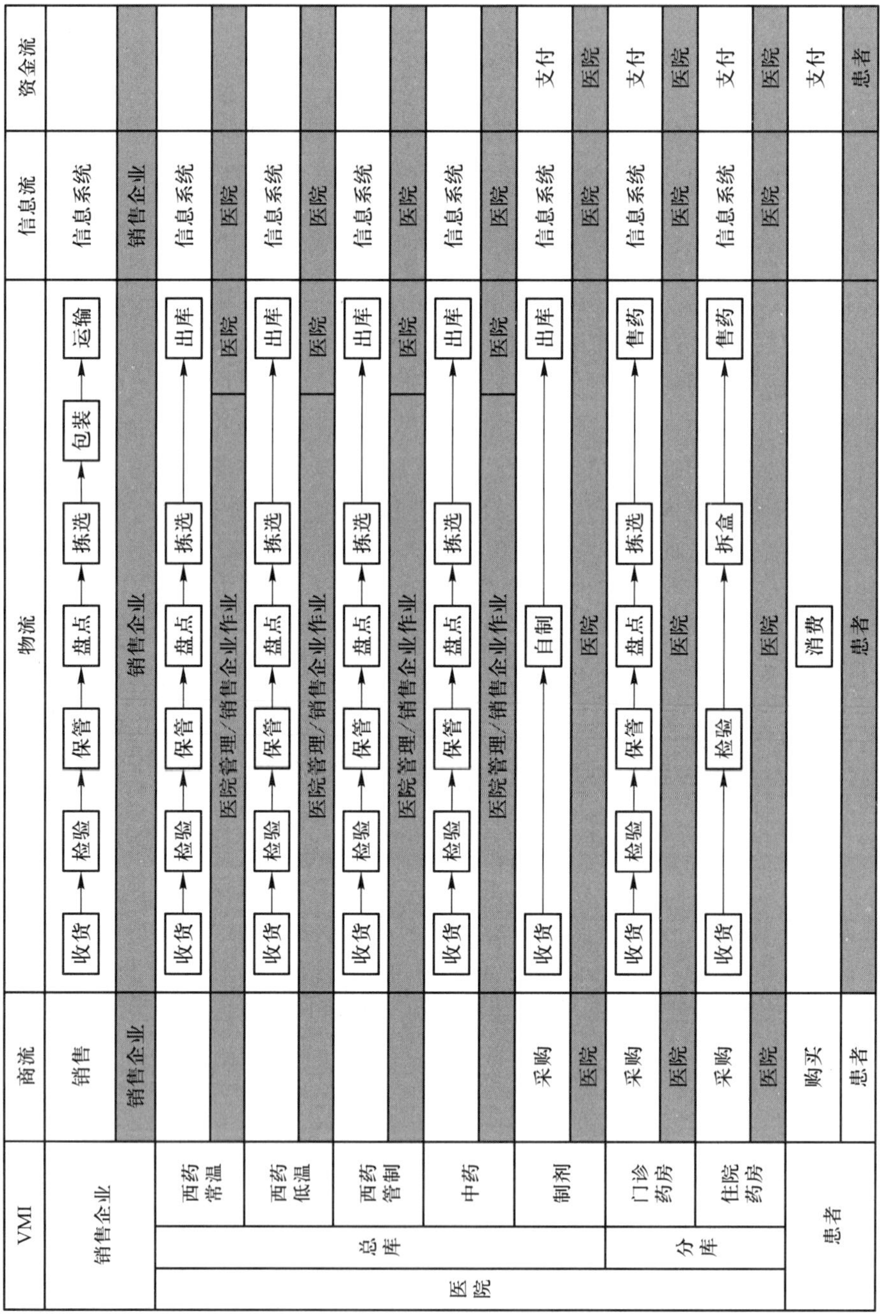

图 9-17 VMI 型医院药品物流管理系统模式示意图

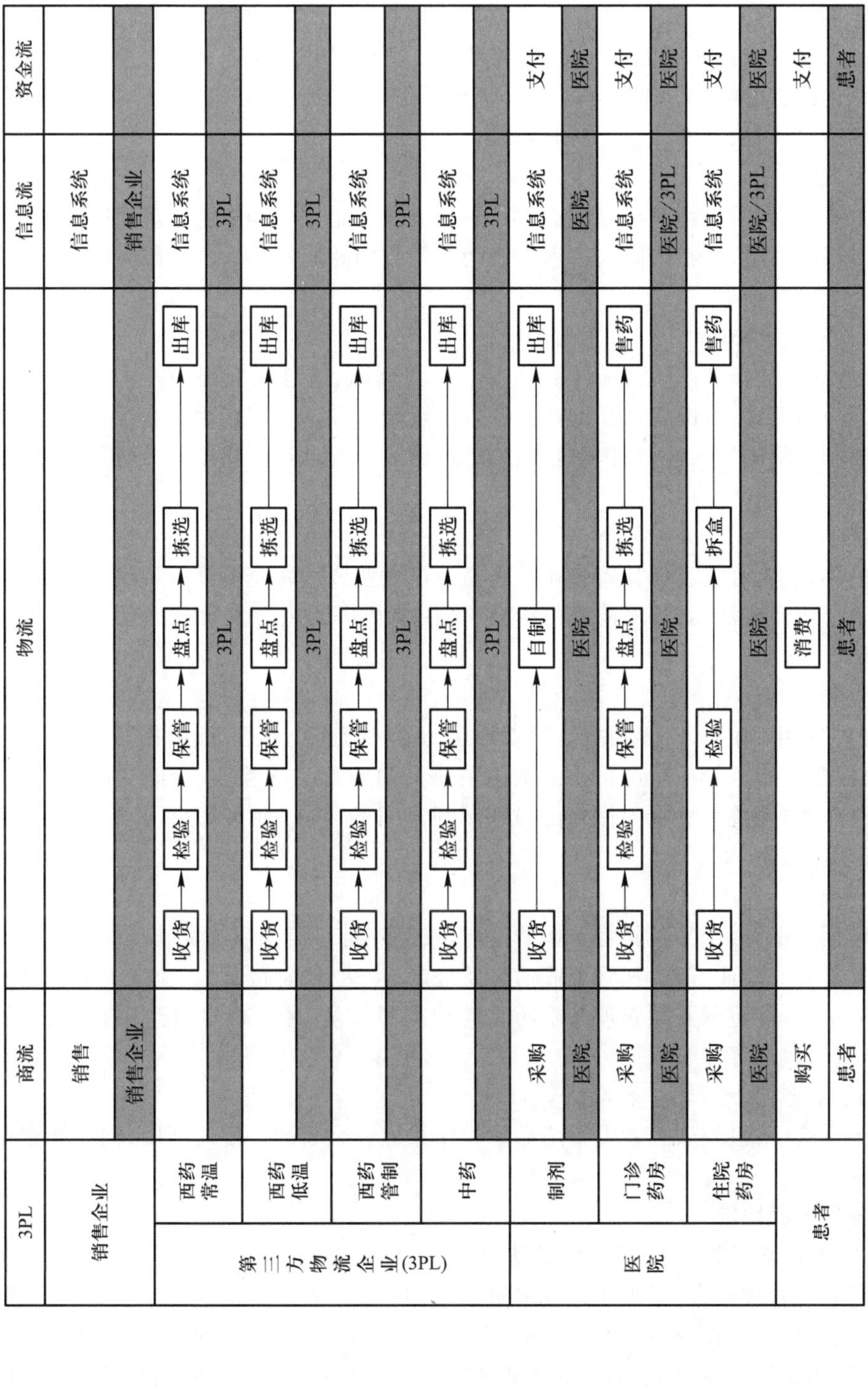

图9-18　3PL型医院药品物流管理系统模式示意图

医院负责院内门诊药房、住院药房和制剂车间的药品验收、拣选、盘点等物流管理和作业，并向患者发售药品。

3. 信息流特点

物流外包模式，由于涉及第三方医药物流企业的参与，仅在医院自有的信息系统中实施药品管理已经不能满足信息沟通的需要。故而，需要第三方医药物流企业的信息系统参与，达到上下游之间的无缝连接，这样一来，不仅可以共同管理医院药品的种类和数量，还可以针对药品批号、药品的物流状态、药品质量的状态等实时监控。

4. 资金流特点

物流外包模式中，医院药剂科向药品生产企业或销售企业采购本院所需药品时，不向药品销售方及时支付相应资金，而在医院向患者发售药品且收回相应资金后的一段时间内，向药品销售方支付相应资金。

（四） 业务外包模式

业务外包模式，是指将医院药品的商流、物流、资金流、信息流实现一体化、集成化运营的模式。医院通过契约形式，将医院药品的商流、物流、资金流和信息流交由具有经营管理资质、并能承担相应责任和风险的法人经营；医院控制着上述四流的管理控制权限，并承担医院药品的质量和用药安全责任，如图 9-19 所示。

1. 商流特点

业务外包模式中，医院委托托管企业向药品生产企业或销售企业采购本院所需药品，在医院发售药品前不形成商流活动；当医院从门诊药房、住院药房向患者发售药品后，医院与托管企业形成商流活动。

2. 物流特点

业务外包模式中，相当于医院总库、门诊药房药品物流作业和管理，由托管企业负责。

具体为：托管企业负责从生产企业或销售企业采购的药品的验收、仓储、拣选、盘点、出库等一系列的物流作业；医院负责院内住院药房和制剂车间的药品验收、拣选、盘点等物流管理和作业，并向患者发售药品。

3. 信息流特点

业务外包模式中，由于涉及托管企业的参与，仅医院自有信息系统实施药品管理已经不能满足信息管理的需要。故而，需要托管企业信息系统参与，达到医院药品供应链上下游之间的无缝连接。这样一来，不仅可以共同管理医院药品的种类和数量，还可以针对药品批号、药品的物流状态、药品质量的状态等实时监控。

4. 资金流特点

业务外包模式中，医院向患者发售药品且收回相应资金后的一段时间内，向托管企业支付相应药品采购资金。

（五） 各模式的比较

综上所述，全面自营模式与 VMI 模式基本一致（参见表 9-16、表 9-17），即医院对药品四流管理拥有经营权和管理权，不但占用医院宝贵的空间资源，还要全面支付医院药品经营、管理费用和各类人财物成本，只在资金支付的时间方面显著区别。全面自营模式与 VMI 模式也基本一致，具有较高的药品经营管理成本；只在 VMI 模式中，由于销售商在医院药品管理人员的指导下进行部分物流作业，可降低部分医院药品物流作业人员成本。全面自营模式与 VMI 模式还基本

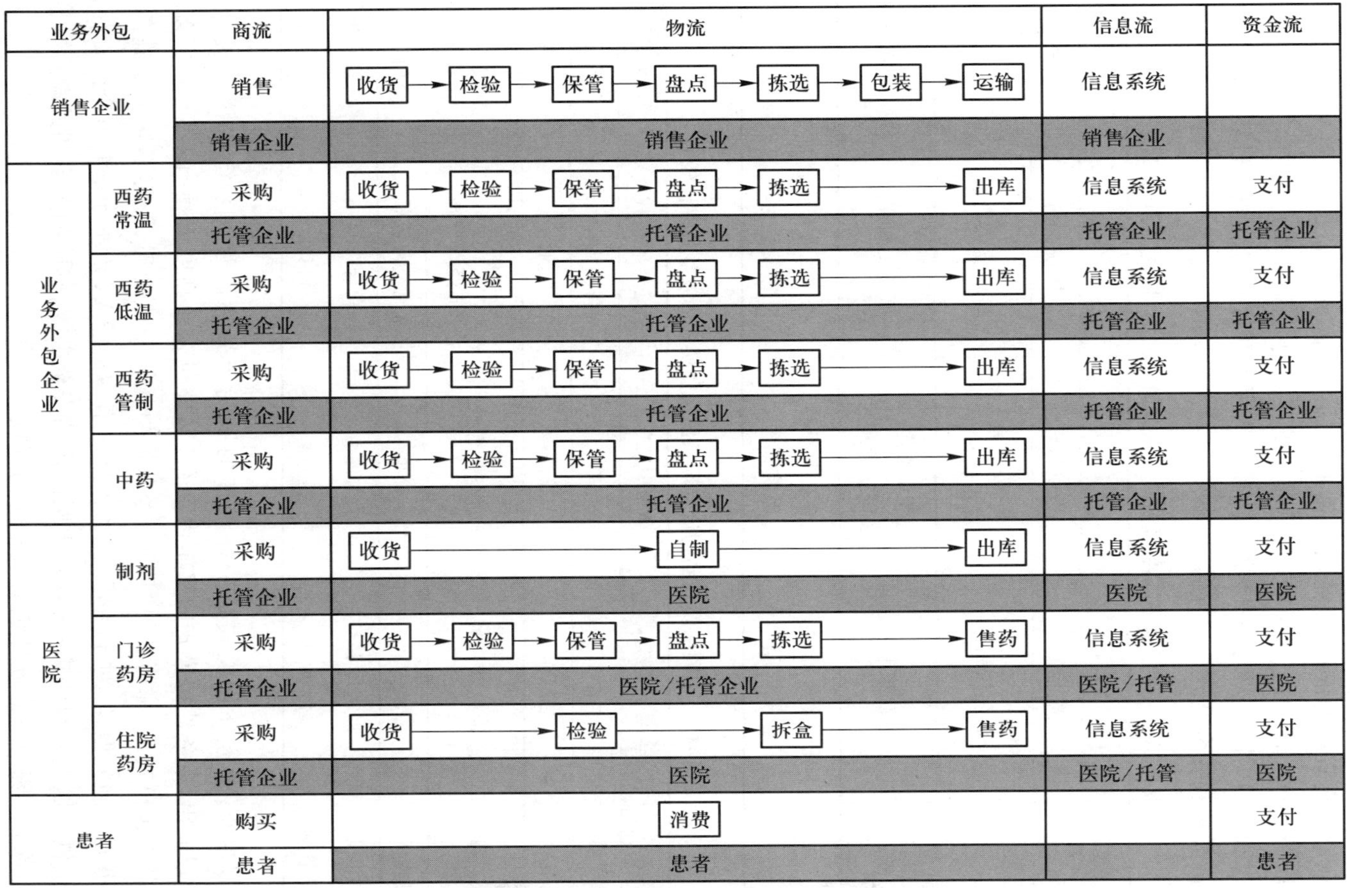

图 9-19　业务外包型医院药品物流管理系统模式示意图

一致,药品质量的供应链追溯管理比较困难,应急和缺货问题只能通过加大医院库存来解决;但由于四流全面自营,对外包企业的依赖度很低。

与全面自营模式和VMI模式相比,物流外包模式和业务外包模式(参见表9-16,表9-17)虽然对外包企业有一定程度的依赖,但是可以明显节约"四流"的经营成本,将宝贵的医院空间资源用于药学服务,获取直接经济效益;在药品质量的供应链追溯管理过程中、在缺货和应急药品的组织供应过程中,物流外包模式和业务外包模式均可以通过外包企业通过联合库存顺利解决,使得医院药品质量和安全充分得到保障。

表9-16 不同医院药品物流管理系统运营模式的"四流"特点比较表

模式类型	商流	物流	资金流	信息流
医院自营	医院控制	医院自理	医院支付	医院自有
VMI	医院控制	医院管理, 销售商作业	医院支付滞后	医院自有
3PL	医院控制	3PL经营, 医院管理	医院支付滞后	3PL与医院
业务外包	托管企业经营, 医院管理	托管企业经营, 医院管理	托管企业垫付, 医院总付	托管与医院

表9-17 不同医院药品物流管理系统运营模式的效益效率比较表

比较项目	全面自营模式	VMI模式	物流外包模式	业务外包模式
药品运营规模	小	中	高度集中	高度集中
经营管理成本	最高	较高	较低	最低
药品经营管理	全面经营管理	全面经营管理	物流管理, 三流经营管理	全面管理 托管企业经营
对外包企业依赖	最小	较小	物流经营依赖	全面经营依赖
应急和缺货控制	加大库存	加大库存	联合库存	联合库存
供应链追溯管理	困难	困难	可以	可以

由此可以推断,业务外包模式是一种最佳的医院药品物流管理系统运营模式。但是,从表9-17还可以看出,业务外包模式的实施尚存在"对外包企业高度依赖"的不足。医院方担心:一旦实施业务外包模式,医院药品的"四流"经营均由托管企业处理,医院不容易实施药品质量、用药安全的事先控制。但是,对于用药安全,医院是第一责任人,必须首先承担全部责任,其他企业责任事后追溯。医院有权忧虑:一旦发生医院用药安全事故,本院的荣誉和品牌形象会受到重大损失,甚至高于医院药品业务外包的成本节约程度。

思考题

1. 选取当地某所医院进行调研,描述其药品物流管理现状。

2. 你对案例中提到的几种医院药品物流管理系统运营模式如何认识？你是否也认为业务外包模式是最佳模式？为什么？

第三节　上海安吉与同方环球的整车联合运输[①]

一、背景

近年来,随着我国经济的持续快速发展和人民生活水平的提高,我国的汽车产业进入了高速发展阶段,汽车市场出现了爆发式的增长。如此庞大的国内汽车市场为我国整车物流行业带来了良好的发展机遇。我国的整车物流起步于 20 世纪 90 年代,并紧随着汽车产业的不断发展及提升而逐步发展的。汽车产业高速发展为我国整车物流带来巨大的增长空间;同时由于中国“地大、厂多”的特点更是为中国整车物流市场提供了客观的市场条件,从 2002 年到 2009 年,中国整车物流市场平均以每年 60% 的速度增长。

但同时,我国的整车物流行业却出现了诸多问题,其中最严重的就是物流资源配置效率低下、空载率过高导致物流成本过高。增强行业内的合作,降低空载率成为我国整车物流的必然方向。此外,我国乘用车运输市场中,铁路运输份额仅为 7%,公路运输则高达 85%,其余 8% 为水路运输。单一的运输方式越来越不能满足物流的时效性要求,水—铁、水—公、公—铁联运的大规模实施将对降低整车物流成本起到重要作用。对此,不少国内的企业和学者也都进行了一些相对基础的研究,也基本达成共识,认为整车物流企业间共享物流资源进行协同运输和仓储是非常有意义的,是降低整车物流成本的有效途径。

二、企业现状与问题

(一) 上海安吉

上海安吉汽车零部件物流有限公司由上海汽车工业销售有限公司(SAISC)和 Apollo 管理公司下属的 CEVA(原 TNT)物流于 2002 年共同出资成立,原名为安吉天地汽车物流有限公司,2011 年更名为上海安吉汽车零部件物流有限公司,公司主营业务以整车物流为主。其客户主要包括上海大众、上海通用、上汽荣威,同时也包括了东风、奇瑞、华晨、长安等厂商的部分整车物流业务,其主要的物流流向,是将长江三角洲经济圈出产的汽车输送到全国各地,在北京、辽宁、山东、陕西、重庆、广东、湖北都设有较大的车辆配送中心,具有较完善的物流网络。

回程承运其他品牌商品车和货站(社会或者自营)配货是提升回程载货率的两个途径。安吉物流承运商都为安捷、安迅、中信物流公司,资源较丰富能够实现回程对流。空载率约为 18%。但是,由于主机厂过于集中,回程时需求不固定性较大,这些回程资源不能彻底实现全部利用。所以从安吉公司的内部来改进这一点,尽量地利用回程物流资源这一方面,已经到达了瓶

① 作者:陈然。

颈。如果能够进一步减少资源浪费,将会为安吉物流节省非常多的物流成本,而这点显然已经不能完全依靠自己的力量了。

（二） 同方环球

同方环球物流有限公司是由中国第一汽车集团公司、广州汽车集团股份有限公司、丰田汽车株式会社出资成立的一家以整车物流运输和仓储为主营业务的合资公司。其服务对象主要是天津丰田和广州丰田等丰田合资公司。公司成立于 2007 年 10 月,前身为丰田在中国所设立的工厂、事业体原有的整车、生产零部件和售后备件物流部门。主要物流流向是从广州和天津向全国范围内辐射。空载率约为 20% 。

由于丰田在中国只有广东和天津这两个方向上的主机厂,并没有在上海长江三角洲附近的主机厂,这就造成两个公司发往长江三角洲附近的运输车辆在回程时同样没法彻底解决空载率的问题。他们的问题和上海安吉一样,通过内部调整和管理,并不能彻底解决。

（三） 安吉和同方进行整车联合运输的可行性

综上所述,上海安吉和同方环球两家公司都属于我国整车物流行业中管理方式较为先进的合资公司,但是由于他们所服务的汽车制造商的生产地相对集中,造成了上海安吉从上海发出的车多,而同方环球则是从天津和广州发出的车多,由于区域的局限,仅从公司内部调整去降低空载率的改进空间比较小。随着行业竞争的不断加大,上海安吉和同方环球两家公司必须进一步帮助客户降低成本,同时为客户提供更多的附加值和增值服务,才能提高竞争力,增加企业利润。

如图 9-20 所示,上海安吉和同方环球无论从公司规模和形式方面,地域性对流系统实现方面,以及多式联运的互补性上等多方面都具备着合作的先决条件,在行业内提出了多年的物流资源整合的大背景,这两家公司更具备联合运输的实力和条件。由于两家公司所服务的主要客户在地域上形成了京沪广三大经济区的互补,两家公司在整车物流运输资源上的合作或许成了一种双赢的选择。

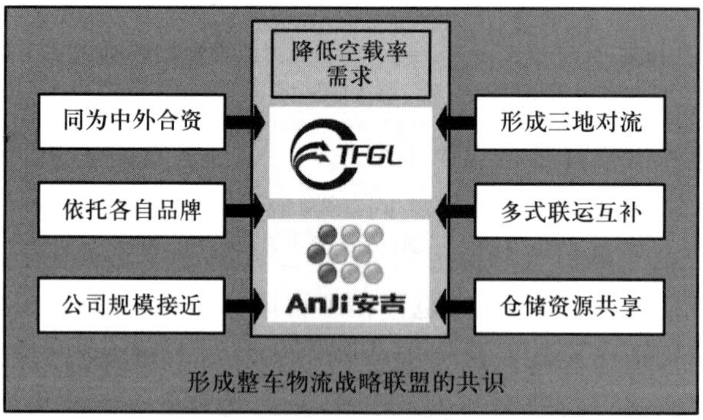

图 9-20 安吉与同方形成整车联合运输的可行性分析

三、安吉与同方整车联合运输网络优化模型建立

（一） 总体方案

鉴于资源整合的必要性,但同时整合又有很多阻力和难度,要在我国实现整车物流资源的整合需要分步来实现,是渐进的过程。可以分三个阶段:

第一阶段:实现局部对流与仓储资源合理利用。

第二阶段:建立企业间战略联盟,实现优势互补。

第三阶段:优化市场结构,实现全面资源整合。

但是就现阶段而言,安吉和同方两家公司应该逐渐从第一阶段改进到第二阶段,这是由双方的各方面情况决定的,所以在安吉与同方整车联合运输的网络及路径优化设计上,必须考虑双方在第一阶段和第二阶段的真实需求,分析两家公司各自现有的网络,以对流运输降低回程空载为基本点,综合各自在公路、水路、铁路方面的物流资源优势,为两公司的联合运输提供一个合理的路径优化设计。

(二) 网络优化目标与原则

1. 总体目标

综合安吉和同方两家公司的主机厂地址、整车分拨中心(vehicle distribution center,VDC)和整车仓储中心(vehicle storage center,VSC)分布,以及两家公司的公路、水路、铁路物流资源状况,通过定性分析与定量运算的有机结合,最终得出一套包括联合运输仓储配置、对流系统实现、VDC 到 VSC 的连接、辐射、运输工具资源配置,以及相应的运输路线、方式的整车联合运输网络优化方案。目的是从定性定量两个方面为安吉和同方两家公司的合作提供一个方案保证,要在保证物流服务质量的前提下尽可能地降低回程空载率和物流成本。同时还要提高整车物流网络优化工作的系统性、精确性和科学性,为同方和安吉整车联合运输网络的优化提供决策支持。并且随着联盟成立后的市场需求和业务需要,结合各种环境因素的变化,为整个网络的维护提供决策支持,为两家公司如何选择性成立联盟提供决策支持,为设定的仓储网络和多式联运方式的方案进行结果演算和评估。

2. 主要遵循的原则

与其他所有行业的物流网络一样,优化整车物流的网络也可以从定量和定性两大方面去考虑,这两种方法各有各的特点和优势。结合整车物流业务的自身特点,基于整车物流网络优化的主要目标,可以发现,整车物流网络优化的应该是一套以定量的数学模型为主、与定性的因素分析相结合的架构,还应该结合安吉和同方两家公司的具体网络状况,总结出一套可行的联合运输网络优化及路径优化。其主要遵循的原则包括:

(1) 回程空载率最低;

(2) 定性实际化,定量智能化;

(3) 物流成本最低;

(4) 保证不低于原先的物流服务水平;

(5) 信息化和模块化。

(三) 网络运作模式

我国整车物流网络的普遍结构和运作模式大致分为两种。

第一种模式,是从主机厂下线后直接短驳到距离主机厂非常近的 VDC 进行统一调配,主机厂和 VDC 多位于同一个城市,随后根据供需状况运输到下级的 VSC 或者直接发给销售商;大部分的销售网点是由 VSC 发出的驳运车配送的,如图 9-21 所示。

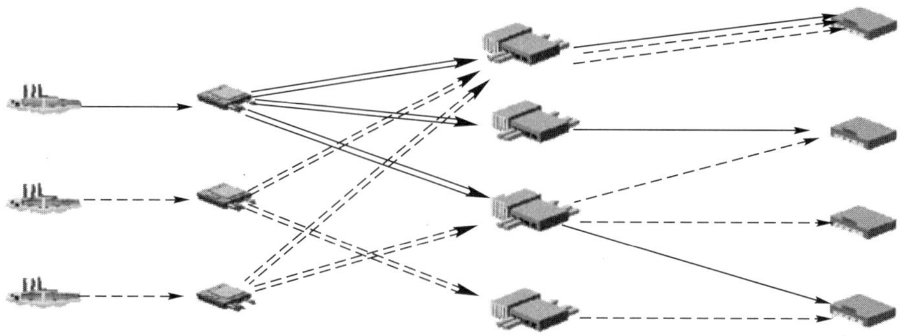

图例	名称	英文名称	备注
	主机厂	plant	对本案例而言，主要为上海大众、一汽丰田和广汽丰田。
	整车分拨中心(VDC)	vehicle distribution center	衔接主机厂的总库
	整车仓储中心(VSC)	vehicle storage center	分布在异地的中转库
	销售商	retailer	

图 9-21 多主机厂的典型整车物流网络

在这种模式下，在调拨时根据 VDC、VSC 的数量、位置及其各自的覆盖区域，就可以初步确定该典型物流网络的运输方式选择、运输仓储成本、整车仓库库存状态等信息。这种结构适用于现在我国的很多整车物流情况，是多客户的多网络的复合网络结构，较为复杂。

第二种模式，可以对这个整体网络进行拆分，如图 9-22 所示。在考虑安吉和同方两家公司各自的物流网络时，可以将各阶段的运输拆分，尤其是将从 VDC 到 VSC 这个过程独立出来，因为从整车网络的全局来看，相互影响只是在 VSC 这个环节有了交互，但是这种交互又是相对独立的。

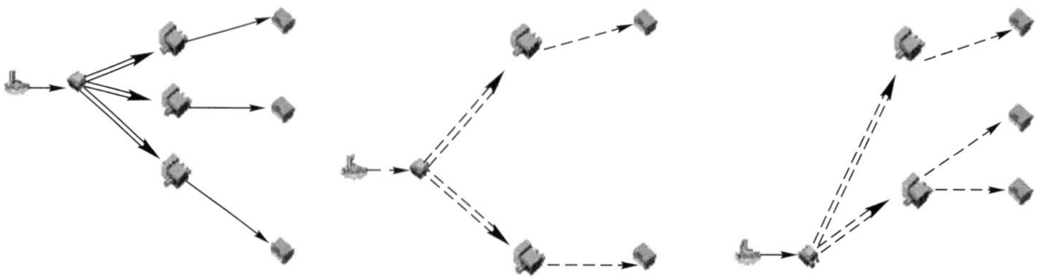

图 9-22 基于主机厂的网络分解示意图

安吉和同方在网络的结构上与这种典型的网络极为相似。综合两家公司在全国的VDC和VSC的分布状况，由于同方环球的4个库仓储能力都较强。所以在VSC方面，两家公司距离较近的库可以不考虑其间的一些短驳运输，并在综合计算时将距离接近的仓库合并起来处理；在VDC方面，由于上海安吉的3个主要的VDC都位于长江三角洲附近，可将其合并起来处理，这样就形成了安吉与同方在全国进行整车联合运输的VDC/VSC体系，即以上海、广州和天津三大主机厂区域，同时作为VDC位置，其他各省市地区的10座VSC作为在整车物流中的中转库，最后由这13座仓库再分别运往各个销售商。能够形成一张地域分布合理、区域涵盖全面、运输快捷、空载率低的整车运输联合物流网络。

（四）整车联合运输路径优化模型

基于对上文中VDC和VSC的确定，各个节点之间的运输方式也必须用量化的方式来实现。在运输路径的优化上，首先要考虑三地对流运输所带来的冗余资源，这些资源尽可能多地利用在从VDC到VSC的运输上，这样使得在三地对流之间的空载率进一步降低的同时，还节约运输到其他地区的成本；另一方面，还要考虑能够采用的不同运输方式带来的成本降低，比如部分可以用海上、内河和铁路运输的路段可以选择这些较便宜的运输方式，但同时这也是在两个公司的水、铁运力允许的情况下进行的。综合以上因素，用最小费用和最低空载率为目标函数建立模型，得出了适用于安吉与同方两家公司在整车联合运输方面适用的运输路径优化模型，为该联盟的成立确立了更多的量化条件。

1. 模型参数

为便于表述，以下上海安吉的主要客户车辆统称为上海大众车。

D表示距离矩阵，其中D_{ij}表示i,j两地之间的距离；

$$m=\begin{cases}1,\text{表示采用公路运输；}\\2,\text{表示采用铁路运输；}\\3,\text{表示采用水路运输；}\end{cases}$$

x_{iA}表示i地对一汽丰田车的需求量；

x_{iB}表示i地对广汽丰田车的需求量；

x_{iC}表示i地对上海大众车的需求量；

T_{iA}表示i地对一汽丰田车需求的时间约束；

T_{iB}表示i地对广汽丰田车需求的时间约束；

T_{iC}表示i地对上海大众车需求的时间约束；

$C(m)$表示m种运输方式的单位运费；

$s(m)$表示m种运输方式的平均运送速度；

$q_A(m)$表示采用m种运输方式配送一汽丰田车的最大运输量；

$q_B(m)$表示采用m种运输方式配送广汽丰田车的最大运输量；

$q_C(m)$表示采用m种运输方式配送上海大众车的最大运输量；

$x_{ijA}(m)$表示从i地到j地配送一汽丰田车采用m种运输方式的配送工具数量；

$x_{ijB}(m)$表示从i地到j地配送广汽丰田车采用m种运输方式的配送工具数量；

$x_{ijC}(m)$表示从i地到j地配送上海大众车采用m种运输方式的配送工具数量。

2. 约束条件

由于广州、上海、天津三地存在对流情况(天津是1,上海是2,广州是3),模型约束包括以下几个方面:

(1) 广州、上海、天津三地均衡约束。

考虑广州、上海两地:

$\sum_{m} q_A(m)x_{12A}(m)=x_{2A}$ 表示上海对一汽丰田车的需求约束;

$\sum_{m} q_C(m)x_{21C}(m)=x_{1C}$ 表示天津对上海大众车的需求约束。

两地间的剩余运力为 $|x_{12A}(m)-x_{21C}(m)|$(其中 $m=1,2,3$),如果剩余运力大于0,就可以考虑除这三地之外的需求可以采用间接运输方式。此时可以在上海、天津分别构建一汽丰田和大众的虚拟配送中心。其配送的运量为

$$Q_{2A}^{*}(m)=\max[x_{12A}(m)-x_{21C}(m),0],Q_{1C}^{*}(m)=\max[x_{21C}(m)-x_{12A}(m),0]$$

那么这两地间的运输成本为 $y_{12}=\sum_{m}\max[x_{12A}(m),x_{21C}(m)]*D_{12}*C(m)$。

同理,三地均衡条件下,天津地区的虚拟大众和广汽丰田配送中心的最大配送量为:

$$\sum_{m} Q_{1C}^{*}(m)*q_C(m),\sum_{m} Q_{1B}^{*}(m)*q_B(m)$$

上海地区的虚拟一汽丰田和广汽丰田配送中心的最大配送量为:

$$\sum_{m} Q_{2A}^{*}(m)*q_A(m),\sum_{m} Q_{2B}^{*}(m)*q_B(m)$$

广州地区的虚拟一汽丰田和大众配送中心的最大配送量为:

$$\sum_{m} Q_{3A}^{*}(m)*q_A(m),\sum_{m} Q_{3C}^{*}(m)*q_C(m)$$

三地均衡总成本为 $y_{12}+y_{13}+y_{23}$。

(2) 其他地区(除广州、上海、天津)的需求数量约束。

显然要满足各地区对不同车辆的需求。

i 地区对于一汽丰田车需求约束有:

$$\sum_{m}\sum_{j=1}^{3} q_A(m)x_{jiA}(m)=x_{iA}$$

其中,$i=4,\cdots,n$。

对于广汽丰田车需求约束有:

$$\sum_{m}\sum_{j=1}^{3} q_B(m)x_{jiB}(m)=x_{iB}$$

其中,$i=4,\cdots,n$。

对于大众车需求约束有:

$$\sum_{m}\sum_{j=1}^{3} q_C(m)x_{jiC}(m)=x_{iC}$$

其中,$i=4,\cdots,n$。

此时运输成本为:

$$y_{ji}=\sum_{i}\sum_{m}\left(\sum_{j=1}^{3}x_{jiA}(m)+x_{jiB}(m)+x_{jiC}(m)\right)*D_{ij}*C(m)$$

其中，$i=4,\cdots,n$。

(3) 虚拟配送中心约束。

对于天津地区考虑广汽丰田和上海大众的虚拟配送中心约束，显然要满足：

$$\sum_{m}\sum_{i=4}^{n}x_{1iB}(m)*q_{B}(m)\leqslant\sum_{m}Q_{1B}^{*}(m)*q_{B}(m)$$

$$\sum_{m}\sum_{i=4}^{n}x_{1iC}(m)*q_{C}(m)\leqslant\sum_{m}Q_{1C}^{*}(m)*q_{C}(m)$$

同理可知：

$$\sum_{m}\sum_{i=4}^{n}x_{2iB}(m)*q_{B}(m)\leqslant\sum_{m}Q_{2B}^{*}(m)*q_{B}(m)$$

$$\sum_{m}\sum_{i=4}^{n}x_{2iA}(m)*q_{A}(m)\leqslant\sum_{m}Q_{2A}^{*}(m)*q_{A}(m)$$

$$\sum_{m}\sum_{i=4}^{n}x_{3iA}(m)*q_{A}(m)\leqslant\sum_{m}Q_{3A}^{*}(m)*q_{A}(m)$$

$$\sum_{m}\sum_{i=4}^{n}x_{3iC}(m)*q_{C}(m)\leqslant\sum_{m}Q_{3C}^{*}(m)*q_{C}(m)$$

(4) 时间约束。

以最晚到达需求地区的时间为配送时间，不考虑上海、广州和天津三地的时间约束，那么 i 地区对不同类型车的时间约束为

$$\max_{j,m}\left\{\left(\frac{x_{jiA}(m)}{N}\right)^{\frac{1}{N}}*\frac{D_{ij}}{s(m)}\right\}\leqslant T_{iA}$$

其中，$i=4,\cdots,n$，N 趋向于正无穷。

$$\max_{j,m}\left\{\left(\frac{x_{jiB}(m)}{N}\right)^{\frac{1}{N}}*\frac{D_{ij}}{s(m)}\right\}\leqslant T_{iB}$$

其中，$i=4,\cdots,n$，N 趋向于正无穷。

$$\max_{j,m}\left\{\left(\frac{x_{jiC}(m)}{N}\right)^{\frac{1}{N}}*\frac{D_{ij}}{s(m)}\right\}\leqslant T_{iC}$$

其中，$i=4,\cdots,n$，N 趋向于正无穷。

3. 模型目标函数

综上所述，总费用函数可以表示为：

$\mathrm{Min}\,Y=y_{ji}+y_{12}+y_{13}+y_{23}=$

$$\sum_{m}\max[x_{12A}(m),x_{21C}(m)]*D_{12}*C(m)+$$

$$\sum_{m}\max[x_{13A}(m),x_{31B}(m)]*D_{13}*C(m)+$$

$$\sum_{m}\max[x_{23C}(m),x_{32B}(m)]*D_{12}*C(m)+$$

$$\sum_{i}\sum_{m}\left(\sum_{j=1}^{3}x_{jiA}(m)+x_{jiB}(m)+x_{jiC}(m)\right)*D_{ij}*C(m)$$

满足：

$$\sum_{m}q_{A}(m)x_{12A}(m)=x_{2A}$$

$$\sum_{m}q_{C}(m)x_{21C}(m)=x_{1C}$$

$$\sum_{m}q_{B}(m)x_{31B}(m)=x_{1B}$$

$$\sum_{m}q_{A}(m)x_{13A}(m)=x_{3A}$$

$$\sum_{m}q_{B}(m)x_{32B}(m)=x_{2B}$$

$$\sum_{m}q_{C}(m)x_{23C}(m)=x_{2C}$$

$$\sum_{m}\sum_{j=1}^{3}q_{A}(m)x_{jiA}(m)=x_{iA}$$

其中，$i=4,\cdots,n$。

$$\sum_{m}\sum_{j=1}^{3}q_{B}(m)x_{jiB}(m)=x_{iB}$$

其中，$i=4,\cdots,n$。

$$\sum_{m}\sum_{j=1}^{3}q_{C}(m)x_{jiC}(m)=x_{iC}$$

其中，$i=4,\cdots,n$。

$$\sum_{m}\sum_{i=4}^{n}x_{1iB}(m)*q_{B}(m)\leqslant\sum_{m}Q_{1B}^{*}(m)*q_{B}(m)$$

$$\sum_{m}\sum_{i=4}^{n}x_{1iC}(m)*q_{C}(m)\leqslant\sum_{m}Q_{1C}^{*}(m)*q_{C}(m)$$

$$\sum_{m}\sum_{i=4}^{n}x_{2iB}(m)*q_{B}(m)\leqslant\sum_{m}Q_{2B}^{*}(m)*q_{B}(m)$$

$$\sum_{m}\sum_{i=4}^{n}x_{2iA}(m)*q_{A}(m)\leqslant\sum_{m}Q_{2A}^{*}(m)*q_{A}(m)$$

$$\sum_{m}\sum_{i=4}^{n}x_{3iA}(m)*q_{A}(m)\leqslant\sum_{m}Q_{3A}^{*}(m)*q_{A}(m)$$

$$\sum_{m}\sum_{i=4}^{n}x_{3iC}(m)*q_{C}(m)\leqslant\sum_{m}Q_{3C}^{*}(m)*q_{C}(m)$$

$$\max_{j,m}\left\{\left(\frac{x_{jiA}(m)}{N}\right)^{\frac{1}{N}}*\frac{D_{ij}}{s(m)}\right\}\leqslant T_{iA}$$

其中，$i=4,\cdots,n$，N 趋向于正无穷。

$$\max_{j,m}\left\{\left(\frac{x_{jiB}(m)}{N}\right)^{\frac{1}{N}}*\frac{D_{ij}}{s(m)}\right\}\leqslant T_{iB}$$

其中，$i=4,\cdots,n$，N 趋向于正无穷。

$$\max_{j,m}\left\{\left(\frac{x_{jiC}(m)}{N}\right)^{\frac{1}{N}} * \frac{D_{ij}}{s(m)}\right\} \leqslant T_{iC}$$

其中，$i=4,\cdots,n$，N 趋向于正无穷。

四、模型求解

（一）参数分析

在整合之前，要分析安吉和同方两家公司在过去的运输活动中各自的运输情况，以 2010 年一汽丰田的销售情况为例，参见表 9-18。

表 9-18　一汽丰田 2010 年各地 VSC 需求情况表　　单位：万辆

整车品名	总销量	成都	天津	长春	广州
丰田卡罗拉	17.21	2.22	6.87	1.31	6.81
丰田花冠 EX	8.27	1.43	3.01	0.98	2.85
丰田 RAV4	9.81	1.87	3.23	1.21	3.50
丰田锐志	5.18	0.43	2.46	0.47	1.82
丰田皇冠	4.52	0.33	1.65	0.41	2.13
丰田普拉多	1.53	0.32	0.41	0.22	0.58
丰田威驰	3.47	0.43	1.12	0.12	1.80
一汽丰田总体销量	49.99	7.03	18.75	4.72	19.49

信息来源：http://huaxunline.ezweb2-1.35.com/yiqifengtian-63721.html。

1. 一汽丰田

为了和本文中安吉与同方共同的联合运输物流网络所匹配，要将其拆分到 10 个 VSC 和 3 个 VDC 所属的区域内，并且在考虑时不再考虑各种一汽丰田车型，得到表 9-19。

表 9-19　一汽丰田 2010 年各地 VSC 需求情况整合表　　单位：万辆

区域	天津	上海	广州	成都	长春	武汉	营口	重庆	烟台	榆次	兰州	新疆	云南
需求量	8.23	11.28	10.56	2.33	2.72	2.42	2.34	2.01	2.12	1.06	1.78	1.98	1.16
总量	49.99												

2. 广汽丰田

广汽丰田 2009 年总销量为 20.94 万辆，同比增长 21.7%。累计实现销售收入 384 亿元，同比增 28.9%，2010 年的销售量达到了 26.7 万辆，同比增长 27.5%。各 VSC 的运输情况如表 9-20所示。

表 9-20　广汽丰田 2010 年各地 VSC 需求情况表　　单位：万辆

	全国总销量	成都	天津	长春	广州
凯美瑞	9.89	1.02	4.21	1.67	2.99

续表

	全国总销量	成都	天津	长春	广州
雅力士	4.23	0.45	1.78	0.43	1.57
汉兰达	4.01	0.39	1.81	0.41	1.40
逸致	3.78	0.28	1.43	0.27	1.80
杰路驰	2.39	0.21	0.93	0.37	0.88
酷路泽	1.76	0.09	0.68	0.19	0.80
埃尔法	0.64	0.03	0.23	0.07	0.31
广汽丰田总体销量	26.70	2.47	11.07	3.41	9.75

信息来源：http://huaxunline.ezweb2-1.35.com/yiqifengtian-63721.html。

为了和本文中安吉与同方共同的联合运输物流网络所匹配，要将其拆分到10个VSC和3个VDC所属的区域内，并且在考虑时不再考虑各种广汽丰田车型，得到表9-21。

表9-21 广汽汽丰田2010年各地VSC需求情况整合表 单位：万辆

区域	天津	上海	广州	成都	长春	武汉	营口	重庆	烟台	榆次	兰州	新疆	云南
需求量	4.41	5.99	5.64	1.24	1.43	1.29	1.25	1.07	1.14	0.62	0.95	1.05	0.62
总量	26.70												

3. 上海大众、上海通用、上汽荣威

其各种品牌的汽车销售量如表9-22所示。

表9-22 上海各品牌2010年各地VSC需求情况表 单位：万辆

项目	销量	项目	销量	项目	销量
上海通用别克品牌	63.03	上海大众斯柯达品牌	22.01	上海汽车荣威品牌	11.27
别克凯越	25.35	斯柯达明锐	12.65	荣威350	6.37
别克英朗GT	9.67	斯柯达昊锐	4.48	荣威550	3.48
别克君越	11.48	斯柯达晶锐	4.88	荣威W5	0.81
别克君威	7.89	上海大众大众品牌	95.76	荣威750	0.61
别克GL8	4.61	大众帕萨特	9.78	上海汽车MG品牌	4.75
别克英朗XT	3.81	大众途观	14.09	MG3	2.16
别克林荫大道	0.22	大众朗逸	24.75	MG6	2.51
上海通用凯迪拉克品牌	0.70	大众桑塔纳志俊	10.82	MG7	0.08
凯迪拉克SLS	0.70	大众Polo	12.22		

续表

项目	销量	项目	销量	项目	销量
上海通用雪佛兰品牌	53.11	大众桑塔纳	9.58		
科鲁兹	22.12	大众途安	3.12		
赛欧三厢	17.67	大众帕萨特领驭	6.81		
爱唯欧两厢	2.22	大众 Polo 劲取	4.57		
景程	3.17	大众 CrossPolo	0.02		
赛欧两厢	2.12				
乐骋	—				
乐风	5.81				
迈锐宝	—				
上海通用总体销量	116.84	上海大众总体销量	117.77	上海汽车总体销量	16.02
安吉为上海地区整车厂的运输总量:除上海通用外的销售量为 133.77 万辆					

信息来源:http://db.auto.sohu.com/cxdata/index.html。

其中上海通用由于有自己独立的配送系统,所以在此并不考虑其在内,将其拆分到 10 个 VSC 和 3 个 VDC 所属的区域内,并且在考虑时不再考虑各种上海大众和上海汽车的车型,得到表 9-23。

表 9-23　上海各品牌 2010 年各地 VSC 需求情况整合表　　单位:万辆

区域	天津	上海	广州	成都	长春	武汉	营口	重庆	烟台	榆次	兰州	新疆	云南
需求量	16.11	24.02	23.26	8.45	10.65	8.45	7.64	6.29	6.71	4.11	5.76	6.26	6.12
总量	133.77												

这样就能得到所有的 x_{iA}、x_{iB}、x_{iC} 的量,如表 9-24 所示。

表 9-24　各 VDC 与 VSC 需求情况整合表　　单位:万辆

i	天津	上海	广州	成都	长春	武汉	营口	重庆	烟台	榆次	兰州	新疆	云南
A	8.23	11.28	10.56	2.33	2.72	2.42	2.34	2.01	2.12	1.06	1.78	1.98	1.16
B	4.41	5.99	5.64	1.24	1.43	1.29	1.25	1.07	1.14	0.62	0.95	1.05	0.62
C	16.11	24.02	23.26	8.45	10.65	8.45	7.64	6.29	6.71	4.11	5.76	6.26	6.12

$Q_{1k}Q_{2k}Q_{3k}$表示 VDC 中心自有第 k 种运输工具的数量,如表 9-25 所示。

表 9-25　VDC 中心自有第 k 种运输工具的数量

k	Q_{1k}	Q_{2k}	Q_{3k}
1	1 420 辆	721 辆	3 400 辆
2	—	—	438 节
3	3 艘	2 艘	3 艘

$C(y_{ij})$表示从 i 地到 j 地采用 y_{ij}种运输方式的单位运费量，各种运输方式的单位运费量为：公路，每百公里每个小车 50 元；铁路，每百公里每个小车 38 元；水路，每百公里每个小车 30 元。

（二）计算结果及分析

将数据带入模型。为了计算简便，这里并不考虑模型中的时间约束，并只能计算出各 VDC 与 VSC 之间的最佳运输方式。预设各城市坐标值参见表 9-26。

表 9-26　各 VDC 和 VSC 坐标值

	天津	上海	广州	成都	长春	武汉	营口	重庆	烟台	榆次	兰州	新疆	云南
X	100	110	88	52	118	83	110	63	108	81	58	12	50
Y	90	58	18	52	111	51	94	49	81	84	80	110	27

利用遗传算法工具箱，并用 matlab R2009a 计算得出结果，如图 9-23 和图 9-24 所示。

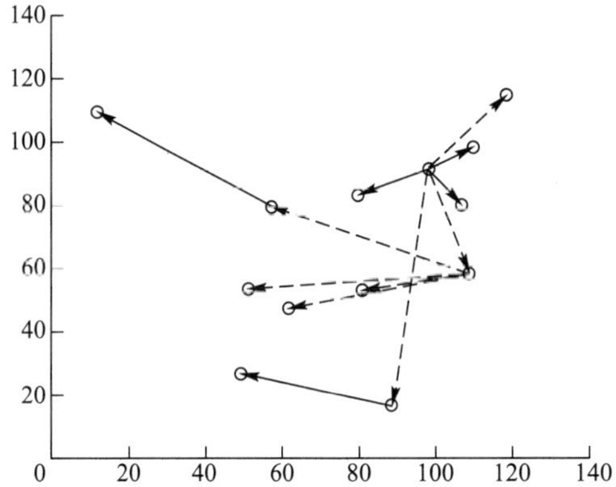

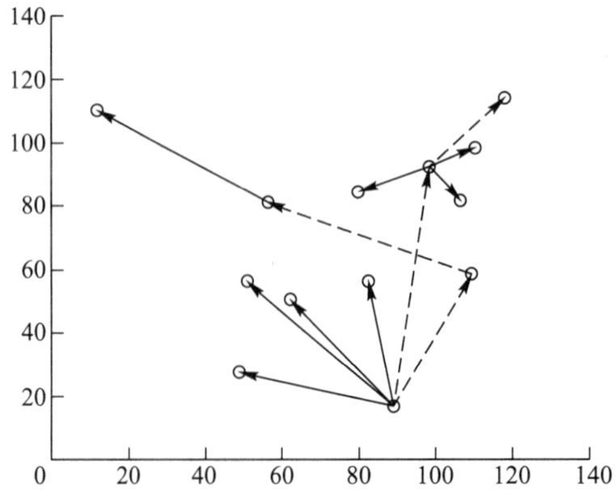

图 9-23　天津 VDC 和广州 VDC 的运输路线优化结果

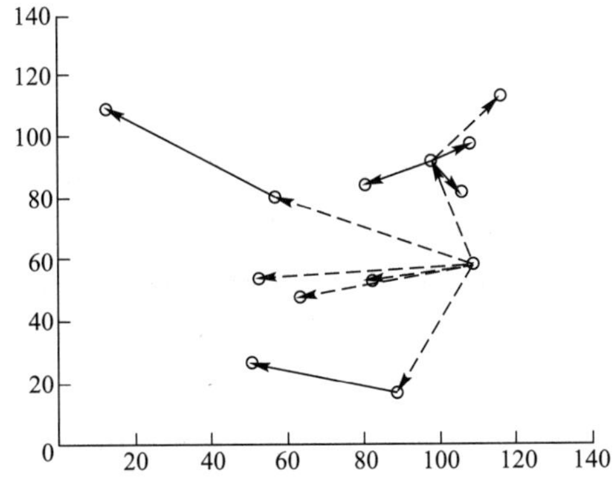

图 9-24　上海 VDC 的运输路线优化结果

由于三地相互之间的对流运输量相对较大，占了总运输量的 74.5%，所以在整个网络中占据着主导作用。由于三地之间对流运输也不是完全的平衡，所以也能形成一些冗余资源，这些资源对于各个 VDC 到其他地区 VSC 的运输起到了很大的影响。在很多的运输线路选择中，我们首先会考虑使用三地对流而形成的冗余资源，例如，从广州运往营口的整车，会借助广州 VDC 和天津 VDC 的对流逆差，在用很少的成本完成从广州到天津的运输之后，再由驳运车从天津运往营口；再如，从天津到新疆的车，将利用从天津到上海的物流资源冗余，先到上海，然后从铁路到兰州，再从兰州到新疆。这就充分利用了三地对流所产生的效应，使得三地之间的回程空载率尽可能地减小，并利用这个效应，大幅降低从 VDC 到其他地区 VSC 的运输成本，将物流资源的利用发挥到最大。最后计算得出的各 VDC 与 VSC 之间的最佳运输方式选择结果如表 9-27 所示。

表 9-27　各 VDC 与 VSC 之间的最佳运输方式选择

y_{ij}	天津	上海	广州
天津		天津（水）	天津（水）
上海	上海（水）		上海（水）
广州	广州（水）	广州（水）	
成都	上海（水）—成都（铁）	成都（铁）	成都（公）
长春	长春（铁）	天津（水）—长春（铁）	天津（水）—长春（铁）
武汉	上海（水）—武汉（水）	武汉（水）	武汉（公）
营口	营口（公）	天津（水）—营口（公）	天津（水）—营口（公）
重庆	上海（水）—重庆（水）	重庆（水）	重庆（公）
烟台	烟台（公）	天津（水）—烟台（公）	天津（水）—烟台（公）
榆次	榆次（公）	天津（水）—榆次（公）	天津（水）—榆次（公）
兰州	上海（水）—兰州（铁）	兰州（铁）	上海（水）—兰州（铁）
新疆	上海（水）—兰州（铁）—新疆（公）	兰州（铁）—新疆（公）	上海（水）—兰州（铁）—新疆（公）
云南	广州（水）—云南（公）	广州（水）—云南（公）	云南（公）

五、小结

在确立了安吉与同方整车物流的仓库相互利用情况和联合运输的路线选择后，也只是为双方的整车联合运输合作打下了理论基础，但是如何具体运行，会遇到很多不同方面的问题，这些问题的任何一个方面解决不好，都会导致合作的效果降低或者合作的夭折，所以在正式发挥联合运输效用前，一定要切实做好策略实施的信息共享、收益分配、合作意识、人才培养、规章标准等方面工作。

思考题

1. 查找相关资料，了解案例中所提到各家企业的情况及其物流运营状况。
2. 你对联合运输的应用范围和内涵及外延如何认识？

第四节 北京市建筑循环物流系统的构建[①]

一、北京市构建建筑循环物流系统的必要性

（一）现实必要性

房屋、道路等建筑产品的生产过程，一方面大量占用土地、消耗建筑材料，另一方面产生大量建筑垃圾，对大气、水体、土壤等造成污染。1997 年以来，北京市建筑垃圾发生量以 10% 左右的速度逐年增加，2007 年达到 3 700 万吨，2010 年超过 4 000 万吨。北京市建筑固体废物发生量约为同期城市固体废物发生总量的 2/3，是同期城市生活垃圾发生量的 6 倍左右，如图 9-25 所示。可见，促进建筑固体废物的资源循环与综合利用，对于北京市的资源节约与环境保护具有重要意义，已经成为当前北京市城市环境主管部门的重要工作。

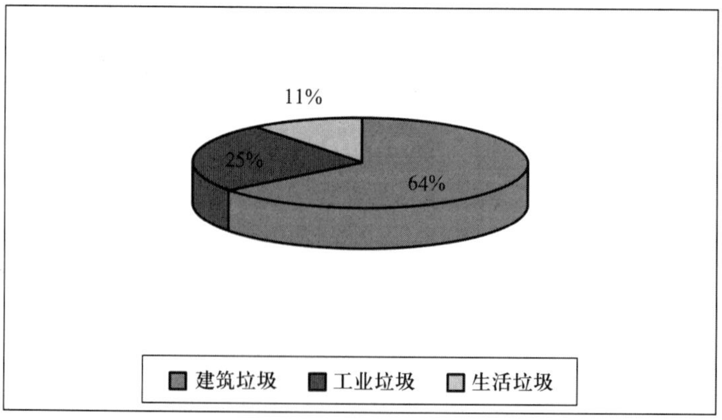

图 9-25 北京城市固体废物构成比例

① 作者：郑凯。

近年来,国家与北京市各级政府管理部门、相关企业以及研究机构均做了大量工作。政府管理方面,2000 年,建设部、农业部、国土资源部和墙体材料革新节能办公室发布了《关于公布“在住宅建设中逐步限时禁止使用实心粘土砖”大中城市名单的通知》,包括北京市在内的 160 个大中城市的住宅建设于 2003 年 6 月起禁止使用实心粘土砖;2001 年,国家经贸委又将合肥等 10 个省会城市列入限时禁止使用实心粘土砖的城市名单;2005 年,国务院继续要求“经济发达地区城市和人均耕地面积低于 0.8 亩的城市,要逐步禁止生产和使用实心粘土砖……新型墙体材料基本能够满足工程建设需要的地区,要禁止生产粘土砖”。住房和城乡建设部(原建设部)等主管部门陆续制定了数十项促进资源节约、治理环境污染和降低能源消耗方面的法规、政策与标准等。北京、上海、重庆等特大城市也制定了大量法规,加强城市建筑过程的资源循环,如北京市 2005 年发布了《“十一五”时期生活垃圾处理设施建设规划实施方案》,其中包括了建筑固体废物的处理处置规范方案。

企业方面,一些大型建筑施工企业通过实施环境管理质量体系认证等方式,加强施工阶段的资源与环境管理工作。研究机构方面,以资源节约、环境保护为目标的“绿色设计”“绿色施工”“绿色建材”等研究领域均取得了长足研究进展,产生了良好的社会效益与环境效益。

然而,政府管理部门、相关企业与研究机构等做出的这些工作和努力,仍主要集中在环境污染治理、节能降耗等方面,而对于如何促进施工阶段资源循环最大化,则尚有不少空白。这就使得同建设资源循环型社会的目标相比,仍然存在许多严重问题:

(1) 资源循环率极低,环境效益不高。目前我国建筑固体废物的处理总体上仍然处于混合排放与简易填埋阶段,仅由建筑施工企业与回收处理企业进行少量资源循环,大量可再生资源没有得到有效回收利用(如图 9-26 所示)。这一方面导致了以填埋为主的建筑固体废物消纳场所容量日趋饱和,消纳场无处建设等问题;另一方面,对于砖瓦厂、水泥厂等可以应用再生资源作为生产原料的企业,却不能满足其需求,导致这些企业在日益严格的环境管理制度下,生产成本不断增加,甚至面临转产、停产、迁移等局面。

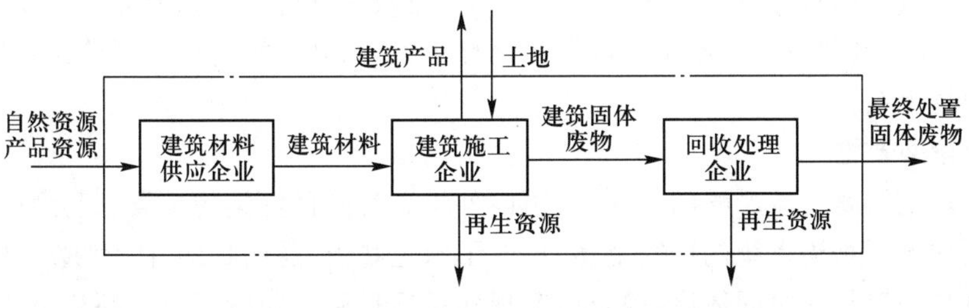

图 9-26　建设项目施工阶段的资源循环示意

(2) 资源的经济价值没有得到完全体现,经济效益低。目前的施工阶段中,仍然将建筑固体废物作为“无用的废弃物”看待,而没有意识到建筑固体废物也是“资源”的一种形式,其中也蕴含着巨大的经济价值。这就使得建筑施工企业在与相关企业之间有关资源循环的资金流中,没有计算建筑固体废物作为资源的那部分价值,而只考虑了运输费用与处理费用等(如图 9-27 所示),这样不仅白白损失了创造效益的机会,还不断增加相关企业的成本负担,导致建筑固体废物回收利用市场不够规范,秩序混乱,参与企业盲目压价、无序竞争,不能补偿建筑固体废物资源循环的必要成本以及保证企业合理盈利,降低了企业参与施工阶段资源循环的主动性和积极性。

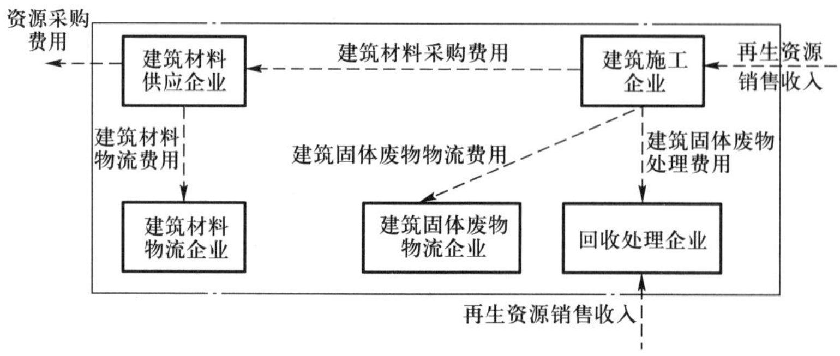

图 9-27 建设项目施工阶段的资金流示意

综上所述,北京市建设领域一方面存在着再生资源的供给,另一方面也存在着再生资源的需求,但是在供给方与需求方之间却不能实现再生资源的有效流通。应用物流系统理论进行分析不难发现,制约施工阶段资源循环的根本症结在于物流系统,连接供给与需求双方的物流系统出现了问题。要实现施工工程资源循环最大化,必须解决物流系统的问题。

在国家自然科学基金委员会资助下与北京市市政管理委员会的协助下,北京交通大学课题组承担了《城市建筑固体废物发生机理及产业结构优化模型研究》项目。该项目以北京市为研究背景,将房屋、公路等建设项目为研究对象,在现场调查和文献分析基础上,运用环境工程学、建筑工程学、生态学等原理,分析了建筑固体废物物流的特性,包括固体废物发生量、种类和理化特性等,得出了单位产值建筑产品固体废物发生量等结论。2004 年起,北京交通大学继续进行了建筑材料实现共同配送的可行性研究,该项目分析了钢材、水泥、木材等典型建筑材料的物流特性,研究了影响物流过程中的主要因素。

这两个项目以及其他相关项目的研究发现,物流系统制约资源循环的最关键问题是:建筑材料物流与建筑固体废物物流的管理和运作处于割裂状态,分别隶属于不同的政府主管部门管理。这使得两个物流过程的目标不一致,难以有效协调,更缺乏从促进资源循环的角度对系统进行整体优化。为此,要实现建设项目施工阶段资源循环最大化,必须构建整合建筑材料物流与建筑固体废物物流的物流系统。

(二) 理论必要性

在资源与环境问题日益严峻的状况下,国内外学者将降低污染物排放、废弃物处理处置等资源与环境问题纳入了物流系统的研究范畴,形成了绿色物流、逆向物流、闭环供应链等相关理论。为整合建筑材料物流与建筑固体废物物流,实现建设项目施工阶段资源循环最大化,需要综合借鉴这些相关研究经验。

绿色物流是继"绿色制造""绿色设计"等概念之后提出的理念,将资源节约与环境保护纳入了物流概念的范畴,使之成为物流系统的内在目标与根本属性,这种思想具有重要的指导意义,但是绿色物流的研究重点是物流系统自身的资源节约与环境保护,对如何整合建筑材料物流与建筑固体废物物流,促进建设项目施工阶段资源循环最大化,则缺乏有针对性的借鉴意义。

逆向物流近年来亦取得了长足进展,日本更是在建筑行业的逆向物流(静脉物流)理论与实践中取得了宝贵成果。日本 1997 年制定的《建设再循环推进计划》中,将促进施工阶段资源循环作为其建设"循环型社会"的重要工作,提出了包括建筑固体废物循环利用率在内的具体目标体系。2002 年,由早稻田大学主持,清水、大成、鹿岛、小林、前田等大型建筑企业和若干物流企业、固体废物处理企业共同参与了东京地区建筑固体废物共同收集系统构建研究。结果表明,通过建筑固体废物共同收集系统的构建,可以将物流成本降低 10%、资源循环利用率提高到 98%,不但减少建筑固体废物的最终处理量,同时可以减少由于多品种、小批量、低装载、单程物流对东京等特大城市造成的交通及环境污染压力。2005 年,东京主管部门继续资助早稻田大学项目组,在东京地区开展建筑循环物流系统的运营研究。日本建筑固体废物共同收集系统的研究成果,突出了多主体共同参与、协调合作的特点,对于我国促进建设项目施工阶段资源循环最大化,具有重要的指导借鉴意义,但是对于如何整合建筑材料物流与建筑固体废物物流的借鉴意义,则略显不足。

闭环供应链是在生产者责任制理念的推动下,强调以生产者为主导,构建形态上闭合循环的物流网络。闭环供应链的研究在荷兰、芬兰、德国等欧洲发达国家取得了长足进展,并在汽车、电子产品、医药制品等行业进行了广泛应用。闭环供应链的研究,实现了产品物流与废弃物物流的整合,对于我国研究整合建筑材料物流与建筑固体废物物流,具有重要的指导借鉴意义,但是闭环供应链的研究亦有不足之处,首先,闭环供应链在理念上强调"生产者责任制",而建设项目施工阶段资源循环需要多主体共同参与;其次,闭环供应链在实践上要求由生产者负责废弃物的回收利用,而建设项目施工阶段资源循环存在多种形式,仅仅强调生产者回收,不利于资源循环最大化;再次,闭环供应链的研究成果多适用于流程型制造业产品,对采用项目方式进行生产的建筑产品而言,其借鉴意义受到影响。

可见,为整合建筑材料物流与建筑固体废物物流,实现我国建设项目施工阶段资源循环最大化,必须在借鉴国内外相关研究成果的基础上,进行理论创新,构建适合北京市建筑业发展特点和适应建设项目施工特点的循环物流系统,即建筑循环物流系统。

二、建筑循环物流系统的定义与特点

(一) 建筑循环供应链的定义

北京市欲构建建筑循环物流系统,首先需要对建筑循环物流系统的含义进行界定。本文在既有研究成果基础上,进行如下定义:建筑循环物流系统,是为促进资源循环,由建筑供应链上的物流要素所组成,将建筑材料物流与建筑垃圾物流进行有机整合的资源节约型、环境友好型物流系统。

对这个定义进行如下说明:

(1) 建筑循环物流系统是在建筑供应链的基础上定义的。所谓建筑供应链,是以建筑产品为核心,通过商流、物流、资金流等,将建筑产品生产过程涉及的有关主体,连成一个整体网链结构。在建筑供应链上,建筑材料供应企业、建筑施工企业、建筑垃圾回收处理企业、物流企业等参与主体之间,存在着商流、物流、资金流以及信息流过程,如图 9-28 所示。

(2) 建筑循环物流系统的构建思路是建筑材料物流与建筑垃圾物流的有机整合。"整合"是根据资源循环的需要,将原本互相割裂的两个物流过程进行重构,使其合为一体(如图 9-29 所示),具体表现为以下方面:

组织整合:建筑材料物流企业与建筑固体废物物流企业合并为建筑循环物流企业;

设施整合:仓储、运输等设施由建筑材料物流与建筑固体废物物流过程共同使用;

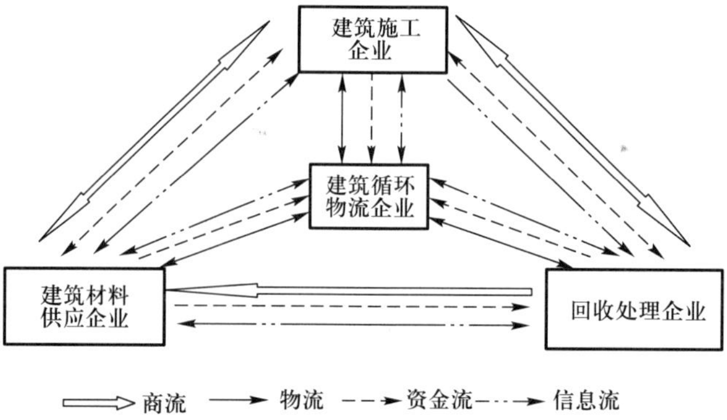

图 9-28 建筑供应链

管理整合:建筑循环物流企业对两种物流过程进行统筹管理。

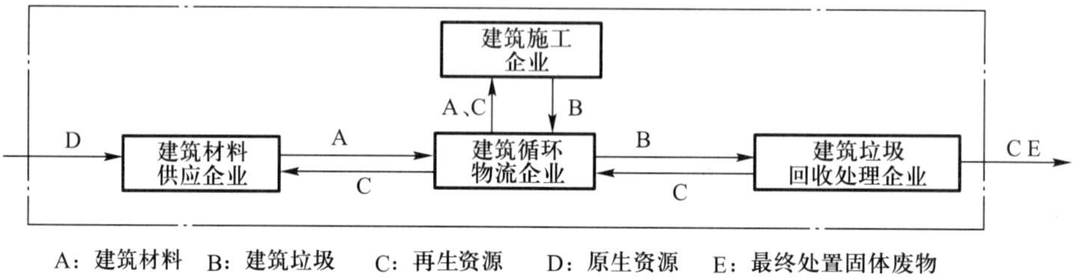

图 9-29 整合状态下的建筑循环物流过程

(二) 建筑循环物流系统的特点

1. 规模庞大性

建筑循环物流系统的规模庞大性,是由建筑产品施工阶段资源循环的特点决定的,主要表现为主体庞大性与客体庞大性两个方面。

建筑循环物流系统的主体要素是组成建筑供应链的企业或企业群落,这些企业不仅类型多样,而且每一类企业的数量均非常庞大。在一定时空范围内,每个建筑施工企业都会有多个在建的建设项目,而研究表明平均一个建设项目需要由 300 家以上的建筑材料供应企业供应建筑材料,同时也需要多家回收处理企业处理建筑固体废物,自然也需要多家建筑循环物流企业提供物流服务。

建筑循环物流企业的客体要素产品是建设项目施工阶段资源循环过程涉及的各类资源。这些资源,无论是数量还是种类,其规模均要远大于其他制造业产品的资源循环。以日本为例,其建设项目施工阶段所占用的资源和材料,约占全部资源使用量的 50%,所产生的建筑固体废物约占全部产业废弃物的 20%,而最终处理的废弃物数量占全部产业废弃物的 40% 以上。

建筑循环物流系统的规模庞大性,增加了构建建筑循环物流系统的难度。在构建过程中,必须根据资源循环的实际需要,分清轻重缓急,首先选择对促进资源循环最大化起关键作用的主体要素与客体要素进行构建,在此基础上再进一步推广。

2. 时空不确定性

建筑循环物流系统的空间范围是围绕建设项目施工而连接起来的建筑供应链;时间范围是建设项目施工阶段。受建筑产品生产特性与建筑供应链特点的影响,这二者都具有不确定性。

由于建筑生产的流动性与单件性,建筑供应链上参与主体的供需关系相对临时且不稳定,需要根据建设项目实际需要,不断对建筑供应链上参与主体进行调整,这就使得建筑循环物流系统在空间上呈现出不确定性。

由于建筑生产的单件性与生产周期长等,不同建设项目,其施工阶段的时间长度也各不相同,这就使得建筑循环物流系统在时间上呈现出不确定性。

建筑循环物流系统的时空不确定性,导致了物流系统流量与流向等的不确定性,同样增加了构建建筑循环物流系统的难度。在构建过程中,需要使建筑循环物流系统具有足够的弹性,以适应时空不确定性。

3. 协作复杂性

建筑循环物流系统的主体要素之间,存在着复杂的商流、物流、资金流以及信息流过程,这些过程直接影响资源循环的形式与效果。促进资源循环最大化,需要多主体共同协作。这些主体均有其各自的目标,与系统的总目标之间既有一致之处,亦有矛盾之处,如何协调各主体的责任和利益,保证相关主体参与建筑循环物流系统的积极性与主动性,保证系统总目标的实现,是一个复杂的问题。

建筑循环物流系统的协作复杂性,要求在构建建筑循环物流系统的时候,必须着重理顺各相关主体之间的协作关系。

4. 设施通用性

研究表明,处于特定资源循环过程的建筑材料与建筑固体废物,在成分组成、理化性质上具有相当程度的同质性。这种同质性,使得建筑材料与建筑固体废物二者对于运输车辆等物流设施的需求没有显著差别,相同的运输车辆可以在建筑材料物流过程和建筑固体废物物流过程中通用,而基本不会出现交叉污染等问题。

建筑循环物流系统的设施通用性,为整合建筑材料物流与建筑固体废物物流提供了技术可行性与实践便利性,有利于建筑循环物流系统的构建。

三、北京市建筑循环物流系统的构建类型

北京市欲整合原本割裂的建筑材料物流与建筑垃圾物流,构建建筑循环物流系统,必须依据北京市建筑供应链特性,选择相应的构建类型,使之满足北京市经济发展实际需要。

(一) 建筑产品类型

建筑循环物流系统中,不同类型的建筑产品生产过程不同、资源循环形式不同,相应的物流需求也不同。选择北京市建筑循环物流系统的构建类型,需要首先从建筑产品类型的角度进行分析。对北京市各种类型建筑产品的产值进行分析可知,房屋是北京市占比重最大的建筑产品(如图 9-30 所示),因此北京市应围绕房屋为核心,构建建筑循环物流系统。

(二) 建筑垃圾类型

房屋的生产过程,可以分为原有建筑产品拆除施工、土方施工、结构施工、装饰装修施工四个阶段,不同阶段产生的建筑垃圾类型不同,如表 9-28 所示。从表 9-28 可以看出,工程土方占北

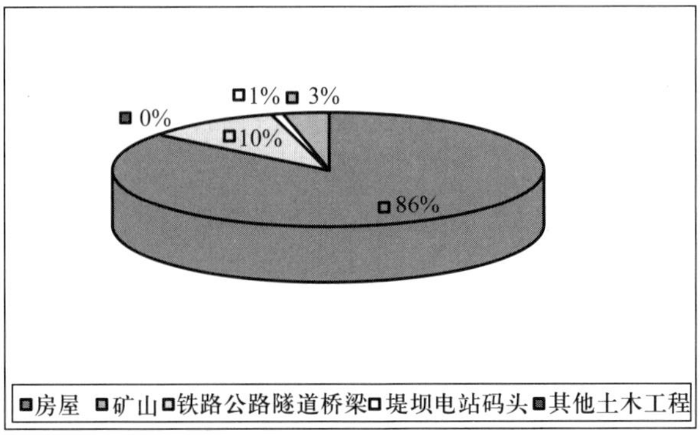

图 9-30 北京市建筑产品产值构成

京市建筑垃圾的比重最大,因此北京市构建建筑循环物流系统,应重点解决工程土方的资源循环问题。

表 9-28 北京市建筑垃圾类型

	拆除垃圾	工程土方	结构废料	装修垃圾
来源	拆除施工	土方施工	结构施工	装修施工
比例	10%	75%	10%	5%
构成	复杂	简单	较简单	复杂
可利用成分	较多	大量	较多	较少
有害成分	较多	基本没有	少	较多

(三) 资源循环类型

一般而言,工程土方经过分类、筛选等处理,提取出砂土、粘土等成分,主要有两种资源循环方式:① 作为原料用于生产砖瓦、水泥等建筑材料;② 作为填料用于地基、路基等基础工程,如图 9-31所示。

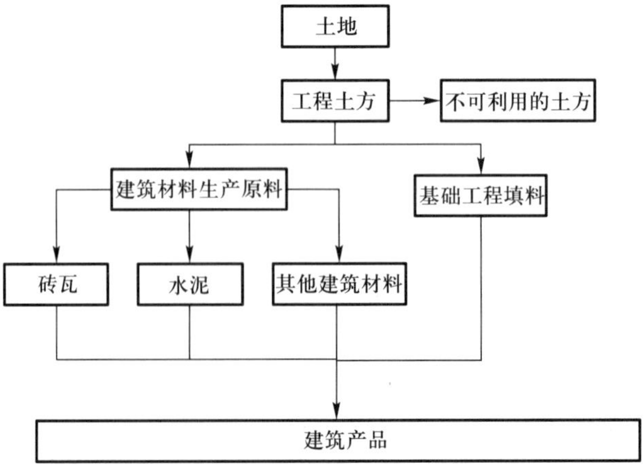

图 9-31 工程土方的资源循环方式

调研发现,工程土方作为基础工程填料的资源循环方式目前已经在北京市开展起来,而利用工程土方生产砖等建筑材料的资源循环方式则远远没有实现。砖作为重要的墙体材料,在房屋生产过程中具有广泛应用,但是北京市为保护土地资源,自 2003 年起已经禁止生产和使用实心粘土砖,造成建筑用砖供不应求。因此,北京市构建建筑循环物流系统,应大力促进以工程土方生产建筑用砖。

综合上述分析结果可见,北京市整合建筑材料物流与建筑垃圾物流,构建建筑循环物流系统,应选择如图 9-32 所示的构建类型。

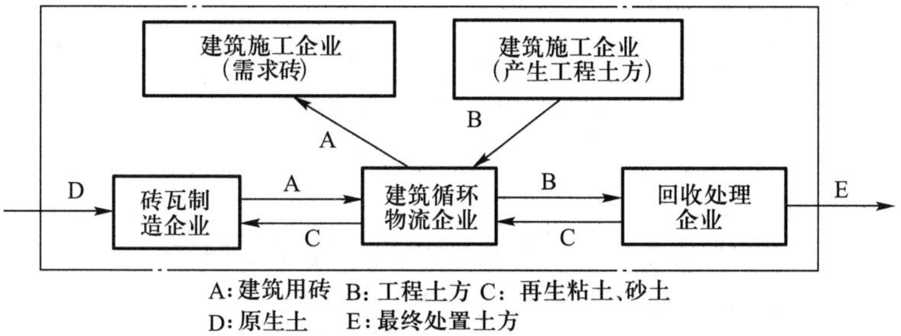

图 9-32 北京市建筑循环物流系统构建类型

四、北京市建筑循环物流系统仿真分析

为验证北京市建筑循环物流构建方案,以工程土方为例,建立北京市建筑循环物流系统构建模型,对系统构建后的经济效益、环境效益与社会效益进行测算,并与现实系统进行比较。

(一) 分析模型

1. 模型思路与假设

根据北京市建筑固体废物物流特性分析结果,工程土方是占北京市建筑固体废物比重最大的组分,而且其中大量可再生资源尚未得到循环利用,每年为消纳工程土方需要占用大量土地资源。因此,以工程土方为例构建建筑循环物流系统,促进其实现资源循环最大化,对北京市解决建筑固体废物的资源循环与综合利用问题,缓解土地资源占用具有重大意义。

砖作为重要的墙体材料与路面材料,在建设项目施工中具有广泛应用。为保护土地资源,北京市自 2003 年起已经禁止生产和使用实心粘土砖,许多砖厂为此停产、转产甚至关闭,继续经营的也需向河北、山东等地采购原材料。因此,以工程土方为例构建建筑循环物流系统,促进以工程土方生产作为建筑用砖,能够起到降低砖厂及施工企业运营成本的效果,从经济效益角度来看,亦具有重要意义。

建立以工程土方为例的北京市建筑循环物流系统构建模型,遵循以下假设:

(1) 不考虑工程土方在不同建设项目之间的循环利用。工程土方可以作为房屋建设项目桩基础工程、道路建设项目路基工程等的填料,这种资源循环方式在北京市已经普遍开展起来,取得了一定成绩。因此,本论文的分析模型不再考虑将工程土方用作填料,而只考虑生产建筑用砖的问题。

(2) 不考虑各参与主体向系统外销售再生土。根据北京市建筑材料物流与建筑固体废物物流实际状况，就工程土方而言，其作为再生资源向系统外的销售量可以忽略不计，因此本论文的分析模型假设工程土方只能在系统内部循环利用，这就使得建筑施工企业的经济效益分析过程转变为成本最小为目标。

（3）不考虑物流企业的内部运营成本变化问题，即假设建筑材料物流与建筑固体废物物流整合后，物流企业的内部单位运营成本不变。

（4）根据北京市目前建筑材料物流企业与建筑固体废物物流企业状况，假设现实物流系统的建筑用砖物流企业、工程土方物流企业以及建筑循环物流系统的循环物流企业，都为运输型物流企业，即物流企业不拥有储存设施。

（5）假设建筑用砖的运输车辆与工程土方的运输车辆完全相同。建筑用砖的运输车辆与工程土方的运输车辆理论上可以通用，在实践中亦普遍存在通用。本论文为简化模型，假设两种车辆在型号、载重等方面完全相同。

2. 模型参数及变量设定

根据前面的研究成果，北京市建筑循环物流系统构建模型的主要参数与变量的设定如下。表 9-29 为参数变量列表，表 9-30 为决策变量列表。

表 9-29 模型参数变量列表

变量名称	变量说明	备注
b	上标，代表建筑用砖生产企业	
e	上标，代表建筑施工企业的建设项目部	
p	上标，代表回收处理企业	
W	上标，代表建筑材料物流企业	现实物流系统模型
V	上标，代表建筑固体废物物流企业	现实物流系统模型
U	上标，代表建筑循环物流企业	循环物流系统模型
$l=1,2,\cdots,L$	建筑用砖生产企业下标序号	
$j=1,2,\cdots,J$	建筑施工企业建设项目部下标序号	
$k=1,2,\cdots,K$	回收处理企业下标序号	
$m=1,2,\cdots,M$	建筑材料物流企业下标序号	现实物流系统模型
$n=1,2,\cdots,N$	建筑固体废物物流企业下标序号	现实物流系统模型
$u=1,2,\cdots,U$	循环物流企业下标序号	循环物流系统模型
$t=1,2,\cdots,T$	系统时间周期序号	
g_{jt}	第 t 周期建设项目 j 的施工规模，平方米	
α	第 t 周期建筑用砖生产企业的生产效率，%	
β	第 t 周期建筑用砖生的单位需求系数，吨/平方米	
γ	第 t 周期工程土方的单位发生系数，吨/平方米	
q_m	物流车辆载重量，吨/辆	

续表

变量名称	变量说明	备注
M^w	建筑材料物流企业车辆数,辆	现实物流系统模型
M^V	建筑固体废物物流企业车辆数,辆	现实物流系统模型
M^U	建筑循环物流企业车辆数,辆	循环物流系统模型
c_{lt}^{b}	第 t 周期建筑用砖生产企业 l 采购生产原料土的单价,元/吨	
c_{ljt}^{be}	第 t 周期建筑用砖生产企业 l 向建设项目 j 销售的建筑用砖单价,元/吨	
c_{jkt}^{ep}	第 t 周期建设项目 j 向回收处理企业 k 支付的工程土方的处理费单价,元/吨	
c_{jt}^{e}	第 t 周期建设项目 j 销售再生土的单价,元/吨	
c_{kt}^{p}	第 t 周期回收处理企业 k 销售再生土的单价,元/吨	
p_1	建筑用砖的单位物流费,元/吨	
p_2	工程土方的单位物流费,元/吨	
p_3	再生土的单位物流费,元/吨	
Q_{lt}^{b}	第 t 周期建筑用砖生产企业 l 的最大生产能力,吨	
Q_{jt}^{e}	第 t 周期建设项目砖的最大需求量,吨	
S_{jt}^{e}	第 t 周期建设项目工程土方总发生量,吨	
Q_{kt}^{p}	第 t 周期回收处理企业 k 的最大处理能力,吨	

表 9-30　模型决策变量列表

变量名称	变量说明	备注
x_{lt}^{b}	第 t 周期建筑用砖生产企业 l 向系统外采购生产原料土的数量,吨	
x_{ljt}^{be}	第 t 周期建筑用砖生产企业 l 流向建设项目 j 的砖的数量,吨	
u_{jkt}^{ep}	第 t 周期建设项目 j 流向回收处理企业 k 的工程土方的数量,吨	
u_{kt}^{p}	第 t 周期回收处理企业 k 向系统外排放的最终处理工程土方的数量,吨	
x_{jlt}^{eb}	第 t 周期建设项目 j 流向建筑用砖生产企业 l 的再生土的数量,吨	循环物流系统模型
x_{klt}^{pb}	第 t 周期回收处理企业 k 流向建筑用砖生产企业 l 的再生土的数量,吨	循环物流系统模型

（1）现实物流系统模型。

① 分析指标。现实物流系统模型需要分析以下指标：

资源循环利用量（R_1）与资源循环利用率（R_2）：

本模型中的工程土方在现实物流系统中没有进行循环利用，故资源循环利用量与资源循环利用率均为0。

物流设施使用效率：

$$R_3=\left(\sum_l\sum_j x_{ljt}^{be}+\sum_j\sum_k u_{jkt}^{ep}\right)/(M^W+M^V)$$

建筑用砖生产企业：

$$\max F^b=\sum_l\sum_j c_{ljt}^{be}x_{ljt}^{be}-\sum_l c_{lt}^{b}x_{lt}^{b}-\sum_l\sum_j p_1x_{ljt}^{be}$$

建筑施工企业：

$$\min F^e=\sum_l\sum_j c_{ljt}^{be}x_{ljt}^{be}+\sum_j\sum_k c_{jkt}^{ep}u_{jkt}^{ep}+\sum_j\sum_k p_2u_{jkt}^{ep}$$

回收处理企业：

$$\max F^p=\sum_j\sum_k c_{jkt}^{ep}u_{jkt}^{ep}$$

建筑用砖物流企业：

$$\max F^m=\sum_l\sum_j p_1x_{ljt}^{be}$$

工程土方物流企业：

$$\max F^n=\sum_j\sum_k p_2u_{jkt}^{ep}$$

② 约束条件。

外部资源流量平衡：

$$\alpha x_{lt}^{b}=\sum_j x_{ljt}^{be}$$

建筑材料流量平衡：

$$\beta g_{jt}=Q_{jt}^{e}=\sum_l x_{ljt}^{be}$$

工程土方流量平衡：

$$\gamma g_{jt}=S_{jt}^{e}=\sum_k u_{jkt}^{ep}$$

最终处置工程土方流量平衡：

$$u_{kt}^{p}=\sum_j u_{jkt}^{ep}$$

建筑用砖需求数量小于建筑用砖生产企业最大生产量：

$$x_{ljt}^{be}\leqslant Q_{lt}^{b}$$

建筑用砖需求数量小于最大需求量：

$$x_{ljt}^{be}\leqslant Q_{jt}^{c}$$

（2）循环物流系统模型。

① 分析指标。循环物流系统的各分析指标如下。

资源循环利用量最大：

$$\max R_1=\sum_j\sum_l x_{jlt}^{eb}+\sum_k\sum_l x_{klt}^{pb}$$

资源循环利用率最大：

$$R_2=R_1/\sum_j S_{it}^{e}$$

物流设施使用效率：

$$\max R_3=\left(\sum_l\sum_j x_{ljt}^{be}+\sum_l\sum_j x_{jlt}^{eb}+\sum_j\sum_k u_{jkt}^{ep}+\sum_l\sum_k x_{klt}^{pb}\right)/M^U$$

建筑用砖生产企业：

$$\max F^b=\sum_l\sum_j c_{ljt}^{be}x_{ljt}^{be}-\sum_l\sum_j c_{jt}^{e}x_{jlt}^{eb}-\sum_l\sum_k c_{kt}^{p}x_{jkt}^{pb}-\sum_l c_{lt}^{b}x_{lt}^{b}-\sum_l\sum_j p_1x_{ljt}^{be}$$

建筑施工企业：

$$\min F^e=\sum_l\sum_j c_{ljt}^{be}x_{ljt}^{be}+\sum_j\sum_k c_{jkt}^{ep}u_{jkt}^{p}+\sum_j p_2S_{jt}^{e}-\sum_j\sum_l c_{jt}^{e}x_{jlt}^{pb}-\sum_l\sum_j c_{jt}^{e}x_{jlt}^{eb}$$

回收处理企业：

$$\max F^p=\sum_l\sum_k c_{kt}^{p}x_{klt}^{pb}+\sum_j\sum_k c_{jkt}^{ep}u_{jkt}^{p}-\sum_j\sum_k c_{jt}^{e}u_{jkt}^{ep}-\sum_l\sum_k p_3x_{klt}^{pb}$$

循环物流企业：

$$\max F^U=\sum_l\sum_j p_1x_{ljt}^{be}+\sum_j\sum_k p_3u_{jkt}^{ep}+\sum_l\sum_k p_3x_{klt}^{pb}+\sum_l\sum_j p_2x_{jlt}^{eb}$$

② 约束条件。

外部资源流入量平衡：

$$\alpha\left(x_{lt}^{b}+\sum_k x_{klt}^{pb}+\sum_j x_{jlt}^{eb}\right)=\sum_j x_{ljt}^{be}$$

建筑用砖流量平衡：

$$\beta g_{jt}=Q_{jt}^{e}=\sum_l x_{ljt}^{be}$$

工程土方流量平衡：

$$\gamma g_{jt}=S_{jt}^{e}=\sum_l x_{jlt}^{eb}+\sum_k u_{jkt}^{ep}$$

最终处置工程土方流量平衡：

$$u_{kt}^{p}=\sum_j u_{jkt}^{ep}-\sum_l x_{klt}^{pb}$$

建筑材料需求数量小于建筑用砖生产企业最大生产量：

$$\sum_j x_{ljt}^{be}\leqslant Q_{lt}^{b}$$

建筑材料需求数量小于最大需求量：

$$\sum_l x_{ljt}^{be}\leqslant Q_{jt}^{e}$$

再生资源生产数量小于最大处理量：

$$\sum_l x_{klt}^{pb}\leqslant Q_{kt}^{p}$$

根据调研结果，可以直接用于制砖的土方不超过工程土方总量的20%：

$$\sum_{l} x_{jlt}^{eb} \leqslant 0.2 * S_{jt}^{e}$$

根据调研结果,最终处置的土方不少于工程土方总量的20%:

$$\sum_{k} u_{kt}^{p} \geqslant 0.2 * S_{jt}^{e}$$

(二) 分析过程

1. 主体选择

根据北京市建筑材料物流与建筑固体废物物流实际情况,对于现实物流系统,选择北京市实际存在的17个建设项目、2个建筑用砖生产企业、1个建筑物流企业、3个建筑固体废物物流企业和1个建筑固体废物处理企业参与建筑物流系统。对于循环物流系统,将与现实物流系统相同的17个建设项目、2个建筑用砖生产企业和1个建筑固体废物处理企业纳入建筑循环物流系统,根据图9-32,将现实系统的1个建筑物流企业和3个建筑固体废物物流企业进行整合,作为新的建筑循环物流企业。

2. 参数值确定

根据现场调研结果,对模型的参数值进行确定,见表9-31。

表9-31 变量说明

变量名称	变量说明	数值
q_m	物流车辆载重量,吨/辆	16
M^w	建筑材料物流企业车辆数,辆	10
M^V	建筑固体废物物流企业车辆数,辆	10
M^U	建筑循环物流企业车辆数,辆	40
c_{lt}^{b}	第t周期建筑用砖生产企业l采购生产原料上的单价,元/吨	10
c_{ljt}^{be}	第t周期建筑用砖生产企业l向建设项目j销售的建筑用砖单价,元/吨	50
c_{jkt}^{ep}	第t周期建设项目j向回收处理企业k支付的工程土方的处理费单价,元/吨	1.5
c_{jt}^{e}	第t周期建设项目j销售再生土的单价,元/吨	2.0
c_{kt}^{p}	第t周期回收处理企业k销售再生土的单价,元/吨	8.0
p_1	建筑用砖的单位物流费,元/吨	1.5
p_2	工程土方的单位物流费,元/吨	1.5
p_3	再生土的单位物流费,元/吨	1.5

3. 计算过程

应用lingo软件编制计算程序,以一周为计算周期,进行三周期模型计算。决策变量的计算结果如表9-32所示。

表 9-32 模型计算结果

决策变量（万吨）	现实物流系统			建筑循环物流系统		
	第一周期	第二周期	第三周期	第一周期	第二周期	第三周期
$\sum_{l} x_{lt}^{b}$	0.97	0.97	0.97	0.00	0.00	0.00
$\sum_{l}\sum_{j} x_{ljt}^{be}$	0.93	0.93	0.93	0.93	0.93	0.93
$\sum_{j}\sum_{k} u_{jkt}^{ep}$	3.82	3.82	3.12	3.06	3.06	2.50
$\sum_{k} u_{kt}^{p}$	3.82	3.82	3.12	2.85	2.85	1.15
$\sum_{l}\sum_{j} x_{jlt}^{eb}$	0.00	0.00	0.00	0.76	0.76	0.62
$\sum_{k}\sum_{l} x_{klt}^{pb}$	0.00	0.00	0.00	0.21	0.21	0.35

（三）分析结果

1. 环境效益分析

根据模型计算结果，现实物流系统与建筑循环物流系统的商流过程如图 9-33、图 9-34 所示。

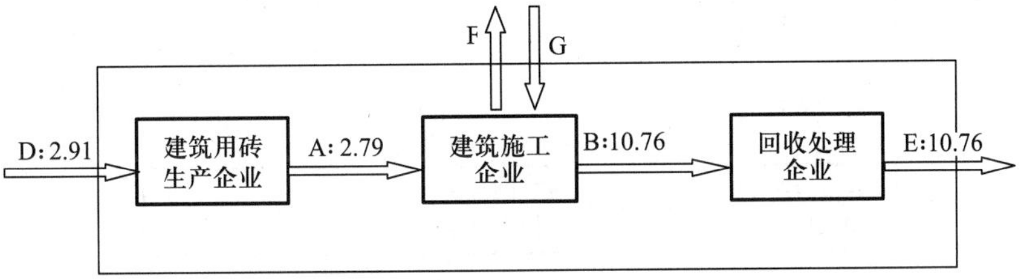

A：建筑用砖 B：工程土方 C：再生土方
D：砂土、粘土等 E：最终处置土方
F：建筑产品 G：土地 单位：万吨

图 9-33 现实物流系统商流分析结果

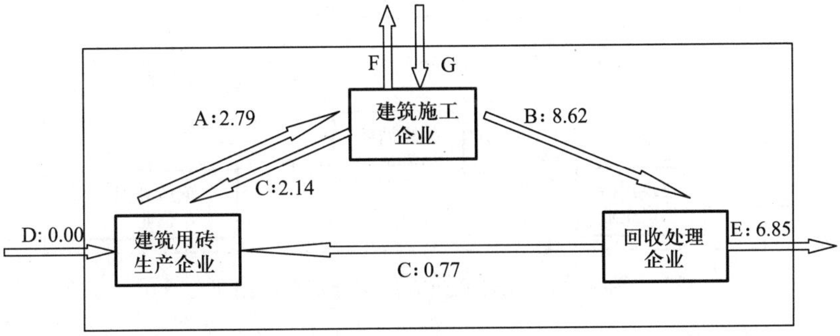

A：建筑用砖 B：工程土方 C：再生土方
D：砂土、粘土等 E：最终处置土方
F：建筑产品 G：土地 单位：万吨

图 9-34 循环物流系统商流分析结果

根据图 9-33、图 9-34,可以进行环境效益分析指标计算,结果如表 9-33 所示。

从表 9-33 中可以看出,建筑循环物流系统通过工程土方作为建筑用砖的生产原料,可以将资源循环利用率提高 25% 以上,并相应减少了原生粘土的使用量,实现了建筑循环物流系统的环境效益目标。

表 9-33 环境效益指标分析结果

分析指标	资源循环利用量(万吨)	资源循环利用率(%)
现实物流系统	0.00	0.00
循环物流系统	2.91	27.04

结合表 9-32 可以看出,建筑循环物流系统最终处置的土方中,仍然含有一定量的可再生资源,这是由于参与建筑循环物流系统的建筑用砖生产企业需求已经饱和,导致再生资源的供需不够平衡,如能继续适当引入建筑用砖生产企业参与建筑循环物流系统,预期资源循环利用率还可以继续提高。

2. 经济效益分析

根据模型计算结果,现实物流系统与建筑循环物流系统的资金流过程如图 9-35、图 9-36 所示。

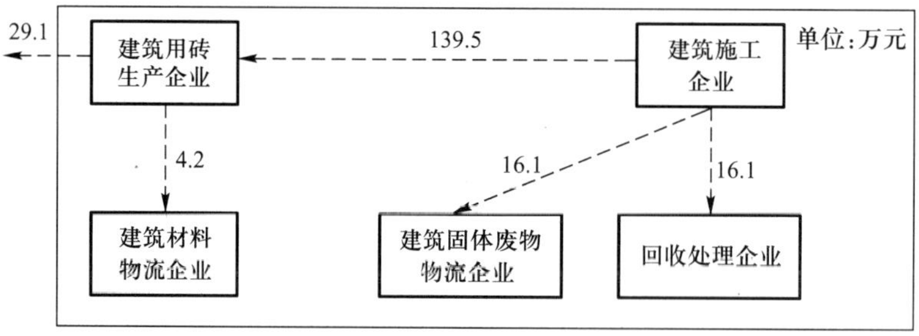

图 9-35 现实物流系统资金流分析结果

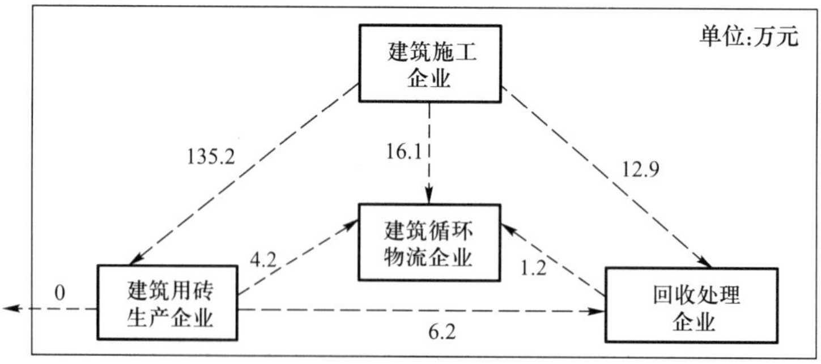

图 9-36 循环物流系统资金流分析结果

根据图 9-35、图 9-36,可以进行经济效益分析指标计算,结果如表 9-34 所示。

表 9-34　经济效益指标分析结果

主体收益/成本（万元）	建筑用砖生产企业（收益）	建筑施工企业（成本）	回收处理企业（收益）	物流企业（收益）
现实物流系统	106.2	171.8	16.1	20.3
循环物流系统	124.8	164.2	17.9	21.5
变动率(%)	17.5	4.6	11.2	5.9

可以看出，同现实物流系统相比，建筑循环物流系统各参与主体的经济收益均有提高，成本有所下降，实现了将工程土方转化为再生资源的经济增值。

结合表 9-30 可以看出，由于尚有一定量的可再生资源没有得到循环利用，使得其经济增值效益没有完全体现，影响了回收处理企业等主体的效益，如能继续适当引入建筑用砖生产企业参与建筑循环物流系统，预期经济效益还可以继续提高。

五、北京市建筑循环物流系统的构建实施建议

（一）培育大型建筑循环物流企业

建筑循环物流企业是建筑循环物流系统中发挥主导作用的新主体，是集合建筑材料与建筑垃圾运输、储存、分选等多种功能于一体的现代化物流企业。培育大型建筑循环物流企业，必须打破以行业分界的管理模式，消除建筑材料物流与建筑垃圾物流的割裂。

（二）整合建设建筑循环物流网络

物流网络是由物流设施、设备等在一定空间范围内形成的相互联系的网络结构，是整合建筑材料物流与建筑固体废物物流，支撑资源循环的技术条件和保证。为保证建筑循环物流系统稳定运营，需要基于整合理念，建立规模化、专业化、共同化的设施网络。

（三）研发建筑循环物流系统信息平台

建筑循环物流系统实现其促进资源循环最大化的目标，需要借助于跨企业的集成化信息系统。因此有必要进行建筑循环物流系统信息平台的研发工作。

（四）建立多部门联动管理机制

建筑循环物流系统需要规划、建设、市政、环保等相关管理部门建立相应的联动协调机制，避免管理上的割裂。为此，需要全面分析相关管理部门的权责范围，设计能够有效支撑建筑垃圾资源化的联动机制，以实现管理方式创新。

六、结论

为消除北京市建筑垃圾的环境污染，促进建筑垃圾的资源循环与综合利用，必须构建建筑循环物流系统。本文在既有研究成果基础上，通过分析建筑循环物流系统的定义，讨论了满足北京市经济发展需要的建筑循环物流系统构建类型，提出了建筑循环物流系统的实施建议，有助于北京市建设“资源节约型城市”，实现和谐发展。

思考题

1. 为什么说建筑循环物流系统的建立是必要的？
2. 除了建筑垃圾外，还有哪些垃圾亟须建立循环物流系统以促进资源循环与综合利用？选取其中一种进行自主研究。

参考文献

1. 周启蕾,许笑平. 物流学概论[M].4 版. 北京:清华大学出版社,2017
2. 舒辉. 物流学[M]. 北京:机械工业出版社,2015
3. 张书源,张文杰. 物流学概论[M].2 版. 上海:复旦大学出版社,2015
4. 王琦峰."互联网+"背景下物流服务价值共创与服务创新研究[M]. 浙江:浙江大学出版社,2017
5. 江小涓讲话. 高度连通时代的政府与市场. 清华大学全球私募股权研究院 2018 年度峰会暨全球私募股权高峰论坛,2019
6. 李芏巍. 物流地产[M]. 北京:中国财富出版社,2014
7. 张宇. 智慧物流与供应链[M]. 北京:电子工业出版社,2016
8. 韩东亚,余玉刚. 智慧物流[M]. 北京:中国财富出版社,2018
9. 丁娟. 基于市场匹配率的物流运行效率研究[D]. 西南交通大学,2011
10. 国家质量技术监督局. 物流术语(GB/T 18354—2006). 北京:中国标准出版社,2007
11. 何明珂. 物流系统论. 北京:高等教育出版社,2004
12. 王之泰. 现代物流学. 北京:中国物资出版社,1995
13. 李振. 物流学. 北京:中国铁道出版社,1996
14. 吴清一. 物流基础. 北京:清华大学出版社,2000
15. 赵启兰,兰洪杰. 企业物流管理. 北京:机械工业出版社,2005
16. 田源. 仓储管理. 北京:机械工业出版社,2005
17. 王宗喜,徐东. 军事物流学. 北京:清华大学出版社,2007
18. 王宗喜. 漫话军事物流. 北京:清华大学出版社,2005
19. 宋华,胡左浩. 现代物流与供应链管理. 北京:经济管理出版社,2000
20. 蒋展鹏. 环境工程学. 北京:高等教育出版社,1998
21. 刘延平. 中国铁路运输代理理论与实践. 北京:中国铁道出版社,2000
22. 黄才骏. 中国铁路物资流通. 北京:中国铁道出版社,1996
23. 顾国祥,王卫华. 市场学. 上海:复旦大学出版社,1995
24. 王惠臣. 论运输管制. 北京:高等教育出版社,1997
25. 杨开忠,李国平. 持续首都. 广州:广东教育出版社,2000
26. 李东贤. 日本现代流通产业. 北京:清华大学出版社,2001
27. 金碚. 产业组织经济学. 北京:经济管理出版社,1999
28. 齐兰. 市场国际化与市场结构优化问题研究. 北京:中国经济出版社,1999
29. 王莉. 物流学导论. 北京:中国铁道出版社,1997
30. 张绪昌,丁俊发. 流通经济学. 北京:人民出版社,1995
31. 丁俊发. 中国物流. 北京:中国物资出版社,2002

32. 国家环境保护总局污染控制司. 城市固体废物管理与处理处置技术. 北京:中国石化出版社,2000
33. 中国物流与采购联合会. 中国物流发展报告(历年). 北京:中国物资出版社
34. 唐纳德·J. 鲍尔索克斯,戴维·J. 克劳斯. 物流管理——供应链过程的一体化. 林国龙等译. 北京:机械工业出版社,1999
35. 詹姆斯·C. 约翰逊,等. 现代物流学. 张敏译. 北京:社会科学文献出版社,2003
36. 日本经济新闻社编. 轻薄短小的时代. 林元辉译. 北京:中国友谊出版公司,1985
37. 雅克·朗德维,德尼·林顿. 市场营销学. 张欣伟,郭春林译. 北京:经济科学出版社,2000
38. 马丁·克里斯托弗. 物流竞争——后勤与供应链管理. 马越,马月才译. 北京:北京出版社,2001
39. 日通综合研究所. 最新物流ハンドブック. 日本东京白桃书房,1991
40. 日本物的流通协会. ロジスティクス時代の物流センタ設計·システムマニュアル,1993
41. Leatherhead, Surrey. Distribution packaging for logistical systems. UK: Pira International, 1997
42. Dortrecht. Logistics and transportation. Kluwer Academic pub, 1998
43. James Cooper, Michael Browne, Melvyn Peters. European logistics. Oxford, UK: Blackwell Business, 1991
44. Carlos F, Daganzo. Logistics systems analysis. New York: Pringer-Verlag, 1996
45. Donald F, Wood. et al. International logistics. New York: Chapman & Hall, 1995
46. Taylor, Keith. Computer systems in logistics and distribution. London: Kogan Page, 1991
47. Huizhe Y, Lihua M, Fangfang S. Evaluation of Sustainable Development Ability for Logistics Enterprises Based on Unascertained Measure[J]. Procedia Engineering, 2011, 15:4757-4762
48. 王选庆. 物流观点的国际比较. 国外物资管理,1989(1)
49. 郭振宇. 中国物流现状及改善建议. 物流技术与应用,2001(1)
50. 张东明. 构筑东北亚经贸合作的框架基础——关于合作途径和突破点的几点思考. 辽宁大学学报(哲学社会科学版),2005,33(1)
51. 赵儒煜. 东北亚区域交通运输合作中存在的问题及出路. 东北亚论坛,2002(4)
52. 元东郁. 趋同与分散——东北亚三国国内环境政策比较. 当代韩国,2004(2)
53. 费雷德里克·肖尔. 物流业在美国的发展和演变. 许胜余编译. 国际商业技术,1998(4)
54. Shopping around the web. a survey of E-commerce. The Economist, Feb 26th-March 3rd, 2000
55. 菊田一郎. 全國冷食物流チェーンの要する多機能大型自動化據點. 流通研究社,2000
56. Clayton M, Christensen, Richard S. Tedlow. Patterns of Disruption in Retailing. Harvard Business Review, January-February 2000. 42 ~ 45
57. Yasuo Tanabe. Building a Recycling-Oriented Society in Japan. International Symposium on Hazardous Waste, Journal of the Faculty of Environmental Science and Technology, Okayama University, 2001
58. 王长琼. 面向可持续发展的绿色物流管理. 科技进步与对策,2002(2)
59. 向盛斌. 逆向物流与环境保护. 物流技术,2001(1)
60. 《发展首都绿色流通事业的对策研究》项目组. 绿色流通与可持续发展. 中国物资流通,2000(3)
61. 李富仓,张建军. 运输的可持续发展与绿色物流. 内蒙古公路与运输,2000(3)
62. 李益强,李华,徐国华. 面向产品全生命周期的企业绿色物流研究. 西安电子科技大学学报(社会科学版),2001,11(4)
63. 赵艳摘译. 绿色物流. 物流技术,1999(1)

64. 曾国平,谢庆红. 绿色物流:未来中国物流业的发展主流. 经济师,2001(1)
65. 王长琼. 绿色物流的产生背景及发展对策初探. 物流技术,2002(7)
66. 李倩茹. 绿色物流的几个范畴. 商业研究,2002(12)
67. 陈达. 绿色物流管理浅议. 中国物资流通,2001(5)
68. 洪敦麟. 内燃机排放控制标准简介. 柴油机,2000(4)
69. 邓顺熙,陈洁,李百川. 中国城市道路机动车 CO、HC 和 NO_x 排放因子的测定. 中国环境科学,2000,20(1):82~85
70. 李锁强,胡卫. 航空运输过程中大气污染物排放估算方法. 统计研究,2000(8)
71. Norman Ashford, Paul H, Wright. Airport Engineering (3rd ed.). A Wiley-Interscience Publication, John Wiley & Sons, Inc. 1999
72. 刘福生. 中国船级社在大连建设东北亚国际航运中心中的作用及自身发展. 大连海事大学学报(社会科学版),2003,2(4)
73. 封学军. 应对挑战组建东北亚港口物流联盟. 江苏交通,2003(3)
74. 易志云. 天津参与东北亚合作推进物流业发展研究. 天津财经学院学报,2003,23(1)
75. 张湘兰,等. WTO 与中国海运服务贸易法律制度. 武汉大学学报(社会科学版),2003,56(1)
76. 陈红彦. 完善中国海运服务贸易立法之思考. 法学杂志,2003(1)
77. 相伟,王荣成,丁四保. 国际物流格局中的东北亚区域经济一体化. 世界地理研究,2003,12(2)
78. 金凤君. 东北亚运输合作:中国与朝鲜半岛陆路交通联系与运输组织战略. 世界地理研究,2002,33(1)
79. 王子训. 立足本国话物流. 国际经贸消息物流周刊,2000-07-17
80. 王胜今,邹向阳. 建设东北亚跨国运输走廊的设想及意义. 东北亚论坛,2001,4
81. 郝吉明,吴烨,傅立新,贺克斌,何东全. 北京市机动车污染分担率的研究. 环境科学,2001,22(5)
82. 杨瑞,姜立春,白传栋,赵文育. 汽车排放污染控制的发展与现状. 林业机械与木工设备,2001(2)
83. Marc Juhel. 物流业在经济发展中的作用. 物流科技,2000(2):41~48
84. 田宇,朱道立. 物流联盟形成机理研究. 物流技术,2002(2)
85. 费雷德里克·肖尔. 物流业在美国的发展和演变. 许胜余编译. 国际商业技术,1998(4)
86. 王培良. "物流热"中勿忘物流需求分析. 国际经贸消息物流周刊,2000-02-28
87. 《物流技术与应用》编辑部. 不断创新的海尔物流. 物流技术与应用,2001(1)
88. 周行. 海尔集团物流系统建设. 中国现代物流管理与技术研讨会,2001 年 4 月
89. 和记黄埔的发展大计. 参考消息,2001-05-17
90. 沈绍基. 将 1/10 商品储存于运动中. 中国商报,1997-03-25
91. 彭志忠. 基于信息技术制造业企业价值链增值过程研究. 北方交通大学博士论文,2001:129
92. 周三元,王强,朱菲菲. 制造企业物流供应链动态行为分析[J]. 数学的实践与认识,2018,48(19):53-61
93. 伍宁杰. "互联网+"背景下我国智慧物流转型路径探讨[J]. 商业经济研究,2018(12):116-119
94. 石荣丽. 基于大数据的智慧物流园区信息平台建设[J]. 企业经济,2016(03):134-138
95. 张春霞,彭东华. 我国智慧物流发展对策[J]. 中国流通经济,2013,27(10):35-39
96. GB/T 19680—2013,物流企业分类与评估指标[S]

教学支持说明

（教学课件）

建设立体化精品教材，向高校师生提供系列化教学解决方案和教学资源，是高等教育出版社“服务教育”的重要方式。为支持相应课程的教学，我们向采用本书作为教材的教师免费提供教学课件。

获取方式：烦请授课教师填写如下开课情况证明并寄出（或邮件）至下列地址（或邮箱）：

北京市朝阳区惠新东街 4 号富盛大厦 21 层 高等教育出版社高等文科出版事业部经济管理分社　邮编：100029

电话：010－58581771/58581020

E-mail：zengfh@ hep. com. cn

或请加入管理专业类 QQ 群：23490416

证　　明

兹证明＿＿＿＿＿＿＿＿大学＿＿＿＿＿＿＿＿系/院第＿＿＿＿学年开设的＿＿＿＿＿＿＿＿课程，采用高等教育出版社出版的＿＿＿＿＿＿＿＿（书名和作者）作为本课程教材，授课教师为＿＿＿＿＿，学生＿＿＿＿＿个班共＿＿＿＿＿人。

授课教师需要与本书配套的教学课件。

联系人：＿＿＿＿＿＿＿＿＿＿＿＿＿＿＿＿

地址：＿＿＿＿＿＿＿＿＿＿＿＿＿＿＿＿　邮编：＿＿＿＿＿＿＿

电话：＿＿＿＿＿＿＿＿＿＿＿＿＿＿＿＿

E-mail：＿＿＿＿＿＿＿＿＿＿＿＿＿＿＿＿

系/院主任：＿＿＿＿＿＿＿（签字）

（系/院办公室盖章）

＿＿＿年＿＿＿月＿＿＿日